Wirtschaft heute

W0173249

Schriftenreihe Band 1007

Wirtschaft heute

bpb:
Bundeszentrale für politische Bildung

Diese Veröffentlichung stellt keine Meinungsäußerung der Bundeszentrale für politische Bildung dar.
Für die inhaltlichen Aussagen tragen die Autorinnen und Autoren die Verantwortung.

Bonn 2009
Sonderausgabe für die Bundeszentrale für politische Bildung, Adenauerallee 86, 53113 Bonn

Redaktionelle Leitung:
Dipl.-Volkswirt Michael Bauer

Redaktion:
Dr. Ute Gräber-Seißinger

Autorinnen und Autoren:
Dr. Herbert Buscher
Dipl.-Volkswirt Robert Dornau
Dr. Friedrich Heinemann
Dr. Jens Köke
Dr. Michael Schröder
Dipl.-Kaufmann Max Steiger
Dr. Claudia Stirböck
Dipl.-Wirtschaftsinformatikerin Andrea Szczesny
Alle Autoren sind bzw. waren Mitarbeiter des Zentrums für Europäische Wirtschaftspolitik (ZEW) in Mannheim.

Herstellung:
Judith Diemer

Gestaltungskonzept und Typografie:
Künkellopka, Heidelberg

Umschlaggestaltung:
Michael Rechl, Kassel

Umschlagabbildung:
© Deniz Saylan

ISBN 978-3-8389-0007-0

www.bpb.de

Bibliografische Informationen der Deutschen Bibliothek:
Die Deutsche Bibliothek verzeichnet diese Publikation in der Deutschen Nationalbibliografie; detaillierte bibliografische Daten sind im Internet über http://dnb.ddb.de abrufbar.

Alle Rechte vorbehalten.
Nachdruck, auch auszugsweise, verboten.

Das Werk einschließlich aller seiner Teile ist urheberrechtlich geschützt. Jede Verwertung außerhalb der engen Grenzen des Urheberrechtsgesetzes ist ohne Zustimmung des Verlages unzulässig und strafbar. Das gilt insbesondere für Vervielfältigungen, Übersetzungen, Mikroverfilmungen und die Einspeicherung und Verarbeitung in elektronischen Systemen.

Die genannten Internetangebote werden von der Redaktion sorgfältig zusammengestellt und geprüft. Für die Inhalte der Internetangebote Dritter, deren Verknüpfung zu anderen Internetangeboten und Änderungen der unter der jeweiligen Internetadresse angebotenen Inhalte übernimmt der Verlag keinerlei Haftung.

© Bibliographisches Institut AG, Mannheim 2009.

Satz: Bibliographisches Institut AG, Mannheim

Druck und Bindearbeiten:
MOHN Media Mohndruck, Gütersloh.

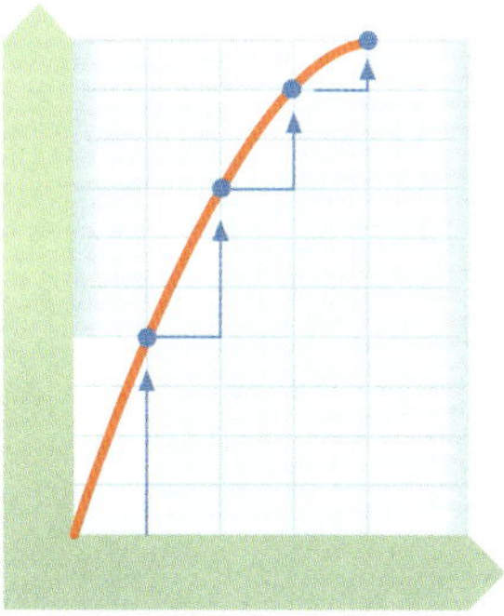

Die Wirtschaft ist ein zentraler, vielschichtiger Lebensbereich, der jeden in der einen oder anderen Form berührt. Über wirtschaftliche Zusammenhänge und Prozesse in Zeiten der Globalisierung Bescheid zu wissen, bedeutet, die Wirtschaft als komplexes Geflecht von Beziehungen zwischen verschiedensten Akteuren besser zu verstehen, und hilft, ein informierter Teilnehmer am Wirtschaftsgeschehen zu werden.

Der vorliegende Band verknüpft die Grundlagen der Wirtschaftstheorie mit dem heutigen Stand der ökonomisch-politischen Entwicklung. Neben Kernfragen der Volks- und Betriebswirtschaftslehre werden allzeit interessierende und sich ständig wandelnde Bereiche der Wirtschaftspolitik erläutert, darüber hinaus finanzwissenschaftliche Themen behandelt und weltwirtschaftliche Zusammenhänge aufgezeigt. Ausführungen zu Banken, Börsen und Versicherungen runden den Themenkatalog ab.

Der Aufbau des Bandes kommt dem Bedürfnis nach gezielter und schnell auffindbarer Information entgegen: Die inhaltliche Einteilung in sechs Kapitel wird verdeutlicht durch ein Farbleitsystem. Die 144 Einzelthemen werden auf je einer Doppelseite dargestellt. Die linke Seite enthält den Text mit typografisch hervorgehobenen zentralen Begriffen. Ihr steht rechts jeweils eine Bildseite mit aufwendigen Infografiken, Tabellen, Beispielen und Erläuterungen gegenüber, die das auf der Textseite Beschriebene konkret und anschaulich werden lassen. Das umfangreiche Sachregister im Anhang listet rund 1 500 Begriffe auf, die auf den Text- und Bildseiten erklärt werden.

Mit seiner Vollständigkeit einerseits und seiner Anschaulichkeit andererseits richtet sich der Band an alle, die sich einen umfassenden Einblick in die Funktionsweise der heutigen Wirtschaft und die Grundlagen der Wirtschaftstheorie verschaffen wollen, und ermöglicht einen guten Zugang zu wirtschaftlichen Fragestellungen, Problemen und Lösungsmöglichkeiten, um die Welt der Wirtschaft besser verstehen zu können.

In der vorliegenden aktualisierten Auflage werden die grundlegenden Zusammenhänge der Finanzmarktkrise und weltweiten Wirtschaftskrise auf zwei Doppelseiten dargestellt. Insgesamt wurden Text und Grafik durchgehend auf den neusten Stand gebracht.

Die Redaktion

Grundlagen

Betriebswirtschaft

Märkte und Gesamtwirtschaft

  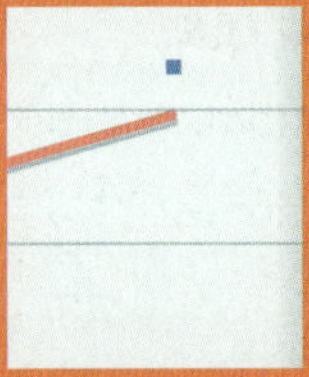 

Grundlagen

Ökonomen gehen bei der Erklärung und Voraussage wirtschaftlichen Verhaltens vom vereinfachenden Menschenbild des Homo oeconomicus aus. Bei der Suche nach den besten Regeln zur Erzeugung und Verteilung des Reichtums einer Gesellschaft orientieren sie sich an zwei Grundmodellen der Wirtschaftsordnung. Die Messung der Leistung einer Volkswirtschaft beruht auf der Idee, wirtschaftliche Vorgänge in Form eines Kreislaufs von Güter- und Geldströmen abzubilden.

Inhalt

Ökonomische Ideengeschichte I

Das Nachdenken über Wirtschaft reicht bis mindestens in die Antike zurück. Das Wissen um die ökonomischen Ideen früherer Zeiten ist aus drei Gründen nützlich: Ordnet man eine Theorie in ihren historischen Entstehungszusammenhang ein, so werden ihre Eigenheiten besser verständlich. Zudem wird klar, dass jede Theorie abhängig vom Entwicklungsstand der Gesellschaft ist. Schließlich bietet die Dogmengeschichte einen reichen Fundus an zeitlos gültigen Ideen.

Antike: Skepsis gegenüber dem Gewinnstreben

Die Konzepte der griechischen Philosophen mit ökonomischem Bezug entstanden vor dem Hintergrund einer landwirtschaftlich geprägten Gesellschaft, in der die Bürger der Stadtstaaten die Politik dominierten. Im Mittelmeerraum wurde bereits ein reger Fernhandel betrieben. Platon verwarf in seinem Werk „Politeia" (Der Staat) das Gewinnstreben, weil sich in seinen Augen Eigennutz stets gegen das Gemeinwohl richtete. Aristoteles unterschied zwischen dem Gebrauchswert eines Gutes, der dessen Nutzen widerspiegelt, und dem Tauschwert, also dem Wert des Gutes in Geld oder im Vergleich mit anderen Gütern. Geld hatte für ihn keinen eigenen Wert. Deshalb lehnte er den Zins als Preis für das Verleihen von Geld ab.

Mittelalter: Gerechter Preis und Zinsverbot

Die Wirtschaftsordnung des Mittelalters war durch die Grundherrschaft und durch eine im Hoch- und Spätmittelalter wachsende Bedeutung der Städte geprägt.

Der Scholastiker Thomas von Aquin beschäftigte sich vor diesem Hintergrund auch mit ökonomischen Fragen, allerdings ging es ihm vor allem um die Verträglichkeit wirtschaftlichen Verhaltens mit der christlichen Lehre. In seiner Erörterung des gerechten Preises forderte er die Berücksichtigung der in ein Gut geflossenen Arbeit. Die Abneigung der Antike gegenüber dem **Zins** übernahm er. Im Kirchenrecht wurde das Verbot des Zinses (kanonisches Zinsverbot) verankert mit der Folge, dass die Christen den Juden das Geschäft des Geldverleihens überließen.

Der Zins wurde erst im Zuge der Reformation durch Johannes Calvin neu bewertet. Der Reformator rechtfertigte den Zins damit, dass man durch Geld ein Stück Land kaufen kann, das dann einen Ertrag abwirft. So wird die wirtschaftliche Entwicklung gefördert. Mit dieser positiven Bewertung des Kapitals wurden in der Reformation wichtige Grundlagen für die Herausbildung des neuzeitlichen Wirtschaftslebens gelegt.

Der Merkantilismus

Die unter dem Begriff des Merkantilismus zusammengefassten Denkrichtungen entstanden vor dem Hintergrund großer Umbrüche. Bereits im Mittelalter hatte die Arbeitsteilung an Bedeutung gewonnen und der Umfang von Handel und Geldwirtschaft zugenommen. Parallel dazu entstanden in Europa absolutistische Nationalstaaten, deren Herrscher vor allem bestrebt waren, die Macht und den Reichtum des Staates zu mehren.

Ohne über eine konsistente Theorie zu verfügen, gelangten die merkantilistischen Denker vom 16. bis zum 18. Jahrhundert zu einer Reihe von markanten wirtschaftspolitischen Schlussfolgerungen. Das Gewerbe sollte vom Staat gefördert werden, die Handelspolitik dem Ziel eines größtmöglichen Handelsbilanzüberschusses dienen. Als Instrumente dazu waren auch protektionistische Mittel, z. B. Einfuhrzölle, vorgesehen. So sollte ein möglichst großer Vorrat an Gold und Silber im Land angehäuft werden, denn dieser wurde als maßgeblich für den Reichtum eines Landes betrachtet. Durch die Förderung des Zuzugs und des natürlichen Wachstums sollte die Bevölkerung stetig wachsen und damit auch die Zahl billiger Arbeitskräfte, die den Reichtum mehren würden. Bei einem hohen Maß an Übereinstimmung gab es nationale Spielarten des Merkantilismus: in England den Bullionismus, in Frankreich den Colbertismus und in Deutschland den Kameralismus.

Die Physiokraten

Der Franzose François Quesnay, Leibarzt der Mätresse König Ludwigs XV. Madame Pompadour, begründete die physiokratische Denkrichtung. Der Begriff **Physiokratie** (Herrschaft der Natur) weist bereits auf den zentralen Gedanken dieser Schule hin: Einzig in der Landwirtschaft wird Wert geschaffen, weil diese den Güterbestand vermehrt. Handwerker und Manufakturen hingegen verändern lediglich bereits vorhandene Rohstoffe. Entsprechend forderte Quesnay, die Landwirtschaft besonders zu fördern. Einen bleibenden Beitrag zur Volkswirtschaftslehre lieferte er auf methodischem Gebiet. In seinem Hauptwerk „Tableau économique" entwarf er ein Drei-Sektoren-Modell des gesamtwirtschaftlichen Güterkreislaufs, das als Vorläufer der modernen **volkswirtschaftlichen Gesamtrechnung** (VGR) gilt.

Ideengeschichtliche Entwicklung im Zeitablauf: Von der Antike bis zur Physiokratie

400 v. Chr.	**Antike:**			
	Ablehnung des Gewinnstrebens	Platon	427–348 / 347 v. Chr.	„Politeia“ „Nomoi“
		Aristoteles	384–322 v. Chr.	„Politica“ „Ethica Nicomachea“
	Mittelalter:			
1200 n. Chr.	**Kanonisches Zinsverbot**	Albertus Magnus	um 1200–1280	Kommentare zu Platon und Aristoteles
1300		Thomas von Aquin	1225–1274	„Summa theologica“ (1267–1273)
1400		Johannes Buridan	um 1295–1358	„Quaestiones super octos libros politicorum Aristotelis“
1500	**Reformation:**			
	Bedeutung des Kapitals	Johannes Calvin	1509–1564	„Christianae Religionis Institutio“ (1536)
1600	**Merkantilismus:**			
	Stärkung der Macht des absolutistischen Staates	Jean Baptiste Colbert	1619–1683	Briefe, Instruktionen und Memoiren
1700		Johann Joachim Becher	1635–1682 (oder 1685)	„Politischer Discurs“ (1668)
1750	**Physiokratie:**	Richard Cantillon	um 1680–1734	„Essai sur la nature du commerce en général“ (1755, vorher als Manuskript)
1800	**Nur Landwirtschaft ist produktiv**	François Quesnay	1694–1774	„Tableau économique“ (1758)

Ökonomische Ideengeschichte II

Das Erscheinen des Werkes „An inquiry into the nature and causes of the wealth of nations" des Briten Adam Smith im Jahr 1776 markiert die Geburtsstunde klassischen ökonomischen Denkens. Es war die Zeit der frühen industriellen Revolution – sieben Jahre zuvor war die Dampfmaschine erfunden worden.

Liberalismus – die Befreiung der Märkte

Adam Smith nahm eine grundlegende Neubewertung eigennützigen Verhaltens vor: Während der Einzelne seine persönlichen Ziele verfolgt, fördert er unbewusst, geleitet jedoch durch die „unsichtbare Hand" des Marktes, das Allgemeinwohl. Folglich sind Forderungen nach staatlichen Eingriffen in die Wirtschaft, die im Geist der absolutistischen Herrschaftsverhältnisse im Europa des 16. bis 18. Jahrhunderts erhoben wurden, abzulehnen. Der Staat soll sich auf die Bereitstellung des Rechtssystems und von öffentlichen Einrichtungen beschränken. Arbeitsteilung ist für Smith die Voraussetzung für wirtschaftliches Wachstum. Der Wohlstand der Nationen wird dadurch, aber auch durch die die Arbeitsproduktivität steigernde Kapitalbildung erhöht.

David Ricardo entwarf neben einer Theorie der **Einkommensverteilung** die Theorie der **komparativen Kostenvorteile.** In Letzterer wies er nach, dass es für jede Volkswirtschaft vorteilhaft ist, Außenhandel zu betreiben. Jean-Baptiste Say begründete die **Quantitätstheorie** des Geldes, die besagt, dass die Geldmenge maßgeblich die Höhe des Preisniveaus beeinflusst. Nach ihm ist außerdem das **saysche Theorem** benannt, demzufolge es ein dauerhaftes Überangebot an Gütern nicht geben kann, weil „sich jedes Angebot seine Nachfrage selbst schafft."

Sozialismus – gegen die Auswüchse des Marktes

Unter all den seit Beginn des 19. Jahrhunderts entstandenen Theorien, die unter dem Begriff des Sozialismus zusammengefasst werden, hatten jene von Karl Marx – obgleich sie in der Praxis gescheitert sind – die größte Tragweite. Marx zufolge werden in der kapitalistischen Wirtschaftsordnung die Arbeiter durch die Kapitalisten ausgebeutet. Mit fortschreitender Anhäufung von Kapital sinkt deren Ertragsrate. Immer häufigere Krisen führen in unbestimmter Zukunft zum Zusammenbruch des **Kapitalismus.** Marx forderte dessen Überwindung durch die proletarische Revolution. Mit der Abschaffung des Privateigentums ginge die Gesellschaft zum Sozialismus über, später dann zum **Kommunismus** – einer friedlichen Welt ohne Ausbeutung und ohne Grenzen.

Neoklassik – die Formalisierung der Theorie

Im Mittelpunkt der Neoklassik steht die sogenannte marginalistische Revolution. Während die Klassik den Wert eines Gutes aus den Produktionskosten ableitet **(objektive Wertlehre),** verweist die Neoklassik auf den subjektiv bestimmten **Grenznutzen** des Güterkonsums **(subjektive Wertlehre).** Der Grenznutzen ist der zusätzliche Nutzen, den die letzte Einheit eines Gutes dem Einzelnen stiftet. Durch die Ableitung ökonomischen Verhaltens aus dem individuellen Nutzenkalkül schufen die Neoklassiker das analytische Instrumentarium der modernen Mikroökonomie. Der Franzose Léon Walras leistete mit seinem allgemeinen Gleichgewichtsmodell einen markanten Beitrag zur mathematischen Formalisierung der zeitgenössischen Wirtschaftstheorie.

Staat oder Markt – Keynes und die Monetaristen

Die **Weltwirtschaftskrise** von 1929 bis 1933 offenbarte die Unzulänglichkeit sich selbst überlassener Märkte. In ihr erwies sich, dass es zu lang anhaltenden Ungleichgewichten auf den Arbeits- und Gütermärkten mit der Folge hoher Arbeitslosigkeit kommen kann. Vor diesem Hintergrund publizierte John Maynard Keynes im Jahr 1936 „The general theory of employment, interest and money". Nicht jedes Angebot, so Keynes, schafft sich selbst seine Nachfrage, denn es besteht die Möglichkeit, dass das Einkommen nicht in Investitionen oder Konsum fließt, sondern in Teilen gespart wird. In solchen Situationen empfiehlt Keynes ein Gegensteuern durch Staat und Notenbank: Beispielsweise können kreditfinanzierte staatliche Ausgabenprogramme ein Vielfaches des eigenen Volumens an zusätzlicher Nachfrage schaffen („**Multiplikatoreffekt**").

Bereits im **Monetarismus** von Milton Friedman wurde die theoretische Basis der keynesschen Rezepturen angezweifelt. In den1970er-Jahren wurde das Versagen des **Keynesianismus** durch schwaches Wachstum bei zugleich steigenden Preisen **(Stagflation)** offenbar. Als Reaktion darauf entstand die **Neuklassik,** die klassisches Gedankengut wieder aufgriff und durch einzelwirtschaftliche Analysen fundierte. In der 2008 einsetzenden weltweiten schweren Rezession zeigte sich jedoch, dass Keynes' Theorie, insbesondere hinsichtlich psychologischer Faktoren ökonomischen Verhaltens, keineswegs als widerlegt gelten kann.

Ideengeschichtliche Entwicklung im Zeitablauf: Von der Klassik bis zur Gegenwart

1750	Klassik: **Gemeinwohl durch Eigennutz**	Adam Smith	1723 - 1790	„The theory of moral sentiments" (1759), „An inquiry into the nature and causes of the wealth of nations" (1776)
1800		Robert Malthus	1766 - 1834	„An essay on the principle of population" (1798)
		Jean-Baptiste Say	1767 - 1832	Traité d'économie politique (1803)
		David Ricardo	1772 - 1823	„On the principles of political economy and taxation" (1817)
1850	Sozialismus: **Überwindung des Kapitalismus**	Karl Marx	1818 - 1883	„Das Kapital" (1867 - 1894)
	Neoklassik: **Marginalistische Revolution**	Léon Walras	1834 - 1910	„Éléments d'économie politique pure. Ou, Théorie de la richesse sociale" (1874)
		William Stanley Jevons	1835 - 1882	„The theory of political economy" (1871)
1900		Carl Menger	1840 - 1921	„Grundsätze der Volkswirthschaftslehre" (1871)
	Keynesianismus: **Effektive Nachfrage**	John Maynard Keynes	1883 - 1946	„A treatise on money" (1930), „The general theory of employment, interest and money" (1936)
1950	Monetarismus:	Milton Friedman	1912-2006	„The optimum quantity of money, and other essays" (1969)
	Neue Klassische Makroökonomie	Robert E. Lucas jr.	geb. 1937	„An equilibrium model of the business cycle" (1975)
		Robert J. Barro	geb. 1944	„Are government bonds net wealth?" (1974)
	Behavioral Economics: **Integration nicht rationalen Verhaltens**	Daniel Kahnemann und Amos Tverski	geb. 1934; 1937 - 1996	„Prospect Theory. An Analysis of Decision under Risk" (1979)
2000		Richard Thaler und Shlomo Benartzi	geb. 1945; geb. 1968	„Save more Tomorrow. Using Behavioral Economics to Increase Employee Savings" (2004)
		George A. Akerlof	geb. 1940	„Animal Spirits. How Human Psychology Drives the Economy and Why It Matters for Global Capitalism" (2009)

Modell des Homo oeconomicus

Das Denken in Modellen ist für die Wirtschaftstheorie kennzeichnend. Modelle sind immer vereinfachende Abbildungen eines Ausschnitts aus der Realität. Zu einem ökonomischen Modell gehört auch die Vorstellung eines typischen Menschen.

Warum die Ökonomie ein Menschenbild braucht

Ein Menschenbild ist eine allgemeine Vorstellung von einem Menschentyp und seinen biologischen, psychologischen oder kulturellen Wesensmerkmalen. Der Erklärungsgehalt eines ökonomischen Modells ist umso höher, je wirklichkeitsnäher das zugrunde liegende Menschenbild ist. Möchte man realistische Schlussfolgerungen aus der Betrachtung und Analyse ökonomischer Modelle ziehen, so muss auch das Menschenbild möglichst realistisch sein. Idealtypische Vorstellungen, etwa von einem „neuen" und „besseren Menschen", stehen auf unsicherem Boden. Für die Gestaltung volkswirtschaftlicher Systeme ist der Mensch so zu nehmen, wie er ist. Er darf also nicht ideologisch verklärt werden. Nur so können die künftigen Auswirkungen einer wirtschaftspolitischen Maßnahme realistisch abgeschätzt werden.

Der klassische Homo oeconomicus

Der Homo oeconomicus verkörpert das idealtypische Menschenbild der klassischen und neoklassischen Wirtschaftstheorie. Die Beschreibung des Homo oeconomicus ist auf diejenigen Wesenszüge begrenzt, die das wirtschaftliche Handeln betreffen.

Im strengen Sinne verfügt der Homo oeconomicus über ein widerspruchsfreies Zielsystem (ohne Zielkonflikte) und er entscheidet rational. Er wählt immer diejenige Maßnahme, die seinen Zielen am besten dient, und er handelt immer zu seinem Vorteil. Ein Unternehmer versucht seinen **Gewinn** zu maximieren, eine Privatperson strebt danach, ihren **Nutzen** ständig zu erhöhen. Eine Person handelt auch dann rational, wenn sie die teurere (kostenintensivere) Möglichkeit wählt, dafür aber die Variante nimmt, die z. B. ihren ethischen Zielen entspricht oder ihr mehr Freizeit verschafft.

Der Homo oeconomicus handelt nach dem **ökonomischen Prinzip**, d. h., er will entweder mit gegebenen Mitteln (z. B. Gütern) den größtmöglichen Erfolg (z. B. Nutzen) erzielen oder ein vorgegebenes Ziel (z. B. Output) mit dem geringstmöglichen Aufwand (z. B. Input) erreichen.

Weiterhin wird angenommen, dass der Homo oeconomicus alle Entscheidungsalternativen kennt, d. h., er besitzt vollständige Information. Die Wirtschaftstheorie spricht hier auch von vollständiger **Markttransparenz.** Schließlich hat er vollständige Voraussicht, kann also die Konsequenzen seiner Handlungsalternativen genau abschätzen und uneingeschränkt Information aufnehmen.

Entscheidungen unter Ungewissheit

Die moderne Wirtschaftstheorie kritisiert das strenge Menschenbild des Homo oeconomicus, denn Entscheidungssituationen, in denen sämtliche Alternativen und deren Konsequenzen bekannt sind, finden sich relativ selten. Außerdem besitzt der Mensch kein geschlossenes widerspruchsfreies System von Zielen, Wünschen und Motiven, nach denen er handelt.

Demgegenüber geht die **Entscheidungstheorie** von weniger strengen Annahmen über die menschlichen Wesensmerkmale aus. Sie unterscheidet zwischen Sicherheit, Risiko und Unsicherheit der Entscheidungsfolgen. Die Entscheidungssituation unter Sicherheit entspricht dem Bild des Homo oeconomicus. Im Risikofall sind die Alternativen, nicht aber ihre Konsequenzen eindeutig bekannt. Allerdings kennt man die Wahrscheinlichkeiten, mit denen die Konsequenzen eintreten können. Bei Entscheidungen unter Unsicherheit sind hingegen nicht einmal solche Wahrscheinlichkeitsaussagen möglich. Eine Entscheidung des Homo oeconomicus unter Unsicherheit kann durchaus rational sein.

Die verhaltenswissenschaftliche Entscheidungstheorie hat das Konzept des beschränkt rational handelnden Individuums entwickelt, das vor allem auf der Erkenntnis basiert, dass der Mensch nur eine beschränkte Informationsmenge aufnehmen und verarbeiten kann. Seinen Entscheidungen liegt ein subjektives, unvollständiges, ungenaues und unsicheres Umweltbild zugrunde. Die Konsequenzen von Entscheidungen können nicht mehr eindeutig bewertet werden, da die menschliche Präferenzordnung weder widerspruchsfrei (konsistent) noch unveränderlich ist. Psychische und soziale Faktoren beeinflussen die Entscheidungsqualität ebenso wie auch die Risikobereitschaft.

Ein Anliegen der entscheidungstheoretischen Forschung liegt z. B. in der Entwicklung von Methoden zur Unterstützung von Entscheidungen, welche die Informationsbeschaffung und -verarbeitung erleichtern. Es wird auch untersucht, wie eine Organisation gestaltet werden sollte, die rationale Entscheidungen begünstigt.

▸ 1 Private Nutzenmaximierung

▸ Ein Student, der in den Semesterferien einen Aushilfsjob annehmen möchte, muss sich entscheiden, wie viele Stunden er arbeiten möchte.
Sein Entscheidungsproblem lautet vereinfacht so: Je mehr er arbeitet, desto mehr kann er sich leisten, z. B. Pizza essen gehen, andererseits muss er jedoch Freizeit opfern, d. h., er kann nicht so häufig ins Freibad gehen. Der Student kennt alle Entscheidungsalternativen und deren Konsequenzen und kann nun rational entscheiden.

▸ 2 Die Nutzenfunktion für Arbeit (grün) und Freizeit (orange)

▸ Der erzielte Nutzen lässt sich grafisch als Nutzenfunktion darstellen. Mit jeder zusätzlichen Einheit steigt der Gesamtnutzen. Aber der Nutzenzuwachs mit jeder weiteren Einheit wird immer kleiner, d. h., der Grenznutzen nimmt ab.

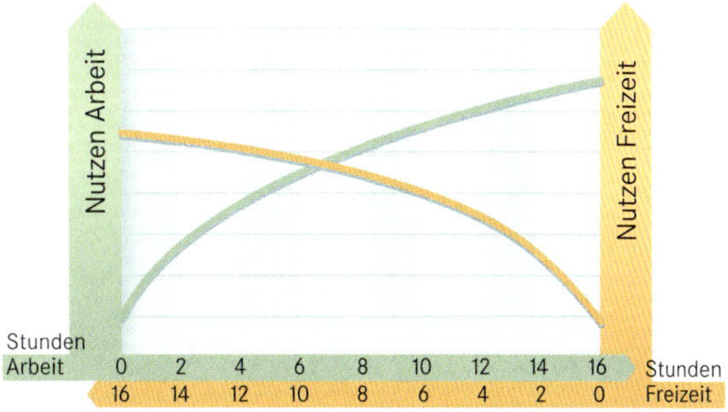

▸ 3 Grenznutzen von Arbeit und Freizeit

▸ Bei einem Grenznutzen von null wird ein Sättigungspunkt erreicht, in dem eine weitere Einheit des Gutes keinen Nutzen mehr stiftet. Der Sättigungspunkt für den Nutzen von Arbeit könnte beispielsweise dann erreicht sein, wenn der Student schlichtweg keine Zeit mehr hat, sein Geld auszugeben, oder bereits so viele Pizzas konsumiert hat, dass ihm eine weitere Pizza nicht mehr schmecken würde. Es wird davon ausgegangen, dass der Student acht Stunden Schlaf braucht und daher theoretisch 16 Stunden Zeit verbleiben, die zwischen Arbeit und Freizeit aufgeteilt werden können.

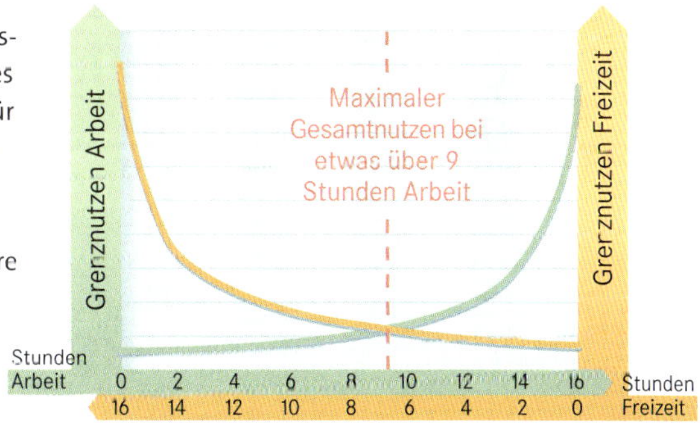

▸ 4 Gesamtnutzen aus der Kombination von Arbeit und Freizeit

▸ Es lässt sich eine Verhaltensregel ableiten. Man sollte so viele Stunden arbeiten, dass der Gesamtnutzen aus Arbeit und Freizeit seinen höchstmöglichen Wert erreicht. Das Maximum des Gesamtnutzens liegt im Schnittpunkt der Grenznutzenfunktionen für Arbeit und Freizeit. Der Student müsste also etwas mehr als neun Stunden pro Tag arbeiten, um seinen Nutzen zu maximieren. Vielleicht sollte er sich eine besser bezahlte Arbeit suchen ...

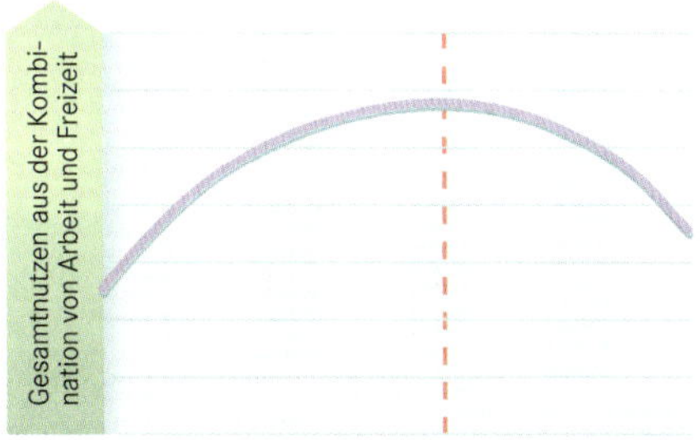

Tausch und Arbeitsteilung

Wirtschaften – das ist jenes Handeln, das der Produktion, dem Tausch und dem Ge- und Verbrauch von Gütern gewidmet ist. Eine Studentin wirtschaftet, wenn sie morgens beim Frühstück ihre Zeitung liest. Brötchen und Zeitung werden konsumiert. Private Haushalte, Unternehmen, öffentliche Haushalte und andere Institutionen wirtschaften – sie sind Wirtschaftssubjekte.

Tausch – direkt oder indirekt

Eine Handlung, bei der ein knappes Gut von einem Wirtschaftssubjekt auf ein anderes übergeht, nennt man **wirtschaftliche Transaktion** – etwa der Erwerb der Zeitung am Kiosk. Wechselt bei der Handlung das Gut nicht das Wirtschaftssubjekt, spricht man von einer **wirtschaftlichen Aktion** – etwa das Lesen der Zeitung.

Der Tausch ist eine wirtschaftliche Transaktion, bei der knappe Güter von zwei oder mehreren Wirtschaftssubjekten abgegeben und empfangen werden (Abb.1). Der **direkte Tausch** oder **Naturaltausch** betrifft nur reale Güter. Die Studentin könnte etwa zum Kioskbesitzer gehen, ihm ein Stück selbst gebackenen Kuchen bringen und dafür eine Zeitung bekommen. Wenn die Studentin dem Hausmeister Kuchen backt, dieser dafür den Platz vor dem Kiosk fegt und als Gegenleistung die Studentin vom Kioskbesitzer ihre Zeitung erhält, dann ist das ein direkter Ringtausch. Beim **indirekten Tausch** werden Realgüter gegen Nominalgüter oder auch Nominalgüter gegen Nominalgüter getauscht. Dabei dient Geld als Tauschmittel. Die Studentin kann die Zeitung mit ein paar Münzen bezahlen (Real- gegen Nominalgut). Sie kann ihr Geld aber auch anlegen und dafür Zinsen bekommen (Nominalgut gegen Nominalgut).

Eine Wirtschaft, in der Realgüter direkt getauscht werden, nennt man **Naturaltauschwirtschaft**. Herrscht dagegen der indirekte Tausch vor, so handelt es sich um eine **Tauschwirtschaft** im engeren Sinn.

Tausch setzt Arbeitsteilung voraus

Im Gegensatz zu einem System der Selbstversorgung erfordert die Tauschwirtschaft arbeitsteiliges Wirtschaften. Jeder Einzelne stellt meist nur wenige Güter in größeren Mengen her, benötigt aber viele unterschiedliche Güter in kleinen Mengen. Der Ausgleich erfolgt im Tausch. Die Tauschwirtschaft ist sehr leistungsfähig, allerdings bringt die starke Verflechtung einen hohen Abstimmungsbedarf mit sich. Die Art und Weise der Abstimmung hängt von der **Wirtschaftsordnung** ab. In einer Marktwirtschaft werden die Pläne der Wirtschaftssubjekte durch die Preise koordiniert, die sich durch das Zusammenspiel von Angebot und Nachfrage bilden.

Schritt für Schritt die Arbeit teilen

Die Mitglieder einer so genannten **Robinsongesellschaft** sind alle Selbstversorger. Jeder produziert und konsumiert ausschließlich für sich selbst. Wird dieses Prinzip aufgegeben und die Arbeitsleistung in Teilverrichtungen zerlegt, spricht man von Arbeitsteilung.

Ausgehend von der Arbeits- bzw. Rollenverteilung zwischen den Geschlechtern kommt es auch innerhalb von Sippen, Stämmen oder Dorfgemeinschaften zu Arbeitsteilung. Einzelne Funktionen werden aus dem Haushalt ausgegliedert, Berufe bilden sich heraus. Spezialisierungen führen zu weiteren **Berufsspaltungen**. So entstehen aus dem Beruf des Schmiedes die Berufe Hufschmied und Nagelschmied. Im nächsten Schritt werden auch die einzelnen Arbeitsprozesse zerlegt. In der Hufschmiede etwa ist eine Person mit dem Erhitzen des Eisens beschäftigt, eine andere mit dessen Bearbeitung mit dem Schmiedehammer. Der gemeinsame Erfolg kann nur noch durch das Zusammenwirken der einzelnen, an sich unselbstständigen Arbeiten erzielt werden.

Diese Form der Arbeitszerlegung findet sich bei frühen Jagdgemeinschaften ebenso wie bei der Fließbandfertigung. Auch räumlich kann Arbeit geteilt werden. Produktionsvorgänge werden in Regionen konzentriert, die die günstigsten Standortbedingungen bieten.

Arbeitsteilung – Licht und Schatten

Die Produktivität erhöht sich, da die Arbeitskraft z. B. aufgrund einer höheren Geschicklichkeit besser ausgenutzt wird. Arbeitsteilung ermöglicht auch den Einsatz spezialisierter Maschinen. Menschen mit den unterschiedlichsten Fähigkeiten können so im Produktionsprozess eingesetzt werden, dass ihre speziellen Fähigkeiten bestmöglich ausgeschöpft werden. Damit wird eine kostengünstige Massenproduktion möglich. Allerdings schwingt der Nachteil bei dem Wort „ausnutzen“ bereits mit: Der Mensch ermüdet schneller, die Arbeit wird eintöniger und „entseelt“, wie es die sozialistische Kritik formuliert. Da nur noch Teile gefertigt werden, geht die Beziehung zum Arbeitsprodukt als Ganzem verloren. Deshalb verliert die Fließbandfertigung zugunsten modernerer Formen von Gruppenarbeit an Bedeutung (Abb. 2).

▸ 1 Tauschgeschäfte

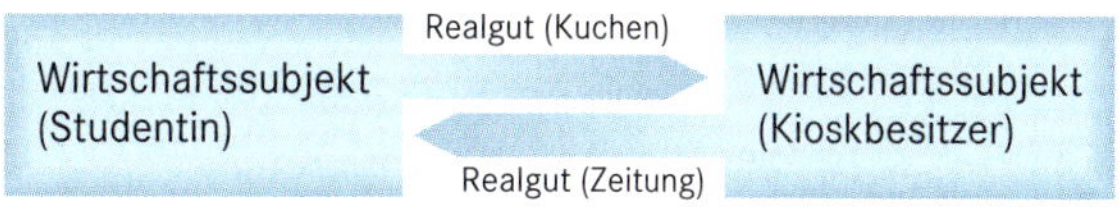

▸ **Direkter Tausch**

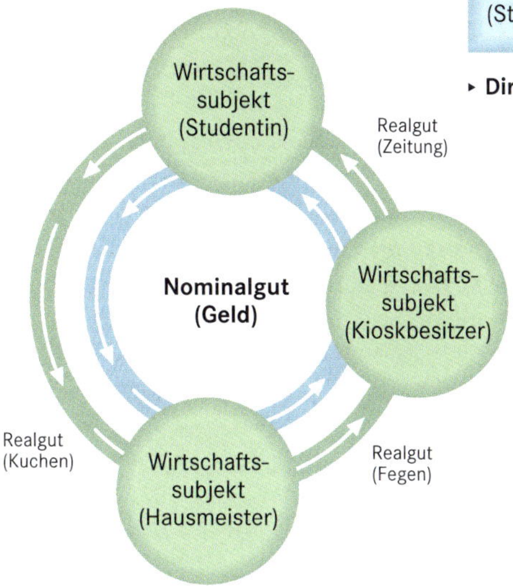

▸ **Indirekter Tausch**
Hier muss kein direktes Gleichgewicht zwischen den Mengen an Realgütern, die ausgetauscht werden, gefunden werden. Der Hausmeister fegt, so viel er will, die Studentin backt, so viel sie möchte, und kann ihre Zeitung mit ihrem Geld direkt bezahlen und es reicht wahrscheinlich auch noch für weitere Konsumgüter.

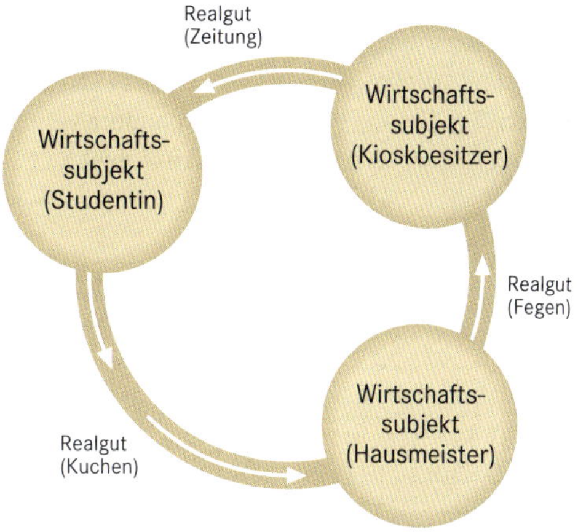

▸ **Direkter Ringtausch**
Hier muss allerdings ein Gleichgewicht zwischen den Mengen an Realgütern, die ausgetauscht werden, gefunden werden. Die Studentin muss genau so viel Kuchen backen, damit der Hausmeister genau so lang dafür fegt, wie es der Kioskbesitzer für den Wert einer Zeitung als erforderlich ansieht.

▸ 2 Auswirkung der Arbeitsteilung auf die Wirtschaftssubjekte

▸ Die wesentlichsten positiven und negativen Auswirkungen der Arbeitsteilung werden einander gegenübergestellt:

Vorteile	Nachteile
Steigerung der Produktivität (z. B. Leistungssteigerung durch Routinearbeit): infolgedessen Einkommensverbesserungen;	gesundheitliche Schäden durch einseitige Belastung körperlicher und geistiger Funktionen;
spezielle Begabungen lassen sich zum Nutzen des Einzelnen und der Gesellschaft entfalten;	Umstellungsschwierigkeiten bei Verlust oder Veränderung des Arbeitsplatzes;
Ausbildung für spezielle Tätigkeiten ist kürzer als für nicht spezialisierte Arbeiten; Schaffung von Arbeitsplätzen auch für angelernte und ungelernte Arbeitskräfte;	gegenseitige Abhängigkeit der Arbeitenden (Verlust der Selbstständigkeit);
Arbeitsteilung erleichtert den Einsatz von Maschinen; damit wird dem Arbeitenden die Arbeit erleichtert;	der Arbeitende verliert die Übersicht über den Gesamtzusammenhang seiner Tätigkeit;
kleinere Arbeitsaufgaben, deshalb bessere Beherrschung der Arbeit.	die Arbeit erscheint dem Einzelnen sinnlos;
	Monotonie der Arbeit führt zum Verlust der Arbeitsfreude (Beruf wird zum „Job“);
	schöpferische Tätigkeit oft nicht oder kaum mehr möglich; höherer Kapitaleinsatz erforderlich.

Grundfragen des Wirtschaftens

Der Mensch benötigt Nahrung, Kleidung, Wohnung und medizinische Versorgung, um zu überleben. Zusätzlich zu diesen hat er weiter gehende Bedürfnisse, etwa nach Unterhaltung oder Bildung. Die Güter, die zur Bedürfnisbefriedigung zur Verfügung stehen, sind knapp. Dies ist das grundsätzliche Ausgangsproblem, mit dem sich die Volkswirtschaftslehre beschäftigt.

Was soll produziert werden?

Angesichts der **Knappheit** muss eine Gesellschaft die folgenden drei elementaren wirtschaftlichen Fragen beantworten: Was soll produziert werden? Welche Produktionsverfahren sollen verwendet werden? Für wen soll produziert werden?

Ein **Gut** ist allgemein jedes Mittel, das geeignet ist, menschliche Bedürfnisse zu befriedigen. Zu diesen Mitteln zählen nicht allein materielle Gegenstände, wie etwa Lebensmittel oder Kleidung, sondern auch Dienstleistungen, wie etwa ein Haarschnitt oder eine Theateraufführung.

Weiterhin kann man zwischen freien und knappen Gütern unterscheiden. Für **freie Güter**, die jedem unbegrenzt zur Verfügung stehen, stellt sich das grundlegende ökonomische Problem der Knappheit nicht. Dies gilt etwa für den Sand in der Wüste. Allerdings werden freie Güter immer seltener: Auch saubere Luft, unbelastetes Wasser und unberührte Natur, die in vergangenen Jahrhunderten praktisch noch freie Güter waren, sind angesichts des fortschreitenden Bevölkerungswachstums und der Umweltprobleme mehr und mehr zu knappen Gütern geworden.

Die Ressourcen, die zur Güterproduktion zur Verfügung stehen – die so genannten Produktionsfaktoren – sind begrenzt. Daher muss entschieden werden, welche Güter in welchen Mengen hergestellt werden sollen. Dabei herrscht **Verwendungskonkurrenz:** Werden z. B. mehr Mittel in die Herstellung von Autos gelenkt, dann stehen weniger Mittel für den Wohnungsbau zur Verfügung.

Die Wahl der Produktionsverfahren

Ein und dasselbe Gut kann auf verschiedene Art und Weise produziert werden. Die Produktionsweisen haben sich im Lauf der industriellen Entwicklung stark verändert. War etwa die Herstellung eines Autos anfangs noch das Werk vieler Arbeiter (arbeitsintensive Produktionsweise), so hat heute oftmals der Industrieroboter und damit der Faktor Kapital die Arbeit menschlicher Hände ersetzt (kapitalintensive Produktionsweise).

Für wen soll produziert werden?

Ist in einer Gesellschaft entschieden, welche Güter auf welche Weise produziert werden, dann stellt sich immer noch die dritte Frage: Wer darf die bereitgestellten Güter konsumieren? Hier wird die Unterscheidung zwischen privaten und öffentlichen Gütern wichtig. **Öffentliche Güter**, z. B. Dämme zum Schutz gegen Überflutung, kommen allen Menschen in der betreffenden Region zugute. Bei **privaten Gütern**, z. B. einem Liter Treibstoff, stellt sich hingegen das Problem der Rivalität: Wenn ein Autofahrer den Treibstoff verbraucht, dann steht dieses konkrete Gut anderen nicht mehr zur Verfügung.

Zentraler Plan oder Markt?

In der Wirtschaftsgeschichte hat es ganz unterschiedliche Versuche gegeben, die drei Grundfragen der Volkswirtschaftslehre zu beantworten. In der **Zentralverwaltungswirtschaft** sowjetischer Prägung entschied eine zentrale Planungsbehörde darüber, welche Güter auf welche Weise herzustellen waren. Auch das Problem der Verteilung der Güter wurde auf zentralstaatlicher Ebene durch die Festlegung der Einkommen der Bürger gelöst. In einer **Marktwirtschaft** hingegen überlässt die Gesellschaft die Beantwortung der ersten beiden Fragen in erster Linie dezentralen Entscheidungsträgern, die sich an Marktpreisen orientieren. Haushalte entscheiden aufgrund ihrer Vermögens- und Einkommensverhältnisse eigenverantwortlich darüber, welche Güter sie konsumieren und wie viel von ihrer Arbeitskraft sie gegen Entlohnung für die Güterproduktion zur Verfügung stellen. Unternehmen entscheiden vor dem Hintergrund ihrer Absatzmöglichkeiten und der verfügbaren Produktionsfaktoren und deren Kosten autonom darüber, welche Güter auf welche Weise erzeugt werden.

Der Staat als Umverteilungsinstanz

Allerdings greift der Staat auch in den marktwirtschaftlichen Ordnungen in die Beantwortung der dritten Frage ein: Im Rahmen der Besteuerung und der Systeme der sozialen Sicherung verteilt er die am Markt entstandenen Einkommen mehr oder weniger stark um. So soll vor allem sichergestellt werden, dass auch diejenigen, die etwa aufgrund von Krankheit oder Alter keine Arbeitskraft anbieten können, Zugang zu den Gütern haben, die sie zur Sicherung ihrer Existenz benötigen.

Einordnung der Volkswirtschaftslehre in die Wissenschaften

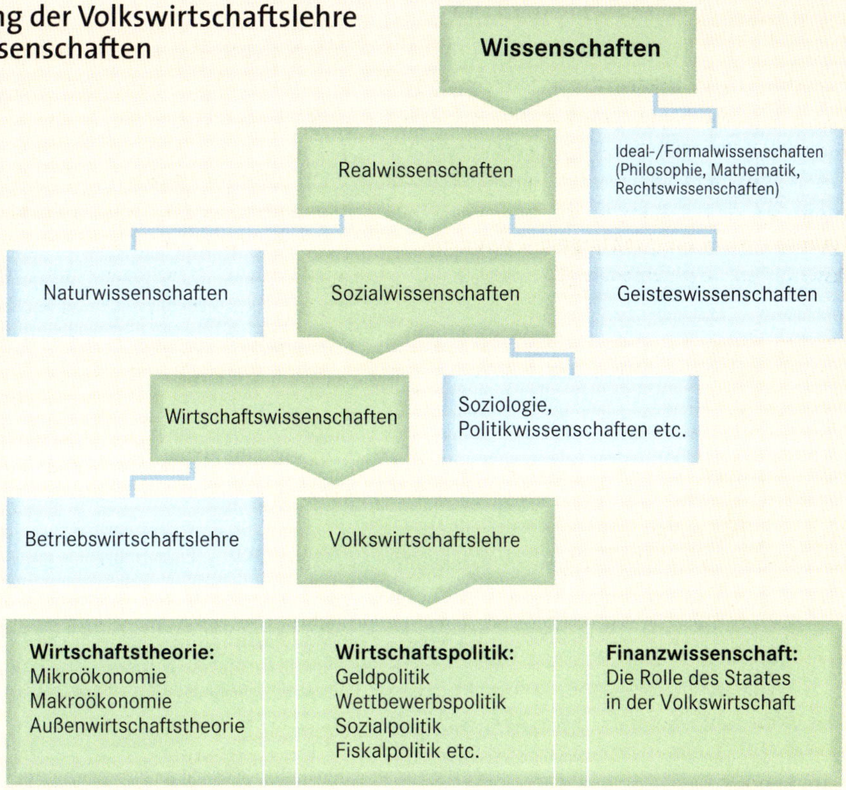

Kernfragen in den Einzeldisziplinen der volkswirtschaftlichen Theorie:

- **Mikroökonomie:**
  Wie treffen der einzelne Haushalt und das einzelne Unternehmen ihre ökonomischen Entscheidungen angesichts des grundlegenden Problems der Knappheit? Wie funktioniert der dezentrale Koordinationsmechanismus eines Marktes?

- **Makroökonomie:**
  Wie wirken sich die Entscheidungen von Unternehmen, Haushalten und Staat in ihrer Gesamtheit (d. h. in aggregierter Betrachtungsweise) aus? Wie kommt es zu Phänomenen wie etwa Arbeitslosigkeit und Konjunkturzyklen?

- **Außenwirtschaftstheorie:**
  Wie wirkt sich die Öffnung einer Volkswirtschaft gegenüber dem Ausland aus? Was bestimmt die Handels- und Kapitalströme? Wie bildet sich ein Wechselkurs?

Kernfragen der Wirtschaftspolitik:

- Wie soll die Wirschaftspolitik angesichts der Erkenntnisse der Theorie handeln, um den volkswirtschaftlichen Koordinationsmechanismus zur Beantwortung der drei Grundfragen nach dem „Was", „Wie" und „Für wen" zu verbessern?

Kernfragen der Finanzwissenschaft:

- Wie wirkt sich die staatliche Tätigkeit in einer Volkswirtschaft auf die Einnahmeseite (Steuern und Abgaben) und die Ausgabeseite (Infrastruktur, Transfers) aus? Wie sollte die staatliche Aktivität hinsichtlich Niveau und Struktur gestaltet werden?

Rahmen wirtschaftlichen Handelns

Die Wirtschaft scheint wie selbstverständlich zu funktionieren. Wir gehen in einen Supermarkt und finden dort alles, was wir brauchen. Die Waren liegen einfach in den Regalen. Wir nehmen sie heraus, bezahlen dafür und nehmen sie mit nach Hause. Das dichte Netz wirtschaftlicher Aktivitäten, die erforderlich sind, um sie verfügbar zu machen, ist uns dabei selten bewusst.

Bedarf und Produktion müssen in einer arbeitsteiligen Wirtschaft aufeinander abgestimmt und organisiert werden. Das Gefüge der für den Aufbau und die Abläufe in einer Volkswirtschaft notwendigen Regeln nennt man **Wirtschaftsordnung**.

Die Wirtschaftsordnung bildet den Rahmen für die Beziehungen der Wirtschaftssubjekte untereinander und legt den Entscheidungsspielraum der wirtschaftenden Menschen und Unternehmen gegenüber dem Verfügungsbereich des Staates fest. Die gesetzliche Verankerung dieses Rahmens nennt man **Wirtschaftsverfassung**. Darüber, wie die Wirtschaftsordnung beschaffen sein sollte, herrschen unterschiedliche Meinungen. Heute bestimmen in aller Regel staatliche Instanzen die Ausgestaltung des Regelwerks.

Wer entscheidet? Individuum versus Kollektiv

Die Organisation der Volkswirtschaft als Teil der **Gesellschaftsordnung** (Abb. 1) beruht auf einer ideologisch motivierten gesellschaftspolitischen Entscheidung. Je nach der Auffassung vom Wesen des Menschen und von seiner Rolle in der Wirtschaft lassen sich unterschiedliche Ideologien gegeneinander abgrenzen.

Im Mittelpunkt der **individualistischen Gesellschaftsordnung** steht der Einzelne mit seinem Recht auf Streben nach Glück. Oberster Grundsatz ist seine Entscheidungsfreiheit in wirtschaftlichen Angelegenheiten. Der Staat soll nur die Rahmenbedingungen für die Tätigkeiten und den Schutz des Einzelnen schaffen. Die wirtschaftlichen Entscheidungen werden hingegen von den Menschen in den Haushalten und Unternehmen eigenständig getroffen. Auf den Märkten bilden sich Preise, die Anreize für Produktion und Konsum schaffen. In einer **Marktwirtschaft** organisieren alle Wirtschaftssubjekte das Wirtschaftsgeschehen ohne zentrale Steuerung allein durch Angebot und Nachfrage.

In der **kollektivistischen Gesellschaftsordnung** haben nicht die Bedürfnisse des Einzelnen, sondern die gesellschaftlichen Bedürfnisse erste Priorität. Die Eigeninteressen des Menschen sind dem Gemeinwohl untergeordnet. Staat und Gesellschaft verfolgen übergeordnete Ziele, an deren Verwirklichung jeder Einzelne mitzuwirken hat. Die Abläufe in der Volkswirtschaft folgen einem zentralen Plan, der von einer zentralen Planstelle erarbeitet und dessen Einhaltung zentral überwacht wird.

In der Realität existier(t)en weder reine Markt- noch reine **Planwirtschaften**, wohl aber Mischformen dieser beiden Systeme (Abb. 2). Beispiele sind die **soziale Marktwirtschaft** in Deutschland sowie die Planwirtschaften der ehemals sozialistischen Staaten.

Merkmale von Wirtschaftsordnungen

Wirtschaftsordnungen werden in der Regel mithilfe von zwei grundlegenden Merkmalen voneinander abgegrenzt: nach der Form des Eigentums und nach dem Mechanismus zur Koordination wirtschaftlichen Handelns (Abb. 3). Die **Eigentumsordnung** legt fest, ob Produktionsmittel Privat- oder Gemeineigentum sind. In einem kapitalistischen System gehören die Produktionsmittel Privaten; in einem sozialistischen System hingegen sind sie Gemeineigentum.

Für Karl Marx (1818–1883) war das Eigentum an den Produktionsmitteln das grundlegende Unterscheidungsmerkmal. Demnach wäre eine Wirtschaftsordnung je nach ihrer Ausgestaltung dem Typus der Urgesellschaft, der Sklavenhaltergesellschaft, des Feudalismus, des Kapitalismus oder des Sozialismus bzw. Kommunismus zuzurechnen.

Der Koordinationsmechanismus bestimmt, was, wie und für wen produziert werden soll. Hier lassen sich grundsätzlich zentrale und dezentrale **Koordination** unterscheiden. Bei der zentralen Abstimmung übernimmt eine zentrale staatliche Instanz alle notwendigen Entscheidungen. Sie plant das „Was", „Wie" und „Für wen". Eine solche Wirtschaftsordnung wird daher auch als Plan- bzw. Zentralverwaltungswirtschaft bezeichnet. Bei der dezentralen Koordination entscheiden Unternehmen und Haushalte; Angebot und Nachfrage steuern in einer solchen marktwirtschaftlichen Ordnung das Geschehen.

Dem Ökonomen Walter Eucken (1891–1950) zufolge ist Koordination bzw. Planung das elementare Klassifikationsmerkmal (Abb. 3). Je nach der Zahl der Planträger unterscheidet er idealtypisch zwischen dem Modell der „freien Verkehrswirtschaft" (Marktwirtschaft) und dem der „zentral geleiteten Wirtschaft" (Planwirtschaft).

▸ 1 Bereiche der Gesellschaftsordnung

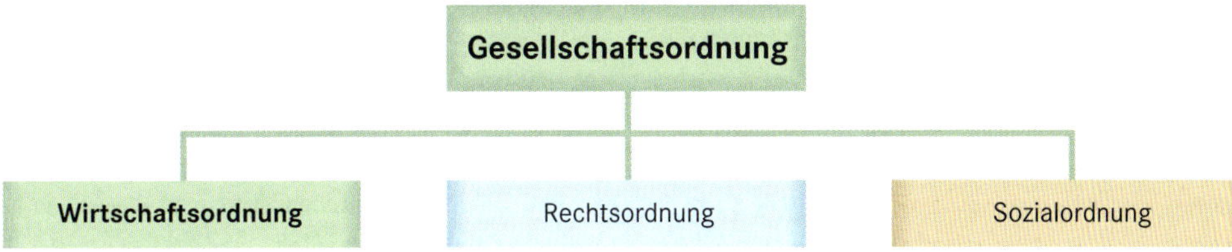

▸ 2 Reale Wirtschaftsordnungen als Abweichung von den beiden Idealtypen

Idealtyp „Marktwirtschaft“

1	Anarchie	**(totale „Laissez-faire-Wirtschaft“)**
2	spezieller staatl. Ordnungsrahmen für die Wirtschaft (vor allem zur Sicherung des Wettbewerbs)	**(„Liberalismus“)**
3	staatl. Steuerung von Nichtwettbewerbsbereichen (besonders zur Bereitstellung „öffentlicher Güter“)	
4	Umverteilungspolitik	**(„Soziale Marktwirtschaft“)**
5	Globalsteuerung auf Marktebene	**(„gelenkte Marktwirtschaft“)**
6	Steuerung bis auf Branchenebene	**(„PlanifiKation“)**
7	Mikrosteuerung auf Unternehmensebene (z. B. durch Investitionskontrolle)	**(„gemäßigter Sozialismus“)**

Unvereinbarkeit und Dominanz eines Grundtyps?

7	betriebliche Investitionsfreiheiten	**(„Marktsozialismus“)**
6	staatl. Produktionssollvorgaben (nur bis auf Branchenebene)	**(„Prager Frühling“)**
5	staatl. Planvorgaben mit betrieblichen Produktionsfreiheiten	
4	Dezentralisierung bei der staatl. Produktionsplanerstellung	**(„Neues ökonomisches System“)**
3	Freiheit haushaltlicher Einkommenserzielung	**(Arbeitsplatzfreiheit)**
2	Freiheit haushaltlicher Einkommensverwendung	**(Konsumfreiheit)**
1	vollständige Mikrosteuerung	**(totale „Kommandowirtschaft“)**

Idealtyp „Zentralverwaltungswirtschaft“

Quelle: Bartling/Luzius.

▸ 3 Klassifikation von Wirtschaftsordnungen

Hauptunterscheidungselemente	**Idealtypische Wirtschaftssysteme: Zentralverwaltungswirtschaft**	**Idealtypische Wirtschaftssysteme: Marktwirtschaft**
Koordination der Wirtschaftseinheiten	Einplanwirtschaft und staatliche Steuerung („zentral geleitete Wirtschaft“)	Mehrplanwirtschaft und Wettbewerbssteuerung („freie Verkehrswirtschaft“)
Subordination der Wirtschaftseinheiten unter den Staat	Gebote (Plansoll-Vorgaben)	Verbote (staatlicher Ordnungsrahmen)
Eigentumsordnung	Staatseigentum („Sozialismus“)	Privateigentum („Kapitalismus“)
Interdependenz mit der politischen Ordnung	Diktatur	Demokratie

Quelle: Bartling/Luzius.

Eigentumsordnung

In einer Marktwirtschaft befindet sich das Kapital zumeist in Privateigentum. Nahezu jedes Stück Land, jedes Haus, jede Maschine gehört einer Person oder einem Unternehmen. Nur in seltenen, gesetzlich angeordneten Fällen stehen Güter in öffentlichem Eigentum.

Eigentumsrechte

Die Eigentumsordnung umfasst die Gesamtheit der Eigentumsrechte; sie ist Bestandteil der Wirtschaftsverfassung, d. h. des rechtlichen Rahmens der wirtschaftlichen Aktivitäten einer Volkswirtschaft.

Eigentumsrechte an Gütern beinhalten das Recht, diese Güter zu besitzen und über sie zu verfügen. Juristisch bedeutet **Eigentum** das umfassende Herrschaftsrecht an einer Sache, d. h., die beliebige Verfügung darüber, allerdings innerhalb der gesetzlichen Inhalts- und Schrankenbestimmungen des Eigentums. Eine Antiquitätensammlerin darf ihre alten Schränke in ihrer Wohnung aufstellen, sie verleihen, verkaufen, verschenken oder auch in einer kalten Winternacht im Kamin verfeuern. Schranken sind z. B. bau- und feuerpolizeiliche Verordnungen, das Verbot von Rechtsmissbrauch (etwa durch störendes Bauen) oder auch die nachbarschaftliche Rücksichtnahme. Beispielsweise muss der Eigentümer eines Grundstücks die Zuführung von Gasen, Dämpfen und Gerüchen vom Nachbargrundstück dulden, soweit diese ihn nur unwesentlich belästigen oder ortsüblich sind und nicht durch Maßnahmen vermindert werden können, die wirtschaftlich zumutbar sind.

Im alltäglichen Sprachgebrauch werden die Begriffe Eigentum und **Besitz** häufig verwechselt. So spricht man etwa vom Hausbesitzer, meint aber den Hauseigentümer. Das Recht, über ein Rechtsobjekt im gesetzlichen Rahmen frei verfügen zu können, bezeichnet man als Eigentum. Demgegenüber ist Besitz die tatsächliche Herrschaft über eine Sache. Leiht ein Ehepaar dem Nachbarn seinen Rasenmäher, so ist der Nachbar zeitweiliger Besitzer, während das Ehepaar Eigentümer des Rasenmähers bleibt.

Schutz des Eigentums

Den Schutz des Eigentums gewährt zunächst die Eigentumsordnung selbst. Der Eigentümer kann etwa die Herausgabe einer ihm unbefugterweise vorenthaltenen Sache gerichtlich erzwingen oder eine unbefugte Störung verhindern. Das Eigentum wird zudem durch das Strafrecht geschützt, wenn Eigentum gestohlen oder beschädigt wird. Auch das Verfassungsrecht schützt das Eigentum, denn der Staat versichert durch die **Eigentumsgarantie** (Art. 14 Grundgesetz), das Eigentum nicht ohne allgemeine gesetzliche Grundlage und nicht ohne Entschädigung zu beschränken oder zu entziehen (Abb. 1). Zwar ist das Eigentum als Freiheitsrecht des Einzelnen grundrechtlich geschützt. Zugleich gilt aber die **Sozialpflichtigkeit des Eigentums**, d. h., sein Gebrauch soll auch dem Wohl der Allgemeinheit dienen (Abb. 2).

Eigentumsrechte und wirtschaftspolitische Ziele

Die Eigentumsordnung legt fest, wie und unter welchen Bedingungen über Ressourcen verfügt werden darf. Die Frage, wie **Nutzungsrechte** für Ressourcen in einer Gesellschaft definiert werden müssen, damit die gesellschaftlichen Ziele erreicht werden, ist Gegenstand der Theorie der Nutzungsrechte. Güter, die nicht knapp sind, können frei verfügbar bleiben. Allerdings werden frei zugängliche Güter, wie etwa saubere Luft, immer seltener, sodass auch für solche Güter Nutzungsrechte festgelegt werden müssen, etwa indem die Abgabe von Schadstoffen beschränkt wird.

Die Eigentumsordnung muss Anreize schaffen, die dafür sorgen, dass sich Haushalte und Unternehmen im Gesamtinteresse verhalten. In der Vergangenheit hat sich Privateigentum als ein guter Anreiz zum sorgsamen Umgang mit Ressourcen erwiesen. So wird etwa ein Unternehmer stets versuchen, den Energieverbrauch möglichst gering zu halten, da er auf diese Weise einen höheren Gewinn erwirtschaftet.

Eigentum und Wirtschaftsordnung

In einer **Marktwirtschaft** werden Angebot und Nachfrage durch den Preis reguliert. Dieser Mechanismus kann nur funktionieren, wenn Haushalte und Unternehmen eigenverantwortlich über die Verwendung der Produktionsfaktoren und Güter entscheiden können. Ein Unternehmen wird nur dann gegründet, wenn der Gründer über seine Maschinen und seinen Gewinn verfügen kann. Haushalte fragen nur solche Güter nach, über deren Verwendung sie auch selbst bestimmen können.

Entscheidend ist, dass die mit Produktionsfaktoren und Gütern verknüpften Eigentumsrechte und sozialen Pflichten konkret definiert sind. Andernfalls kommt es, wie etwa bei einem unbeschränkten Schadstoffausstoß von Kohlekraftwerken, zu Konflikten zwischen privaten und gesellschaftlichen Interessen.

▸ 1 Grundrechtsträger im Rahmen der Eigentumsgarantie

- Die Eigentumsgarantie des Art. 14 Grundgesetz (GG) begründet ein Individualrecht des Bürgers gegen den Staat und die anderen Hoheitsträger. Danach ist der Entzug des Eigentums oder dessen sonstige hoheitliche Beeinträchtigung zugunsten der Allgemeinheit nur gegen angemessene Entschädigung des Betroffenen zulässig. Inhalt und Schranken des Eigentums sind durch den Gesetzgeber bestimmt. Richtmaß hierfür ist die Sozialpflichtigkeit des Eigentums.

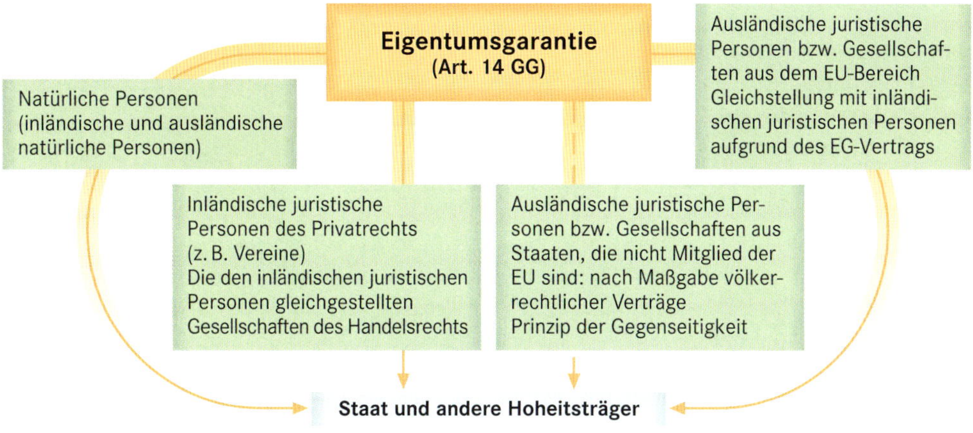

▸ 2 Die Sozialisierungsermächtigung des Art. 15 GG in der Verfassungsordnung

- Das GG kennt auch eine Sozialisierung: Art. 15 GG gestattet, Grund und Boden, Naturschätze und Produktionsmittel durch ein Gesetz zu sozialisieren, das allerdings nach den Grundsätzen der Enteignung Art und Ausmaß der Entschädigung regeln muss. Die Sozialisierung oder Vergesellschaftung ist von der bloßen Umverteilung von Eigentum unter Privaten (z. B. bei Bodenreform) und von (auch weit reichenden) Beschränkungen der Befugnisse des Privateigentümers (z. B. Mieterschutzgesetze) zu unterscheiden. Von der Sozialisierungsermächtigung ist bislang kein Gebrauch gemacht worden.

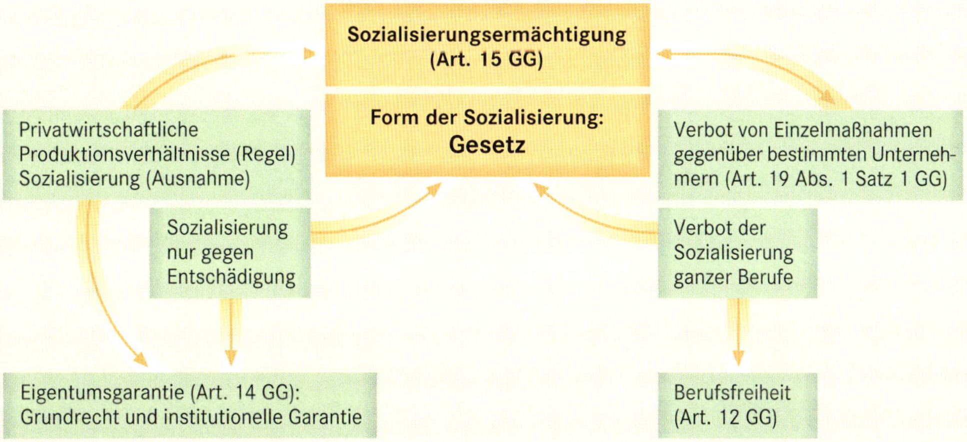

Marktwirtschaft

In Deutschland, den USA und den meisten anderen demokratischen Ländern wird der Wirtschaftsablauf überwiegend durch den Markt und die sich dort bildenden Preise gesteuert. Daher nennt man die Wirtschaftssysteme in diesen Ländern Marktwirtschaften.

Historische Wurzeln der Marktwirtschaft

Die Idee der Marktwirtschaft stammt aus der Kritik an der staatlichen Bevormundung der Wirtschaft im Merkantilismus. Der **Merkantilismus** war die Wirtschaftsordnung im Zeitalter des Absolutismus. Seine wirtschaftspolitischen Ziele bestanden darin, den nationalen Reichtum zu vergrößern und die Macht des Staates auszudehnen.

Das Grundmodell der **freien Marktwirtschaft** geht auf den schottischen Nationalökonomen Adam Smith (1723–1790) zurück. In seinem Hauptwerk aus dem Jahr 1776 „Der Wohlstand der Nationen" schrieb Smith: „Nicht durch das Wohlwollen des Fleischers, des Brauers oder des Bäckers dürfen wir erwarten, uns zu sättigen, sondern durch die Wahrung ihrer Eigeninteressen." Smith interpretierte die Marktwirtschaft als ein „System der natürlichen Freiheit", in dem – unbeschränkte Konkurrenz vorausgesetzt – die vom Eigennutz geleiteten Handlungen jedes Einzelnen zu den gesellschaftlich und wirtschaftlich bestmöglichen Ergebnissen führen.

Das Modell der freien Marktwirtschaft

Eine freie Marktwirtschaft ist eine Wirtschaft, in der die Haushalte und privaten Unternehmen alle Entscheidungen über Produktion und Konsum selbst treffen. Märkte, Preise, Gewinne, Verluste, Anreize und Belohnungen bestimmen darüber, was, wie und für wen produziert wird. Unternehmen erzeugen die Güter, die den höchsten Gewinn erwarten lassen, mit den kostengünstigsten Produktionsmethoden. Die Konsumstruktur ergibt sich aus den Entscheidungen der Haushalte darüber, wie sie ihr Einkommen aus Arbeit und Vermögen ausgeben möchten (Abb. 1). Es gibt also keinen zentral vorgegebenen Wirtschaftsplan, an den sich alle halten müssen. Vielmehr bilden Haushalte und Unternehmen ihre eigenen Verbrauchs-, Einkommens- und Produktionspläne.

Der **Preis** als lenkende Hand koordiniert Angebot und Nachfrage. Dieser Mechanismus kann nur funktionieren, wenn Unternehmen die Freiheit haben, entsprechend ihrer Gewinnerwartungen zu produzieren, und private Haushalte, ausgehend von ihrem Streben nach größtmöglichem Nutzen, frei unter den am Markt gegebenen Möglichkeiten wählen dürfen.

Jeder Einzelne strebt nach seinem Glück und trägt, ohne sich dessen bewusst zu sein, seinen Teil dazu bei, das Gemeinwohl zu verbessern. Unternehmer, die Marktlücken entdecken oder neuen Bedarf wecken, haben Markterfolg und erzielen Gewinne. Anbieter hingegen, die am Bedarf vorbei agieren, erleiden Verluste und müssen früher oder später aus dem Markt ausscheiden. Dieses Wettbewerbsprinzip gilt auch für den Arbeitsmarkt und den Kapitalmarkt.

Der Staat als Nachtwächter

Im Modell der freien Marktwirtschaft spielt der Staat eine Nachtwächterrolle, d. h., er greift nicht aktiv in das Wirtschaftsgeschehen ein. Er beschränkt sich als Gesetzgeber auf die Ordnungspolitik und schafft die notwendigen Rahmenbedingungen. Die Individuen können weit gehend Gewerbe, Beruf und den Ort ihrer Tätigkeit selbst bestimmen. Unternehmen werden lediglich durch Gesetze und Verordnungen sowie die Wünsche der Nachfrager am Markt beschränkt. **Vertragsfreiheit** und **Rechtsstaatlichkeit** bilden notwendige Voraussetzungen der Marktwirtschaft. Die Marktbeteiligten einigen sich selbst über die Bedingungen, unter denen sie Verträge abschließen wollen. Das deutsche Kaufrecht ist größtenteils entsprechend dem Grundsatz der Vertragsfreiheit gestaltet. Nur wenn keine speziellen Vereinbarungen getroffen wurden gelten gesetzliche Regelungen.

„Mein Haus, mein Auto, mein Boot ..."

In Marktwirtschaften sind die Produktionsmittel – das Kapital – in Privatbesitz (daher auch die Bezeichnung **Kaptalismus)**. Jeder kann frei entscheiden, wie er sein Einkommen aus Arbeit und Vermögen verwendet. Er kann es sparen oder zum Konsum einsetzen. Private können ihr Kapital auch Unternehmen zur Verfügung stellen oder selbst einen Betrieb eröffnen. Das Einkommen ist Ausdruck der persönlichen Leistung und Risikobereitschaft. Eingriffe in die aus dem Marktgeschehen resultierende Wohlstandsverteilung sind in einer freien Marktwirtschaft ausgeschlossen.

Die Leistungsfähigkeit einer sich selbst überlassenen Marktwirtschaft ist beschränkt (Abb. 2). Die realen Marktwirtschaften, z. B. die soziale Marktwirtschaft in Deutschland, weichen deshalb vom Idealmodell einer freien Marktwirtschaft ab.

▸ 1 Der Markt als Koordinationsinstrument

- Der Markt ist in der freien Marktwirtschaft die Koordinationsinstanz. Im idealtypischen Modell der freien Marktwirtschaft regulieren sich die Gütermärkte mithilfe des Preises, die Kreditmärkte mithilfe des Zinses und die Faktormärkte mithilfe des Lohnes und des Pachtzinses.

▸ 2 Leistungen und Schwächen der freien Marktwirtschaft

- **Das Modell der freien Marktwirtschaft war am ehesten im Kapitalismus des 19. Jahrhunderts verwirklicht. Stärken und Schwächen lassen sich anhand der Erfahrungen beleuchten.**

Leistungen	Schwächen
Industrialisierung	Krasse soziale Missstände
Entwicklung der Massenproduktion	Ausbeutung der Arbeitskraft mit Niedriglöhnen
Kanalisierung	Wirtschaftskrisen durch die Neigung zu starken Konjunkturschwankungen
Schaffung von Eisenbahnlinien	Konzentration des Vermögens
Erschließung neuer Märkte in Übersee	
Beseitigung der Vorrechte des Adels	
Bürgertum erhielt Chance des sozialen Aufstiegs	

Die egoistische Verfolgung der individuellen Ziele dient dem Wohl aller. Gründe, warum der Staat doch nicht nur Nachtwächter sein darf:

- Der Preis ist keine gerechte oder ungerechte Größe, er ist eine objektive Größe, die sich aufgrund von Knappheitsverhältnissen herausbildet. Das kann beispielsweise bei Arbeitslosigkeit dazu führen, dass die fallenden Löhne Armut, Notstand und Krankheit mit sich bringen.
- Kartelle und andere Konzentrationsformen zur Begrenzung des freien Wettbewerbs bilden sich heraus. Durch ihre Marktstärke sind sie in der Lage, die Absatzpreise höher als diejenigen anzusetzen, die sich bei freier Konkurrenz ergeben würden.
- Da Anbieter nur dann produzieren, wenn ein Gewinn erwirtschaftet werden kann, bleiben Kollektivbedürfnisse (wie etwa Straßen, Schulen, Krankenhäuser oder auch eine saubere Umwelt) ganz oder teilweise unbefriedigt.

Planwirtschaft

Planwirtschaft bezeichnet eine Ordnung, in der alle wirtschaftlichen Entscheidungen und Abläufe in einem Land – Zuteilung von Gütern und Produktionsfaktoren, Produktion, Investitionen, Konsum – auf der Basis gesamtwirtschaftlicher Pläne zentral gesteuert und überwacht werden.

Zentrale Planung

Für den Idealtyp dieser Wirtschaftsordnung bzw. den Extremfall der totalen Planwirtschaft prägte der Ökonom Walter Eucken (1891–1950) den Begriff **Zentralverwaltungswirtschaft**. In einer solchen Wirtschaftsordnung stehen die **Produktionsmittel** nicht in privatem Eigentum, sondern sie gehören dem Kollektiv bzw. der Gesellschaft.

Die staatliche Führung erstellt einen **zentralen Wirtschaftsplan** und lenkt den gesamten Ablauf der Wirtschaft nach Maßgabe dieses Plans. Eine zentrale Planungsbehörde bestimmt, was, wie und für wen produziert wird, und legt auch die Güterpreise fest. Darüber hinaus gibt sie den Unternehmen und Haushalten Plansollwerte für Produktion und Arbeitseinsatz vor. Hierin liegt ein ganz wesentlicher Unterschied zu marktwirtschaftlichen Systemen, in denen die Wirtschaftssubjekte ihr Handeln eigenverantwortlich aus ihren persönlichen Zielen ableiten. Der zentrale Wirtschaftsplan wird regional und sektoral zerlegt und von oben nach unten delegiert (Abb. 1). Die mittelfristige Wirtschaftsplanung, die sich meist über fünf Jahre erstreckt, ist in der Regel als Ausführung einer längerfristigen Perspektivplanung konzipiert, die zehn Jahre und mehr umfasst.

Das Abstimmungsproblem der Planwirtschaft

Die Erfahrungen in den ehemals sozialistischen Systemen Osteuropas haben gezeigt, dass mit dem zentralen Planungsansatz etliche Probleme verbunden sind. Zum einen ist bei zentraler Planung nicht gewährleistet, dass sich die Entscheidungen über die herzustellenden Güter an den faktischen Bedürfnissen der privaten Haushalte orientieren, denn die Planbehörde ist auf unvollkommene Bedarfsschätzungen angewiesen, die hochgradig unsicher sind. Der Preis kann nicht als Knappheitsindikator dienen, da er zentral fixiert wird. Deshalb bilden sich bei knappen Gütern, deren Wert sich im Preis nicht angemessen widerspiegelt, häufig Warteschlangen. Beispielsweise herrschten seinerzeit für den in der ehemaligen DDR begehrten Kleinwagen Trabant Lieferzeiten von bis zu 16 Jahren. In einer Planwirtschaft ist es den Konsumenten verwehrt, über die Kundgabe ihrer Zahlungsbereitschaft einen direkten Einfluss auf die Struktur der Produktion zu nehmen. Da jedoch die zentrale Planungsinstanz stets Gefahr läuft, den gesellschaftlichen Bedarf falsch einzuschätzen, ist die Wahrscheinlichkeit groß, dass die Produktion an den Bedürfnissen der Bevölkerung vorbeigeht.

Zum andern kommt es auch auf der Angebotsseite zu Planungsfehlern, da die Planbehörde die Produktionsbedingungen nicht hinreichend beurteilen und überdies nicht zuverlässig einschätzen kann, welche Produktionsverfahren Erfolg versprechen. Die von den Betrieben nach oben weitergeleiteten Informationen dürften verzerrt sein, da jeder Betriebsleiter geneigt ist, eine geringere als die mögliche Produktionsleistung anzugeben, um Schwierigkeiten bei der Erfüllung seines Plansolls auszuschließen.

Schließlich sind auch die Anreize zur Verbesserung der Produktqualität und zur Erforschung kostengünstigerer Produktionsverfahren unzureichend, denn entscheidend ist in erster Linie die **Planerfüllung**, d. h. die Herstellung der geforderten Mengen an Gütern mit definierten Eigenschaften unter Verwendung der qua Plan zugewiesenen Arbeitskräfte und Materialien.

Reale Planwirtschaften

Der Idealtyp einer reinen Marktwirtschaft ist bis heute nicht verwirklicht worden und dasselbe gilt auch für das streng planwirtschaftliche Modell. Planwirtschaften gab es in der Sowjetunion nach 1917 und im Anschluss an den Zweiten Weltkrieg in anderen osteuropäischen Ländern und der DDR sowie in China und Kuba. Hier hatten die privaten Haushalte zumindest im Konsumbereich Spielräume. Ihnen war es freigestellt, soweit sie es konnten und wollten, ihr Einkommen zu sparen oder für angebotene Konsumgüter ihrer Wahl auszugeben. Trotzdem kam es in den sozialistischen Ländern immer wieder zu Versorgungsengpässen, und die Leistungsfähigkeit ihrer Planwirtschaften blieb gegenüber jener der Marktwirtschaften deutlich zurück.

Ab dem Ende der 1980er-Jahre gingen fast alle sozialistischen Länder zum marktwirtschaftlichen Modell über, sei es graduell, wie China, oder durch die Auflösung der Planwirtschaft, wie Russland, Polen oder Ungarn. Heute sind nur noch die Volkswirtschaften Kubas und Nordkoreas planwirtschaftlich organisiert.

▸ 1 Industrielle Planung und Leitung der Volkswirtschaft in der ehemaligen DDR

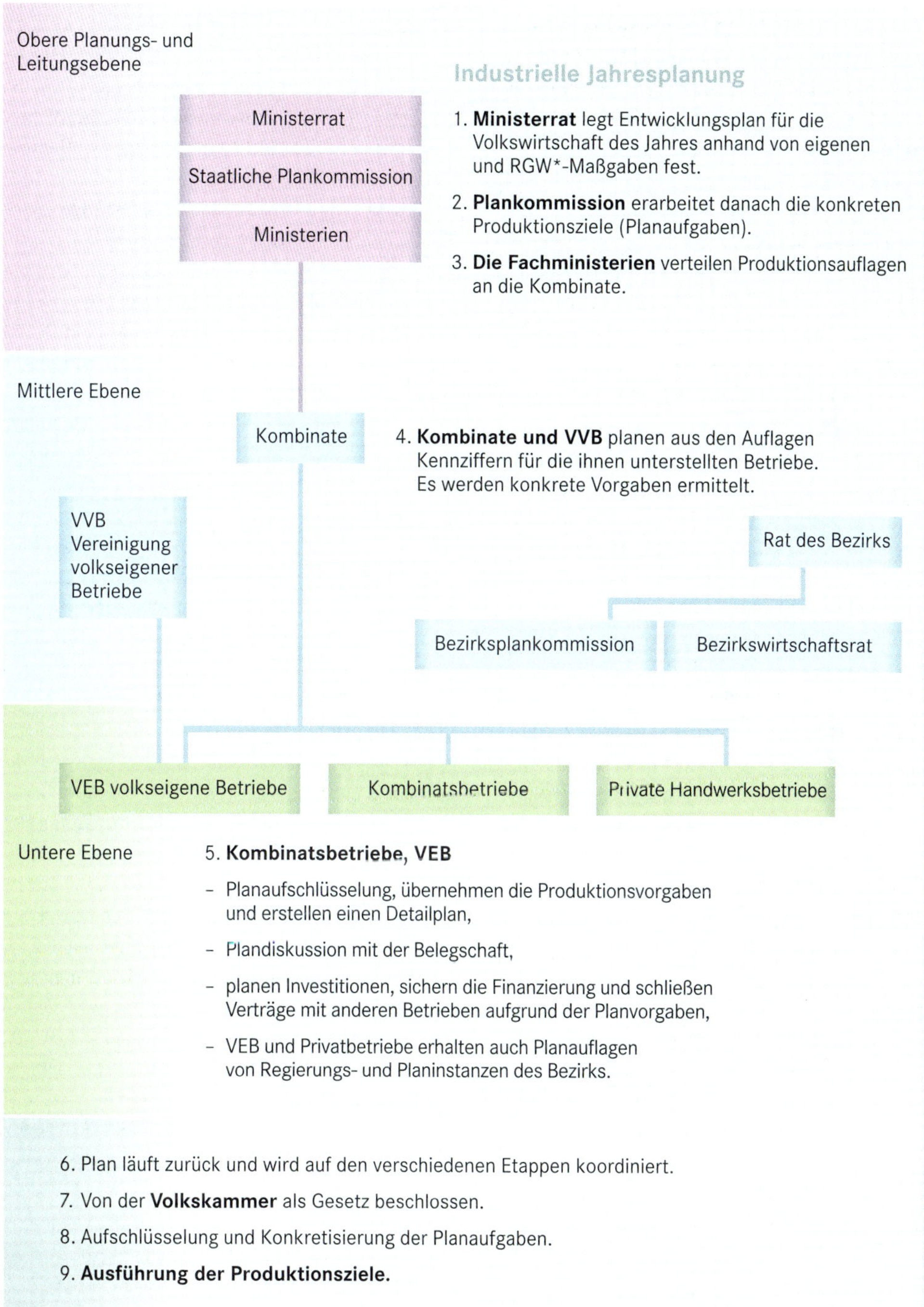

*RGW (Rat für gegenseitige Wirtschaftshilfe, 1949 - 1991 bestehende internationale Wirtschaftsorganisation kommunistischer Staaten)

Soziale Marktwirtschaft

Das Leitbild der sozialen Marktwirtschaft entstand am Ende des Zweiten Weltkriegs. Seine geistigen Väter sind Walter Eucken (1891–1950) und Alfred Müller-Armack (1901–1978).

Das dualistische Menschenbild

„Sozial" steht für soziale Gerechtigkeit und Sicherheit, „Marktwirtschaft" für wirtschaftliche Freiheit. Die soziale Marktwirtschaft hält grundsätzlich an der Souveränität des Individuums fest. Diese sollte allerdings dort ihre Grenze finden, wo fundamentale Rechte und Interessen anderer beeinträchtigt werden. Das Grundziel der sozialen Marktwirtschaft heißt entsprechend: „So viel Freiheit wie möglich, so viel staatlicher Zwang wie nötig." Ihre Aufgabe ist es, auf der Grundlage von Markt und Wettbewerb das Prinzip der Freiheit mit dem des sozialen Ausgleichs und der sozialen Gerechtigkeit zu verknüpfen.

Der Mensch ist also sowohl Individual- als auch Kollektivwesen. Damit liegt die soziale Marktwirtschaft auf einer Linie zwischen der auf dem Individualprinzip beruhenden Marktwirtschaft und der dem Kollektivprinzip folgenden **Planwirtschaft** (Abb. 1).

Kernmerkmal Freiheit

Wirtschaftliche Freiheit bedeutet, dass die Verbraucher frei entscheiden können, wie sie ihr Einkommen verwenden. Die Eigentümer der Produktionsmittel können frei wählen, ob sie ihre Arbeitskraft, Sachgüter oder unternehmerischen Fähigkeiten zur Verfügung stellen (Gewerbefreiheit, Berufsfreiheit, Freiheit der Eigentumsnutzung). Unternehmer haben die Freiheit, Güter nach ihrer Wahl herzustellen und abzusetzen. Käufern und Verkäufern von Gütern steht es frei, sich neben anderen um das gleiche Ziel zu bemühen (Wettbewerbsfreiheit).

Ist die Funktionsfähigkeit des **freien Wettbewerbs** gesichert, werden über **Angebot** und **Nachfrage** die Wirtschaftspläne so aufeinander abgestimmt, dass die Wirtschaft quasi selbstläufig optimale Ergebnisse erzielt.

Kernmerkmal soziale Verantwortung

Die wirtschaftliche Freiheit soll durch den Staat dort beschränkt werden, wo sie die **soziale Gerechtigkeit** und die **soziale Sicherheit** gefährdet. So ist es etwa Aufgabe der **Wirtschaftspolitik**, die negativen Folgen von Konjunkturschwankungen – Arbeitslosigkeit, Inflation – zu dämpfen. Die Einkommens- und Vermögensverteilung soll zugunsten der leistungsschwächeren Bevölkerungsgruppen staatlich korrigiert werden; es findet eine **Umverteilung** statt.

Instrumente der Wirtschaftspolitik in einer sozialen Marktwirtschaft sind z. B. Einkommens- und Vermögenssteuern, die die Steuerpflichtigen gemäß ihrer Leistungsfähigkeit belasten, Sparprämien für Einkommensschwächere und Lohnpolitik. In der Lohnpolitik üben **Gewerkschaften** und **Arbeitgeberverbände** als **Sozialpartner** bzw. **Tarifpartner** einen bedeutenden Einfluss aus. Sozial Schwächere werden durch ein soziales Netz (z. B. durch Arbeitslosenversicherung, Kinder- und Elterngeld, Wohngeld, Sozialhilfe) abgesichert. Der Staat übernimmt Aufgaben, die der Markt nicht oder nur sehr eingeschränkt erfüllen kann, wie etwa struktur- und bildungspolitische Aufgaben.

Wie weit soll der Staat eingreifen?

Soziale Sicherheit soll auch dadurch hergestellt werden, dass Anpassungslasten im wirtschaftlichen Strukturwandel, die durch Änderungen der Nachfrage und durch die Freisetzung von Arbeitskräften und Produktionskapazitäten entstehen, zeitlich gestreckt und somit gemildert werden.

Entsprechende staatliche Maßnahmen sind jedoch umstritten. So wird etwa die finanzielle Unterstützung Not leidender Branchen wie Steinkohlenbergbau oder Schiffsbau seit langem kontrovers diskutiert. Prinzipiell ist der Staat verpflichtet, seine **Subventionen** regelmäßig zu überdenken, um deren Charakter als Übergangshilfen zu wahren (Abb. 2).

Ein Pferdewagen auf seinem Weg

Die Pferdekutsche bietet ein treffendes Sinnbild der Wirtschaftsordnung, die in der Bundesrepublik Deutschland vor allem durch den Bundeswirtschaftsminister und späteren Bundeskanzler Ludwig Erhard (1897 bis 1977) politisch durchgesetzt wurde.

Der Weg wird durch die Bedürfnisse der Verbraucher vorgezeichnet. Der Wettbewerb hält die Pferde in Trab. Falls diese Gefahr laufen, sich zu verirren, bringt der wirtschaftspolitische Lenker auf dem Kutschbock sie mithilfe der Zügel wieder auf den richtigen Weg zurück. Drohen sie durchzugehen oder stehen zu bleiben, werden sie gebremst oder angetrieben. Für alle Bürger, die zeitweise oder auf Dauer nicht mithalten können, werden Sitzplätze in der Kutsche bereitgehalten.

▸ 1 Gesellschaftsordnung und Wirtschaftsordnung

▸ 2 Schema zur Subventionsprüfung

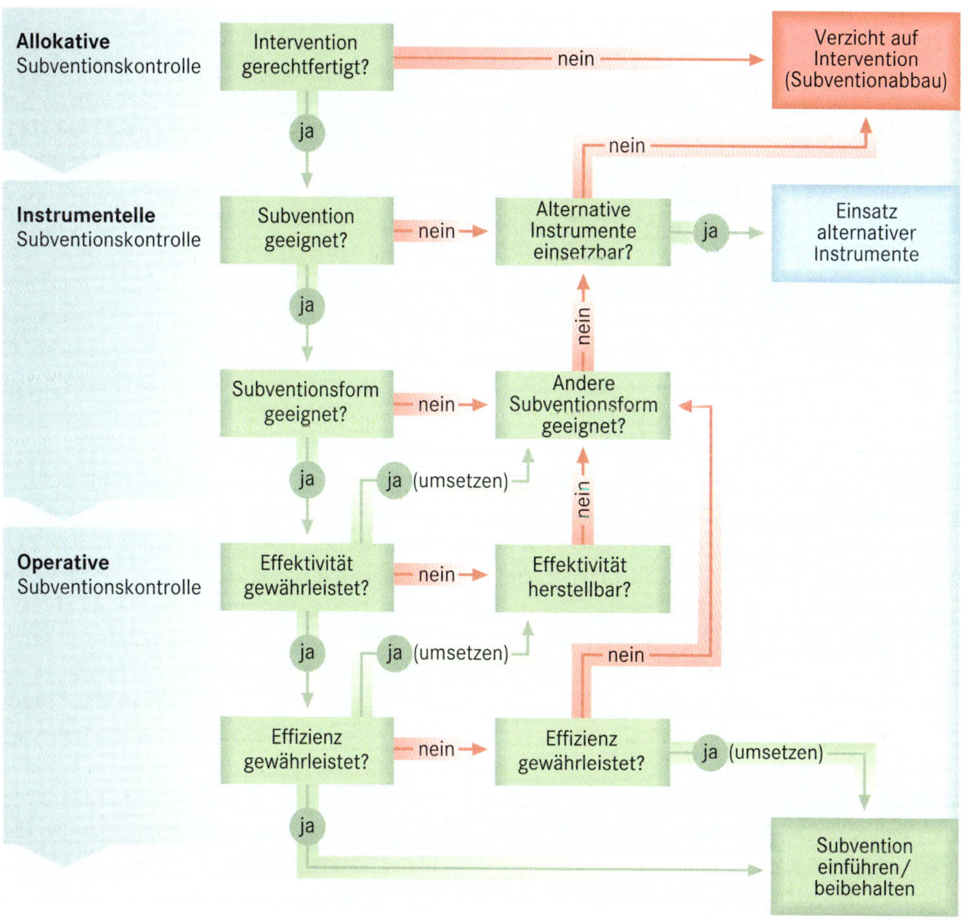

Quelle: Finanzwissenschaftliches Forschungsinstitut an der Universität zu Köln.

Wirtschaftsstruktur

Die Wirtschaftsstruktur eines Landes verändert sich im Zeitablauf. Gründe dafür sind Veränderungen institutioneller Rahmenbedingungen wie etwa Neuregelungen in der Steuergesetzgebung, im Sozialversicherungssystem und im Wettbewerbsrecht, oder ein Wandel auf der Angebots- bzw. Nachfrageseite.

Wandlungsimpulse

Aufseiten des **Angebots** kann die Verfügbarkeit von Produktionsfaktoren – z. B. eine Verknappung oder Verteuerung von Energie – einen **Strukturwandel** nach sich ziehen. Eine wichtige Rolle spielt der Wandel des Angebots an menschlicher Arbeitskraft, insbesondere aufgrund von Lohnentwicklungen. Bei hohem Lohnniveau sind arbeitsintensive Produktionszweige benachteiligt.

Eine wesentliche Determinante ist auch der technische Fortschritt. Er beeinflusst das Verhältnis von Arbeits- und Kapitaleinsatz. Bei der Entwicklung von der Agrar- zur Industrie- und von der Industrie- zur Dienstleistungsgesellschaft war der technische Fortschritt maßgeblicher Auslöser. Künstliche Bewässerung und Düngung, Schädlingsbekämpfung und Mechanisierung führten dazu, dass immer weniger Arbeitskräfte benötigt wurden, um eine Gesellschaft ausreichend mit Nahrungsmitteln zu versorgen. Freigesetzte Arbeitskräfte wanderten in die Industrie ab; aber auch dort wurden schwere und einförmige Arbeiten zunehmend von Maschinen übernommen; damit gewannen Leitungs-, Bedienungs- und Kontrollaufgaben an Bedeutung.

Auch vonseiten der **Nachfrage** können Impulse für Strukturwandel ausgehen. Verschiebungen in der gesamtwirtschaftlichen Nachfragestruktur wie etwa eine Zu- oder Abnahme des privaten Verbrauchs, die Ausweitung oder Einschränkung des Staatsverbrauchs und der Wandel von Absatzmärkten im Ausland sind mögliche Ursachen. Einen wesentlichen Einfluss auf die Wirtschaftsstruktur haben auch Veränderungen der privaten Konsumgewohnheiten, der Zusammensetzung der staatlichen Ausgaben sowie der Ex- und Importe.

Welche Größen werden analysiert?

Die Struktur einer Volkswirtschaft lässt sich unter verschiedenen Gesichtspunkten analysieren. Die relativen Beiträge der verschiedenen Produktionsbereiche zur gesamtwirtschaftlichen Produktionsleistung einer Wirtschaft bestimmen die **Produktionsstruktur**. Input-Output-Rechnungen untersuchen die Struktur der Lieferverflechtungen in der Produktion. Die **Beschäftigungsstruktur** lässt sich mithilfe der gleichen Systematik beschreiben. Wie in der Grafik (rechts) gezeigt, werden in absoluten oder relativen Zahlen die Anteile der Wirtschaftssektoren an der Gesamtzahl der Beschäftigten systematisiert. Die **Erwerbsstruktur** zeigt die Verteilung der Erwerbstätigen auf einzelne Wirtschaftsbereiche. Sie kann auch nach der Art der vorherrschenden wirtschaftlichen Tätigkeit ausgewiesen werden. Unterscheidungsmerkmal kann hier die Selbstständigkeit bzw. Unselbstständigkeit der ausgeübten Tätigkeit oder Teilzeit- bzw. Vollzeitbeschäftigung sein. Das durchschnittlich erzielte Einkommen in verschiedenen Wirtschaftsbereichen wird in der **Einkommensstruktur** systematisiert. So wird etwa zwischen Lohn- und Gehaltsempfängern oder Altersklassen unterschieden. Die **regionale Wirtschaftsstruktur** beschreibt und vergleicht nach wirtschaftsgeografischen Merkmalen abgegrenzte Regionen. Die Wirtschaftsstruktur kann zu einem bestimmten Zeitpunkt oder über einen Zeitraum hinweg betrachtet werden. Mit der Veränderung der Wirtschaftsstruktur setzt sich insbesondere die Wirtschaftspolitik eines Landes auseinander.

Politische Gestaltung der Wirtschaftsstruktur

Die Strukturpolitik beeinflusst die Entwicklung der Wirtschaftsstruktur mit dem Ziel, Richtung und/oder Tempo des Strukturwandels zu verändern. Dabei kann es darum gehen, den marktgesteuerten Strukturwandel sozialverträglich abzufedern oder zu beschleunigen, um das Wachstum der Wirtschaft anzuregen.

Regionalpolitische Maßnahmen nehmen auf die regionale Wirtschaftsstruktur und den regionalen Strukturwandel Einfluss **(Regionalpolitik);** ein Beispiel sind die Transferleistungen an die neuen Bundesländer. Die **Infrastrukturpolitik** betrifft die Gesamtheit aller politischen Maßnahmen, die auf die angemessene Versorgung einer Volkswirtschaft mit Einrichtungen der Infrastruktur (Verkehrswege, Energieversorgung, Einrichtungen der Grundlagenforschung etc.) abzielen. Eine unternehmensgrößenbezogene Strukturpolitik versucht, eine ausgewogene Mischung aus klein-, mittel- und großbetrieblichen Strukturen herzustellen bzw. zu erhalten.

In der **Strukturpolitik** gilt der Grundsatz, dass der Marktmechanismus nicht aufgehoben werden soll; vielmehr sollen lediglich ungünstige Marktergebnisse korrigiert werden.

Strukturwandel in Deutschland

Seit 1950 hat sich in Deutschland ein beachtlicher Strukturwandel vollzogen. Gemessen an der Anzahl der Erwerbstätigen haben sich die relativen Positionen der Sektoren im Zeitablauf deutlich verschoben. Das Schaubild zeigt, dass die Beschäftigtenzahl in der Land- und Forstwirtschaft drastisch zurückgegangen ist. Auch das produzierende Gewerbe hat erhebliche Veränderungen durchlaufen: War 1970 bald jeder Zweite dort beschäftigt, so war es 2008 nur noch jeder Vierte.

Der Dienstleistungssektor (einschließlich Staat) weitete seinen Beschäftigungsanteil von 33 % (1950) kontinuierlich auf zuletzt über 72 % (2008) aus. Die absolute Zunahme der Beschäftigung in der Gesamtwirtschaft geht seit 1965 fast allein auf sein Konto.

▸ **Erwerbstätige nach Wirtschaftsbereichen**

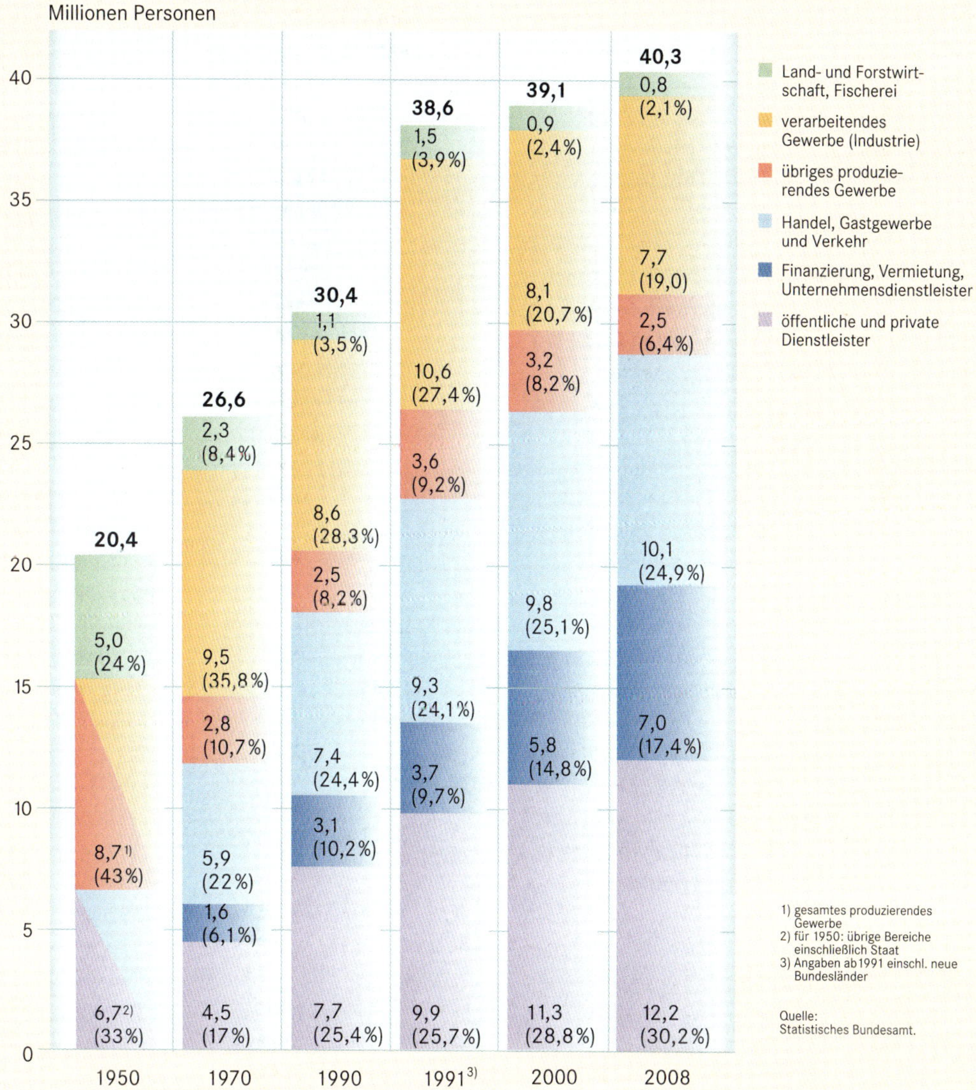

1) gesamtes produzierendes Gewerbe
2) für 1950: übrige Bereiche einschließlich Staat
3) Angaben ab 1991 einschl. neue Bundesländer

Quelle: Statistisches Bundesamt.

Produktionsfaktoren

Unternehmen stellen eine Vielzahl von Gütern her. Alle Sachgüter und Dienstleistungen, die bei der Produktion eingesetzt werden, nennt man Produktionsfaktoren. Dazu zählen menschliche Arbeitskraft, Rohstoffe, Maschinen, Grund und Boden sowie technisches Wissen.

Input und Output

Stellen wir uns eine Volkswirtschaft als ein einziges riesiges Unternehmen vor. Abstrakt gesprochen wird in diesem Betrieb das Sozialprodukt erzeugt. Alle Mittel, die an der Erzeugung des Sozialprodukts beteiligt sind, bezeichnet man als Produktionsfaktoren oder Inputs.

Grundsätzlich lassen sich die Inputs in die drei Kategorien **Arbeit**, **Boden** und **Kapital** einteilen. Alle Güter und Dienstleistungen, die entweder konsumiert oder in nachgelagerten Produktionsprozessen verwendet werden, werden Output genannt. In welcher Weise die Produktionsfaktoren im Produktionsprozess verknüpft werden, hängt vom technischen Wissen einer Volkswirtschaft ab, das heute selbst als Produktionsfaktor gilt. Inputs und **Produktionstechnologie** bestimmen die Produktionsmöglichkeiten einer Volkswirtschaft (Abb. 1).

Arbeit, Boden und Kapital

Arbeit ist die Aktivität, die Menschen zur Verfolgung eines wirtschaftlichen Ziels in einem Produktionsprozess entfalten. Arbeit ist im ökonomischen Sinne menschliche Tätigkeit zur Befriedigung fremder Bedürfnisse. Eine Tennisspielerin, die nur zu ihrer eigenen Freude ihrem Sport nachgeht, arbeitet in diesem Sinne nicht. Thomas Haas dagegen, der an einem Turnier teilnimmt, befriedigt in erster Linie die Bedürfnisse der Zuschauer nach spannender Unterhaltung. Er arbeitet, sobald er mit seinem Gegner den Platz betritt. Ob er für ein Spiel bezahlt wird oder nicht, ist nach dieser Definition unerheblich. Er „produziert" in jedem Fall Unterhaltung. Arbeit ist der wichtigste Produktionsfaktor, denn ohne Arbeit ist keine Produktion möglich. Arbeit und Kapital sind einander ergänzende Güter, auch wenn Kapital menschliche Arbeit teilweise ersetzt, etwa durch den Einsatz von Maschinen. Man kann zwischen ausführender, leitender und schöpferischer Arbeit unterscheiden.

Mit Boden werden in erster Linie alle wirtschaftlich relevanten, produktiven Teile der Natur bezeichnet. Damit sind sowohl ersetzbare Stoffe wie Holz oder Kartoffeln als auch nicht ersetzbare Stoffe wie die Energieträger Erdöl und Erdgas gemeint. Boden ist in vielerlei Hinsicht Produktionsfaktor. Er kann Standort für den **primären Sektor (Landwirtschaft)**, für den **sekundären Sektor (Industrie, Handwerk** usw.) und den **tertiären Sektor (Dienstleistungen)** sein. Zuletzt kann der Boden selbst abgebaut werden, z. B. im Fall des Bergbaus. Auch andere **Rohstoffe** der Natur (wie Fischbestände) werden zum Produktionsfaktor Boden gezählt. Arbeit und Boden werden auch als ursprüngliche **(originäre) Produktionsfaktoren** bezeichnet, da sie sich nicht auf weitere Produktionsfaktoren zurückführen lassen. Bei qualifizierter Arbeit lässt sich diese Aussage allerdings nicht halten, denn für die Ausbildung eines Menschen müssen andere Faktoren eingesetzt werden.

Der Produktionsfaktor Kapital umfasst Mittel, die im Produktionsprozess eingesetzt werden. Dazu zählen Maschinen, Werkzeuge und technische Einrichtungen. Kapital baut auf den originären Produktionsfaktoren Arbeit und Boden auf und wird daher auch als abgeleiteter **(derivativer) Produktionsfaktor** bezeichnet.

Gesamtwirtschaftliche Produktionsfunktion

Je nach Produktionstechnologie werden in einem Produktionsprozess Arbeit, Boden und Kapital kombiniert (Abb. 2). Diese Kombination kann entsprechend der Dominanz bestimmter Produktionsfaktoren kapital-, rohstoff- oder arbeitsintensiv sein. Eine **Produktionsfunktion** beschreibt die Abhängigkeit zwischen den Produktionsfaktoren und der Produktionstechnologie (Input) einerseits und dem Produktionsergebnis (Output) andererseits. Bezogen auf die Volkswirtschaft bildet die Produktionsfunktion ab, wie unter Verwendung der Produktionstechnik aus dem Einsatz von Arbeit, Boden und Kapital das Sozialprodukt entsteht. Die gesamtwirtschaftliche Produktionsfunktion ist somit die Zusammenfassung (das Aggregat) der Produktionsfunktionen einzelner Betriebe. Auch sektorale Produktionsfunktionen können betrachtet werden, z. B. kann die Menge erzeugten Stahls zum Faktoreinsatz in diesem Wirtschaftszweig in Beziehung gesetzt werden.

Zur Vereinfachung können wir davon ausgehen, dass alle Produktionsfaktoren bis auf den Faktor Arbeit konstant bleiben. Abbildung 3 zeigt unter dieser Prämisse, wie sich das Produktionsergebnis verändert, wenn der Arbeitseinsatz variiert wird. Die Produktionsfunktion ist immer für einen bestimmten technologischen Wissensstand definiert. Eine Verbesserung der Technologie verschiebt die Produktionsfunktion nach oben.

▸ 1 Das „Unternehmen“ Volkswirtschaft

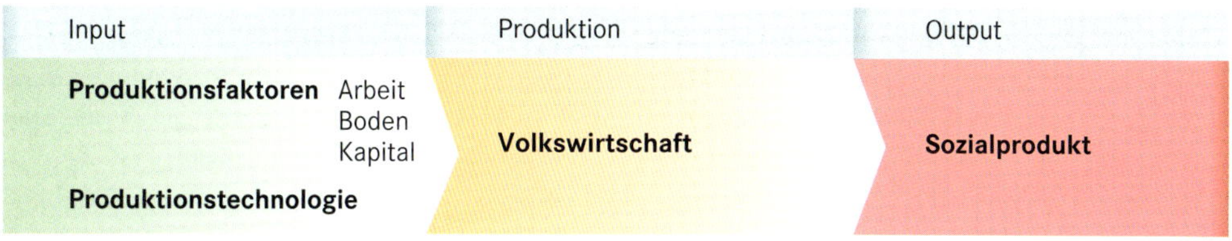

▸ 2 Die Güterproduktion als Kombination der Produktionsfaktoren beim Bau von Wohnhäusern

▸ 3 Die Produktionsfunktion

▸ Die Abbildung zeigt, wie stark sich das Produktionsergebnis ändert, wenn der Arbeitseinsatz variiert. Die Produktionsfunktion ist für einen bestehenden Stand an technologischem Wissen definiert.

Bei unverändertem Einsatz der Produktionsfaktoren kann durch die Verbesserung der Technologie eine größere Menge des Produktionsergebnisses (z. B. ein höheres Sozialprodukt) erzielt werden.

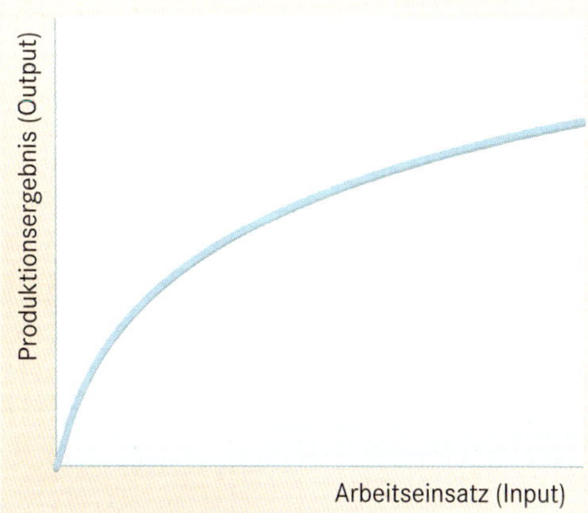

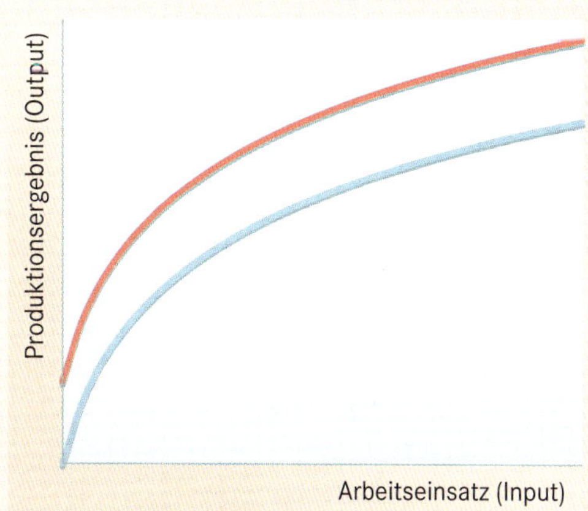

Wirtschaftsstandorte

Ein Wirtschaftsstandort ist ursprünglich der geografische Ort, an dem Unternehmen ihre Güter herstellen oder verkaufen. Heute bezeichnet man mit dem Begriff allerdings häufig ganze Regionen, Länder oder sogar Wirtschaftsblöcke wie die Europäische Union.

Die unternehmerische **Standortwahl** ist für die Wirtschaftspolitik bedeutsam, da sich die Entscheidung von Unternehmen für einen bestimmten Standort positiv auf die regionale Beschäftigung und das Steueraufkommen auswirkt. Die Ansiedlung bestimmter Industrien kann aber auch negative Folgen haben, etwa dann, wenn deren Produktion die natürliche Umwelt belastet.

Ökonomische Theorie der Standorte

Die für die Standortwahl maßgeblichen Merkmale werden als **Standortfaktoren** bezeichnet. Die Volks- wie auch die Betriebswirtschaftslehre bieten zu deren Systematisierung eine Reihe von Ansätzen (**Standortmodelle**). Ihre Gemeinsamkeit besteht darin, dass sie die Entscheidung eines Unternehmens rational erklären wollen. Entsprechend dem unternehmerischen Ziel, Erträge zu erhöhen und Kosten zu senken, werden absatz- und kostenorientierte Standortfaktoren unterschieden.

Der Wirtschaftswissenschaftler Alfred Weber (1868 bis 1958) begründete die industrielle Standortlehre. In seinem System beeinflussen Transportkosten, Arbeitskosten und die Wirkungen von Ballungsräumen die Wahl des Standorts, wobei die Transportkosten eine zentrale Stellung einnehmen. Die Realität bestätigt dieses Modell eindrucksvoll: Seit Jahrhunderten befinden sich die großen Handelszentren im Bereich der Schnittpunkte von Handelswegen.

Standortfaktoren

In die Entscheidung für einen bestimmten Unternehmensstandort fließen sehr viele Faktoren ein, die sich letztlich alle zwei Effekten zuordnen lassen: Minimierung der Kosten und Maximierung der Erträge. Die volks- und betriebswirtschaftlichen Modelle fallen entsprechend komplex aus. Je mehr Inputfaktoren – wie Arbeit oder Energie – berücksichtigt werden, desto schwieriger wird es, Vorhersagen für den optimalen Standort zu entwickeln.

Bei der Standortwahl muss entschieden werden, ob ein Unternehmen im Inland oder im Ausland gegründet wird (internationale Standortwahl), in welcher Region einer Volkswirtschaft (regionale Standortwahl) und in welcher Stadt oder Gemeinde die Produktionsstätte errichtet wird (lokale Standortwahl). Kleine und mittlere Unternehmen sind eher (z. B. mangels Erfahrung) lokal bis national tätig. Falls die eigenen Produkte auch im Ausland verkauft werden sollen, lässt sich dies zunächst mittels Außenhandel, dann aber auch über die Vergabe von Lizenzen verwirklichen.

Für größere Unternehmen bieten sich dagegen Standorte im Ausland ohne weiteres an. Wichtig für einen Standort ist unter anderem, wie schnell der Absatzmarkt wächst oder wie stark die Konkurrenz ist. Auch kann eine direkte Präsenz im Absatzmarkt wünschenswert sein. Zudem ist der Gewinn eines Unternehmens stark von den örtlichen Steuersätzen abhängig. Auf der Kostenseite sind es Arbeitskosten (Entgelt für geleistete Arbeit und die Personalzusatzkosten), Kapitalkosten (Kreditkosten, Abschreibungssätze und andere Vorschriften der Steuerbilanzierung), aber auch Kosten für Energie, Entsorgung und die Qualität der Infrastruktur (Verkehrswege, Kommunikationsmöglichkeiten). Weitere Faktoren, die ein Unternehmen vor einem Gang ins Ausland zu prüfen hat, sind die politische Stabilität, das Rechtssystem und die Zusammenarbeit mit lokalen Behörden. Die Ansiedlung von BMW in den USA im Jahr 1994 veranschaulicht die Komplexität der notwendigen Überlegungen bei einer Auslandsinvestition (Abb. 1).

Qualität eines Standorts

Die **Standortqualität** ist das Resultat einer Vielzahl von Einflussgrößen, deren Bedeutung je nach Wirtschaftszweig unterschiedlich ausfällt. Als Indiz für die Schwäche des Wirtschaftsstandorts Deutschland wird oft die Stärke der deutschen **Direktinvestitionen** im Ausland angeführt, die im Kontrast zu schwachen ausländischen Direktinvestitionen in Deutschland steht.

Zum Teil beruht diese Einschätzung auf der international unterschiedlichen Definition von Direktinvestitionen. Wichtig ist aber auch, dass nicht jede Direktinvestition mit realen Neuinvestitionen verbunden ist – z. B. im Fall einer Unternehmensübernahme. Dennoch steht fest, dass die Arbeitskosten in Deutschland seit den 1980er-Jahren im internationalen Vergleich stark gestiegen sind (Abb. 2). Zwar steht hohen Arbeitskosten eine noch immer relativ hohe Produktivität gegenüber. Dennoch können Standortverlagerungen durchaus von Kostenüberlegungen geleitet sein.

▸ 1 Indien als Wirtschaftsstandort für ausländische Direktinvestoren

Indien zählt zu den aufstrebenden Entwicklungsländern. Die weltwirtschaftliche Bedeutung des rund 1,1 Milliarden Einwohner zählenden Landes ist in der ersten Dekade des neuen Jahrtausends noch gering. Allerdings wächst Indiens Bruttoinlandsprodukt seit einigen Jahren überdurchschnittlich stark (im Jahr 2008 mit einer Rate von 8,6 %), sodass auch das Gewicht des Landes im Welthandel und die Attraktivität seiner Märkte für ausländische Investoren zunehmen.

Im Bereich der Infrastruktur hat Indien einen großen Nachholbedarf, der die wirtschaftliche Entwicklung noch hemmt. Andererseits gelten angesichts der günstigen Altersstruktur der Bevölkerung und des relativen Reichtums an qualifizierten Arbeitskräften, etwa in den Bereichen Informationstechnologie, Finanzwesen und Rechtskunde, die Wachstumsperspektiven der indischen Wirtschaft als überdurchschnittlich gut.

Seit Anfang der 1990er-Jahre wird die bis dahin weitgehend vom Staat kontrollierte Wirtschaft liberalisiert. Die Regierung fördert die Gründung privater Unternehmen, erleichtert den Zufluss ausländischer Kapitalanlagen und baut Importbeschränkungen ab. Allerdings sind die Importzölle noch immer hoch. Dies ebenso wie das im internationalen Vergleich geringe Lohnniveau bietet für ausländische Unternehmen Anreize zur Ansiedlung.
Bezüglich der Investorenstruktur steht im Kreis der fortgeschrittenen Volkswirtschaften die ehemalige Kolonialmacht Großbritannien mit einem Anteil von knapp 12 % an der Summe aller Direktinvestitionen an erster Stelle, gefolgt von den USA (5,4 %), den Niederlanden (4,1 %) und Deutschland (0,8 %). Die Investitionen fließen hauptsächlich in die Sektoren Dienstleistungen (30,2 %) sowie Elektrotechnik, Elektronik und Computersoftware (17,4 %).

▸ 2 Gewogener realer Außenwert der D-Mark gegenüber 18 Industrieländern

▸ Außenwert auf der Basis der Lohnstückkosten (Arbeitskosten je Produktionswerteinheit) des verarbeitenden Gewerbes (1975=100)

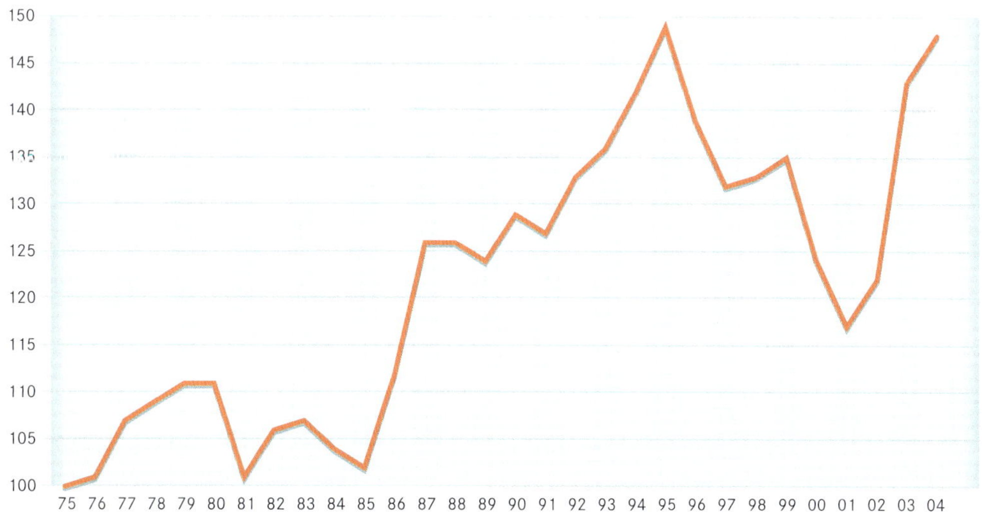

Quelle: Deutsche Bundesbank

Einkommen und Konsum

Das Einkommen, der Vermögenszuwachs einer Wirtschaftseinheit innerhalb eines bestimmten Zeitraums, kann in Form von Gütern, Forderungen, Dienstleistungen und Geld entstehen. In einer Marktwirtschaft herrscht das Geldeinkommen vor.

Einkommen, Konsum und Ersparnis

Die Haushalte einer Volkswirtschaft geben einen bestimmten Teil ihres Einkommens für die Grundversorgung (Lebensmittel, Kleidung, Wohnung) und zur Befriedigung weiter gehender Bedürfnisse (z. B. im Rahmen von Freizeitaktivitäten) aus. Der Rest wird gespart.

Die Beziehungen zwischen Einkommen, Konsum und Ersparnis spielen bei der Analyse volkswirtschaftlicher Zusammenhänge eine wichtige Rolle. Die Abhängigkeit der Konsumausgaben eines einzelnen Wirtschaftssubjekts oder auch der gesamten Volkswirtschaft vom Einkommen, aber auch von anderen Variablen (z. B. Vermögen, Zins und Preisniveau), kann mathematisch durch eine **Konsumfunktion** ausgedrückt werden (Abb. 1).

Die keynesianische Konsumfunktion

Der britische Ökonom John Maynard Keynes (1883 bis 1946) kam unter dem Eindruck der Weltwirtschaftskrise 1929 zu der Überzeugung, dass andauernde Unterbeschäftigung nur durch staatliche Maßnahmen beseitigt werden könne. Nach seiner **absoluten Einkommenshypothese** hängt der Konsum von der absoluten Höhe der Haushaltseinkommen ab. Der Staat soll durch zusätzliche eigene Nachfrage für ein höheres Einkommen sorgen, das die private Konsumfreude anregt und somit eine Belebung der Konjunktur nach sich zieht.

Grundsätzlich teilt sich das Einkommen (Y) auf Konsum (C) und Ersparnis (S) auf, es gilt also $Y = C + S$. Keynes traf die plausible Annahme, dass der Konsum mit steigendem Einkommen zunimmt. Verfügt die Familie über ein höheres Einkommen, so kauft sie z. B. mehr Spielsachen, gibt mehr für Ferienreisen aus, geht häufiger in ein Restaurant oder kauft ein neues Auto. Die **marginale Konsumquote** (c), d. h. die mathematische Ableitung der Konsumfunktion nach dem Einkommen, beschreibt, um wie viel der Konsum zunimmt, wenn sich das Einkommen um eine Einheit erhöht; ihr Wert liegt in der Regel unter 1. Eine marginale Konsumquote von 0,75 drückt aus, dass die Familie von jedem zusätzlich verdienten Euro 75 Cent für Konsum ausgibt. Die restlichen 25 Cent werden gespart. Zudem wird ein so genannter autonomer bzw. absoluter Konsum (C_0) unterstellt, der unabhängig von der Höhe des Einkommens ist. Aus diesen Annahmen folgt, dass mit steigendem Einkommen die **durchschnittliche Konsumquote** (d. h. das Verhältnis zwischen Konsum und Einkommen) sinkt (Abb. 2).

Andere Konsumfunktionen

In der keynesianischen Konsumfunktion wird das **Konsumverhalten** maßgeblich durch das Einkommen des laufenden Jahres beeinflusst. Andere Untersuchungen zeigen demgegenüber, dass die Konsumenten ihr Verhalten daneben auch auf die längerfristige Einkommensentwicklung abstimmen. Beispielsweise wird eine Familie geneigt sein, von der einmalig gezahlten Prämie des Arbeitgebers deutlich mehr als nur ein Viertel zu sparen. Sie fragt sich also: „Ist unser derzeitiges Einkommen nur vorübergehend so hoch, oder können wir auch langfristig mit einem höheren Gehalt rechnen?"

Der amerikanische Ökonom Milton Friedman (1912 bis 2006) unterscheidet zwischen permanentem und transitorischem Einkommen. Seine **permanente Einkommenshypothese** unterstellt, dass sich der Konsum proportional zum permanenten Einkommen (d. h., zu dem Strom der künftigen Arbeitseinkommen sowie der Verzinsung des Vermögens) verhält. Einkommen und Konsum werden hierbei um transitorische, d. h. nicht regelmäßig wiederkehrende Komponenten (wie etwa Prämienzahlungen) bereinigt. Der Grund dafür ist, dass Haushalte auf kurzfristige Einkommensschwankungen nicht unmittelbar mit einer Änderung ihres Konsumverhaltens reagieren; nur dann, wenn das Einkommen dauerhaft steigt, ist anzunehmen, dass der Haushalt einen großen Teil des Einkommenszuwachses für zusätzlichen Konsum verwenden wird.

Nach der **Lebenszyklushypothese** des amerikanischen Ökonomen Franco Modigliani (1918–2003) versuchen die Haushalte, aufgrund ihres erwarteten Lebenseinkommens die Konsumausgaben möglichst optimal auf die verschiedenen Lebensabschnitte zu verteilen. Ein wichtiger Bestimmungsfaktor für das aktuelle Konsumverhalten ist somit das erwartete Einkommen im Alter.

Auch die Wirtschaftspolitik nimmt Einfluss auf das private Konsumverhalten, und zwar nicht nur über die erwähnte Variation der Staatsausgaben, sondern auch über Änderungen der Steuer- und Sozialabgabensätze.

▸ 1 Konsumfunktion für Deutschland

▸ **Ein stabiler Zusammenhang zwischen Konsum und verfügbarem Einkommen**
Die makroökonomische Konsumfunktion weist für Deutschland einen verblüffend stabilen Zusammenhang zwischen privatem Verbrauch und verfügbarem Einkommen der privaten Haushalte auf. In der Grafik kennzeichnen die Punkte die Zuordnung von Konsum und verfügbarem Einkommen für einzelne Jahre für den Zeitraum von 1977 bis 1991, jeweils in Preisen von 1991.
Für den Zeitraum 1977 bis 1991 kann eine stabile Beziehung der beiden Variablen mithilfe eines statistischen Verfahrens geschätzt werden. Die marginale Konsumneigung der privaten Haushalte ist in diesem Zeitraum 0,71, d.h., von einer zusätzlichen Einkommenseinheit werden 0,71 ausgegeben. Die marginale Sparneigung beträgt folglich 0,29.
Da in der Konsumfunktion ein absolutes Glied von 122,51 auftaucht, ist die durchschnittliche Konsumneigung nicht konstant, sondern sinkt mit zunehmendem Einkommensniveau.
Die geschätzte Konsumfunktion lautet:

$$C = 122{,}5138 + 0{,}7117 \cdot Y_V$$

Auf der Abszisse der veranschaulichenden Grafik wird das verfügbare Einkommen abgetragen und auf der Ordinate der private Verbrauch. Die realen Ausprägungen sind als Punktwolke abgebildet, die geschätzte Konsumfunktion als Gerade.

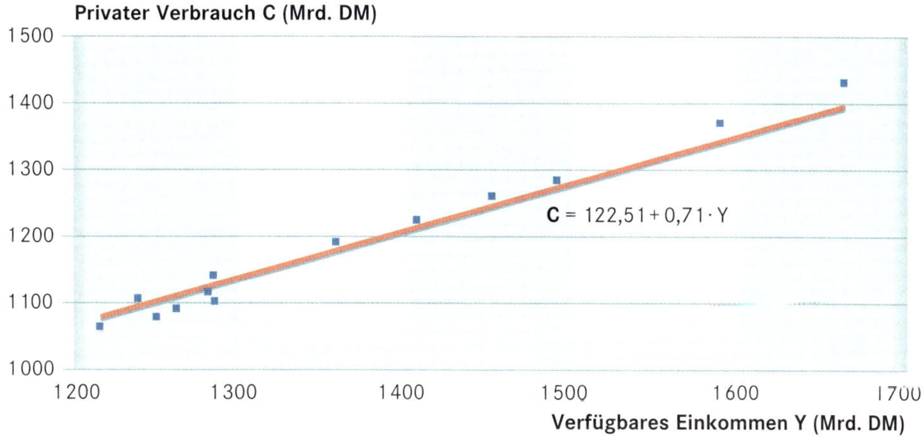

Quelle: Siebert.

▸ 2 Keynesianische Konsumfunktion

▸ Von jedem zusätzlichen Euro wird nach Keynes ein gleichbleibender Anteil für zusätzlichen Konsum ausgegeben. Ferner ging er davon aus, dass die durchschnittliche Konsumquote mit steigendem Einkommen sinkt.

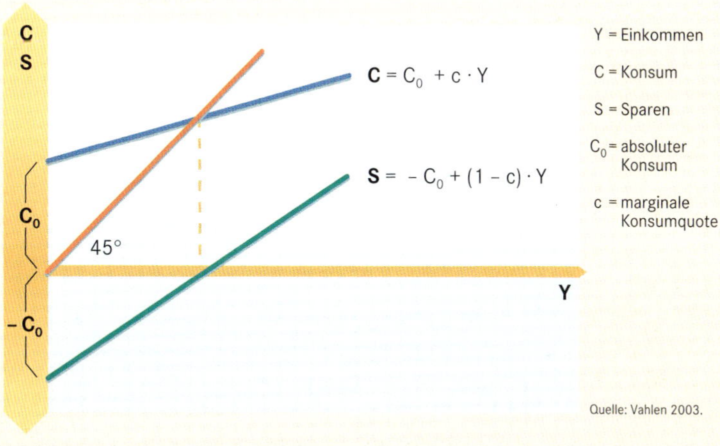

Quelle: Vahlen 2003.

Investieren und Sparen

Investieren heißt, den Produktionsmittelbestand einer Volkswirtschaft zu ersetzen, zu verbessern oder zu erweitern. Investiert werden kann nur der Teil der Vermögenswerte einer Volkswirtschaft, der nicht verbraucht, d. h., der gespart wird.

Die gesamten Investitionen in einer Periode werden **Bruttoinvestitionen** genannt. Den Teil der Bruttoinvestitionen, der dazu dient, den Produktionsapparat instand zu halten, nennt man **Erhaltungs-, Ersatz-** oder **Reinvestition.** Um zu reinvestieren, bilden Unternehmen **Abschreibungen.** Soll die Wirtschaft wachsen, so muss der Produktionsmittelbestand verbessert und/oder erweitert werden. Die damit verbundenen Investitionen sind **Erweiterungs-** oder **Nettoinvestitionen.** Während Reinvestitionen aus Abschreibungen finanziert werden, setzen Nettoinvestitionen die Bildung von Ersparnissen der Haushalte voraus.

Investitionsmotive

Unternehmen investieren, wenn sie sich dadurch Gewinne versprechen, die Erträge aus den Investitionen müssen also die **Investitionskosten** überschreiten. Investitionserträge werden vor allem durch die erwartete künftige Wirtschaftsentwicklung beeinflusst. Bei steigendem **Bruttoinlandsprodukt (BIP)** ist die Investitionsneigung tendenziell höher als bei sinkendem Output. Da **Investitionsgüter** langlebig sind, ist die Berechnung der Investitionskosten aufwendiger als bei Konsumgütern. Über die Nutzungsdauer des Investitionsguts hinweg sind Kapitalkosten in Form von Zinsen zu veranschlagen, da die zur Finanzierung notwendigen Mittel in Form von Eigen- und/oder Fremdkapital bereitgestellt wurden. Auch wenn ein Unternehmen über genügend Eigenkapital verfügt und deshalb keinen Kredit aufnehmen muss, fallen Kosten an, denn diese Mittel hätten am Kapitalmarkt Ertrag bringend angelegt werden können. Entgangene Kapitalerträge bezeichnet man als **Opportunitätskosten.** Der Erfolg einer Investition hängt also maßgeblich vom Zinsniveau ab. Sinkende Zinssätze verringern die Investitionskosten, die Bereitschaft der Unternehmer zu Investitionen wird größer.

Die Investitionsfunktion

In der Wirtschaftstheorie wird mithilfe der Investitionsfunktion (Abb. 1) analysiert, wie verschiedene Einflussgrößen auf das Investitionsniveau wirken. Im Zentrum des Interesses steht dabei der Zusammenhang zwischen Investitionen und **Zinsen**, denn in einer Volkswirtschaft kann insbesondere die Geldpolitik das Zinsniveau und damit die **Investitionsausgaben** beeinflussen. Man geht davon aus, dass mit steigendem Zinssatz das Volumen der Investitionen abnimmt.

Neben den Zinsen beeinflussen noch andere Faktoren die Höhe der Investitionen. So verschiebt eine Erhöhung des BIP die Investitionsfunktion nach außen. Bei einer Verbesserung der gesamtwirtschaftlichen Situation wird zu einem bestimmten Zinssatz also mehr investiert als zuvor. Höhere Steuern verteuern Investitionen, sodass sich in diesem Fall die Investitionsfunktion hin zum Ursprung verschiebt. Auch die Erwartungen der Investoren bestimmen die Lage der Investitionsfunktion. Pessimistische Erwartungen beeinträchtigen die Investitionsbereitschaft, die Funktion bewegt sich nach unten.

Eine weitere Hypothese bezieht sich auf den Zusammenhang zwischen **Konsum** und Investitionen: Eine hohe Konsumnachfrage wird die Unternehmen eher zu Investitionen reizen als eine niedrige, wobei die Nachfrageschwankungen von besonderem Interesse sind. So macht eine kräftige Erhöhung der Konsumnachfrage bei ausgelasteten Kapazitäten Investitionen zur Ausdehnung der Produktionskapazitäten notwendig. Nimmt die Konsumnachfrage ab, kann sogar der Fall eintreten, dass die Nettoinvestitionen negativ werden, nämlich dann, wenn die Ersatzinvestitionen den Produktionsapparat nicht auf dem erreichten Stand halten.

Gleichheit von Investition und Ersparnis

Für eine geschlossene Wirtschaft gilt, dass im Nachhinein („ex post") die Nettoinvestitionen immer genauso groß sind wie die Ersparnisse (Abb. 2). Etwas anderes ist ausgeschlossen, da die Ersparnis dem nicht verbrauchten Teil des Einkommens und somit dem nicht verbrauchten Teil der Produktion (Nettoinvestition) entspricht. Da Haushalte und Unternehmen ihre Spar- bzw. Investitionspläne unabhängig voneinander aufstellen, müssen diese jedoch keineswegs von vornherein („ex ante") übereinstimmen. Vielmehr können die geplanten Ersparnisse auch größer oder kleiner sein als die geplanten Investitionen. Die Folge sind (bei unveränderten Preisen) „ex post" im ersten Fall erzwungene Investitionen (z. B. in Form einer ungeplanten Lageraufstockung), im zweiten Fall erzwungene Ersparnisse (z. B. durch verlängerte Lieferfristen).

▸ 1 Verschiebungen der Investitionsfunktion

▸ a) höhere Produktionsleistung ▸ b) höhere Steuern ▸ c) pessimistische Erwartungen

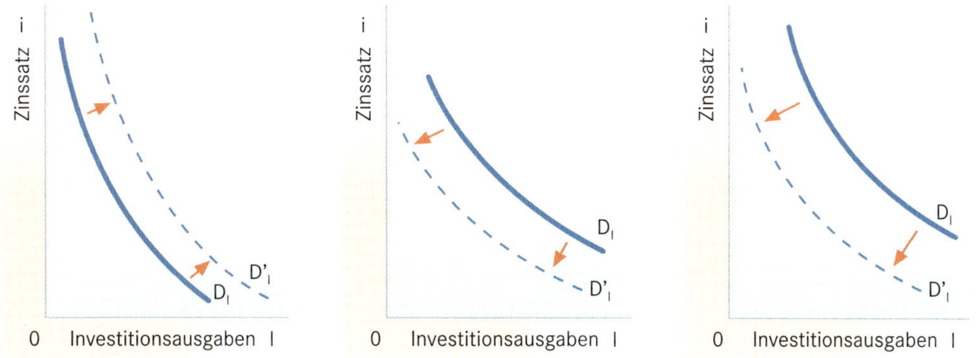

▸ Die Pfeile zeigen den Einfluss a) eines höheren BIP, b) höherer Steuern und c) eines verstärkten Pessimismus der Unternehmen auf die Investitionsfunktion (D_I) an. Die Furcht vor einer Rezession, vor Verstaatlichungen oder vor einem Krieg sind mögliche Ursachen für verstärkten Pessimismus.

▸ 2 Vergleich des Verhältnisses zwischen heimischer Spar- und Investitionsquote

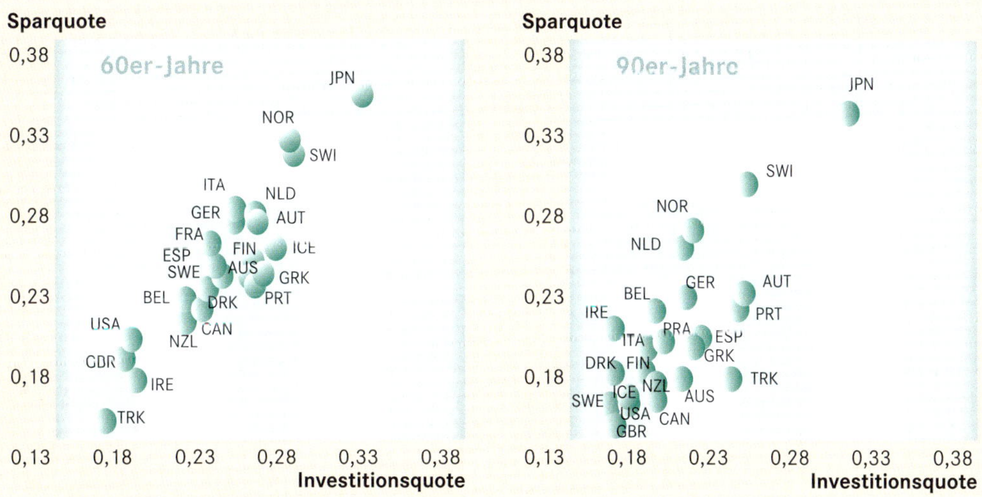

Investitionsquote = Anteil der Bruttoinvestitionen (Nettoinvestitionen) am Brutto- (Netto-) Inlandsprodukt zu Marktpreisen
Sparquote = Anteil des Sparens am Einkommen

▸ Wird in gleicher Höhe im Inland investiert wie die inländische Bevölkerung gespart hat, befindet sich der ausgewiesene Datenpunkt des jeweiligen Landes auf der 45-Grad-Linie. Zwischen den 60er- und den 90er-Jahren ist eine deutliche Entfernung der Punktwolke von der 45-Grad-Linie auszumachen. Die grafische Darstellung deutet also auf eine stärkere Abkopplung der Investitionen im Inland von der inländischen Ersparnis und somit auf eine höhere Kapitalmobilität hin.

Wirtschaftskreislauf

Nur eine Gesellschaft, in der sich jeder Einzelne vollständig selbst versorgt, kann auf wirtschaftliche Tauschbeziehungen verzichten. Moderne, arbeitsteilige Gesellschaften kommen ohne Gütertausch und Geldströme nicht aus.

Die Herkunft des Kreislaufmodells

Die Tauschbeziehungen in einer Gesellschaft lassen sich im Modell eines Wirtschaftskreislaufs darstellen. Dieses Modell umfasst alle wirtschaftlichen Beziehungen, bei denen Güter und Forderungen mit (Tausch) oder ohne Gegenleistung (Transfer, Schenkung) von einem Wirtschaftssubjekt (d. h. von einem Unternehmen, einem privaten oder einem öffentlichen Haushalt) auf ein anderes übergehen. Die Ursprünge des Kreislaufmodells gehen auf François Quesnay (1694–1774), zurück, der sich den menschlichen Blutkreislauf zum Vorbild nahm. Der französische Volkswirt und Arzt begründete die Schule der **Physiokraten,** die für eine natürliche Selbstregulierung der Wirtschaft eintraten. In seinem Hauptwerk „Tableau économique“ stellt Quesnay das erste Modell eines geschlossenen ökonomischen Kreislaufs dar.

Der Zweck der modernen Kreislaufanalyse

Um eine Übersicht über die unzähligen wirtschaftlichen Verflechtungen zwischen den **Wirtschaftssubjekten** zu gewinnen, müssen gleichartige oder ähnliche Wirtschaftssubjekte zu Sektoren zusammengefasst werden. Ziel der Kreislaufanalyse ist es, das ökonomische Geschehen sinnvoll verschiedenen Sektoren zuzuordnen, um anschließend die Beziehungen zwischen diesen Sektoren darzustellen.

Die moderne Kreislaufanalyse ist für die volkswirtschaftliche Gesamtrechnung (VGR) und für die Konjunktur- und Wachstumspolitik grundlegend. Sie hat ihre wesentlichen Elemente John Maynard Keynes (1883–1946) zu verdanken. Keynes wies den Weg zu einer systematischen, quantitativen Beschreibung der gesamtwirtschaftlichen Kreislaufzusammenhänge, die heute als Basis für die Diagnose der Konjunktur und für die Wahl der je nach Situation gebotenen wirtschaftspolitischen Maßnahmen nicht mehr wegzudenken ist.

Der einfache Wirtschaftskreislauf

Das einfachste Kreislaufmodell unterscheidet die Sektoren private Haushalte und Unternehmen (Abb. 1). In diesem Modell gibt es einen **Geld-** und einen **Güterkreislauf.** Der Staat bleibt ausgeklammert. Auch wirtschaftliche Beziehungen zum Ausland bleiben außer Acht, es wird mithin eine geschlossene Volkswirtschaft unterstellt. Eine weitere Vereinfachung besteht in der Annahme, dass die privaten Haushalte nicht sparen.

Die erwerbstätigen Mitglieder der privaten Haushalte arbeiten in den Unternehmen; für ihre Arbeitsleistung erhalten sie Einkommen. Einige der privaten Haushalte stellen Unternehmen außerdem Kapital zur Verfügung, z. B. indem sie Anleihen oder Aktien erwerben oder Gebäude sowie Grund und Boden verleihen. Für diese Leistungen erhalten sie ebenfalls Einkommen in Form von Zinsen, Dividenden, Pacht oder Miete.

Somit fließt ein **Güterstrom** – Arbeit, Boden, Kapital – von den privaten Haushalten zu den Unternehmen. Umgekehrt fließt ein **Geldstrom** in Form von Einkommen von den Unternehmen zu den privaten Haushalten. Dieses Einkommen wiederum wird von den Haushalten für Güter und Dienstleistungen ausgegeben, die die Unternehmen anbieten, d. h., es fließt ein Geldstrom zurück zu den Unternehmen und ein Güterstrom zurück zu den Haushalten.

Der erweiterte Wirtschaftskreislauf

Im erweiterten Kreislauf (Abb. 2) werden neben privaten Haushalten und Unternehmen auch Finanzinstitute, der Staat und das Ausland berücksichtigt. Zu den Verflechtungen des Finanzsektors mit den anderen Sektoren zählt z. B. die Geldanlage privater Haushalte bei Banken und Sparkassen, wofür die Haushalte Zinsen erhalten. Unternehmen nehmen Kredite auf, um neue Maschinen zu finanzieren. Der Staat verschuldet sich durch die Ausgabe von Anleihen bei privaten Haushalten und zahlt dafür Zinsen. Zudem nimmt er Steuern ein. Er stellt die wirtschaftliche Infrastruktur bereit und unterstützt die privaten Haushalte mithilfe von Geldtransfers wie etwa Sozialhilfe oder Wohngeld.

Der Sektor Ausland erbringt Dienstleistungen, z. B. touristische Serviceleistungen. Private Haushalte kaufen im Ausland Güter, etwa Autos oder Souvenirs. Auch Unternehmen erwerben im Ausland Güter, z. B. Rohstoffe für die eigene Produktion oder Fertigwaren für den Handel im Inland. Kreditinstitute vergeben Kredite an Unternehmen im Ausland oder an Staaten, sie erhalten dafür Zinsen. Der Staat importiert Waren, z. B. für die Armee. Der Sektor Ausland versammelt dabei alle ausländischen Wirtschaftssubjekte.

▸ 1 Einfacher Wirtschaftskreislauf

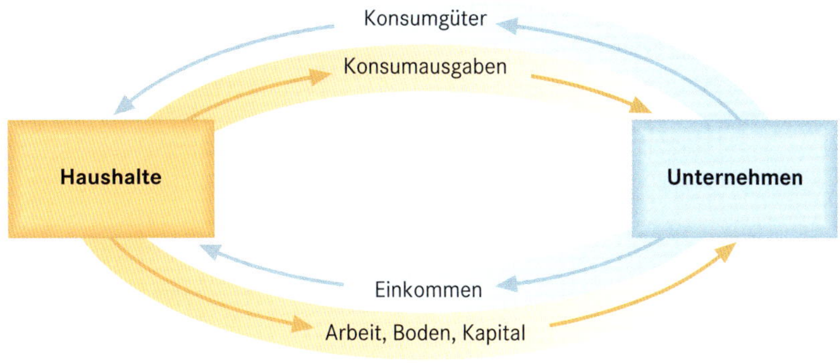

▸ 2 Privatperson im Geld- und Güterkreislauf (einige Beispiele)

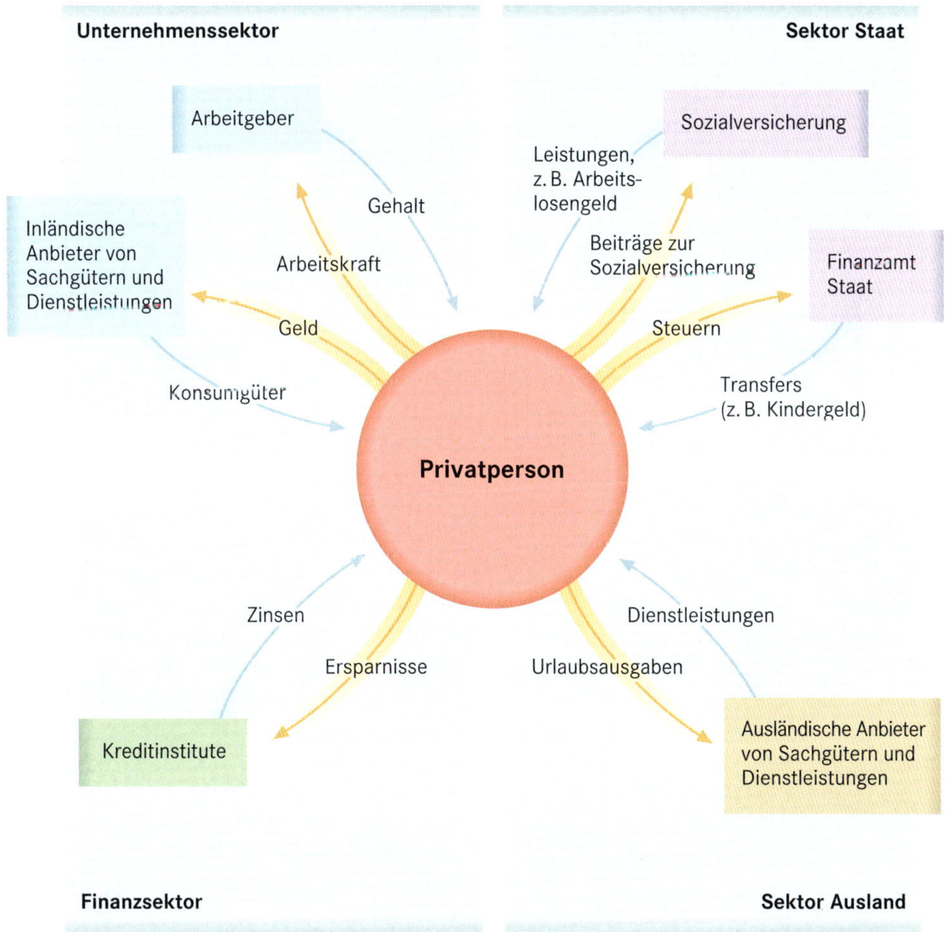

Volkswirtschaftliche Gesamtrechnung

In der volkswirtschaftlichen Gesamtrechnung (VGR) werden die Wirtschaftsprozesse einer Volkswirtschaft in einem geschlossenen Rechenwerk systematisch dargestellt. Die VGR bietet unter anderem Aufschluss über die Höhe der Produktion und des Volkseinkommens sowie über die Einkommens- und Vermögensverteilung in einem Land.

Herkunft und Verwendung der VGR

Die theoretische Grundlage der VGR ist die auf François Quesnay (1694–1774) zurückgehende Kreislaufanalyse. Deren Ziel ist es, mit statistischen Methoden die wirtschaftliche Leistungsfähigkeit eines Landes zu ermitteln. Die Kreislaufanalyse betrachtet die wechselseitigen Abhängigkeiten in einer Volkswirtschaft anhand eines Kreislaufmodells. Die Volkseinkommensstatistik entstand im 17. Jahrhundert. Damals führte der englische Physiker, Arzt und Ökonom Sir William Petty (1623 bis 1687) statistische und demografische Methoden in die Analyse des Wirtschaftsprozesses ein und prägte den Begriff **„politische Arithmetik“**.

Die moderne **VGR** bildet die Grundlage für gesamtwirtschaftliche Analysen und Prognosen. Ihre Aggregate, z. B. das **Volkseinkommen** pro Kopf, werden daneben auch zur Wohlstandsmessung genutzt.

Konventionen für die VGR

Die VGR der Bundesrepublik Deutschland in ihrer heutigen Gestalt wurde in den 1960er-Jahren vom Statistischen Bundesamt in Wiesbaden entwickelt. Man folgte dabei Empfehlungen bzw. **Standardkontensystemen**, die von den Vereinten Nationen (UN) und der Organisation für europäische wirtschaftliche Zusammenarbeit (OEEC), der heutigen Organisation für wirtschaftliche Zusammenarbeit und Entwicklung (OECD), erarbeitet worden waren.

Auch wenn sich die offiziellen Statistiken an dieses **System of National Accounts (SNA)** halten, sind internationale Vergleiche oft nur eingeschränkt möglich – sei es, aufgrund von unterschiedlichen Messmethoden oder schlichtweg aufgrund von fehlenden Daten. In der Europäischen Union wird seit 1999 die VGR nach dem neuen **Europäischen System Volkswirtschaftlicher Gesamtrechnungen (ESVG)** von 1995 durchgeführt, das einheitliche Konzepte und Gliederungen vorgibt.

Sektoren und Ströme

Bestandsgrößen sind Größen, die zu bestimmten Zeitpunkten gemessen werden. Beispiele dafür sind die Geldmenge, der Bestand an Produktionskapital (Kapitalstock) oder die Einlagen bei Banken. **Stromgrößen** sind Größen, die pro Zeitintervall gemessen werden. Das Zeitintervall kann z. B. einen Tag, ein Quartal oder ein Jahr umfassen.

Zu den wichtigsten Stromgrößen zählen das Bruttoinlandsprodukt, der private Konsum oder das Einkommen aus unselbstständiger Arbeit. In der VGR werden Stromgrößen betrachtet.

Nicht jede wirtschaftliche Transaktion kann einzeln erfasst werden. Um in den relevanten Daten der VGR Übersichtlichkeit zu wahren, werden die Wirtschaftseinheiten nach der Art ihres wirtschaftlichen Verhaltens den Sektoren Unternehmen, Staat, private Haushalte und private Organisationen ohne Erwerbszweck zugeordnet. Ein zusätzlicher Sektor Ausland dokumentiert alle Transaktionen mit ausländischen Partnern.

Zwar geht durch diese Zusammenfassung Information verloren, doch dafür verbessert sie den Überblick. Man erhält so zum einen ein möglichst aussagekräftiges Bild vom Aufkommen der Güter und Dienstleistungen (Produktion im Inland und Importe) und von deren Verwendung (Weiterverarbeitung, Konsum, Investition oder Export); zum andern werden die Entstehung und Verteilung der Einkommen bzw. ihre Umverteilung sowie ihre Verwendung überschaubar. Zudem wird die Finanzierung (Ersparnisse, Abschreibungen, Verschuldung und Kapitaltransfers) systematisch dargestellt.

Darstellungsformen der Rechnungsergebnisse

Die Ergebnisse der VGR können in Form von Konten, Tabellen, Kreislaufdiagrammen oder Gleichungssystemen veranschaulicht werden. Das Statistische Bundesamt stellt die Ergebnisse der VGR in Form eines geschlossenen Kontensystems mit doppelter Buchführung dar. Das **Kontensystem** umfasst zwei sektoral gebündelte Konten: das Güterkonto und das Konto der übrigen Welt.

Weiterhin gibt es pro Sektor sieben Konten: ein Produktions-, ein Einkommensentstehungs-, ein Einkommensverteilungs-, ein Einkommensumverteilungs-, ein Einkommensverwendungs-, ein Vermögensränderungs- und ein Finanzierungskonto. In der nebenstehenden Abbildung sind die wichtigsten Konten auf gesamtwirtschaftlichem Niveau (konsolidiert) dargestellt.

Die vier Grundkonten der volkswirtschaftlichen Gesamtrechnung

Konsolidiertes Produktionskonto

Erlöse	Aufwendungen
Konsumausgaben des Staates ($C^{Ö}$)	Bruttoentgelte für unselbstständige Arbeit (Y^L)
Konsumausgaben der privaten Haushalte und der privaten Organisationen ohne Erwerbszweck (C)	Abschreibungen (D)
Lagerveränderungen (ΔL)	Indirekte Steuern (T^I)
Bruttoanlageinvestitionen (I^B)	minus Subventionen (Sub)
Exporte (X)	Betriebsergebnis Y^G
minus Importe (M)	
BIP (Verwendung)	**BIP (Kostenstruktur)**

Konsolidiertes Einkommenskonto

Erträge	Aufwendungen
Bruttoentgelte für unselbstständige Arbeit (Y^L)	Konsumausgaben der privaten Haushalte und der privaten Organisationen ohne Erwerbszweck (C)
Betriebsüberschuss (Y^G)	Konsumausgaben des Staates ($C^{Ö}$)
Arbeitnehmerentgelte unselbstständiger Arbeit aus dem/an das Ausland (Saldo) (Y_A^L)	Sparen (S)
Einkünfte aus Besitz und Unternehmung aus dem/an das Ausland (Saldo) (Y_A^G)	
Sonstige laufende Transfers aus dem/an das Ausland (Saldo) (Tr_A)	
Indirekte Steuern – Subventionen (T^1 – Sub)	
Summe: Verfügbares Einkommen – Herkunft	**Summe:** Verfügbares Einkommen – Verwendung

Konsolidiertes Vermögensbildungs- und Finanzierungskonto

Erträge	Aufwendungen
Sparen (S)	Bruttoinvestitionen (I)
Abschreibung (D)	
Saldo der Zahlungsbilanz in laufender Rechnung (Z)	
Summe: Finanzierung	**Summe:** Bruttovermögensbildung

Auslandskonto in laufender Rechnung

Erträge	Aufwendungen
Exporte (X)	Importe (M)
Arbeitnehmerentgelte unselbstständiger Arbeit aus dem/an das Ausland (Saldo) (Y_A^L)	Saldo der Leistungsbilanz (Z)
Einkünfte aus Besitz und Unternehmung aus dem/an das Ausland (Saldo) (Y_A^G)	
Sonstige laufende Transfers aus dem/an das Ausland (TR_A)	
Laufende Einnahmen	**Laufende Einnahmen**

Umweltökonomische Gesamtrechnungen

Umweltökonomische Gesamtrechnungen (UGR) sind statistische Berichtssysteme, die die Beziehungen zwischen wirtschaftlichen Aktivitäten und der Entwicklung der Umwelt dokumentieren; sie sind ein zentraler Bestandteil der umweltökonomischen Berichterstattung.

Die Bemühungen der Vereinten Nationen

In den UGR werden Entnahme und Verbrauch von natürlichen Rohstoffen, Ausstoß und Verbleib von Emissionen, die Nutzung der natürlichen Umwelt als Standort für menschliche Aktivitäten, der qualitative Zustand der Umwelt sowie die Umweltschutzmaßnahmen erfasst.

Das **System of National Accounts (SNA)** ist ein Standardkontensystem für die volkswirtschaftliche Gesamtrechnung (VGR). Es wurde von den Vereinten Nationen (UN) und der Organisation für europäische wirtschaftliche Zusammenarbeit (OEEC, heute OECD) erarbeitet. Im Rahmen der Bemühungen um die umweltökonomische Berichterstattung wurde das SNA zu einem System einer integrierten Umwelt- und ökonomischen Gesamtrechnung **(System for Integrated Environmental and Economic Accounting, SEEA)** erweitert. Dieser Ansatz der UN steht neben zahlreichen anderen Bemühungen, ist aber methodisch am weitesten entwickelt.

Ein vorrangiges Ziel des SEEA war anfänglich die Ermittlung der **Umweltnutzungskosten** und damit verbunden die Berechnung eines **Ökoinlandsprodukts.** In einem mehrstufigen Aufbau des Systems sollten zunächst die in der VGR vorhandenen Informationen umweltbezogen untergliedert werden. In einem zweiten Schritt sollten Informationen über die Umweltnutzung und -belastung in physikalischen Einheiten hinzugefügt werden (Abb. 1), die sodann zusätzlich anhand von Marktpreisen oder Vermeidungskosten bewertet werden sollten. Schließlich sah die SEEA eine umweltbezogene Erweiterung des Produktionsbegriffs vor.

Fernziel Ökoinlandsprodukt

Ursprüngliches Ziel der UGR war die Berechnung des Ökoinlandsprodukts im Rahmen der VGR. Dazu sollten Abschreibungen auf die Natur, die als natürlicher Kapitalstock (**„Naturvermögen“**) betrachtet wird, verbucht und vom traditionellen Sozialprodukt abgesetzt werden. Wertminderungen können der Abbau von Bodenschätzen, die Übernutzung der Pflanzen- und Tierwelt sowie die Verwendung der Umwelt als Auffangbecken für Abfallstoffe sein. Dieses Konzept orientiert sich am Leitbild der **Nachhaltigkeit:** Unter Berücksichtigung der Erhaltungskosten des Naturkapitals bzw. der (Schadens-) Vermeidungskosten sollte ein Einkommens- bzw. Produktionsniveau berechnet werden, das sich ohne weitere, zusätzliche Schädigung der Umwelt auch in künftigen Jahren aufrechterhalten lässt.

Beim Aufbau der UGR zeigte sich aber bald, dass einer verlässlichen Berechnung von Abschreibungen auf das Naturvermögen kaum lösbare Probleme im Wege stehen. Auf absehbare Zeit wird es deshalb das Ökoinlandsprodukt als eine Zahl der amtlichen Statistik nicht geben. Stattdessen verfolgt das Statistische Bundesamt nun einen pragmatischen Ansatz: In fünf Bereichen erarbeitet es Daten zur Belastung (Material- und Energieflussrechnungen, siehe Abb. 1; Nutzung von Fläche und Raum), zum Zustand der natürlichen Umwelt (Indikatoren des Umweltzustands) sowie zu Umweltschutzmaßnahmen und zu den Kosten der Erreichung von Umweltqualitätsstandards, wobei physikalische und monetäre Informationen gleichwertig nebeneinander stehen.

Ökobilanzen

Neben der UGR steht der Begriff Ökobilanz für eine Sammlung von Methoden zur möglichst vollständigen Erfassung und Bewertung der Umwelteffekte, die mit der Herstellung und Nutzung von Produkten und Verfahrensweisen verbunden sind. Im engeren Sinne ist eine Ökobilanz die Bestandsaufnahme aller mit der Produktion ursächlich verbundenen Belastungen der Umwelt durch Schadstoffe. Bislang hat sich allerdings noch keine einheitliche Definition oder anerkannte Norm herausgebildet. **Produktökobilanzen** erfassen und bewerten alle Stoff- und Energieströme und somit alle Umwelteinwirkungen längs des Lebenswegs eines Produkts. Dadurch können Problemverlagerungen zwischen verschiedenen Phasen eines Produktlebenszyklus oder zwischen verschiedenen **Umweltmedien** – Luft, Gewässer, Boden – erfasst werden. Produktökobilanzen werden sowohl für den ökologischen Produktvergleich – z. B. den Vergleich von Ein- und Mehrwegsystemen bei Getränkeverpackungen, siehe Abb. 2 –, als auch für die Frage der ökologischen Optimierung längs eines Produktlebenswegs erstellt. Ökobilanzen können aber auch für Verfahrensweisen, Technologien, ganze Unternehmen oder Standorte aufgestellt werden.

1 Material- und Energieflussrechnung im Rahmen der UGR

a) Früheres Bundesgebiet

	1970	1980	1993
Material- und Energieflüsse			
Rohstoffentnahme (Inland) in Mio. t	1 514,2	2104,8	2 072,0[1]
Einfuhr in Mio. t	307,2	384,4	398,9
Primärenergieverbrauch in Petajoule[2]	9 870,0	11 436,0	12 007,6
Luftemissionen in Mio. t	771,2	817,7	743,4
darunter:			
Stickstoffdioxid (NO_2) in Mio. t	2,1	2,6	1,8
Schwefeldioxid (SO_2) in Mio. t	3,7	3,2	0,9
Kohlendioxid (CO_2) in Mio. t	742,0	792,0	728,0
Abfallaufkommen in Mio. t	112,8	185,7	142,6
Wasseraufkommen in Mio. m^3	34 403,0[3]	44 632,0[4]	43 861,6[5]
Abwasseranfall in Mio. m^3	34 182,0[3]	44 895,0[4]	42 444,3[5]

1) 1990. 2) 1015 Joule. 3) 1975. 4) 1979. 5) 1991.

b) Deutschland

	1998	2002	2005
Material- und Energieflüsse			
Rohstoffentnahme (Inland) in Mio. t	3 087,7	3 288,9	3 265,7
Einfuhr in Mio. t	504,7	513,3	563,0
Primärenergieverbrauch in Petajoule[1]	14 521,0	14 427,0	14 821,0
Luftemissionen in Mio. t	900,2	898,3	883,6
darunter:			
Stickstoffdioxid (NO_2) in Mio. t	1,8	1,7	1,4
Schwefeldioxid (SO_2) in Mio. t	0,8	0,6	0,6
Kohlendioxid (CO_2) in Mio. t	884,5	886,3	872,9
Abfallaufkommen in Mio. t	396,1	381,3	331,9
Wasseraufkommen in Mio. m^3	45 502,0	43 899,0[2]	40 172,0

1) Methodenumstellung. 2) 2001.

Quelle: Statistisches Bundesamt.

2 Vergleich von Ein- und Mehrwegsystemen bei Getränkeverpackungen

Wer eine Verpackung ökologisch richtig beurteilen will, muss ihren gesamten Lebensweg – von der Rohstoffgewinnung über die Herstellung und Beförderung bis hin zur Entsorgung – analysieren. Die Bewertung dieser Faktoren nennt man Ökobilanz. Ökobilanzen für Milchverpackungen haben z. B. gezeigt, dass beim Vergleich von Ein- mit Mehrwegverpackungen die Aspekte Transport, Rohstoffeinsatz und Recyclingquote entscheidend für die Umweltverträglichkeit der Verpackungssysteme sind.

Beispiel Transport:
Der Transport von Verpackungen belastet die Umwelt in erster Linie in Form von Luftverschmutzung durch Lkw-Verkehr. Daher ist es wichtig, dass auf einem Fahrzeug so viele Lebensmittel wie möglich und so wenig Verpackung wie nötig befördert werden. In Deutschland muss jeder Liter Milch auf seinem Weg von der Molkerei zum Verbraucher zwischen 180 und 210 km weit transportiert werden. Milchverpackungen aus Karton nutzen die Ladekapazität eines Lkws optimal aus. Eine Ladung besteht hier bei 1-Liter-Gebinden zu 95 % aus Lebensmittel und nur zu 5 % aus Verpackung. Dieses Verhältnis ist bei Glasflaschen mit nur 60 % Lebensmittel und 40 % Verpackung wesentlich ungünstiger. Noch krasser ist das Verhältnis bei leeren Verpackungen auf dem Weg zur Abfüllstation. Leere Getränkekartons werden gefaltet befördert: Für den Transport von 600 000 Kartons genügt ein 20-Tonnen-Lkw, für dieselbe Menge leerer Flaschen werden dagegen 22 Fahrzeuge benötigt.

Inlandsprodukt und Volkseinkommen

Bruttoinlandsprodukt, Bruttonationaleinkommen, Volkseinkommen und verfügbares Einkommen sind häufig genutzte Maßzahlen, die die Leistungsfähigkeit einer Volkswirtschaft beschreiben. Sie werden im Rahmen der volkswirtschaftlichen Gesamtrechnung (VGR) ermittelt.

Brutto- und Nettonationaleinkommen

Mit der Revision der VGR von 1999 wurde das **Europäische System Volkswirtschaftlicher Gesamtrechnungen (ESVG)** von 1995 umgesetzt; seitdem wurde unter anderem der Begriff **Sozialprodukt** durch den Begriff des **Nationaleinkommens** ersetzt.

Das **Bruttonationaleinkommen (BNE)** ist der Wert aller in einem bestimmten Zeitraum erzeugten Güter (Waren und Dienstleistungen). Die Güter, die als Vorleistungen bei der Produktion verbraucht wurden, werden abgezogen. Hinzugezählt werden die aus dem Ausland netto empfangenen Erwerbs- und Vermögenseinkommen. Das BNE bezieht sich auf die wirtschaftliche Betätigung der Inländer, also der Institutionen und Personen, die ihren ständigen Sitz bzw. Wohnsitz im Inland haben, nicht jedoch zwingend ihren Arbeitsplatz. Daher wird es auch Inländerprodukt genannt. Das BNE berücksichtigt Bruttoinvestitionen, d. h., es umfasst auch die im betrachteten Zeitraum hergestellten Güter, die nicht mehr genutzte Anlagen ersetzen. Zieht man die verbrauchsbedingten Abschreibungen ab, so erhält man das **Nettonationaleinkommen.**

Marktpreise oder Faktorkosten

Um das Gütervolumen in einer Zahl zusammenzufassen, müssen die jeweiligen Mengen der verschiedenen Güter bewertet werden. Ein nahe liegendes Verfahren stützt sich auf die Marktpreise der Güter (Brutto- oder Nettonationaleinkommen zu **Marktpreisen).** Diese enthalten allerdings indirekte Steuern wie etwa die Alkohol- oder die Mehrwertsteuer. Soll ermittelt werden, wie viel Einkommen im betrachteten Zeitraum mithilfe der eingesetzten Produktionsfaktoren erwirtschaftet wurde, müssen diese Steuern herausgerechnet werden. Staatliche Subventionen an Unternehmen hingegen müssen addiert werden. Das so genannte **Volkseinkommen** errechnet sich somit aus dem mit Marktpreisen bewerteten Nettonationaleinkommen abzüglich der indirekten Steuern und zuzüglich der Subventionen (Nettosozialprodukt zu **Faktorkosten).**

Vom Volkseinkommen zu unterscheiden ist das **verfügbare Einkommen** der Unternehmen und privaten Haushalte. Zu dessen Ermittlung werden die Lohnsteuer, die Körperschaftsteuer und die Sozialbeiträge abgezogen und die Transferleistungen des Staates hinzugezählt.

Die Bewertung mit Marktpreisen bringt das Problem Inflation mit sich. Verwendet man die laufenden Preise, so wird die Wertschöpfung im Ausmaß der Inflation überschätzt. Daher werden die Maße unter Verwendung von konstanten Preisen eines Basisjahres berechnet.

Nationaleinkommen und Inlandsprodukt

Ausgehend vom Bruttonationaleinkommen erhält man das **Bruttoinlandsprodukt (BIP),** indem die Einkommen der Inländer im Ausland subtrahiert und die Einkommen der Ausländer im Inland addiert werden. Das Bruttoinlandsprodukt gibt damit die Summe der Werte aller im Inland erzeugten Waren und Dienstleistungen (Bruttoinlandsprodukt zu Marktpreisen) an. Nach Abzug der Abschreibungen erhält man das **Nettoinlandsprodukt.**

Wie werden die Maße berechnet?

Die Methoden zur Berechnung der Maße setzen an unterschiedlichen Stellen des Kreislaufschemas an. Ausgangspunkt der Entstehungsrechnung ist die Produktion; hier werden die Wertschöpfungen aller Haushalte, der Unternehmen und des Staates aufsummiert (Abb. 1). Setzt man bei der Verwendung an, bildet man die Summe aus den Konsumausgaben, den Investitionsausgaben, den Ausgaben des Staates und dem Wert des Außenbeitrags. Zuletzt kann auch die Verteilungsseite betrachtet werden, indem Faktoreinkommen (Zins, Grundrente, Lohn und Unternehmensgewinn) aufaddiert werden.

Das Nationaleinkommen als Wohlstandsmaß?

Nicht alle in der Volkswirtschaft erbrachten Leistungen werden auch gemessen (Abb. 2). Dies betrifft vor allem Leistungen in den privaten Haushalten und in der Schattenwirtschaft, wie etwa die Selbstversorgung aus dem Garten oder die Schwarzarbeit. Darüber hinaus gibt die Entwicklung des Nationaleinkommens keinen Aufschluss über die Qualität der Wirtschaftsentwicklung, wie etwa über Veränderungen der personellen Einkommensverteilung oder der Umweltqualität. Die Kritik am Nationaleinkommen als **Wohlstandsindikator** hat den Anstoß zur Entwicklung alternativer Konzepte, wie z. B. eines Systems von **Sozialindikatoren,** gegeben.

▸1 Berechnungsschema Inlandsprodukt, Volkseinkommen und verwandte Begriffe

Produktionswert = Gesamtwert aller Verkäufe (bewertet zu Marktpreisen, ohne Umsatzsteuer)

– Käufe bei anderen Unternehmen (Vorleistungen)

= Bruttowertschöpfung

– Bereinigung von Bankdienstleistungen

+ nicht abziehbare Umsatzsteuer

+ Einfuhrabgaben

= Bruttoinlandsprodukt

+ Saldo der Erwerbseinkommen aus dem Ausland

= Bruttosozialprodukt

– Abschreibungen

= Nettosozialprodukt

Berechnung nach ESVG.

= Bruttowertschöpfung

+ Gütersteuern (z. B. Mineralölsteuer)

– Gütersubventionen

= Bruttoinlandsprodukt

+ Saldo der Erwerbseinkommen aus dem Ausland

+ Produktions- und Importabgaben an das Ausland

– empfangene Subventionen aus dem Ausland

= Bruttonationaleinkommen

– Abschreibungen

= Nettonationaleinkommen

= Nettosozialprodukt (bewertet zu Marktpreisen)

– indirekte Steuern (z. B. Mehrwertsteuer)

+ Subventionen

= Nettosozialprodukt (bewertet zu Faktorkosten = Volkseinkommen)

– nicht ausgeschüttete Gewinne

– Körperschaftsteuer

– Sozialversicherungsbeiträge (soweit von den Arbeitgebern bezahlt)

+ Transfers

= Einkommen der Haushalte

– direkte Steuern

– Sozialversicherungsbeiträge (soweit von den Arbeitnehmern bezahlt)

= verfügbares Einkommen

▸2 Bruttoinlandsprodukt, Bruttonationaleinkommen und Volkseinkommen

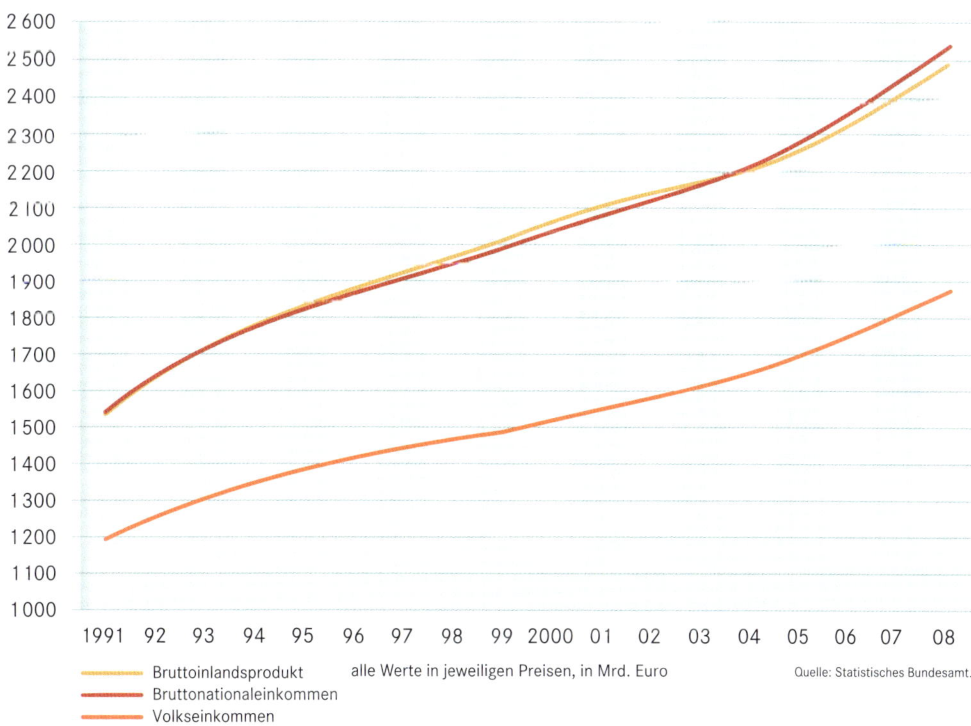

alle Werte in jeweiligen Preisen, in Mrd. Euro

Quelle: Statistisches Bundesamt.

Schattenwirtschaft

Unter Schattenwirtschaft versteht man alle Wert schöpfenden Tätigkeiten, die nicht in der offiziellen Wirtschaftsstatistik ausgewiesen werden. Synonyme Bezeichnungen lauten Parallel- oder Sekundärwirtschaft.

Die zwei Seiten der Arbeit im Verborgenen

Wenn wir von Schattenwirtschaft reden, denken wir in erster Linie an **Schwarzarbeit**; das sind Leistungen, die von Einzelnen oder Betrieben für andere erbracht werden, wobei die gesetzlichen Melde- und Anzeigepflichten gegenüber Finanzamt und Sozialversicherungen umgangen werden, um Steuern oder Sozialabgaben zu sparen. Organisierte Schwarzarbeit ist eine systematische Bereicherung auf Kosten der Steuer- und Abgabenzahler, die in Deutschland von der Zollverwaltung bekämpft wird (Abb. 1). Zur Schattenwirtschaft gehören aber auch Tätigkeiten, auf die die Gesellschaft stark angewiesen ist: Hausarbeit, unbezahlte ehrenamtliche Tätigkeiten oder etwa die unentgeltlichen Hilfen für Verwandte, Freunde und Nachbarn.

Arten der Schattenwirtschaft

Die Schattenwirtschaft wird häufig untergliedert in die **Selbstversorgungs-** und die **Untergrundwirtschaft**. Erstere umfasst legale und im Regelfall steuerfreie Aktivitäten zur hauswirtschaftlichen und gemeinwirtschaftlichen Selbstversorgung: Selbsthilfegruppen, Selbstversorgung aus dem Garten, Nachbarschaftshilfe, freiwillige Sozialarbeit wie ehrenamtliche Mithilfe in der Sozialstation oder bei der freiwilligen Feuerwehr.

Wirtschaftlicher Schaden entsteht dann, wenn vorgeschriebene Abgaben wie Steuern oder Sozialversicherungsbeiträge nicht entrichtet werden, so im Fall von Schwarzarbeit und Schwarzhandel oder von strafbaren Handlungen wie Unterschlagung, Erpressung, illegalem Glücksspiel oder Zuhälterei; diese Aktivitäten zählen zur Untergrundwirtschaft. **Schwarzhandel** ist jener Handel, für den es offizielle Märkte gibt, der aber auf „schwarzen", also inoffiziellen Märkten stattfindet.

In wirtschaftlich schlechteren Zeiten, etwa während oder nach einem Krieg, versucht der Staat häufig, die knappen Güter über die Ausgabe von Bezugsscheinen auf die Bevölkerung zu verteilen. Der **Schwarzmarkt** umgeht diese staatliche Rationierung. Dort werden die fraglichen Waren meist zu stark überhöhten Preisen oder im Tausch gegen andere Waren gehandelt. Auch im Alltag kann derjenige unangenehme Erfahrungen mit dem Schwarzmarkt machen, der am Abend eines großen Fußballspiels vor den Pforten des ausverkauften Stadions noch eine Eintrittskarte erstehen möchte.

Wie groß ist die Schattenwirtschaft?

Die Wertschöpfung der Schattenwirtschaft ist schwer abschätzbar. Der Umfang der legalen Schattenwirtschaft – z. B. die Wertschöpfung durch Eigenleistung beim Hausbau – lässt sich durch Befragungen ermitteln. Die Erfassung des Umfangs der unrechtmäßigen Schwarzarbeit ist dagegen weitaus schwieriger.

Zur Schätzung werden direkte und indirekte Messverfahren sowie modelltheoretische Ansätze verwendet. Bei direkten Messverfahren wird durch Stichproben der zeitliche Umfang bestimmter Nebentätigkeiten ermittelt. Die Zeitangaben werden mit einem Durchschnittslohn bewertet und auf die Grundgesamtheit hochgerechnet. Allerdings lässt sich mit dieser Methode nur der legale Teil der Schattenwirtschaft erfassen.

Bei indirekten Messverfahren nutzt man Indikatoren, die auf das Ausmaß der Schattenwirtschaft hindeuten. So ist davon auszugehen, dass Transaktionen in der Schattenwirtschaft meist in bar abgewickelt werden. Die Abwanderung in die Schattenwirtschaft z. B. durch eine Steuererhöhung wird mithilfe statistischer Regressionsanalysen ermittelt, indem die Bargeldnachfrage ohne Steuererhöhung geschätzt und mit der tatsächlichen Nachfrage verglichen wird. Durch Umrechnungen lässt sich dann auf den Anteil der Schattenwirtschaft am Bruttoinlandsprodukt schließen. Nach diesem Verfahren untersucht der österreichische Ökonom Friedrich Schneider den Umfang der Schattenwirtschaft in mehreren Ländern; danach nimmt Deutschland im internationalen Vergleich eine mittlere Position ein (Abb. 2).

Modelltheoretische Methoden schließlich versuchen, den Einfluss von die Schattenwirtschaft begünstigenden Faktoren – wie Steuerbelastung, Steuermoral, staatliche Reglementierung, Pro-Kopf-Einkommen und Arbeitslosenquote – abzuschätzen. Mithilfe statistischer Verfahren wird analysiert, in wieweit zwischen diesen Faktoren und Größen, die bei einer Zunahme der Schattenwirtschaft abnehmen dürften, systematische Beziehungen bestehen. Ergibt sich etwa, dass ein steigender Grenzsteuersatz (neben anderen Faktoren) einen Rückgang der effektiven Arbeitszeit in der offiziellen Wirtschaft bewirkt, so lässt sich aus diesem Zusammenhang indirekt auf den Umfang der Schattenwirtschaft schließen.

▸ 1 Bekämpfung der Schwarzarbeit und der illegalen Beschäftigung in Deutschland

	2006	2007	2008
Personenbefragungen	423 175	477 035	481 996
Prüfung von Arbeitgebern	83 258	62 256	46 058
Abgeschlossene Ermittlungsverfahren wegen Straftaten	91 820	117 441	106 960
Abgeschlossene Ermittlungsverfahren wegen Ordnungswidrigkeiten	54 087	72 969	63 274
in Mio. Euro			
Summe der Geldstrafen aus Urteilen und Strafbefehlen	19,8	25,4	33,9
Summe der festgesetzten Geldbußen	46,4	51,9	56,7
Schadenssumme im Rahmen der straf- und bußgeldrechtlichen Ermittlungen	603,6	561,8	549,7
Steuerschäden aus Ermittlungsverfahren der Länderfinanzverwaltungen	nicht erfasst	37,0	39,1
in Jahren			
Summe der erwirkten Freiheitsstrafen	1 123	1 398	1 556

Quelle: Bundeszollverwaltung

▸ 2 Ausmaß der Schattenwirtschaft in Deutschland und im internationalen Vergleich

▸ Nach der indirekten Methode über den Bargeldumlauf geschätztes Ausmaß der Schattenwirtschaft unterschiedlicher Länder. Ungleiche Steuersysteme und Unterschiede in den öffentlichen Statistiken erschweren allerdings die Vergleichbarkeit der Länder.

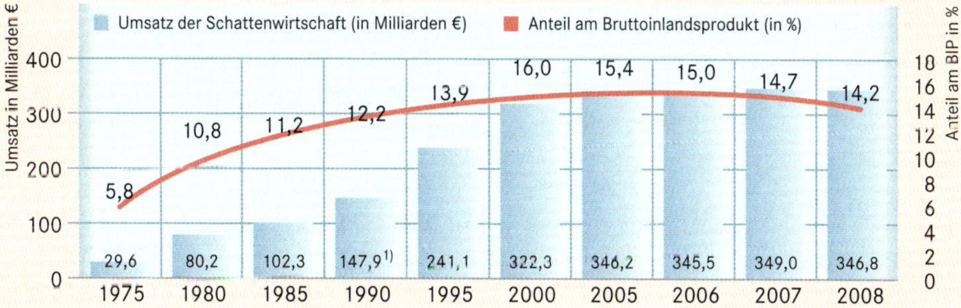

1) Bis einschl. 1990 Werte nur für Westdeutschland

Quelle: Schneider, Universität Linz.

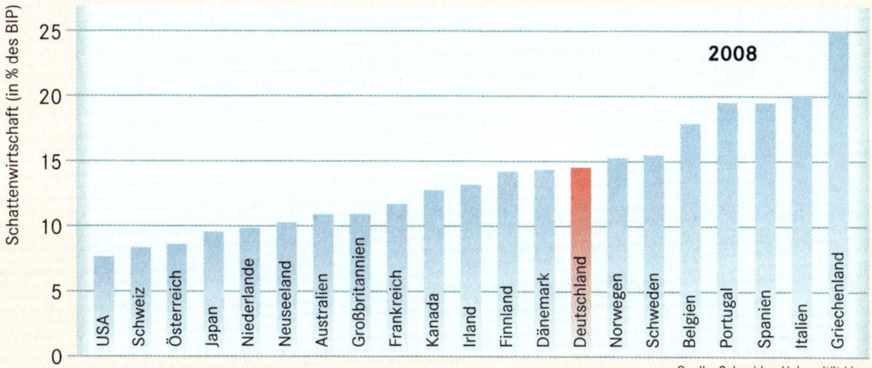

Quelle: Schneider, Universität Linz.

Wohlstandsmessung

Wie gut geht es uns? Leben wir besser als die Bürger unserer Nachbarländer? Was heißt besser? Trägt staatliche Politik wirklich dazu bei, den Wohlstand der Bevölkerung zu steigern? Solche Fragen sind Ausgangpunkt der Wohlstandsmessung.

Was ist Wohlstand?

Bei der Definition des Begriffs „Wohlstand" gehen die Meinungen weit auseinander. Materieller bzw. wirtschaftlicher Wohlstand ist der Versorgungsgrad einer Person, eines Haushalts, einer Gruppe oder einer Gesellschaft mit Gütern und Dienstleistungen einschließlich der öffentlichen Güter und der Haushaltsproduktion. In dieser Definition wird Wohlstand mit **Lebensstandard** gleichgesetzt.

Einem allgemeineren Verständnis zufolge umfasst Wohlstand auch Eigenschaften wie subjektives Wohlbefinden, allgemeine Lebensbedingungen oder subjektive Zufriedenheit und wird mit den Begriffen **Wohlfahrt** und **Lebensqualität** gleichgesetzt. Lebensqualität ist im Unterschied zum Lebensstandard erheblich schwerer zu erfassen und zu messen.

Der Index für menschliche Entwicklung

Die Anfang der 1960er-Jahre in den USA in Gang gekommene Diskussion über soziale Indikatoren basiert auf der Erkenntnis, dass das **Bruttosozialprodukt** (BSP) aus einer Reihe unterschiedlicher Gründe kein zuverlässiger **Wohlstandsindikator** ist. Ein wachsendes Sozialprodukt bedeutet eben nicht immer, dass auch die Wohlfahrt eines Landes steigt. Insbesondere erfasst das BSP viele Gesellschaftsbereiche nicht, in denen keine marktförmigen Beziehungen herrschen, und selbst die materiellen Aspekte von Wohlstand bildet es nur unvollständig ab. Aus diesen Gründen wurde eine Vielzahl von Systemen sozioökonomischer Indikatoren entwickelt, die auch Bereiche wie Gesundheit, Bildung, soziale Sicherung, Umweltqualität und Freizeit umfassen.

Der vom Entwicklungsprogramm der Vereinten Nationen (UNDP) konzipierte **Human Development Index (HDI)** ist ein Beispiel für ein solches System. Der seit 1990 jährlich berechnete **Index der menschlichen Entwicklung** geht von den drei wesentlichen Dimensionen menschlicher Entfaltungsmöglichkeiten aus: Gesundheit, Bildung und Einkommen. Diese werden anhand der Indikatoren mittlere Lebenserwartung, Alphabetisierungsrate (Abb. 1) und Schulbesuchsdauer sowie reales Bruttoinlandsprodukt (BIP) pro Kopf gemessen und zu einem Gesamtindex verdichtet (Abb. 2, 3).

Auch das Statistische Bundesamt berichtet in einem so genannten Satellitensystem der **volkswirtschaftlichen Gesamtrechnung (VGR)** über die Gebiete Umweltschutz, Haushaltsproduktion und Gesundheit.

Zwei Ansätze zur Wohlstandsmessung

Es gibt zwei Hauptrichtungen. Die erste versucht, die volkswirtschaftliche Gesamtrechnung zu einer **sozialen Gesamtrechnung** auszubauen. Neben der Beseitigung von Doppelzählungen und statistischen Erhebungsfehlern sollen vor allem die in der Sozialproduktberechnung bisher fehlenden Größen berücksichtigt werden, z. B. Zusatzkosten aufgrund von Umweltschäden.

Der leichter gangbare Weg besteht in der beschriebenen Ergänzung der volkswirtschaftlichen Gesamtrechnung durch ein System **sozialer Indikatoren,** die für den Wohlstand wichtige Lebensbedingungen erfassen.

Vorschläge der OECD

Sozioökonomische Indikatoren sind letztlich Messgrößen, die geeignet sind, sozioökonomische Tatbestände sinnvoll abzubilden. Sie sollen eine schnelle, umfassende und ausgewogene Beurteilung zentraler gesellschaftlicher Lebensbedingungen und des sozialen Wandels erlauben. Bei der Erstellung von Systemen sozioökonomischer Indikatoren treten vor allem zwei Probleme auf. Zum einen ist die Suche nach den richtigen Indikatoren schwierig, denn diese sollen tatsächlich etwas über den Wohlstand aussagen. So misst etwa die Zahl der Ärzte pro 1000 Einwohner eher die Kosten des Wohlstands als die Gesundheit der Bevölkerung. Zum anderen fragt sich, welches Gewicht man den einzelnen Indikatoren jeweils beimessen sollte, bevor man sie zu einem Gesamtindex verdichtet.

Bisher gilt das Konzept der OECD (List of Social Concerns, 1973, und The OECD List of Social Indicators, 1982) zur Bestimmung der Wohlfahrt von Individuen als das umfassendste. Darin sind acht Hauptbereiche festgelegt, auf die sich die Indikatoren beziehen sollen: Ausbildung, Gesundheit, Arbeit und Qualität des Arbeitslebens, Freizeit, Kaufkraft, physische Umwelt, Sicherheit sowie soziale Beteiligungschancen. Diese Hauptbereiche werden in Unterbereiche gegliedert, die Unterbereiche wiederum in Teilgebiete usw., bis schließlich messbare Größen wie z. B. der Alphabetisierungsgrad vorliegen.

▸ 1 Trends in Entwicklungs- und Industrieländern

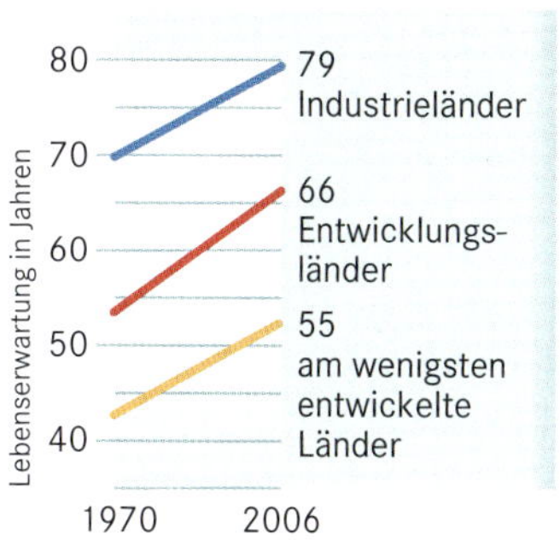

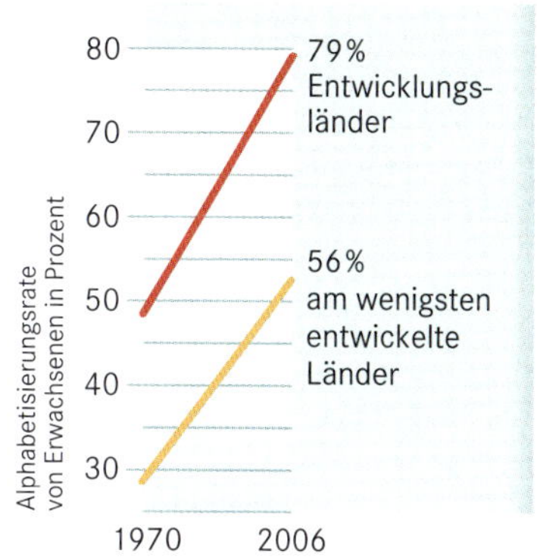

▸ 2 HDI-Rangfolge ausgewählter Industrieländer 2006

▸ Als Indikatoren werden im HDI 1990 Lebenserwartung bei Geburt (Gesundheit), Alphabetisierungsrate (Bildung) und reales Bruttoinlandsprodukt pro Kopf in US-$ (Lebensstandard) gewählt. Für jede Dimension werden die niedrigsten und höchsten beobachtbaren Werte als Endpunkte einer Skala von 0 bis 1 festgelegt. Die standardisierten Skalenwerte der einzelnen Länder bestimmen sich dann aus ihrer Relation zu diesen Endpunkten, und der HDI eines Landes stellt das arithmetische Mittel dieser drei Skalenwerte dar.

Land	1	2	3	4
Island	1	0,968	35,814	13
Norwegen	2	0,968	51,862	1
Kanada	3	0,967	36,687	9
Australien	4	0,965	33,035	16
Irland	5	0,960	40,823	4
Niederlande	6	0,958	36,099	7
Schweden	7	0,958	34,056	11
Japan	8	0,956	31,951	16
Luxemburg	9	0,956	77,089	-8
Schweiz	10	0,955	37,396	1
Frankreich	11	0,955	31,980	12
Finnland	12	0,954	32,903	9
Dänemark	13	0,952	35,125	3
Österreich	14	0,951	35,523	1
USA	15	0,950	43,968	-7

Land	1	2	3	4
Spanien	16	0,949	29,208	11
Belgien	17	0,948	33,243	2
Griechenland	18	0,947	31,290	8
Italien	19	0,945	28,828	9
Neuseeland	20	0,944	25,260	11
Großbritannien	21	0,942	32,654	1
Hongkong	22	0,942	39,146	-12
Deutschland	23	0,940	31,766	2
Israel	24	0,930	24,405	9
Südkorea	25	0,928	22,985	9
Entwicklungsländer		0,688	4,572	
am wenigsten entwickelte Länder		0,480	1,125	
Industriestaaten		0,925	30,879	
Welt insgesamt		0,747	9,316	

Quelle: Human Development Report 2008.

1 HDI-Rang **2** HDI-Wert **3** Reales BIP pro Kopf (in US-$, um Kaufkraft unterschiedlich bereinigt) 2006 **4** Rang reales BIP pro Kopf (in US-$, um Kaufkraft unterschiedlich bereinigt) 2006 minus HDI-Rang*

* Eine positive Zahl gibt an, dass der HDI-Rang besser ist als der Rang reales BIP pro Kopf, eine negative das Gegenteil.

▸ 3 Human Development Index und Bruttoinlandsprodukt

Wie gering die Aussagekraft des Bruttoinlandsprodukts im Hinblick auf das Wohlstandsniveau einer Gesellschaft ist, zeigt sich, wenn man verschiedene Länder anhand dieser Größe und unter Hinzuziehung des Index der menschlichen Entwicklung miteinander vergleicht. So ist beispielsweise das reale Bruttoinlandsprodukt pro Kopf in Guinea und Moldawien gleich groß, der Human Development Index für Moldawien hingegen um den Faktor 1,5 höher als jener für Guinea. Und obwohl die Bürger Saudiarabiens pro Kopf betrachtet ungefähr doppelt so viele Güter und Dienstleistungen erzeugen wie die Bulgaren, schneidet Saudiarabien, gemessen am HDI, nicht besser ab als Bulgarien.

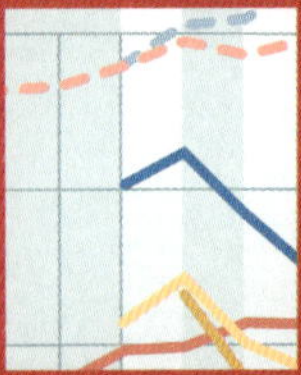   

Betriebswirtschaft

In den Unternehmen werden mithilfe von Arbeitskräften und Kapital Güter und Dienstleistungen erzeugt. Im Marketing werden das Angebot und die Art und Weise des Absatzes festgelegt. Die Beschaffung von Kapitalgütern und deren Finanzierung richtet sich nach dem Verhältnis zwischen den erwarteten Erträgen und den Kapitalkosten. Die Kosten- und Leistungsrechnung gibt Aufschluss über die Wirtschaftlichkeit der Geschäfte, der Jahresabschluss informiert über Vermögen und Gewinn.

Inhalt

BETRIEBSWIRTSCHAFT

Unternehmensgründung

Die Unternehmensgründung umfasst alle Aktivitäten, die auf die Entstehung eines Unternehmens in einer bestimmten Rechtsform abzielen. Bei der Gründung eines Unternehmens stehen vor allem juristische und finanzielle, bei dessen Gestaltung technische und organisatorische Fragen im Vordergrund.

Gründungsarten

Nach der Art des Engagements der Gesellschafter können drei Gründungsarten unterschieden werden. Bei der **Bargründung** bringen die Gründerpersonen Bargeld in das Unternehmen ein. Werden anstelle von finanziellen Mitteln Sachwerte eingebracht, spricht man von einer **Sachgründung**. Bei Mischgründungen werden sowohl finanzielle Mittel als auch Sachwerte eingebracht.

Stellt man auf die gesellschaftsrechtliche Ausgangslage ab, sind Neugründung, **Umgründung** und Ausgründung zu unterscheiden. Bei der Umgründung wird ein bestehendes Unternehmen durch einen Rechtsformwechsel in ein neues umgewandelt, z. B. um die Haftung einzuschränken oder die Erbfolge zu regeln. **Ausgründung** bedeutet die Ausgliederung einzelner Unternehmensteile eines Unternehmens und dessen Überführung in ein Unternehmen mit eigener Rechtsform. Sie kommt z. B. dann zum Tragen, wenn ein Konzern eine Tochter als Aktiengesellschaft an die Börse bringt.

Das Gründungskonzept

Ziel einer **Existenzgründung** ist es im Allgemeinen, eine langfristig tragfähige Vollexistenz für die Gründerperson und ihre Familie zu schaffen. Am Anfang jeder Existenzgründung steht eine Geschäftsidee. Vor einer Neugründung muss geklärt werden, in welcher Branche das Unternehmen tätig sein und welche Produkte bzw. Dienstleistungen es anbieten soll. Darüber hinaus ist es notwendig, den Nutzen des neuen Angebots klar zu definieren und zu untersuchen, inwieweit das neue Angebot sich von bereits bestehenden unterscheidet. Auch die persönlichen und fachlichen Voraussetzungen (technischer wie kaufmännischer Art) der Gründerpersonen sind entscheidend für den Erfolg einer Neugründung.

Der Businessplan

Im Anschluss an die grobe Skizzierung des **Gründungskonzepts** wird ein detaillierter Businessplan erarbeitet. In der **Marktanalyse** gilt es, durch kontinuierliche Informationssammlung herauszufinden, wie groß das Gesamtvolumen des betreffenden Marktes für das eigene Produkt ist und wie sich dieses mittelfristig entwickeln wird. Ebenso wichtig ist der Aufbau von Kontakten zu potenziellen Kunden, um deren Bedürfnisse besser einschätzen zu können.

Im Rahmen der **Konkurrenzbeobachtung** sind die Marktanteile, Kundenstrukturen, Preise und Serviceangebote der Mitbewerber zu untersuchen, um die Stärken und Schwächen der Konkurrenz und damit die eigenen Erfolgsaussichten besser beurteilen zu können.

Welcher **Standort** sollte gewählt werden, um den anvisierten Markt optimal bearbeiten zu können? Um dies zu entscheiden, muss die Gründerperson die Infrastruktur alternativer möglicher Standorte und das Angebot an qualifizierten Mitarbeitern in Augenschein nehmen.

Die **Finanz- und Erfolgsplanung** genießt einen besonderen Stellenwert, denn sie muss mit allen Teilbereichen des Unternehmens – Produktion, Absatz, Investition, Beschaffung und Personal – abgestimmt werden. Sie umfasst einen längerfristigen Kapitalbedarfs- und Investitionsplan sowie Umsatz- und Ergebnispläne für die ersten drei Jahre der Existenz des Unternehmens. Liquiditätspläne sorgen für die kurzfristige Vorschau auf die benötigten Barmittel.

Mögliche Eigenkapitalquellen sind eigene Ersparnisse und Vermögenswerte. Reichen diese nicht aus, können mögliche Teilhaber angesprochen werden, die haftendes Kapital zur Verfügung stellen, dafür aber – je nach Rechtsform – auch Geschäftsführungsbefugnisse erwerben. Fremdkapital kann bei entsprechenden Besicherungsmöglichkeiten von Kreditinstituten in Form von Hypotheken und Betriebsmittelkrediten aufgenommen werden. Öffentliche Finanzierungshilfen werden zur Förderung von Existenzgründungen z. B. von der KfW Bankengruppe (Kreditanstalt für Wiederaufbau, Frankfurt am Main) vergeben. Dabei handelt es sich um Zuschüsse oder Kredite zu vergünstigten Konditionen.

Wichtige organisatorische Fragen im Vorfeld einer Neugründung betreffen vor allem die optimale **Rechtsform**, die unter anderem von der Größenordnung der geplanten Aktivitäten abhängt, und die **Personalplanung**. Um die Unternehmensziele zu erreichen, müssen die Arbeitnehmer entsprechend ihrer Qualifikation an den richtigen Stellen eingesetzt werden. Daneben müssen weitere Fragen in Bezug auf notwendige Versicherungen, die Belastung von Ertrag und Vermögen durch Steuern, behördliche Formalitäten usw. durchdacht werden.

▸ 1 Gründungen und Liquidationen von Unternehmen in Deutschland (ab 1990 mit Zahlen für die neuen Bundesländer)

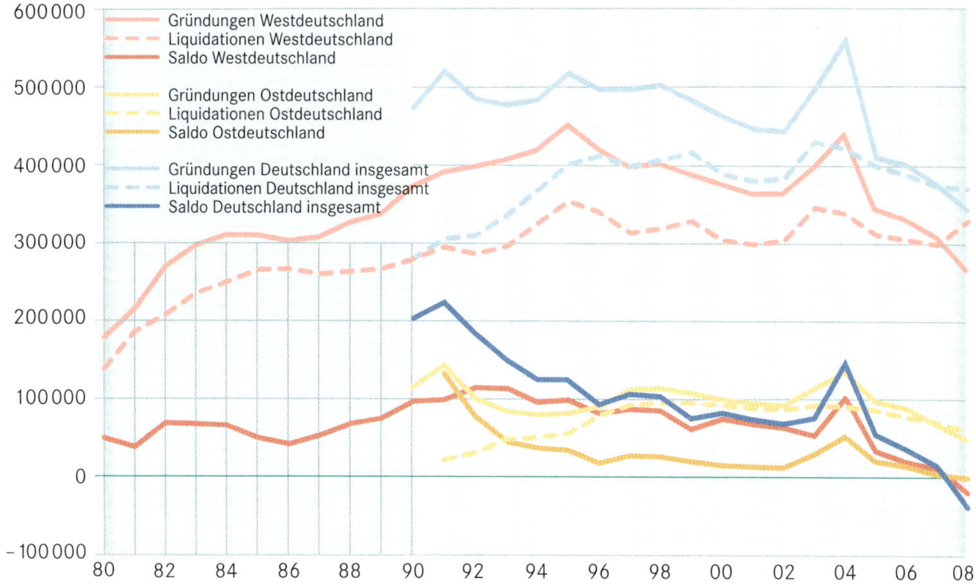

Quelle: Institut für Mittelstandsforschung, Bonn.

▸ 2 Die Unternehmensgründung am Beispiel einer Aktiengesellschaft

	Vertrag der Gründer über die Gründung einer Gesellschaft **(Vorgründungsvertrag)**
§ 23 AktG	Feststellung und notarielle Beurkundung der **Satzung** (Firma, Sitz, Gegenstand des Unternehmens, Grundkapital, Aktien, Aktienart)
§ 29 AktG	**Errichtung** der AG: Übernahme der Aktien durch die Gründer gegen Verpflichtung zur Einzahlung des Grundkapitals
§ 30 Abs. 1 AktG	Bestellung des ersten **Aufsichtsrats** durch die Gründer
§ 30 Abs. 4 AktG	Bestellung des ersten **Vorstands** durch den Aufsichtsrat
§ 36a AktG	**Einzahlung** des auf jede Aktie eingeforderten Betrages durch die Gründer (mindestens 1/4 des Nennbetrages und das Agio)
§ 32 AktG	Erstattung des **Gründungsberichts** durch die Gründer
§§ 33–35 AktG	**Gründungsprüfung** durch den Vorstand und durch den Aufsichtsrat (ggf. auch durch Gründungsprüfer)
§§ 36, 37 AktG	**Anmeldung** der AG zum Handelsregister beim Amtsgericht durch alle Gründer, Vorstands- und Aufsichtsratsmitglieder
§ 38 AktG	**Prüfung der Ordnungsmäßigkeit** der Errichtung und der Anmeldung der AG durch das Gericht
§§ 39, 40 AktG	**Entstehung** der AG durch Eintragung in das Handelsregister, Bekanntmachung der Eintragung

Rechtsformen

Die Rechtsform eines Unternehmens kann bis auf wenige Ausnahmen (z. B. Kapitalanlagegesellschaften) frei gewählt werden. Eine einmal gewählte Rechtsform kann geändert werden.

Die Bedeutung der Rechtsform

Je nach Rechtsform sind die Möglichkeiten zur Aufnahme neuen Eigen- oder Fremdkapitals eingeschränkt oder auch – wie im Fall von Aktiengesellschaften, die an die Börse gehen können – erweitert (Abb. 1). Auch die Besteuerung der an die Eigentümer ausgeschütteten und der in der Gesellschaft einbehaltenen Gewinne fällt je nach Rechtsform unterschiedlich hoch aus. Bei Personengesellschaften und Einzelunternehmen umfasst die Haftung, anders als bei Kapitalgesellschaften, neben dem Betriebsvermögen auch das gesamte Privatvermögen der Eigentümer. Größere Kapitalgesellschaften müssen prinzipiell ihre Ertrags- und Vermögensverhältnisse wesentlich häufiger und umfassender veröffentlichen. Auch in der Rechnungslegung gelten für sie strengere Regeln als für kleinere Personenunternehmen. Demgegenüber lässt sich der Kauf oder Verkauf von Eigenkapitalanteilen bei Kapitalgesellschaften in der Regel leichter bewerkstelligen als bei Personenunternehmen.

Die gängigsten Rechtsformen in Deutschland

Gesellschaft mit beschränkter Haftung: Das **Stammkapital** einer GmbH muss mindestens 25 000 Euro betragen, das bei einer haftungsbeschränkten **Unternehmensgesellschaft („Mini-GmbH")** 1 Euro. Die GmbH haftet für die Verbindlichkeiten nur in Höhe des Gesellschaftsvermögens. Das Eigenkapital kann entweder durch weitere Stammeinlagen der bisherigen Gesellschafter oder durch die Aufnahme neuer Gesellschafter erhöht werden. GmbH-Anteile können durch Abtretung mit notarieller Beurkundung übertragen werden. Sie werden allerdings nicht an einem organisierten Markt gehandelt. Als Kapitalgesellschaft unterliegt die GmbH der erweiterten Prüfungs- und Publizitätspflicht. Die Geschäftsführung kann in den Händen von Gesellschaftern oder angestellten Managern liegen. Sie wird von der Gesellschafterversammlung oder einem gewählten Beirat kontrolliert.

Kommanditgesellschaft: Bei der KG gibt es zwei Arten von Gesellschaftern, die **Komplementäre** und die **Kommanditisten.** Erstere haften mit dem Betriebs- und Privatvermögen jeweils als Gesamtschuldner. Deshalb steht prinzipiell nur ihnen die Geschäftsführungsbefugnis zu. Die Kommanditisten haften nur bis zur Höhe ihrer Einlage. Dies erleichtert es, neue Kommanditisten und damit Eigenkapitalgeber zu gewinnen. Kommanditisten sind zur Kontrolle des Jahresabschlusses und zur Einsicht in die Geschäftsbücher berechtigt.

GmbH & Co. KG: Bei diesem Mischtyp, der weit häufiger vorkommt als die reine KG, wird eine als Komplementär eingesetzte GmbH von einer KG überbaut. Auf diese Weise ist die Haftung, anders als bei der KG, auf das Gesellschaftsvermögen begrenzt.

Einzelunternehmen: Der Einzelkaufmann bringt Kapital aus seinem Privatvermögen in beliebiger Höhe in das Unternehmen ein. Er haftet mit seinem Betriebs- und Privatvermögen für dessen Verbindlichkeiten. Grundsätzlich stehen ihm alle Verfügungsrechte über das Unternehmensvermögen uneingeschränkt zu. Die Haftungsbasis kann durch die Aufnahme eines stillen Gesellschafters verbreitert werden, ohne dass dies die rechtlichen Beziehungen zu Außenstehenden berührt.

Offene Handelsgesellschaft: Die Gesellschafter der OHG bringen aus ihrem Privatvermögen eine Einlage gemäß Gesellschaftsvertrag ein. Zur Gründung bedarf es mindestens zweier Gesellschafter. Grundsätzlich sind alle Gesellschafter zur Geschäftsführung berechtigt. Sie haften zusätzlich zu ihrer Einlage mit ihrem Privatvermögen jeweils als Gesamtschuldner. Durch die Aufnahme neuer Gesellschafter kann das Eigenkapital erhöht werden. Weil sie kaum standardisiert sind, sind OHG-Anteile nur schwer übertragbar.

Aktiengesellschaft: Das **Grundkapital** einer AG beträgt mindestens 50 000 Euro. Der kleinste Aktiennennbetrag ist ein Euro. Seit 1998 sind auch Stückaktien, Aktien ohne Nennwert, die stattdessen einen bestimmten prozentualen Anteil am Grundkapital verbriefen, zugelassen. Die AG haftet gegenüber den Gläubigern nur mit dem Gesellschaftsvermögen. Die Gründung kann auch durch einen einzelnen Gesellschafter (Aktionär) erfolgen (Einmann-AG). Die Rechte und Pflichten der Aktionäre, des Vorstandes als gesetzlichem Vertretungsorgan nach außen und des Aufsichtsrats als Kontrollorgan des Vorstandes sind gesetzlich geregelt. Die Aktionäre können ihre Rechte nur im Rahmen der Hauptversammlung wahrnehmen. Das Eigenkapital kann durch die Ausgabe neuer Aktien erhöht werden. Ist die AG an einer Börse notiert, können die Aktien im laufenden Handel jederzeit zum Marktkurs ge- und verkauft werden.

▸ 1 Systematisierung der Rechtsformen

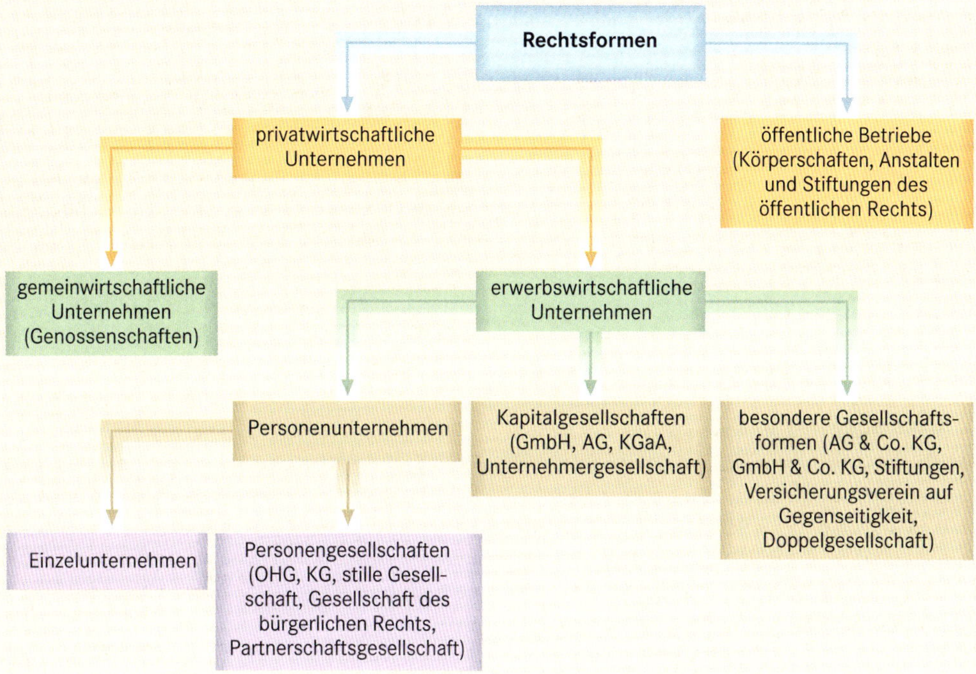

▸ 2 Anzahl der Unternehmen nach Rechtsform und nach Umsatz 2006 (in Mrd. Euro)

▸ Während der Anzahl nach bei den Rechtsformen die Einzelunternehmen mit rund 70 % vorherrschen, liegt nach dem Umsatz die GmbH an der Spitze. Die AG ist die Rechtsform von größeren Unternehmen, da ihr Anteil an der Gesamtzahl verschwindend gering ist, der Umsatzanteil aber bei fast 20 % liegt.

Rechtsform	Anzahl	Prozent	zu versteuernder Umsatz	Prozent
Aktiengesellschaft (AG)	7329	0,24	949,06	19,25
Gesellschaft mit beschränkter Haftung (GmbH)	455030	14,68	1729,05	35,07
Kommanditgesellschaft (KG)	127296	4,11	1158,13	23,49
Offene Handelsgesellschaft (OHG)	262649	8,47	231,13	4,69
Einzelunternehmen	2179953	70,33	519,34	10,54
sonstige	67236	2,17	343,29	6,96
gesamt	3099493	100,00	4930,00	100,00

Quelle: Statistisches Bundesamt.

Unternehmensführung

Die Führung bzw. das Management eines Unternehmens liegt im Allgemeinen in den Händen der obersten und oberen Führungskräfte (Manager), die mit leitenden Aufgaben betraut sind.

Organisation und Entwicklung

Die Lehre von der Unternehmensführung befasst sich mit der Frage, wie sich Probleme der Führung und Organisation von Mitarbeitern und Institutionen am besten lösen lassen. Ihre Handlungsempfehlungen sollen die Anpassung des Unternehmens an die sich ständig ändernden Bedingungen („Umweltzustände") erleichtern (**Unternehmenspolitik**).

Unternehmensgestaltung bedeutet, dass die verschiedenen Produktionsfaktoren unter Berücksichtigung der Umfeldbedingungen zu einer effizienten und handlungsfähigen Institution zusammengeführt werden, um die Unternehmensziele zu erreichen. Diese Aufgabe umfasst die Schaffung einer effizienten Organisationsstruktur (siehe auch Abb. 1), d. h. einer sinnvollen Einteilung des Unternehmens in Arbeitsstellen, Instanzen und Abteilungen, sowie einer aufgabenorientierten Organisation der Abläufe, d. h. der einzelnen Arbeitsprozesse.

Unternehmenslenkung bedeutet, die bestehende Struktur zu erhalten und dort anzupassen, wo es die wechselnden Bedingungen des Wettbewerbs erfordern. Das geschieht, indem Entscheidungen getroffen werden und deren Umsetzung kontrolliert wird. Die Unternehmensleitung stützt sich zur Steuerung der Beschaffung, der Produktion und des Absatzes der Produkte und Dienstleistungen auf alle intern und extern zugänglichen Informationen. Diese werden in als Management-Informationssystem bezeichneten, computergestützten Informationssystemen verfügbar gemacht.

Die **Unternehmensentwicklung** ist ein Prozess, der verschiedene Gestaltungs- und Lenkungsaktivitäten umfasst. Wesentlich ist es, das Unternehmen angesichts zunehmender Kundenorientierung und Internationalisierung fortzuentwickeln, indem die Strukturen durch qualitatives Lernen ständig angepasst (lernende Organisation) und gezielt optimiert werden (kontinuierlicher Verbesserungsprozess, KVP, japanisch Kaizen). Dazu gehört es, neue Zielvorgaben und Verhaltensweisen (z. B. soziale Kompetenz) zu suchen und durchzusetzen, die Innovationsfähigkeit zu fördern sowie günstige Rahmenbedingungen für das Unternehmen zu schaffen.

Zielsetzung

An der Formulierung der **Unternehmensziele** sind unterschiedliche Interessengruppen beteiligt. Dazu zählen die Eigen- und Fremdkapitalgeber, das Management, die Mitarbeiter, die Kunden und Lieferanten, der Staat und die interessierte Öffentlichkeit.

Die potenzielle Reichweite des Einflusses der einzelnen Anspruchsgruppen auf die Zielformulierung wird durch die von der Unternehmensverfassung vorgegebene Kompetenzverteilung bestimmt. Um ein geschlossenes Zielsystem für alle Unternehmensebenen sicherzustellen, müssen die Ziele widerspruchsfrei und hierarchisch klar gegliedert sein. Ziele dienen als Rechtfertigung, Ansporn und Kontrollgrößen für unternehmensbezogenes Handeln (Abb. 2).

Planung und Entscheidung

Die Planung dient der Vorbereitung und Abwägung von Entscheidungen, deren Folgen umso unsicherer sind, je weiter sie in die Zukunft reichen. Die einzelnen Teilplanungen werden aufeinander abgestimmt, um eine möglichst optimale Verwendung der knappen Mittel zu gewährleisten.

Das Treffen von Entscheidungen, d. h. die Wahl zwischen verschiedenen Handlungsmöglichkeiten, ist ein zentrales Problem jeglicher wirtschaftlichen Aktivität. Die normative Entscheidungstheorie stellt Regeln dafür auf, wie rationale Entscheidungen getroffen werden können. Die deskriptive (beschreibende) Entscheidungstheorie legt offen, wie Entscheidungen im Alltag zustande kommen.

Kontrolle

Die Kontrolle ist der Vergleich der erreichten Ergebnisse mit den angestrebten Zielen (Soll-Ist-Vergleich). Ihr Zweck besteht darin, Informationen über die Ursachen für eventuelle Abweichungen zu gewinnen (**Abweichungs- und Ursachenanalyse**). Spätere Prognosen und Planungen sollen dadurch treffsicherer und realistischer werden. Die Kontrolle dient auch der Beurteilung der geleisteten Arbeit von Mitarbeitern, die sowohl mit negativen (Tadel, Abmahnung usw.) als auch mit positiven Sanktionen (Anerkennung, Gehaltserhöhung) verbunden sein kann.

Ein spezifischer Teil der Kontrolle ist das **Controlling**, das die Planung und Steuerung (Koordination) des Unternehmens mithilfe von Daten des Rechnungswesens umfasst.

▸ 1 Mögliche Organisationsstrukturen

- Ein Unternehmen kann seine Organisation
  a) **nach dem Objekt** (divisional) und
  b) **nach der Verrichtung** (funktional) gliedern

a) Divisionale Organisationsstruktur oder Spartenorganisation:

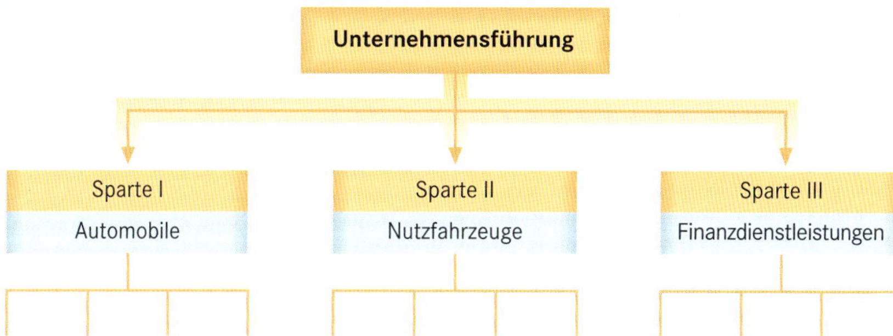

b) Funktionale Organisationsstruktur:

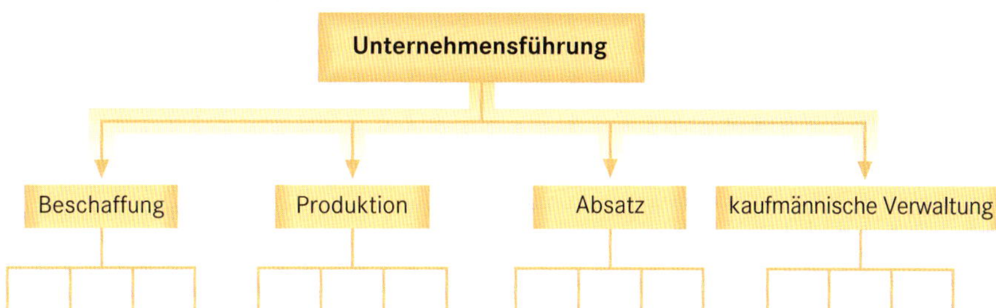

▸ 2 Ethik im Management und Unternehmensethik

Im Zentrum der älteren Betriebswirtschafts- und Managementlehre steht das Modell des gewinnmaximierenden Unternehmens, das gemäß den Interessen seiner Eigentümer handelt. Dieses Modell der Orientierung am sogenannten Shareholder-Value, das heißt am Wert des Unternehmens aus der Sicht am maximal möglichen Gewinn interessierten Anteilseigner, bildet die Realität stark vereinfacht ab. De facto sind Unternehmen Teil eines sozioökonomischen Gefüges, das neben seinen Eigentümern seine Kunden, Lieferanten, Beschäftigten, Kooperationspartner und schließlich auch die Öffentlichkeit umfasst. Letztere wird unter anderem durch die Auswirkungen der Unternehmenstätigkeit auf die natürliche Umwelt und auf die soziale Gemeinschaft berührt.

Als Teil der Gesellschaft trägt das Unternehmen eine Mitverantwortung für das Gelingen der Beziehungen nicht nur zu seinen Eigentümern, sondern auch zu den übrigen genannten Anspruchsgruppen oder Stakeholders. Will es nachhaltig erfolgreich sein, so muss es gemäß dem Stakeholder-Ansatz neben den finanziellen Ergebnissen seines Handelns auch soziale und ökologische Kriterien in seinen Zielkatalog aufnehmen, was letztlich darauf hinausläuft, sich selbst Regeln guter Führung zu geben, was etwa auch die Frage der Angemessenheit von Managergehältern betrifft. Die freiwillige Verpflichtung auf ethisch gehaltvolle Richtlinien unternehmerischen Handelns ist insbesondere dort gefordert, wo gesetzliche Regeln fehlen oder mit Leichtigkeit umgangen werden können. Dies ist insofern eine Herausforderung, als sich das Unternehmen in einem Wettbewerb behaupten muss, in dem unter Umständen rein eigennützige Konkurrenten kurzfristige Kostenvorteile ausspielen.

Mitbestimmung

Die betriebliche Mitbestimmung ist für die private Wirtschaft im Betriebsverfassungsgesetz geregelt, für den öffentlichen Dienst im Personalvertretungsgesetz. Die Unternehmensmitbestimmung gesteht den Arbeitnehmern die wirtschaftliche Teilhabe an der Leitung des gesamten Unternehmens zu.

Betriebsräte – Vertreter der Arbeitnehmer

Betriebsräte werden alle vier Jahre von der Belegschaft gewählt. Wahlberechtigt sind alle Arbeitnehmer, die mindestens 18 Jahre alt sind und dem Betrieb mindestens seit sechs Monaten angehören; eingeschlossen sind auch Heimarbeitnehmer, nicht jedoch leitende Angestellte, für die ein **Sprecherausschuss** als eigenes Vertretungsorgan vorgesehen ist. In Betrieben ohne Betriebsrat kann dessen Wahl durchgesetzt werden, entweder durch wenigstens drei Wahlberechtigte oder durch die im Betrieb vertretene Gewerkschaft. Gibt es in einem Unternehmen mehrere Betriebsräte, so kann ein **Gesamtbetriebsrat**, in einem Konzern ein **Konzernbetriebsrat** und in EU-weit tätigen Unternehmen auch ein **Europäischer Betriebsrat** gebildet werden.

Betriebsräte genießen besonderen Kündigungsschutz und dürfen wegen ihrer Tätigkeit beruflich nicht benachteiligt werden. Sie sind für die Betriebsratsarbeit sowie für Schulung und Fortbildung unter Fortzahlung ihrer Vergütung freizustellen.

In Unternehmen mit mehr als 100 Arbeitnehmern kann ein **Wirtschaftsausschuss** eingerichtet werden, der der Unterrichtung des Betriebsrats über wirtschaftliche Angelegenheiten (z. B. Finanzlage, geplante Investitionen oder Standortverlagerungen) des Unternehmens dient.

Reichweite der betrieblichen Mitbestimmung

Nach dem Grad der Einflussnahme unterscheidet man Mitentscheidungs-, Mitwirkungs- und Informationsrechte; unmittelbaren Einfluss auf die Betriebsführung und ihre Entscheidungen hat der Betriebsrat jedoch nicht. Neben der freiwilligen gibt es die zwingende Mitbestimmung (Abb. 1). Wenn sich bei Angelegenheiten, die der zwingenden Mitbestimmung unterliegen, Betriebsrat und Geschäftsleitung nicht einigen, muss eine paritätisch besetzte Schlichtungsstelle mit neutralem Vorsitzenden angerufen werden **(Einigungsstelle).**

Mitbestimmung schlägt sich oft in **Betriebsvereinbarungen** nieder. Diese kollektivvertraglichen Vereinbarungen zwischen Arbeitgeber und Betriebsrat gelten für alle Arbeitsverhältnisse (nicht für leitende Angestellte). Betriebsräte wachen über die Einhaltung der Gesetze und Vorschriften zum Schutz der Arbeitnehmer sowie der Tarifverträge. Besonders wichtig ist ihr Einspruchsrecht in Fällen, in denen Neuerungen im Betrieb geplant sind, die zu einer wesentlichen Änderung der Lage der Arbeitnehmer führen können – etwa die Einführung neuer Arbeitsmethoden, die Stilllegung oder die Verlegung von Betriebsteilen. Um wirtschaftliche Nachteile auszugleichen oder zu mildern, die den Arbeitnehmern durch solche Maßnahmen entstehen, kann ein Betriebsrat auf den Abschluss eines **Sozialplans** drängen.

Unternehmensmitbestimmung

Die Unternehmensmitbestimmung greift in die Entscheidungsbefugnisse der Kapitaleigner ein, indem sie den Arbeitnehmern Sitze in den Aufsichtsgremien und damit eine unmittelbare Einflussnahme auf unternehmerische Entscheidungen zugesteht. Der Gesetzgeber will so die Arbeitnehmer zu Partnern der Eigentümer „ihres" Unternehmens machen. Stellen die Anteilseigner im Aufsichtsrat die Mehrheit, spricht man von der einfachen Mitbestimmung; bei der paritätischen Mitbestimmung sind beide Seiten in gleicher Anzahl vertreten.

Die unternehmerische Mitbestimmung (Abb. 2) ist im **Mitbestimmungsgesetz**, im **Betriebsverfassungsgesetz** und im **Montanmitbestimmungsgesetz** geregelt. Letzteres gilt für die Unternehmen des Bergbaus und der Eisen und Stahl erzeugenden Industrie mit mehr als 1000 Beschäftigten in der Rechtsform AG oder GmbH. Den Arbeitnehmern wird hier ein Recht auf **paritätische Mitbestimmung** bei unternehmerischen Entscheidungen eingeräumt, indem sie Vertreter in den Aufsichtsrat und den Vorstand (Arbeitsdirektor) entsenden dürfen. Das Mitbestimmungsgesetz von 1976 erweitert die Montanmitbestimmung auf alle Unternehmen mit eigener Rechtspersönlichkeit und mit mehr als 2000 Arbeitnehmern. Ausgenommen sind die so genannten Tendenzbetriebe (z. B. Forschungsinstitute und Zeitungsverlage). Beschlüsse des Aufsichtsrats müssen mit einfacher Mehrheit gefasst werden. Bei Stimmengleichheit hat der Vorsitzende zwei Stimmen.

Die einfache Mitbestimmung nach dem Betriebsverfassungsgesetz von 1952 gilt vor allem für Aktiengesellschaften und Kommanditgesellschaften auf Aktien mit bis zu 2000 Beschäftigten. Hier verfügen die Arbeitnehmer nur über ein Drittel der Aufsichtsratssitze.

▸ 1 Die Aufgaben des Betriebsrats nach dem Betriebsverfassungsgesetz

allgemeine Aufgaben des Betriebsrats (§80)	erzwingbare Mitbestimmungsrechte des Betriebsrats (§87)
Überwachung der Einhaltung der zugunsten der Arbeitnehmer geltenden Gesetze, Verordnungen, Betriebsvereinbarungen, Tarifverträge	Fragen der betrieblichen Ordnung und des Verhaltens von Arbeitnehmern im Betrieb
Beantragung von Maßnahmen, die der Belegschaft und dem Betrieb dienen	Regelung der täglichen und wöchentlichen Arbeitszeit sowie der Pausen
Förderung der Eingliederung von Schwerbehinderten und Schutzbedürftigen	Anordnung von Überstunden und Einführung von Kurzarbeit
Förderung der Beschäftigung älterer Arbeitnehmer im Betrieb	Einführung und Anwendung von technischen Einrichtungen, die geeignet sind, das Verhalten oder die Leistung der Arbeitnehmer zu überwachen
Durchführung der Wahl der Jugend- und Auszubildendenvertretung	Allgemeine Grundsätze der Urlaubsregelung und Urlaubsplanung
Entgegennahme und ggf. Weiterleitung von Anregungen der Arbeitnehmer	Regelungen zur Verhütung von Arbeitsunfällen und Berufskrankheiten
Integration von Ausländern im Betrieb und Förderung des Verständnisses zwischen ausländischen und deutschen Arbeitnehmern	Form, Ausgestaltung und Verwaltung von Sozialeinrichtungen
	Fragen der betrieblichen Lohngestaltung; Festsetzung von Akkord- und Prämiensätzen; Zeit, Ort und Art der Auszahlung der Arbeitsentgelte
	Grundsätze über das betriebliche Vorschlagswesen

▸ 2 Unternehmensmitbestimmung

▸ Beteiligung der Arbeitnehmer im Aufsichtsrat nach dem Mitbestimmungsgesetz von 1976 (links) und dem Betriebsverfassungsgesetz von 1952 (rechts)

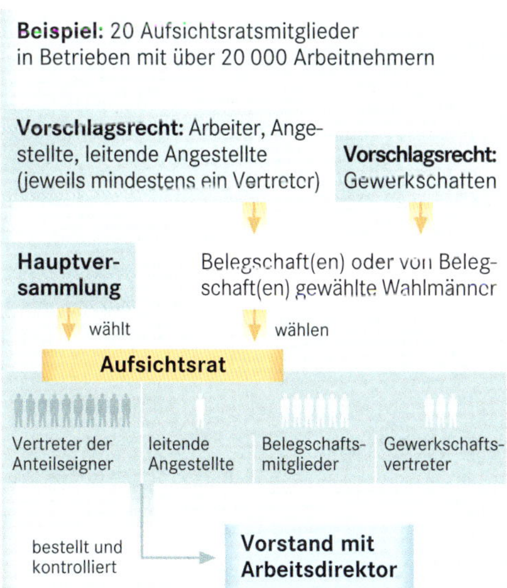

Gültigkeit: v.a. Kapitalgesellschaften, Genossenschaften mit in der Regel mehr als 2000 Arbeitnehmern (Ausnahme: v.a. Tendenzbetriebe, der Montanmitbestimmung unterliegende Unternehmen)

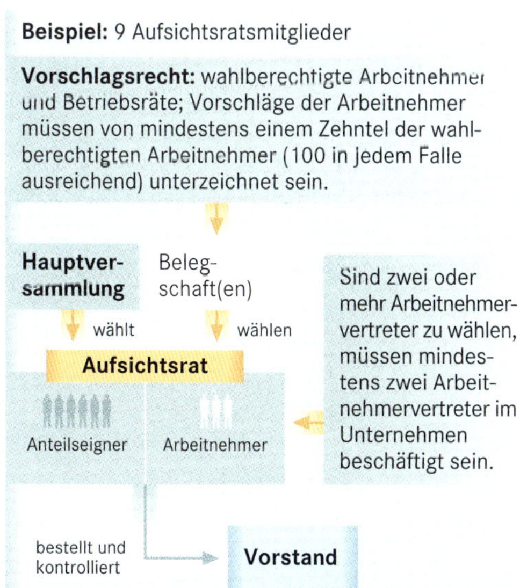

Gültigkeit: v.a. Aktiengesellschaften und Kommanditgesellschaften auf Aktien (Ausnahme: v.a. Familiengesellschaften, Tendenzbetriebe, Religionsgemeinschaften, kleine Aktiengesellschaften, die nach dem 10. 8. 1994 eingetragen worden sind); GmbH mit mehr als 500 Arbeitnehmern

Personalwirtschaft

Die Personalwirtschaft umfasst alle Aufgaben im Unternehmen, die mit dem Einsatz von arbeitenden Menschen im Betrieb zusammenhängen.

Personalwirtschaft als Bereich des Managements

Die Personalwirtschaft verfolgt das Ziel, das Unternehmen zum richtigen Zeitpunkt und für die notwendige Dauer mit der erforderlichen Zahl an Mitarbeitern zu versorgen, die zudem die richtige Qualifikation aufweisen sollen. Alle damit zusammenhängenden rechtlichen und verwaltungstechnischen Probleme sind ebenso zu lösen wie soziale Fragen, bei denen es um die Interessen der Arbeitnehmer geht. Veränderungen in der Einstellung der Menschen zur Arbeit, wie der Wunsch nach (mehr) Selbstverwirklichung oder nach (größerer) Eigenverantwortung, und neue rechtliche Rahmenbedingungen stellen an die Personalpolitik des Unternehmens und an die jeweiligen Vorgesetzten veränderte Verhaltenserwartungen.

Um die menschliche Arbeitskraft möglichst effizient einzusetzen, sind neben der Qualifikation (d. h. der berufsbezogenen Ausbildung, Begabung und Fähigkeit) auch die Arbeitszufriedenheit und die **Motivation** zu beachten. Im **Personalmanagement** werden der Mensch nicht nur als Produktionsfaktor, die Personalabteilung nicht nur als Verwaltungsinstanz gesehen. Vielmehr werden die personellen Aufgaben als aktiver Teil des gesamten Managementprozesses verstanden.

Aufgaben der Personalwirtschaft

Ein Unternehmen verfolgt das Ziel, möglichst rentabel zu arbeiten, denn nur dann kann es wettbewerbsfähige Löhne und Gehälter zahlen. Um das Gewinnziel erreichen zu können, muss es mit den für den Unternehmenszweck erforderlichen Arbeitskräften ausgestattet werden. Folglich sind eine treffende Abschätzung des Personalbedarfs und eine vorausschauende Fortbildung der Mitarbeiter **(Personalentwicklung)** sehr wichtig.

Konjunkturelle Schwankungen, die sich auf die Arbeitsmarktsituation auswirken, müssen gemeistert werden. Neben der Versorgung des Unternehmens mit Arbeitskräften ist für ein arbeitsförderliches **Betriebsklima** zu sorgen. Es hat sich gezeigt, dass mit der Zufriedenheit der Mitarbeiter auch deren Leistung gesteigert werden kann. Mitarbeiterzufriedenheit ist somit ein wichtiges Ziel auf dem Weg zu einem rentablen Unternehmen. Um ein gutes Betriebsklima zu erreichen, müssen neben materiellen Bedürfnissen wie Lohn und Gehalt, Arbeitszeit und Altersversorgung auch die Arbeitsbedingungen am Arbeitsplatz berücksichtigt werden. Dazu gehören die Verbesserung der Ausstattung der Räume, der Licht- und Lärmverhältnisse, eine gute Kantine, Sportmöglichkeiten oder die Organisation von Betriebsausflügen.

Personalverwaltung und Personalpolitik

Die Personalverwaltung befasst sich vor allem mit den administrativen Aufgaben im Personalbereich. Sie regelt alle Formalitäten von der Personaleinstellung bis hin zur -freisetzung. Neue Mitarbeiter müssen angeworben werden. Mit diesen werden Arbeitsverträge gestaltet und abgeschlossen. Die Personalakten und diverse Personalkarteien werden geführt, Statistiken – etwa zu Ausfallzeiten durch Urlaub, Krankheit und Streik oder zu den Personalbewegungen – erstellt. Mithilfe der Registrierung der Zu- und Abgänge im Unternehmen lassen sich frühzeitig Gründe für überdurchschnittliche Häufungen zurückverfolgen. Darüber hinaus werden in der Personalverwaltung Löhne und Gehälter abgerechnet.

Einen weiteren großen Aufgabenbereich bildet die Personalpolitik. Sie umfasst grundlegende Entscheidungen, wie vor allem die Festlegung der Lohn- und Gehaltsstruktur. Es muss beispielsweise bestimmt werden, ob ein Stück- oder Zeitlohn (Akkordlohn) gezahlt wird, ob es Leistungszulagen oder Prämien gibt oder ob und wie die Mitarbeiter am Unternehmenserfolg beteiligt werden sollen. Auch die Aufgabenteilung und die Planung und Gestaltung von Arbeitsplätzen (z. B. durch Stellenbeschreibungen) sowie Fragen der Arbeitszeitregelung gehören zur Personalpolitik.

Personalführung

Die Personalführung betrifft die direkte Koordination zwischen Mitarbeitern und Führungskräften. In manchen Unternehmen gibt es Führungsgrundsätze als schriftlich fixierte Wertentscheidungen und Verhaltensvorschläge, die sich aus der Unternehmensphilosophie oder von Führungsmodellen ableiten lassen.

So kann etwa ein kooperativer im Gegensatz zu einem autoritären Führungsstil praktiziert werden. Das **Harzburger Modell** und das Führungskonzept **Management by Objectives** (MbO) sind sehr umfassende Führungsmodelle. Andere Konzepte, wie Management by Decision Rules oder Management by Participation, decken nur Teilbereiche eines Führungskonzepts ab.

Führungsmodelle

Umfassende Führungsmodelle (Totalmodelle)

Harzburger Modell

Führung im Mitarbeiterverhältnis mit Delegation von Verantwortung. Zentrale Zielsetzung ist die Überwindung der autoritären Führung. Verantwortung delegieren heißt nicht nur das Abgeben von Arbeit, sondern die Schaffung von eigenverantwortlichen Bereichen der Mitarbeiter, die durch Stellenbeschreibungen genau abgegrenzt sind. Die große Menge an Vorschriften macht es zu einem starren, reglementierenden Modell, das die autoritäre Führung durch eine bürokratische ablöst. Das Harzburger Führungsmodell ist umstritten.

Management by Objectives

Führung durch Zielvereinbarung. Dieses Führungskonzept betont die Bedeutsamkeit gemeinsamer Zielvereinbarungen mit den Mitarbeitern. Entscheidungsbefugnisse werden weitgehend an die Mitarbeiter delegiert. Es findet eine regelmäßige Rückkopplung über die Zielerreichung statt. Auch die Belohnungen sind an den Grad der Zielerreichung gekoppelt.

Führungsmodelle (Partialmodelle)

Management by Delegation

Partizipatives Führungskonzept, das durch die Übertragung weitgehender Entscheidungsfreiheit und Verantwortung an Mitarbeiter gekennzeichnet ist. Voraussetzung ist klare Aufgabendefinition und Kompetenzabgrenzung. Das Konzept ist eine auch im Harzburger Modell verwendete Führungstechnik.

Management by Decision Rules

Dieses Führungskonzept ist eine Spezialform des Delegationsprinzips. Dem Mitarbeiter werden noch Handlungsanweisungen in Form von Entscheidungsregeln an die Hand gegeben. Es eignet sich allerdings eher für Routineentscheidungen.

Management by Results

Ergebnisorientiertes Führungskonzept, das die Zielplanung zum Führungsinstrument entwickelt. Eine reine Orientierung am Ergebnis steht im Vordergrund. Eine exakte Leistungsvorgabe und eine ergebnisorientierte Leistungskontrolle werden verbunden.

Management by Participation

Führungskonzept mit starker Betonung der Mitarbeiterbeteiligung an den sie betreffenden Zielentscheidungen. Ausgangspunkt ist die These, dass die Identifikation der Mitarbeiter mit den Unternehmenszielen wächst und damit die Leistung erhöht wird, wenn sie an der Formulierung dieser Ziele mitwirken können.

Management by Motivation

Führungskonzept, das darauf basiert, den Mitarbeitern einen ihrer Fähigkeiten und ihrer Verantwortungsbereitschaft entsprechenden Spielraum zu gewähren.

Management by Exception

Führung im Ausnahmefall. Das bedeutet, dass alle im normalen Betriebsablauf anfallenden Entscheidungen von dafür zuständigen Stellen getroffen werden. Der Vorgesetzte greift nur ein, wenn fixierte Toleranzwerte überschritten werden, die den Ermessensspielraum der jeweiligen Stellen überschreiten. Dazu müssen die Aufgaben klar abgegrenzt sein, sich messbare Toleranzwerte festlegen lassen, muss die Planung realistisch sein und die Kontrolle tatsächlich durchgeführt werden.

Produktionswirtschaft

Die betriebliche Produktionswirtschaft kreist um das Verhältnis zwischen dem Einsatz der Produktionsfaktoren (Input) und dem Produktionsergebnis (Output).

Produktionsverfahren

Die betriebliche Produktion vollzieht sich in unterschiedlichen Formen (Produktionsverfahren), deren Ausgestaltung vor allem von der Art des Produkts und den technischen Produktionserfordernissen bestimmt wird. Produkte sind sowohl materieller Art, z. B. Endprodukte (Konsum und Investitionsgüter), Zwischenprodukte und Abfallprodukte, als auch immaterieller Art, wie Dienstleistungen, Arbeitsleistungen und Informationen.

Die Produktion kann auf die Erstellung eines oder mehrerer Produkte gerichtet sein. Bei der **Simultanproduktion** werden die einzelnen Produkte technisch unabhängig voneinander hergestellt. Von alternativer Produktion spricht man, wenn die Fertigung der Erzeugnisse so miteinander verbunden ist, dass die Herstellung des einen Produkts die des anderen beeinträchtigt. Verbundene Produktion **(Kuppelproduktion)** liegt vor, wenn bestimmte Produkte nur in einem speziellen technischen Zusammenhang hergestellt werden können.

Arten der Produktion

Produktionsstufen sind die Abschnitte in der Herstellung, die ein Produkt jeweils kontinuierlich durchläuft, d. h. ohne Unterbrechung durch ein Zwischenlager. Man unterscheidet zwischen einstufiger Produktion, bei der das Produkt in einem Gang zum Fertigerzeugnis wird, und mehrstufiger Produktion.

Daneben gibt es eine Reihe weiterer Kriterien zur Einteilung von Produktionsarten. Nach der Initiative bei der Marktkommunikation unterscheidet man die **Auftragsproduktion** (Auftragserteilung vor der Produktion) von der **Marktproduktion** (Auftrag nach der Produktion). Gemessen an der Häufigkeit der Wiederholung des Produktionsprozesses lässt sich die Produktion in Einzel-, Serien- und Massenfertigung einteilen. Arbeits- und kapitalintensive Produktion unterscheiden sich nach dem relativen Gewicht der eingesetzten Produktionsfaktoren. Der **Mechanisierungsgrad** bestimmt, ob es sich um Handarbeit (manuelle Produktion) oder maschinelle Produktion bis hin zur automatisierten Produktion handelt. Wie viele Teile bei der Herstellung eines Produkts selbst erzeugt werden, entscheidet über das Ausmaß der **Fertigungstiefe**. Unternehmen stehen schließlich regelmäßig vor der Frage, ob sie bisher selbst erbrachte Leistungen künftig von Zulieferern einkaufen sollten (**„Make or buy"**). Wird die Leistungserbringung ausgelagert, spricht man von **Outsourcing**.

Produktionsplanung

Bei der kurzfristigen Planung muss die **Produktionskapazität** berücksichtigt werden. Darunter versteht man die angesichts der technischen und personellen Gegebenheiten maximal mögliche Erzeugungsmenge je Zeitabschnitt. Der Produktionskapazität steht das tatsächliche Produktionsvolumen gegenüber. Langfristig wird die Produktionskapazität vom Investitionsplan bestimmt, der seinerseits Teil des Gesamtplans des Unternehmens ist. Mithilfe von Prognosen über Produktpreise und Absatzmengen, verfügbare Kapitalmittel, Produktionskapazitäten und Werkstoffe wird ein **Produktionsprogramm** zusammengestellt. Es umfasst die Erzeugnisse, die ein Unternehmen am Markt anbieten will. Damit wird auch festgelegt, welche Arten und Mengen an Gütern je Zeitabschnitt hergestellt werden (Abb. 1).

Je nach Fristigkeit und Bedeutung der Planung für die Unternehmensziele wird zwischen operativer, taktischer und strategischer Produktionsprogrammplanung unterschieden (Abb. 2). Erstere legt die Produktionsleistung nach Menge und Zeitpunkt für den unmittelbar anstehenden Planungszeitraum (z. B. für ein Jahr) fest. Die mittelfristige, taktische Planung gibt für die nächsten rund vier Jahre die Produktarten und die dafür nötigen Kapazitäten vor, während die strategische Planung die langfristige Auswahl zwischen verschiedenen Produktfeldern – den auf ein Grundprodukt zurückführbaren Erzeugnissen – umfasst.

Phasen der Produktionsplanung

In der Industrie werden für den Durchlauf von Aufträgen durch die Fertigung verstärkt computergestützte **Produktionsplanungs- und -steuerungssysteme** (PPS) eingesetzt (Abb. 3). Ein PPS umfasst folgende Phasen: 1. Abschätzung der benötigten Fertigungskapazitäten, 2. Planung der pro Periode herzustellenden Enderzeugnisse, 3. Ableitung des Bedarfs an Baugruppen, Einzelteilen und Rohstoffen aus dem Bedarf gemäß der zweiten Phase nach Menge und Termin, 4. Freigabe der zu fertigenden Produkte 5. Überwachung der Fertigung auf Menge, Qualität, Termin und Ressourcenverbrauch.

▸ 1 Produktion als Bestandteil des betrieblichen Regelkreislaufs

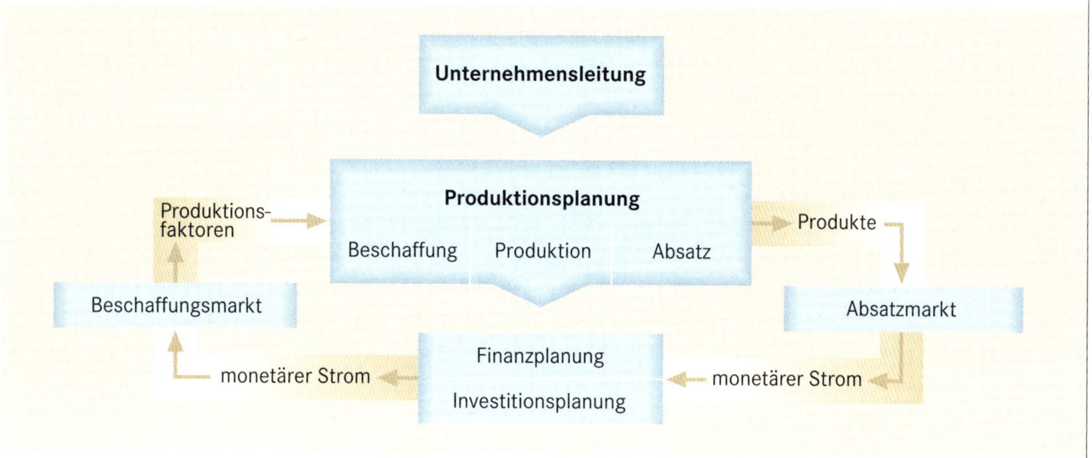

▸ 2 Hierarchie der Planungsstufen

▸ 3 Grunddaten für ein Produktionsplanungs- und Steuerungsystem (PPS)

Information	Beispiele
absatzbezogene Daten	Kundenstammdaten, Auftragsbestand, Verkaufszahlen
beschaffungsbezogene Daten	Lieferantenstammdaten, Lieferkapazitäten, Lieferkonditionen
Teilestammdaten	technische Daten der Vor-, Zwischen- und Endprodukte (z. B. Maße), wirtschaftliche Daten der Produktion (Kosten, Preise)
Erzeugnisstrukturdaten	Baukastenstücklisten, Rezepturen, Strukturstücklisten
Arbeitsplandaten	Fertigungsablauf je Produkt, Betriebsmittelbedarf, Fertigungszeiten
Betriebsmitteldaten	Kapazitäten, Rüstzeiten, Kosten je Maschinenstunde

Marketing

Marketing bzw. Absatzwirtschaft umfasst alle Maßnahmen, die unmittelbar auf den Verkauf, den Vertrieb und die Verteilung (Distribution) von Gütern und Dienstleistungen gerichtet sind.

Das Marketingkonzept

Marketing als Konzept der Unternehmensführung bedeutet, dass sich alle auf das Unternehmensziel bezogenen Aktivitäten des Unternehmens an den Bedürfnissen der Nachfrager ausrichten. Dieser Ansatz trägt dem wirtschaftlichen Wandel Rechnung: Die Knappheitswirtschaft mit Nachfrageüberhang **(Verkäufermarkt)** hat einer Überflussgesellschaft mit Angebotsüberhang **(Käufermarkt)** Platz gemacht.

Ein so verstandenes Marketing setzt sich aus zwei Hauptkomponenten zusammen. Die erste Komponente ist die unternehmensphilosophische Grundhaltung. Das Marketingkonzept passt das Leistungsangebot des Unternehmens (Produktprogramm) unter Berücksichtigung der eigenen Wettbewerbsposition an die Bedürfnisse der Abnehmergruppen an, die anhand verschiedener Kriterien – z. B. Alter, Haushaltseinkommen, Konsumgewohnheiten – ausgewählt werden. Dieses Konzept beinhaltet den Einsatz von Marketing bzw. **Marktforschung** zur Entdeckung von bislang unbefriedigten Bedürfnissen der Verbraucher **(Market-pull-Konzept)** oder die kreative Entwicklung neuer konkurrenzfähiger Produkte **(Market-push-Konzept)**. Marketing bedeutet damit eine Abkehr vom produktions- oder verkaufsorientierten unternehmerischen Denken und die Hinwendung zu einer konsequenten Kundenorientierung der Unternehmenspolitik.

Die zweite Komponente ist der aktive und kreative Einsatz marketingpolitischer Instrumente zur Erschließung, Beeinflussung und Gestaltung eines Marktes. In der Regel wird zuvor der Markt anhand von Merkmalen der potenziellen Kunden wie Alter oder Beruf segmentiert.

Marketingpolitische Instrumente

Die marketingpolitischen Instrumente umfassen die Produktpolitik, die Kommunikationspolitik, die Preis- und Konditionenpolitik sowie die Distributionspolitik (Abb. 1). Die Kombination dieser Instrumente im Rahmen einer ganzheitlichen Strategie bezeichnet man als **Marketingmix.**

Die **Produktpolitik** bestimmt die Produktgestaltung. Damit wird der Nutzen des Produkts für den Verbraucher in technischer und ökonomischer Hinsicht festgelegt. Die funktionalen Eigenschaften des Produkts (z. B. Gebrauchsfähigkeit, Haltbarkeit) entscheiden über dessen Qualität. Durch die marketingpolitischen Instrumente wird dem Käufer neben dem eigentlichen Nutzen ein psychologischer Zusatznutzen vermittelt. Dabei spielt neben der Variation aller Dimensionen der Verpackung die Markierung eine wichtige Rolle. Durch die Kennzeichnung eines Produkts mit einem unverwechselbaren Namen oder einem Merkmal (Markenzeichen) wird es zu einer **Marke** entwickelt, die sich durch ihre Einzigartigkeit und ihren Bekanntheitsgrad auszeichnet. Mit der Festlegung des Sortiments entscheidet das Unternehmen über die Tiefe (die Zahl der verschiedenen Typen einer Produktart) und die Breite (die Zahl der verschiedenen Produktarten) des Absatzprogramms.

Die **Kommunikationspolitik** umfasst die Darstellung sämtlicher Informationen über die Produkte bzw. Dienstleistungen und über das Unternehmen selbst gegenüber aktuellen oder potenziellen Kunden sowie der interessierten Öffentlichkeit. Die Öffentlichkeit wird mit allgemeinen Informationen versorgt, während die **Werbung** den potenziellen Kunden detaillierte Informationen zu einzelnen Produkteigenschaften vermittelt.

Die **Preis- und Konditionenpolitik** bestimmt die Preise der angebotenen Produkte und Dienstleistungen sowie etwaige zusätzliche Bezugsbedingungen wie Rabatte, Skonti oder Finanzierungsangebote. Während theoretisch die Preise aufgrund einer Analyse des – je nach Marktform unterschiedlichen – Verhältnisses zwischen Preishöhe und Absatzmenge festgelegt werden, richtet sich die praktische Preisgestaltung oft nach den entstandenen Kosten, der erwarteten Nachfrage sowie dem Verhalten der Mitbewerber.

Die **Distributionspolitik** legt fest, auf welchen Wegen ein Produkt zum Verbraucher gelangt. Mit der Wahl der **Absatzkette** wird entschieden, ob das Produkt direkt oder durch die Einschaltung so genannter Absatzmittler (z. B. Großhändler) zum Kunden gelangt. Mit der Bestimmung des Absatzorgans wird festgelegt, ob die Produkte durch unternehmenseigene (z. B. Außendienstmitarbeiter, Verkaufsniederlassungen) oder durch unternehmensfremde Organe (z. B. Einzelhändler) veräußert werden. Die Logistik schließlich soll sicherstellen, dass das Produkt zum optimalen Zeitpunkt und zu niedrigsten Kosten geliefert wird.

‣ 1 Das System der Marketinginstrumente nach Heribert Meffert

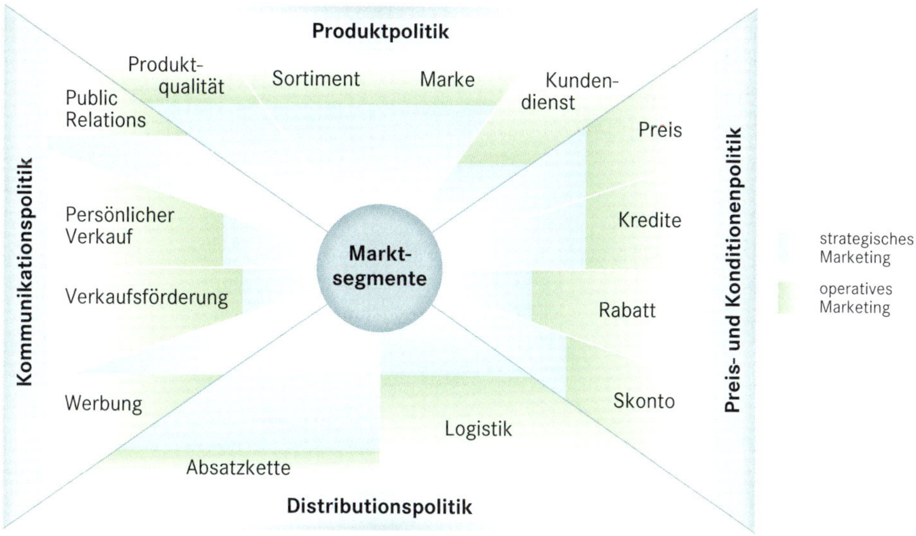

‣ 2 Der Produktlebenszyklus

- Beim Produktlebenszyklus wird unterstellt, dass der Umsatz aus dem Verkauf eines Produktes unabhängig von dessen Lebensdauer folgende Phasen durchläuft:

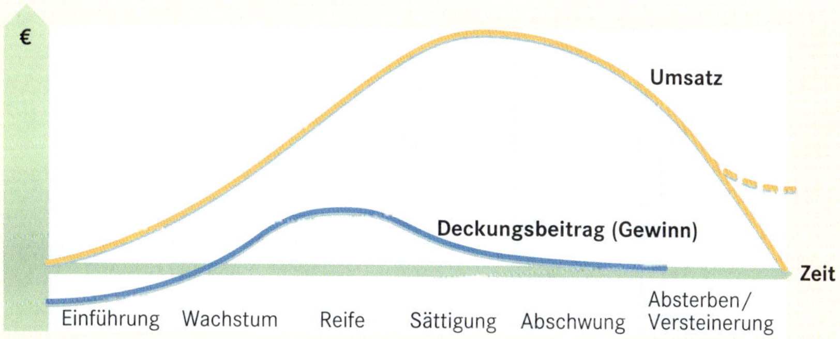

1. Einführungsphase: Nach der Entwicklungsphase, in der nur Kosten entstanden sind, führt die Markteinführung zu ersten Erlösen, die allerdings noch nicht ausreichen, um die Kosten der marketingpolitischen Instrumente zu kompensieren.

2. Wachstumsphase: Setzt sich das Produkt als neue Problemlösung bei den Kunden durch, führen Wiederholungskäufe und einsteigender Bekanntheitsgrad zu höheren Umsätzen und zum Überschreiten der Gewinnschwelle. In dieser Phase treten z. T. bereits erste Konkurrenzprodukte auf, die sich im Hinblick auf Eigenschaften und Preis unterscheiden.

3. Reifephase: Das absolute Marktvolumen des Produkts steigt zwar weiterhin an, aber die Zuwachsraten des Umsatzes sinken. Die erzielbaren Gewinne sind in dieser Phase am höchsten.

4. Sättigungsphase: Der Markt ist gesättigt – es findet kein Umsatzwachstum mehr statt. Nur durch Veränderungen in Design, Preis usw. kann der Eintritt in die letzten Phasen hinausgezögert werden.

5. Abschwungphase (Degenerationsphase): Der Umsatz geht zurück, weil neue Produkte das alte Produkt mehr und mehr ablösen.

6. Absterbephase (Versteinerungsphase): Das Produkt scheidet entweder vollständig aus dem Markt aus (Absterben) oder der Umsatz pendelt sich auf einem niedrigen Niveau ein (Versteinerung).

Investition

Investition ist die Verwendung finanzieller Mittel eines Unternehmens. Investition und Finanzierung bilden den Finanzbereich des Unternehmens ab. Dieser steht dem realwirtschaftlichen Leistungsbereich spiegelbildlich gegenüber.

Investitionsarten

Durch die Erzeugung und den Verkauf von Gütern und Dienstleistungen kommt es im Leistungsbereich eines Unternehmens zu Ein- und Auszahlungen, die sich nicht zu jedem Zeitpunkt entsprechen (Abb. 1).

Investitionen werden zum Erwerb von materiellen (z. B. Maschinen, Grundstücke, Vorräte) und immateriellen Gütern (z. B. Patente, Lizenzen) oder von finanziellen Gütern (z. B. Beteiligungen, Forderungen) getätigt. Nach dem Investitionszeitpunkt und dem Verwendungszweck kann man zwischen Anfangsinvestitionen und laufenden Investitionen unterscheiden. Letztere dienen entweder dem Ersatz nicht mehr funktionsfähiger Anlagen **(Ersatzinvestition)**, dem Austausch veralteter, aber funktionstüchtiger Maschinen, um Kosten zu senken **(Rationalisierungsinvestition)**, oder dem Ausbau der Produktionskapazitäten **(Erweiterungsinvestition)**, wobei mehrere Motive verfolgt werden können.

Investitionsplanung

Aufgrund der generellen Knappheit des Kapitals und der häufig langfristigen Kapitalbindung bei Investitionen muss im Rahmen der **Investitionsplanung** zwischen verschiedenen Investitionsalternativen ausgewählt werden. Entscheidend sind hierbei die wirtschaftliche Vorteilhaftigkeit der Investition und deren Beitrag zur Erreichung der Unternehmensziele.

Kriterien zur Beurteilung von konkurrierenden Investitionsprojekten können dem betrieblichen Rechnungswesen (z. B. Ertrag, Aufwand) entnommen werden oder auf der Zahlungsmittelebene (Ein- und Auszahlungen) ansetzen. Gegen die Verwendung von Erträgen oder Aufwendungen spricht, dass diese erst zu späteren Zeitpunkten oder auch niemals zu Ein- bzw. Auszahlungen führen. Das bedeutet, dass den Kapitalgebern die erwartete Steigerung des konsumfähigen Einkommens nicht garantiert werden kann. Deshalb wird zur Beurteilung von Investitionsalternativen häufig auf Einzahlungen (Zufluss von liquiden Mitteln) bzw. Auszahlungen (Abfluss von liquiden Mitteln) zurückgegriffen.

Mit verschiedenen Verfahren der **Wirtschaftlichkeitsrechnung** werden dem Management Instrumente zur Verfügung gestellt, deren Einsatz die für eine rationale Investitionsentscheidung nötigen Informationen liefert.

Statische Verfahren der Investitionsrechnung

Statische Rechenverfahren arbeiten meist mit Größen aus dem Rechnungswesen. Statisch bedeutet, dass der Umstand, dass Kosten oder Erlöse zu unterschiedlichen künftigen Zeitpunkten anfallen, außer Acht bleibt. Bei der **Kostenvergleichsrechnung** wird das Projekt mit den geringsten Stückkosten bei gleichen Erlösen gesucht, bei der **Gewinnvergleichsrechnung** werden die Nettoerlöse der verschiedenen zur Wahl stehenden Projekte berücksichtigt, bei der **Rentabilitätsrechnung** wird eine Gewinngröße in Bezug zum durchschnittlich gebundenen Kapital gesetzt. Schließlich wird bei der **Amortisationsrechnung** oder Payoff-Methode (Abb. 2) ermittelt, wie lange es dauert, bis der Betrag einer Investition durch Kapitalrückflüsse wieder verdient ist.

Die bei den statischen Verfahren verwendeten Größen gehen in absoluter Höhe in die Wirtschaftlichkeitsrechnung ein, unabhängig davon, wann sie anfallen. Die Investitionsalternativen werden zudem nicht periodengenau bewertet, vielmehr wird nur eine einzige, fiktive Durchschnittsperiode zugrunde gelegt. Da deshalb der Umfang und das zeitliche Muster zukünftiger Zahlungsströme nicht prognostiziert werden müssen, ist der Rechenaufwand erheblich geringer. Diese Verfahren sind deshalb in der Praxis weit verbreitet. Dynamische Rechenverfahren gewinnen allerdings an Bedeutung.

Dynamische Investitionsrechenverfahren

Um Zahlungen, die zu unterschiedlichen Zeitpunkten anfallen, vergleichbar zu machen, werden diese auf einen einheitlichen Bezugszeitpunkt umgerechnet, indem sie abgezinst (diskontiert) werden.

Bei der **Kapitalwertmethode** (Abb. 3) werden die Kapitalwerte der verschiedenen Projekte verglichen, die sich jeweils aus der Summe aller mit einem einheitlichen Zinssatz abgezinsten Ein- und Auszahlungen errechnen. Bei der **Annuitätenmethode** wird der errechnete Kapitalwert in konstante Zahlungen (Annuitäten) während der Projektdauer aufgeteilt. Die **Methode des internen Zinsfußes** besteht in der Ermittlung desjenigen rechnerischen Zinssatzes, bei dem der Kapitalwert des Projekts den Wert null annimmt. Gewählt wird das Projekt mit dem höchsten internen Zinsfuß.

▸ 1 Leistungs- und Finanzbereich eines Unternehmens

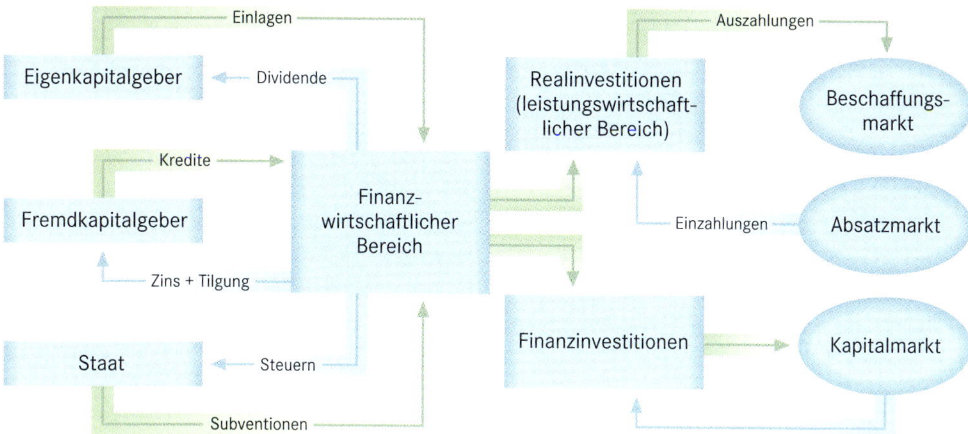

▸ 2 Fallbeispiel Amortisationsrechnung

- Um das Investitionsrisiko zu reduzieren, wird aus Erfahrung mit ähnlichen Projekten eine Soll-Amortisationszeit von höchstens drei Jahren vorgegeben. Welches Projekt ist das vorteilhaftere?

	Projekt A	Projekt B
Anschaffungskosten	250 000	150 000
Durchschnittlicher Gewinn je Periode	30 000	20 000
Durchschnittliche Abschreibung pro Periode	25 000	20 000

$$\textbf{Amortisationsdauer} = \frac{\text{Anschaffungskosten}}{\text{Periodengewinn + Periodenabschreibung}}$$

$$\textbf{Projekt A} = \frac{250\,000}{30\,000 + 25\,000} = 4{,}5 \text{ Jahre}$$

$$\textbf{Projekt B} = \frac{150\,000}{20\,000 + 20\,000} = 3{,}75 \text{ Jahre}$$

- **Projekt B sollte durchgeführt werden, da es sich rascher amortisiert als Projekt A.**

▸ 3 Fallbeispiel Kapitalwertmethode

- Zwei alternative Investitionsprojekte sollen miteinander verglichen werden. Dazu liegt die folgende Tabelle vor, in der die jeweiligen Auszahlungen mit einem Minuszeichen und die Einzahlungen in den einzelnen Jahren der Projektlaufzeit (t) mit einem Pluszeichen gekennzeichnet sind.

Der Kalkulationszinssatz (k) beträgt 10 %. Welches Projekt erwirtschaftet den höheren Kapitalwert (KW)?

Es gilt jeweils, dass sich der Kapitalwert aus der Anschaffungsauszahlung (AK) plus der Summe der Barwerte (E) der zukünftigen Einzahlungen errechnet.

Zeitpunkt	t = 0	t = 1	t = 2	t = 3	t = 4
Projekt A	– 200 000	+ 100 000	+ 80 000	+ 60 000	+ 40 000
Projekt B	– 200 000	+ 40 000	+ 60 000	+ 80 000	+ 100 000

$$KW = AK_{t=0} + \sum_{t}^{T} \frac{Et}{(1+k)^t}$$

$$KW_A = -\,200\,000 + \frac{+\,100\,000}{1{,}1^1} + \frac{+\,80\,000}{1{,}1^2} + \frac{+\,60\,000}{1{,}1^3} + \frac{+\,40\,000}{1{,}1^4} = +\,38\,515{,}12$$

$$KW_B = -\,200\,000 + \frac{+\,40\,000}{1{,}1^1} + \frac{+\,60\,000}{1{,}1^2} + \frac{+\,80\,000}{1{,}1^3} + \frac{+\,100\,000}{1{,}1^4} = -\,22\,006{,}69$$

- **Nur Projekt A erwirtschaftet einen positiven Kapitalwert und sollte deshalb durchgeführt werden.**

Finanzierung

Die Finanzierung umfasst alle Vorgänge zur Beschaffung monetärer Mittel für das Unternehmen, die für Investitionen zur Verfügung stehen sollen.

Die Ermittlung des Kapitalbedarfs

Um den Bedarf an finanziellen Mitteln feststellen zu können, wird im Rahmen der Finanzplanung eine Kapitalbedarfsrechnung durchgeführt. Der **Kapitalbedarf** richtet sich nach unternehmensspezifischen Größen wie der Betriebsgröße, dem Produktionsverfahren und dem bereits vorhandenen Kapital, sowie nach diversen Umfeldfaktoren, z. B. dem allgemeinen Preis- und Lohnniveau, dem Zinsniveau auf dem Geld- und Kapitalmarkt und den steuerlichen Rahmenbedingungen.

Aus der Kapitalbedarfsrechnung ergeben sich Zeitpunkt und Umfang der benötigten finanziellen Mittel. Bei der Rechnung verwendet das Management meist verschiedene **Finanzpläne**, die dem jeweiligen Zeithorizont entsprechend unterschieden werden in kurz- (Liquiditätsstatus), mittel- sowie langfristige Finanzpläne (Kapitalbindungspläne). Steht der Kapitalbedarf fest, gilt es, die geeignete Finanzierungsform zu wählen. Hierzu wird zunächst je nach Mittelherkunft zwischen Außen- und Innenfinanzierung bzw. externer und interner Finanzierung unterschieden (Abb. 1).

Außenfinanzierung

Bei der Außenfinanzierung wird der Kapitalbedarf durch den Zufluss finanzieller Mittel über die Kapitalmärkte gedeckt. Dabei wird dem Unternehmen neues Eigenkapital entweder von den bisherigen Eigentümern **(Einlagenfinanzierung)** oder von neuen Eigentümern **(Beteiligungsfinanzierung)** zeitlich unbefristet zur Verfügung gestellt. Die Beteiligungsfinanzierung erfolgt mit Börsenzugang (z. B. über Aktien als spezielles Finanzierungsinstrument) oder ohne direkten Börsenzugang (z. B. über die Aufnahme neuer, gegebenenfalls stiller Gesellschafter bei einer Personengesellschaft).

Des Weiteren wird bei der Außenfinanzierung dem Unternehmen Fremdkapital von Dritten **(Kreditfinanzierung)** für einen bestimmten Zeitraum zur Verfügung gestellt – sei es in Form von Darlehen, von Erlösen aus dem Verkauf von Schuldverschreibungen oder von Kreditsubstituten (wie Leasing, Factoring, Forfaitierung).

Schließlich gibt es auch Mischformen – z. B. Genussscheine, Wandelschuldverschreibungen und Optionsschuldverschreibungen –, die sich durch Merkmale sowohl von Eigen- als auch von Fremdkapital auszeichnen.

Innenfinanzierung

Die Innenfinanzierung erfolgt durch einen Liquiditätszufluss, dem in derselben Periode kein Liquiditätsabfluss gegenübersteht. Die wichtigste Spielart der Innenfinanzierung ist die Finanzierung aus einbehaltenen Gewinnen **(Selbstfinanzierung).** Diese lässt sich nochmals unterteilen: Offene Selbstfinanzierung ist dann gegeben, wenn die ausgewiesenen Gewinne im Jahresabschluss in die Gewinnrücklage eingestellt werden. Stille Selbstfinanzierung liegt vor, wenn die Wahlrechte bei der Bilanzierung von Vermögen und Verbindlichkeiten genutzt werden, um Gewinne zu verdecken und zur Bildung so genannter stiller Reserven zu verwenden. Dies geschieht z. B. durch die Unterbewertung von Vorräten und/oder die Überbewertung künftiger Verbindlichkeiten; beides schlägt sich in höheren Rückstellungen nieder. Verdeckte Gewinne werden erst in späteren Perioden, wenn die entsprechenden Reserven aufgelöst werden, aufgedeckt und versteuert.

Eine weitere Form der Innenfinanzierung ist die Finanzierung durch Rückstellungsgegenwerte (z. B. durch die Bildung von Rückstellungen für Pensionsansprüche der Mitarbeiter) oder durch Abschreibungsgegenwerte. Die Finanzierungswirkung ist hierbei indirekt: Zunächst werden die rechnerischen **Rückstellungen** bzw. **Abschreibungen**, die in der internen Kostenrechnung ermittelt wurden, in den Verkaufspreis der Güter und Dienstleistungen des Unternehmens einkalkuliert. Über den Verkauf fließen dem Unternehmen anschließend in Höhe dieser Gegenwerte sukzessive liquide Mittel zu, die bis zu ihrer Auszahlung für Finanzierungszwecke zur Verfügung stehen. Da ständig neue Rückstellungen gebildet werden, entsteht ein so genannter Bodensatz an Rückstellungen, der für die langfristige Finanzierung genutzt werden kann. Ferner zählt zur Innenfinanzierung die Kapitalfreisetzung durch **Vermögensumschichtung:** Durch den Verkauf von Vermögensgegenständen, z. B. Immobilien, oder die Verkürzung der Umschlagdauer eigener Erzeugnisse wird der ursprüngliche Kapitalbedarf reduziert.

Hinsichtlich der Rechtsstellung der Kapitalgeber wird unterschieden in Eigenfinanzierung (z. B. Beteiligungsfinanzierung und Selbstfinanzierung) und Fremdfinanzierung (z. B. Kreditfinanzierung, Finanzierung aus Rückstellungen).

▸ 1 Systematisierung der Finanzierung nach der Mittelherkunft

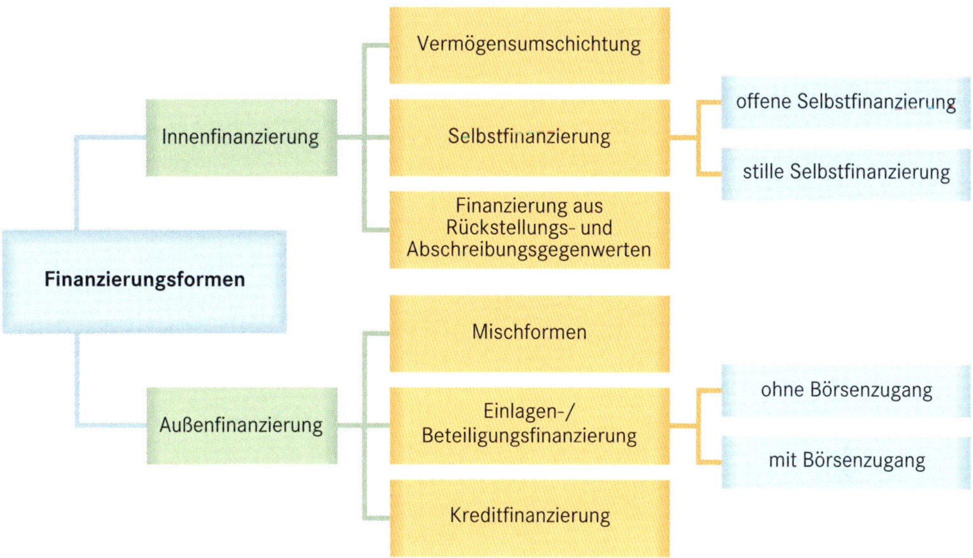

▸ 2 Finanzierungsquellen nichtfinanzieller Kapitalgesellschaften* in Deutschland, 2002 – 2007 (in Mrd. Euro)

Position	2002	2003	2004	2005	2006	2007
I. Brutto-Sachinvestitionen	192,46	202,57	207,95	216,63	234,58	250,29
II. Eigenfinanzierungsmittel						
1. Ersparnis	-2,01	-6,32	29,40	25,25	31,34	56,32
2. Vermögensübertragungen (netto)	15,60	16,07	13,68	14,81	12,47	13,78
3. Abschreibungen	182,72	183,11	185,21	190,98	191,80	194,22
Summe	196,31	192,86	228,79	231,04	235,61	264,32
Finanzierungssaldo[1)]	3,85	-9,71	20,34	14,41	1,03	14,03
Geldvermögensbildung	49,74	48,01	15,69	78,03	97,73	154,44
III. Kreditaufnahmen und Aktienabsatz						
1. Langfristig						
Kredite	56,83	-19,45	-42,11	-1,50	28,90	24,01
Ansprüche aus Pensionsrückstellungen	8,74	7,87	6,57	5,53	8,17	8,17
Absatz von Rentenwerten	6,38	15,85	9,44	10,07	15,58	-3,69
Absatz von Aktien	0,62	-7,73	2,11	6,01	4,69	6,75
sonstige Beteiligungen	26,92	41,74	30,76	1,19	22,62	18,94
2. Kurzfristig						
Kredite	-39,03	-4,19	-38,48	2,54	26,33	24,35
Geldmarktpapiere	-0,40	11,11	-7,31	-6,93	1,83	18,22
sonstige Verbindlichkeiten	3,11	2,51	14,16	6,02	-6,81	11,06
Summe	63,17	47,71	-24,86	22,93	101,31	107,81
Nettogeldvermögensbildung[2)]	-13,43	0,39	40,55	55,10	-3,58	49,63
Statistische Differenz[3)]	-17,28	10,10	20,21	40,69	-4,61	35,60

1) Summe unter II. minus I.
2) Geldvermögensbildung abzüglich Außenfinanzierung (Summe unter III.)
3) Nettogeldvermögensbildung abzüglich Finanzierungssaldo

Quelle: Deutsche Bundesbank.

* echte Kapitalgesellschaften sowie Quasi-Kapitalgesellschaften, d. h. im Wesentlichen Offene Handelsgesellschaften und Kommanditgesellschaften; ohne Einzelkaufleute und Selbstständige.

Kosten- und Leistungsrechnung

Die Kosten- und Leistungsrechnung (KLR) ist das Herzstück des betrieblichen Rechnungswesens. Sie dient dazu, die im Unternehmen anfallenden Kosten und Leistungen zu erfassen, um Angebotspreise zu kalkulieren und um die Wirtschaftlichkeit der einzelnen Betriebsbereiche zu kontrollieren.

Teilbereiche der Kosten- und Leistungsrechnung

Unter **Kosten** (Werteverbrauch) versteht man die bewerteten Abgänge von Gütern und Dienstleistungen im Zug der betrieblichen Leistungserstellung (Abb. 1). Die **Leistungen** (Wertezuwachs) sind hingegen das bewertete Ergebnis der betrieblichen Tätigkeit, d. h. der Erzeugung und des Verkaufs von Gütern und Dienstleistungen. Die Differenz aus Leistungen und Kosten ist gleichbedeutend mit dem **Betriebsergebnis.**

Im Allgemeinen wird die Kostenrechnung in drei Teilbereiche untergliedert – Kostenarten-, Kostenstellen- und Kostenträgerrechnung (Abb. 2 und 3).

Kostenartenrechnung

Hier werden alle in einer bestimmten Periode angefallenen Kosten nach **Kostenarten** (z. B. Materialkosten, Personalkosten, Abschreibungen) erfasst und sortiert. Um diese Kosten weiterzuverrechnen, wird quer zu den Kostenarten in Einzel- und Gemeinkosten unterteilt.

Einzelkosten sind Kosten, die direkt einem Kostenträger, d. h. einem einzelnen Produkt oder einer bestimmten Dienstleistung zugerechnet werden können (wie etwa Rohstoffkosten). Die **Gemeinkosten** können hingegen nicht direkt einem Kostenträger zugeordnet werden, weil sie bei der Erstellung mehrerer Leistungen anfallen (z. B. Steuern, Versicherungen) oder weil die exakte Aufteilung auf verschiedene Produkte zu aufwendig ist (etwa im Fall von Miet- oder Verwaltungskosten).

Kostenstellenrechnung

Aufgabe der Kostenstellenrechnung ist es, die Gemeinkosten mithilfe von leistungsgerechten Umlageschlüsseln auf die **Kostenträger** (Produkte) zu verteilen. Dazu werden zunächst die Kostenarten – je nachdem, wo sie entstehen – auf die Kostenstellen aufgeteilt.

Die Kostenstellen sind Teilbereiche, die jeweils eine einheitliche und kalkulierbare Leistung erbringen (z. B. Material-, Fertigungs-, Verwaltungs- und Vertriebsstellen). In der Kostenstellenrechnung werden die Kostenstellen-Einzelkosten direkt den Kostenstellen zugeordnet. Als Verteilungsschlüssel für die Gemeinkosten werden z. B. Raumgrößen, Gütermengen oder Arbeitszeiten verwendet. Aus der Summe der Gemeinkosten und der Einzelkosten jeder einzelnen Kostenstelle ergibt sich der Kostensatz für die von jeder Kostenstelle erbrachten Leistungen (z. B. Euro je Arbeitsstunde).

Kostenträgerstückrechnung

Ziel der Kostenträgerstückrechnung bzw. der **Kalkulation** ist es, die **Selbstkosten** oder **Herstellkosten** zu ermitteln, die ein einzelnes Produkt oder ein einzelner Auftrag verursacht. Bei der Selbstkostenermittlung werden sämtliche Kosten eines Erzeugnisses, d. h. sowohl die variablen (vom Produktionsvolumen abhängigen) als auch die fixen Kosten, berücksichtigt.

Die Herstellkosten werden zur Bewertung der Lagerbestände an unfertigen und fertigen Erzeugnissen sowie von selbst erstellten Anlagen für den Jahresabschluss herangezogen. Darüber hinaus dient die Kalkulation der Ermittlung der kurz- und langfristigen Preisuntergrenzen und damit als Entscheidungsbasis für die Festsetzung von Angebotspreisen.

Kostenrechnungssysteme

Für die verschiedenen Ziele der KLR stehen unterschiedliche Kostenrechnungssysteme zur Verfügung. Die **Vollkostenrechnung** trägt alle Kosten und Leistungen zusammen, die innerhalb einer bestimmten Periode anfallen, und verteilt diese Größen auf die erzeugten Güter. Aus dieser Gegenüberstellung werden das Betriebsergebnis ermittelt und die langfristigen Angebotspreise der erstellten Güter und Dienstleistungen kalkuliert.

Bei der **Teilkostenrechnung** werden nur die variablen Kosten nach dem Verursacherprinzip auf die jeweiligen Kostenträger verteilt. Die Gesamtkosten werden deshalb in die fixen und die variablen Kosten unterteilt. **Fixkosten** fallen unabhängig von der hergestellten Menge an (z. B. Mieten, Abschreibungen). Die **variablen Kosten** verändern sich dagegen mit der Ausbringungsmenge (z. B. Fertigungslöhne, Roh-, Hilfs- und Betriebsstoffe). Ziel der Teilkostenrechnung ist es, zu ermitteln, wie hoch die Umsatzerlöse mindestens sein müssen, um die variablen Kosten zu decken. Mit dem darüber hinausgehenden Betrag **(Deckungsbeitrag)** können die Fixkosten teilweise oder vollständig abgedeckt werden. Bleiben darüber hinaus weitere Erträge übrig, so stellen diese den Betriebsgewinn der Periode dar.

▸ 1 Abgrenzung der Begriffe Auszahlung, Aufwand und Kosten

▸ Die Kosten sind abzugrenzen von den Auszahlungen (Abfluss liquider Mittel) und vom Aufwand (bewerteter, periodisierter Verbrauch an Gütern und Dienstleistungen). Es gibt Auszahlungen, die nicht erfolgswirksam sind und nicht in der Gewinn- und Verlustrechnung erfasst werden (z. B. Rückzahlung eines Kredits). Sind Auszahlungen zahlungs- und erfolgswirksam, sind sie Teil des Gesamtaufwands. Der neutrale Aufwand entsteht unabhängig von der betrieblichen Leistungserstellung als periodenfremder Aufwand (z. B. Steuernachzahlung), außerordentlicher Aufwand (z. B. Brandschäden), zweckfremder Aufwand (z. B. Aktienhandel bei einem Industriebetrieb) und außergewöhnlicher Aufwand (Bewertungsunterschiede). Die kalkulatorischen Kosten führen nie zu Auszahlungen, da sie als Anderskosten durch die unterschiedliche Bewertung von Vorgängen in der Kosten- und Leistungsrechnung im Vergleich zum Jahresabschluss entstehen (z. B. kalkulatorische Abschreibungen) oder als Zusatzkosten nur in der Kosten- und Leistungsrechnung berücksichtigt werden (z. B. kalkulatorischer Unternehmerlohn).

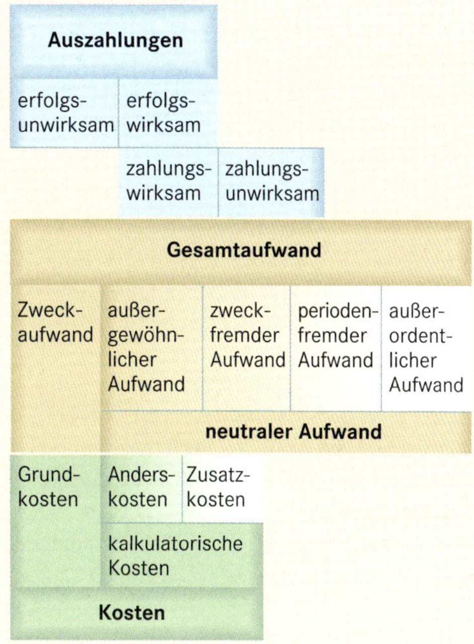

▸ 2 Zusammenhang zwischen Kostenarten-, Kostenstellen- und Kostenträgerstückrechnung

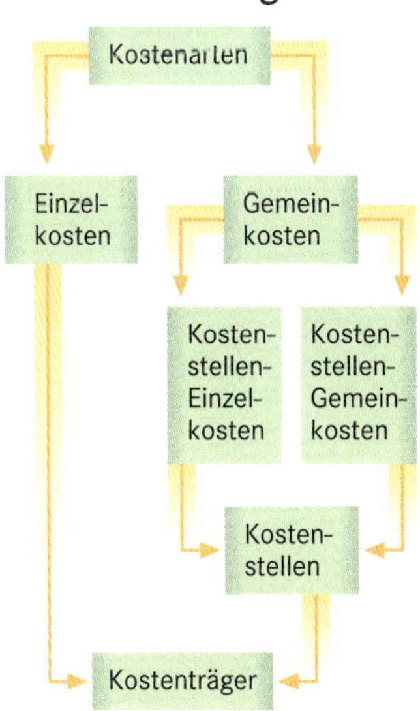

▸ 3 Grundstruktur der periodischen Betriebsabrechnung auf Grundlage der Vollkosten

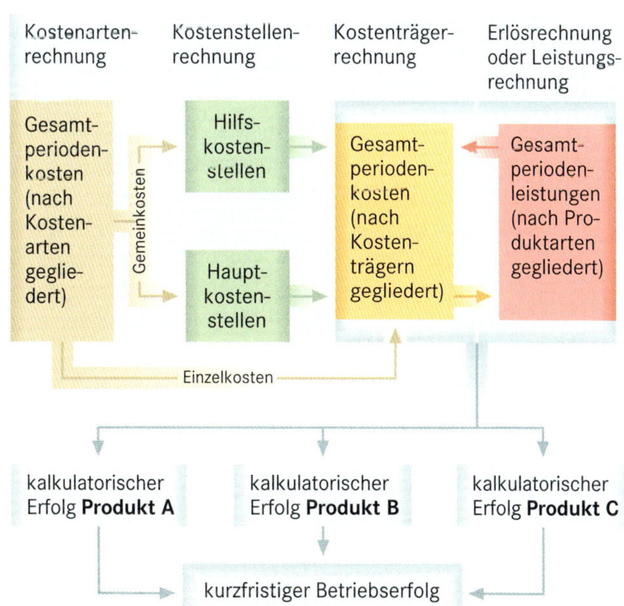

Jahresabschluss

Der Jahresabschluss, bestehend aus Bilanz, Gewinn-und-Verlust-Rechnung (GuV) und Anhang, ist Teil des betrieblichen Rechnungswesens. Er soll Gläubiger, Kapitalanleger, Arbeitnehmer und den Staat über die Vermögens-, Finanz- und Ertragslage informieren.

Bilanz – Bestandsaufnahme des Unternehmens

Die Bilanz ist der wichtigste Teil des Jahresabschlusses. In ihr findet man eine übersichtliche Gegenüberstellung des Vermögens (**Aktiva**, Mittelverwendung) und des Kapitals (**Passiva**, Mittelherkunft) des Unternehmens. Der Unterschied zwischen Aktiva und Verbindlichkeiten wird Reinvermögen genannt und entspricht der Eigenkapitalposition auf der Passivseite der Bilanz (Abb. 1).

Die Bilanz kann als **Handelsbilanz** oder als **Steuerbilanz** aufgestellt werden. Bei Ersterer steht die Information der externen Unternehmensbeteiligten im Vordergrund. Die rechtliche Grundlage ist das Handelsgesetzbuch (HGB). Hinzu treten für international agierende Kapitalgesellschaften internationale Standards der Rechnungslegung (**International Financial Reporting Standards, IFRS**). Die Steuerbilanz dagegen ist ausschließlich für den Fiskus bestimmt. Sie dient der Gewinn- und Vermögensermittlung als Grundlage der Besteuerung.

Unternehmen müssen – von seltenen Ausnahmen abgesehen – den steuerlichen Gewinn nach den handelsrechtlichen Vorschriften ermitteln. Das bedeutet, dass die Handelsbilanz für die Erstellung der Steuerbilanz maßgeblich ist, sofern das Steuerrecht nichts anderes vorschreibt (Maßgeblichkeitsprinzip). Bei kleinen und mittelgroßen Unternehmen ist es üblich, der Einfachheit halber nur eine Bilanz zu erstellen.

Grundsätze ordnungsmäßiger Buchführung

Bei der Erstellung der Bilanz müssen die Grundsätze ordnungsmäßiger Buchführung und Bilanzierung (GoB) beachtet werden. Der Grundsatz der materiellen Ordnungsmäßigkeit besagt, dass die Aufzeichnungen vollständig und richtig sein müssen. Gemäß dem Grundsatz der formellen Ordnungsmäßigkeit müssen die Buchungen klar und übersichtlich sein. Der Grundsatz der **Bilanzkontinuität** verlangt, dass das Unternehmen das gewählte Bewertungsverfahren und die Bilanzgliederung nicht wechseln soll. Der Grundsatz der **Bilanzwahrheit** besagt, dass die Bilanzpositionen dem jeweiligen Bilanzziel entsprechen sollen. Dass die Gliederung eine übersichtliche Bilanz sicherstellen soll, entspricht dem Grundsatz der **Bilanzklarheit**. Bezogen auf die Bewertung der einzelnen Bilanzpositionen ist der Grundsatz der kaufmännischen Vorsicht zu beachten. Danach soll die wirtschaftliche Situation des Unternehmens nicht geschönt dargestellt werden. Gemäß dem Realisationsprinzip dürfen Gewinne und Verluste erst dann ausgewiesen werden, wenn sie tatsächlich eingetreten sind. Gibt es mehrere Bewertungsmöglichkeiten, soll die vorsichtigere gewählt werden. Für die Positionen auf der Aktivseite bedeutet dies, den geringeren Wert (**Niederstwertprinzip**), für die Positionen auf der Passivseite, den höheren Wert (**Höchstwertprinzip**) anzusetzen. Dadurch wird erreicht, dass zwar unrealisierte Verluste, nicht aber noch nicht eingetretene Gewinne ausgewiesen werden. Dieses so genannte **Imparitätsprinzip** dient dem Schutz der Gläubiger und der Kapitalerhaltung.

Gewinn-und-Verlust-Rechnung

In der Gewinn-und-Verlust-Rechnung (GuV) wird der im abgelaufenen Geschäftsjahr erzielte Erfolg ermittelt. Dieser ergibt sich aus der Differenz zwischen den Erträgen und den Aufwendungen des Geschäftsjahres.

Bei der Erstellung der GuV können zwei Verfahren angewendet werden (Abb. 2). Beim **Gesamtkostenverfahren** werden sämtliche Erträge, die in einer Periode erwirtschaftet wurden, den in dieser Periode angefallenen Aufwendungen gegenübergestellt. Lageraufstockungen oder aus dem Lager verkaufte Produkte werden dabei ebenfalls berücksichtigt. Beim **Umsatzkostenverfahren** hingegen werden nur die Umsatzerlöse und sonstigen Erträge sowie die Aufwendungen zur Schaffung der erzielten Umsätze in Rechnung gestellt.

Anhang: Zusätzliche Hintergrundinformationen

Kapitalgesellschaften müssen ihren Jahresabschluss um einen Anhang erweitern. Im Anhang werden die Bilanz und die GuV näher erläutert. So ist unter anderem anzugeben, welche Bewertungs- und Abschreibungsmethoden verwendet wurden, welche Beteiligungen an anderen Unternehmen eingegangen oder gelöst wurden, wie hoch die Verbindlichkeiten mit einer Restlaufzeit von mehr als fünf Jahren sind und wie hoch die Gehälter der Vorstands- und Aufsichtsratsmitglieder waren.

Zusätzlich müssen Kapitalgesellschaften einen **Lagebericht** erstellen, der weitere Informationen etwa über den Absatz, die Personalentwicklung sowie zur künftigen Geschäftsentwicklung enthält.

▸ 1 Bilanz: Grobgliederung für große und mittelgroße Kapitalgesellschaften (nach §266 HBG, stark vereinfacht)

Aktivseite	Passivseite
A. Anlagevermögen:	**A. Eigenkapital:**
I. immaterielle Vermögensgegenstände	I. gezeichnetes Kapital
II. Sachanlagen	II. Kapitalrücklage
III. Finanzanlagen	III. Gewinnrücklagen
B. Umlaufvermögen:	IV. Gewinnvortrag / Verlustvortrag
I. Vorräte	V. Jahresüberschuss / Jahresfehlbetrag
II. Forderungen und sonstige Vermögensgegenstände	**B. Rückstellungen**
III. Wertpapiere	**C. Verbindlichkeiten**
IV. Schecks, Kassenbestand, Bundesbankguthaben, Guthaben bei Kreditinstituten	**D. Rechnungsabgrenzungsposten**
C. Rechnungsabgrenzungsposten	

▸ 2 Gliederung der Gewinn-und-Verlust-Rechnung (nach §275 HGB*)

Bei Anwendung des Gesamtkostenverfahrens

1. Umsatzerlöse
2. Erhöhung oder Verminderung des Bestands an fertigen und unfertigen Erzeugnissen
3. andere aktivierte Eigenleistungen
4. sonstige betriebliche Erträge
5. Materialaufwand:
   a) Aufwendungen für Roh-, Hilfs- und Betriebsstoffe und für bezogene Waren
   b) Aufwendungen für bezogene Leistungen
6. Personalaufwand:
   a) Löhne und Gehälter
   b) soziale Abgaben und Aufwendungen für Altersversorgung und für Unterstützung, davon für Altersversorgung
7. Abschreibungen:
   a) auf immaterielle Vermögensgegenstände des Anlagevermögens und Sachanlagen sowie auf aktivierte Aufwendungen für die Ingangsetzung und Erweiterung des Geschäftsbetriebs
   b) auf Vermögensgegenstände des Umlaufvermögens, soweit diese die in der Kapitalgesellschaft üblichen Abschreibungen überschreiten
8. sonstige betriebliche Aufwendungen
9. Erträge aus Beteiligungen, davon aus verbundenen Unternehmen
10. Erträge aus anderen Wertpapieren und Ausleihungen des Finanzanlagevermögens, davon aus verbundenen Unternehmen
11. sonstige Zinsen und ähnliche Erträge, davon aus verbundenen Unternehmen
12. Abschreibungen auf Finanzanlagen und auf Wertpapiere des Umlaufvermögens
13. Zinsen und ähnliche Aufwendungen, davon an verbundene Unternehmen
14. Ergebnis der gewöhnlichen Geschäftstätigkeit
15. außerordentliche Erträge
16. außerordentliche Aufwendungen
17. außerordentliches Ergebnis
18. Steuern vom Einkommen und vom Ertrag
19. sonstige Steuern
20. Jahresüberschuss / Jahresfehlbetrag

Bei Anwendung des Umsatzkostenverfahrens

1. Umsatzerlöse
2. Herstellungskosten der zur Erzielung der Umsatzerlöse erbrachten Leistungen
3. Bruttoergebnis vom Umsatz
4. Vertriebskosten
5. allgemeine Verwaltungkosten
6. sonstige betriebliche Erträge
7. sonstige betriebliche Aufwendungen
8. Erträge aus Beteiligungen, davon aus verbundenen Unternehmen
9. Erträge aus anderen Wertpapieren und Ausleihungen des Finanzanlagevermögens, davon aus verbundenen Unternehmen
10. sonstige Zinsen und ähnliche Erträge, davon aus verbundenen Unternehmen
11. Abschreibungen auf Finanzanlagen und auf Wertpapiere des Umlaufvermögens
12. Zinsen und ähnliche Aufwendungen, davon an verbundene Unternehmen
13. Ergebnis der gewöhnlichen Geschäftstätigkeit
14. außerordentliche Erträge
15. außerordentliche Aufwendungen
16. außerordentliches Ergebnis
17. Steuern vom Einkommen und vom Ertrag
18. sonstige Steuern
19. Jahresüberschuss / Jahresfehlbetrag

* Kleine und mittelgroße Kapitalgesellschaften dürfen die Posten 1 bis 5 (Gesamtkostenverfahren) oder 1 bis 3 (Umsatzkostenverfahren) unter der Bezeichnung Rohergebnis zusammenfassen (§276 HGB).

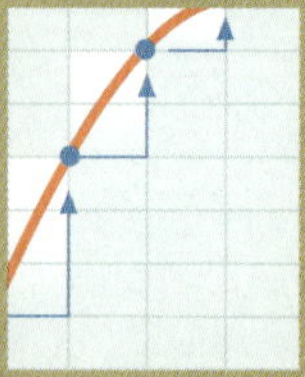
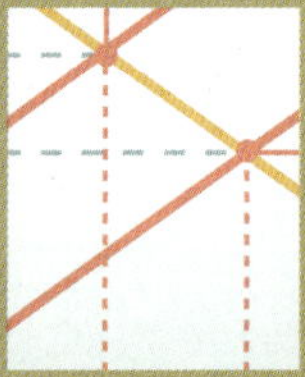

Märkte und Gesamtwirtschaft

Das volkswirtschaftliche Angebot hängt in einer Marktwirtschaft von der Nachfrage und den Produktionskosten ab. Die Nachfrage wird durch die Bedürfnisse der Konsumenten und den Preis bestimmt. Wettbewerb und Preisbildung bringen Angebot und Nachfrage zum Ausgleich. Doch Märkte funktionieren nicht immer gleich gut, Schwankungen der Wirtschaftsaktivität sind mit Arbeitsplatzverlusten oder Geldentwertung verbunden und die Einkommensverteilung ist immer wieder umstritten.

Inhalt

Marktformen

Der Markt ist der ökonomische Ort des Tausches. Auf ihm treffen Angebot und Nachfrage aufeinander. Eine räumliche Konzentration der Marktteilnehmer ist dabei nicht erforderlich.

Idealtypische Marktformen

Der Handel mit Büchern über das Internet und beim örtlichen Buchladen um die Ecke ist ebenso ein Markt wie der Wochenmarkt, ein geografisch exakt definierter Ort, an dem Käufer und Verkäufer zusammentreffen. Im ersten Fall ist es ein Markt für Bücher, im andern ein solcher für Nahrungsmittel.

Die Güter, die auf einem Markt gehandelt werden, sind also ähnlich. Je enger da Gut definiert wird, desto stärker nähert man sich dem Konzept des vollkommenen oder homogenen Marktes. Der **vollkommene Markt** (Abb. 1) dient in der ökonomischen Theorie der Preisbildung als Bezugsrahmen für die in der Wirklichkeit vorherrschenden **unvollkommenen Märkte** (heterogene Märkte).

Märkte werden nicht nur nach dem Grad der Marktvollkommenheit, sondern auch nach Anzahl und Größe von Anbietern und Nachfragern im Verhältnis zum Gesamtmarkt unterschieden. Die noch heute verwendete morphologische Klassifikation der Marktformen auf vollkommenen Märkten (Abb. 2) stammt von Heinrich von Stackelberg (1905–1946).

Wenn die Größe der Anbieter und Nachfrager variiert wird, ist eine Vielzahl von Marktformen möglich. Allein nach diesem Kriterium scheint eine Abgrenzung der verschiedenen Marktformen jedoch schwierig. Bei wie vielen Anbietern erfolgt z. B. der Übergang vom Polypol zum Oligopol, also von vielen kleinen zu wenigen mittelgroßen Anbietern? Als zusätzliches Abgrenzungskriterium wurde daher die Konkurrenzbeziehung der Anbieter untereinander eingeführt. Ausschlaggebend ist nach Robert Triffin (1911–1993) die Beweglichkeit der Nachfrage bei Preisänderungen, also z. B. die Frage, wie stark der Absatz der Konkurrenten zurückgeht, wenn ein Anbieter seinen Preis senkt.

Die wichtigsten Marktformen

Meist stehen den Anbietern bzw. dem alleinigen Anbieter viele Nachfrager gegenüber. Diese Marktformen heißen Polypol, Oligopol und Monopol (Abb. 2).

Im **Polypol** gibt es so viele Anbieter und Nachfrager, dass jeder nur einen Bruchteil zum gesamten Angebot bzw. zur gesamten Nachfrage beiträgt. Die Nachfrage ist aufgrund einer preispolitischen Maßnahme einer Firma nur für diese, nicht aber für ihre Konkurrenten spürbar beweglich. Das bedeutet: Wenn ein Anbieter den Preis erhöht, wird er den Großteil, wenn nicht sogar seinen gesamten Absatz verlieren. Die Höhe des Absatzverlusts hängt vom Grad der Marktvollkommenheit ab. Die abwandernden Kunden verteilen sich andererseits auf so viele andere Anbieter, dass für diese der Effekt praktisch nicht spürbar ist.

Zwei Extreme: Konkurrenz und Monopol

Gibt es auf einem vollkommenen Markt ein Polypol, so spricht man von **vollständiger Konkurrenz** auf diesem Markt. Für den einzelnen Anbieter ist der einheitliche Marktpreis eine unbeeinflussbare Größe. Die für die vollständige Konkurrenz notwendigen Bedingungen sind in der Realität jedoch meist nicht erfüllt. Ein Polypol auf einem Markt mit nicht homogenen Gütern wird als **monopolistische Konkurrenz** bezeichnet (Abb. 3).

Im **Oligopol** konkurrieren wenige Anbieter, die Oligopolisten, um die Gunst der Käufer. Jeder einzelne von ihnen bestreitet dabei jeweils einen nicht unerheblichen Teil des Gesamtangebots. Die Nachfrage ist daher zwischen den konkurrierenden Firmen für beide Seiten spürbar beweglich. Durch eine Preissenkung kann eine Firma möglicherweise zunächst ihren Umsatz zulasten der Konkurrenten steigern. Diese spüren den Nachfragerückgang und reagieren mit eigenen Preissenkungen. Ein Oligopolist muss in seiner Marktstrategie deshalb sowohl die Reaktion der Nachfrager als auch diejenige seiner Konkurrenten berücksichtigen. Nach dem Grad der Homogenität der Güter lassen sich das vollkommene (homogene) und das unvollkommene (heterogene) Oligopol unterscheiden. Im täglichen Leben begegnen uns vor allem heterogene Oligopole: Wenige Anbieter stellen im Hinblick auf ihre Gebrauchseigenschaften austauschbare (substituierbare) Produkte her (z. B. Autos, Waschmittel, Kaffee).

Als einziger Anbieter auf einem Markt mit vielen Nachfragern besitzt eine Firma ein **Monopol**. Zwar können durchaus andere Anbieter vorhanden sein, doch entscheidend ist, dass deren Absatzvolumen für den Monopolisten nicht fühlbar ist. Der Monopolist hat diverse Möglichkeiten zur Festlegung unterschiedlicher Preise, weil entweder die Güter per se nicht homogen sind oder weil er bewusste Produktdifferenzierung – z. B. durch Unterschiede im Design – betreibt.

▸ 1 Bedingungen für den vollkommenen Markt

Bereits der englische Nationalökonom William Stanley Jevons (1835 - 1882) prägte den Begriff des **vollkommenen Marktes**. Dieser Markt ist dadurch charakterisiert, dass auf ihm zu einem bestimmten Zeitpunkt nur ein Preis herrscht, zu dem alle Tauschgeschäfte durchgeführt werden (Gesetz der Unterschiedslosigkeit der Preise). Die noch heute gültigen Bedingungen für die Existenz eines vollkommenen Marktes sind:

1. Die Exemplare des gehandelten Gutes sind sachlich gleichartig (homogen). Die Homogenität des Gutes ist dann gegeben, wenn es sich im Urteil der Nachfrager weder in der Qualität noch in Aufmachung oder Verpackung unterscheidet.
2. Einziges Kriterium für den Abschluss einer Transaktion ist, dass weder für Käufer noch für Verkäufer ein besseres Geschäft möglich ist. Es bestehen also keine persönlichen Präferenzen zwischen den Marktteilnehmern. Es ist unerheblich, bei wem gekauft und an wen verkauft wird.
3. Es gibt keine räumlichen Differenzierungen. Käufer und Verkäufer befinden sich z. B. am selben Ort.
4. Es gibt keine zeitlichen Differenzierungen, z. B. in Form von unterschiedlichen Lieferfristen.
5. Jeder Marktteilnehmer kennt alle Preisforderungen bzw. Gebote der anderen Marktseite, es herrscht also vollständige **Markttransparenz**.

Wenn eine oder mehrere dieser Bedingungen nicht erfüllt sind, wird der Markt als unvollkommen bezeichnet.

▸ 2 Klassifikation der Marktformen für vollkommene Märkte

Nachfrager / Anbieter	viele kleine	wenige mittlere	ein großer
viele kleine	vollständige Konkurrenz (Polypol)	Nachfrageoligopol (Oligopson)	Nachfragemonopol (Monopson)
wenige mittlere	Angebotsoligopol (Oligopol)	zweiseitiges (bilaterales) Oligopol	beschränktes Nachfragemonopol
ein großer	Angebotsmonopol (Monopol)	beschränktes Angebotsmonopol	zweiseitiges (bilaterales) Monopol

Hauptmarktformen

▸ 3 Klassifikation vollkommener und unvollkommener Märkte, bezogen auf die Angebotsseite

Markteigenschaft / Zahl der Anbieter	vollkommener Markt	unvollkommener Markt
viele kleine	vollständige Konkurrenz	monopolistische Konkurrenz
wenige mittlere	homogenes Oligopol	heterogenes Oligopol
ein großer	reines Monopol	monopolistische Preisdifferenzierung

Produktions- und Kostenfunktionen

Um herauszufinden, wie das Angebot an Gütern zustande kommt, muss man Annahmen über die Produktionspläne der Unternehmen treffen.

Eine vereinfachende Betrachtung

Zur Formulierung dieser Annahmen ist festzulegen, welche Mengen an **Produktionsfaktoren** zu welchen Preisen beschafft werden, wie mithilfe dieser Faktoren **(Input)** ein möglichst hohes Produktionsergebnis **(Output)** erzielt wird und zu welchen Preisen die erzeugten Güter angeboten werden, damit das Unternehmen einen Gewinn erwirtschaften kann. Kurz: Will man die Angebotskurve des Unternehmens darstellen, so müssen seine Produktions- und Kostenfunktionen bekannt sein. Wir gehen davon aus, dass das Unternehmen nur ein Gut herstellt. Es verwendet die Produktionsfaktoren Arbeit und Kapital, die zu den Faktorpreisen – Lohn und Zins – beschafft werden. Weder die Lieferanten noch die Kunden haben Lagerbestände. Da das Modell der vollständigen Konkurrenz unterstellt wird, kann das Unternehmen durch sein Handeln weder die Beschaffungs- noch die Absatzpreise beeinflussen. Die Produktionskapazitäten sind konstant. Das Unternehmen versucht, einen möglichst hohen Gewinn zu erzielen.

Produktionsfunktionen

Produktionsfunktionen geben an, welche Beziehungen zwischen Input und Output bestehen. Stellen wir auf den Output ab, gibt die Produktionsfunktion Auskunft auf die Frage, welche verschiedenen Produktionsmengen in einem technisch effizienten Produktionsprozess hergestellt werden können; dies führt uns zur **Transformationskurve (Produktionsmöglichkeitenkurve).** Fragen wir hingegen nach dem Input, gibt die Produktionsfunktion an, welche Mengen an Produktionsfaktoren bei effizienter Verwendung gebraucht werden, um ein bestimmtes Produktionsvolumen zu realisieren.

Im ersten Schritt konzentrieren wir uns auf die Frage, wie sich die Ausbringungsmenge ändert, wenn die Einsatzmenge lediglich eines Produktionsfaktors variiert wird (partielle Faktorvariation). Das **Ertragsgesetz** als Spezialfall einer Produktionsmöglichkeitenkurve postuliert, dass der Ertragszuwachs aufgrund einer zusätzlichen Faktoreinheit **(Grenzertrag)** zunächst zu- und von einem bestimmten Punkt an wieder abnimmt (Gesetz vom abnehmenden Ertragszuwachs, Abb. 1). Bei gleichmäßiger Erhöhung des Arbeitseinsatzes etwa nimmt die Menge des hergestellten Gutes zunächst überproportional und später unterproportional zu. Das ist plausibel, da sich die Arbeiter sukzessive spezialisieren können, was die Produktivität jedes einzelnen von ihnen steigert; weil aber der Produktionsfaktor Kapital konstant ist (neue Gebäude stehen nicht zur Verfügung), sind irgendwann so viele Arbeiter beschäftigt, dass sie sich gegenseitig behindern, und der durch die Einstellung weiterer Arbeiter realisierbare Produktionszuwachs wird immer geringer. Die **optimale Faktorkombination** liegt dort, wo der Durchschnittsertrag des variablen Faktors am höchsten ist und dessen Grenzertrag entspricht. Im Modell mit zwei Faktoren und einem Gut ergibt sich ein Ertragsgebirge. Wenn wir annehmen, dass das Einsatzverhältnis der Faktoren verändert werden kann (Substitutionalität), erhalten wir bei einem Schnitt durch das Ertragsgebirge in Höhe einer bestimmten Produktionsmenge eine **Isoquante** als geometrischen Ort aller Faktorkombinationen, die denselben Output erbringen. Bei totaler Faktorvariation wird untersucht, wie sich die Ausbringungsmenge bei Variation beider Faktoreinsatzmengen ändert, wobei das Einsatzverhältnis der Faktoren konstant gehalten wird.

Kostenfunktionen

Produktionskosten sind die zur Herstellung bestimmter Ausbringungsmengen aufzuwendenden **Kosten,** wobei die Verbrauchsmengen der Faktoren mit deren Preisen bewertet werden. Aus der Kostenfunktion wird deutlich, wie sich die Gesamtkosten entwickeln, wenn sich der Output ändert (Abb. 2). Die Gesamtkosten werden in fixe und variable Kosten unterteilt. **Fixe Kosten** fallen unabhängig vom Produktionsvolumen an (z. B. Kosten für fest angestellte Mitarbeiter). **Variable Kosten** fallen dagegen unmittelbar mit der Produktion an (z. B. für Rohstoffe, Energie). Solange die Produktionsfunktion zunehmende Erträge aufweist, nehmen die Kosten jeder zusätzlich erzeugten Einheit **(Grenzkosten)** ab. Bei sinkenden Erträgen hingegen nehmen die Grenzkosten zu. Dies kommt in dem geschwungenen Verlauf der Kostenfunktion zum Ausdruck. Die Kosten pro Einheit **(Stückkosten)** ergeben sich durch Division der Gesamtkosten durch die erzeugte Menge. Entsprechend werden die variablen Kosten je Einheit berechnet. Da die fixen Stückkosten bei wachsendem Output sinken, nehmen im Bereich zunehmender Erträge auch die gesamten Stückkosten ab **(Gesetz der Massenproduktion).**

▸1 Produktionsfunktionen

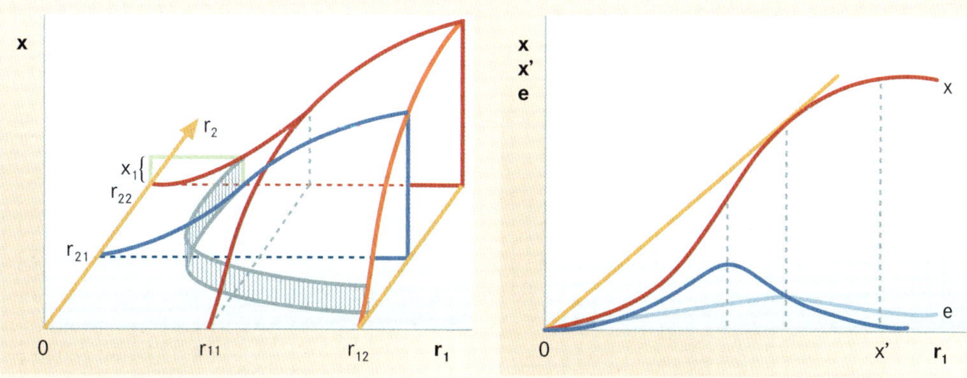

▸ Produktionsfunktionen: links Darstellung des mengenmäßigen Produktionsertrags x in Abhängigkeit von Mengen zweier Produktionsfaktoren r_1 und r_2 („Ertragsgebirge") nach dem Ertragsgesetz; die schraffierte Fläche stellt alle möglichen Faktorkombinationen r_{1m} und r_{2n} zur Erreichung des Produktionsertrags x_1 dar (Isoquante); rechts Darstellung des Zusammenhangs zwischen Gesamtertrag x, Durchschnittsertrag e und Grenzertrag x' bei partieller Faktorvariation (Variation eines Produktionsfaktors r) nach dem Ertragsgesetz.

▸2 Kostenfunktionen

▸ Bei einer ertragsgesetzlichen Kostenfunktion steigen die Gesamtkosten K_g (oberer Teil der Abbildung) zunächst unterproportional zur Ausbringungsmenge X, d. h., die Kosten je zusätzlich erzeugter Einheit sinken (Grenzkostenkurve K' im unteren Teil der Abbildung). Im Wendepunkt A der Gesamtkostenkurve haben die Grenzkosten ihr Minimum erreicht (Punkt A'). Solange die Grenzkosten unter den variablen Durchschnittskosten $K_{v/x}$ liegen (im Bereich links von Punkt B' bzw. bei Ausbringungsmengen unterhalb von X_2), sinken die variablen Durchschnittskosten, danach steigen sie an. Analoges gilt für das Verhältnis zwischen Grenzkosten und gesamten Durchschnittskosten $K_{g/x}$: Letztere sinken solange, bis Punkt C' bzw. die Ausbringungsmenge X_3 erreicht ist, da bis zu diesem Punkt die Grenzkosten niedriger sind als die gesamten Durchschnittskosten; bei weiterer Ausdehnung der Produktion steigen die gesamten Durchschnittskosten an.

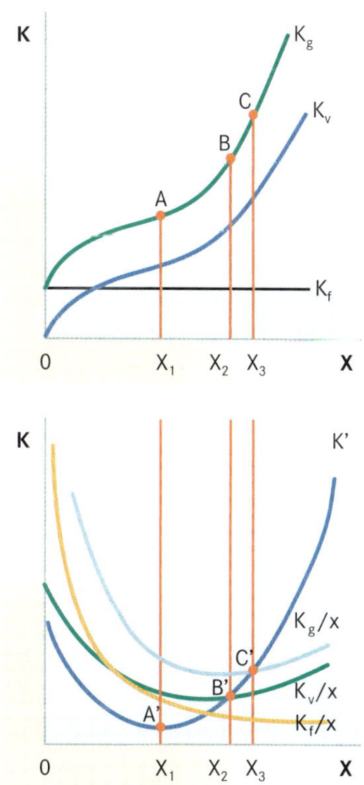

Angebot

Wie viel von einem Gut angeboten wird, hängt im Wesentlichen davon ab, wie hoch der erzielbare Preis im Verhältnis zu den Produktionskosten ist. In der Regel bieten Unternehmen umso mehr von einem Gut an, je höher der Preis ist. Nach unten ist der Preisspielraum der Anbieter durch die Produktionskosten begrenzt.

Ableitung der Angebotsfunktion

Wie errechnet sich nun die Angebotsfunktion, die die zu verschiedenen Preisen angebotenen Mengen darstellt? Die Wirtschaftstheorie unterstellt, dass Unternehmen die jeweils gewinnmaximale Menge zum Verkauf anbieten. Zur Ableitung der Angebotsfunktion eines Unternehmens werden die folgenden vereinfachenden Annahmen getroffen: Die einzelne Firma hat keinen Einfluss auf den Absatzpreis; er ist für sie eine unveränderliche Größe. Sie stellt ein Gut her und verwendet dafür die beiden Produktionsfaktoren Arbeit und Kapital. Arbeitslohn und Zinssatz auf das eingesetzte Kapital sind konstant. Zusätzlich wird angenommen, dass der Kapitaleinsatz nicht erhöht werden kann (die Kapazitäten also konstant sind) und dass die erzeugten Güter sofort verkauft, d. h., nicht auf Lager genommen werden.

Der **Gewinn** des Unternehmens errechnet sich als Verkaufserlös abzüglich Produktionskosten. Die **Erlösfunktion** gibt an, wie groß bei alternativen Verkaufsmengen der erzielbare Umsatzerlös ist. Dieser ergibt sich als Produkt aus Preis und Absatzmenge. Die **Kostenfunktion** beschreibt den Zusammenhang zwischen der Ausbringungsmenge und den mit ihren Preisen bewerteten Einsatzmengen der Produktionsfaktoren. Die Produktionskosten werden in fixe und variable Kosten unterteilt. Um eine Kostenfunktion zu erhalten, sind bestimmte Annahmen über die **Produktionsfunktion** notwendig, wobei eine ertragsgesetzliche Produktionsfunktion mit zunächst steigenden und dann abnehmenden Ertragszuwächsen unterstellt wird.

Das Angebot bei vollständiger Konkurrenz

Wie sich mathematisch zeigen lässt (Abb. 1), gilt für das Gewinnmaximum: Der Gewinn ist am größten, wenn so viel hergestellt und verkauft wird, dass die Kosten einer zusätzlichen Einheit (**Grenzkosten**) gerade dem Erlös einer zusätzlichen Einheit (**Grenzerlös**) entsprechen, wobei der Grenzerlös mit dem erzielbaren Preis identisch ist. Zur Verdeutlichung: Übersteigt der Preis die Grenzkosten, kann die Firma ihren Gewinn steigern, indem sie die Produktion erhöht. Gilt das Gegenteil, kann sie den Gewinn erhöhen, indem sie die Produktion verringert. Nach der Bedingung für das Gewinnmaximum (**Grenzkosten-Preis-Regel**) ist daher die Angebotsfunktion eines Unternehmens identisch mit einem Abschnitt ihrer Grenzkostenfunktion (Abb. 2).

Kurz- und langfristige Angebotsfunktion

Langfristig wird die Firma nur anbieten, wenn der Preis mindestens die gesamten Durchschnittskosten deckt (langfristige Angebotsfunktion). Kurzfristig bietet sie auch dann an, wenn mindestens die variablen Durchschnittskosten gedeckt sind (kurzfristige Angebotsfunktion). Anders formuliert: Da die Kosten für Gebäude und Maschinen ohnehin anfallen, wird produziert, wenn mindestens die zusätzlichen Kosten der Produktion (wie etwa Rohstoffe, Gehälter) gedeckt sind. Liegt der Preis oberhalb der variablen Durchschnittskosten, ist zusätzlich ein Teil der Fixkosten gedeckt.

Daraus folgt: Die kurzfristige Angebotsfunktion eines Unternehmens entspricht dem aufsteigenden Ast seiner Grenzkostenkurve vom Minimum der variablen Stückkosten an bis zum Minimum der gesamten Stückkosten. Die langfristige Angebotsfunktion entspricht dem aufsteigenden Ast der Grenzkostenkurve vom Minimum der gesamten Stückkosten an. Langfristig betrachtet sind Kapitaleinsatz, Lohn und Zinssatz natürlich nicht konstant. Wenn sie sich ändern, verschiebt sich die Grenzkosten- und damit auch die Angebotskurve.

Die Marktangebotskurve

Die Kurve des Marktangebots ergibt sich aus der Zusammenfassung der individuellen Angebotskurven der Unternehmen. Die Angebotsmenge ändert sich gleichläufig mit dem Angebotspreis: Steigenden Preisen sind wachsende Mengen zugeordnet. Dieses **Angebotsgesetz** wird damit begründet, dass ein steigender Preis die schon anbietenden Unternehmen zur Ausdehnung ihrer Produktion veranlasst. Neue Anbieter, für die beim alten Preis die Produktion nicht kostendeckend war, erhalten einen Anreiz, die Produktion aufzunehmen.

Ursachen für Verschiebungen der Angebotskurve sind u. a. Änderungen der Preise der Produktionsfaktoren oder Produktivitätsgewinne durch technischen Fortschritt. Eine Rechtsverschiebung (Linksverschiebung) der Angebotskurve bedeutet, dass die Anbieter zu den jeweiligen Preisen mehr (weniger) verkaufen wollen.

▸ 1 Gewinnmaximierung bei vollständiger Konkurrenz

Gewinnmaximierung bei vollständiger Konkurrenz

Gewinn = Erlös – Kosten

$G = p \cdot x - K(x)$

p = Preis
x = Menge
K (x) = Kostenfunktion

Bedingung 1. Ordnung für Gewinnmaximum

$$\frac{\partial G}{\partial x} = p - K'(x) = 0$$

$$p = K'(x)$$

Preis = Grenzkosten

Bedingung 2. Ordnung für Gewinnmaximum

$$-K''(x) \leq 0 \text{ oder } K''(x) \geq 0$$

d. h., die Grenzkosten müssen an der Stelle $p = K'(x)$ steigen oder konstant sein, damit ein Gewinnmaximum vorliegt.

▸ 2 Individuelle Angebotskurve und Marktangebot

- Die individuelle Angebotsfunktion wird aus der Kostenfunktion des Unternehmens abgeleitet. Kurzfristig bietet das Unternehmen auch zu einem Preis an, der zwischen dem Minimum der gesamten Durchschnittskosten und dem Minimum der variablen Durchschnittskosten liegt. Auf diese Weise kann es seine variablen Kosten und zumindest einen Teil seiner Fixkosten decken. Langfristig betrachtet muss der Preis die gesamten Durchschnittskosten decken; andernfalls würde das Unternehmen ständig unter Inkaufnahme von Verlusten produzieren und früher oder später gezwungen, aus dem Markt auszutreten. Die Kurve des Marktangebots ergibt sich, indem man zu jedem Preis die jeweils angebotenen Mengen der einzelnen Firmen addiert (horizontale Aggregation der individuellen Angebotskurven).

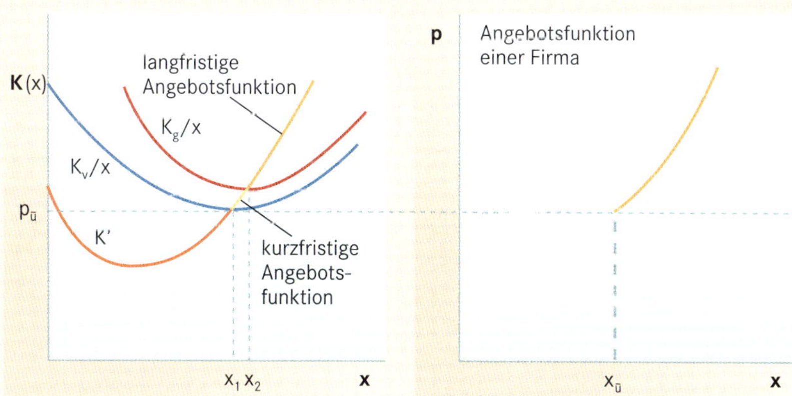

$K'(x)$ = Grenzkostenfunktion

K_v/x = variable Durchschnittskosten

K_g/x = gesamte Durchschnittskosten

$x_1 = x_ü$ = Ausbringungsmenge, bei der die variablen Durchschnittskosten minimal sind

x_2 = Ausbringungsmenge, bei der die gesamten Durchschnittskosten minimal sind

p = Angebotspreis

$p_ü$ = kurzfristige Preisuntergrenze

Nutzenfunktionen

Um zu beschreiben, wie Menschen zwischen verschiedenen Konsummöglichkeiten wählen, haben Ökonomen bereits im 19. Jahrhundert den Begriff Nutzen eingeführt. So kann man erklären, wie die Nachfrage zustande kommt und wie die Nachfragekurve aussieht.

Was ist Nutzen?

Was bedeutet Nutzen in ökonomischer Hinsicht? Je höher der Nutzen, desto größer ist das Ausmaß der Bedürfnisbefriedigung. Der Nutzen drückt also die subjektive Wertschätzung des Konsumenten für ein bestimmtes Gut aus. Wenn der Konsument verschiedene Güterbündel anhand seiner jeweiligen Wertschätzung vollständig in eine Rangordnung bringen kann, bringt diese seine Nutzenfunktion bzw. seine **Präferenzen** zum Ausdruck. Nach den Ansichten neoklassischer Ökonomen der **Grenznutzenschule** wie William Stanley Jevons (1835 bis 1882) stellt der Nutzen eine seelische Realität dar, die man auf einer numerischen Skala abbilden, d. h. direkt (analog zu Größen wie Länge oder Temperatur) messen kann. Die **gossenschen Gesetze,** einst formuliert von dem deutschen Ökonomen Hermann Heinrich Gossen (1810–1858), sind die inhaltliche Umsetzung dieser so genannten **kardinalen Nutzentheorie** (Abb. 1). Aufgrund der rechnerisch bestimmbaren Nutzendifferenzen wird auch der **Grenznutzen**, d. h., der Nutzen, den eine zusätzliche Einheit stiftet, absolut messbar. Heute folgt man der von Vilfredo Pareto (1848–1923) begründeten modernen Nutzentheorie, der die Annahme der kardinalen Messbarkeit des Nutzens zu streng war. Wie auch sollte ein Konsument genau bestimmen können, wie viel Nutzen ihm ein Teller Nudeln im Vergleich zu einem Paar Schuhe stiftet? Glücklicherweise ist zur Herleitung der Nachfragekurve die kardinale Messbarkeit von Nutzen nicht notwendig. Es genügt, wenn der Konsument sagen kann, ob er ein bestimmtes Güterbündel einem anderen vorzieht. Dann lässt sich eine so genannte **ordinale Präferenzskala** erstellen.

Annahmen bezüglich der Präferenzen

Damit wir die Präferenzen des Konsumenten in Nutzenfunktionen übersetzen können, müssen sie eine Reihe von Annahmen erfüllen. Die Annahme der Vollständigkeit schließt aus, dass sich ein Konsument zwischen zwei alternativen Güterbündeln nicht entscheiden kann, weil er noch nicht darüber nachgedacht hat. Bedenkt man allerdings die riesige Anzahl an Gütern, so ist das eine strenge Forderung. Andererseits kann man die Auswahl der Güter auf die tatsächlich mit dem Budget des Haushalts erreichbaren einschränken. Weiter wird vorausgesetzt, dass die Güterbündel in eine widerspruchsfreie (transitive) Rangordnung gebracht werden können. Sind diese beiden Bedingungen erfüllt, spricht man von einer **Präferenzordnung**. Über sie ist es möglich, in jeder Menge von Konsumgüterbündeln eine „beste Alternative" zu identifizieren, die mindestens ebenso hoch bewertet wird wie jede andere betrachtete Alternative. Um testbare Hypothesen über das Verhalten der Konsumenten abzuleiten, müssen die Präferenzen in einem Betrachtungszeitraum stabil sein. Wären sie es nicht, könnte jeder Verstoß gegen die Aussagen der Theorie mit einer Präferenzänderung begründet werden. Nichtsättigung schließlich bedeutet, dass für den Konsumenten von jedem Gut „mehr" besser ist als „weniger".

Von Indifferenzkurven zur Nutzenfunktion

Eine **Indifferenzkurve** ist der geometrische Ort aller Kombinationen von zwei Gütern, die dem Konsumenten den gleichen Nutzen stiften, die er also als gleichwertig empfindet. Man sagt auch, die Güterbündel gehören zu einer Indifferenzklasse. Je weiter außen eine Kurve liegt, desto höher ist das erreichte Nutzenniveau. Indifferenzkurven, die zu verschiedenen Indifferenzklassen gehören, können sich niemals schneiden. Andernfalls wären die geäußerten Präferenzen widersprüchlich (Abb. 2).

Die Form der Indifferenzkurven ergibt sich dadurch, dass man in der Regel eine ausgewogene Mischung zweier Güter den beiden Extremen vorzieht. Die Kurven sind daher zum Koordinatenursprung hin gebogen (konvex). Dies bedeutet, dass die **Grenzrate der Substitution** abnimmt: Je mehr Kuchen wir schon haben, desto geringer wird die Menge des Kaffees, auf den wir für noch mehr Kuchenstücke verzichten würden (Abb. 3).

Die Indifferenzkurven heißen auch Nutzenindexfunktionen, da sie die Rangfolge von Nutzenniveaus anzeigen. Die Nutzenfunktion bildet die Präferenzstruktur des Konsumenten ab, indem allen Punkten einer Indifferenzkurve dieselbe, allen Punkten auf weiter außen liegenden Indifferenzkurven jedoch höhere Zahlen zugeordnet werden. Leitet man die Nutzenfunktion nach der Menge eines Gutes ab, so erhält man den Grenznutzen dieses Gutes. Er bestimmt den Preis, den wir zu zahlen bereit sind. Sind Güter im Überfluss vorhanden, so ist ihr Grenznutzen gering, ebenso wie ihr Preis.

▸ 1 Die gossenschen Gesetze

1. gossensches Gesetz:
„Die Größe eines und desselben Genusses nimmt, wenn wir mit Bereitung des Genusses ununterbrochen fortfahren, fortwährend ab, bis zuletzt Sättigung eintritt."
(H. H. Gossen)
Jede zusätzliche Einheit eines Gutes stiftet einen geringeren Grenznutzen als die vorhergehende. Damit sinkt mit zunehmendem Konsum eines Gutes dessen Grenznutzen (Gesetz des abnehmenden Grenznutzens).

2. gossensches Gesetz:
Für die Maximierung der Bedürfnisbefriedigung müssen die Güter in der Weise gekauft werden, dass der Grenznutzen der zuletzt ausgegebenen Geldeinheit für jedes Konsumgut gleich ist. Damit wird die einem Haushalt zur Verfügung stehende Konsumsumme optimal auf die möglichen Verwendungsarten aufgeteilt.

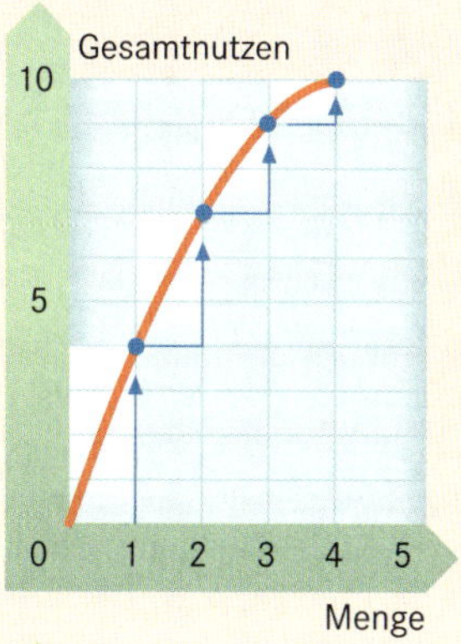

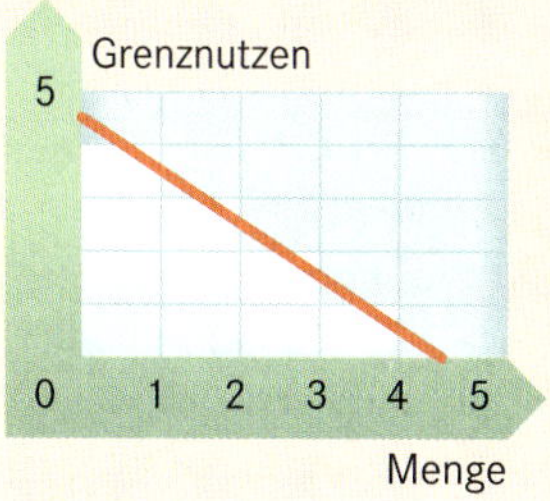

▸ Der Gesamtnutzen steigt mit dem Konsum, aber nicht genauso stark wie der Konsum. Der Zusatznutzen jeder zusätzlich konsumierten Gütereinheit nimmt ab. Die Tatsache, dass der Gesamtnutzen in immer geringerem Maß steigt, wird durch die abwärts verlaufende Grenznutzenkurve dargestellt.

▸ 2 Einige Indifferenzkurven

- Das Güterbündel x_1 und y_1 gehört zur Indifferenzklasse, die durch die Indifferenzkurve I_1 abgebildet ist, das Güterbündel x_2 und y_2 mit größeren Mengen beider Güter zu einer höheren Indifferenzklasse (Indifferenzkurve I_2). Würden sich Indifferenzkurven schneiden, wäre der Haushalt mit den Güterbündeln der Punkte A, B und C gleichermaßen zufrieden, obwohl in B größere Mengen beider Güter konsumiert werden können als in A.

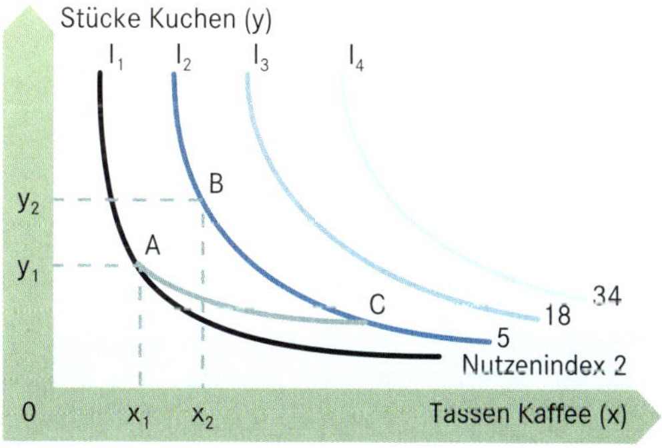

▸ 3 Konvexer Verlauf der Indifferenzkurven

- In Punkt A stehen dem Konsumenten wenige Tassen Kaffee und viele Stücke Kuchen zur Verfügung. Er verlangt eine große Anzahl Kuchenstücke für die Bereitschaft, auf eine weitere Tasse Kaffee zu verzichten. Die Grenzrate der Substitution beträgt sechs Kuchenstücke pro Tasse Kaffee. Umgekehrt die Situation in Punkt B: viele Tassen Kaffee und wenige Kuchenstücke. Hier ist nur eine geringe Anzahl Kuchenstücke erforderlich, um den Konsumenten zum Verzicht auf eine Tasse Kaffee zu veranlassen. Die Grenzrate der Substitution beträgt hier ein Kuchenstück pro Tasse Kaffee.

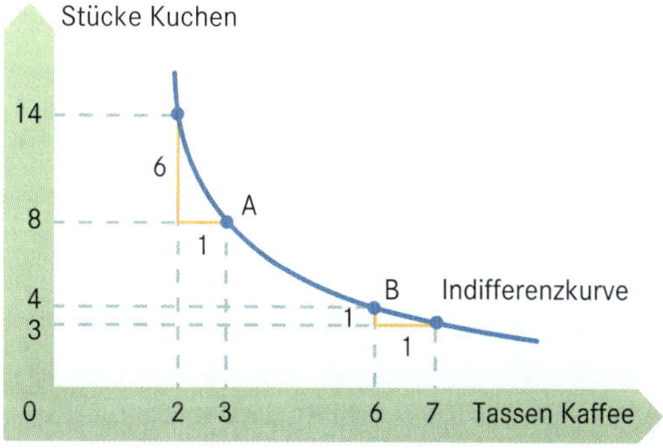

Nachfrage

Allein der Wunsch, etwas zu erwerben, stellt noch keine Nachfrage dar. Erst wenn die nötige Kaufkraft eingesetzt wird, handelt es sich um Nachfrage im wirtschaftlichen Sinne.

Die Ableitung der Nachfrage nach einem Gut

Eine mikroökonomische Nachfragefunktion beschreibt die individuelle Nachfrage nach einem Gut. Makroökonomische **Nachfragefunktionen** werden für aggregierte Größen aufgestellt (z. B. die gesamtwirtschaftliche Investitionsnachfragefunktion). Werden die Nachfragemengen von Personen bzw. Haushalten zusammengefasst, erhalten wir die gesamte **Marktnachfrage**.

Wovon hängt die Nachfrage eines Haushalts nach einem Gut ab? In erster Linie spielen der **Preis** des Gutes und das Haushaltseinkommen eine Rolle, aber auch die Preise aller anderen von dem Haushalt nachgefragten Güter. Die individuelle Nachfrage wird aus einem Optimierungsansatz abgeleitet: Es wird unterstellt, dass der Haushalt, ausgehend von einem bestimmten, für den Konsum verfügbaren **Einkommen** und den bestehenden Güterpreisen, nach dem größtmöglichen Nutzen strebt. Die Nutzenniveaus wiederum lassen sich durch **Indifferenzkurven** abbilden.

Betrachten wir den einfachen Fall eines Haushalts, der Käse und Brot konsumieren will (Abb. 1). Der Haushalt teilt sein Einkommen auf diese beiden Güter auf. Daraus ergibt sich seine **Budgetgerade**. Neben den beiden Extremen, nur Brot oder nur Käse zu konsumieren, steht eine Vielzahl von möglichen Kombinationen (Güterbündeln) zur Auswahl. Die Wahl fällt auf das Güterbündel, welches den größten Nutzen stiftet, das also auf der am weitesten außen liegenden Indifferenzkurve liegt, die die Budgetgerade noch berührt. Punkt A in Abb. 1 markiert den **optimalen Verbrauchsplan** des Haushalts.

Was passiert, wenn sich der Brotpreis ändert? Dies wird klar, wenn man den Preis für Käse und das Einkommen konstant hält und den Brotpreis senkt (Abb. 2): Die Menge möglicher Kombinationen von Brot und Käse verschiebt sich, die Budgetgerade wird nach außen gedreht. Der Haushalt erreicht nun in Punkt B ein höheres Nutzenniveau.

Die so ermittelte Nachfrage nach Brot in Abhängigkeit von verschiedenen Brotpreisen kann in einem **Preis-Mengen-Diagramm** dargestellt werden (Abb. 3). Normalerweise ist die nachgefragte Menge eines Gutes umso geringer, je mehr das Gut kostet **(Nachfragegesetz)**. Erhöht sich das **Haushaltseinkommen**, so verschiebt sich die Nachfragekurve nach außen. Allgemein gilt, dass der Verlauf der Nachfragekurve von der Form der Indifferenzkurven des Haushalts abhängt. Wie stark und in welche Richtung sich die Nachfrage bei Änderungen der Preise oder des Einkommens bewegt, lässt sich mithilfe der so genannten Elastizitäten ermitteln.

Nachfrageelastizitäten

Eine **Elastizität** wird durch das Verhältnis zweier relativer Änderungen bestimmt. Ist sie bekannt, so kann man errechnen, um wie viel Prozent sich eine Größe B ändert, wenn die Größe A um 1 % zu- oder abnimmt. Das Konzept der Elastizität wird vielfach angewandt, um das Nachfrageverhalten eines Haushalts zu beschreiben. Im Wesentlichen werden drei Elastizitäten unterschieden: die Elastizität der Nachfrage nach einem Gut in Bezug auf dessen Preis **(Preiselastizität)**, auf das Haushaltseinkommen **(Einkommenselastizität)** und auf den Preis eines anderen Gutes **(Kreuzpreiselastizität)**.

Je nach Ausprägung der Elastizitäten werden **Güter** wie folgt klassifiziert: Im Normalfall wird der Haushalt bei gestiegenem Preis weniger von einem Gut nachfragen (Preiselastizität > 0). Superior werden solche Güter genannt, die – wie Champagner oder Luxusautos – bei steigendem Einkommen vermehrt nachgefragt werden (Einkommenselastizität > 0). Inferiore Güter (Einkommenselastizität < 0) werden bei steigendem Einkommen weniger nachgefragt. Ein Beispiel ist der Reis als Hauptnahrungsmittel in armen Ländern. Steigt das Einkommen, so wird weniger Reis nachgefragt, da der Verbraucher seinen Bedarf nun auch mit höherwertigen Nahrungsmitteln (Fleisch, Gemüse) decken kann.

Je nach dem Vorzeichen der Kreuzpreiselastizität unterteilt man in substitutive (Elastizität > 0) und komplementäre (Elastizität < 0) Güter. Erstere ersetzen einander. Wenn Butter teurer wird, steigt die Nachfrage nach Margarine. Komplementäre Güter bedingen einander: Wenn der Benzinpreis steigt, werden weniger Autos mit hohem Kraftstoffverbrauch nachgefragt.

Die Nachfrageelastizität ist wichtig für den Verkaufsleiter einer Firma, der wissen will, wie stark die Nachfrage reagieren wird, wenn er den Preis seiner Ware ändert. Bei elastischer Nachfrage ($\mu > 1$) wird eine Preiserhöhung um 1 % die Nachfrage um mehr als 1 % senken. Ist die Nachfrage hingegen unelastisch ($\mu < 1$), so wird die nachgefragte Menge um weniger als 1 % zurückgehen.

1 Der optimale Verbrauchsplan eines privaten Haushalts

- Bei gegebener Aufteilung des Haushaltseinkommens auf die beiden Güter (Budgetgerade) ist I_2 die höchstens erreichbare Indifferenzkurve (Punkt A). Punkt B auf der Indifferenzkurve I_3 entspräche zwar einem höheren Nutzenniveau, der Haushalt kann sich aber dieses Güterbündel mit seinem Einkommen nicht leisten. Alle Güterbündel unterhalb der Budgetgeraden (z. B. Punkt C) können mit dem verfügbaren Einkommen konsumiert werden. Der Haushalt wird das Güterbündel in Punkt C allerdings nicht realisieren, da damit nur das niedrigere Nutzenniveau auf der Indifferenzkurve I_1 erreichbar ist. Ein Einkommensanstieg verschiebt die Budgetgerade nach außen. Der Haushalt kann von beiden Gütern mehr konsumieren sowie ein höheres Nutzenniveau und ein neues Haushaltsoptimum in Punkt D erreichen.

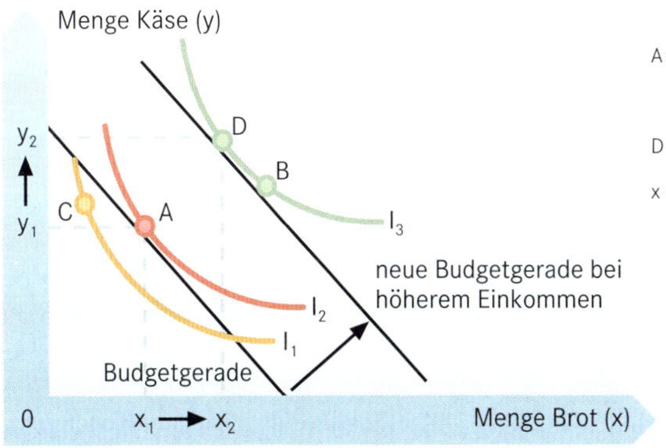

A = Optimum (optimaler Verbrauchsplan)

D = neues Optimum

x und y = die bei gegebenen Preisen für Käse und Brot und gegebenem Haushaltseinkommen nachgefragten Mengen an Käse und Brot

2 Ableitung der Nachfragefunktion

- Bei Änderungen des Brotpreises dreht sich die Budgetgerade. Der optimale Verbrauchsplan und die jeweiligen Gütermengen ändern sich. Die abgeleitete Nachfragefunktion zeigt die nachgfragte Brotmenge in Abhängigkeit vom Brotpreis bei konstantem Käsepreis und konstantem Einkommen.

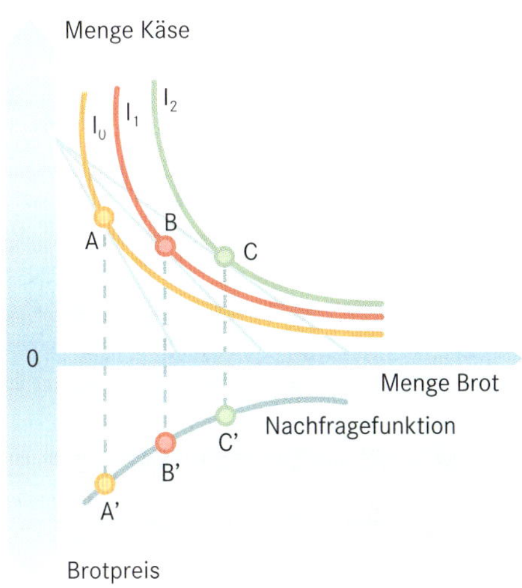

3 Nachfragefunktion

- Bewegung auf der Nachfragekurve bei einer Erhöhung (A → B) oder Senkung (A → C) des Preises

  Verschiebung der Nachfragekurve bei einer Erhöhung (N_0 → N_1) oder Verringerung (N_0 → N_2) des Einkommens

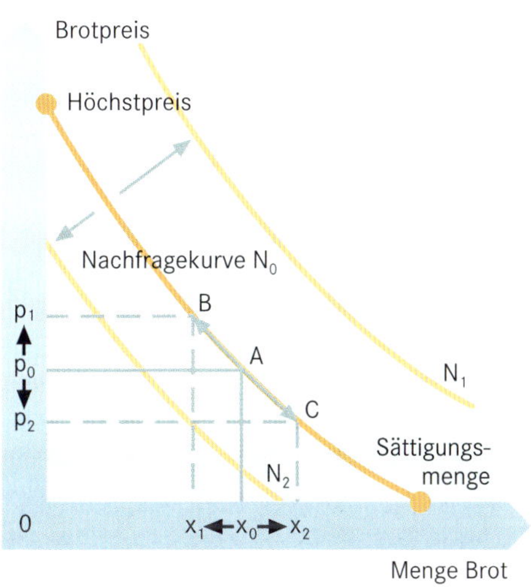

Preisbildung

Preise bilden sich auf Märkten durch das Zusammenwirken von Angebot und Nachfrage. Gleichzeitig beeinflusst der Marktpreis die individuellen Angebots- und Nachfragemengen der Marktteilnehmer. Der Konsument plant gemäß seiner Nachfragefunktion, zu jedem Preis eine bestimmte Menge eines Gutes nachzufragen. Die Unternehmen planen gemäß ihrer Angebotsfunktion, je nach Preis verschiedene Mengen von Gütern anzubieten.

Der Preis im Marktgleichgewicht

Die einzelnen Angebots- und Nachfragemengen werden zu Marktangebot und Marktnachfrage zusammengefasst. Diese Aggregate können in einem Preis-Mengen-Diagramm dargestellt werden. Normalerweise ist die nachgefragte Menge umso kleiner, je höher der Preis ist. Umgekehrt ist die angebotene Menge in der Regel umso größer, je höher der Preis des betreffenden Gutes ist. Das **Marktgleichgewicht** wird durch den Schnittpunkt von Angebots- und Nachfragekurve bestimmt. Zu diesem Preis entsprechen sich das geplante Angebot und die geplante Nachfrage. Ob überhaupt ein Marktgleichgewicht besteht und wie dieses von Änderungen des Preises oder anderer Marktbedingungen beeinflusst wird, hängt nicht nur von der Form der Nachfrage- und Angebotskurven, sondern auch von der **Marktform** ab. Bei vielen Anbietern und Nachfragern auf einem vollkommenen Markt (Polypol) bildet sich der Marktpreis so, dass er die angebotene und die nachgefragte Menge miteinander in Übereinstimmung bringt (**freie Preisbildung**, Abb. 1).

Wie bildet sich der Preis? Das Auktionsmodell

Betrachten wir zur Veranschaulichung den Markt für Äpfel und stellen wir uns einen Auktionator vor, der Preise ausruft und zu diesen Preisen Gebote der Anbieter und Nachfrager einholt. Nehmen wir an, der erste Preisvorschlag führt zu einem **Angebotsüberschuss** – das geplante Angebot ist größer als die geplante Nachfrage (Abb. 2). Der Auktionator wird als Nächstes einen niedrigeren Preis nennen. Ist umgekehrt die Nachfrage größer als das Angebot (**Nachfrageüberschuss**), wird er einen höheren Preis wählen (Abb. 3). Der Auktionator ruft so lange verschiedene Preise aus, bis die geplanten Angebots- und Nachfragemengen identisch sind, der Markt mithin im **Gleichgewicht** bzw. geräumt ist. Nach dem schweizerischen Wirtschaftswissenschaftler Léon Walras (1834–1910) heißt dieser Punkt **walrasianisches Gleichgewicht**.

Der Preis ist also eine Funktion der **Überschussnachfrage** und des **Überschussangebots**. Ein Marktgleichgewicht liegt vor, wenn bei einem Preis oberhalb von null weder Überschussnachfrage noch Überschussangebot besteht. Wenn bei einem Preis unterhalb (oberhalb) des Gleichgewichts Überschussnachfrage (Überschussangebot) herrscht und wenn die Differenz aufgrund von Preisanpassungen kleiner wird, ist das Gleichgewicht stabil. Im umgekehrten Fall ist es instabil.

Das Cobweb-Modell (Spinngewebemodell)

Wie kommt ein Marktgleichgewicht ohne walrasianischen Auktionator zustande? Nehmen wir an, das Angebot von morgen bildet sich auf der Basis des Preises von heute. Das Beispiel des **„Schweinezyklus“** (Abb. 4) verdeutlicht den Prozess: Die Schweinezüchter müssen heute planen, wie viele Schweine sie in einem Jahr auf den Markt bringen wollen. Sie kennen nur den heutigen Preis p_1 – von dem sie glauben, dass er auch in einem Jahr gelten wird, der in Wirklichkeit aber zu hoch ist. Sie züchten daher eine größere Zahl von Tieren (x_2). Kommen diese auf den Markt, bewirkt das einen Angebotsüberschuss. Da die Züchter nicht auf einem Teil ihres Angebots sitzen bleiben wollen, erzielen sie lediglich den niedrigeren Preis p_2. Aufgrund dessen werden im nächsten Jahr weniger Schweine großgezogen (x_3). Deshalb entsteht ein Nachfrageüberschuss, der Preis steigt auf p_3. Ist das System stabil, so erreicht es irgendwann das Gleichgewicht. Die Bedingung dafür lautet, dass die Angebotskurve steiler sein muss als die Nachfragekurve. Dieses dynamische Preisbildungssystem, das den durch ein Marktungleichgewicht ausgelösten Anpassungsprozess beschreibt, heißt Cobweb-Modell.

Anpassung an geänderte Marktbedingungen

Das Einkommen und die Preise anderer Güter haben einen Einfluss auf die Marktnachfrage. Ebenso beeinflusst die Höhe von Löhnen und Zinsen das Marktangebot. Wie stark ändern sich Gleichgewichtspreis und Gleichgewichtsmenge, wenn eine dieser Größen sich ändert? Diese Frage lässt sich nicht pauschal beantworten. Wenn sich z. B. die Lohnkosten erhöhen, verschiebt sich die Marktangebotskurve nach links. Die Unternehmen müssen höhere Preise verlangen, um keine Verluste zu machen. Wo sich das neue Gleichgewicht einstellt, hängt von der **Elastizität** der Nachfrage ab (Abb. 5).

▸ 1 Marktgleichgewicht

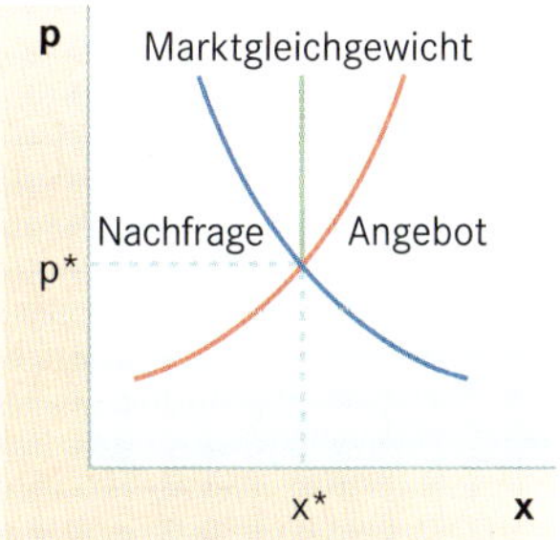

p = Marktpreis bei freier Preisbildung
x = Abgesetzte Menge bei freier Preisbildung

▸ 5 Elastizität der Nachfrage

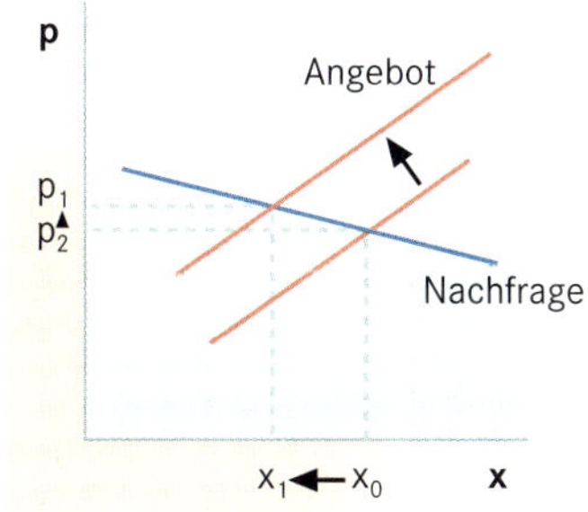

▸ Elastische Nachfrage: Bei geringer Preisänderung (hier: Erhöhung) sinkt die Nachfrage.

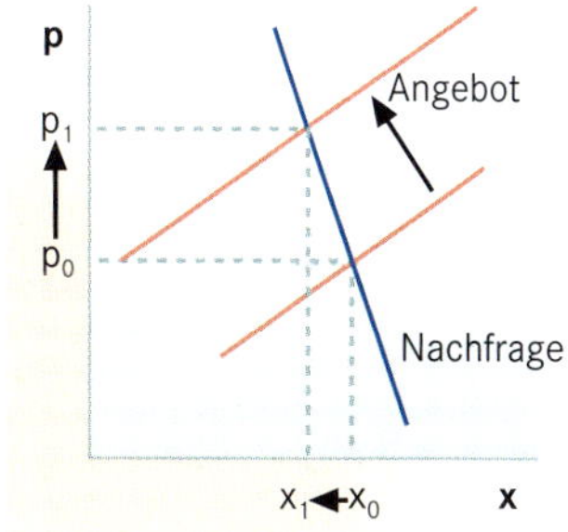

▸ Unelastische Nachfrage: Selbst bei einer großen Preiserhöhung ändert sich die Nachfrage kaum.

▸ 2 Vom Angebotsüberhang zum „Gleichgewicht"

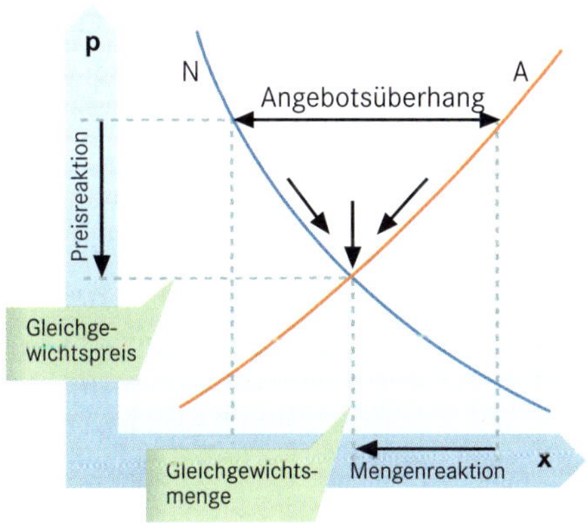

▸ 3 Vom Nachfrageüberhang zum „Gleichgewicht"

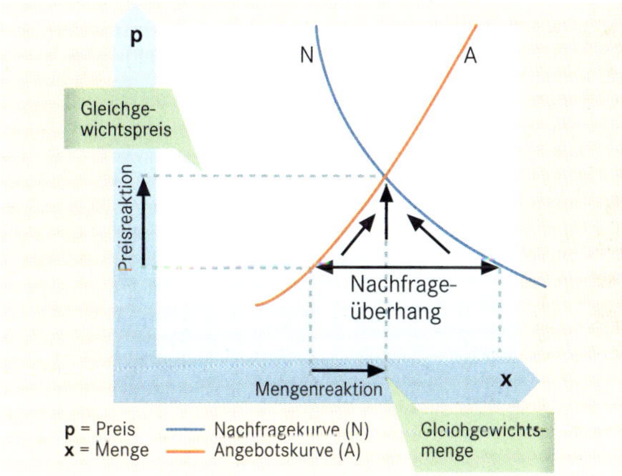

▸ 4 Cobweb-Modell

▸ Je nach der Stärke der Anpassungsreaktion der Marktteilnehmer auf Marktungleichgewichte wird ein neues Gleichgewicht erreicht (links: gedämpftes, stabiles Modell), bleiben die Abweichungen konstant (Mitte: indifferentes Modell) oder werden ständig größer (rechts: explosives, instabiles Modell).

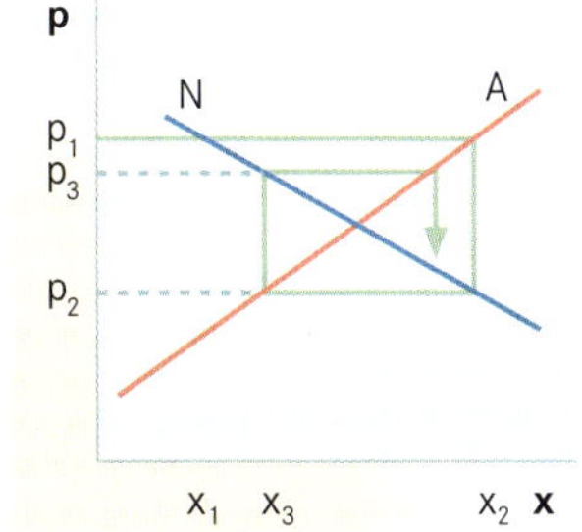

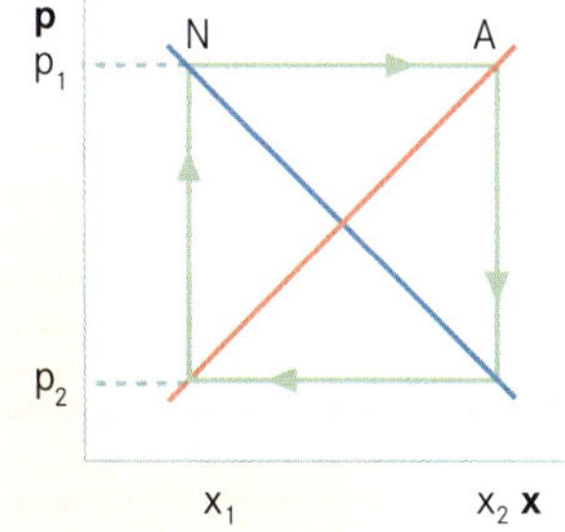

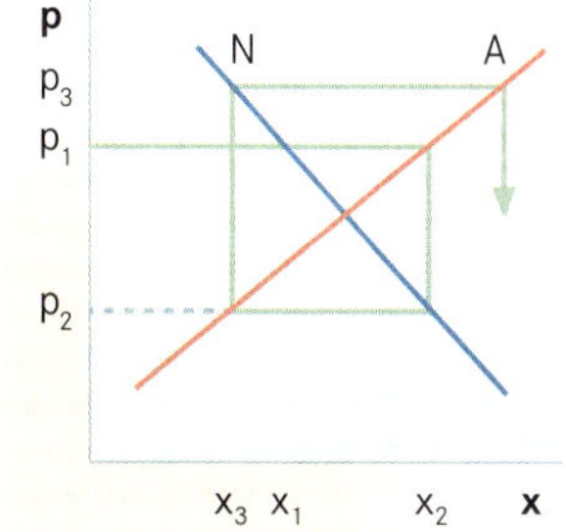

p = Preis **x** = Menge —— Nachfrage (N) —— Angebot (A)

Preisbildung im Oligopol

Im Oligopol stehen viele Nachfrager wenigen Anbietern gegenüber. Die Preis- und Mengenpolitik der einzelnen Firma wirkt sich merklich auf die bei den Konkurrenten nachgefragten Mengen aus. Das beeinflusst auch das Verhalten der einzelnen Anbieter.

Preisstarrheit

Jeder Anbieter könnte versuchen, über die Preispolitik Marktanteile hinzuzugewinnen oder aber über Preisabsprachen Preise durchzusetzen, die über den Preisen bei Wettbewerb liegen. Wenn jedoch keiner der Anbieter beabsichtigt, Konkurrenten ihre Marktanteile streitig zu machen, ist dies eine relativ stabile Situation. Die Oligopolisten verzichten, da der Spielraum ohnehin gering ist, auf aktive Preispolitik, die Preise sind starr.

Der einzelne Anbieter fürchtet, selbst bei geringen Preiserhöhungen, denen seine Konkurrenten nicht folgen, Kunden zu verlieren. Der mögliche Verlust hängt davon ab, wie homogen das gehandelte Gut und wie vollkommen der Markt ist. Dass die Konkurrenten einer Preiserhöhung nicht folgen, ist eine durchaus sinnvolle Annahme, denn sie kommen bereits in den Genuss des erhöhten Absatzes. Bei Preissenkungen würden die Konkurrenten hingegen mitziehen, sodass unser Anbieter keine zusätzlichen Kunden hinzugewänne, sondern lediglich seinen Gewinn schmälern würde. Vielleicht würden die Konkurrenten den Preis sogar etwas weiter senken, sodass diese Strategie für ihn selbst gefährlich werden kann. Der einzelne Anbieter hat also keinen Anreiz und wird von Preisänderungen absehen.

Ruinöser Wettbewerb

Strebt einer der Oligopolisten danach, seinen Konkurrenten Marktanteile abzujagen und sie womöglich ganz aus dem Markt zu verdrängen, so kommt es zu einer ruinösen Form des Wettbewerbs. Hierbei legt es der Anbieter nicht darauf an, die Konkurrenten durch eine bessere Leistung zu übertreffen **(Leistungswettbewerb)**; vielmehr versucht er, sie gezielt durch Preise, die unterhalb der Selbstkosten liegen **(Kampfpreise)**, aus dem Markt zu verdrängen. Dabei hofft er darauf, dass er dieses Verhalten (etwa aufgrund besonderer finanzieller Polster) länger durchhalten kann als seine Wettbewerber. Sind diese aus dem Markt ausgeschieden, so wird er den Preis über das Niveau seiner Durchschnittskosten erhöhen, um die vorher erlittenen Verluste auszugleichen.

Kartellbildung und Preisabsprachen

Über Preis- oder auch Mengenabsprachen können die Oligopolisten versuchen, den Wettbewerb untereinander abzuschwächen oder auszuschalten. Wenn sie sich per Vertrag für eine gemeinsame Preis- und/oder Mengenpolitik entscheiden, also praktisch als Monopol auftreten, wird dies als Kartell bezeichnet. Liegt kein Vertrag zugrunde, spricht man von **abgestimmten Verhaltensweisen (Frühstückskartell)** oder von Parallelverhalten. Durch Kartellbildung ist es den Anbietern möglich, einen Preis oberhalb ihrer Durchschnittskosten durchzusetzen und damit zusätzliche Gewinne zu erzielen. Die Preisbildung entspricht derjenigen im Monopol. Da Kartelle den Wettbewerb aufheben, sind sie grundsätzlich verboten.

Der Sonderfall des Dyopols

Die Analyse der Situation mit nur zwei Anbietern (Dyopol) wird in der Theorie bevorzugt, um das Verhalten auf Oligopolmärkten zu erklären (Abb. 1). Der französische Mathematiker Antoine Augustine Cournot (1801–1877) untersuchte diesen Fall erstmals. Er ging davon aus, dass der einzelne Anbieter die Angebotsmenge seines Konkurrenten als gegeben hinnimmt und unter dieser Bedingung seine gewinnmaximale Angebotsmenge bestimmt.

Aus dem Maximierungsansatz erhalten wir für jeden Anbieter eine **Reaktionsfunktion.** Diese beschreibt die angebotene Menge als Reaktion auf verschiedene Angebotsmengen des anderen (Abb. 2). Daraus ergibt sich eine Schwäche des Cournot-Modells: Obwohl jeder Dyopolist glaubt, er habe keinen Einfluss auf die Menge des anderen, reagieren beide aufeinander.

Der deutsche Nationalökonom Heinrich von Stackelberg (1905–1946) hat diesen Widerspruch mithilfe der folgenden Annahme behoben: Nur ein Anbieter (der „abhängige") betrachtet die Mengenentscheidung des Rivalen als gegeben; der andere (der „unabhängige") kennt die Reaktionsfunktion des abhängigen Konkurrenten und maximiert seinen Gewinn, der nun nur noch von seiner eigenen Angebotsmenge abhängt. Versucht jeder der beiden Anbieter, den Unabhängigen zu spielen, so resultiert daraus ein so genanntes stackelbergsches Ungleichgewicht: Jeder versucht, eine Reaktionsfunktion des anderen zu beachten, die jedoch gar nicht existiert. Es kommt zu einer Kampfsituation, die so lange instabil ist, bis sich einer der Anbieter mit der Abhängigkeitsrolle zufrieden gibt.

▸ 1 Marktnachfrage und Grenzerlös

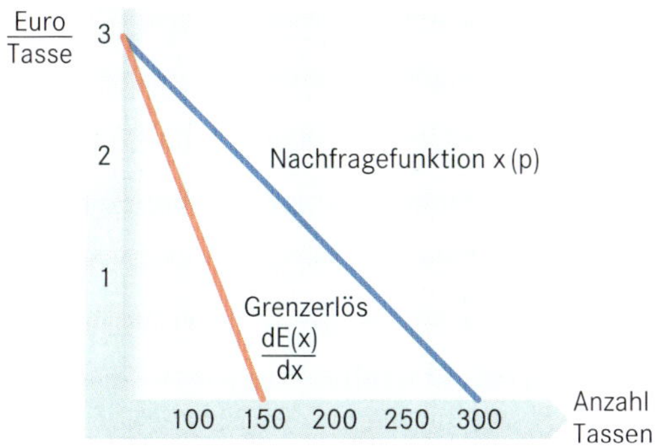

▸ 2 Reaktionskurven der Dyopolisten

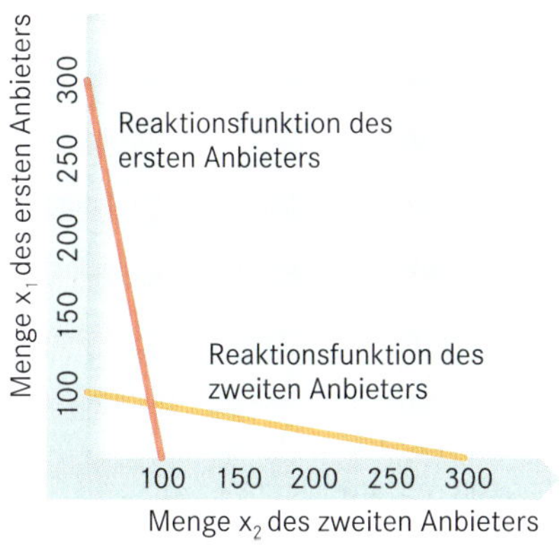

▸ Wir nehmen zunächst an, dass zwei Hersteller das gleiche Produkt verkaufen, dass – der Einfachheit halber – zu Kosten von null produziert wird. Das traditionelle Beispiel hierfür ist eine Mineralwasserquelle, deren Wasser von den zwei konkurrierenden Anbietern Waldquelle und Thalbrunnen verkauft wird. Vereinfachend unterstellen wir, dass die Nachfragekurve eine Gerade ist. Es gilt:

Der Preis p, bei dem die nachgefragte Menge x gleich null ist: **p = 3 Euro/Tasse**

Nachgefragte Menge x bei einem Preis von null: **300 Tassen**

Die gesamte Marktnachfragefunktion ergibt sich daraus als: **x(p) = 300 – 100 p**

Durch Umkehrung der Marktnachfragefunktion erhalten wir für den Preis:

$$p(x) = 3 - \frac{1}{100}\, x$$

Die Aufteilung der Gesamtmenge x auf die beiden Anbieter ergibt: $x = x_1 + x_2$

und damit

$$p(x1 + x2) = 3 - \frac{1}{100}\,(x1 + x2)$$

Der erste Anbieter nimmt nun die Menge des zweiten als gegeben an: $x_2 = \overline{x_2}$

Der Erlös E der ersten Firma errechnet sich folglich als Preis mal Menge:

$$\begin{aligned} E(x_1) &= p(x_1 + x_2)\, x_1 \\ &= 3\, x_1 - \frac{1}{100}\,(x_1^2 + x_1\overline{x_2}) \end{aligned}$$

Damit ergibt sich für den Grenzerlös:

$$\frac{dE(x_1)}{dx_1} = 3 - \frac{1}{100}\,(2x_1 + \overline{x_2})$$

Gewinnmaximal ist eine Ausbringungsmenge, bei der der Grenzerlös den Grenzkosten entspricht. Einfacher: Es werden so viele Einheiten produziert, bis die Kosten einer zusätzlichen Einheit gerade dem Erlös aus der zusätzlichen Einheit entsprechen. Übersteigen die Kosten der zusätzlichen Einheit den Erlös daraus, wird diese Einheit nicht mehr produziert. Aufgrund der unterstellten Kosten von null muss die gewinnmaximierende Menge einen Grenzerlös von null aufweisen, da auch die Grenzkosten gleich null sind. Für unterschiedliche Werte von x_2 ergeben sich unterschiedliche Gewinnmaxima. Daraus können wir die Reaktionsfunktion des ersten Anbieters auf Mengen des zweiten konstruieren.

Aus der Bedingung

$$\frac{dE(x_1)}{dx_1} = 3 - \frac{1}{100}\,(2x_1 + x_2) = 0$$

erhalten wir die Reaktionsfunktion R_1 des ersten Anbieters als:

$$x_1 = \frac{1}{2}\,(300 - x_2)$$

Für den zweiten Anbieter ergibt sich analog die Reaktionsfunktion R_2:

$$x_2 = \frac{1}{2}\,(300 - x_1)$$

Beide Funktionen sind in Abb. 2 dargestellt. Das Marktgleichgewicht ist hier durch den Schnittpunkt der beiden Geraden gegeben. Jeder Anbieter verkauft 100 Tassen zu einem Preis von je einem Euro. Sie machen jeweils einen Gewinn von 100 Euro. Der Preis errechnet sich durch Einsetzen der Gesamtmenge von 200 Tassen in die Preisgleichung:

$$p(200) = 3 - \frac{1}{100}\, 200 = 1.$$

Unter vollständiger Konkurrenz muss der Preis den Grenzkosten entsprechen. Diese sind per Annahme gleich null. Bei einem Preis von null werden 300 Tassen abgesetzt, der Gewinn der Unternehmen ist null. Ist der Anbieter Monopolist, so setzt er den gewinnmaximalen Preis. Es ergibt sich eine Menge von 150 Tassen und ein Preis von 1,50 Euro/Tasse. Der Monopolist macht einen Gewinn von 225 Euro.

Preisbildung im Monopol

Der Monopolist steht der Gesamtnachfrage des Marktes als einziger Anbieter gegenüber (Angebotsmonopol); bei vielen Anbietern und einem Nachfrager spricht man von einem Nachfragemonopol (Monopson).

Der Verhaltensspielraum des Monopolisten

In der Theorie zur Preisbildung im Monopol werden verschiedene Fälle unterschieden. Ist der Monopolist aufgrund von **Marktzutrittsbarrieren** wie Gesetze (z. B. Patente) oder Regulierungen (z. B. Schienennetz) nicht von potenzieller Konkurrenz bedroht, kann er eine unabhängige Preis- oder Mengenpolitik betreiben. Er kann den Preis oder die Absatzmenge seines Produkts bestimmen, ohne auf mögliche Reaktionen anderer Anbieter achten zu müssen. In der Regel wird der Monopolist in diesem Fall überdurchschnittliche Gewinne erzielen.

Wenn allerdings keine Marktzutrittsschranken bestehen, locken hohe Gewinne andere Anbieter auf den Markt. Der Spielraum des Monopolisten ist auch dann eingeengt, wenn die Käufer sein Produkt durch andere ersetzen (substituieren) können. Man spricht in diesem Fall von **monopolistischer Konkurrenz.**

Preise im Monopol ohne potenzielle Konkurrenz

Der Monopolpreis ergibt sich aus dem Ansatz der **Gewinnmaximierung** (Abb. 1). In der Theorie geht man davon aus, dass der Monopolist die Marktnachfrage kennt. Die Marktnachfragefunktion ist identisch mit seiner **Preis-Absatz-Funktion.** Auf dieser sucht der Monopolist den für ihn gewinnmaximalen Punkt.

Da der Preis nicht vorgegeben ist, sondern von der angebotenen Menge abhängt, muss im Gewinnmaximum der Grenzerlös den Grenzkosten entsprechen. Die Menge, bei der diese Bedingung erfüllt ist, wird nach dem französischen Mathematiker Antoine Augustin Cournot **Cournot-Menge** genannt. Der zugehörige Preis ist der **Cournot-Preis.** In der Regel verkauft der Monopolist im Vergleich zur vollständigen Konkurrenz eine geringere Menge zu einem höheren Preis.

Preise im Monopol bei potenzieller Konkurrenz

Um mögliche Wettbewerber abzuschrecken, kann der Monopolist den Preis so weit herabsetzen, dass die verbleibende mögliche Restabsatzmenge unterhalb der für eine rentable Produktion nötigen Mindestmenge liegt. Dieses Verhalten wird als **Limit Pricing** bezeichnet, ist jedoch nur dann plausibel, wenn der Monopolist dabei noch Gewinne macht. Andernfalls wird er einen höheren Preis setzen (der aber noch unterhalb des kurzfristig gewinnmaximalen liegt) und bei Markteintritten seine Menge zurückfahren, um zu verhindern, dass der Preis weiter absinkt. Wenn die potenziellen Konkurrenten diese Reaktion vorhersehen, werden sie trotz Limit Pricing in den Markt eintreten.

Eine weitere Maßnahme zur Verteidigung des Monopols besteht darin, dass der Monopolist Reservekapazitäten vorhält, mit denen er im Fall eines Markteintritts zu einem niedrigeren Preis die gesamte Nachfrage bedienen kann. Diese **versunkenen Kosten (Sunk Costs)** wirken als Marktzutrittsbarriere. Sie schrecken potenzielle Konkurrenten glaubwürdig vom Marktzugang ab.

Monopolistische Preisdifferenzierung

Preisdifferenzierung liegt vor, wenn ein Unternehmen für dasselbe Produkt verschiedene Preise verlangt. Der Monopolist versucht, dadurch seinen Gewinn zu erhöhen. Kundengruppen, die zu einem hohen Preis gar nicht kaufen, wird die gleiche Ware billiger angeboten, wobei der Monopolist immer noch einen Gewinn erzielt. Wichtig ist dabei die Möglichkeit, die Kundengruppen eindeutig zu trennen. Ein Beispiel ist der Rabatt für Studenten in Museen und Kinos.

Neben dieser personellen ist auch eine zeitliche Preisdifferenzierung möglich. Dabei wird das Produkt zunächst zu einem höheren Preis angeboten, um die höhere Zahlungsbereitschaft einiger Kunden auszunutzen. Später werden mit immer niedrigeren Preisen auch die übrigen Nachfrageschichten bedient. Optimal wäre es für den Monopolisten, wenn er von jedem Kunden genau dessen **Reservationspreis** verlangen könnte. Dies ist der Preis, zu dem der Kunde gerade noch zum Kauf bereit ist.

Das natürliche Monopol

Wenn die Durchschnittskosten der Firma mit wachsendem Output sinken, bis die gesamte Marktnachfrage gesättigt ist, bietet dieser Markt nur wenigen oder nur einem Unternehmen eine Gewinnchance. Eine einzelne große Firma kann eine große Menge kostengünstiger produzieren als viele kleine Unternehmen zusammen genommen (Abb. 2). Unter solchen Produktionsbedingungen entsteht ein **natürliches Monopol.** Da der Monopolist kostengünstiger herstellt, ist der Angebotspreis im natürlichen Monopol meist geringer als der Preis, der sich bei mehreren Anbietern ergeben würde.

▸ 1 Preisbildung im Monopol

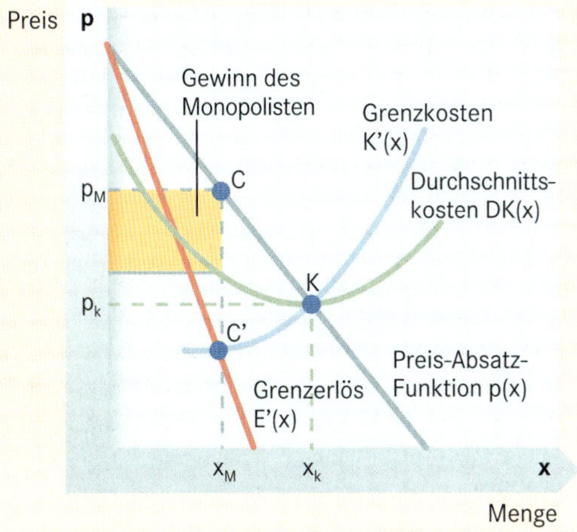

x	Menge des Gutes
p = p(x)	Preis-Absatz-Funktion (Preis in Abhängigkeit von der Menge)
K(x)	Kostenfunktion
$K'(x) = \frac{dK(x)}{dx}$	Grenzkostenfunktion
$DK(x) = \frac{K(x)}{x}$	Durchschnittliche Kosten
G(x)	Gewinn
E = p(x) x	Erlös
$E'(x) = \frac{dE(x)}{dx}$	Grenzerlös

Subindex k steht für vollkommene Konkurrenz.

Subindex M steht für Monopol.

- Der Monopolist maximiert seinen Gewinn, der sich errechnet aus Erlös (Umsatz) minus Kosten, wobei die notwendige Maximierungsbedingung formal die gleiche ist wie bei vollständiger Konkurrenz. Der Unterschied besteht darin, dass der Preis für den Monopolisten nicht gegeben ist. Er geht direkt als Funktion der Menge (Preis-Absatz-Funktion) in die Erlösfunktion ein. **G(x) = E(x) – K(x)**

Die Bedingung erster Ordnung lautet:

$$\frac{dG(x)}{dx} = \frac{dE(x)}{dx} - \frac{dK(x)}{dx} = 0$$

oder **E'(x) = K'(x)**

und die Bedingung zweiter Ordnung lautet:

K"(x) > = E"(x)

Der Gewinn ist also am größten, wenn die Grenzkosten dem Grenzerlös entsprechen: Es werden so viele Einheiten produziert, bis die Kosten einer zusätzlichen Einheit gerade dem Erlös aus der zusätzlichen Einheit entsprechen. Übersteigen die Kosten der zusätzlichen Einheit den Erlös daraus, wird diese Einheit nicht mehr produziert. Zusätzlich muss gelten, dass der Anstieg der Grenzkostenkurve mindestens so groß sein muss wie der der Grenzerlöskurve (Bedingung zweiter Ordnung). Gilt dies nicht, so liegt der Fall eines natürlichen Monopols vor. Grafisch erhalten wir die gewinnmaximale Menge als Schnittpunkt der Grenzkostenkurve mit der Grenzerlöskurve. Die gewinnmaximale Ausbringungsmenge ist X_M. Den gewinnmaximalen Preis erhält man, indem man den zu X_M zugehörigen Preis P_M auf der Nachfragekurve sucht **(cournotscher Punkt C).**

▸ 2 Preisbildung beim natürlichen Monopol

- Die Marktangebotsfunktion K'_k für die Produktion bei vollständiger Konkurrenz ergibt sich durch Aggregation (horizontale Addition) aus den Angebotsfunktionen (Grenzkostenfunktionen) der einzelnen kleinen Anbieter, wobei jeder nur eine kleine Menge herstellt. Durch die Ausnutzung zunehmender Skalenerträge kann der Monopolist im Vergleich zu vielen kleinen Anbietern eine größere Menge billiger anbieten. Unter zunehmenden Skalenerträgen versteht man, dass große Mengen zu geringeren Stückkosten produziert werden können als kleine Mengen.

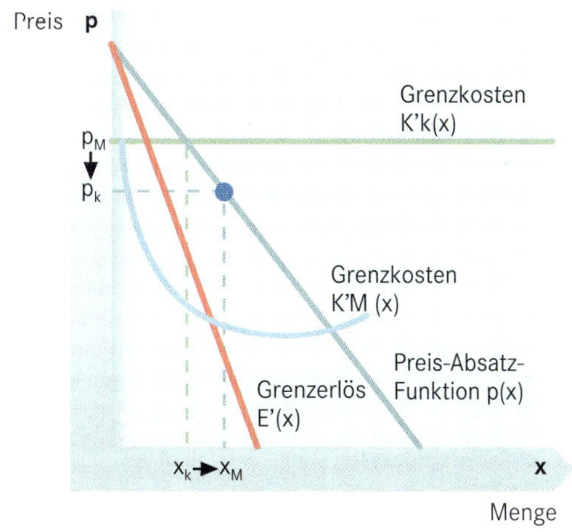

Mängel des Preismechanismus

„Will man einem Papageien beibringen, ein Volkswirt zu sein, so lehrt man ihn einfach, die Worte ‚Angebot und Nachfrage' zu wiederholen." Dieser Witz übertreibt ein wenig die Bedeutung, die das Gesetz von Angebot und Nachfrage in den Wirtschaftswissenschaften hat.

Gleichgewicht und gesellschaftliches Optimum

Zwar ist das Gleichgewicht auf Wettbewerbsmärkten bei vollständiger Konkurrenz dadurch charakterisiert, dass sich **Angebot** und **Nachfrage** entsprechen. In der einfachen Modellwelt schafft der Preismechanismus den Ausgleich zwischen Angebot und Nachfrage und lenkt die Ressourcen der Gesellschaft in ihre optimale Verwendung. Allerdings gibt es mindestens zwei bedeutende Ausnahmen von dieser Regel. Im Fall des **Marktversagens** (externe Effekte) ist ein Eingiff des Staates nötig, um ein gesellschaftliches Optimum zu erreichen. Im Fall von **Informationsasymmetrien** ist der Markt nicht fähig, Angebot und Nachfrage auszugleichen.

Externalitäten

Von positiven **externen Effekten** spricht man, wenn durch die Produktion in einem Betrieb oder den Verbrauch in einem Haushalt anderen Betrieben oder Haushalten Vorteile entstehen. Entstehen Nachteile, handelt es sich um negative externe Effekte **(externe Kosten)**.

Der Preis eines Gutes soll die bei der Produktion entstandenen Kosten und den Nutzen aus dem Konsum des Gutes widerspiegeln. Genauer gesagt soll bei vollständiger Konkurrenz der Preis des Gutes den Grenzkosten der Produktion sowie dem Grenznutzen des Konsumenten entsprechen. Der Unternehmer kalkuliert jedoch nur mit den Kosten, die er selbst direkt zu tragen hat **(betriebswirtschaftliche** bzw. **private Kosten)**. Die der Gesellschaft entstehenden **sozialen Kosten**, etwa in Form von Umweltschäden, tauchen in seinem Gewinnkalkül nicht auf. Aufgrund dessen ist der Preis zu niedrig, lenkt folglich die Ressourcen der Gesellschaft in eine nicht optimale Verwendung. Private und soziale Kosten ergeben zusammen die **gesamtwirtschaftlichen Kosten.**

Betrachten wir das Beispiel eines Kohlekraftwerks. Durch die Abgase entstehen der Gesellschaft Kosten: Die umliegende Natur wird geschädigt, Anwohner leiden unter Atemwegserkrankungen, Gebäude benötigen häufiger einen neuen Anstrich. Diese sozialen Kosten werden im Gewinnmaximierungsansatz des Unternehmens nicht berücksichtigt, da sie außerhalb seiner Grenzen anfallen. Müsste das Unternehmen für diese externen Kosten aufkommen bzw. die negativen externen Effekte der Luftverschmutzung durch den Einbau von Abgasfiltern vermeiden, wäre der Preis des erzeugten Stroms entsprechend höher, die nachgefragte Menge geringer. Der Marktpreis entspricht hier also nicht den tatsächlich entstandenen sozialen und privaten Grenzkosten. Im Marktgleichgewicht werden die Ressourcen der Gesellschaft nicht gesamtwirtschaftlich optimal eingesetzt, die **Allokation** ist verbesserungsbedürftig (Abb. 1). Auf der anderen Seite kann es auch sein, dass der Marktpreis die sozialen Nutzenelemente des Gutes nicht vollständig abbildet. Ein Beispiel hierfür bietet die Bienenzucht eines Imkers. Zwar erhöhen die Bienen den Ertrag der umliegenden Obstgärten, doch diesen zusätzlichen Nutzen kann sich der Imker nicht vergüten lassen.

Während staatliches Eingreifen im Imker-Beispiel wohl kaum gefordert wird, besteht dieser Bedarf allgemein bei anderen Externalitäten. Scheidet z. B. eine Verhandlungslösung zwischen Schädigern und Geschädigten aus, müssen die externen Kosten durch staatliche Intervention internalisiert werden. Der Staat erhebt z. B. einen Preis für die Umweltnutzung (Emissionssteuer) oder erlässt Auflagen (Vorschriften zum Einbau von Abgasfiltern). Beides kann bewirken, dass der externe Effekt internalisiert wird: Ein Umweltschädiger übernimmt durch die Emissionssteuer oder die Ausgaben für Abgasfilter die von ihm verursachten sozialen Kosten. Ein Beispiel für die staatliche Regulierung positiver externer Effekte ist der Patentschutz (Abb. 2).

Informationsasymmetrien

Wenn Verkäufer und Käufer nicht über dieselben Informationen verfügen, die Informationen über das gehandelte Gut also asymmetrisch verteilt sind, kann es sein, dass Angebot und Nachfrage nicht zum Ausgleich kommen. Am Kreditmarkt bestehen z. B. Informationsasymmetrien, weil eine kreditgebende Bank keine vollständige Information über die Projekte der Unternehmen hat und deren Handlungen auch nicht vollständig überwachen kann. Im Modell des amerikanischen Ökonomen Joseph E. Stiglitz (* 1943) maximiert die Bank ihren Gewinn in Abhängigkeit von der Wahrscheinlichkeit, dass ihre Kunden einen Kredit nicht zurückzahlen können. Bietet die Bank nach diesem Kalkül Kredite an, kann es sein, dass ein Unternehmen leer ausgeht, obwohl es bereit ist, einen höheren Zinssatz zu zahlen (Abb. 3).

▸ 1 Wirkung negativer externer Effekte auf das gesamtwirtschaftliche Optimum

▸ Durch negative externe Effekte bei der Stromproduktion (Luftverschmutzung) ist die gesamtwirtschaftlich optimale Strommenge geringer als die Strommenge im Marktgleichgewicht; der gesamtwirtschaftlich optimale Strompreis liegt über dem Strompreis im Marktgleichgewicht. Die gesamtwirtschaftlich optimale Preis-Mengen-Kombination berücksichtigt die Kosten der Luftverschmutzung.

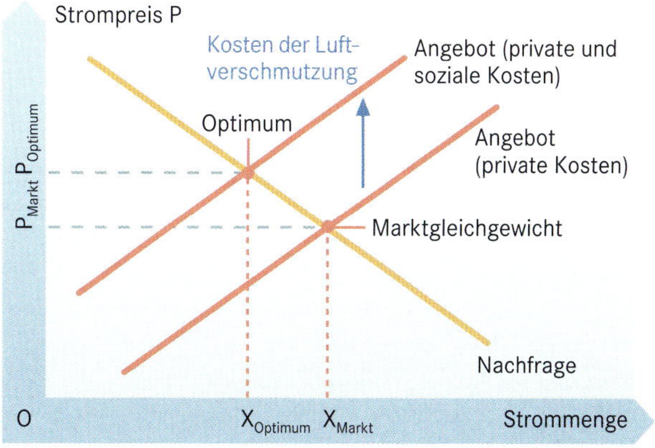

▸ 2 Positive externe Effekte und Patentschutz

▸ Von den Aktivitäten in Forschung und Entwicklung (F&E) eines Unternehmens können positive Ausstrahlungseffekte (Spill-over-Effekte) auf andere Unternehmen ausgehen und den Innovationsprozess aufrechterhalten. Damit der technische Fortschritt gefördert wird, kann auch der Patentschutz als Maßnahme interpretiert werden, positive externe Effekte zu internalisieren: Das Patent sichert ein zeitlich begrenztes Monopol für die wirtschaftliche Nutzung einer Erfindung. Wollen andere Unternehmen die Erfindung nutzen, müssen sie Lizenzgebühren an den Patentinhaber zahlen.

▸ 3 Informationsasymmetrien am Kreditmarkt

▸ Für die kreditgebende Bank nimmt die Ausfallwahrscheinlichkeit mit steigendem Zins, den ein Unternehmen zu zahlen bereit ist, zu. Dadurch kommt es bei hohen Zinsen zu einer Negativauslese: Der Anteil schlechter Schuldner nimmt zu. Mit steigendem Zinssatz r nimmt der erwartete Ertrag E der Bank daher zunächst zu und bei Zinssätzen oberhalb r* wieder ab. Der Zinssatz r* stellt den ertragsmaximierenden Zinssatz der Bank dar. Verlangt ein Unternehmen einen Kredit, obwohl der Gesamtkreditrahmen der Bank ausgeschöpft ist, spricht man von Überschussnachfrage nach Krediten.

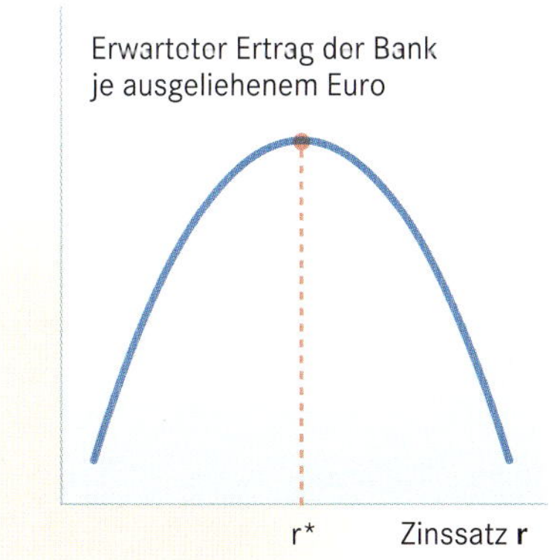

Ertragsmaximierender Zinssatz

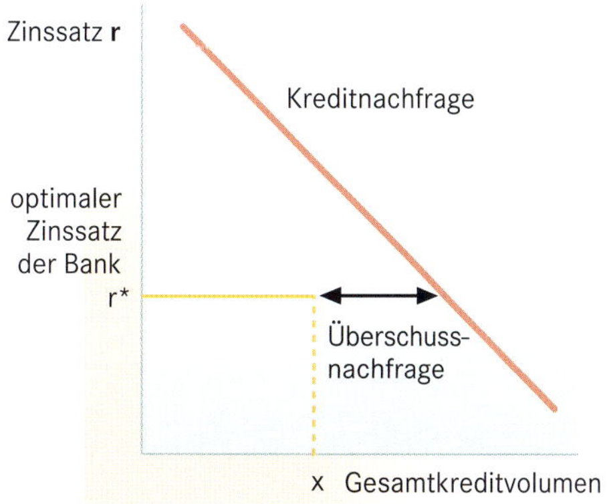

Kreditvolumen der Bank

Funktionen des Wettbewerbs

In einer Marktwirtschaft werden die Aktivitäten von Produzenten und Konsumenten nicht zentral, sondern individuell von den Wirtschaftsteilnehmern geplant. Die Koordinierung dieser Pläne leistet der Wettbewerb.

Wettbewerb, Preise und Marktergebnisse

Wettbewerb ermöglicht, dass sich durch das Wechselspiel zwischen Anbietern und Nachfragern Preise bilden, die den Austausch von Waren und Dienstleistungen steuern. Die Preise zeigen den Anbietern, wo sie ihre Produktionsfaktoren am effizientesten einsetzen können, den Nachfragern, wo sie ihren Bedarf am günstigsten decken können. Die Konkurrenz um die Gunst der Nachfrager schafft darüber hinaus Anreize, die Preise zu senken bzw. die Qualität des Angebots zu verbessern. Wie von einer „unsichtbaren Hand" (Adam Smith) soll das am Eigeninteresse orientierte Handeln in gesellschaftlich erwünschte Bahnen gelenkt werden, der Wettbewerb also gesellschaftspolitische und ökonomische Funktionen erfüllen (Abb. 1).

Die einzelnen Funktionen

Wettbewerb eröffnet den Marktteilnehmern Handlungs- und Wahlfreiheiten. Aufgrund der Konkurrenz unter den Anbietern haben die Verbraucher die Wahl zwischen verschiedenen Angeboten, die Arbeitnehmer die Chance, ihren Arbeitsplatz zu wechseln. Funktionierender Wettbewerb mit einer Vielzahl von Konkurrenten beugt zugleich unerwünschten gesellschaftlichen und politischen Machtstellungen vor **(Kontrollfunktion).**

Freier Leistungswettbewerb soll eine optimale Marktversorgung sicherstellen. Dies geschieht dadurch, dass Unternehmen ein Angebot bereitstellen, das den Wünschen der Konsumenten entspricht **(Steuerungsfunktion).** Sie wenden dazu die Produktionsverfahren an, die zur bestmöglichen Ausnutzung der Produktionsfaktoren führen **(Allokationsfunktion).** Sie fördern und realisieren technische Fortschritte und schaffen damit die Basis für kostengünstigere Produktionsmethoden sowie für neue oder verbesserte Produkte **(Innovationsfunktion).** Schließlich werden sie dazu angehalten, ihre Produktion dem ständigen Wandel der Umfeldbedingungen zügig anzupassen **(Anpassungsfunktion).** Auf den Faktormärkten (z. B. Arbeitsmarkt) soll Wettbewerb eine leistungsgerechte Einkommensverteilung gewährleisten **(Verteilungsfunktion).**

Der Wettbewerbsprozess

Der Wettbewerb vollzieht sich als ein Prozess, der durch das Handeln jener Unternehmer in Gang gesetzt wird, die ihre Marktposition verbessern wollen. Mögliche Maßnahmen umfassen Preissenkungen, Verbesserungen von Qualität und Service oder verstärkte Werbung. Der österreichische Ökonom Joseph A. Schumpeter (1883–1950) bezeichnete Unternehmen, deren Forschungs- und Entwicklungsarbeit zu erheblichen Kostenersparnissen **(Prozessinnovationen)** oder zu neuen, dem bisherigen Angebot überlegenen Produkten **(Produktinnovationen)** führt, als „Pionierunternehmer".

Schumpeter beschreibt Wettbewerb als „Prozess der schöpferischen Zerstörung": Die Reaktion der Konkurrenten auf den Wettbewerbsvorstoß des aktiven Unternehmens hängt davon ab, wie stark die Absatzeinbußen sind, die sie erleiden. Sind diese groß genug, so werden sie versuchen, den Unternehmer nachzuahmen, um nicht aus dem Markt gedrängt zu werden bzw. um am Erfolg des innovativen Unternehmens teilzuhaben (Imitationsphase). In Schumpeters Modell endet die Imitationsphase damit, dass die Konkurrenten den Vorsprung des Herausforderers aufholen. Dieser hat also nur eine befristete Monopolstellung, aufgrund deren er Vorsprungsgewinne erzielen kann. Der Wettbewerbsprozess resultiert in einer besseren Marktversorgung, indem nun alle Unternehmen die verbesserte Leistung anbieten. Rückständige Verfahren, Produkte, Absatzmethoden, Finanzierungsmethoden und Marketingkonzepte werden durch Innovationen infrage gestellt. Letztlich entscheidet jedoch der Konsument über den Erfolg der Innovation, indem er sie akzeptiert oder nicht. Diese Komponente des Wettbewerbs bezeichnet man als **Konsumentensouveränität** oder **Konsumfreiheit**. Im positiven Fall wird sich die Innovation durchsetzen und die bisherige Marktstruktur verändern (Abb. 2).

Voraussetzungen

Funktionierender Wettbewerb verlangt eine Rechtsordnung, die den Privaten Verfügungsrechte über Güter und Dienste zuerkennt und die Möglichkeit eröffnet, unternehmerisch tätig zu werden **(Gewerbefreiheit).** Sie muss die freie Wahl des Tauschpartners zulassen **(Vertragsfreiheit),** ein funktionierendes Währungssystem gewährleisten und den Wettbewerb durch rechtliche Rahmenbedingungen (Wettbewerbsregeln) vor Beschränkungen schützen, an die sich die Marktteilnehmer auch halten (Wettbewerbsgesinnung).

▸ 1 Zusammenhang zwischen Wettbewerbsvoraussetzungen, -intensität und -funktionen

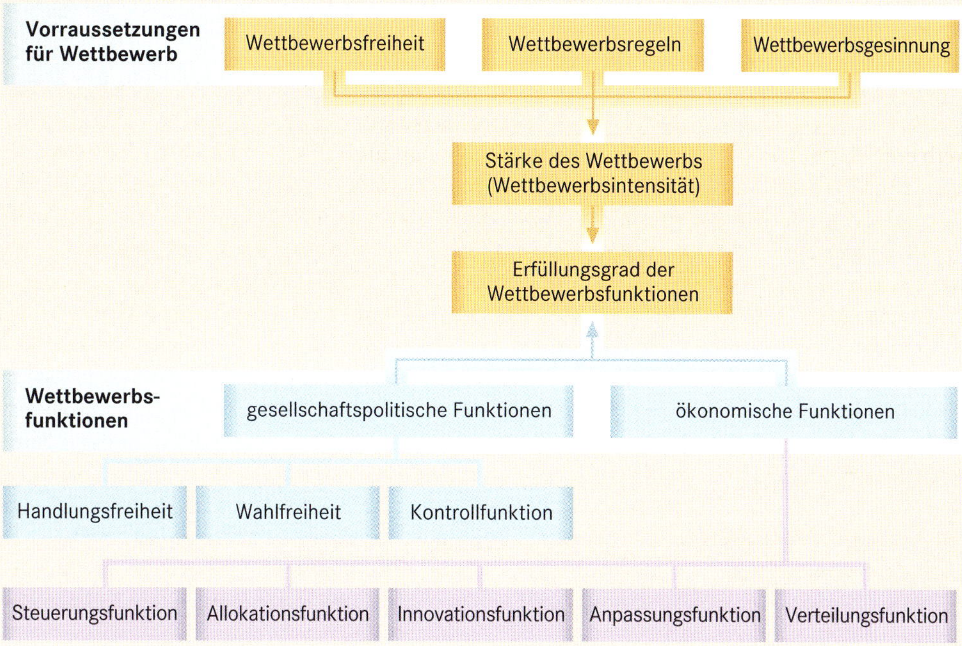

▸ 2 Zusammenhänge zwischen Marktphase, Unternehmertypus, Marktform, Aktionsparametern und wettbewerbspolitischen Maßnahmen

Marktphase und Unternehmertypus	**Marktform**	**Aktionsparameter**	**wettbewerbspolitische Maßnahmen**
Innovationsphase und Pionierunternehmer	Monopol eines Innovators mit hohen Marktzutrittsschranken, hohe Gewinne	Produkt und informative Werbung, Errichten von Marktschranken und Limitpreisstrategie, Service	Offenhaltung der Märkte
Imitationsphase und (spontan) imitierender Unternehmer	weites Oligopol oder Polypol mit relativ niedrigen Marktzutrittsschranken, Gewinnmaximum	Preis, Produktqualität und informative Werbung, Service	Offenhaltung der Märkte, Fusionskontrolle
Ausreifungsphase und (unter Druck) reagierender Unternehmer	Oligopol[1] mit hohen Marktzutrittsschranken, abnehmende Gewinne	Preis, (negative) Produktqualität (Obsoleszenz), Service und Werbung	Kontrolle der Konzentrations- und Behinderungsstrategie
Stagnations- oder Rückbildungsphase und immobiler Unternehmer	enges Oligopol[1] oder Monopol mit hohen Marktzutrittsschranken, abnehmende Gewinne, evtl. Verluste	Service, Werbung und (negative) Produktqualität z. B. künstliche Veralterung durch häufige Modellwechsel	Kontrolle der Konzentrations-, Behinderungs- und Verhandlungsstrategie; Missbrauchsaufsicht

1) bei funktionierender Wettbewerbspolitik bleibt es beim Polypol.

Beschränkungen des Wettbewerbs

Bei freiem Leistungswettbewerb ist der Markterfolg des einzelnen Anbieters stark vom Verhalten seiner Konkurrenten abhängig. Jeder steht unter dem Zwang, auf Aktionen seiner Mitbewerber adäquat zu reagieren, um nicht aus dem Markt gedrängt zu werden.

Wettbewerb ist lästig

Schon Adam Smith (1723–1790) erkannte, dass jeder Unternehmer bestrebt sein wird, diesem lästigen Risiko des Wettbewerbs zu entfliehen. Über Maßnahmen zur Beschränkung des Wettbewerbs wird er versuchen, seine Position zu sichern und höhere Gewinne zu erzielen.

Die Neigung zu Wettbewerbsbeschränkungen ist umso größer, je stärker der Erfolg eines Anbieters durch den Wettbewerbsdruck bedroht ist. Dieser wiederum wächst mit dem Grad der Reaktionsverbundenheit zwischen den Anbietern. Auf einem Markt mit hoher Wachstumsdynamik ist diese Bedrohung dagegen geringer. Unternehmen, die zu erfolgreichen Innovationen fähig sind, werden sich ebenfalls weniger bedroht fühlen. Je größer die Zahl der Anbieter auf einem Markt, desto schwieriger ist es, den Wettbewerb zu beschränken.

Verhandlungen und Absprachen

Wettbewerbsbeschränkungen aufgrund von Vereinbarungen sind dadurch gekennzeichnet, dass die zusammenarbeitenden Unternehmen rechtlich selbstständig bleiben. Bei horizontalen Absprachen geben konkurrierende Unternehmen freiwillig ihre wirtschaftliche Handlungsfreiheit auf und verzichten auf den Einsatz bestimmter Wettbewerbsmittel (etwa Preise, Mengen, Qualitäten) durch vertragliche Vereinbarungen **(Kartelle)**, durch formlose Absprachen **(abgestimmte Verhaltensweisen, Frühstückskartelle)** oder durch stillschweigende Anpassung an einen Preisführer. Kartellverträge sind in Deutschland durch das Gesetz gegen Wettbewerbsbeschränkungen (GWB) grundsätzlich verboten. **Parallelverhalten** durch mündliche Absprachen oder stillschweigende Übereinkunft kann den Wettbewerb gleichermaßen beschränken, ist den Unternehmen gegenüber aber nur schwer nachweisbar.

Vertikale Absprachen sind vertragliche Vereinbarungen zwischen Unternehmen, die auf verschiedenen Produktionsstufen operieren. So knüpfen **Kopplungsverträge** den Abschluss eines Geschäfts an den Abschluss eines anderen. **Vertriebsbindungen** schreiben den Abnehmern von Waren bestimmte Kunden oder Absatzgebiete vor. **Ausschließlichkeitsbindungen** verpflichten zum exklusiven Geschäftsverkehr (z. B. Vertrag von Brauereien mit Gaststätten zum exklusiven Bierbezug).

Bei der vertikalen **Preisbindung** verpflichten die Hersteller z. B. Einzelhändler, beim Weiterverkauf festgelegte Preise einzuhalten, und unterbinden dadurch den Preiswettbewerb der Händler. Diese Preisbindung der zweiten Hand ist nur für Verlagserzeugnisse zulässig. Erlaubt sind jedoch unverbindliche **Preisempfehlungen**.

Behinderungs- und Verdrängungsstrategien

Hierunter fallen alle Verhaltensweisen von **marktbeherrschenden Unternehmen** (Abb. 1), die dazu dienen, Mitbewerber etwa durch Kampfpreise vom Markt zu drängen sowie Lieferanten oder Abnehmer ohne sachlichen Grund unterschiedlich zu behandeln. Zu Letzteren zählen Aufrufe, Geschäftsbeziehungen zu Dritten abzubrechen **(Boykott)** oder bestimmte Unternehmen von Geschäftsbeziehungen auszuschließen **(Lieferverweigerung, Bezugsverweigerung)**. Denkbar ist auch die **Preisdiskriminierung**: Marktbeherrschende Anbieter vereinbaren mit bestimmten Kunden niedrigere Abnahmepreise als sie sie deren Konkurrenten gewähren; marktbeherrschende Nachfrager erzwingen für sich Bezugspreise, die niedriger sind als die für ihre Konkurrenten geltenden. Solche Strategien fallen unter das **Diskriminierungsverbot**. Die Abgrenzung dieser Praktiken von erwünschtem Marktverhalten wirft jedoch große Schwierigkeiten auf.

Konzentrationsstrategien

Vor allem externes Unternehmenswachstum – die Verschmelzung von Unternehmen **(Fusion)** oder die Bildung eines **Konzerns**, d. h. eines Verbunds zwischen rechtlich selbstständig bleibenden Unternehmen – könnte den Wettbewerb gefährden, wenn dadurch ein unerwünscht hoher Konzentrationsgrad erreicht wird.

Unterschieden wird zwischen **horizontaler Konzentration**, bei der die beteiligten Unternehmen auf demselben Markt tätig sind (Abb. 2), und **vertikaler Konzentration**, bei der die Unternehmen auf verschiedenen Wirtschaftsstufen agieren und in einer Lieferbeziehung zueinander stehen. Trifft keine der beiden Bedingungen zu, spricht man von diagonaler oder konglomerater Konzentration. Ein Beispiel dafür ist der Zusammenschluss zwischen einem Speditionsunternehmen und einem Anbieter von Fernreisen.

▸ 1 Marktbeherrschung nach §19 Gesetz gegen Wettbewerbsbeschränkungen

Marktbeherrschung

Monopolvermutung
Ein Unternehmen ist als Anbieter oder Nachfrager ohne Wettbewerber oder keinem wesentlichen Wettbewerb ausgesetzt oder hat gegenüber seinen Wettbewerbern eine überragende Marktstellung (anhand von Kriterien wie Marktanteil, Finanzkraft, Zugang zu Absatz- und Beschaffungsmärkten, Verflechtungen mit anderen Unternehmen, Marktzutrittsschranken für andere Unternehmen).

Vermutungskriterium beim Monopol
Marktanteil von mindestens einem Drittel.

Oligopolvermutung
Eine Gruppe von Unternehmen ist als Anbieter oder Nachfrager keinem wesentlichen Wettbewerb ausgesetzt oder hat im Verhältnis zu Wettbewerbern eine überragende Marktstellung.

Vermutungskriterium beim Oligopol
Drei oder weniger Unternehmen erreichen zusammen einen Marktanteil von 50 %.

Fünf oder weniger Unternehmen erreichen zusammen einen Marktanteil von zwei Dritteln.

▸ 2 Beispiele für den Grad der Unternehmenskonzentration (2005)

▸ Die Konzentrationsrate misst den Anteil der drei, sechs und mehr größten Unternehmen am Gesamtumsatz eines Wirtschaftszweigs der Industrie (oben) und des Handels (unten).

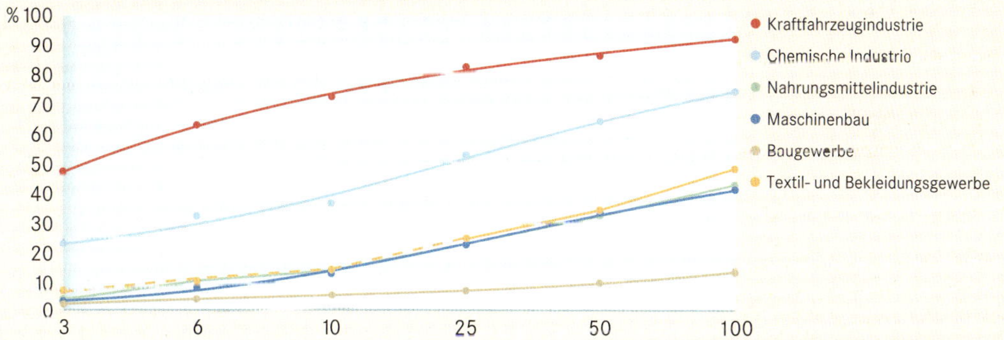

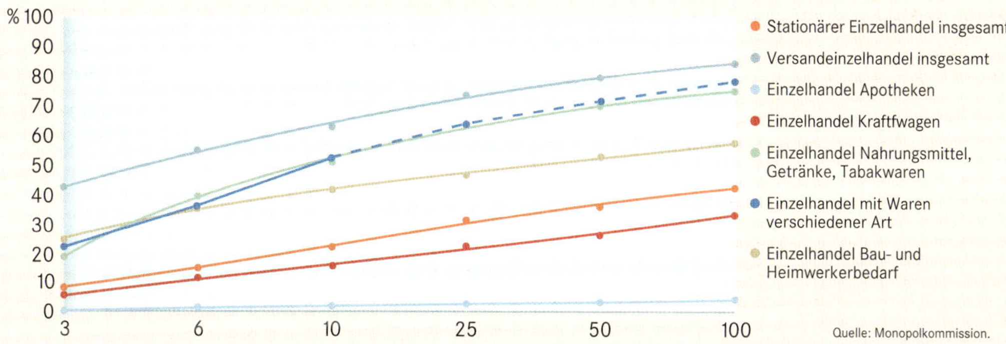

Quelle: Monopolkommission.

Konzerne und Fusionen

Die Globalisierung der Märkte bedeutet für viele Unternehmen, dass sie nicht nur mit nationalen Mitbewerbern, sondern auch mit solchen aus aller Welt konkurrieren müssen. In diesem verschärften Wettbewerb können sie oft nicht allein aus eigener Kraft bestehen.

Wettbewerbspolitische Bedeutung

Immer häufiger werden daher internationale Kooperationen eingegangen, mächtige Konzerne geschmiedet oder sogar Unternehmen verschmolzen (Fusion).

Für die Wettbewerbspolitik ist von Bedeutung, ob durch solche Konzentrationsprozesse Wettbewerbsbeschränkungen entstehen und eine marktbeherrschende Stellung missbräuchlich ausgenutzt werden kann. Dies wird in Deutschland vor allem vom **Bundeskartellamt** überwacht und kontrolliert. Wie dabei der relevante Markt abzugrenzen ist und wann man von Marktmacht sprechen kann, ist allerdings nicht immer eindeutig.

Strategische Allianzen

Eine strategische Allianz ist eine (gegebenenfalls zeitlich befristete) Kooperation zwischen zwei oder mehreren Unternehmen aus derselben Branche (z. B. Luftverkehrsgesellschaften), deren rechtliche Selbstständigkeit unberührt bleibt. Die kooperierenden Unternehmen sind also direkte oder potenzielle Konkurrenten.

Konzerne

Die in einem Konzern zusammengeschlossenen **verbundenen Unternehmen** (Abb. 1) bleiben rechtlich selbstständig – gleichwohl sind sie über finanzielle Beteiligungen miteinander verflochten (Abb. 2). Allerdings geben sie ihre wirtschaftliche Selbstständigkeit zugunsten einer einheitlichen Leitung auf.

Je nach den wechselseitigen Marktbeziehungen der Beteiligten unterscheidet man **horizontale Konzerne** (die Unternehmen sind auf dem gleichen Markt tätig), **vertikale Konzerne** (die Unternehmen arbeiten auf verschiedenen Produktionsstufen) und **diagonale** oder **Mischkonzerne** (die Unternehmen agieren weder auf demselben Markt noch stehen sie in einer Lieferbeziehung zueinander). Nach der Art des Abhängigkeitsverhältnisses unterscheidet man **Unterordnungskonzerne** – die Unternehmen sind von der Muttergesellschaft durch kapitalbezogene Bindung abhängig – von **Gleichordnungskonzernen** – die Unternehmen sind weder finanziell noch durch Beherrschungsvertrag abhängig. Zusammenschlüsse in einem Mischkonzern werden vor allem gebildet, weil die Beteiligten durch gemeinsame Aktivitäten in verschiedenen Produktgruppen oder Geschäftsfeldern ihr Geschäftsrisiko minimieren wollen.

Fusionen

Geben die Unternehmen beim Zusammenschluss ihre rechtliche Selbstständigkeit auf, so spricht man von einer Fusion **(Verschmelzung**, englisch **Merger).** Diese kann sich durch Aufnahme (A geht in B auf; nach der Fusion besteht nur noch Unternehmen B) oder Neubildung (A und B verschmelzen zu Unternehmen C) vollziehen.

Wie beim Konzern wird zwischen horizontalen, vertikalen und diagonalen Fusionen unterschieden. Die Globalisierung hat zu einem Konzentrationswettlauf mit internationalen Megafusionen und -übernahmen (**„Elefantenhochzeiten“**) geführt (Abb. 3).

Erwartete Vorteile und deren Voraussetzungen

Warum geben Unternehmen ihre wirtschaftliche Selbstständigkeit auf? Sie versuchen im Wettbewerb zu bestehen und ihre langfristigen Gewinnchancen zu verbessern. Durch den Zusammenschluss erwarten sie Vorteile von Rationalisierungseffekten in Produktion, Marketing und Service, von einer vergrößerten Marktmacht, die ihre Position gegenüber Abnehmern, Lieferanten und Kreditgebern stärkt, von einer Verminderung des Risikos durch Aufteilung auf mehrere Partner, von einer Verknüpfung von Know-how und einer gemeinsamen Forschung und Entwicklung, von einer Zeitersparnis durch gemeinsame Entwicklungs-, Marketing- und Vertriebsaktivitäten sowie von steuerlichen Einsparungen (bei internationalen Zusammenschlüssen).

Um solche Vorteile realisieren zu können, müssen bei Fusionen allerdings einige Bedingungen erfüllt sein. So sollten die Unternehmen über eine ähnliche Produktpalette und Produktionsstruktur verfügen. Nur wenn sie auf demselben Markt auftreten, vergrößert sich durch den Zusammenschluss ihre Marktmacht gegenüber Abnehmern und Lieferanten. Um Rationalisierungseffekte in der Produktion zu erzielen, müssen einheitliche Normen und Typen der Produkte hergestellt werden. Nur dann kann bei Zusammenlegung von Produktionskapazitäten ein optimaler Auslastungsgrad der Maschinen durch Großserienherstellung realisiert werden. Eine ähnliche Unternehmenskultur der Kooperationspartner ist einem erfolgreichen Zusammenschluss dienlich.

▸ 1 Beteiligungsstammbaum eines verschachtelten Konzerns

- Im Mehrheitsbesitz stehende und mit Mehrheit beteiligte Unternehmen (A, B, D und über Beteiligungsquoten auch C, E, F)
- Abhängige Unternehmen (B, C, D und E sind von A abhängig)
- Wechselseitig beteiligte Unternehmen (D, F)
- Verbundene Unternehmen unter einheitlicher Leitung (A – F)

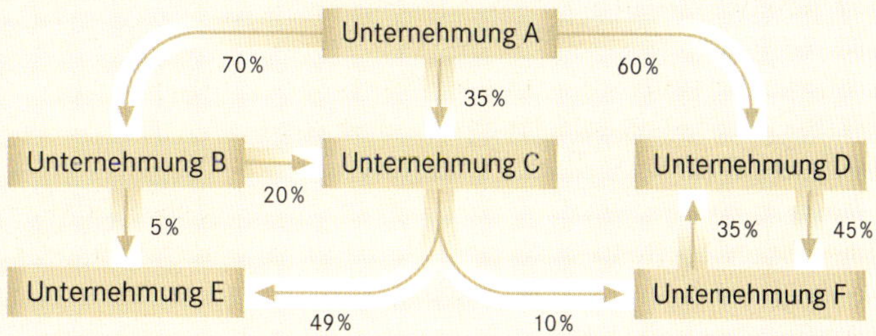

Quelle: Schierenbeck.

▸ 2 Abstufung finanzieller Verflechtung
(Beteiligungsquoten)

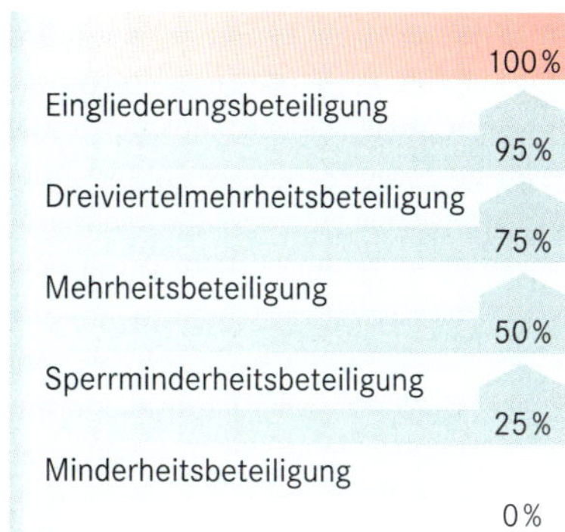

▸ 3 Ausgewählte große Unternehmensfusionen und Unternehmensübernahmen

Beteiligte Unternehmen[1]		**Branche**	**Bekanntgabe**
BASF	Ciba	Chemie	2009
BNP Paribas	Fortis	Banken	2008
Unicredito Italiano, I	HypoVereinsbank, D	Banken	2005
Gilette, USA	Procter & Gamble, USA	Konsumgüter	2005
AT & T, USA	SBC Communications, USA	Telekommunikation	2004
Hewlett-Packard, USA	Compaq, USA	Computer	2002
AOL, (AOL Time Warner), USA	Time Warner, USA	Telekommunikation, Medien	2000
EarthLink, USA	MindSpring, USA	Telekommunikation	2000
Exxon, USA	Mobil Oil, USA	Mineralöl	1998
Hoechst (Aventis), D	Rhône-Poulenc, F	Pharma	1998
Deutsche Bank, D	Bankers Trust, USA	Banken	1998
Deutsche Post, D	Danzas, CH	Post/Logistik	1998
BP, GB	Amoco, USA	Mineralöl	1998
Daimler Benz (DaimlerChrysler), D	Chrysler, USA	Automobil	1998
Volkswagen, D	Rolls Royce, GB	Automobil	1998
Travelers (Citigroup), USA	Citicorp, USA	Finanzdienstleistung	1998
AT&T, USA	Tele-Communications, USA	Telekommunikation	1998
Thyssen (Thyssen-Krupp), D	Krupp, D	Stahl/Maschinenbau	1997
Allianz, D	AGF, F	Versicherungen	1997
Zürich Versicherung, CH	BAT, GB	Tabak/Finanzen	1997
Schweizerischer Bankverein (UBS), CH	Schweizerische Bankgesellschaft, CH	Banken	1997
Sandoz (Novartis), CH	Ciba-Geigy, CH	Pharma	1996

1) bei Fusion Name des neuen Unternehmens in Klammern.

Kartelle

Koordinieren mehrere konkurrierende Unternehmen ihr Verhalten auf einem Markt, um dadurch den Wettbewerb auszuschalten, liegt eine kollektive horizontale Wettbewerbsbeschränkung vor. Beruht die Verhaltensabstimmung der Firmen auf einem Vertrag, spricht man von einem Kartell, bei formlosen Absprachen von abgestimmten Verhaltensweisen.

Wirkung von Kartellen

Gegenstand des Kartellvertrags können Absprachen über Preise, Absatzmengen, Absatzgebiete oder sonstige Konditionen sein. Die Unternehmen erzielen durch den Zusammenschluss in einem Kartell höhere Gewinne, da der sonst vorhandene Wettbewerbsdruck gedämpft oder ausgeschaltet ist. Die Preise in einem Kartell liegen meist über jenen bei freiem Wettbewerb. Auf den Verbraucher hat ein Kartell daher meist negative Auswirkungen.

Voraussetzungen für die Verhaltensabstimmung

Die Bildung eines Kartells oder **abgestimmte Verhaltensweisen** werden begünstigt durch eine geringe Zahl von Unternehmen auf dem relevanten Markt, durch eine hohe Markttransparenz, durch homogene, stark ausgereifte Produkte und Produktionsverfahren sowie durch hohe rechtliche oder faktische Marktzutrittsschranken für neue Anbieter. Auch ähnliche Produktionsbedingungen und Kostenstrukturen sowie eine niedrige Kapazitätsauslastung spielen eine Rolle. Der Zusammenhalt in einem Kartell hängt davon ab, inwieweit die Einhaltung der Verträge mithilfe von Konventionalstrafen oder anderen Sanktionen gegenüber Kartellmitgliedern gesichert ist (innerer **Kartellzwang**) und wie die Kartellvereinbarungen gegenüber Nichtmitgliedern – etwa durch gezielte Abwehrmaßnahmen gegen Außenseiter oder exklusive Bezugs- und Absatzquellen für Mitglieder – durchgesetzt werden (äußerer Kartellzwang).

Verbot und Kontrolle von Kartellen

Durch das gesetzlich festgelegte **Kartellverbot** sollen Absprachen zwischen Unternehmen verhindert werden, soweit sie den Wettbewerb zwischen ihnen spürbar beschränken (Abb. 1). Allerdings sind auch einige Ausnahmen vorgesehen (Abb. 2). Kartelle können zugelassen werden, wenn sie der Schaffung einheitlicher Normen und Typen dienen (**Normen- und Typenkartelle**) oder die einheitliche Anwendung allgemeiner Geschäfts-, Lieferungs- und Zahlungsbedingungen regeln (**Konditionenkartelle**). Des Weiteren können **Strukturkrisenkartelle** genehmigt werden. Dadurch sollen bei nachhaltigen Nachfrageänderungen unter Berücksichtigung der Wettbewerbsbedingungen die Kapazitäten für die Erzeugung, Herstellung, Be- oder Verarbeitung dem Bedarf angepasst werden. So legalisierte das Bundeskartellamt 1983 ein Strukturkrisenkartell der Hersteller von Betonstahlmatten. Durch den planmäßigen Kapazitätsabbau um 40 % in fünf Jahren konnte eine Reihe leistungsfähiger kleiner und mittlerer Unternehmen vor dem Ausscheiden aus dem Markt bewahrt werden.

Wird durch die Kartellbildung keine marktbeherrschende Stellung begründet oder verstärkt, werden auch Kartelle genehmigt, die der Rationalisierung wirtschaftlicher Vorgänge durch Spezialisierung dienen (**Spezialisierungskartelle**) oder allgemein die Rationalisierung wirtschaftlicher Vorgänge zum Gegenstand haben (**Rationalisierungskartelle**). Im letzteren Fall muss das Kartell allerdings geeignet sein, die Leistungsfähigkeit oder Wirtschaftlichkeit der beteiligten Unternehmen wesentlich zu heben und dadurch die Befriedigung des Bedarfs zu verbessern. Damit Berlin nicht im Lkw-Verkehr erstickt, genehmigte das Bundeskartellamt 1993 ein Rationalisierungskartell für die Großbaustelle am Potsdamer Platz. Dadurch wurden täglich bis zu 2200 Lkw-Fahrten eingespart.

Auch Kartelle, die zu einer Verbesserung der Entwicklung, Erzeugung, Verteilung, Beschaffung, Rücknahme oder Entsorgung von Waren oder Dienstleistungen beitragen, sind zulässig. Dies gilt jedoch nur, wenn die Verbesserung anders nicht erreicht werden kann und in einem angemessenen Verhältnis zu der damit verbundenen Wettbewerbsbeschränkung steht. Zudem müssen die Verbraucher angemessen an dem entstehenden Gewinn beteiligt werden.

Während Normen-, Typen-, Konditionen- und Spezialisierungskartelle nur wirksam werden, wenn die Kartellbehörde der Anmeldung nicht widerspricht (**Widerspruchskartelle**), muss bei Rationalisierungs-, Strukturkrisen- und sonstigen Kartellen der Freistellungsantrag vom Kartellverbot genehmigt werden (**Erlaubniskartelle**). Die legalisierten Kartelle unterliegen einer Missbrauchsaufsicht. Die Behörden können die Freistellung vom Kartellverbot widerrufen oder den Unternehmen aufgeben, einen Missbrauch abzustellen und sich so zu verhalten, als ob Wettbewerb gegeben sei. Dies bezieht sich vor allem auf die Preisgestaltung.

▸ 1 Kartellverbot und Beispiele für verbotene Absprachen

Gesetz gegen Wettbewerbsbeschränkungen (GWB)

§ 1 Kartellverbot
Vereinbarungen zwischen miteinander in Wettbewerb stehenden Unternehmen, Beschlüsse von Unternehmensvereinigungen und aufeinander abgestimmte Verhaltensweisen, die eine Verhinderung, Einschränkung oder Verfälschung des Wettbewerbs bezwecken oder bewirken, sind verboten.

verbotene Absprachen	
Preiskartell:	Die Kartellmitglieder verpflichten sich, beim Absatz ihrer Güter einen einheitlichen Preis zu verlangen oder einen Mindestpreis nicht zu unterschreiten.
Quotenkartell:	Die Kartellmitglieder teilen unter sich das Marktangebot auf.
Gebietskartell:	Die Kartellmitglieder teilen unter sich das Absatzgebiet auf.
Submissionskartell:	Die Kartellmitglieder vereinbaren, ein Unterbieten bei öffentlichen Ausschreibungen zu verhindern und ihre Angebote so zu gestalten, dass jedes Kartellmitglied in einer bestimmten Abfolge den Zuschlag als preisgünstigster Anbieter erhält.
Rabattkartell:	Die Kartellmitglieder regeln Anlass, Form und Höhe von Preisnachlässen.
Importkartell:	Die Kartellmitglieder vereinbaren, ausländischen Konkurrenten den Zugang zum heimischen Markt zu versperren.
Exportkartell:	Die Kartellmitglieder vereinbaren gemeinsame Strategien auf ausländischen Märkten.

▸ 2 Besondere Ausnahmen vom Kartellverbot

§ 4 Mittelstandskartelle

Um kleinen und mittleren Unternehmen einen Ausgleich für ihre strukturellen, also größenbedingten Nachteile im Wettbewerb mit marktstarken Großunternehmen zu gewähren, enthält das GWB spezielle Kooperationserleichterungen für kleine und mittlere Unternehmen (Mittelstandskartelle). Danach sind zum Zweck der Rationalisierung nahezu sämtliche Formen der zwischenbetrieblichen Zusammenarbeit erlaubt, soweit sie zur Verbesserung der Wettbewerbsfähigkeit kleiner und mittlerer Unternehmen geeignet sind und den Wettbewerb nicht wesentlich beeinträchtigen. Erst durch diese Kooperation können die Unternehmen in den Wettbewerb mit Großunternehmen einsteigen. Nach den gleichen Kriterien werden Einkaufskooperationen kleiner und mittlerer Unternehmen vom Kartellverbot freigestellt. Das GWB ist also ausgesprochen mittelstandsfreundlich ausgestaltet.

§ 8 Ministererlaubnis

Wenn Beschränkungen des Wettbewerbs aus Gründen der Gesamtwirtschaft und des Gemeinwohls notwendig sind, ohne dass eine Legalisierung nach §§ 2–7 GWB möglich ist, kann der Bundesminister für Wirtschaft ein Sonderkartell genehmigen (Ministerkartell). Ein Beispiel für ein Ministerkartell sind die Absprachen der deutschen Zigarettenindustrie in den 1970er-Jahren, die eine Einstellung der Fernsehwerbung für Zigaretten zum Ziel hatten. Ein gesundheitspolitisches Ziel konnte durch ein Kartell hier schneller erreicht werden als durch ein entsprechendes Gesetz.

Konjunktur und Konjunkturverlauf

Konjunkturschwankungen sind mehr oder weniger regelmäßige, mehrjährige Schwankungen des Auslastungsgrads des gesamtwirtschaftlichen Produktionspotenzials. Je nach Größe und Offenheit einer Volkswirtschaft ist ein Staat abhängig von der internationalen konjunkturellen Entwicklung. Insbesondere kleine und/oder exportorientierte Länder stehen in einem engen internationalen Zusammenhang.

Der typische Konjunkturzyklus

Eine allgemein akzeptierte Theorie, die erklärt, warum eine Marktwirtschaft in Schwingungen gerät, existiert nicht. Ebenso strittig wie die Frage nach den Ursachen konjunktureller Schwankungen ist die, ob der Staat Stabilisierungspolitik betreiben soll und kann, um die konjunkturellen Bewegungen zu beeinflussen.

Ein **Konjunkturzyklus** (Abb. 1) besteht aus einer Auf- und einer Abschwungphase und dauert typischerweise drei bis acht Jahre. Ein so genannter vollständiger Konjunkturzyklus reicht von einem oberen (unteren) Wendepunkt zum nächsten oberen (unteren) Wendepunkt. Die Bewegung hin zu einem Höhepunkt wird als **Aufschwung** bezeichnet, jene zu einem Tiefstpunkt als **Abschwung**; Auf- und Abschwungphasen verlaufen meist nicht symmetrisch.

Die konjunkturelle Entwicklung eines Landes wird an den Wachstumsraten des realen **Bruttoinlandsprodukts** (BIP) gemessen. Auch die Veränderungen dieser Wachstumsraten sind für die Beurteilung der ökonomischen Lage eines Landes wichtig. Nimmt das BIP in absoluten Zahlen betrachtet ab, liegt also eine negative Veränderungsrate vor, spricht man von einer **Rezession**. Überschreitet die negative Veränderungsrate einen bestimmten Schwellenwert, liegt eine **Depression** vor.

Konjunkturzyklen in Deutschland

Seit Bestehen der Bundesrepublik Deutschland sind bislang sechs nennenswerte Rezessionen aufgetreten (1966/67, 1974/75, 1981/82, 1993–96, 2002/03 sowie seit Herbst 2008). In Abbildung 2 sind diese Abschwungphasen deutlich zu erkennen. Ebenfalls ist ersichtlich, dass sowohl die Stärke als auch die Dauer eines Konjunkturzyklus unterschiedlich ausfallen. Nach 1983 setzte der längste Aufschwung in Westdeutschland ein, aber auch die nachfolgende Rezession war die vorläufig schwerste für die Bundesrepublik. Zwar ist eine positive Wachstumsrate gleichbedeutend mit einem Anstieg der Produktion, allerdings ist dies noch kein Indiz für einen konjunkturellen Aufschwung. Wuchs eine Wirtschaft im vorausgegangenen Jahr um 4 % und im laufenden um 1 %, dann steigt zwar in beiden Jahren das reale BIP, aber im laufenden Jahr deutlich schwächer als im Jahr zuvor. In einer derartigen Situation wird von einer Abschwächung der konjunkturellen Entwicklung gesprochen.

Umgekehrt verhält es sich, wenn eine Wirtschaft schrumpft: Beträgt die gegenwärtige Veränderungsrate −1 % gegenüber −4 % im Jahr zuvor, interpretiert man dies als Anzeichen einer Wiederbelebung der wirtschaftlichen Entwicklung.

Konjunkturelle Arbeitslosigkeit und Inflation

Eng verbunden mit der konjunkturellen Entwicklung sind das Verhalten auf dem Arbeitsmarkt einerseits und die Preisentwicklung andererseits. In Abschwungphasen und Rezessionen kommt es zu einem Beschäftigungsabbau und somit zu Arbeitslosigkeit; in einer Aufschwungphase hingegen steigt die Beschäftigung wieder an und es kommt im Allgemeinen zu einem Abbau der Arbeitslosigkeit. Die durch die konjunkturellen Schwankungen erzeugte Arbeitslosigkeit wird als konjunkturelle Arbeitslosigkeit bezeichnet. Im Gegensatz zur Arbeitslosigkeit, die strukturelle Ursachen hat **(strukturelle Arbeitslosigkeit)**, ist die konjunkturelle Arbeitslosigkeit ein zeitlich befristetes Phänomen.

In einem konjunkturellen **Boom** – ein Aufschwung hält bereits seit mehreren Jahren an – kann es zu Preissteigerungen und somit zu einer Inflation kommen. Übersteigt die gesamtwirtschaftliche Nachfrage die kurzfristigen Produktionsmöglichkeiten, eröffnen sich für die Unternehmen Preiserhöhungsspielräume. Aber auch von der Lohnseite her kann es zu Preissteigerungen kommen, wenn bei guter Beschäftigungssituation Lohnerhöhungen durchgesetzt werden, die über das Wachstum der Produktivität hinausgehen. Geben die Unternehmen die gestiegenen Lohnkosten über die Preise an die Konsumenten weiter, erhöht sich das gesamtwirtschaftliche Preisniveau, und es setzt eine Inflation ein.

Umgekehrt zeichnen sich konjunkturelle Abschwungphasen durch eine zurückhaltende Lohn- und Preispolitik aus: Einerseits nimmt die Gefährdung der Arbeitsplätze zu, andererseits müssten die Unternehmen, würden sie ihre Preise anheben, damit rechnen, dass ihre Umsätze noch stärker zurückgingen.

▸ 1 Phasen des Konjunkturzyklus

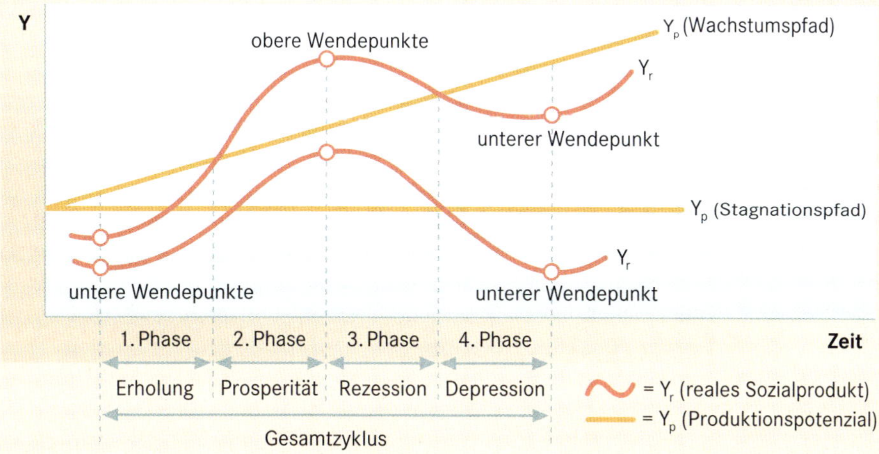

Am bekanntesten zur Erklärung des Zyklusphänomens ist das Vier-Phasen-Schema von Joseph Alois Schumpeter (1883–1950); neben oberem und unterem Wendepunkt werden vier Konjunkturphasen unterschieden:

1) Erholung (heute **Aufschwung, Wiederbelebung, Expansion**)**:** In dieser Phase steigt nach einem Tiefpunkt die Produktion wieder an; der Auslastungsgrad der Kapazitäten (des Produktionspotenzials) erhöht sich.

2) Prosperität (heute **Boom, Hochkonjunktur**)**:** Der Grad der Normalauslastung ist erreicht; der weitere Produktionsanstieg führt zunehmend zu einer Überbeanspruchung der Kapazitäten mit Inflationsrisiken.

3) Rezession (heute **Abschwung**)**:** Die Produktion hat den Höhepunkt überschritten und geht wieder zurück; der Auslastungsgrad der Kapazitäten sinkt.

4) Depression (heute **Kontraktion, Krise**)**:** Ist die Normalauslastung der Kapazitäten wieder erreicht, führt ein weiterer Produktionsrückgang zu Unterauslastung der Kapazitäten (Arbeitslosigkeit). Steigt die Produktion wieder an, setzt ein neuer Konjunkturzyklus ein.

▸ 2 Wachstumsraten und Trendwerte des Bruttoinlandsprodukts der Bundesrepublik Deutschland 1960–2008

- Ab 1992 einschließlich neue Bundesländer; in Preisen von 1991, ab 1996 in Preisen des Vorjahres als Kettenindex.
  Dargestellt sind jeweils die Veränderungen gegenüber dem Vorjahr in %.
  Die Jahre 1967, 1975, 1982, 1993 und 2003 markieren die unteren Wendepunkte eines Konjunkturzyklus.

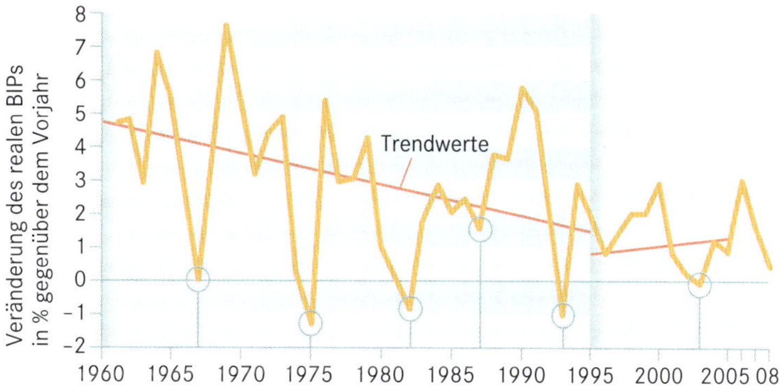

Wachstum und Konjunktur

Konjunkturelle Schwankungen vollziehen sich zyklisch und sind vom Wachstumsverlauf zu unterscheiden. Dieser gibt Auskunft über die langfristige Entwicklungstendenz einer Volkswirtschaft und bezieht sich auf das Produktionspotenzial. Letzteres gibt an, wie viel in einer Volkswirtschaft bei ausgelasteten Sachkapazitäten erzeugt werden kann.

Konjunkturanalyse

In der Konjunkturanalyse wird davon ausgegangen, dass der vorhandene Kapitalbestand in einer Volkswirtschaft kurzfristig nicht erweiterbar ist. Zusätzlich kann man annehmen, dass zumindest einige Preise mehr oder weniger starr sind. Eine weitere plausible Annahme ist, dass der Geld- bzw. Nominallohn kurzfristig infolge von tarifpolitischen Vereinbarungen fix ist.

Somit lautet die zentrale Frage der Konjunkturpolitik, wie das gegebene **Produktionspotenzial** bei weitgehend stabilen Preisen ausgelastet werden kann. Grafisch bedeutet dies, dass wir uns entlang der Angebotskurve A (Abb. 1) bewegen und durch Veränderungen der Nachfrage N ein **gesamtwirtschaftliches Gleichgewicht** erreichen wollen, das an der Kapazitätsgrenze liegt.

Langfristige Analyse der Wirtschaftsentwicklung

Für die langfristige Analyse, die auf das Wachstum abstellt, sind diese Annahmen nicht sinnvoll.

Die Grafik verdeutlicht die Zusammenhänge. Die **gesamtwirtschaftliche Nachfragekurve** N nach Gütern und Dienstleistungen verhält sich gegenläufig zum Preis P, d. h., bei steigenden Preisen werden weniger Güter nachgefragt. Die gesamtwirtschaftliche Angebotsfunktion A ist in drei Abschnitte untergliedert. Der waagrecht verlaufende Teil stellt den vollkommen elastischen Bereich des Angebots dar, sofern ein gewisser Mindestpreis auf dem Markt realisierbar ist. In diesem Bereich wird jeder Nachfragezuwachs zu unveränderten Preisen bedient. Daran schließt sich der preiselastische Bereich an, in dem eine steigende Nachfrage zu steigenden Preisen befriedigt wird. Es folgt der unelastische Bereich, innerhalb dessen die Angebotskurve senkrecht verläuft. Hier ist die Kapazitätsgrenze erreicht, sodass das Angebot nicht mehr weiter ausgedehnt werden kann.

Die Nachfragefunktion ist so gezeichnet, dass sie die Angebotskurve im Punkt G schneidet. Damit ist unterstellt, dass in der Wirtschaft **Vollbeschäftigung** herrscht, also das Angebot eine Höhe erreicht, die den kurzfristigen Kapazitäten entspricht.

Wirkung einer Kapazitätserweiterung

Wenn das **gesamtwirtschaftliche Angebot** aufgrund einer Erweiterung des Produktionspotenzials steigt, verschiebt sich die Angebotskurve nach rechts von A auf A_1, und das neue Gleichgewicht bei voll ausgelasteten Kapazitäten beträgt Y_1. Ein Vergleich beider Gleichgewichte zeigt, dass aufgrund der Angebotserhöhung ein Druck auf die Preise einsetzt. Die größere Produktionsmenge kann nur zu einem geringeren Preis abgesetzt werden (in der Grafik Rückgang von p nach p_1), da die Nachfrage gleich geblieben ist. Im neuen Gleichgewicht sind aber die nun vorhandenen Kapazitäten nicht mehr voll ausgelastet, da das neue, tatsächliche Einkommen Y_2 links vom neuen Niveau des Produktionspotenzials Y_1 liegt. Da aber andererseits Y_2 größer ist als die Produktionsmenge Y in der Ausgangssituation, ist das tatsächliche Volkseinkommen gestiegen.

Investitionen, Konjunktur und Wachstum

Die Erweiterung der gesamtwirtschaftlichen Kapazitäten bedeutet, dass Investitionen durchgeführt wurden. Die Investitionstätigkeit ist das Bindeglied zwischen Konjunktur und Wachstum. Die Investitionen sind Teil der Gesamtnachfrage N und eine Erhöhung der Investitionen führt zu einem Anstieg der Gesamtnachfrage. Dieser Einkommenseffekt der Investitionen stellt das kurzfristige, konjunkturelle Element dar.

Andererseits erhöhen Investitionen langfristig den Kapitalbestand einer Volkswirtschaft. Soll eine Wirtschaft langfristig wachsen, dann ist eine bestimmte **Investitionsquote** (Bruttoanlageinvestitionen in Relation zum BIP) erforderlich (Abb. 2). Den Investitionen kommt also eine zentrale Bedeutung in der Wirtschaftspolitik zu.

Da die Investitionstätigkeit sehr stark auf die aktuelle konjunkturelle Situation reagiert (Abb. 3), werden häufig Überlegungen angestellt, ob eine staatliche **Investitionslenkung** oder -förderung sinnvoll wäre. Gegen eine Lenkung – etwa mithilfe von Investitionsgeboten – spricht jedoch das Selbststeuerungsprinzip der Marktwirtschaft. **Investitionsförderungen** hingegen sind gängige Praxis. Beispiele sind verbesserte Abschreibungsmöglichkeiten für Gebäude, staatliche Zuschüsse und das erstmals 1991 beschlossene Investitionszulagengesetz, das einen zügigen Aufbau der neuen Bundesländer unterstützen soll.

▸ 1 Auswirkung einer Kapazitätserweiterung auf Produktionsmenge und Preis

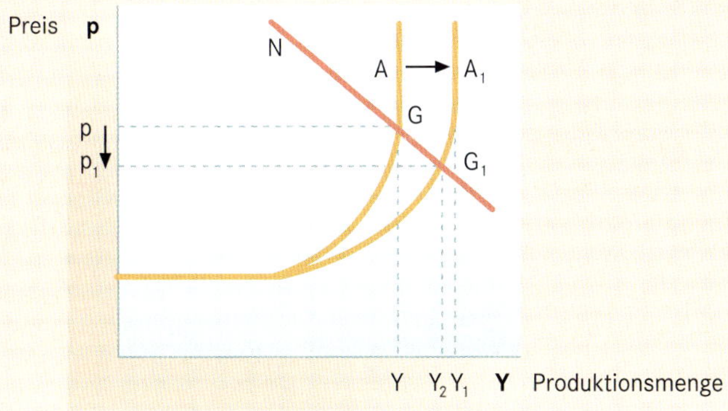

▸ 2 Entwicklung der Investitionsquote in Deutschland*

▸ Bruttoanlageinvestitionen zum Bruttoinlandsprodukt

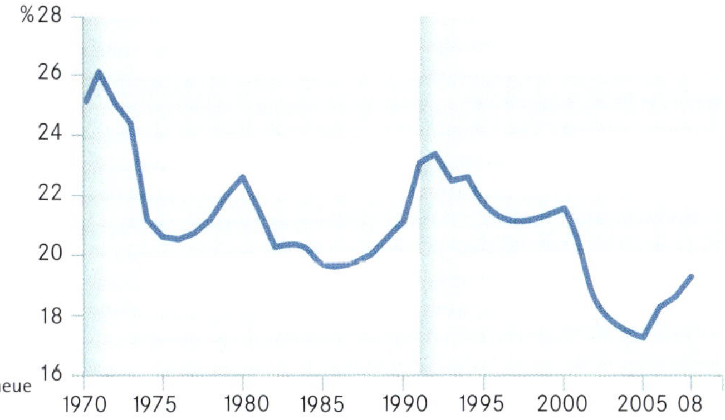

* bis 1991 ohne neue Bundesländer

▸ 3 Veränderungsrate des Bruttoinlandsprodukts

▸ und der Ausrüstungsinvestitionen in Deutschland*

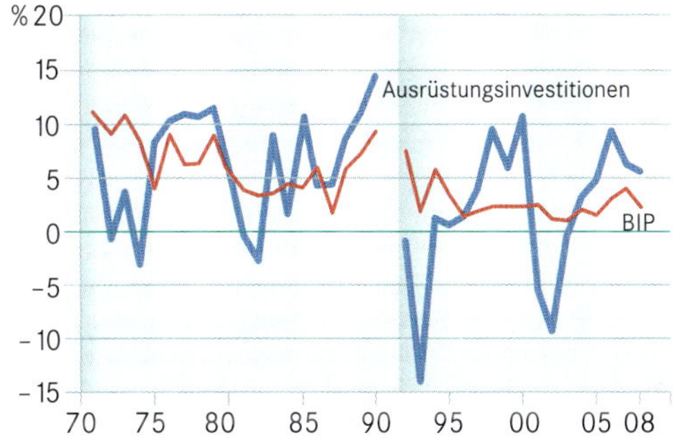

▸ und der Bauinvestitionen in Deutschland*

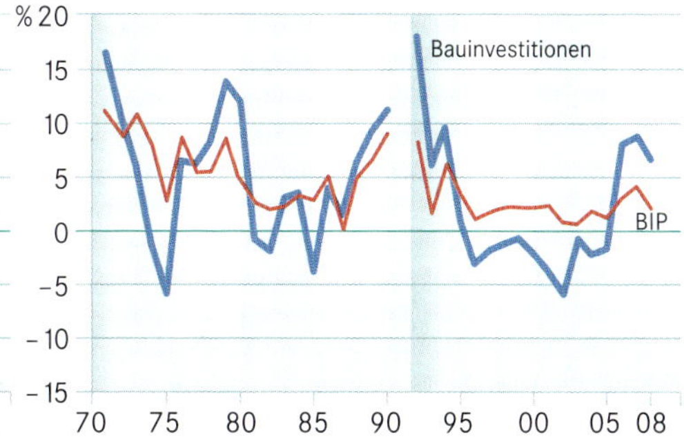

* bis 1991 ohne neue Bundesländer

Konjunkturtheorien

Bis zur großen Depression Anfang der 1930er-Jahre waren die Wirtschaftstheoretiker mehrheitlich von den Selbstheilungskräften des Marktes überzeugt. Abweichungen des Bruttoinlandsprodukts (BIP) vom Produktionspotenzial könnten bestenfalls von kurzer Dauer sein.

Die keynesianische Theorie

Die analytische Sicht war langfristig ausgerichtet. Folglich konnte die Wirtschaftstheorie keine Erklärung für die lange und hohe Arbeitslosigkeit der großen Depression bieten. Mit der von John Maynard Keynes (1883 – 1946) angestoßenen Revolution der Wirtschaftstheorie verlagerte sich das Analyseinteresse auf die kurze Frist und die Bedeutung der gesamtwirtschaftlichen Nachfrage.

Im Gegensatz zur Neoklassik geht die keynesianische Theorie von einem **Unterbeschäftigungsgleichgewicht** aus, d. h. davon, dass bei nicht voll ausgelasteten Kapazitäten unfreiwillige Arbeitslosigkeit besteht. Ursache dafür seien kurzfristig starre Geldlöhne. Konjunkturelle Schwankungen resultieren aus veränderten Einschätzungen der künftigen Entwicklung der Rendite einer Investition **(Grenzleistungsfähigkeit des Kapitals)**. Da nach keynesianischer Sicht die Geldpolitik wirkungslos ist, muss die gesamtwirtschaftliche Nachfrage durch zusätzliche staatliche Nachfrage gestützt werden, was die Wirtschaft über einen sich selbst verstärkenden Anpassungsprozess zur Vollbeschäftigung zurückführt.

Die monetaristische Gegenrevolution

Die Sicht der Keynesianer wurde Mitte der 1970er-Jahre erschüttert, weil sie die **Stagflation** – das gleichzeitige Auftreten von Inflation und Stagnation – nicht erklären konnten. Die Neoklassik erlebte eine Renaissance. Milton Friedman (1912–2006), Mitbegründer des **Monetarismus**, betonte v. a. die Wirksamkeit der Geld- gegenüber der Fiskalpolitik und die Bedeutung der privatwirtschaftlichen Erwartungen hinsichtlich der künftigen Preisentwicklung.

Die Monetaristen erklären konjunkturelle Schwankungen im Kern mit der Annahme, dass die Arbeitnehmer über das laufende Preisniveau unvollständig informiert sind, d. h. der **Geldillusion** unterliegen, wogegen die Arbeitgeber ihre Preise kennen. Aufgrund dieser Informationsasymmetrie fragen die Unternehmen bei steigenden Preisen und somit sinkenden Reallöhnen mehr Arbeit nach. Deshalb steigen die Geldlöhne. Die Arbeitnehmer interpretieren diese als reale Einkommensverbesserungen und bieten mehr Arbeit an. Erst wenn sie ihren Irrtum erkannt haben, revidieren sie ihre Entscheidungen (Abb. 1).

Die Neuklassik

Auch hier wird angenommen, dass die Märkte geräumt, d. h. Angebot und Nachfrage ausgeglichen werden, und dass die Marktteilnehmer auf der Basis unvollständiger Information handeln. Zudem werden rationale Erwartungen unterstellt: Angesichts begrenzter Informationen treffen die Marktteilnehmer die jeweils beste Prognose. Auch hier spielen also Erwartungsfehler eine entscheidende Rolle (Abb. 2).

Die zentrale Modellgleichung ist eine gesamtwirtschaftliche Angebotsfunktion, in der Abweichungen des **Outputs** von den Produktionsmöglichkeiten gleichgerichtet auf Abweichungen der tatsächlichen von der erwarteten Preisentwicklung reagieren. Eine niedrigere als die erwartete Inflation bewirkt einen Rückgang des Outputs unter den Potenzialoutput und umgekehrt. Rationale Erwartungen führen dazu, dass nur unerwartete Änderungen der Geldmenge bzw. des Preisniveaus einen systematischen Einfluss auf den Output haben, da die möglichen Effekte erwarteter Änderungen bereits im Kalkül der Marktteilnehmer enthalten sind. Somit hat die Geldpolitik keine nachhaltig wirksamen Möglichkeiten zu stabilisierenden Eingriffen in den Konjunkturverlauf.

Neokeynesianismus

Diese Denkrichtung geht davon aus, dass die Markträumungsmodelle konjunkturelle Schwankungen nicht erklären können, und stellt stattdessen auf kurzfristig starre Geldlöhne und Preise ab. Dass sich Preise und Löhne nur verzögert anpassen, liegt an den Anpassungskosten (z. B. Drucken von Katalogen, neue Lohnverhandlungen). Daraus folgt, dass die kurzfristige Gesamtangebotskurve nicht wie im klassischen Modell senkrecht verläuft, sodass die Gesamtnachfrage bei der Bestimmung des BIP eine maßgebliche Rolle spielt.

Alle beschriebenen Ansätze beruhen auf der Grundannahme rationalen individuellen Handelns. Demgegenüber hatte Keynes selbst bei seiner Erklärung der großen Depression Animal Spirits, d. h. instinktive Entscheidungsmomente wie Vertrauen, moralische Impulse oder die kollektive geistige Verfassung einer Gesellschaft betont – ein Aspekt, der heute in den **Behavioral Economics** wieder aufgegriffen wird.

▸ 1 Friedmans monetaristische Konjunkturerklärung

▸ **Milton Friedman: Geldpolitik und Konjunkturverlauf**
Nach Friedman kann eine Geldpolitik, die über eine Ausweitung der Geldmenge die Arbeitslosigkeit verringern will, nur kurzfristig die gewünschte Wirkung erzielen. Den Ausgangspunkt der Argumentation bildet die Annahme, dass am Arbeits- und am Gütermarkt Angebot und Nachfrage ausgeglichen sind. Erhöht nun die Zentralbank die Geldmenge, steigt die Gesamtnachfrage auf dem Gütermarkt, d. h., die Kurve der Gesamtnachfrage verschiebt sich nach oben (gestrichelte blaue Linie). Da in der Folge die Preise anziehen, werden die Unternehmen dazu angeregt, ihr Güterangebot auszuweiten. Bei gleich bleibenden Geldlöhnen – also gesunkenen Reallöhnen – steigt die Nachfrage nach Arbeitskräften. Die Unternehmen erhöhen die Beschäftigung (Bewegung von Punkt A nach Punkt C), der Output steigt von Y* auf Y_1.
Sobald allerdings die Arbeiter feststellen, dass sich ihre Lebenshaltung aufgrund der gestiegenen Güterpreise verteuert hat, werden sie zum Ausgleich höhere Löhne verlangen. Die Folge ist, dass die von den Unternehmen aufgrund der Ausweitung der Produktion erwarteten Gewinnsteigerungen bestenfalls von kurzer Dauer sind. Die Unternehmen fahren das Produktionsniveau wieder zurück (die kurzfristige

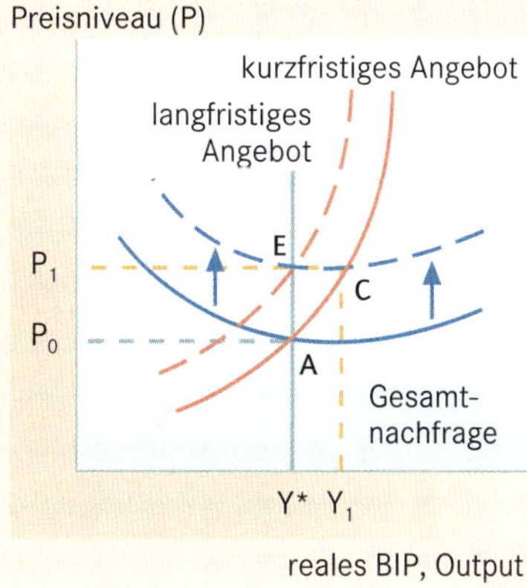

Angebotskurve verschiebt sich nach links [gestrichelte rote Linie]). Es kommt also nur deshalb zu einer Ausweitung von Beschäftigung und Produktion, weil die Arbeiter das künftige Preisniveau falsch einschätzen – oder aber, weil sie Reallohneinbußen hinnehmen. Da sie jedoch ihren Irrtum früher oder später erkennen und ihr Verhalten an das erhöhte Preisniveau anpassen, kommt es zu einer Umkehr der Beschäftigungstendenz. Auf längere Sicht bewirkt eine Geldpolitik, die die Konjunktur anregen will, lediglich Inflation (das Preisniveau steigt bei langfristig gleich bleibendem Output Y* von P_0 auf P_1).

▸ 2 Politik-Ineffektivität in der neuen klassischen Makroökonomie

▸ Ausgangspunkt sei das Gleichgewicht in Punkt A bei einem Preisniveau P_0 und einer gesamtwirtschaftlichen Güternachfrage N, die von der Geldmenge M abhängt. Alle Marktteilnehmer besitzen identische Informationen. Angenommen, die Zentralbank möchte die Wirtschaft stimulieren, indem sie die Geldmenge von M_0 auf M_1 erhöht, dann bewirkt das eine Verschiebung der Nachfrage nach rechts (gestrichelte Linie). Da die Marktteilnehmer von der Maßnahme wissen und zusätzlich ihre Wirkung kennen, revidieren sie unmittelbar ihre Preiserwartungen (erwarten eine höhere Inflationsrate). Dies verschiebt die kurzfristige Angebotskurve A nach links zum Punkt B. Es tritt also kein realwirtschaftlicher Effekt ein, sondern nur eine Erhöhung des Preisniveaus – die Zentralbank ist nicht fähig, systematisch Stabilisierungpolitik zu betreiben.

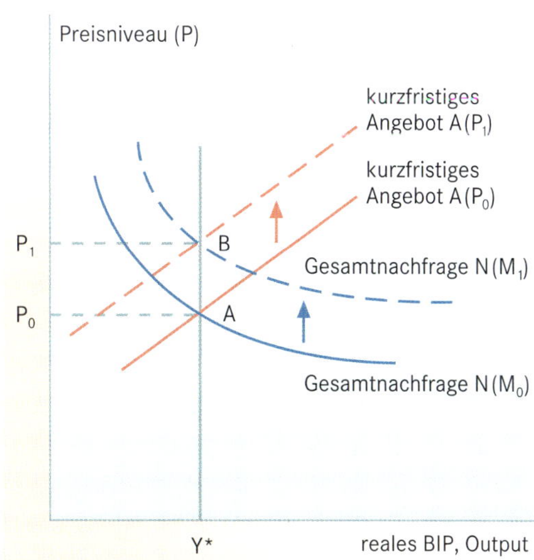

Geld und Geldfunktionen

Geld ist ein allgemeines Zahlungsmittel. Das lateinische Wort pecunia (Geld) wird in der Regel auf pecus (Vieh) zurückgeführt. Es weist auf die sakralen Wurzeln des Geldes als Ersatz für das Opfertier hin, das meist auf Münzen abgebildet wurde.

Die drei wichtigsten Geldfunktionen

Welche Aufgaben erfüllt Geld? Geld verkörpert ein Anrecht auf einen Anteil am Sozialprodukt und somit Verfügungsmacht über wirtschaftliche Güter. In einer modernen Wirtschaft dient es als allgemeines Tauschmittel, als Wertmesser und Recheneinheit, als Wertaufbewahrungsmittel und als Wertübertragungsmittel.

Als allgemeines **Tauschmittel** wird Geld im Austausch von Waren und Dienstleistungen eingesetzt. Diese könnten auch direkt ausgetauscht werden. So könnte ein Schuhhändler beispielsweise versuchen, in einem Naturaltausch Schuhe gegen Bücher zu tauschen. Braucht der Buchhändler jedoch keine Schuhe, so fangen die Probleme an. Eine gemeinsame Bezugsgröße vereinfacht den Tausch.

Der Übergang vom Naturaltausch zur Geldwirtschaft begann zunächst damit, dass man sich auf haltbare Waren wie Vieh, seltene Muscheln, Salztafeln oder Gold als Zwischentauschgut und Bezugsgröße einigte. Damit wurden Kauf und Verkauf in zwei Vorgänge getrennt. Mit der Entwicklung des Handelsverkehrs begann man **Münzen** zu prägen, **Banknoten** zu drucken und schließlich das Buchgeld zu schaffen. Heute verkauft der Schuhhändler seine Schuhe und erhält dafür im Gegenzug Geld, mit dem er beim Buchhändler Bücher erwerben kann. Ein Angestellter tauscht über Geld indirekt seine Arbeitskraft gegen Güter. Geld ist auch Wertmesser und **Recheneinheit:** Alle Güter werden durch Geld vergleichbar und addierbar gemacht.

Da Geld haltbar und wertbeständig ist, kann es zur Wertaufbewahrung benutzt werden. Voraussetzung dafür ist das Vertrauen in die Stabilität des Geldwerts. Damit etwa dem **Euro** als gemeinsamer Währung der Länder der Eurozone entsprechendes Vertrauen entgegengebracht wird, wurde großer Wert darauf gelegt, dass die einzelnen Teilnehmerstaaten bestimmte Konvergenzkriterien (wie etwa niedrige Inflationsraten) erfüllen. In Zeiten, in denen sich der Geldwert rasch verschlechtert, kann das Geld seine Qualität als **Wertaufbewahrungsmittel** einbüßen, da jeder versuchen wird, Geldbestände möglichst rasch gegen stabile Sachwerte oder andere stabilere Währungen auszutauschen.

Nennwert und Materialwert des Geldes

Nach dem Verhältnis zwischen dem Materialwert und dem staatlich festgelegten **Nennwert** des Geldes unterscheidet man vollwertiges Geld, bei dem Nennwert und Materialwert übereinstimmen (auch **Kurantmünzen**), unterwertiges Geld, bei dem der Nennwert über dem Materialwert liegt (auch **Scheidemünzen**) und stoffwertloses Geld, bei dem das Material quasi keinen eigenen Wert besitzt. Ein Geldschein aus Papier, auch wenn er in einem aufwendigen Druckverfahren und mit Silberstreifen erstellt wurde, kann als stoffwertlos bezeichnet werden **(Papiergeld).** Der **Münzgewinn,** der durch die Prägung der Scheidemünzen entsteht, fließt in den Staatshaushalt.

Man unterscheidet weiterhin **Bargeld** und **Buchgeld** (Abb. 1). Münzen und Banknoten machen das Bargeld aus (Abb. 2). Sichteinlagen (täglich fällige Guthaben auf Kontokorrent- oder Girokonten) und auf Kontokorrentkonten eingeräumte Kreditlinien und Kontoüberziehungen werden als Buchgeld bezeichnet. Spareinlagen zählen nicht dazu. Über Buchgeld kann man durch Überweisung, Lastschrift, Scheck usw. verfügen.

Neben Geld werden auch **Geldersatzmittel** (Geldsurrogate bzw. Behelfszahlungsmittel) zu den Zahlungsmitteln gezählt. Schecks und Wechsel sind Geldersatzmittel, sofern sie als Zahlungsmittel im Umlauf sind und damit Bargeld und Buchgeld ersetzen.

Geld als gesetzliches Zahlungsmittel

Geld als gesetzliches Zahlungsmittel bedeutet, dass bei der Erfüllung von Zahlungsverpflichtungen jeder Inländer Banknoten in unbeschränkter Höhe und Geldmünzen bis zu bestimmten Höchstbeträgen je Zahlungsvorgang annehmen muss **(Annahmezwang).**

Das ausschließliche Ausgaberecht von Banknoten lag zu Zeiten der Deutschen Mark bei der Deutschen Bundesbank, im Fall des Euro (Abb. 3) liegt es bei der **Europäischen Zentralbank.** Das alleinige Ausgaberecht von Münzen lag bei der D-Mark bei der deutschen Bundesregierung, Euro-Münzen werden von den nationalen Regierungen aller an der Europäischen Währungsunion teilnehmenden Länder ausgegeben. Die Ausgabe der D-Mark-Münzen war an die Genehmigung der Bundesbank gekoppelt, diejenige von Euro-Münzen muss durch die EZB bewilligt werden.

‣ 1 Geldarten

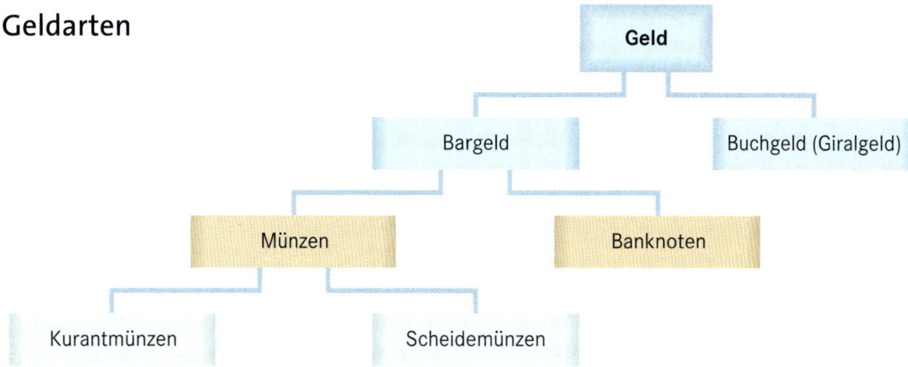

‣ 2 Struktur der Erstausstattung mit Euromünzen in Deutschland (2001)

Münzen zu	Mio. Stück	Wert in Mio.	Anteil in %
2	1000	2000	37,5
1	1700	1700	31,8
0,5	1600	800	15,0
0,2	1600	320	6,0
0,1	3300	330	6,2
0,05	2300	115	2,1
0,02	1800	36	0,7
0,01	3700	37	0,7
Insgesamt		5338	100,0

Quelle: Deutsche Bundesbank.

‣ 3 Die Eurobanknoten: Notenwerte und Notenumlauf

‣ Das Eurosystem gibt sieben verschiedene Notenwerte heraus. In Deutschland ist die 50-Euro-Banknote am weitesten verbreitet. Seit der Einführung des Euro hat sich der Banknotenumlauf in der Eurozone kräftig erhöht – von 360,4 Mrd. Euro im Dezember 2000 auf 716,9 Mrd. Euro Anfang 2009.

Geldmenge und Geldnachfrage

Die Geldmenge ist die im Inland umlaufende, von den Nichtbanken gehaltene Menge an Geld. Sie spielt eine zentrale Rolle in der Geldtheorie und ihre Beeinflussung ist eine wichtige Aufgabe der Geldpolitik.

Geldmengendefinitionen

Geld umfasst zunächst das im Inland befindliche **Bargeld** (Münzen und Banknoten) sowie die von den inländischen Nichtbanken bei den Geschäftsbanken gehaltenen Sichteinlagen **(Buchgeld).** Ausgenommen sind die Kassenbestände der Geschäftsbanken und deren Guthaben bei der Zentralbank. Diese Definition wird als **M1** bezeichnet. Oft wird jedoch eine breitere Abgrenzung gewählt. Die Europäische Zentralbank gelangt zur Geldmenge **M2,** indem sie zu M1 die **Termineinlagen** der Nichtbanken bei den Geschäftsbanken mit einer Befristung zwischen drei Monaten und zwei Jahren sowie **Spareinlagen** mit dreimonatiger Kündigungsfrist hinzuzählt. **M3** schließlich umfasst zusätzlich zu M2 bestimmte geldnahe Papiere (Abb. 1). Die Entwicklung der Komponenten von M2 in der Eurozone zeigt Abbildung 2.

Die EZB ermittelt **M3,** indem sie die einzelnen Komponenten addiert. Damit unterstellt sie, dass der „Preis" für jede Teilkomponente von M3 gleich eins ist. Gleichwohl sind die verschiedenen Komponenten unterschiedlich geldnah – Bargeld lässt sich im Gegensatz etwa zu Termineinlagen mühelos und jederzeit für Käufe verwenden. Andere Konzepte wollen dem unterschiedlichen Grad an Geldnähe vor allem von Termin- und Spareinlagen Rechnung tragen **(zinsgewichtete Geldmenge).**

Die Geldnachfrage

Geldnachfrage ist die Nachfrage des Nichtbankensektors nach Kasse. Geld ist ein monetäres Vermögensgut, das ebenso wie andere Aktiva gehalten wird. Da Geld im engen Sinn nicht oder nur gering verzinst wird, werden die Leute ihre Geldnachfrage im Allgemeinen auf die als unbedingt notwendig erachteten Beträge beschränken.

Zu den Motiven der **Kassenhaltung** zählen vor allem das Transaktions-, das Vorsichts- und das Spekulationsmotiv. Individuen fragen Geld nach, um Kaufgelegenheiten wahrnehmen zu können **(Transaktionskasse).** Da nicht alle Transaktionen von vornherein bekannt sind, wird ein bestimmter Betrag als **Vorsichtskasse** gehalten, um günstige Angebote wahrnehmen zu können. Das Spekulationsmotiv speist sich daraus, dass die Geldhaltung eine Alternative zur Haltung von verzinslichen Wertpapieren ist. Bei niedrigem Zins lohnt es sich, sein Geldvermögen weitgehend in Form von Geld zu halten **(Spekulationskasse),** in der Erwartung, dass der Zins steigen und somit der Erwerb von Wertpapieren lukrativer wird. Umgekehrt ist die Geldhaltung bei hohem Zins, gemessen an den entgangenen Zinserträgen der Wertpapierhaltung, teuer; besteht jedoch die Erwartung, dass der Zins künftig wieder sinkt, wird die Spekulationskasse sukzessive abgebaut.

Gesamtwirtschaftlich steht die Frage nach der Stabilität der Geldnachfrage im Vordergrund. Nur bei einer stabilen, verlässlich prognostizierbaren Geldnachfrage hat die **Zentralbank** die Möglichkeit, die Wirtschaft entsprechend ihren Zielen mit Geld zu versorgen.

Wozu dient die Geldmenge M3?

Die Zentralbank ist verpflichtet, die Wirtschaft ausreichend mit Liquidität zu versorgen, wobei sie besonders auf die **Geldwertstabilität** zu achten hat. Sie kann versuchen, dieses Ziel indirekt über die Steuerung der Geldmenge zu erreichen. Dazu jedoch muss sie die Entwicklung der Geldmenge kontrollieren können. Außerdem muss ein stabiles Verhältnis zwischen Geldmenge und Preisniveau bestehen.

Die Zentralbank verkündet jährliche **Geldmengenziele,** die über das geplante Geldmengenwachstum informieren (Abb. 3). Nach der **Quantitätstheorie** wird von einer langfristig gültigen Beziehung zwischen Geldmenge und nominalem Bruttoinlandsprodukt ausgegangen: $M \cdot V = P \cdot Y$. M bezeichnet die Geldmenge M3, V die **Umlaufgeschwindigkeit** des Geldes, P den **Deflator** zur Bereinigung des BIP von Preisänderungen und Y das reale BIP. Formuliert in Wachstumsraten lautet die Gleichung: $m + v = p + y$. Unterteilt man die BIP-Wachstumsrate y in die Wachstumsrate des Produktionspotenzials y^p und die Wachstumsrate der zyklischen Komponente (Konjunktur) y^c, dann bestimmt die Zentralbank das jährliche Geldmengenwachstum gemäß $m = p + y^p + y^c - v$.

Die geplante Geldmenge M3 wächst also entsprechend der Wachstumsrate des Produktionspotenzials (da mehr Güter und Dienstleistungen erzeugt werden, besteht eine höhere Nachfrage nach Transaktionskasse) und der kurzfristig unvermeidbaren Inflationsrate p. Eine steigende (sinkende) Umlaufgeschwindigkeit verringert (erhöht) das notwendige Geldmengenwachstum. Die zyklische Komponente y^c liegt im Ermessensspielraum der Zentralbank.

▸1 Geldmengenbegriffe

	Symbole	Mrd. Euro (Februar 2009)
Bargeldumlauf	C	721,0
+ täglich fällige Einlagen (Sichteinlagen)	D	3417,0
= Geldmenge M1	**M1 = C + D**	**4138,0**
+ Einlagen mit vereinbarter Laufzeit von bis zu zwei Jahren	T	2331,3
+ Einlagen mit vereinbarter Kündigungsfrist von bis zu drei Monaten	S	1621,2
= Geldmenge M2	**M2 = M1 + T + S**	**8090,5**
+ Repogeschäfte		330,9
+ Geldmarktfondsanteile und Geldmarktpapiere		782,2
+ Schuldverschreibungen mit einer Laufzeit von bis zu zwei Jahren		223,5
= Geldmenge M3	**M3**	**9427,1**

▸2 Komponenten von M2 in der Eurozone (in Mrd. Euro)

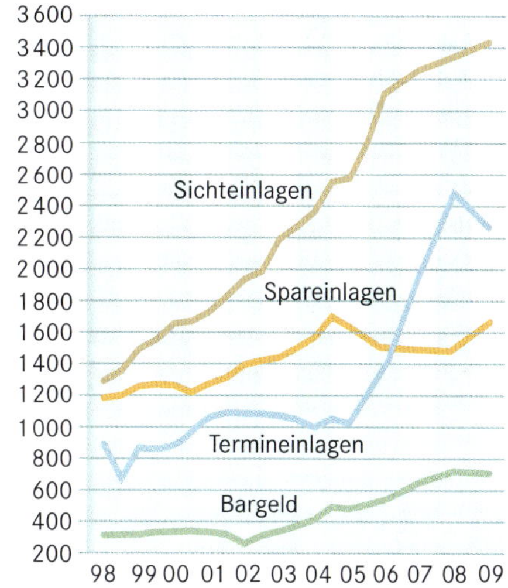

▸3 Entwicklung der Geldmenge M3 in der Eurozone, Geldmengenziele, saisonbereinigt

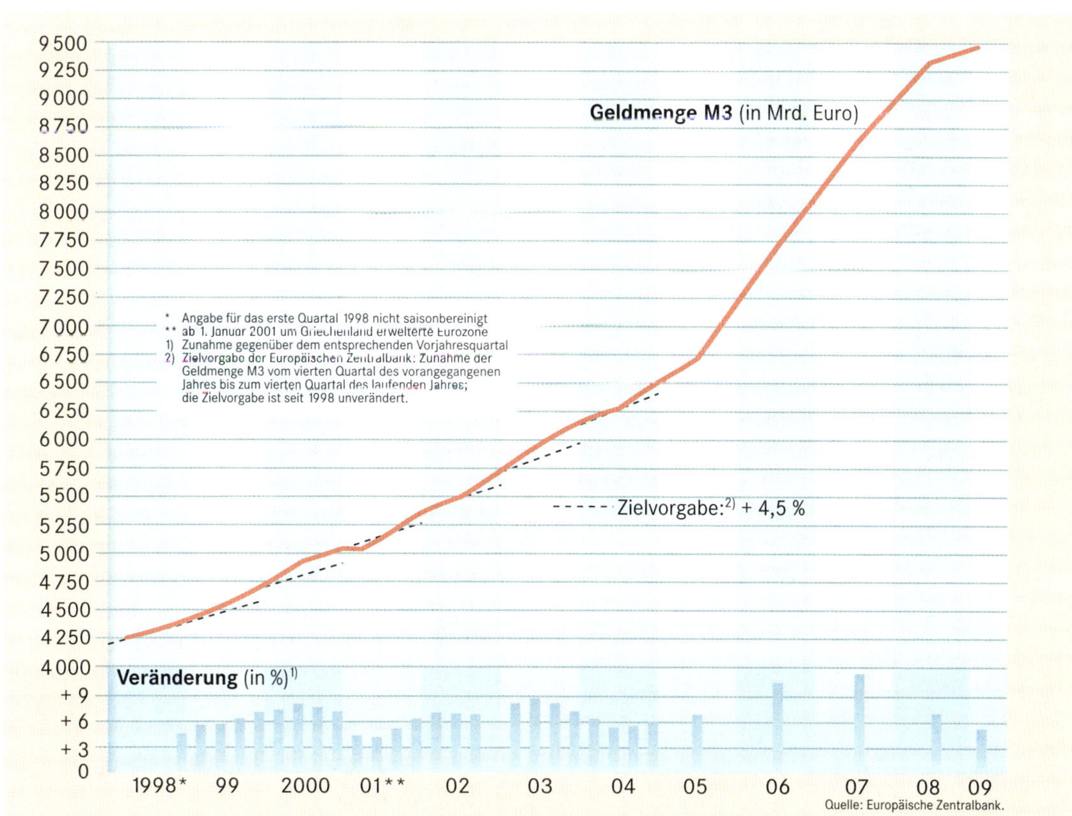

Inflation und Stagflation

Inflation ist ein andauernder Prozess der Geldentwertung durch steigende Preise. Durch außergewöhnliche Ereignisse wie Missernten oder Streiks verursachte Preiserhöhungen sowie anziehende Preise auf vereinzelten Märkten gelten nicht als Inflation.

Arten von Inflation

Die Minderung der Kaufkraft des Geldes wird am Anstieg eines **Preisindex** gemessen, dessen prozentuale Erhöhung man als **Inflationsrate** bezeichnet.

Inflationsarten werden danach unterschieden, wie rasch der Geldwert fällt: Von **schleichender Inflation** spricht man, wenn die Inflationsrate so gering ist (z. B. weniger als 2 %), dass sie den Bürgern nicht bewusst wird. Die schleichende wird zur **trabenden Inflation** bei Teuerungsraten von bis zu 10 %, später dann zur **galoppierenden Inflation.** Bei einer **Hyperinflation** steigt das Preisniveau jährlich um mehr als 50 %.

Hyperinflationen treten oft nach Kriegen auf. In Deutschland lagen die Teuerungsraten 1922, vier Jahre nach dem Ersten Weltkrieg, bei über 1 000 %, 1923 erreichten sie 100 Mio. %. Das Inflationstempo ändert sich im Zeitablauf. Deshalb unterscheidet man Phasen zunehmender **(akzelerierte Inflation)**, konstanter **(stabilisierte Inflation)** und zurückgehender Inflationsraten (**dezelerierte Inflation**, Disinflation).

Inflation ist nicht immer sichtbar

Im Unterschied zu den bisher genannten offenen und statistisch nachweisbaren Inflationsarten spricht man von einer aufgestauten oder **versteckten Inflation,** wenn der Staat den Preismechanismus außer Kraft setzt, indem er einen Preis- und Lohnstopp verhängt. Damit werden Steigerungen des Preisindex verhindert, ohne dass die Inflationsursachen beseitigt würden. Da das im Verhältnis zur Geldmenge zu geringe Güterangebot zu einer unerwünschten Erhöhung der Kassenhaltung bei Konsumenten und Unternehmen führt, wird diese Inflationsart auch als **Kassenhaltungsinflation** bezeichnet. Zu einer **aufgestauten Inflation** kam es während des Zweiten Weltkriegs in Deutschland. Die Staatsverschuldung wurde über Zentralbankkredite an das Deutsche Reich massiv ausgeweitet, zugleich wurden die Preise kontrolliert und die Güter rationiert. Der resultierende Geldüberhang führte nach dem Krieg dazu, dass das Geld immer weniger als Tauschmittel benutzt wurde. Stattdessen verwendete man bis zur Währungsreform 1948 begehrte Waren wie etwa Zigaretten.

Stagflation – Disinflation – stabile Preise

Nach dem Zweiten Weltkrieg blieben die Inflationsraten in Deutschland auf relativ niedrigem Niveau (Abb. 1). Bis zur ersten Hälfte der 1970er-Jahre waren Wirtschaftspolitiker der Meinung, dass es möglich ist, die **Arbeitslosigkeit** zu senken, indem man eine höhere Inflationsrate zulässt: Über eine expansive Geldpolitik kann die gesamtwirtschaftliche Güternachfrage – und in der Folge die Produktion – stimuliert werden. Mit einem höheren Wachstum aufgrund der Produktionsausdehnung geht dann ein Anstieg der Beschäftigung einher.

Ab Mitte der 1970er-Jahre stellte sich die wirtschaftliche Situation in den meisten Industriestaaten jedoch anders dar: Trotz steigender Inflationsraten, teilweise infolge der beiden Erdölpreiskrisen, stieg die Arbeitslosigkeit auf für die Nachkriegszeit neue Größenordnungen, und das Wirtschaftswachstum fiel deutlich unter den Durchschnitt der 1960er-Jahre. Für dieses neue Phänomen – das parallele Auftreten von Inflation und schwacher Wirtschaftsleistung – wurde der Begriff **Stagflation** geprägt, ein Kurzwort aus Stagnation und Inflation.

Die Rohstoffpreise stiegen in der ersten Erdölkrise 1973/74 in Westdeutschland um fast 150 %. Diese Verteuerung konnten die Unternehmen aber nur bedingt an die Verbraucher weitergeben. Das Preisniveau stieg zwar, die Zuwachsraten von gut 6 % lagen aber deutlich unter der Kostenbelastung für die Unternehmen. Diese reagierten mit Rationalisierungsmaßnahmen, was die Arbeitslosigkeit spürbar nach oben trieb.

Während also in den 1970er-Jahren der Verbraucherpreisanstieg weltweit stark zunahm (akzelerierte Inflation), setzte in den 1980er-Jahren in den Industriestaaten ein Disinflationsprozess ein, der vor allem auf eine restriktive Geldpolitik zurückgeführt wird (Abb. 2).

In den Industrieländern ist heute der Preisauftrieb eher gering, zuweilen wird sogar vor dem Hintergrund von Rezessionen wie jener von 2002/03 und seit Herbst 2008 vor **Deflation** gewarnt. Doch die Inflation ist keineswegs besiegt. So kam es z. B. in den 1990er-Jahren in den europäischen Transformationsländern zu stark steigenden Preisen (Abb. 3). Auch der weltwirtschaftliche Strukturwandel birgt Inflationspotenzial, denn das rasche Wachstum der Volkswirtschaften der Schwellenländer (v. a. Chinas und Indiens) ist mit einem kräftigen Anstieg der Weltnachfrage nach Rohstoffen verbunden.

▸ 1 Entwicklung und jährliche prozentuale Veränderung der Verbraucherpreise und des Verbraucherpreisindex (2005 = 100) in Deutschland 1991–2008

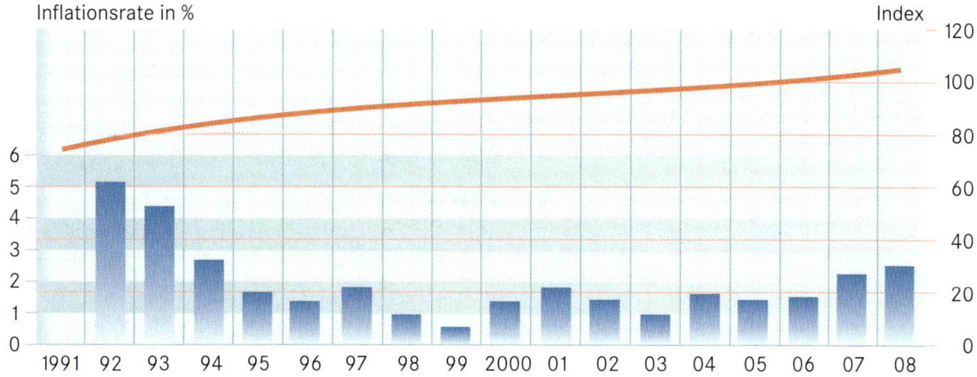

Quelle: Statistisches Bundesamt.

▸ 2 Inflationsraten* in Industrieländern 1970–2008

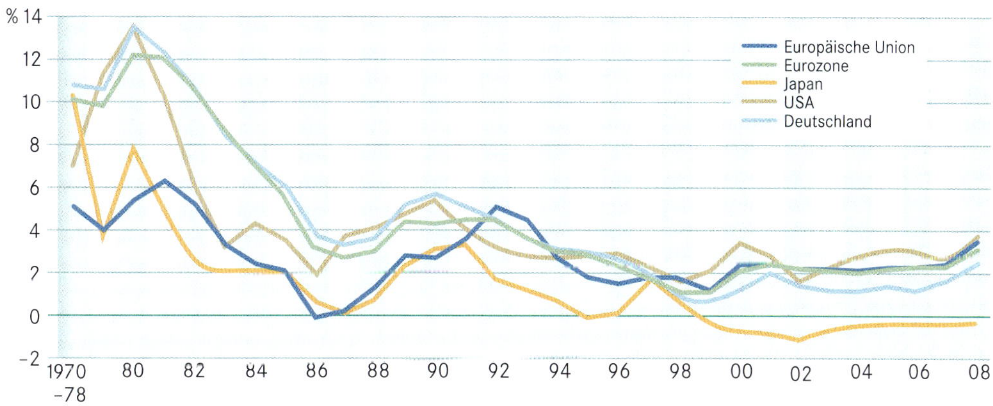

* jährliche Veränderung des Verbraucherpreisindex in %.

Quellen: OECD, Eurostat.

▸ 3 Durchschnittliche jährliche Inflationsraten* ausgewählter Entwicklungs- und Transformationsländer

Entwicklungsländer	1990–2003	2000–2007	Transformationsländer	1990–2003	2000–2007
Äthiopien	5,3	6,6	Bulgarien	75,1	5,0
Argentinien	4,9	12,3	Georgien	185,6	6,9
Brasilien	118,8	8,5	Estland	35,5	–
Chile	7,0	7,0	Lettland	31,5	4,2
Mexiko	16,5	6,3	Litauen	45,8	2,9
Algerien	14,7	8,8	Rumänien	78,1	18,0
Nigeria	24,2	17,8	Russland	66,6	16,7
Sambia	41,8	18,3	Slowakische Republik	9,3	3,9
Südafrika	9,0	6,6	Tschechische Republik	9,1	2,1
Türkei	68,7	18,8	Ungarn	16,4	5,1
Indien	6,8	4,4	Weißrussland	252,5	27,6

* BIP-Deflator (Preisindex des Bruttoinlandsprodukts).

Quelle: Weltbank.

Inflationsmessung

Die Inflation wird am Anstieg eines Preisindex gemessen, der das allgemeine Preisniveau am besten widerspiegelt. Der prozentuale Anstieg des Preisindex in einem bestimmten Zeitraum ist gleichbedeutend mit der Inflationsrate (Preissteigerungsrate, Teuerungsrate).

Preisindizes – Konstruktion und Arten

Die Inflationsrate informiert über den jährlichen Kaufkraft- oder Geldwertverlust, sie gibt somit Auskunft darüber, ob das Ziel, das Preisniveau stabil zu halten, erreicht ist.

Ein **Preisindex** ist die Summe gewichteter Preise von Gütern, bezogen auf ein Basisjahr. Üblicherweise wählt man für das Basisjahr den Wert 100. Ein Preisindex kann nur bezüglich seiner Veränderungsraten, nicht jedoch hinsichtlich seines absoluten Niveaus, sinnvoll interpretiert werden. Die Inflationsrate ist von der absoluten Veränderung des Preisindex zu unterscheiden: Steigt der Index z. B. um zehn Punkte (etwa von 110 auf 120), errechnet sich eine Teuerungsrate von 9,1 %.

Die meisten Preisindizes beruhen auf den Formeln von Hermann Paasche (1851–1922) und Ernst Louis Etienne Laspeyres (1834–1913). Unterschiede zwischen dem **Paasche-Index** und dem **Laspeyres-Index** folgen aus der jeweiligen Gewichtung der Einzelpreise (Abb. 1). Der Laspeyres-Index behält die Preise und Mengen (also das Gewichtungsschema) der Basisperiode bei und informiert über die Änderung der Kosten, die zum Erwerb des Warenkorbs im Betrachtungsjahr im Vergleich mit dem Basisjahr aufgewendet werden müssen. Die Indexformel geht also von einem gleichbleibenden Warenkorb aus. Demgegenüber legt ein Paasche-Index einen aktuellen Warenkorb zugrunde und gewichtet die einzelnen Positionen mit den aktuellen Preisen in Relation zu den Preisen und Mengen, die im Basisjahr vorherrschten.

Im Fall des **Verbraucherpreisindex** (Preisindex für die Lebenshaltung aller privaten Haushalte) gibt der zugrunde liegende **Warenkorb** die als repräsentativ angesehene Verbrauchsstruktur der privaten Haushalte an. Diese besteht aus rund 700 Sachgütern und Dienstleistungen, die in zwölf Hauptgruppen eingeteilt sind. Die Ausgaben für diese Positionen **(Lebenshaltungskosten)** bilden entsprechend ihrem Anteil an den Gesamtausgaben das Gewichtungsschema für die Preise. Das Statistische Bundesamt stellt mit seinem persönlichen Inflationsrechner ein Instrument bereit, anhand dessen der Einzelne durch Veränderung einiger Gewichte seine Betroffenheit von Inflation grob abschätzen kann.

Wichtige Preisindizes sind auch die der landwirtschaftlichen und der gewerblichen Erzeugerpreise, der Ein- und der Ausfuhrpreise, der Preisindex für Wohngebäude und der Index der Großhandelsverkaufspreise. Seit 2000 verzichtet das Statistische Bundesamt auf die früher übliche gesonderte Berechnung von Verbraucherpreisindizes für verschiedene Haushaltstypen. Alle amtlichen Preisindizes sind Laspeyres-Indizes. Da diese eine konstante Verbrauchs- bzw. Ausgabenstruktur unterstellen, berechnen die statistischen Ämter Wägungsschema und Warenkorb etwa alle fünf Jahre neu (Abb. 2). Je nach Index fällt die Inflationsrate verschieden hoch aus (Abb. 3).

Ein harmonisierter Preisindex für die EU

Vor der Einführung des Euro wurde zur Überprüfung der Preisentwicklung in den Teilnehmerländern nicht auf die nationalen Preisindizes abgestellt. Stattdessen konstruierte **Eurostat**, das statistische Amt der EU, 1997 einen **harmonisierten Verbraucherpreisindex** (HVPI). Mit ihm sollen länderspezifische Besonderheiten der Lebenshaltung ausgeschaltet werden, sodass die Inflationsraten bestmöglich vergleichbar sind. Dem HVPI, der für jedes EU-Land sowie für das Euro-Währungsgebiet berechnet wird, liegt ein Warenkorb zugrunde, der nur die Güter und Dienstleistungen enthält, die auch in allen nationalen Warenkörben vertreten sind.

Messprobleme

Probleme bei der **Inflationsmessung** ergeben sich bei Laspeyres-Indizes vor allem daraus, dass das Verbrauchsschema veraltet: In der Realität ändern sich nicht nur die Produktarten und die Qualität der Güter und Dienstleistungen, sondern auch die Verbrauchsgewohnheiten. Erfassungsprobleme ergeben sich daraus, dass Angebotspreise und nicht tatsächlich gezahlte Preise erhoben werden und dass bei einer gegebenen Auswahl von Berichtsstellen neue, preisgünstigere Vertriebsformen zunächst unberücksichtigt bleiben.

Ein Problem aller erwähnten Indizes besteht darin, dass sie kaum in der Lage sind, Preisänderungen aufgrund von technischem Fortschritt angemessen zu erfassen. Generell nimmt man an, dass die Preisindizes die Teuerung um einen Prozentpunkt zu hoch ausweisen.

Daneben gibt es die **gefühlte Inflation**, die vom Verbraucher wahrgenommene Teurung für Güter des täglichen Bedarfs, wie z. B. nach der Einführung des Euro.

▸ 1 Berechnungsformeln für Preisindizes

Paasche-Index (BIP-Deflator: nominales BIP/ reales BIP)

$$p_P = \frac{\sum_{i=1}^{n} p_{Gut\,i} \cdot x_{Gut\,i}}{\sum_{i=1}^{n} p_{Gut\,i}^{2000} \cdot x_{Gut\,i}^{2000}}$$

Laspeyres-Index (Preisindex für die Lebenshaltung)

$$p_L = \frac{\sum_{i=1}^{n} p_{Gut\,i} \cdot x_{Gut\,i}^{2000}}{\sum_{i=1}^{n} p_{Gut\,i}^{2000} \cdot x_{Gut\,i}^{2000}}$$

2000 = Basisjahr p = Preis x = Menge

▸ 2 Veränderungen im Wägungsschema des Verbraucherpreisindex

Hauptgruppe des Warenkorbes	Gewicht 2000	Gewicht 2005	Veränderung in Punkten
Nahrungsmittel und alkoholfreie Getränke	103,35	103,55	0,20
alkoholische Getränke und Tabakwaren	36,73	38,99	2,26
Bekleidung und Schuhe	55,09	48,88	-6,21
Wohnung, Wasser, Elektrizität und andere Brennstoffe	302,66	308,00	5,34
Hausrat und laufende Instandhaltung des Hauses	68,54	55,87	-12,67
Gesundheitspflege	35,46	40,27	4,81
Verkehr	138,65	131,90	-6,75
Nachrichtenübermittlung	25,21	31,00	5,79
Freizeit, Unterhaltung und Kultur	110,85	115,68	4,83
Bildungswesen	6,66	7,40	0,74
Beherbergungs- und Gaststättendienstleistungen	46,57	43,99	-2,58
andere Waren und Dienstleistungen	70,23	74,47	4,24
	1000,00	**1000,00**	

Quelle: Statistisches Bundesamt.

▸ 3 Eckdaten der Preisentwicklung in Deutschland

▸ Veränderung gegenüber dem Vorjahr in %

	Rohstoffpreise[1]	Einfuhrpreise	Erzeugerpreise[2]	Verbraucherpreise[3]	Harmonisierter Verbraucherpreisindex	BIP-Deflator
2003	-4,0	-2,2	+1,7	+1,1	+1,1	+0,8
2004	+18,5	+1,0	+1,6	+1,6	+1,8	+0,4
2005	+37,6	+4,3	+4,6	+2,0	+1,9	+0,6
2006	+17,5	+5,2	+5,5	+1,7	+1,8	+0,5
2007	+13,4	+1,2	+2,0	+2,3	+2,3	+1,9
2008	+23,2	+5,2	+6,0	+2,6	+2,8	+1,6

1) HWWA-Rohstoffpreisindex, 1990 = 100. 2) Gewerbliche Produkte (Inlandsabsatz). 3) Verbraucherpreisindex.

Ursachen von Inflation

Um zu erklären, warum Preise auf breiter Front steigen, wurden unterschiedliche Theorien entwickelt. Heute geht man überwiegend davon aus, dass Inflation langfristig immer ein monetäres Problem ist, d. h. auf einem zu starken Wachstum der Geldmenge beruht.

Klassische Inflationstheorien

Kurzfristig kann dieser Zusammenhang durch andere Faktoren überlagert werden. Zu nennen sind hier die klassischen Inflationstheorien wie jene vom Kostendruck und vom Nachfragesog. Von einer **Nachfragesoginflation** (demand pull inflation) spricht man, wenn infolge einer konjunkturellen Überhitzung die in Geld gemessene Gesamtnachfrage stärker als das Güterangebot wächst und somit ein Nachfrageüberschuss entsteht. Einer verstärkten Ausweitung der Staats-, Auslands-, Investitions- oder Konsumgüternachfrage begegnen die Unternehmen mit Preissteigerungen, wenn kurzfristig keine Möglichkeit besteht, die Kapazitäten auszuweiten.

Daneben gibt es verschiedene Formen einer angebotsinduzierten Inflation. Bei der **Kostendruckinflation** (cost push inflation) führen steigende Kosten zu steigenden Preisen. Ein Kostendruck kann z. B. dadurch entstehen, dass Gewerkschaften höhere Nominallöhne durchsetzen **(Lohndruckinflation)**, dass Vor- und Zwischenprodukte teurer werden oder dass Steuern und Sozialabgaben angehoben werden.

Ein Sonderfall ist die **importierte Inflation**, die in Volkswirtschaften mit hohem Offenheitsgrad und/oder einer hohen Rohstoffabhängigkeit auftreten kann. Internationale Preisschwankungen schlagen in diesen Fällen auf das Preisniveau im Inland durch. Auch wenn im Rahmen eines Systems fester Wechselkurse die Zentralbank interveniert, um den Kurs einer ausländischen Währung zu stützen, kommt es über die damit verbundene Geldmengenausweitung zu Inflation. Ein Beispiel für den ersten Fall ist die Erdölpreiskrise im Jahr 1973, die zu beträchtlichen Preissteigerungen in den westlichen Ländern führte. Für den zweiten Fall kann das Bretton-Woods-System herangezogen werden. Mit dem US-Dollar als Leitwährung mussten die übrigen Staaten den Dollar stützen; sie konnten sich somit der inflationären Politik der USA nicht entziehen. Gelingt es den Zentralbanken nicht, die einströmenden Devisen zu neutralisieren, dann steigt im Inland die Geldmenge und infolge dessen das Preisniveau. Bei der Kostendruckinflation wird vorausgesetzt, dass den Unternehmen eine Abwälzung der Kosten auf die Preise gelingt. Auch ohne Kostenerhöhung können Unternehmen aufgrund ihrer Marktmacht versuchen, höhere Preise durchzusetzen **(Gewinndruckinflation)**. Steigende Preise wiederum führen zu höheren Lohnforderungen, sodass eine Lohn-Preis-Spirale in Gang gesetzt wird. Diesem Prozess liegt ein Verteilungskonflikt zugrunde.

Die Phillips-Kurve

Die empirische Untersuchung der Lohn- und Preisentwicklung sowie der Arbeitslosenquote führte zur Entwicklung der Phillips-Kurve, benannt nach ihrem Entdecker Alban William Phillips (1914–1975). Die Kurve zeigt eine gegenläufige Beziehung zwischen Inflation und Arbeitslosigkeit auf. Doch die bis Anfang der 1980er-Jahre gängige wirtschaftspolitische Folgerung, mit einem Mehr an Inflation ließe sich ein Abbau der Arbeitslosigkeit erkaufen, erwies sich als trügerisch und die Hypothese wurde in Zweifel gezogen.

Geldmengenwachstum und Inflation

Heute geht man davon aus, dass die letzte Ursache einer Inflation immer ein überhöhtes Geldmengenwachstum (oder eine Erhöhung der Umlaufgeschwindigkeit des Geldes) ist. Steigt die Geldmenge schneller als die gesamtwirtschaftliche Produktion, entstehen überschüssige Kassenbestände, deren Verausgabung bei ausgelasteten Kapazitäten inflationär wirkt. Demgegenüber vertritt der Keynesianismus die Auffassung, die wahre Ursache einer Inflation sei eine Ausweitung der effektiven Nachfrage über das verfügbare Angebot hinaus. Eine Ausweitung der Geldmenge allein bewirke noch keine Preissteigerung, sondern erst ein dadurch alimentierter Nachfrageüberhang auf dem Gütermarkt.

Der positive Zusammenhang zwischen Geldmengenwachstum und Inflationsrate ist nachgewiesen. In Ländern mit niedrigem Geldmengenwachstum steigen die Preise weniger stark als in Ländern mit hohem Geldmengenwachstum (Abb. 1). Dies gilt auch in historischer Betrachtung, wie Milton Friedman (1912–2006) für die USA für den Zeitraum von 1867 bis 1975 ermittelte. Allerdings reagieren die Preise mit zeitlicher Verzögerung auf geldpolitische Maßnahmen. Die Deutsche Bundesbank ermittelte für Deutschland eine Verzögerung um etwa fünf Jahre. Seit der Wiedervereinigung jedoch scheint dieser Zusammenhang lockerer geworden zu sein (Abb. 2).

▸ 1 Geldmengenwachstum und Inflationsrate in ausgewählten Ländern und Regionen

▸ Die **Inflationswirkungen** hängen wesentlich davon ab, inwieweit die Teuerung von den Wirtschaftssubjekten vorausgesehen und in den Preisen (Güterpreise, Löhne, Zinsen) von vornherein berücksichtigt werden kann. Eine Gewöhnung an die Inflation kann das Wachstum beeinträchtigen, weil z. B. Anleger nicht in Produktivvermögen investieren, sondern in langlebige Gebrauchsgüter wie Immobilien (Flucht in die Sachwerte). Dadurch werden knappe Ressourcen nicht in die wirtschaftlich effizienteste Verwendung gelenkt. Inflationäre Prozesse können zu einer vollkommenen Zerrüttung des Geldwesens führen.

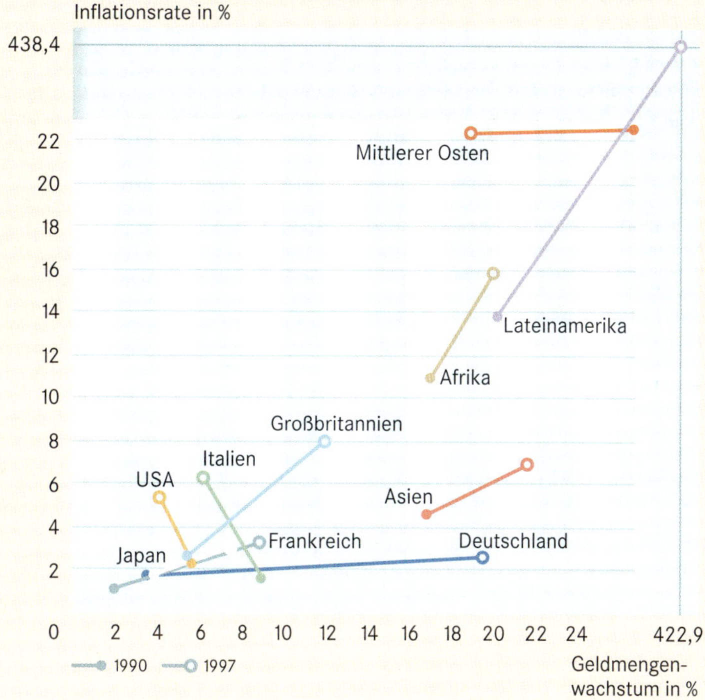

Quelle: IWF

▸ 2 Geldmengenwachstum und Inflation in Deutschland*

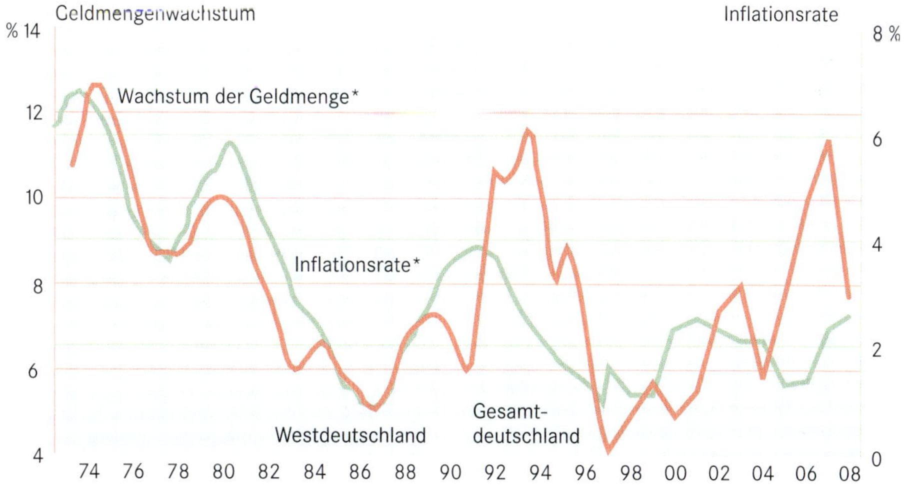

* Ab 1997: im Euroraum

Deflation

Deflation ist der Rückgang des allgemeinen Preisniveaus. Nicht gemeint ist hingegen der Preisverfall bei einzelnen Gütern oder Dienstleistungen. So sind z. B. die Preise für Computer oder das Telefonieren in den vergangenen Jahren stark zurückgegangen; gleichwohl ist der Verbraucherpreisindex mäßig angestiegen.

Die Weltwirtschaftskrise der 1930er-Jahre

Nicht zu verwechseln mit der Deflation ist die **Disinflation**. Letzteres bedeutet rückläufige, aber noch positive Inflationsraten. Eine Disinflation wird erst dann zur Deflation, wenn die **Inflationsrate** negativ wird.

Eine ausgeprägte Deflation ist schädlich. Dies zeigen die Erfahrungen aus der Weltwirtschaftskrise. Zwischen 1929 und 1933 kam es in den wichtigsten Industrieländern zu einem starken Verfall der Verbraucherpreise (Abb. 1). In Deutschland sanken sie Front um mehr als 30 %. Die realwirtschaftlichen Effekte waren dramatisch. Die Arbeitslosigkeit stieg weltweit stark an, in Deutschland von 1,9 Mio. im Jahr 1929 auf 5,6 Mio. im Jahr 1932.

Verantwortlich für die Deflation in der Weltwirtschaftskrise war die damalige Geld- und Fiskalpolitik. Die Regierung unter Reichskanzler Brüning (1930–1932) verringerte die Staatsausgaben; im Weg von Notverordnungen erhöhte sie die Steuern und kürzte die Beamtengehälter. Mit dieser prozyklischen Finanzpolitik gab sie dem Abschwung nur noch zusätzliche Nahrung. Überdies verknappte die Reichsbank die Geldmenge. Regierung und Notenbank wollten die Leistungsbilanz verbessern und die Goldparität der Reichsmark verteidigen, unterschätzten aber die Risiken ihrer Politik.

Übertragung der Deflation auf die Realwirtschaft

Die negativen realwirtschaftlichen Folgen der Deflation kommen über verschiedene Kanäle zum Tragen. Zum einen reduzieren die Haushalte ihre Konsumnachfrage: Wenn sie weiter sinkende Preise erwarten, zögern sie notwendige Anschaffungen langlebiger Konsumgüter hinaus. Dies verringert die gesamtwirtschaftliche Nachfrage. Zum andern ergeben sich auch auf der Angebotsseite der Volkswirtschaft Probleme, wenn die Geldlöhne nicht hinreichend flexibel sind. Um in einem deflationären Umfeld die Reallöhne konstant zu halten, müssen die Geldlöhne abgesenkt werden. Die Arbeitnehmer werden sich dem widersetzen, wenn sie der Geldillusion unterliegen. **Geldillusion** bedeutet, dass eine Person ihre Einkommenssituation allein anhand der in Geld gemessenen Veränderungen beurteilt und dabei Veränderungen der Kaufkraft des Einkommens unberücksichtigt lässt. Folglich wird sie eine Lohnkürzung nicht hinnehmen, obwohl dies bei gleich großer Deflation ihre reale Einkommensposition nicht schmälert. Ein solches Verhalten aber bedeutet, dass die Reallöhne ansteigen, was wiederum Arbeitsplatzverluste nach sich zieht.

Geld- und fiskalpolitische Gegenmittel

Die Anfälligkeit der modernen Volkswirtschaften für eine Deflation wird heute unterschiedlich beurteilt. Nach dem deutlichen Rückgang der Inflation in den Industrieländern in der zweiten Hälfte der 1990er-Jahre wurde zuweilen auf die Gefahr einer Deflation hingewiesen. Die japanische Wirtschaft, in der seit 1995 das Preisniveau rückläufig ist, bietet ein reales Beispiel. Auch in der weltweiten Rezession seit 2008 werden wieder warnende Stimmen laut. Insgesamt ist es aber wenig wahrscheinlich, dass sich eine Deflation wie in den frühen 1930er-Jahren wiederholt. So hat die Europäische Zentralbank ihr Preisstabilitätsziel in der Weise präzisiert, dass sie eine Inflationsrate von unter 2 % ansteuert. Eine leicht positive Inflationsrate wird also nicht als schädlich deklariert – gerade auch in dem Wissen um das Risiko einer Deflation.

Auch das Grundprinzip moderner **Geldpolitik**, das Geldmengenwachstum an der Entwicklung des Produktionspotenzials einer Volkswirtschaft zu orientieren, wirkt als Schutz vor Deflation. Überdies verfügt die moderne **Fiskalpolitik** über automatische Mechanismen zur Verhinderung einer deflationären Spirale. Steigt die Arbeitslosigkeit, dann steigen im Rahmen von Arbeitslosenversicherung und Sozialhilfe automatisch auch die öffentlichen Ausgaben, während gleichzeitig die Steuereinnahmen zurückgehen. Diese Veränderung bestimmter öffentlicher Ausgaben und Einnahmen wirkt im Sinn einer antizyklischen Finanzpolitik automatisch stabilisierend auf den Wirtschaftsablauf.

Der Vergleich der Inflationsraten in den Phasen von 1925 bis 1934 einerseits und von 1998 bis 2007 andererseits zeigt, wie unterschiedlich die Entwicklung in den beiden Zeiträumen verlief (Abb. 2). In den frühen 1930er-Jahren kam es nicht nur zu einem drastischen Preisverfall, sondern auch zu starken Schwankungen der Preisänderungsraten. Demgegenüber hat sich im Verlauf der 1990er-Jahre die Inflationsrate der Nulllinie angenähert. Heute ist das Niveau der Inflationsraten gering.

▸ 1 Die Deflation während der Weltwirtschaftskrise

	Deutschland			Vereinigte Staaten von Amerika			
	Großhandelspreise			Großhandelspreise		Beschäftigung in der verarbeitenden Industrie	
	1913 = 100	Veränderung gegenüber dem Vorjahr (in %)	Anzahl der Arbeitslosen (1000)	1926 = 100	Veränderung gegenüber dem Vorjahr (in %)	1923 - 1925 = 100	Veränderung gegenüber dem Vorjahr (in %)
1929	137,2	- 2,0	1899	95,3	- 2,8	110,4	+ 6,7
1930	124,6	- 9,2	3076	86,4	- 9,3	89,4	- 19,0
1931	110,9	- 11,0	4520	73,0	- 15,5	67,8	- 24,2
1932	96,5	- 13,0	5603	64,8	- 11,2	46,7	- 31,1
1933	93,3	- 3,3	4804	65,9	+ 1,7	50,1	+ 7,3
1934	98,4	+ 5,5	2718	74,9	+ 13,7	64,5	+ 28,7
1935	101,8	+ 3,5	2 151	80,0	+ 6,8	74,1	+ 14,9
1936	104,1	+ 2,3	1593	80,8	+ 1,0	85,6	+ 16,9
1937	105,9	+ 1,7	912	86,3	+ 6,8	102,0	+ 19,2
1938	105,7	- 0,2	429	1929	- 8,9	77,5	- 24,0

Quelle: Handwörterbuch der Wirtschaftswissenschaft, Band 3.

▸ 2 Zur Entwicklung der Verbraucherpreise in den Jahren 1925–1934 und 1999–2008 in ausgewählten Ländern

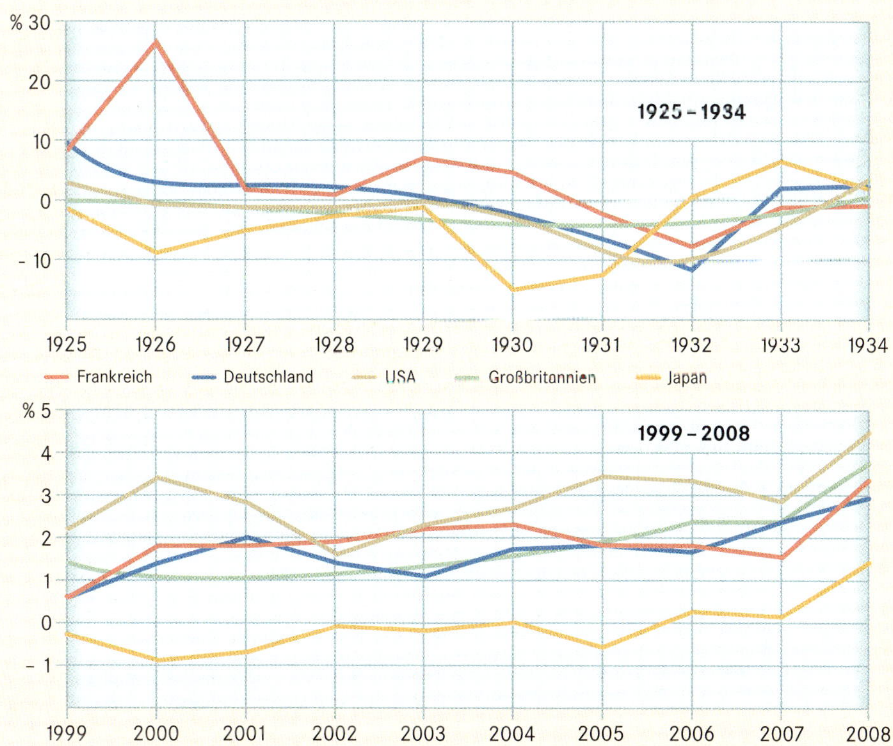

Quelle: Sachverständigenrat, OECD.

Ursachen von Arbeitslosigkeit

Arbeitslosigkeit kann auf einer freiwilligen Entscheidung beruhen oder aber durch die herrschenden Umstände erzwungen sein.

Die Rolle des Reallohns

Eine Person ist freiwillig arbeitslos, wenn sie nicht bereit ist, zu den bestehenden Arbeitsbedingungen (vor allem bezüglich Lohnsatz und Arbeitszeit) eine Beschäftigung anzunehmen, oder wenn sie freiwillig ihren Arbeitsplatz wechselt. Unfreiwillige Arbeitslosigkeit liegt vor, wenn eine Person nicht beschäftigt ist, eine Beschäftigung sucht und zu den herrschenden Arbeitsbedingungen bereit ist, eine Arbeit anzunehmen, aber keine findet.

Der Reallohn ist definiert als der um die Inflationsrate bereinigte **Nominallohn**. Je höher der Reallohn je Stunde ist, desto mehr Arbeit bieten die Arbeitnehmer an. Umgekehrt fragen die Unternehmen umso mehr Arbeit nach, je niedriger der Reallohn ist. Mithin bringt der Reallohn auf dem **Arbeitsmarkt** Angebot und Nachfrage zum Ausgleich.

Aus Unternehmersicht stellt der Reallohn die Kosten der Nutzung von Arbeit dar. Die Reallöhne differieren je nach dem Qualifikationsgrad der Arbeit (Abb. 1). Da die Tarifparteien nur über Nominallöhne verhandeln können, können sie die Entwicklung des Reallohns nicht direkt beeinflussen. Fällt der Reallohn beispielsweise höher aus als der von den Unternehmen erwartete – etwa weil die Inflationsrate geringer ist als erwartet –, wird Arbeit im Verhältnis zu Kapital teurer, und die Unternehmen versuchen Arbeit durch Kapital zu ersetzen. Es kommt folglich zu Entlassungen. Unter Umständen geht mit dem Abbau von Arbeitsplätzen eine Verlagerung der Produktion ins Ausland einher, wenn dort Arbeit relativ billiger ist. Dies ist insbesondere in arbeitsintensiven Branchen wie etwa der Textilindustrie von Bedeutung. Aber auch Software wird in vermehrtem Umfang in Ländern erstellt, in denen das Lohnniveau niedrig ist.

Technischer Fortschritt – berufliche Qualifikation

Ist Arbeit aus der Sicht der Unternehmen generell zu teuer, dann sind sie bestrebt, Arbeit durch Kapital zu ersetzen („substituieren"), indem sie **Rationalisierungsmaßnahmen** treffen. Als Schlagwort mag hier die Automatisierung der Produktion stehen, aber auch der Einzug von Computern in fast alle Arbeitsbereiche. Electronic Banking z. B. führt dazu, dass Bankfilialen geschlossen und die Beschäftigten entlassen werden. Diese Rationalisierungen der Arbeitsabläufe bezeichnet man als **Prozessinnovationen**; sie sind ein Teil des technischen Fortschritts. Dieser führt also dazu, dass bestimmte Berufe nicht mehr benötigt werden und ein einmal erworbener Wissensstand der Beschäftigten sehr rasch veraltet, mithin für die Produktion nicht mehr verwendbar ist. Auf diese Weise kann es zu Arbeitslosigkeit infolge von unzureichender beruflicher Qualifikation kommen (Abb. 2).

Allerdings kann man nicht davon ausgehen, dass technischer Fortschritt generell Arbeitsplätze vernichtet. Eher ist das Gegenteil der Fall. Allerdings bringt der technische Fortschritt im Allgemeinen höhere Qualifikationsanforderungen an die Beschäftigten mit sich.

Kurzfristige und strukturelle Arbeitslosigkeit

Tagtäglich werden Menschen entlassen, kündigen Mitarbeiter und werden neue Personen eingestellt. Ein Wechsel des Arbeitsplatzes erfordert im Allgemeinen, dass Informationen darüber erworben werden, wo neue Beschäftigungsmöglichkeiten bestehen. Der Erwerb dieser Informationen verursacht Kosten und braucht Zeit. Aber auch räumliche Distanzen sind zu überwinden, wenn z. B. ein Arbeitnehmer von Bonn nach Berlin zieht. Die hierdurch entstehende kurzfristige Arbeitslosigkeit wird **Sucharbeitslosigkeit (friktionelle Arbeitslosigkeit)** genannt. Ebenfalls kurzfristig arbeitslos sind Personen, die durch saisonale Faktoren, wie sie etwa in der Landwirtschaft und im Baugewerbe auftreten, für eine kurze Zeitspanne ihre Beschäftigung verlieren **(saisonale Arbeitslosigkeit)**. Schließlich gilt auch die **konjunkturelle Arbeitslosigkeit** als kurzfristig. In einer Rezession entlassen die Unternehmen infolge einer schlechten Ertrags- und Auftragslage Beschäftigte, die dann in einer konjunkturellen Aufschwungphase wieder Arbeit finden. Allerdings handelt es sich hierbei meist um gering qualifizierte Arbeitnehmer, deren Neueinstellung einen relativ geringen Aufwand erfordert.

Von **struktureller Arbeitslosigkeit** spricht man, wenn infolge des Strukturwandels verschiedene Tätigkeiten nicht mehr nachgefragt werden. Die Branchenstruktur (Landwirtschaft, Bergbau, Industrie, Dienstleistungen) unterliegt einem dauerhaften strukturellen Wandel. Der damit verbundene Abbau von Arbeitsplätzen mündet sehr häufig in **Langzeitarbeitslosigkeit**, da die Anpassungsfähigkeit der Arbeitnehmer an veränderte Anforderungen begrenzt ist.

▸ 1 Qualifikaton und Verdienste der Vollzeitbeschäftigten (Deutschland, Oktober 2006)

	Arbeitnehmer	Bruttomonatsverdienste der		
		Arbeitnehmer	Männer	Frauen
Art der Ausbildung	**Anzahl**	**EUR**	**EUR**	**EUR**
Früheres Bundesgebiet				
Volks-/Haupt-/Realschulabschluss, mit abgeschl. Berufsausbildung	6 749 153	2 936	3 130	2 536
Volks-/Haupt-/Realschulabschluss, ohne abgeschl. Berufsausbildung	1 291 087	2 310	2 439	2 016
Abitur, mit abgeschlossener Berufsausbildung	649 569	3 642	4 098	2 999
Abitur, ohne abgeschlossene Berufsausbildung	108 051	3 376	3 654	2 832
Fachhochschulabschluss	568 904	4 499	4 812	3 386
Universitätsabschluss	832 267	5 290	5 621	4 250
Ohne Angabe des Abschlusses	1 166 173	2 733	2 927	2 277
insgesamt	11 365 205	3 155	3 369	2 625
Neue Länder				
Volks-/Haupt-/Realschulabschluss, mit abgeschl. Berufsausbildung	1 175 032	2 056	2 102	1 972
Volks-/Haupt-/Realschulabschluss, ohne abgeschl. Berufsausbildung	54 034	1 766	1 872	1 552
Abitur, mit abgeschlossener Berufsausbildung	57 564	2 652	2 918	2 381
Abitur, ohne abgeschlossene Berufsausbildung	5 631	2 545	2 772	2 137
Fachhochschulabschluss	107 397	3 159	3 380	2 945
Universitätsabschluss	139 680	3 981	4 209	3 570
Ohne Angabe des Abschlusses	166 369	1 970	2 117	1 676
insgesamt	1 705 706	2 288	2 355	2 168

Quelle: Statistisches Bundesamt.

▸ 2 Qualifikationsspezifische Arbeitslosenquoten* 1991 – 2005 (Deutschland)

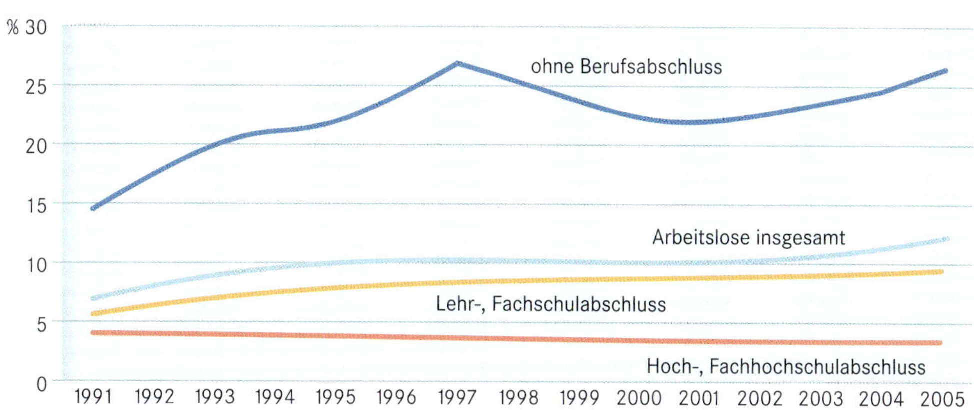

* Arbeitslose in % aller zivilen Erwerbspersonen gleicher Qualifikation.

Quelle: Institut für Arbeitsmarkt- und Berufsforschung.

Beschäftigung und Arbeitslosigkeit

Geht man von einer konstanten Bevölkerungszahl bzw. einem konstanten Erwerbspersonenpotenzial aus, dann verhalten sich Beschäftigung und Arbeitslosigkeit spiegelbildlich. Jeder Beschäftigungszuwachs führt zu einem betragsgleichen Abbau der Arbeitslosigkeit und umgekehrt.

Bestimmungsfaktoren der Beschäftigung

Die Zahl der Beschäftigten hängt von verschiedenen Faktoren ab. Zu diesen gehören Veränderungen des Reallohns und/oder der Produktivität, der qualifikatorischen Anforderungen sowie Änderungen der gesamtwirtschaftlichen Nachfrage. Ein Anstieg der Arbeitsproduktivität etwa bedeutet, dass der gleiche Output mit weniger Arbeit erstellt werden kann.

Nicht jede Veränderung der Nachfrage nach Arbeit führt zu einer entsprechenden Beschäftigungsänderung. So können kurzfristige Schwankungen durch **Überstunden** oder **Kurzarbeit** abgefedert werden, ohne dass sich die Beschäftigtenzahl ändert.

Bevölkerungswachstum und Beschäftigung

Der enge Zusammenhang zwischen Beschäftigung und Arbeitslosigkeit wird auch dann gelockert, wenn die Bevölkerungszahl bzw. das **Erwerbspersonenpotenzial** variiert. Die Bevölkerung kann durch Zuwanderung und/oder durch einen Geburtenüberschuss wachsen. Übersteigt die Wachstumsrate der Bevölkerung das Beschäftigungswachstum, dann bieten mehr Personen Arbeit an, als von den Unternehmen nachgefragt wird. In der Folge entsteht Arbeitslosigkeit. Unterstellt ist hierbei, dass das gestiegene Arbeitsangebot nicht zu einer Senkung der Reallöhne führt.

Sind Arbeitsuchende bereit, zu einem niedrigeren Reallohn zu arbeiten, wird Arbeit relativ billiger, sodass Kapital durch Arbeit ersetzt wird. Aber es kann auch ein anderer Effekt eintreten: Sind die Arbeitsuchenden bereit, zu einem geringeren Reallohn zu arbeiten, kann es zu Verdrängungseffekten kommen, wenn billigere Arbeitskräfte eingestellt und – bei gleicher Tätigkeit – höher bezahlte im Gegenzug entlassen werden. In diesem Fall bleibt die Arbeitslosigkeit unverändert.

Der Zusammenhang zwischen Bevölkerungswachstum, Beschäftigung und Arbeitslosigkeit wird am Beispiel der Bundesrepublik Deutschland im Zeitraum von 1983 bis 1991 deutlich (Abb. 1). Damals stieg die Zahl der **Erwerbstätigen** um 2,6 Mio. an. Dieser Anstieg wäre ausreichend gewesen, um die Arbeitslosigkeit (2,3 Mio. 1983) abzubauen. Aber die Zahl der Arbeitslosen ging nur um etwa 600 000 zurück. Die restliche Arbeitsnachfrage wurde durch ein gestiegenes Erwerbspersonenpotenzial bedient, das sich aus einem kräftigen Bevölkerungsanstieg (+ 2,7 Mio.) und aus einem veränderten Erwerbsverhalten ergab. Eine umgekehrte Entwicklung war zu Beginn der 1960er-Jahre in der Bundesrepublik zu beobachten; der Bedarf an Arbeitskräften der Wirtschaft war größer als das Angebot an Arbeit. Bei „nur" 271 000 Arbeitslosen konnte der Überschuss nicht über einen Abbau der Arbeitslosigkeit kompensiert werden. Um die verbleibende Angebotslücke zu schließen warben Unternehmen Arbeitnehmer im Ausland an.

Verändertes Erwerbsverhalten

Auch ein verändertes Erwerbsverhalten bei konstanter Erwerbspersonenzahl kann den Zusammenhang zwischen Beschäftigung und Arbeitslosigkeit beeinflussen (Abb. 2). Versteht man unter **Erwerbspersonen** alle Einwohner zwischen 15 und 64 Jahren (ohne die Angehörigen von Streitkräften), dann führen beispielsweise eine steigende Erwerbsneigung der Frauen (die teilweise mit einem vermehrten Bedarf an **Teilzeitarbeit** einhergeht) zu einer Erhöhung des Arbeitsangebots. Wird das zusätzliche Angebot nicht vom Markt aufgenommen, so steigt die Arbeitslosigkeit.

Technischer Fortschritt und Beschäftigung

Sowohl bei steigenden als auch bei unveränderten Erwerbspersonenzahlen kann es zu einem **Beschäftigungsabbau** kommen, wenn der Arbeitsmarkt nicht flexibel genug ist, um auf Strukturwandel und technischen Fortschritt angemessen zu reagieren. So bewirken z. B. voll- bzw. teilautomatisierte Produktionsanlagen, dass die Arbeit von weniger Menschen verrichtet wird.

Arbeitslosigkeit wird nur dann vermieden, wenn entweder in den durch den technischen Fortschritt neu entstandenen Tätigkeitsfeldern Arbeitsplätze geschaffen oder über eine **Arbeitszeitverkürzung** die Arbeit auf mehr Personen verteilt wird. In diesem Zusammenhang ist die Qualifikation der Arbeitnehmer entscheidend. Ist ihr Wissen veraltet, dann werden sie keine neue Beschäftigung mehr finden. Neben diesem qualifikatorischen kann es auch zu einem räumlichen **„Mismatch"** (Ungleichgewicht) kommen, wenn die Nachfrage nach Arbeit regional vom Angebot abweicht.

▸ 1 Bevölkerung und Erwerbstätigkeit in Deutschland (in 1000)

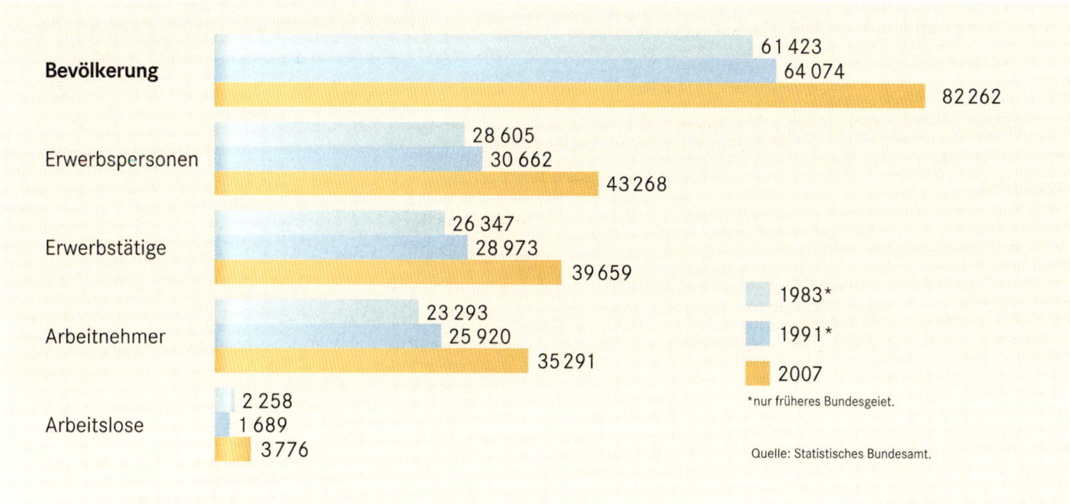

▸ 2 Erwerbsquoten im internationalen Vergleich

▸ Erwerbspersonen in % der Bevölkerung im Alter zwischen 15 und 64 Jahren

	Insgesamt			Männer			Frauen		
	1990	2000	2007	1990	2000	2007	1990	2000	2007
Norwegen	77,1	77,9	77,5	83,4	81,7	80,4	70,7	74,0	74,8
Schweden	84,5	74,2	75,7	86,6	76,2	78,0	82,3	72,2	73,2
Frankreich	66,0	61,1	64,0	75,0	63,1	68,6	57,2	54,3	59,4
Dänemark	82,4	76,4	77,3	87,1	80,7	81,3	77,6	72,1	73,3
Schweiz	79,6	78,4	78,6	90,0	87,3	85,6	68,7	69,4	71,6
Finnland	76,3	67,5	70,5	80,0	70,5	72,4	72,5	64,5	68,5
USA	76,5	74,1	71,8	85,6	80,6	77,8	67,8	67,3	65,9
Kanada	76,8	70,9	73,6	84,9	76,2	77,2	68,6	65,6	70,1
Großbritannien	77,8	72,2	72,3	88,3	78,9	78,4	67,2	65,6	66,3
Österreich	67,4	68,3	71,4	–	77,3	78,4	–	59,4	64,4
Deutschland	68,4	65,6	69,0	80,1	72,9	74,7	56,4	58,1	63,2
Niederlande	66,2	72,1	74,1	79,7	81,2	80,0	52,4	62,7	63,1
Portugal	68,8	68,3	67,8	81,4	76,3	73,9	57,1	60,5	61,9
Japan	70,1	68,9	70,7	83,0	80,9	81,7	57,1	56,7	59,5
Belgien	58,7	60,9	61,6	71,3	69,8	68,2	46,1	51,9	54,9
Irland	60,2	64,5	69,0	77,7	75,6	77,4	42,6	53,3	60,3
Spanien	60,0	57,4	66,6	78,6	72,7	77,4	41,8	42,0	55,5
Italien	59,8	53,9	58,7	77,0	68,2	70,7	43,2	39,6	46,6

Deutschland: bis 1990 Westdeutschland; Erwerbspersonen: Erwerbstätige und Arbeitslose.

Quelle: OECD.

Inflation und Beschäftigung

Die Beziehung zwischen Inflation und Beschäftigung gehört zu den Kernfragen der Makroökonomik. Um deren Gestalt zu untersuchen, geht man im einfachsten Fall von einer konstanten Bevölkerungszahl aus und unterstellt zudem, dass sich die Zahl der Erwerbspersonen nicht ändert.

Der Zusammenhang zwischen Inflation und Beschäftigung kann alternativ von zwei Seiten angegangen werden. Entweder geht man von der Beschäftigung aus oder von der **Arbeitslosenquote** (Anteil der Arbeitslosen an den Erwerbspersonen).

Im ersten Fall setzt die Untersuchung bei der Nachfrage der Unternehmen nach Arbeit an und es wird gefragt, wie sich Nachfrageänderungen auf das Preisniveau auswirken. Der britische Ökonomen Alban William Phillips (1914–1975) wählte den zweiten möglichen Ansatzpunkt. Er untersuchte den empirischen Zusammenhang zwischen der Arbeitslosenquote und der Veränderung der Nominallöhne und fand für Großbritannien heraus, dass zwischen beiden Größen ein gegenläufiger Zusammenhang besteht: Je stärker der Nominallohnanstieg, desto geringer die Arbeitslosenquote. Die grafische Darstellung dieser Beziehung wurde **Phillips-Kurve** genannt.

Paul A. Samuelson (* 1915) und Robert M. Solow (* 1924) erweiterten die originäre Phillips-Kurve, indem sie annahmen, dass zwischen **Nominallohnänderungen** und **Inflationsrate** ein festes Verhältnis besteht. So gelangte man zu der Hypothese einer stabilen gegenläufigen Beziehung zwischen Inflationsrate und Arbeitslosenquote. Diese eröffnete der Wirtschaftspolitik eine Wahlmöglichkeit **(Trade-off):** Entweder man entschied sich für eine niedrige Inflationsrate, hatte dafür aber eine hohe Arbeitslosigkeit in Kauf zu nehmen, oder man setzte auf Vollbeschäftigung zum Preis einer hohen Inflation.

Was passiert langfristig?

In ihrer üblichen Form behauptet die Phillips-Kurve, dass die Veränderung einer nominalen Größe, der Inflationsrate, dauerhaft zu einer Veränderung einer realen Größe, der Arbeitslosenquote, führt. Nach den üblichen Vorstellungen in der Volkswirtschaftslehre können aber nur dauerhafte Veränderungen realer Größen zu solchen Veränderungen anderer realer Größen führen. Also muss kurzfristig eine Situation vorliegen, die auf einer Fehleinschätzung der tatsächlichen Entwicklung beruht.

Rationale Erwartungen

Geht man davon aus, dass sich die wirtschaftenden Menschen nicht über einen längeren Zeitraum systematisch irren und dass sie rationale Erwartungen über die zukünftige Entwicklung bilden, dann muss die Phillips-Kurve langfristig senkrecht verlaufen, d. h., langfristig besteht kein Trade-off mehr zwischen Inflationsrate und Arbeitslosenquote, der sich wirtschaftspolitisch nutzen ließe.

Trifft diese Aussage zu, dann kann über eine die Inflation stimulierende Politik auf lange Sicht die Beschäftigung nicht beeinflusst werden. Die Arbeitslosenquote pendelt sich auf ihrem langfristigen Niveau ein **(natürliche Arbeitslosenquote).** Somit bleibt die Frage, ob die Phillips-Kurve noch einen kurzfristigen Handlungsspielraum zulässt oder ob auch dieser nicht existiert.

Mehr Beschäftigung durch Geldpolitik?

Zur Beantwortung unterstellen wir, dass die tatsächliche Arbeitslosenquote der natürlichen entspricht, und nehmen an, dass hiermit eine Inflationsrate von 0 % vereinbar ist. Da dieser Zustand über eine längere Zeit andauert, erwarten die Wirtschaftssubjekte für die folgende Periode eine Inflationsrate von 0 %. Nun nehmen wir an, die Zentralbank betreibe eine expansive Geldpolitik, die zu einem Anstieg der Inflationsrate führt, um so die Arbeitslosenquote unter ihr natürliches Niveau zu senken. Die Unternehmen interpretieren den Anstieg des Preisniveaus als eine Verbesserung ihrer Absatzpreise in Relation zu den Faktorpreisen und erhöhen dementsprechend ihr Güterangebot. Dazu benötigen sie mehr Arbeit, die sie nur zu einem höheren Nominallohn anwerben können. Die Arbeitnehmer interpretieren die höheren Geldlöhne als einen Anstieg ihrer Reallöhne und bieten dementsprechend mehr Arbeit an. Nach einer gewissen Zeit aber merken beide Seiten, dass sich ihre reale Position nicht verbessert hat, und revidieren ihre Entscheidungen. Die Arbeitslosenquote kehrt auf ihr Ausgangsniveau zurück, die Inflationsrate ist gestiegen und die Inflationserwartungen haben sich dem neuen Niveau angepasst.

Will die Zentralbank in der nächsten Periode wieder die gleiche Politik betreiben, muss sie erneut mittels ihrer Geldpolitik die Inflationsrate erhöhen **(Akzeleration der Inflation)** usw. Mithin besteht zwar ein kurzfristiger Trade-off zwischen Arbeitslosenquote und Inflationsrate, aber dieser ist im Sinn einer dauerhaften Erhöhung der Beschäftigung nicht nutzbar.

▸ 1 Phillips-Kurve

▸ a)

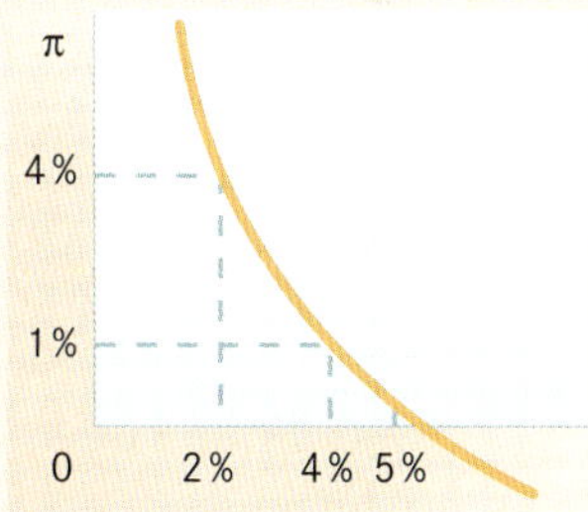

▸ b)

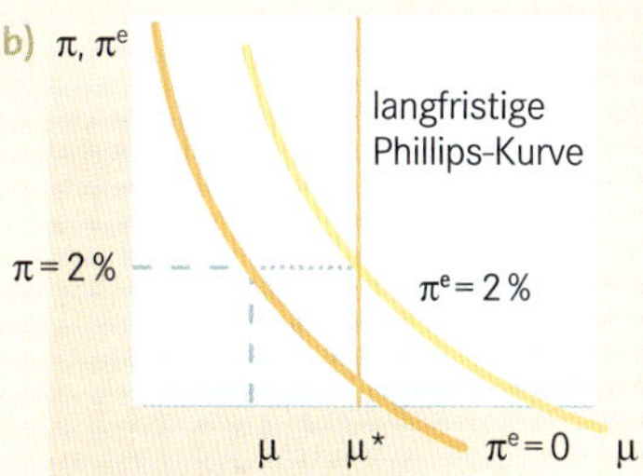

π = Inflationsrate
μ = Arbeitslosenquote
π^e= erwartete Inflationsrate
μ*= natürliche Arbeitslosenquote

a) Die traditionelle Phillips-Kurve geht davon aus, dass man sich entlang der Kurve bewegen kann, also z. B. die Wahl hat, bei einer Inflationsrate von 1 % eine Arbeitslosenquote von 4 % oder bei einer Inflationsrate von 4 % eine Arbeitslosenquote von 2 % zu akzeptieren.

b) Im Fall der langfristig senkrechten Phillips-Kurve besteht kein Trade-off. Milton Friedmann argumentierte, dass die Lage der Phillips-Kurve von den Inflationserwartungen abhängt, wobei die Inflationserwartungen ein Lageparameter sind. Steigen die Inflationserwartungen, dann wandert die Phillips-Kurve nach rechts. Ausgangspunkt in der Darstellung ist eine Inflationserwartung von $\pi^e = 0$. Zur Senkung der Arbeitslosenquote betreibt die Zentralbank eine expansive Geldpolitik, die die Inflationsrate auf 2 % erhöht. Da die Wirtschaftssubjekte eine Inflationsrate von 0 % erwarteten, sinkt zunächst die Arbeitslosigkeit unter ihre „natürliche" Quote. Dann lernen die Marktteilnehmer, dass tatsächlich eine Inflationsrate von 2 % realisiert wurde, und passen dementsprechend ihre Erwartungen an. Für die nächste Periode erwarteten sie einen Preisanstieg von 2 %. In der Grafik zeigt sich dies durch eine Verschiebung der Phillips-Kurve nach rechts bei $\pi^e = 2$ %. Die Arbeitslosenquote ist wieder auf ihrem natürlichen Niveau und die Inflationsrate ist auf 2 % gestiegen. Daher gilt: Geldpolitik kann langfristig keine Beschäftigung schaffen.

▸ 2 Phillips-Kurve für Deutschland

▸ Die tatsächlichen Werte von Inflationsrate und Arbeitslosenquote für die Bundesrepublik Deutschland in den Jahren 1963–2008 (seit 1991 einschließlich neuer Bundesländer).

Wirtschaftswachstum

Wachstum entsteht durch den Einsatz von Produktionsfaktoren (Boden, Arbeit und Kapital), die in einer bestimmten Weise miteinander eingesetzt (kombiniert) werden. Eine solche Kombination wird mathematisch in Form der „Produktionsfunktion" ausgedrückt.

Tatsächliche und mögliche Produktion

Im Allgemeinen wird Wachstum durch den jährlichen Zuwachs des realen **Bruttoinlandsprodukts** (BIP) oder des **Bruttonationaleinkommens** (BNE) gemessen. Diese Veränderung wird in der Regel in %, d. h. in Form einer Veränderungsrate, angegeben. Üblicherweise unterscheidet man zwischen dem **BIP** und dem **Produktionspotenzial**. Während Ersteres die konjunkturelle Entwicklung abbildet, erfasst Letzteres die längerfristige Entwicklung der Wirtschaft (Abb. 1). Es steht für eine hypothetische Entwicklung der Wirtschaft, die sich ergeben hätte, wären alle Sachanlagekapazitäten ständig voll ausgelastet gewesen. Bedenkt man, dass die Bevölkerung eines Landes im Zeitablauf in der Regel zunimmt, dann wird Wirtschaftswachstum am treffendsten durch die Maßzahl **Pro-Kopf-Wachstum** erfasst.

Bestimmungsgründe des Wachstums

Wachstum wird aus dem Zusammenwirken von drei Quellen gespeist: aus dem Wachstum der Bevölkerung bzw. dem Zuwachs an Erwerbstätigen, aus der volkswirtschaftlichen Ersparnis bzw. den Nettoinvestitionen (Abb. 2) und durch technischen Fortschritt.

Im Modell einer geschlossenen Volkswirtschaft (d. h. einer Wirtschaft ohne Außenhandel) muss im Gleichgewicht gelten, dass die geplanten Ersparnisse den geplanten Investitionen entsprechen. Mithin entscheidet die Höhe der Ersparnis über den Zuwachs des **Kapitalbestands**. Da mit höherem Kapitalbestand mehr produziert werden kann, führt eine Erhöhung der **Sparquote** (Ersparnis in % des BIP) zu einem höheren Wachstum. Andererseits geht mit einem höheren Kapitalbestand ein höherer **Kapitalverschleiß** während der Produktion einher (Abschreibungen). Reicht die volkswirtschaftliche Ersparnis gerade aus, um den Verschleiß auszugleichen (nur Ersatz und keine Nettoinvestitionen), dann wächst die Wirtschaft nicht mehr. Ohne Bevölkerungswachstum und technischen Fortschritt bezeichnet man diesen Zustand als **Steadystate**. Jeder Sparquote ist ein anderer Steadystate zugeordnet. Somit stellt sich die Frage, welcher Steadystate und damit verbunden welche Sparquote für eine Volkswirtschaft am sinnvollsten ist. Denjenigen Steadystate, der mit dem höchsten Konsumniveau pro Kopf verbunden ist, nennt man **Golden-Rule-Niveau des Kapitalstocks**. Wenn die Bevölkerung bzw. die Zahl der Erwerbstätigen wächst, sind die zusätzlichen Personen mit demselben Pro-Kopf-Kapitalbestand auszustatten wie die bereits vorhandenen. Während die (Netto)Investitionen den Pro-Kopf-Kapitalbestand erhöhen, verringern Abschreibungen und Bevölkerungswachstum diese Größe. Für einen konstanten Kapitalbestand pro Kopf müssen die Investitionen so hoch sein, dass sie ausreichen, um die Abschreibungen zu decken und die neuen Erwerbstätigen mit Kapital auszustatten.

Die Rolle des „Residuums"

Betrachtet man nur die Faktoren Arbeit und Kapital (verstanden als Nettoinvestitionen) und stellt fest, welchen anteiligen Beitrag diese Faktoren zum durchschnittlichen Wachstum leisten, dann verbleibt ein beträchtlicher Rest, das so genannte Residuum, das auf keinen dieser beiden Faktoren zurückgeführt werden kann. Es wird dem **technischen Fortschritt** zugeschrieben. Dieser kann entweder auf Kapital und Arbeit in gleicher Weise wirken (neutraler technischer Fortschritt) oder nur auf Arbeit oder Kapital (arbeits- bzw. kapitalvermehrender technischer Fortschritt). Ist der technische Fortschritt arbeitsvermehrend, dann wirkt er wie das Bevölkerungswachstum auf den Pro-Kopf-Kapitalbestand. Die Investitionen müssen gemäß der Fortschrittsrate erhöht werden, damit der Pro-Kopf-Kapitalbestand einer Gesellschaft konstant bleibt.

Neuere Wachstumstheorien

In den letzten Jahren haben sich die Wirtschaftswissenschaftler stärker mit den einzelnen Faktoren des Wachstums beschäftigt, vor allem mit dem technischen Fortschritt und dem Humankapital.

Der technische Fortschritt wird wesentlich geprägt von den Anstrengungen für **Forschung und Entwicklung (FuE)** sowie für Innovationen, d. h. die Einführung von besseren Verfahren oder Produkten. **Humankapital** meint die Gesamtheit aller wirtschaftlich verwertbaren Fähigkeiten, Kenntnisse und Verhaltensweisen der (Erwerbs-)Personen einer Volkswirtschaft. Der Wert des Humankapitals wird maßgeblich vom Qualifikationsniveau der Erwerbspersonen bestimmt.

▸ 1 Entwicklung des Auslastungsgrads und des Wachstums des gesamtwirtschaftlichen Produktionspotenzials

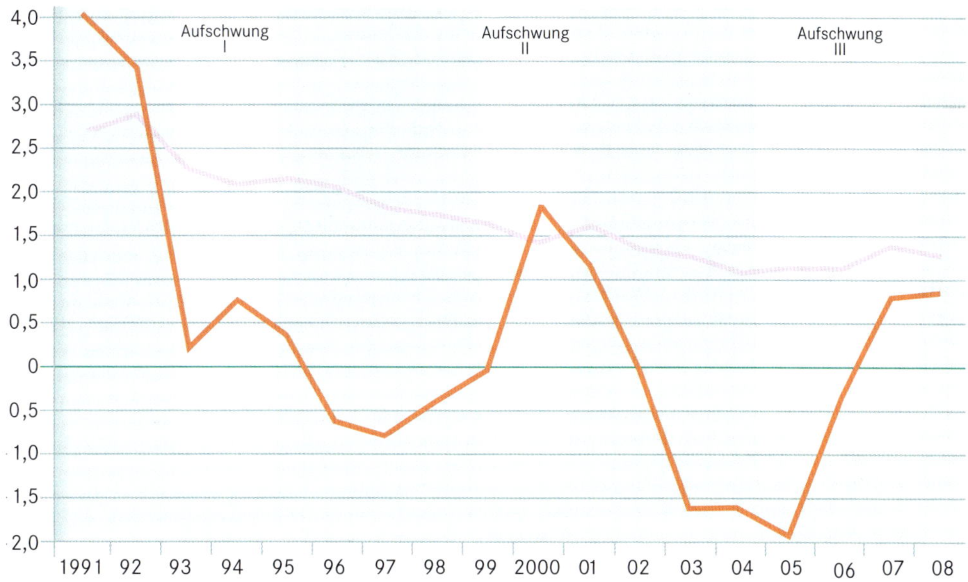

Quelle: Sachverständigenrat zur Begutachtung der gesamtwirtschaftlichen Entwicklung.

▸ 2 Investitionen und Wirtschaftswachstum in Deutschland

▸ Zwischen 1992 und 2008 ist das reale Wirtschaftswachstum tendenziell im Vergleich zu früheren Zeiträumen zurückgegangen (durchschnittliche Wachstumsrate 1970–91 2,75 %, 1992–2008 1,5 %). Dies trifft auch auf die Investitionsquote zu. Die Zeitreihen belegen den positiven Zusammenhang zwischen Investitionstätigkeit und Wirtschaftswachstum.

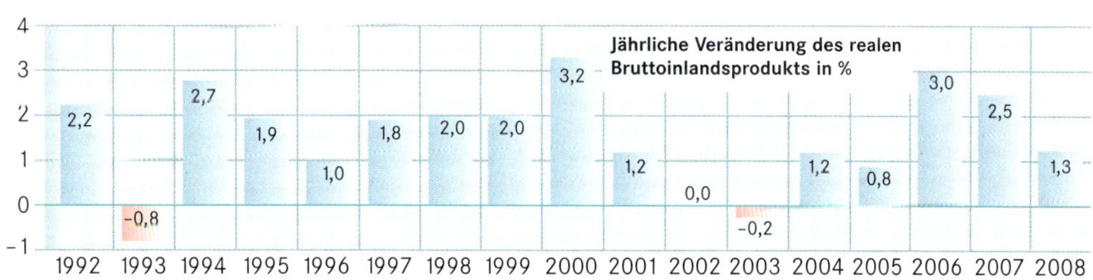

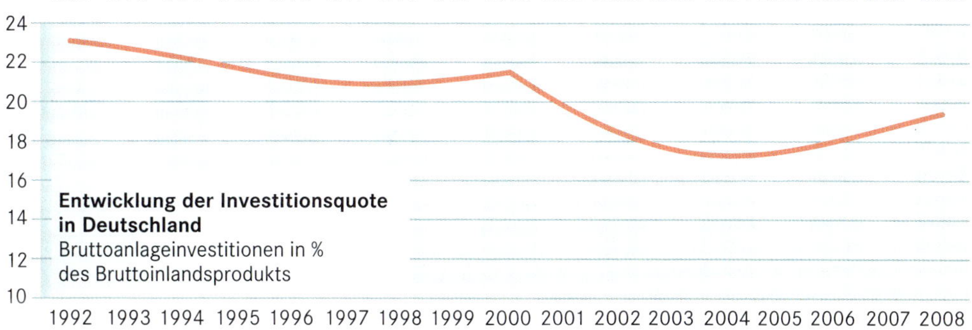

Quelle: Statistisches Bundesamt.

Nachhaltige Entwicklung

Nachhaltige Entwicklung (englisch Sustainable Development) ist ein Leitbild der Umwelt- und Entwicklungspolitik. Es bezeichnet einen globalen Zivilisationsprozess, der die Lebenssituation der heutigen Generation verbessert (Entwicklung) und gleichzeitig die Lebenschancen künftiger Generationen bewahrt (Erhalt der Umwelt).

Was ist Nachhaltigkeit?

Die Idee der nachhaltigen Entwicklung wurde durch den Bericht der **Brundtland-Kommission** „Unsere gemeinsame Zukunft" verbreitet. Dieser knüpft an die Umwelt- und Entwicklungsdiskussion der späten 1960er- und frühen 1970er-Jahre an, die sich im **Umweltprogramm der Vereinten Nationen (UNEP)** und im ersten Report des **Club of Rome** („Grenzen des Wachstums") niederschlug.

Ein Kernproblem des Konzepts der Nachhaltigkeit besteht darin, dass es sich nur schwer operationalisieren lässt: Weder ist es einfach, die Natur- und Umweltwirkungen des Wirtschaftens zu messen und zu bewerten, noch gibt es allgemein anerkannte Indikatoren für ökologisches Wirtschaften. Die neoklassische Denkschule geht von der schwachen Nachhaltigkeit aus: Ein schwindendes Naturkapital (Umweltschäden, schrumpfende Ressourcen) sei für künftige Generationen hinnehmbar, wenn dafür ein gleichwertiger Ersatz an produktivem Potenzial geschaffen werde (etwa in Form von Wissen und technischen Anlagen). Dagegen vertreten die Anhänger einer ökologischen Ökonomie die starke Nachhaltigkeit: Der Ersatz von Natur- und Humankapital sei nur begrenzt möglich, weil nachhaltiges Wirtschaften nicht auf einen bestimmten, überlebenswichtigen Bestand an Naturvermögen verzichten könne.

Instrumente zur Umsetzung von Nachhaltigkeit

Nachhaltigkeit lässt sich auf verschiedenen Wegen umsetzen. Bei **erneuerbaren Ressourcen** werden Nutzungsquoten ausgehandelt, wie etwa bei Fischbeständen, in Gestalt von nationalen Fangquoten. Eine Preiserhöhung für einen Rohstoff begünstigt dessen sparsamere Verwendung ebenso wie die Erschließung von Rohstoffquellen, die zum bisherigen Preis unwirtschaftlich waren. Das zeigt sich etwa am Erdöl: Nachdem die OPEC-Länder ihre Förderung gedrosselt hatten und der Ölpreis angestiegen war, wurde die Erschließung von Erdöl in der Nordsee wirtschaftlich; zudem wurde die Entwicklung von Alternativen – **nachwachsende Rohstoffe** (etwa Rapsöl als Treibstoff) oder andere **erneuerbare Energien** angestoßen.

Ein weiterer Ansatz hat zum Ziel, die Energie- und Materialintensität der Wertschöpfung zu verringern und so das Wirtschaftswachstum vom Ressourcenverbrauch zu entkoppeln **(qualitatives Wachstum).** Hierunter fallen die gezielte Wiederverwendung von Rohstoffen durch **Recycling** und das so genannte **Stoffstrommanagement.** Letzteres bedeutet, dass Materialien, Emissionen und Abfälle ganzheitlich betrachtet und nach Maßgabe ökologischer, ökonomischer und sozialer Ziele eingesetzt und bewertet werden.

Umsetzung auf internationaler Ebene

Nachhaltigkeit ist nicht nur eine Frage wirtschaftlich-technischer Optimierung. In einem weltweiten Abstimmungsprozess zwischen Industrie- und Entwicklungsländern müssen auch globale Probleme durch Abkommen gelöst werden, vor allem die Nutzung der Gemeinschaftsgüter, d. h. der Atmosphäre und der Ozeane. Eine wesentliche Rolle spielte hierbei die 1992 in Rio de Janeiro abgehaltene UN-Konferenz für Umwelt und Entwicklung **(UNCED, Erdgipfel, Riogipfel oder Umweltgipfel),** auf der die folgenden Dokumente unterzeichnet wurden: die **Klimarahmenkonvention,** die darauf zielt, die Emission von Treibhausgasen einzuschränken, und die Agenda 21, ein Aktionsprogramm für das 21. Jahrhundert, das Handlungsfelder, Umsetzungsmöglichkeiten, Akteure und Finanzierungsfragen benennt. Auf der dritten Klimakonferenz von Kyoto Ende 1997 wurden für die Industrieländer rechtlich verbindliche Mengenziele für die Emission von Kohlendioxid festgelegt und Umweltlizenzen als ein marktwirtschaftliches Instrument für den Handel mit Emissionen anerkannt. Das entsprechende **Kyoto-Protokoll** läuft 2012 aus, ein Nachfolgeabkommen konnte 2007 auf der 13. Klimakonferenz in Bali angebahnt werden.

Wesentlich für eine nachhaltige Entwicklung ist auch die Reduzierung des Weltbevölkerungswachstums, was die Stärkung der Rolle der Frau und die Bereitstellung von Mitteln für Bildung und Gesundheitsvorsorge voraussetzt. Bedeutsam ist auch die Frage, welchen Beitrag einzelne Kommunen zur Umsetzung der Beschlüsse von Rio leisten können **(lokale Agenda 21).** Die Industrieländer haben gegenüber der Dritten Welt aufgrund ihrer Technologien und Finanzmittel eine besondere Verpflichtung. Sie sind aufgefordert, die Umweltverträglichkeit ihrer Wirtschafts- und Konsummuster zu steigern.

▸ 1 Entwicklung wichtiger ökologischer Kenndaten in ausgewählten Ländern

	Energieverbrauch pro Kopf in kg Rohöleinheiten			Kohlendioxidausstoß pro Kopf in t		
	1980	1995	2006	1980	1995	2004
Angola	133	89	672[1]	0,8	0,4	0,7
Brasilien	602	772	1100	1,5	1,6	1,8
China	–	775[2]	1290	–	2,1[1]	3,8
Deutschland	4585	4156	3990	–	10,2	9,8
Frankreich	3528	4150	4140	9,0	5,8	6,0
Großbritannien	3571	3786	3730	10,4	9,3	9,8
Indien	137	260	380	0,5	1,0	1,2
Italien	2456	2821	3080	6,6	7,2	7,8
Nigeria	139	165	718[1]	1,0	0,8	0,9
Russland	5499	4079	4960	–	12,3	10,6
USA	7928	7905	7800	19,9	20,8	20,6

1) 2002 – 2) 1990

Quelle: Weltbank.

▸ 2 Umweltbezogene Steuern und Gebühren in Deutschland

Art der Besteuerungsgrundlage nach OECD/Eurostat-Klassifikation		In Deutschland steuer- bzw. gebührenpflichtig	Anmerkungen
Luftemissionen		ja[1]	
Chlorfluorkohlenstoffe, Halone, andere ozonschädigende Stoffe		nein	
Abwasser		ja	Gebührenerhebung für Abwasserbeseitigung
Abfall	allgemein	ja	Gebührenerhebung für Abfallbeseitigung
	einzelne Produkte (z. B. Batterien, Reifen, Altöl, Verpackungen)	nein	Eine Verpackungssteuer wird in einzelnen Gemeinden, aber nicht flächendeckend erhoben[2].
Lärm		nein	
Energieerzeugnisse	für Transportzwecke	ja	Mineralölsteuer; Mehrwertsteuer, Ökosteuer
	für andere Zwecke	ja	Mineralölsteuer; Mehrwertsteuer, Ökosteuer
Verkehrsbezogene Bemessungsgrundlage	Kraftfahrzeuge (einmalig, z. B. beim Erwerb, bei der Registrierung	ja	Mehrwertsteuer bzw. Einfuhrumsatzsteuer beim Erwerb eines Kfz; Zulassungsgebühr
	Betrieb von Kraftfahrzeugen	ja	Kraftfahrzeugsteuer
Dünge- und Pflanzenschutzmittel		ja	Mehrwert- bzw. Einfuhrumsatzsteuer

1) Die Betreiber von Energieanlagen müssen für die Teilnahme am zum 1. Januar 2005 eingeführten Emissionsrechtehandel eine Emissionshandelsgebühr an die im Umweltbundesamt angesiedelte Deutsche Emissionshandelsstelle entrichten. Die Emissionsberechtigungen selbst werden kostenlos ausgegeben.

2) Die verpackungsbezogenen „Beiträge" zum sogenannten Dualen System Deutschland („Grüner Punkt") sind keine Zahlungen an die öffentliche Hand und insofern nicht den Steuern und Gebüren zuzurechnen.

Wachstum und Strukturwandel

Langfristig betrachtet, wachsen alle Volkswirtschaften. Im Lauf dieses Prozesses vollzieht sich ein allmählicher Strukturwandel. Einerseits wandeln sich agrarisch geprägte Wirtschaften hin zu Industriegesellschaften, andererseits tendieren industrialisierte Volkswirtschaften zu Informations- und Dienstleistungsgesellschaften.

Messung und Triebkräfte

Als Merkmal für den Strukturwandel gilt allgemein der Rückgang insbesondere des primären wie auch des sekundären Sektors bei gleichzeitiger Zunahme des tertiären Sektors. Der **primäre Sektor** umfasst Land- und Forstwirtschaft sowie Fischerei, der **sekundäre Sektor** das Waren produzierende Gewerbe. Letzteres besteht vor allem aus der **Industrie** (in der amtlichen Statistik als verarbeitendes Gewerbe bezeichnet), dem Bergbau und dem Baugewerbe. Der **tertiäre Sektor** umfasst die Dienstleistungen. Gängige Strukturkennziffern sind der Anteil der jeweiligen Sektoren am Bruttoinlandsprodukt, an der Bruttowertschöpfung oder an der Gesamtzahl der Beschäftigten (Abb. 1, 2).

Die Quellen von Wirtschaftswachstum – Bevölkerungs- bzw. Beschäftigungswachstum, technischer Fortschritt und Nettoinvestitionen – sind auch die wesentlichen Triebkräfte für strukturellen Wandel. Zusätzlich können staatliche Maßnahmen zur Förderung oder Behinderung eines bestimmten Wirtschaftszweiges den Strukturwandel prägen. Schließlich beeinflusst vor allem die gesamtwirtschaftliche Nachfrage die Wirtschaftsstruktur, wenn sich die Verbrauchergewohnheiten und die Struktur der Güternachfrage ändern.

Technischer Fortschritt und Strukturwandel

Produktinnovation und **Prozessinnovation**, Aktivitäten in der Grundlagenforschung und Forschungs- und Entwicklungsaktivitäten führen einerseits zu neuen Arbeitsformen, andererseits zu neuen Produkten, die die Existenz von Unternehmen sichern. Strukturwandel ist so das Resultat eines dauerhaften Wettbewerbs um Absatzmärkte und kostengünstigere Verfahren. Alte Produkte werden durch neue ersetzt, die entweder billiger hergestellt werden können oder den Bedürfnissen der Konsumenten besser entsprechen.

Ein Beispiel für eine Technologie, die den Strukturwandel maßgeblich beschleunigt hat, ist der PC. Er hat ganze Berufsfelder verschwinden, aber auch neu entstehen lassen, er hat neue Wirtschaftszweige wie etwa die Softwarebranche hervorgebracht. Strukturwandel zeigt sich auch darin, dass bislang getrennte Bereiche wie etwa die Computer, die Unterhaltungs-, die Medien- und die Telekommunikationsindustrie zusammenwachsen und neue Wachstumsfelder wie etwa das Internet entstehen.

Strukturwandel und Wirtschaftspolitik

Der Strukturwandel lässt sich nicht aufhalten, sondern bestenfalls bremsen. Akteure sind neben den betroffenen Interessengruppen häufig staatliche Organe. So ist der deutsche Steinkohlenbergbau im internationalen Vergleich zwar völlig unrentabel, wird aber durch staatliche **Subventionen** aufrechterhalten. Die Anpassung des Ruhrgebiets an die Anforderungen einer modernen Wirtschaft wird dadurch verzögert. Exemplarisch ist auch die Energiewirtschaft, in der seit den 1950er-Jahren die Atomenergie energisch vorangetrieben und staatlich gefördert wurde, während heute ein Ausstieg aus dieser Technologie zugunsten alternativer Energieträger (Solarenergie, Biomasse und Windenergie) vorbereitet wird. Strukturwandel wird auch gebremst, weil manche Länder bestimmte industrielle Kapazitäten etwa aus Prestige- oder Autarkiegründen erhalten wollen (Rüstungsproduktion) oder weil sozialpolitische Ziele (sozialverträglicher Arbeitsplatzabbau) andernfalls vernachlässigt würden.

Der Strukturwandel, der sich auch in zunehmender Internationalisierung **(Globalisierung)** ausdrückt, ist Argument sowohl für als auch gegen Staatseinfluss: Einerseits wird gesagt, dass es nur einem einflussreichen Staat gelinge, den Strukturwandel in eine gesellschaftspolitisch akzeptierte Richtung zu lenken. Dagegen steht die Auffassung, dass ein Rückzug des Staates durch Deregulierung und Privatisierung sowie die Stärkung des Wettbewerbs die besten Garanten für einen sinnvollen, beschäftigungsfördernden Strukturwandel seien.

Veränderte Qualifikationsanforderungen

Im Allgemeinen zieht Strukturwandel eine langfristige, **strukturelle Arbeitslosigkeit** nach sich, weil bestimmte Berufe wegfallen und bestimmte Qualifikationen veralten. Über einen sehr lagen Zeitraum betrachtet führt er allerdings zu einem höheren Beschäftigungsniveau. Dennoch ist es die Aufgabe einer effektiven Arbeitsmarkt- und Bildungspolitik, vor dem Hintergrund immer neuer Anforderungen an die Qualifikation der Arbeitnehmer neue Konzepte zu entwickeln.

▸ 1 Veränderung des Anteils von Landwirtschaft, Industrie und Dienstleistung am Bruttoinlandsprodukt (BIP)

▸ in ausgewählten Ländern 1980 (Säulen nach links) und 2006 (Säulen nach rechts)

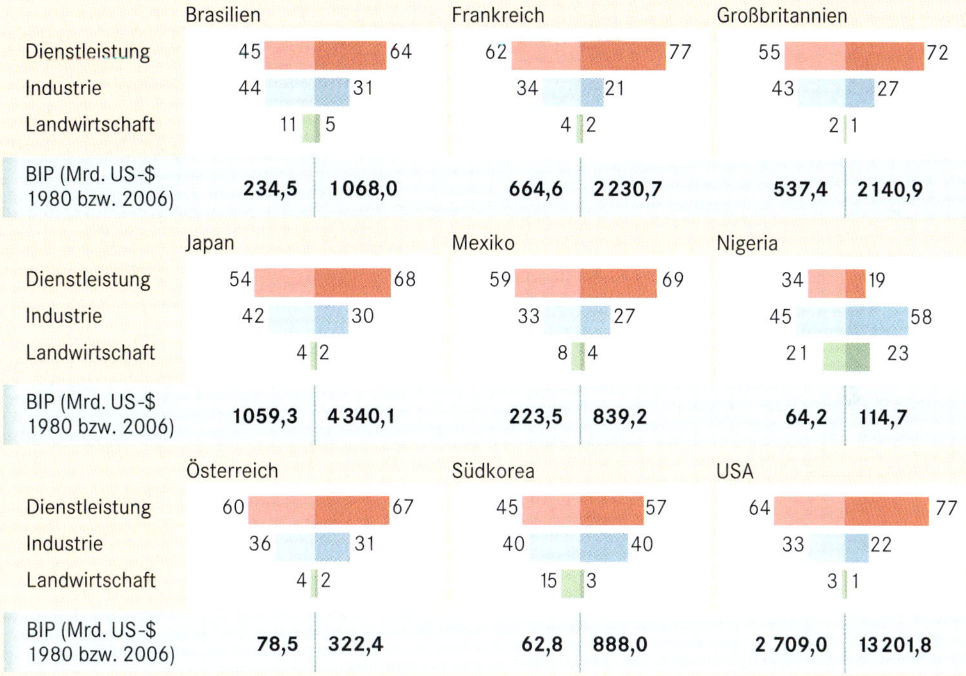

Quelle: Weltbank: Weltentwicklungsbericht 2008.

▸ 2 Veränderung der Anteile der Wirtschaftsbereiche an der Bruttowertschöpfung in Deutschland 1970 und 2008

1970 | 325,26 Mrd. Euro

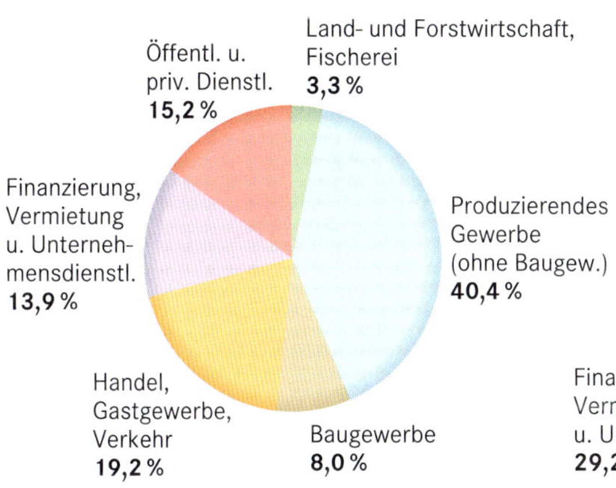

2008 | 2489,4 Mrd. Euro

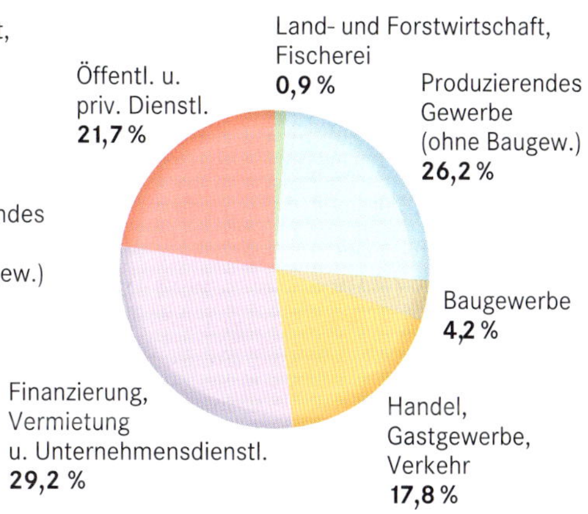

Räumliche Wirtschaftsentwicklung

Volkswirtschaften unterliegen beträchtlichen Veränderungen. Vormals prosperierende Regionen verlieren im Zug eines strukturellen Wandels an Bedeutung, andere Regionen erleben eine wirtschaftliche Blütezeit.

Was bestimmt die regionale Wirtschaftsstruktur?

Die strukturelle Veränderung zwischen den Regionen ist das Resultat von Marktprozessen oder auch einer bewusst betriebenen staatlichen Wirtschaftsförderung. Die regionale Verteilung von Produktionsstätten ist im Allgemeinen nicht gleichmäßig. Typisch ist vielmehr, dass sich wirtschaftliche **Ballungsgebiete**, so genannte **Agglomerationen** oder **Verdichtungsräume**, bilden, in denen sich Bevölkerung und Arbeitsplätze konzentrieren. Häufig bilden die Hauptstädte von Ländern, aber auch besonders verkehrsgünstig gelegene Gebiete solche Wirtschaftszentren.

Weitere Kriterien für die **Standortwahl** eines Unternehmens **(Standortfaktoren)** sind Rohstoffvorkommen, günstige Verkehrs- und Kommunikationsflächen, ein geeignetes Angebot an Grundstücken und Entsorgungseinrichtungen, Kundennähe, Arbeitskräftepotenzial, Bildungseinrichtungen, Wirtschaftsförderung und niedrige örtliche Steuern. Wenn sich in einem Raum eine bestimmte Industrie angesiedelt hat, kommt es im weiteren Verlauf auch zur Ansiedelung von Produktionsstätten der Weiterverarbeitung – in den Erdölhäfen entstehen häufig auch Raffinerien, im Ruhrgebiet folgten den Kohlenzechen die Betriebe der Stahlindustrie.

Marktbedingte räumliche Entwicklungen

Regionen gewinnen oder verlieren an Bedeutung – je nach dem Schwerpunkt ihrer wirtschaftlichen Struktur. Da die norddeutschen Werften gegenüber der ausländischen Konkurrenz nicht mehr wettbewerbsfähig waren, mussten immer mehr von ihnen schließen, und die ehemals wohlhabenden Küstenregionen büßten an wirtschaftlicher Bedeutung ein. Für Hamburg kam hinzu, dass nach dem Zweiten Weltkrieg das Hinterland fehlte, welches früher den Hafen nutzte. Das Ruhrgebiet und das Saarland sind weitere Beispiele für eine räumliche Verschiebung der wirtschaftlichen Aktivitäten. Das ehemalige Zonenrandgebiet (der an die ehemalige DDR und die Tschechische Republik angrenzende Ostteil Westdeutschlands) war bis zur Wiedervereinigung ausgesprochen strukturschwach, denn fehlendes Umland, weite Transportwege und eine schlechte Infrastruktur hielten die Unternehmen von Ansiedlungen ab. Dafür gewannen andere Regionen, z. B. Rhein-Main-Gebiet mit Frankfurt als internationalem Bankenplatz und auch Bayern mit beträchtlichen industriellen Neuansiedlungen, an Bedeutung.

Während Rohstoffvorkommen entscheidende Standortfaktoren für die Industrie sind, verlieren sie mit dem Übergang zur Dienstleistungsgesellschaft an Bedeutung. Die modernen Informations- und Kommunikationsmedien machen es möglich, verschiedene Tätigkeiten standortunabhängig in der ganzen Welt auszuüben. Ein klassisches Beispiel hierfür ist die Entwicklung von Software in Indien, die über das Internet rasch zum Mutterunternehmen gesendet werden kann. Gesunkene Transportkosten begünstigen die Dezentralisierung der Produktion und bringen es mit sich, dass die Verkehrsanbindung immer bedeutender wird. Neben qualifizierten Arbeitskräften spielt hier insbesondere der Lohnunterschied eine große Rolle. Je lohnintensiver ein Unternehmen arbeitet, desto eher ist das Management bereit, den Standort in ein Niedriglohnland zu verlagern.

Staatliche Entwicklungsförderung

Neben den Marktkräften spielt die staatliche **Wirtschaftsförderung** eine wichtige Rolle für die regionale Entwicklung. **Regionalpolitik** wird auf allen Ebenen betrieben. So unterhält die EU einen Strukturfonds zur Förderung strukturschwacher Gebiete. Auf Bundesebene werden ebenfalls Förderprogramme aufgelegt, aber die Hauptlast tragen die Länder und Kommunen. Insbesondere die Gemeinden können mit attraktiven Steuersätzen versuchen, Unternehmen für Neuansiedlungen zu gewinnen.

Die steuerlichen Anreize müssen aber mit einer Entwicklung der regionalen Infrastruktur einhergehen. Hierzu zählen Straßen, Kanäle, Bahn- und Flugverbindungen, Schulen, Universitäten und Forschungsstätten sowie Kultur- und Freizeitangebote.

Es kann zu räumlichen Veränderungen zwischen Staaten oder Wirtschaftsräumen kommen, wenn eine protektionistische Politik wie etwa Importquotierung betrieben wird oder hohe Zölle erhoben werden. Dies kann ausländische Unternehmen zur Verlagerung ihres Standorts in das entsprechende Wirtschaftsgebiet veranlassen. Schließlich ist der steuerliche Wettbewerb zwischen den Staaten zu nennen. Hier war in den 1990er-Jahren insbesondere Irland erfolgreich.

Die Bedeutung der Städte und Verdichtungsräume in Deutschland

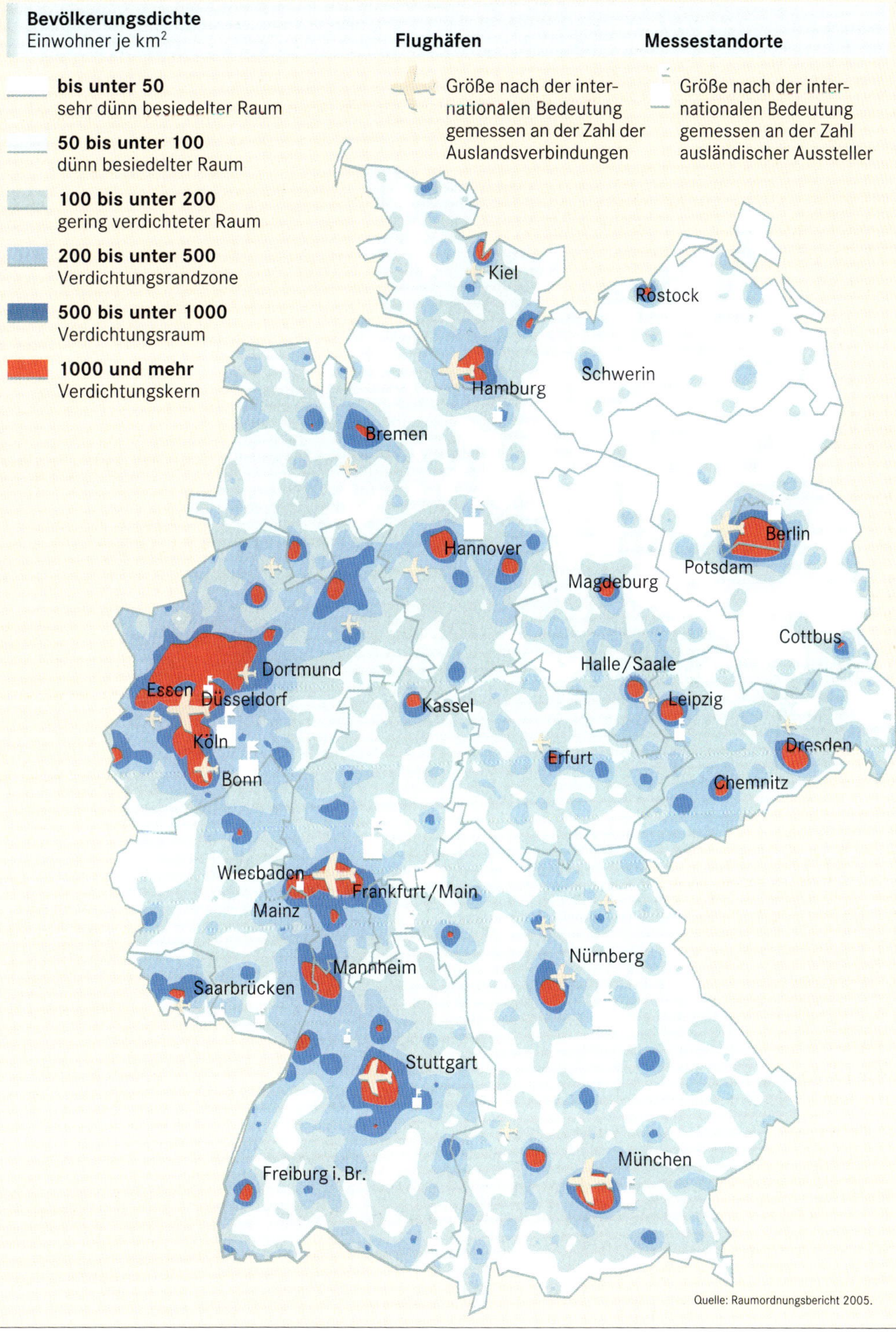

Quelle: Raumordnungsbericht 2005.

Grenzen des Wachstums

Seit dem Erscheinen des gleichnamigen Berichts des Club of Rome im Jahr 1972 sind die „Grenzen des Wachstums" ein stehender Begriff. Seinerzeit wurde die künftige Entwicklung pessimistisch eingeschätzt, da vor allem die nicht erneuerbaren Ressourcen (Erdöl und andere Energieträger) begrenzt sind.

Schonende Nutzung der natürlichen Ressourcen

Da **Rohstoffe** einerseits als Vorprodukte und als Energieträger benötigt werden, andererseits aber die Rohstoffvorkommen endlich sind, ist dem Wirtschaftswachstum eine natürliche Grenze gesetzt. Darüber hinaus hat der Einsatz von Rohstoffen Nebenwirkungen, die zu einer Schädigung der Umwelt und einer Verschlechterung der Lebensbedingungen führen können.

Die Studie des Club of Rome bewirkte – wie auch die **Umweltbewegung** – eine zunehmende Einsicht in die mit dem wirtschaftlichen Handeln verbundene Umweltproblematik. Das Bestreben, sparsam mit knappen Rohstoffen umzugehen und sie möglichst wieder zu verwenden **(Recycling)** und den Produktionsprozess möglichst in Form geschlossener Kreisläufe zu organisieren **(Kreislaufwirtschaft)**, gewann an Raum. Weitere Beispiele, in denen ein Umdenken festzustellen ist, beziehen sich auf die Rodung von Regenwäldern und die damit einhergehenden klimatischen Veränderungen, auf die Freisetzung (Emission) von Schadstoffen in die Atmosphäre und auf den Schutz von Fischbeständen durch die Festlegung von Fangquoten. Solarenergie und die Verbrennung von Biomasse für eine ökonomisch effizientere Energieerzeugung sind ebenso Beispiele für ökologische Innovationen wie der Katalysator für Autos. Alle diese Maßnahmen und Innovationen zielen darauf ab, weiteres Wirtschaftswachstum zu ermöglichen, ohne die natürlichen Energiequellen unnötig rasch aufzuzehren.

Wie viel Wachstum ist nötig?

In der Diskussion um die Grenzen des Wachstums ist insbesondere die Frage umstritten, welches Wachstumsniveau die Umwelterfordernisse bestmöglich berücksichtigt (Abb. 1). Anfänglich spielte insbesondere die Forderung nach einem **„Nullwachstum"** eine große Rolle, die der undifferenzierten Forderung nach Wachstum um jeden Preis gegenübergestellt wurde.

Nullwachstum bedeutet bei einer wachsenden Bevölkerung allerdings zwangsläufig, dass das Pro-Kopf-Einkommen abnimmt. Damit muss nicht unbedingt ein Rückgang des Wohlstands einhergehen, wenn man bedenkt, dass das Nationaleinkommen auch Güter umfasst, deren Nutzung mit Umweltbelastungen einhergeht oder aber schlicht dazu dient, umweltbedingte Gesundheitsbelastungen wie Allergien auszugleichen. Um hier genauer unterscheiden zu können, wurde der Begriff des **qualitativen Wachstums** eingeführt, und mit der **Umweltökonomischen Gesamtrechnung** und den **Ökobilanzen** wurde ein neues methodisches Instrumentarium geschaffen.

Die Diskussion um die angemessene Wachstumsrate ist auch deswegen sehr bedeutsam, weil ein gewisses Wachstum als unerlässlich gilt, um die Arbeitslosigkeit abzubauen. Vor dem Hintergrund der Kontroverse, ob und in welchen Branchen Umweltschutz Arbeitsplätze schaffen kann, ist die Frage nach dem richtigen Wachstumsniveau umso interessanter. Wachstum muss vor allem dort erfolgen, wo Technologien und Produkte hervorgebracht werden, die die Umweltbelastung verringern.

Entwicklungsländer und Wachstum

Wachstumsgrenzen werden auch im Zusammenhang mit dem anhaltenden **Bevölkerungswachstum** erörtert. Das Problem, dass die Bevölkerung insbesondere in den Entwicklungsländern stark wächst (Abb. 2), wird noch dadurch verschärft, dass diese im Vergleich mit den Industrieländern in puncto Konsum einen großen Nachholbedarf haben. Indes werden die von den Industrieländern im internationalen Umweltschutz geforderten Anstrengungen (z. B. Investitionen zur Reduzierung von Schadstoffen) von vielen Entwicklungsländern als Beschneidung ihres Wohlstandsbedürfnisses kritisiert. Diese Haltung macht einvernehmliche umweltpolitische Regelungen ebenso schwierig wie andererseits die Weigerung der Industrieländer, einen durchgreifenden Beitrag zur Finanzierung des Umstiegs auf umweltverträglichere Formen des Wirtschaftens zu leisten.

Um der Gefahr des Treibhauseffekts aufgrund des wachsenden Ausstoßes von Kohlendioxid und anderen Treibhausgasen zu begegnen, hat sich die UNO seit der Konferenz von Rio de Janeiro 1992 für eine **Klimarahmenkonvention** eingesetzt. Auf Folgekonferenzen in Kyoto (1997), Buenos Aires (2004) und Bali (2007) einigte man sich auf eine Reduzierung der Emissionen, die Einführung des Handels mit Lizenzen zum Ausstoß von Schadstoffen und die Übertragung technischen Knowhows von Europa auf die Schwellenländer.

▸ 1 Umweltverbrauch bei unterschiedlichen Wachstumsverläufen

▸ Die Linien 1, 2 und 3 markieren die unterschiedlichen Stadien der Schädigung der Umwelt. Oberhalb von Linie 3 ist die Absorptionsfähigkeit der Umwelt absolut überschritten; es entstehen unumkehrbare Schäden (z. B. Löcher in der Ozonschicht).
Die anfängliche Regenerationsfähigkeit wurde irgendwann im 19. Jahrhundert überschritten (Punkt 4). „P“ bezeichnet den Punkt, ab dem eine Abkopplung der Wirtschaftsentwicklung vom bisherigen Trend des quantitativen Wachstums erfolgte. Mit der einsetzenden Umweltpolitik fand der Übergang von den Wachstumspfaden 5 und 6 hin zu Pfad 7 statt. Ein Null-Wachstum hat unterschiedliche Effekte, je nachdem, welche Umstrukturierungen der Wirtschaft hin zu Vermeidungs- und Recyclingtechnologien erreicht werden. Beim qualitativen Wachstum (9) nimmt die Produktion zu unter der Bedingung gleicher oder sogar steigender Umweltqualität. Ein rein ökologischer Pfad (10) wäre mit einem Rückgang von Produktion und materiellem Wohlstand verbunden.

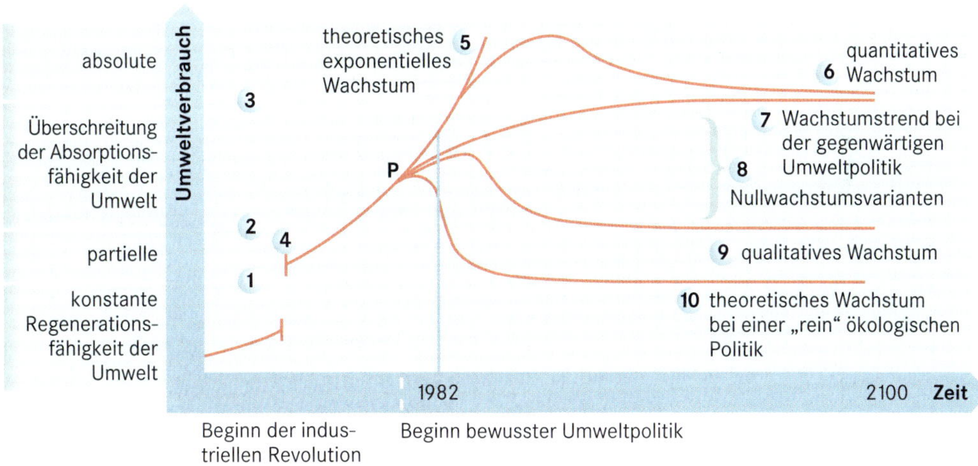

▸ 2 Das Wachstum der Weltbevölkerung

▸ Vorausberechnungen der UN nach drei Varianten für 2000 – 2025 (in Mio.)

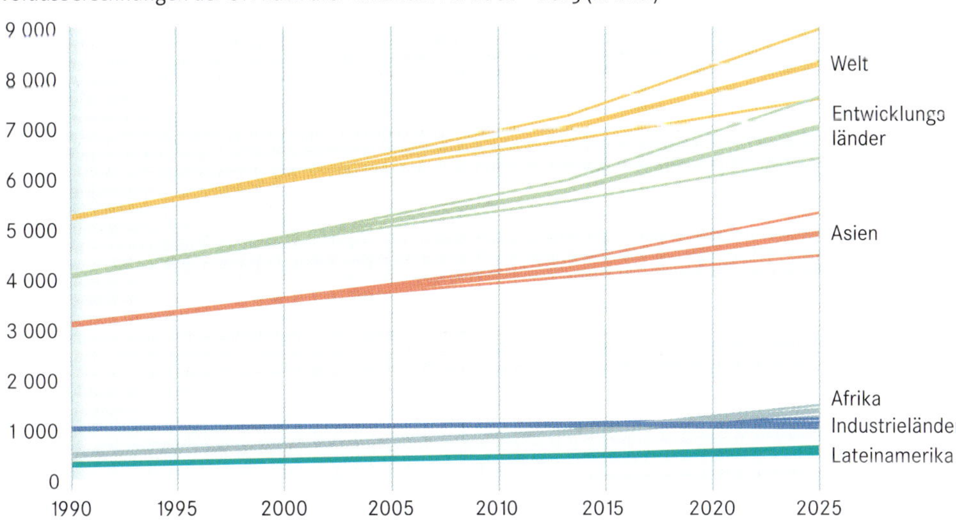

Einkommensverteilung

Die Einkommensverteilung in einem Land gibt an, wie sich das erwirtschaftete Volkseinkommen (Sozialprodukt) auf die Eigentümer der Produktionsfaktoren Arbeit, Boden und Kapital oder auf bestimmte Personengruppen aufteilt.

Primäre Einkommensverteilung

Die **Verteilungstheorie** unterscheidet bei der primären Einkommensverteilung in funktionale und personale Einkommensverteilung (Abb. 1). Die funktionale spiegelt wider, in welchem Ausmaß die Eigentümer der verschiedenen **Produktionsfaktoren** aus deren Nutzung Einkommen in Form von Lohn (Arbeit), Zins (Kapital) oder Pacht (Boden) erzielen konnten. Von besonderem Interesse ist dabei die Lohnquote: der Anteil, den die Beschäftigten am Volkseinkommen haben, im Vergleich zur Gewinnquote: dem Anteil der Einkommen aus Unternehmertätigkeit und Vermögen (Abb. 2).

Die Unterscheidung zwischen Löhnen und Gewinnen ist jedoch unzulänglich, weil hierbei unberücksichtigt bleibt, dass auch Lohnbezieher aus Geldanlagen Vermögenseinkünfte erzielen können. Auf der anderen Seite werden Topmanager – wenn sie abhängig beschäftigt sind – mit ihren Gehältern bei den Arbeitseinkommen erfasst. Deswegen wird bei der **personalen Einkommensverteilung** nicht nach der ökonomischen Herkunft des Einkommens gefragt, sondern danach, welche Personengruppen wie viel verdienen. Ein Instrument zur Darstellung der Verteilung nach diesem Kriterium ist die **Lorenzkurve** (Abb. 3).

Umverteilung

Von vorrangiger Bedeutung für die wirtschaftenden Menschen ist die **sekundäre Einkommensverteilung.** Diese trägt dem Umstand Rechnung, dass die Bruttoeinkommensverteilung von der Verteilung des verfügbaren Einkommens abweicht, weil sie durch **Umverteilung (Redistribution)** verändert wird. Welche Umverteilungsprozesse wirksam werden, ist vor allem von der Finanz- und der Sozialpolitik abhängig, da Steuern und Sozialabgaben die Primäreinkommen mindern und der Staat an bestimmte Personengruppen Transferzahlungen leistet. Diesen Zahlungen stehen keine ökonomischen Gegenleistungen gegenüber, weil sie sozialpolitisch begründet sind und z. B. einkommensschwachen Haushalten in Form von Sparförderung zufließen.

Lohnquote und Gewinnquote

Die Verteilungstheorie beschränkt sich darauf, zu erklären, wie eine gegebene Verteilung zustande kommt. Normative Bewertungen, d. h. Urteile darüber, ob eine bestimmte Verteilung gerecht oder ungerecht ist, nimmt sie nicht vor. Dies ist Thema der Verteilungspolitik und wird von verschiedenen Interessengruppen (vor allem Gewerkschaften, Unternehmerverbänden) und Parteien diskutiert.

In der öffentlichen Diskussion spielen die Lohn- und die Gewinnquote eine wichtige Rolle, allerdings sind einige methodische Schwierigkeiten zu berücksichtigen. So muss zwischen der **unbereinigten** und der **bereinigten Lohnquote** unterschieden werden. Letztere berücksichtigt, dass der Anteil der abhängig Beschäftigten an den Erwerbstätigen zu- und die Zahl der Selbstständigen abgenommen hat. Sie erfasst also den Anteil der Einkommen aus unselbstständiger Arbeit am Volkseinkommen, der sich bei konstanter Beschäftigtenstruktur ergeben hätte.

Verteilungstheorien

Die **Grenzproduktivitätstheorie** ist der Kern der neoklassischen Verteilungstheorie (angebotsorientierter Ansatz). Unter der Annahme einer ideal funktionierenden Marktwirtschaft wird ein Unternehmen so lang zusätzliche Arbeitskräfte einsetzen, bis der Gegenwert der zuletzt eingekauften Arbeitsstunde gerade noch die Herstellkosten deckt. So besteht eine Tendenz zur Angleichung von Lohnsatz und Grenzprodukt.

Die keynesianische Verteilungstheorie (nachfrageorientierter Ansatz) geht davon aus, dass die neoklassischen Annahmen (vollkommene Konkurrenz, Veränderlichkeit aller Preise, Vollbeschäftigung aller Produktionsfaktoren) in der Regel nicht erfüllt sind, und kommt zu folgendem Ergebnis: Die Unternehmer können ihren Gewinnanteil am Volkseinkommen durch höhere Investitionsausgaben und die Arbeitnehmer insgesamt durch eine höhere Sparquote vergrößern.

Die Vertreter der Machttheorien (**Monopolgradtheorie,** Marxismus) nehmen an, dass die Unternehmer die Macht haben, einen Gewinnaufschlag auf die variablen Kosten durchzusetzen bzw. sich den Mehrwert der Arbeit anzueignen, um so die Gewinnquote zu erhöhen.

Weitere Erklärungsansätze greifen auf unterschiedlich hohe Investitionen in die Schul- und Berufsausbildung oder auf eine unterschiedliche Risikoneigung von Selbstständigen und abhängig Beschäftigten zurück.

▸ 1 Einkommensverteilung: Betrachtungsmodelle

primäre Einkommensverteilung
(als Ergebnis von Marktprozessen)

funktional
(nach Einkommensarten)

z. B.
- Lohn
- Pacht
- Zins
- Unternehmensgewinn

personal
(nach Einkommensbeziehern)

z. B.
- Arbeitnehmer
- Selbstständige
- Rentner, Pensionäre

sekundäre Einkommensverteilung
(als Ergebnis staatlicher Umverteilungspolitik)

- Steuern
- Gebühren und Beiträge
- Sozialabgaben

- Sozialleistungen
- Subventionen
- öffentliche Infrastruktur

▸ 2 Die unbereinigte Lohnquote in Deutschland (1994–2007)

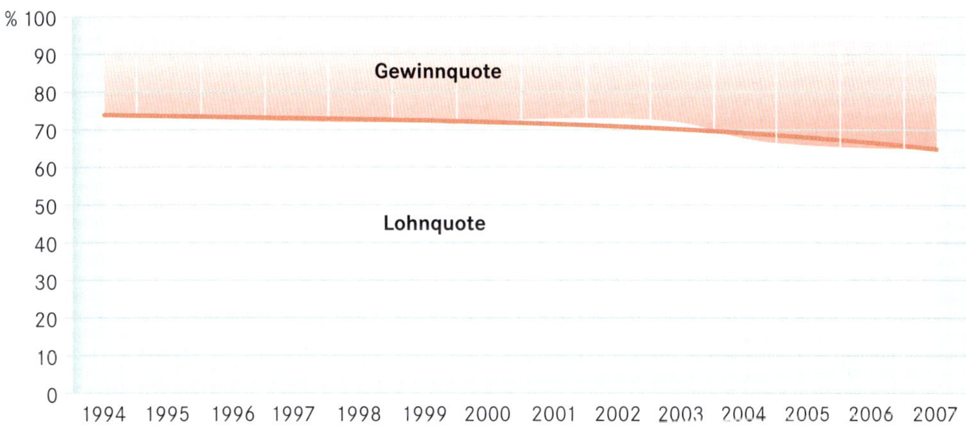

Quelle: Statistisches Bundesamt.

▸ 3 Die Lorenzkurve

▸ Die nach ihrem Entwickler, dem amerikanischen Statistiker Max O. Lorenz (1880–1962), benannte Kurve verdeutlicht den Grad der (Un-) Gleichverteilung der betrachteten Einkommen: Sie zeigt, wie viel Prozent der Einkommensbezieher wie viel Prozent des Einkommens erhalten. Bezögen alle das gleiche Einkommen, dann erhielten z. B. 10 % der Einkommensbezieher auch 10 % des Gesamteinkommens; die Kurve wäre grafisch eine Gerade (eingezeichnet). Tatsächlich aber wölbt sich die Kurve (vgl. die Beispielkurven für die Bundesrepublik Deutschland), das kann etwa heißen, dass die untersten 10 % der Einkommensbezieher weniger als 10 % des Gesamteinkommens erhalten, die obersten 10 % dagegen mehr.

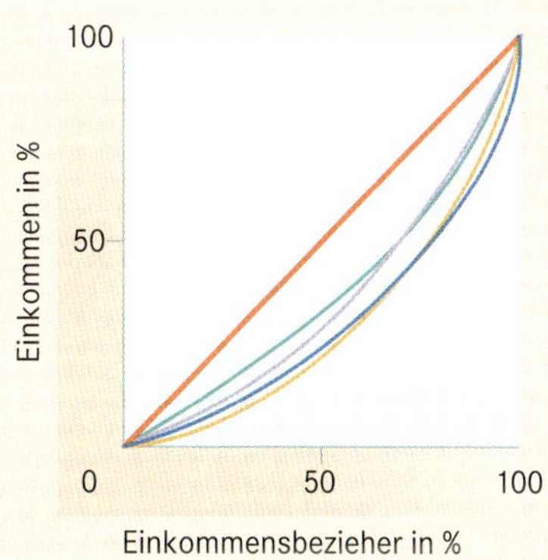

Kurve der Gleichverteilung — 1955 — 1974 — 1983 — 2001

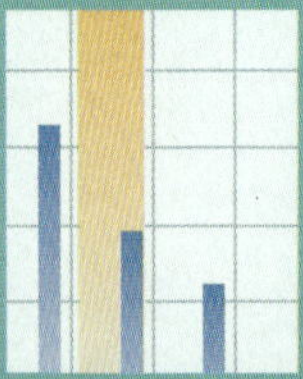   

Wirtschaft und Staat

Der Staat setzt und überwacht den Ordnungsrahmen für die Wirtschaft und beeinflusst das Wirtschaftsgeschehen in vielerlei Hinsicht. Den Hintergrund hierfür bilden die gesamtwirtschaftlichen Ziele Wachstum, Beschäftigung, Geldwertstabilität und außenwirtschaftliches Gleichgewicht sowie wettbewerbspolitische, strukturpolitische, branchenspezifische und sozialpolitische Ziele. Die Ausgaben, die bei der Erfüllung seiner Aufgaben anfallen, finanziert der Staat vor allem durch Steuern.

Inhalt

Angebotspolitik

Angebotspolitik setzt mit ihren Maßnahmen zur Inflationsbekämpfung und Wachstumsförderung auf der Angebotsseite der Wirtschaft an. Sie steht damit im Gegensatz zur keynesianisch geprägten Nachfragepolitik, die vorrangig die gesamtwirtschaftliche Nachfrage beleben will, um ausreichendes Wachstum zu erreichen.

Theoretische Grundlagen

Die theoretischen Grundlagen für die Angebotspolitik bilden die **Neoklassik**, die Ende des 19. Jahrhunderts die Nationalökonomie um Elemente der Mikroökonomie erweiterte, und der **Monetarismus**. Milton Friedman (1912–2006), der Begründer des Monetarismus, verhalf der Neoklassik in den 1960er-Jahren zu einer Renaissance -seit der Weltwirtschaftskrise (1929 -1933) hatte der **Keynesianismus** die Wirtschaftstheorie dominiert.

Die Angebotsökonomik geht prinzipiell davon aus, dass der private Sektor in sich stabil ist. Eine Ökonomie, die durch Störungen von außen aus dem Gleichgewicht gerät, findet langfristig von alleine wieder ins Gleichgewicht. Eingriffe des Staates können diesen Prozess nur verzögern, im schlimmsten Fall aber selbst Störungen verursachen. Einen Nachfragemangel, wie ihn Keynesianer als Ursache für Arbeitslosigkeit vermuten, gibt es aus angebotsorientierter Sicht nicht. Jedes Angebot schafft sich seine Nachfrage **(saysches Theorem).** Denn wenn Waren oder Dienstleistungen produziert werden, entstehen Einkommen, die nach Jean Baptiste Say (1767–1832) wieder eine kaufkräftige Nachfrage bilden. Keynesianer vermuten hingegen, dass aufgrund einer langfristig eintretenden Sättigung der Bedürfnisse die gesamtwirtschaftliche Nachfrage zu schwach werde, um die Produktionskapazitäten auszulasten und die Arbeitslosigkeit zu reduzieren. Angebotstheoretiker halten diesem Argument entgegen, dass die Marktwirtschaft ein permanenter Prozess der „schöpferischen Zerstörung" ist. Nach Joseph A. Schumpeter (1883–1950) treten zwar durchaus in manchen Märkten Sättigungstendenzen auf, doch es entstehen laufend neue Märkte. Eine wichtige Rolle spielt dabei der „Pionierunternehmer", der für Innovationen sorgt, d. h. neue Produkte und Wachstumsmärkte erschließt oder die Produktionsmethoden für schon vorhandene Waren und Dienstleistungen verbessert. Der dauernde Strukturwandel in einer Volkswirtschaft verhindere daher eine allgemeine Sättigung.

Ordnungspolitik und Staatsversagen

Die monetaristische Angebotspolitik sieht grundsätzlich keinen Anlass für den Staat, in das Wirtschaftsgeschehen einzugreifen. Der Monetarist ist skeptisch gegenüber diskretionären (fallweisen) Staatseingriffen, denn diese würden nach seiner Überzeugung die Wirtschaft eher destabilisieren. Auch sollte der Staat nicht versuchen, zyklisch auftretende konjunkturelle Schwankungen zu glätten.

Eine gemäßigte Angebotspolitik vertritt in Deutschland der Sachverständigenrat zur Begutachtung der gesamtwirtschaftlichen Entwicklung. Er hält Staatseingriffe für erwünscht, wenn damit ein **Marktversagen** (z. B. mit der Umweltpolitik) korrigiert werden soll. Außerdem hat der Staat eine wichtige Rolle, weil er für die notwendige Infrastruktur sorgt (z. B. Straßenbau), Rahmenbedingungen für die Bildung setzt oder durch Sozialpolitik individuelle Härten mildert. Dass der Staat primär für die Rahmenbedingungen einer Wirtschaft zuständig ist, indem er Maßnahmen der Ordnungspolitik durchführt, betonen auch moderate Angebotspolitiker. Er sollte aber nicht als Unternehmer auftreten, da er nicht effizienter arbeitet als der Markt **(Staatsversagen).** Wo kein Marktversagen vorliegt, sollte er durch Deregulierung und Privatisierung dem Markt eine Chance geben (z. B. Deregulierung in der Telekommunikation).

Wirtschaftspolitische Schlussfolgerungen

Ziel der Angebotspolitik ist es, das gesamtwirtschaftliche **Produktionspotenzial,** also die Produktionsmöglichkeiten bei Vollbeschäftigung aller volkswirtschaftlichen Produktionsfaktoren, stetig zu erhöhen. Die Nachfragepolitik will demgegenüber zyklische Schwankungen der gesamtwirtschaftlichen Produktion ausgleichen.

Die wirtschaftspolitischen Forderungen der Angebotsökonomen betreffen viele Politikfelder (Abb. 1), die sich in der Diskussion um die internationale Wettbewerbsfähigkeit des „Wirtschaftsstandorts Deutschland" wieder finden. Kritisch zu sehen ist die monetaristische Angebotsökonomik, denn es ist unbestreitbar, dass der deutsche Staat durch seine Sozialgesetzgebung zur gesellschaftlichen Stabilität viel beigetragen hat. Eine Reduzierung der Steuerlast ist behutsam vorzunehmen, um bewährte Sicherungssysteme nicht zu gefährden und die Finanzierung von öffentlichen Gütern zu gewährleisten. Dass ein Senken der Steuersätze das Steueraufkommen erhöht, wie es das **Laffer-Theorem** (Abb. 2) behauptet, wurde bisher empirisch nicht bestätigt.

▸ 1 Zentrale Elemente und Forderungen der moderaten Angebotsökonomik

traditionelle Elemente			
Wettbewerbspolitik	**Geldpolitik**	**Fiskalpolitik**	**Lohnpolitik**
Verbot von Kartellen Verhinderung von Marktmacht Privatisierung Deregulierung Abbau von Subventionen	regelgebundene statt diskretionäre Maßnahmen Unabhängigkeit der Zentralbank flexible Wechselkurse	geringerer Staatsverbrauch Reduktion der gesamten Steuerbelastung durchsichtigeres Steuersystem Abbau der Staatsverschuldung	am Produktivitätsfortschritt orientierte Lohnsteigerungen regionale und sektorale Differenzierungen im Lohn Flexibilisierung des Arbeitsmarktes (z. B. reduzierter Kündigungsschutz) Minderung der Lohnzusatzkosten
neuere Elemente			
Sozialpolitik	**Forschungspolitik**	**Bildungspolitik**	**Umweltpolitik**
insgesamt niedrigeres Niveau sozialer Unterstützung Unterstützung anreizkompatibel gestalten, damit z. B. die Aufnahme einer Arbeit lohnend bleibt	Förderung von Grundlagenforschung gezieltere Förderung von Wachstumstechnologien	kürzere Ausbildungszeiten mehr marktwirtschaftliche Elemente (z. B. freie Wahl des Studienplatzes, Studiengebühren, Entlohnung der Professoren nach Leistung)	weniger ordnungsrechtliche Regulierungen mehr marktwirtschaftliche Elemente (z. B. Handel von Umweltzertifikaten) wenn Ökosteuern, dann europaweit, um Wettbewerbsnachteile zu vermeiden

▸ 2 Das Laffer-Theorem

- Arthur B. Laffer (* 1940) vertritt die Hypothese, dass Steuersatzsenkungen in bestimmten Fällen zu steigenden Steuereinnahmen führen. Denn die Reduzierung eines hohen Steuersatzes regt die Leistungsbereitschaft der Menschen an und kann die Schattenwirtschaft verringern.

In der Grafik (Laffer-Kurve) bewirkt eine Senkung des Steuersatzes von t_1 auf $t_{optimal}$ einen Anstieg beim Steueraufkommen von T_1 auf $T_{maximal}$. Weitere Senkungen des Steuersatzes würden jedoch das Steueraufkommen wieder verringern.

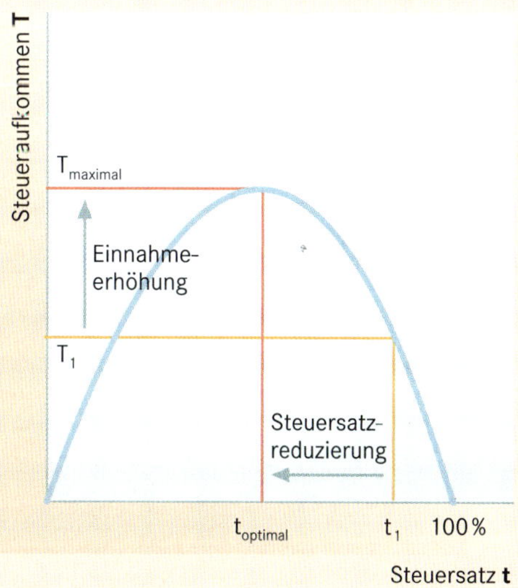

Nachfragepolitik

Im Gegensatz zur Angebotspolitik setzt die nachfrageorientierte Wirtschaftspolitik an der gesamtwirtschaftlichen Nachfrage an. Sie durch eine expansive Geld- oder Fiskalpolitik zu stimulieren, sei der Schlüssel zur Überwindung von Arbeitslosigkeit und Wachstumsschwäche.

Der Ausgangspunkt: unvollkommene Märkte

Wirtschaftstheoretische Grundlagen der Nachfragepolitik sind das Werk von John M. Keynes (Abb. 1) und die daran anknüpfenden Arbeiten von Keynesianern wie John R. Hicks (1904 – 1989), Alvin H. Hansen (1887 – 1975) und Nicholas Kaldor (1908 – 1986).

Unter dem Eindruck der Weltwirtschaftskrise gelangte Keynes zu der Überzeugung, dass fortwährende Unterbeschäftigung möglich sei, weil sich ein Gleichgewicht auf dem Arbeitsmarkt nicht automatisch einstelle. Eine wichtige Ursache für andauernde **Unterbeschäftigung** besteht Keynes zufolge darin, dass die Märkte unvollkommen sind und daher nicht im neoklassischen Sinne funktionieren können. Die Starrheit von Löhnen und anderen Preisen lähmt die Marktkräfte. Passen sich die Löhne nicht schnell genug an, entsteht Arbeitslosigkeit.

Als Lösung schlug Keynes vor, der Staat solle durch Ausgabenprogramme die gesamtwirtschaftliche Nachfrage erhöhen, was wiederum mehr Beschäftigung bewirken würde. Die staatlichen Mehrausgaben sollten vor allem durch Kredite finanziert werden.

Kurzfristige Konjunkturpolitik

Keynes' Theorie beruht auf einer kurzfristigen Analyse des Wirtschaftsprozesses. Er fordert, die Nachfrage im Konjunkturabschwung zu stützen und in Boomzeiten zu drosseln. Dazu sollen die Geld- und die Fiskalpolitik eingesetzt werden **(antizyklische Finanzpolitik).** Niedrige Zinsen erhöhen die Nachfrage nach Investitions- und Konsumgütern. Eine zusätzliche Staatsnachfrage stößt Investitionen beispielsweise im Wohnungsbau an. Umgekehrt sollen im Boom höhere Zinsen und Steuern sowie ein verringerter Staatsverbrauch die Konjunktur dämpfen.

Während im Rahmen der **Angebotspolitik** versucht wird, langfristig das gesamtwirtschaftliche Produktionspotenzial zu erhöhen, ist nachfrageorientierte Konjunkturpolitik auf die Glättung kurzfristiger Nachfrageschwankungen, d. h. auf die Stabilisierung des Wirtschaftsprozesses gerichtet (Abb. 2).

Langfristige Wachstumspolitik

Während Konjunkturentwicklung die Schwankungen um einen längerfristigen Trend bezeichnet, ist Wachstum die langfristige Trendentwicklung selbst. Eine erhöhte Nachfrage sollte nicht nur Konjunkturschwankungen ausgleichen, sondern auch langfristig das Wachstum einer Volkswirtschaft stärken. Dahinter steht die Vermutung, dass langfristig Sättigungstendenzen im Konsum eintreten, wofür als Indiz der Anstieg der makroökonomischen Sparquote gilt (Abb. 3). Diese Übertragung von Keynes' Ideen auf die lange Frist geht auf Hansen und Hicks zurück.

Nach dem Zweiten Weltkrieg fand die Nachfragepolitik weite Verbreitung. In Deutschland wurde sie in den 1970er-Jahren von Wirtschaftsminister Karl Schiller (1911 – 1994) unter der Bezeichnung **Globalsteuerung** praktiziert. Die Nachfragepolitik schlug sich in einem ständig steigenden Anteil des Staates an der gesamten Wirtschaftsleistung **(Staatsquote)** nieder. Als nach der Erdölkrise von 1973/74 hohe Arbeitslosigkeit und hohe Inflation (Stagflation) gleichzeitig auftraten, geriet der Keynesianismus in Erklärungsnot und wurde durch die Angebotspolitik abgelöst, v. a. unter Bundeskanzler Helmut Kohl (CDU, 1981 – 98). Seit den Regierungen Gerhard Schröder (SPD, 1998 – 2005) und Angela Merkel (CDU, seit 2005) findet die Nachfragepolitik wieder mehr Beachtung.

Kritische Sichtweise

Viele Ökonomen lehnen eine keynesianische Wachstumspolitik ab. Für sie bedeutet eine steigende Staatsquote, dass ein immer größerer Teil der Wirtschaft staatlich beeinflusst und die Privatinitiative eingeschränkt wird. Eine Erhöhung der Staatsnachfrage reduziert die Arbeitslosigkeit nicht, vor allem wenn diese strukturell bedingt ist, z. B. durch starre Tarifverträge. Darüber hinaus erhöht eine Nachfragepolitik, im Rahmen deren Haushaltsdefizite durch Kredite finanziert werden, die Staatsverschuldung. Will sie durch expansive Geldpolitik, d. h. sinkende Zinsen, die Investitionsnachfrage stimulieren, so besteht die Gefahr höherer Inflation. Der von Keynesianern angenommene positive Wachstumseffekt einer parallelen Erhöhung von Steuern und Ausgaben wird bezweifelt: Höhere Unternehmenssteuern können die Investitionsbereitschaft reduzieren; eine höhere staatliche Kreditaufnahme führt zu einer steigenden Zinsbelastung des Staates und vielleicht zur Verdrängung der privaten Kreditnachfrage **(Crowding-out).**

▸ 1 John Maynard Keynes

▸ John Maynard Keynes (1883–1946) ist einer der berühmtesten Nationalökonomen. Nach kurzer Zeit als Beamter war Keynes als Geschäftsmann und politischer Berater in England tätig. Seit 1909 gehörte er dem Kings College in Cambridge an, wo er 1920 bis 1946 eine Professur innehatte.
Sein Hauptwerk, „Die allgemeine Theorie der Beschäftigung, des Zinses und des Geldes" („The General Theory of Employment, Interest and Money", 1936), revolutionierte die Wirtschaftswissenschaften. Während die klassische Lehre den Schwerpunkt auf die Mikroökonomik legte, war die Lehre von Keynes auf die Makroökonomik ausgerichtet. Zentrale These ist, dass Unterbeschäftigung allein durch die Marktkräfte nicht vollständig abgebaut werden kann. Um die Märkte aus dieser Ungleichgewichtssituation zu befreien, plädierte Keynes für eine Stärkung der Nachfrage. Der Ansatz von Keynes bezog sich eher auf die kurze Frist. Spätere Interpretationen seiner Theorie übertrugen seine Analysen auch auf die lange Frist. Teilweise wurden dadurch seine ursprünglichen Aussagen in ihr Gegenteil verkehrt.

▸ 2 Gegenüberstellung der potenzialorientierten Angebotspolitik und der zyklusorientierten Nachfragepolitik

▸ Angebotsorientierte Erhöhung des Produktionspotenzial

▸ Nachfrageorientierte Glättung kurzfristiger konjunktureller Schwankungen

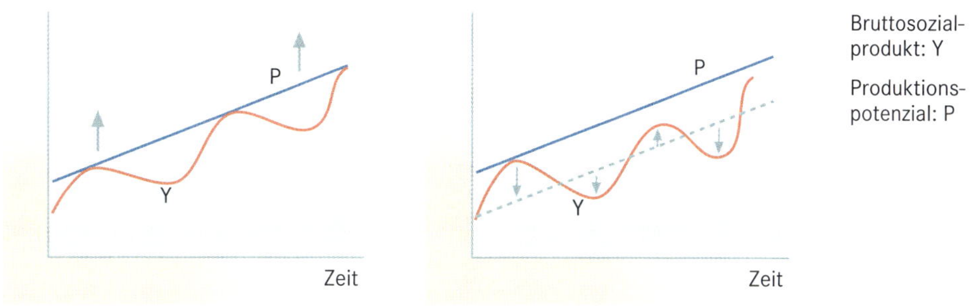

▸ 3 Entwicklung der Sparquote* in Deutschland

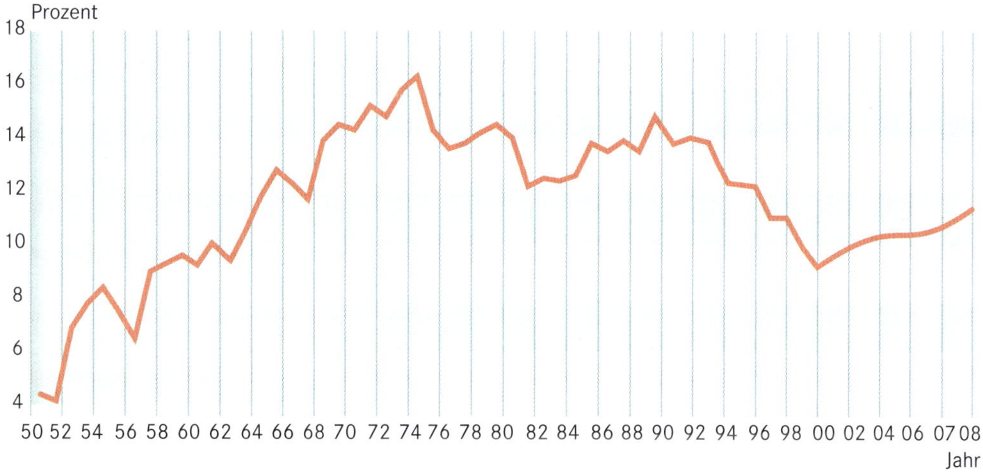

* Der Anteil der Ersparnisse am verfügbaren Einkommen

Public-Choice-Theorie

Die Public-Choice-Theorie ist im Grenzgebiet zwischen Wirtschafts- und Politikwissenschaften angesiedelt und ist Teil der neuen politischen Ökonomie. Sie beschäftigt sich mit der Erklärung wirtschaftspolitischer Entscheidungen in einer Demokratie.

Verfolgen Politiker gemeinnützige Ziele?

Der Ausdruck Public Choice („öffentliche Wahl") bildet begrifflich den Gegensatz zu den Wahlhandlungen, die Haushalte und Unternehmen auf Märkten vornehmen (**„Private Choice"**). Die Vordenker dieses politökonomischen Denkansatzes, wie etwa der amerikanische Wirtschafts-Nobelpreisträger James M. Buchanan (*1919), lehnen die traditionelle Sicht der Wirtschaftspolitik ab, wonach die wirtschaftspolitischen Akteure in erster Linie das Allgemeinwohl vor Augen haben. Sie halten einen solchen idealistischen Ansatz für naiv. So finden die wirtschaftspolitischen Ratschläge von Experten nur selten Gehör und es gelingt beispielsweise kaum, die gemeinwohlschädliche Subventionierung gut organisierter Lobbys abzubauen. Regelmäßig kommt es auch zum Missbrauch fiskal- und geldpolitischer Instrumente, um einen kurzzeitigen Konjunkturboom vor einer Wahl **(politischer Konjunkturzyklus)** zu erzeugen. All dies dürfte es bei nur dem Gemeinwohl verpflichteten Regierungen nicht geben.

Die naive Sichtweise beruht zudem auf einem methodischen Widerspruch. Seit Adam Smith (1723–1790) geht die ökonomische Theorie bei der Analyse des Verhaltens privater Akteure davon aus, dass diese im Rahmen ihrer Möglichkeiten ihren Nutzen bzw. Gewinn maximieren. Diese Annahme ist für die ökonomische Theorie grundlegend. Vor diesem Hintergrund ist die idealistische Sichtweise der Wirtschaftspolitik ein unverständlicher methodischer Bruch. Warum sollten nicht auch Politiker **eigennützige Ziele** verfolgen, da doch Haushalte und Unternehmen gerade dies annahmegemäß tun?

Auch Politiker maximieren ihren eigenen Nutzen

Die Public-Choice-Theorie beseitigt diese Widersprüchlichkeit und wendet das ökonomische Kalkül der **Nutzenmaximierung** auch auf das politische System an. Politikern unterstellt man demgemäß, ebenso wie Konsumenten und Unternehmen rational zu handeln und das größtmögliche Maß an persönlichem Nutzen zu verfolgen. Im Streben des Politikers spielt die Wiederwahl eine überragende Rolle: Sie allein sichert den Machterhalt und damit Einkommen und Prestige.

Mit diesem Ansatz werden viele wirtschaftspolitische Realitäten besser verständlich. Für den Politiker zählt beispielsweise nicht, was Experten zur langfristigen Problemlösung empfehlen, wenn er damit rechnen muss, dass ihn dementsprechende Maßnahmen bei der nächsten Wahl Stimmen kosten. Gemeinwohlschädliche Subventionen zugunsten von Interessengruppen hingegen können die Chancen einer Regierung, wieder gewählt zu werden, positiv beeinflussen. Dies gilt dann, wenn eine **Interessengruppe** (z. B. die Landwirte) sehr gut organisiert ist und gegen Kürzungen medienwirksam protestieren kann. Diesen durchsetzungsfähigen Interessengruppen gegenüber sind die Gruppen, die am Ende für die Subventionen aufzukommen haben, weniger gut organisiert: Steuerzahler und Verbraucher haben keine gleichermaßen effektive Interessenvertretung. Ein Beispiel: Für den einzelnen Steuerzahler ist die Mehrbelastung zugunsten des Steinkohlenbergbaus relativ gering, und deshalb hat er kaum einen Anlass, sich dagegen zu wehren. Der Steinkohlenkumpel hingegen hat einen massiven Anreiz, öffentlich zu demonstrieren.

Der Missbrauch der Geldpolitik zur kurzfristigen Beschäftigungssteigerung kann ebenfalls politökonomisch erklärt werden: Auch wenn eine expansive Geldpolitik kein Mittel zur dauerhaften Verringerung der Arbeitslosigkeit ist, kann sie kurzfristig um den Preis eines mit Verzögerung eintretenden Inflationsanstiegs zu mehr Beschäftigung beitragen. Kann eine Regierung die Geldpolitik beeinflussen, wird sie dies nutzen, um kurz vor der Wahl ein konjunkturelles Strohfeuer zu entfachen.

Empfehlungen haben institutionellen Charakter

Die Empfehlungen der Public-Choice-Theorie richten sich folglich vor allem auf institutionelle und verfassungsmäßige Reformen mit dem Ziel, die Eigennutzorientierung der Politik in Übereinstimmung mit dem Allgemeinwohl zu bringen. Für die Geldpolitik etwa lautet die Empfehlung, die Zentralbank unabhängig vom Einfluss der Regierung zu machen – eine Empfehlung, die nach leidvollen Erfahrungen mit hohen Inflationsraten inzwischen in vielen Industrieländern (so auch im europäischen Währungsraum) umgesetzt ist. Eine weitere Schlussfolgerung betrifft staatliche Interventionen bei Marktversagen: Liegt Marktversagen vor, dann verbessern staatliche Eingriffe nicht unbedingt die Lage, weil die Gefahr des Politikversagens besteht.

Wettbewerb im Zwei-Parteien-System um den Medianwähler am Beispiel der bevorzugten Staatsquote

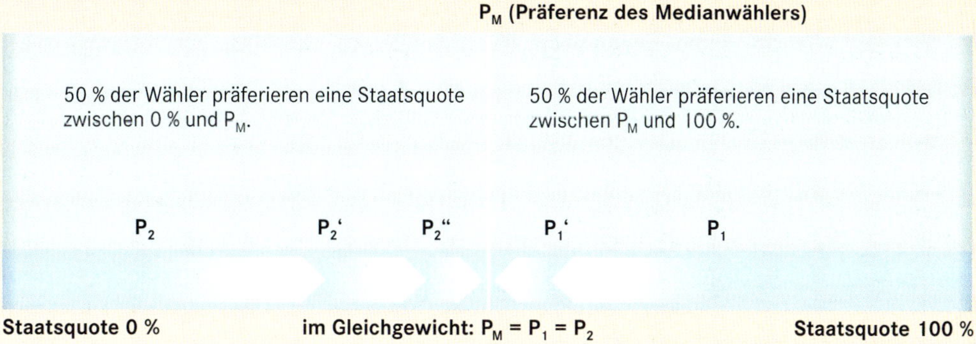

Ausgangspunkt der Programme:

Partei 1: P_1
Partei 2: P_2
Präferenz Medianwähler: P_M

Nächster Schritt der **Partei 2**: Programmänderung P_2 nach P_2‘
Nächster Schritt der **Partei 1**: Programmänderung P_1 nach P_1‘
Nächster Schritt der **Partei 2**: Programmänderung P_2‘ nach P_2“
usw.

Im Gleichgewicht haben beide Parteien die Präferenzen des Medianwählers P_M übernommen.

▸ Medianwählertheorem

Im Modell eines Zwei-Parteien-Systems bestimmt der Medianwähler (von Median, der mittlere Wert einer Zahlenreihe) mit seinen Präferenzen die Ausrichtung der Politik. In Bezug auf das bevorzugte politische Programm ist der Medianwähler derjenige, der die Wählerschaft in zwei Hälften teilt: eine Hälfte, die „mehr“ möchte, und eine Hälfte, die „weniger“ möchte.
„Mehr/weniger“ kann sich dabei etwa auf die Höhe der Staatsquote, aber auch auf die politische Präferenz beziehen und dann durch „links/rechts“ ersetzt werden. Können alle Wähler auf einer eindimensionalen Skala eingeordnet werden, dann ist in einem Zwei-Parteien-System die Stimme des Medianwählers wahlentscheidend: 50 % plus eine Stimme sichern die absolute Mehrheit. In einem Zwei-Parteien-System werden daher beide politische Seiten versuchen, mit ihrem Programm den Präferenzen des Medianwählers möglichst nahe zu kommen.

Diese Theorie bietet daher eine Erklärung für oftmals austauschbare Programme in Zwei-Parteien-Systemen.
Wichtig ist nun im Kontext der Public-Choice-Theorie, dass die Präferenzen des Medianwählers nicht unbedingt diejenigen sind, die das Gemeinwohl maximieren. Der Medianwähler wird z. B. in der im Sommer 2008 ausgebrochenen Finanzkrise zumindest anfangs gegen die staatliche Stützung von Banken votiert haben, um sich vor der Abwälzung von Verlusten durch privatwirtschaftliches Fehlhandeln auf ihn als Steuerzahler zu schützen. Das Medianwählertheorem bietet eine theoretische Erklärung dafür, dass die Politik Maßnahmen zur Krisenbekämpfung erst in Angriff nahm, nachdem ihr systemischer Charakter offenbar, das heißt nachdem z. B. klar geworden war, dass es ohne eine Staatsgarantie der Kundeneinlagen zu einem Bankensturm kommen würde.

Wirtschaftspolitische Beratung

Die Wirtschaftspolitik ist angesichts der Komplexität ökonomischer Zusammenhänge auf eine wissenschaftlich fundierte Beratung angewiesen. Dabei stellt sich das Problem, dass eine Beratungsleistung, die das Gemeinwohl bestmöglich fördern soll, Züge eines öffentlichen Gutes trägt.

Das Spektrum der Beratungsinstitutionen

Insgesamt profitiert die Gesellschaft von einer kompetenten Beratungsleistung; der einzelne Bürger oder das einzelne Unternehmen hat aber wenige Anreize, dafür zu zahlen. Demgegenüber besteht meist eine hohe Zahlungsbereitschaft für Beratungsleistungen, die einer Lobby zugute kommen. Ohne eine steuerfinanzierte Absicherung der wirtschaftswissenschaftlichen **Politikberatung** bestünde die Gefahr, dass die Berater in finanzielle Abhängigkeit von bestimmten Interessengruppen geraten. Die wirtschaftswissenschaftliche Forschung an den Universitäten ist zwar unabhängig, aber aufgrund ihrer Theorieorientierung oft nicht in der Lage, der Wirtschaftspolitik praxisorientierte Hilfestellung zu geben.

Vor diesem Hintergrund hat sich in vielen Ländern eine gemischte Landschaft wirtschaftspolitischer Beratungsinstitutionen herausgebildet. So wurden Expertengremien zur unabhängigen Beratung von Regierungen berufen. Nach dem Vorbild des US-amerikanischen „Council of Economic Advisors“ wurde in Deutschland 1963 der **Sachverständigenrat zur Begutachtung der gesamtwirtschaftlichen Entwicklung** gegründet. Daneben verfügen einzelne Ministerien über Wissenschaftliche Beiräte. Neben rein gewinnorientierten gibt es die gemeinnützigen unabhängigen Forschungsinstitute. Darüber hinaus leisten internationale Institutionen wie die OECD (Organisation für wirtschaftliche Zusammenarbeit und Entwicklung) und der Internationale Währungsfonds (IWF) wichtige Beiträge zur wirtschaftspolitischen Beratung der Mitgliedstaaten.

Der Sachverständigenrat zur Begutachtung der gesamtwirtschaftlichen Entwicklung

Die Mitglieder des Sachverständigenrats, die „**Fünf Weisen**“ (Abb. 1), sind in der Regel Universitätsprofessoren, die diese Funktion nebenamtlich wahrnehmen. Sie werden auf Vorschlag der Bundesregierung nach Anhörung der aktiven Mitglieder des Rats auf fünf Jahre berufen. Der Rat soll in seinem Gutachten, das jährlich am 15. November erscheint, die gesamtwirtschaftliche Entwicklung analysieren. Außerdem soll er darlegen, wie die Ziele des magischen Vierecks erreicht werden können. Das Gremium darf dabei zwar keine Empfehlungen aussprechen; faktisch umgeht der Rat dieses Verbot aber dadurch, dass er für verschiedene Alternativen deutlich macht, welche aus seiner Sicht die beste ist.

Die unabhängigen Forschungsinstitute

Die **Wirtschaftsforschungsinstitute** (Abb. 2) sind formal unabhängig. Ihre finanzielle Basis besteht aus einer staatlichen Grundfinanzierung – in der Regel aus den Haushalten von Bund und Ländern. Zum andern wird ein nicht unerheblicher Teil ihrer Etats durch bezahlte Auftragsforschung abgedeckt. Auftraggeber sind oftmals die Europäische Kommission sowie Bundes- und Länderministerien. Dazu kommen Projektfinanzierungen durch Einrichtungen der Forschungsförderung (z. B. Deutsche Forschungsgemeinschaft) und Stiftungen. Schließlich betreiben die Institute auch in begrenztem Umfang Studien für private Unternehmen.

Wissenschaftliche Beiräte der Ministerien

In Deutschland haben einige Bundesministerien **Wissenschaftliche Beiräte.** Besonders zu nennen sind die Wissenschaftlichen Beiräte beim Bundesministerium für Wirtschaft und Technologie sowie beim Bundesministerium für Finanzen. Diese Gremien sind unabhängig von der ministeriellen Hierarchie. In unregelmäßiger Folge veröffentlichen sie Gutachten zu zentralen Fragen der aktuellen Wirtschaftspolitik, ohne dabei auf die Position der aktuellen Regierung Rücksicht zu nehmen.

Probleme der Politikberatung

Der tatsächliche Einfluss der unabhängigen Beratungsinstitutionen auf die Wirtschaftspolitik ist umstritten. Oftmals entsteht der Eindruck, Gutachten würden für Partikularinteressen instrumentalisiert. Stellungnahmen, welche die Position einer Partei untermauern, werden besonders betont, kritische Forschungsergebnisse werden manchmal unter Verschluss gehalten.

Doch die angewandte Wirtschaftsforschung übt zumindest einen indirekten Einfluss auf die Entscheidungen aus. So haben etwa die Jahresgutachten des Sachverständigenrats eine erhebliche Medienresonanz und wirken auf die wirtschaftspolitische Meinungsbildung der Wähler und damit indirekt auf die Politik ein. Die Bundesregierung muss zu den Jahresgutachten Stellung nehmen.

1 Die „Fünf Weisen“

Vorsitzender: Prof. Dr. Dr. h. c. Wolfgang Franz Prof. Dr. Peter Bofinger Prof. Dr. Christoph M. Schmidt, Ph. D. Prof. Dr. Beatrice Weder di Mauro Prof. Dr. Wolfgang Wiegard Wiesbaden http://www.sachverstaendigenrat-wirtschaft.de	**Aufgaben:** periodische Begutachtung der gesamtwirtschaftlichen Lage und deren absehbarer Entwicklung (Jahresgutachten) wirtschaftswissenschaftliche Politikberatung Sondergutachten

2 Wirtschaftswissenschaftliche Forschungsinstitute in Deutschland

Arbeitsgemeinschaft deutscher wirtschaftswissenschaftlicher Forschungsinstitute e. V.
Vorsitzender: Prof. Dr. Klaus F. Zimmermann, Berlin

29 Mitgliedsinstitute, darunter:

Beteiligt an Gemeinschaftsgutachten über die Lage der deutschen Wirtschaft, jeweils im Frühjahr und im Herbst:

DIW Deutsches Institut für Wirtschaftsforschung
Präsident: Prof. Dr. Klaus F. Zimmermann
Mohrenstr. 58, 10117 Berlin
Telefon: 030/8 97 89-0
http://www.diw.de

HWWI Hamburgisches WeltWirtschaftsInstitut gGmbH
Direktor: Prof. Dr. Thomas Straubhaar
Heimhuder Straße 71, 20148 Hamburg
Telefon: 040/3405760
http://www.hwwi.org

ifo Institut für Wirtschaftsforschung e.V.
Präsident: Prof. Dr. Dr. h. c. Hans-Werner Sinn
Poschingerstraße 5, 81679 München
Telefon: 089/92 24-0
http://www.ifo.de

IfW Institut für Weltwirtschaft an der Universität Kiel
Präsident: Prof. Dennis Snower, Ph. D.
Düsternbrooker Weg 120, 24105 Kiel
Telefon: 0431/88 14-1
http://www.ifw-kiel.de

IWH Institut für Wirtschaftsforschung Halle
Präsident: Prof. Dr. Dr. h. c. Ulrich Blum
Kleine Märkerstraße 8, 06108 Halle (Saale)
Telefon: 0345/77 53-60
http://www.iwh-halle.de

RWI Rheinisch-Westfälisches Institut für Wirtschaftsforschung e.V.
Präsident: Prof. Dr. Christoph M. Schmidt, Ph. D.
Hohenzollernstraße 1–3, 45128 Essen
Telefon: 0201/81 49-0
http://www.rwi-essen.de

ZEW Zentrum für Europäische Wirtschaftsforschung GmbH
Präsident: Prof. Dr. Dr. h. c. mult. Wolfgang Franz
L 7,1, 68161 Mannheim
Telefon: 0621/12 35-01
http://www.zew.de

IW Institut der deutschen Wirtschaft Köln Consult GmbH
Direktor: Prof. Dr. Michael Hüther
Gustav-Heinemann Ufer 84–88
50968 Köln
Telefon: 0221/49 81-510
http://www.iwkoeln.de

WSI Wirtschafts- und Sozialwissenschaftliches Institut in der Hans-Böckler-Stiftung
Wissenschaftliche Direktorin: Prof. Dr. Heide Pfarr
Hans-Böckler-Straße 39, 40476 Düsseldorf
Telefon: 0211/77 78-0
http://www.wsi.de

Magisches Viereck

Rationale Wirtschaftspolitik muss auf klar definierten Zielen basieren. Für Deutschland sind im Stabilitätsgesetz von 1967 vier Ziele fixiert, an denen sich die Wirtschaftspolitik zu orientieren hat.

Unvermeidliche Zielkonflikte

Diese vier Ziele lauten: hoher **Beschäftigungsstand (Vollbeschäftigung)**, stabiles **Preisniveau**, **außenwirtschaftliches Gleichgewicht** und stetiges und angemessenes **Wirtschaftswachstum**. In ihrer Gesamtheit werden sie als magisches Viereck bezeichnet. „Magisch" bedeutet, dass die einzelnen Ziele aufgrund der wechselseitigen Abhängigkeit der sie beeinflussenden Faktoren nicht gleichzeitig und vollständig zu erreichen sind; nur ein Zauberer wäre deshalb in der Lage, wirtschaftspolitische Zielkonflikte zu vermeiden.

Vollbeschäftigung und stabiles Preisniveau

Vollbeschäftigung bedeutet keineswegs eine **Arbeitslosenquote** von 0 %. Ein Mindestmaß an Arbeitslosigkeit etwa aufgrund saisonaler Effekte (Eisverkäufer) oder von Suchprozessen (Vergleich verschiedene Arbeitgeber) ist unvermeidlich. Angesichts der heutigen hohen strukturellen Arbeitslosigkeit, verbunden mit der Langzeitarbeitslosigkeit bestimmter Gruppen (z. B. Ungelernte), wird dieses Ziel aber eindeutig verfehlt.

Bewegungen der Preise für Güter und Dienstleistungen sind in einer funktionierenden Marktwirtschaft notwendig, um bei wechselnden Bedingungen das Gleichgewicht von Angebot und Nachfrage zu wahren. Das Ziel der **Preisniveaustabilität** bezieht sich daher nicht auf die Preise einzelner Güter, sondern auf das allgemeine Preisniveau, wie es anhand von Preisindizes für die private Lebenshaltung gemessen wird. Das Preisniveau kann fallen (Deflation) oder steigen (Inflation). In beiden Fällen ist das Stabilitätsziel verletzt. Allerdings bedeutet ein stabiles Preisniveau nicht immer eine Inflationsrate von null. Mit Verweis auch auf statistische Messprobleme wird meist schon eine Inflationsrate von weniger als 2 % als Zielerfüllung gewertet.

Außenwirtschaftliches Gleichgewicht

Die Definition dieses Zieles dürfte die größten Probleme aufwerfen. Die Forderung etwa nach einem Ausgleich der Leistungsbilanz, d. h. nach der Gleichheit von Exporten und Importen, ist nicht generell sinnvoll. Eine Wirtschaft mit einem Leistungsbilanzüberschuss exportiert Kapital in die Welt. Es ist unter globalen Effizienzgesichtspunkten wünschenswert, dass hoch entwickelte Industrieländer über Leistungsbilanzüberschüsse Kapital exportieren und dass dieses Kapital in Entwicklungsländer fließt. Wichtig ist aber, dass die spiegelbildlichen Leistungsbilanzdefizite finanzierbar bleiben. Außenwirtschaftliches Gleichgewicht lässt sich daher mit einer langfristig tragbaren Leistungs- und Kapitalbilanz gleichsetzen.

Wirtschaftswachstum

Es ist unrealistisch, auch unter den günstigsten Voraussetzungen für Deutschland so hohe **Wachstumsraten** wie in den 1950er- und 1960er-Jahren zu erwarten. Gleichwohl versucht die Wirtschaftspolitik, durch Maßnahmen der Wachstumspolitik die Grundlagen für zukünftiges Wachstum zu verbessern und durch Maßnahmen der Konjunkturpolitik Schwankungen des Wachstums zu dämpfen. Mit der stärkeren Betonung der Umweltwirkungen des Wirtschaftens wird das Wachstumsziel weiter gefasst: Danach geht es vor allem um die Realisierung eines nachhaltigen Wachstums, das nicht durch Schadstoffbelastungen und Raubbau an endlichen Ressourcen wie Erdöl und Erdgas die Grundlage zukünftigen Wachstums vernichtet.

Verteilungsgerechtigkeit

Neben dem um die Idee der **Nachhaltigkeit** erweiterten magischen Viereck spielt auch die **Verteilungsgerechtigkeit** eine wichtige Rolle in der Wirtschaftspolitik (magisches Fünfeck).

Der Wunsch nach einer gerechten Einkommens- und Vermögensverteilung belegt, dass wirtschaftspolitische Ziele oft durch allgemeine gesellschaftspolitische Werte bestimmt werden. Der Ökonom ist als solcher nicht in der Lage, einen Maßstab für die Gerechtigkeit der Einkommensverteilung zu definieren. Dies ist vielmehr eine Aufgabe der politisch-gesellschaftlichen Diskussion. Allerdings gehört es zum Auftrag der Wirtschaftswissenschaftler, auf mögliche Zielkonflikte hinzuweisen. Ein Konflikt kann etwa zwischen dem Verteilungs- und dem Wachstumsziel bestehen. Werden aus Gerechtigkeitserwägungen mittels Steuer- und Sozialpolitik Einkommensunterschiede der privaten Haushalte verringert, kann dies leistungshemmend wirken, das Wirtschaftswachstum mindern und steigende Arbeitslosigkeit nach sich ziehen.

▸ 1 Das magische Viereck

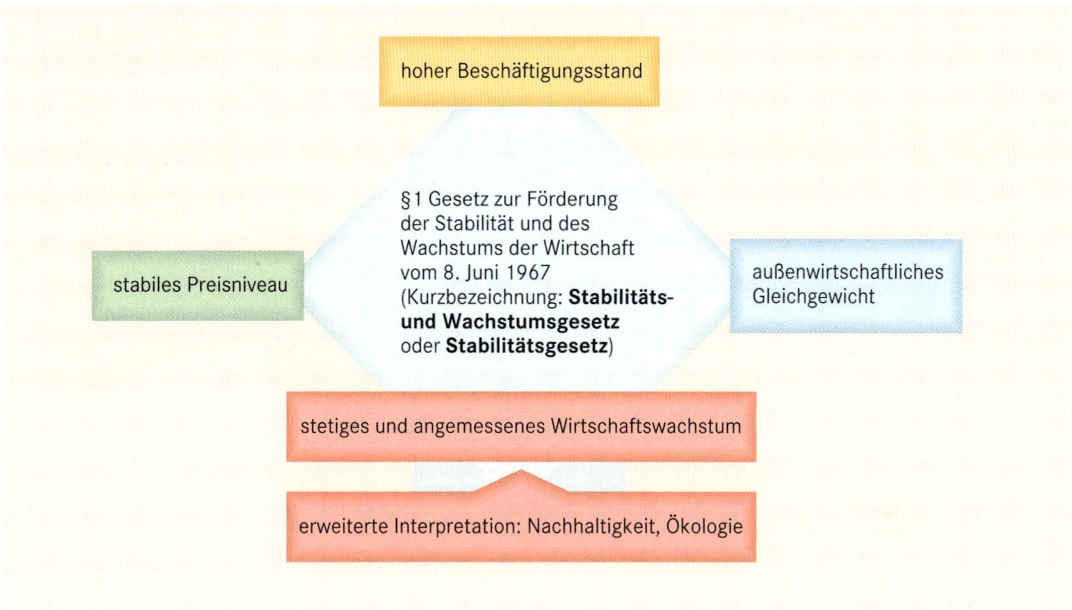

▸ 2 Methodik rationaler Wirtschaftspolitik

- Die Zieldefinition alleine reicht nicht aus, um rationale Wirtschaftspolitik zu betreiben. In einer Prognose muss jeweils ermittelt werden, inwieweit der Soll-Ist-Vergleich eine Zielverfehlung erwarten lässt. Ist eine Zielverfehlung zu erwarten, dann sind verschiedene Maßnahmen im Wege einer Ex-ante-Wirkungsanalyse (im Vorhinein) zu überprüfen im Hinblick darauf, ob sie eine Annäherung an das gesetzte Ziel erwarten lassen. Auf dieser Basis erfolgt dann die Wahl einer bestimmten Maßnahme. Nach Durchführung der Maßnahme ist im Rahmen einer Ex-post-Wirkungsanalyse (im Nachhinein) festzustellen, inwieweit die Maßnahme tatsächlich zum erhofften Ziel geführt hat.

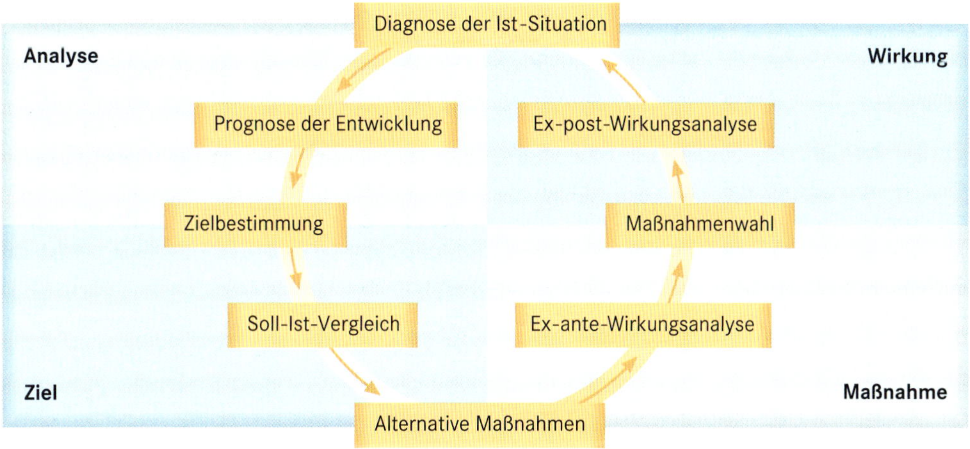

Konjunkturpolitische Instrumente

Ziel der Konjunkturpolitik ist es, den Abweichungen der gesamtwirtschaftlichen Aktivität von den Produktionsmöglichkeiten einer Volkswirtschaft entgegenzuwirken. Grundsätzlich unterscheidet man zwischen fiskal- und geldpolitischen Instrumenten der Konjunkturpolitik.

Fiskalpolitik und zeitliche Verzögerungen

Die Wahl der richtigen konjunkturpolitischen Instrumente hängt vor allem davon ab, welche Ursachen für konjunkturelle Schwankungen angenommen werden. Während neuere Theorien die Ursachen auch auf der Angebotsseite der Wirtschaft identifizieren, basiert die angewandte Konjunkturpolitik nach wie vor auf einer weitgehend nachfrageorientierten Erklärung von Konjunkturzyklen. In Deutschland wurde das verfügbare konjunkturpolitische Instrumentarium durch das Stabilitäts- und Wachstumsgesetz von 1967 erweitert.

Die Staatsausgaben sind direkt nachfragewirksam. Indirekt beeinflusst der Staat vor allem über die Höhe von Steuern die Konsum- und Investitionsnachfrage des privaten Sektors. Der Staatshaushalt kann also zur konjunkturpolitischen Beeinflussung der gesamtwirtschaftlichen Nachfrage genutzt werden. Oft wird eine aktive Konjunkturpolitik durch zeitraubende Entscheidungsprozesse erschwert, die zu Zeitverzögerungen (**Timelags**) führen können (Abb. 1). Das **Stabilitätsgesetz** setzt hier an und zielt mit seinen Instrumenten auf eine Verkürzung der Dauer des Entscheidungsprozesses durch vereinfachte Verfahren zur Nachfragesteuerung. Das Instrumentarium bietet Ansatzpunkte sowohl zur Konjunkturdämpfung im Boom als auch zur Konjunkturbelebung in der Rezession (Abb. 2).

Die Instrumente des Stabilitätsgesetzes

Zur Dämpfung der Konjunktur kann die Bundesregierung eine **Konjunkturausgleichsrücklage** bilden: Durch Rechtsverordnung kann sie die Stilllegung von öffentlichen Haushaltsmitteln bei der Bundesbank anordnen. Außerdem kann über ein vereinfachtes Verfahren die Einkommen- und Körperschaftsteuer um bis zu 10 % erhöht werden. Weitere dämpfende Effekte können durch die zeitweilige Verschlechterung von Abschreibungsbedingungen ausgelöst werden.

Zur Stimulierung der Wirtschaft in einer Rezession können zusätzliche Ausgaben- und **Investitionsprogramme** getätigt werden. Der Finanzminister kann zusätzliche Kredite aufnehmen. Die in der Konjunkturausgleichsrücklage angesammelten Beträge können durch Rechtsverordnung der Bundesregierung freigegeben werden. Zudem können die Einkommen- und Körperschaftsteuersätze für längstens ein Jahr linear um bis zu 10 % gesenkt werden. Ein weiteres steuerliches Instrument ist die Anpassung von Steuervorauszahlungen an die konjunkturelle Entwicklung. Schließlich können Investitionsprämien gewährt werden.

Monetäre Instrumente der Konjunkturpolitik

Es ist hochgradig umstritten, ob auch die Zentralbank Konjunkturpolitik betreiben soll. Nach monetaristischen Vorstellungen sollte sie sich allein um die mittelfristige Stabilität des Preisniveaus kümmern.

Unstrittig ist, dass die **Geldpolitik** konjunkturelle Wirkungen hat. Über die Bedingungen, zu denen sich die Geschäftsbanken bei der Europäischen Zentralbank Liquidität beschaffen können, bestimmt die EZB den Zinssatz am Geldmarkt. Weil dieser für die Zinssätze für Kredite an Haushalte und Unternehmen maßgeblich ist, liegt hier ein konjunkturpolitischer Hebel. Auch die Steuerung der Geldmenge wirkt sich auf die gesamtwirtschaftliche Nachfrage aus, weil die Geldmenge das Ausgabeverhalten des privaten Sektors beeinflusst.

Probleme der Konjunkturpolitik

Trotz des verfügbaren konjunkturpolitischen Instrumentariums herrscht heute weitgehend Einigkeit darüber, dass eine aktive Feinsteuerung der Konjunktur kaum möglich ist. Unter anderem hat sich seit den 1970er-Jahren gezeigt, dass der Staat zwar in der Rezession Defizite macht, es andererseits aber nicht gelingt, im Boom diese Defizite wieder auszugleichen.

Insgesamt wurden die für die Feinsteuerung konzipierten Instrumente des Stabilitätsgesetzes seit den frühen 1970er-Jahren praktisch nicht mehr angewendet. Das hat sich erst mit dem Ausbruch der Wirtschaftskrise im Jahr 2008 geändert, aufgrund deren die Regierung beträchtliche Mehrausgaben zur Stützung der Konjunktur beschloss (**Konjunkturpakete** I und II). Stetig genutzt werden hingegen die Institutionen, die auf eine verbesserte Information und Koordination der Fiskalpolitik abzielen. Hierzu gehören der **Finanzplanungsrat**, in dem Bund, Länder und Gemeinden ihre Fiskalpolitik abstimmen, die mittelfristige Finanzplanung und die Berichterstattung der Bundesregierung im Rahmen des Jahreswirtschafts- und des Subventionsberichts.

1 Das Problem der Zeitverzögerung (Lag-Problematik)

- Das „Insidelag“ beschreibt die Verzögerungen, für welche die Träger der Fiskalpolitik die Verantwortung tragen.
Das „Outsidelag“ hingegen wird durch die Reaktionsgeschwindigkeit der privatwirtschaftlichen Akteure auf veränderte fiskalpolitische Daten bestimmt. Das erhebliche Ausmaß dieser Verzögerungen insgesamt kann dazu führen, dass eine eigentlich antizyklisch motivierte Politik schließlich prozyklisch wirkt und die Wirtschaft destabilisiert.

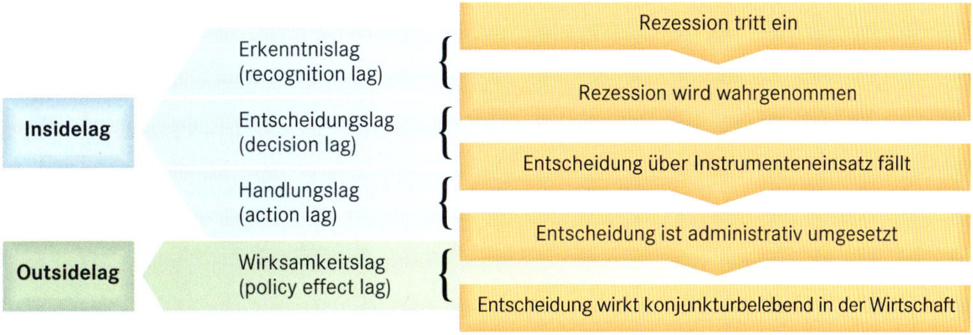

2 Instrumente der Fiskalpolitik im Stabilitäts- und Wachstumsgesetz (StabG)

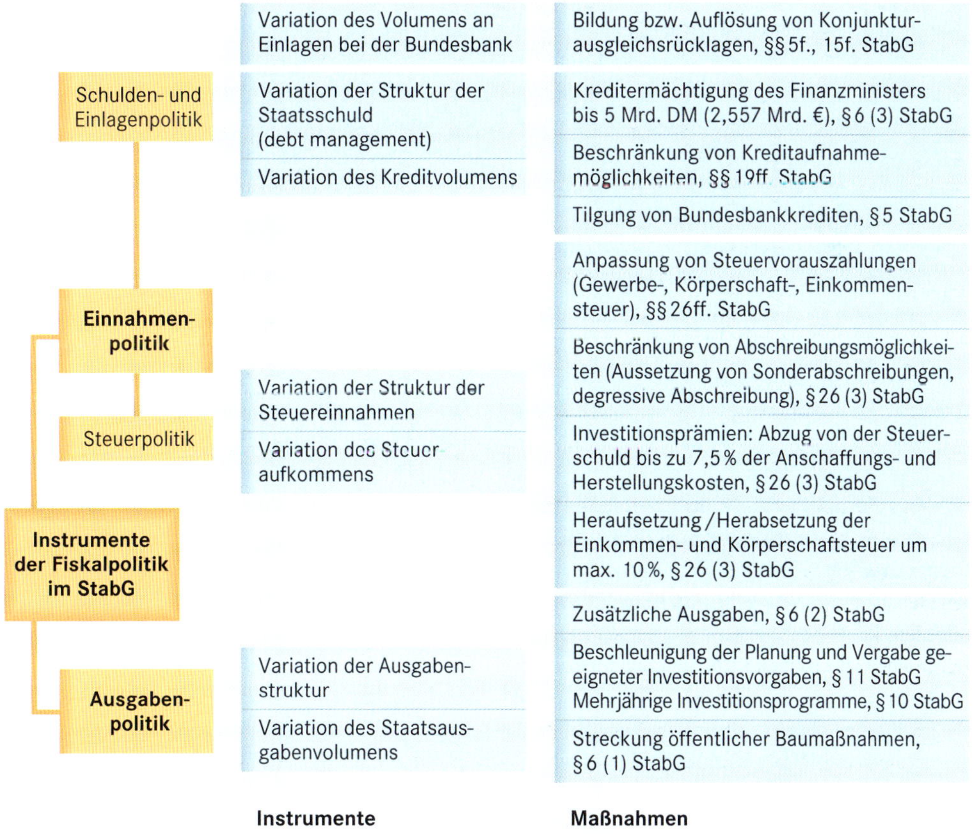

Fiskalpolitik

Der Staat beeinflusst über Steuern und Abgaben sowie Ausgaben in vielfältiger Weise die gesamtwirtschaftliche Entwicklung. Unter Fiskalpolitik versteht man allgemein die Nutzung dieser fiskalischen Einflusskanäle zur Realisierung wirtschaftspolitischer Ziele.

Verschiedene Definitionen

Gemessen an dieser weiten Definition zählen etwa auch die Förderung des langfristigen Wachstums durch die Bereitstellung öffentlich finanzierter Infrastruktur oder eine wachstums- oder umweltfreundliche Steuerpolitik zur Fiskalpolitik. Allerdings wird der Begriff meist in einem engeren Sinn verwendet, nämlich für die Nutzung des staatlichen Budgets zur konjunkturellen Stabilisierung. Hierbei geht es darum, die gesamtwirtschaftliche Nachfrage durch (gegebenenfalls kreditfinanzierte) Staatsausgaben **(Deficit-Spending)** auf ein Niveau anzuheben, das Vollbeschäftigung ermöglicht.

Die nachfrageorientierte Fiskalpolitik ist in der keynesianischen Sichtweise ein zentraler konjunkturpolitischer Ansatz. Neben dem fallweisen (diskretionären) fiskalpolitischen Handeln gibt es auch eine automatisch wirkende Fiskalpolitik **(Built-in-Flexibility).** Hier soll es zu automatisch wirkenden Änderungen der Einkommen und Ausgaben kommen, indem beispielsweise die Steuersätze so bemessen sind, dass sie im Boom dämpfend und in der Rezession konjunkturbelebend wirken.

Staatsausgaben-Multiplikator und IS-LM-Modell

Verursacht ein gesamtwirtschaftlicher Nachfragemangel ein zu geringes Wirtschaftswachstum, kann eine Erhöhung der Staatsausgaben möglicherweise hilfreich sein. Die Gesamtnachfrage steigt im einfachsten keynesianischen Modell, dem Einkommen-Ausgaben-Modell, nicht nur im Umfang der zusätzlichen, durch Kredite finanzierten Staatsausgaben, sondern um ein Vielfaches davon (**Staatsausgaben-Multiplikator**, Abb. 1). Die Wirkung des **Multiplikators** ist eine Art Kettenreaktion: Die zusätzlichen Staatsausgaben erhöhen die gesamtwirtschaftliche Produktion, was die Einkommen und somit auch die Konsumnachfrage steigert. Der zusätzliche Konsum steigert wiederum Produktion und Einkommen.

Im einfachen Einkommen-Ausgaben-Modell gibt es keine Zinsen und die Investitionen sind fest vorgegeben (exogen). Erweitert man dieses Modell um zinsreagible Investitionen und einen Geldmarkt, auf dem sich der Zins als Gleichgewichtspreis bildet, so gelangt man zu differenzierteren Aussagen. Auch hier kann im Normalfall die Fiskalpolitik durch eine kreditfinanzierte Erhöhung der Staatsausgaben die gesamtwirtschaftliche Nachfrage steigern. Allerdings wird der Gesamteffekt abgeschwächt, weil die staatliche Kreditaufnahme den Zins in die Höhe treibt. Dies wiederum mindert die private Investitionstätigkeit, sodass die Staatsausgaben zum Teil private Investitionen verdrängen **(Crowding-out).** Dieses erweiterte keynesianische Modell heißt **IS-LM-Modell** (Abb. 2).

Kritik an der antizyklischen Fiskalpolitik

Die konjunkturpolitischen Instrumente der Fiskalpolitik sind im Stabilitätsgesetz von 1967 fixiert worden. Der starke Anstieg der Arbeitslosigkeit seit den 1970er-Jahren konnte jedoch durch das Gesetz nicht verhindert werden. In vielen Ländern wuchs die Staatsverschuldung so stark an, dass ein weiteres Deficit-Spending nicht mehr möglich war.

Das nach David Ricardo (1772–1823) benannte **ricardianische Äquivalenztheorem** bestreitet die Wirksamkeit einer kreditfinanzierten Erhöhung der Staatsausgaben: Rationale Steuerzahler wissen, dass die Kehrseite des Staatsdefizits von heute die Steuerbelastung von morgen ist. Daher werden sie auf ein wachsendes Defizit mit einer Einschränkung ihres Konsums reagieren; die gewünschte Mehrnachfrage bleibt aus.

Von der Diagnose einer Rezession bis hin zur Wirksamkeit des Instrumenteneinsatzes kann viel Zeit verstreichen (Lag-Problematik). Deshalb kann eine **antizyklische Finanzpolitik** das Gegenteil des Angestrebten bewirken, d. h. die Wirtschaft destabilisieren: Die expansive Wirkung tritt erst ein, wenn die Wirtschaft aus eigener Kraft bereits wieder aufwärts tendiert.

Eine nachfrageorientierte Fiskalpolitik, die auf staatliche Ausgabenprogramme und die Förderung des privaten Konsums setzt (wie die 2008/09 beschlossenen **Konjunkturpakete**), kann nur dann Erfolg haben, wenn Arbeitslosigkeit und niedriges Wachstum auf einem Nachfragemangel beruhen. Dies trifft etwa in scharfen Rezessionen wie der ab 2008 zu. Es gilt aber auch, die strukturellen Ursachen der Arbeitslosigkeit (z. B. eine hohe Belastung des Faktors Arbeit durch Steuern und Sozialabgaben) zu beseitigen, sprich die Angebotsbedingungen zu verbessern. Antizyklische Fiskalpolitik ist deshalb nur eines von mehreren Konzepten zur Lösung konjunktureller und wachstumsbezogener Probleme.

▸ 1 Der Staatsausgaben-Multiplikator

Annahmen: Zusätzliche Staatsausgaben in Höhe von 1 Mrd. €, marginale Konsumneigung: 90 % (d. h. die Konsumenten erhöhen die Nachfrage um 90 €, wenn das Einkommen um 100 € steigt).

	Nachfragesteigerung	Einkommenssteigerung
Erhöhung der Staatsausgaben	+ 1 Mrd. €	+ 1 Mrd. €
		+
Erhöhung der Staatsausgaben	+ 0,9 Mrd. €	+ 0,9 Mrd. €
		+
Erhöhung der Staatsausgaben	+ 0,81 Mrd. €	+ 0,81 Mrd. €
		+
Erhöhung der Staatsausgaben	+ 0,729 Mrd. €	+ … Mrd. €
		+
Erhöhung der Staatsausgaben	+ … Mrd. €	+ … Mrd. €
Gesamteffekt:	$\frac{1}{1-0,9}$ x 1 Mrd. € = 10 Mrd. €	

Ergebnis: Der Multiplikator beträgt 10, d. h., die Nachfrage steigt um das Zehnfache des Volumens des Konjunkturprogramms.

▸ 2 Das IS-LM-Modell

▸ Das erweiterte keynesianische Modell heißt IS-LM-Modell. IS steht für die Gleichgewichtsbedingung auf dem Gütermarkt (Investment=Saving, Investition= Ersparnis) und LM für die Gleichgewichtsbedingung auf dem Geldmarkt (Liquidity=Money, Geldangebot= Nachfrage nach Liquidität). Fall (a) zeigt, dass es trotz des Crowding-outs zu einer Einkommenssteigerung kommt. Eine Ausweitung der Staatsausgaben führt zu einer Rechtsverschiebung der IS-Kurve. Zwar hat dies auch einen Zinsanstieg und infolgedessen eine Minderung des positiven Effekts zur Folge. Per saldo verbleibt jedoch eine Einkommenssteigerung. In Fall (b) ist die Fiskalpolitik unwirksam, es kommt zum vollständigen Crowding-out. Hintergrund dafür ist eine Geldnachfrage, die nicht auf eine Zinserhöhung reagiert („klassischer Fall“).

▸ a) **Normalfall**

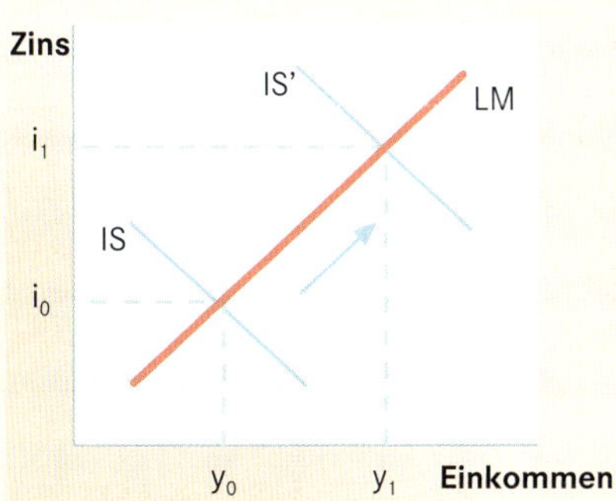

Das Einkommen steigt von y_0 auf y_1, der Zins von i_0 auf i_1.

▸ b) **Klassischer Fall**

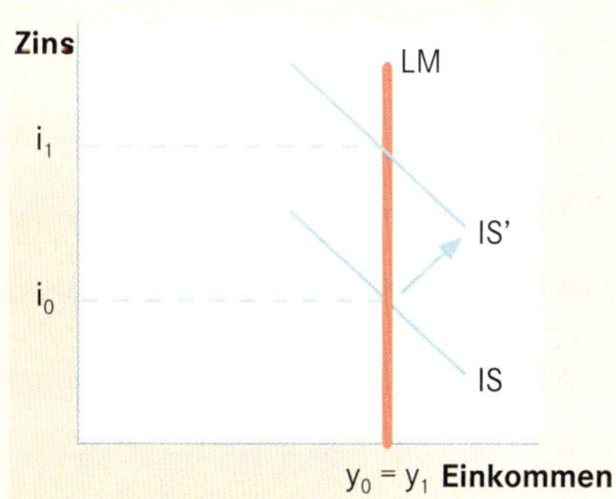

Das Einkommen bleibt unverändert, der Zins steigt von i_0 auf i_1.

Geldpolitik

Veränderungen der Geldversorgung haben Folgen für das Preisniveau, die Zinsen und den Wechselkurs und beeinflussen somit nicht nur die monetären Bedingungen, sondern auch die Realwirtschaft. Dabei ist es die Aufgabe der Geldpolitik, der Volkswirtschaft einen stabilen monetären Rahmen zu bieten.

Oberstes Ziel: stabiles Preisniveau

Durch eine berechenbare Geldpolitik kann die Verteilung der Produktionsfaktoren gefördert werden. Inwieweit eine **Zentralbank** die Geldpolitik auch zur Bekämpfung der Arbeitslosigkeit einsetzen kann und soll, ist umstritten. In der Praxis verfolgen viele Zentralbanken einen pragmatischen Kurs: Im Vordergrund steht das Ziel der Stabilisierung des Preisniveaus, die konjunkturelle Situation wird bei geldpolitischen Entscheidungen aber ebenfalls berücksichtigt. In der Eurozone ist die **Europäische Zentralbank** (EZB) für die Geldpolitik verantwortlich – unabhängig von politischen Weisungen.

Zwischenziele der Geldpolitik

Das Ziel der **Preisniveaustabilität (Geldwertstabilität)** eignet sich kaum als unmittelbare Richtschnur für konkrete geldpolitische Entscheidungen. Der Grund dafür sind die langen Zeiträume (Timelags), die verstreichen, bevor sich die geldpolitischen Maßnahmen in einer Reaktion des Preisniveaus niederschlagen. Daher orientieren sich Zentralbanken oftmals an Zwischenzielen, die einerseits gut kontrollierbar sind und andererseits in einer engen Beziehung zum übergeordneten Ziel stehen.

Geldmengensteuerung

Ein Zwischenziel ist die **Geldmenge**, die dominierende Richtschnur der Deutschen Bundesbank bis Ende 1998 war. Auch für die EZB spielt sie eine herausragende Rolle. Die EZB hat die Bundesbank-Praxis übernommen, eine Zielgröße für das Wachstum der Geldmenge M3 zu verkünden (Abb. 1). Diese Praxis gilt als schwache Form der von der monetaristischen Theorie geforderten Regelbindung der Geldpolitik. Durch sie erhalten Unternehmen und Haushalte eine Grundlage für ihre Erwartungsbildung, und außerdem wird eine Messlatte angelegt, anhand derer das Verhalten der Zentralbank beurteilt werden kann. Allerdings hat sich der EZB-Rat nicht darauf verpflichtet, nach einer Verfehlung des **Geldmengenziels** automatisch korrigierende Maßnahmen zu ergreifen. So hält es sich die EZB offen, die aktuelle konjunkturelle Situation mit ins Kalkül zu ziehen. Weiter berücksichtigt der EZB-Rat bei seinen Entscheidungen auch eine auf einer breiten Datenbasis fußende Inflationsprognose, die jedoch nicht veröffentlicht wird.

Geldpolitische Instrumente

Zentralbanken kontrollieren zwar den Banknotenumlauf direkt, nicht aber die Geldmenge insgesamt, zu der auch Einlagen von Nichtbanken bei Kreditinstituten zählen. Die geldpolitischen Instrumente zielen daher nicht nur auf eine direkte Veränderung des Geldangebots, sondern auch auf Veränderungen von Zinsen, die ihrerseits dann die Geldnachfrage beeinflussen (Abb. 2).

Die EZB bestimmt mithilfe ihrer **Leitzinsen** maßgeblich die Höhe der Zinsen am Geldmarkt. Der Marktzins wird durch den Zinssatz für die Einlagefazilität nach unten begrenzt. Im Rahmen der Einlagefazilität können Kreditinstitute über Nacht überschüssige Liquidität beim Europäischen System der Zentralbanken (ESZB) verzinslich anlegen. Dadurch kann der Marktzins nicht unter den Zins der Einlagefazilität fallen, weil es sonst lohnend wäre, Geld nicht zu verleihen, sondern beim ESZB anzulegen. Die Obergrenze der Geldmarktzinsen wird durch den Zinssatz für die Spitzenrefinanzierungsfazilität bestimmt. Im Rahmen dieser Kreditlinie können Kreditinstitute gegen die Verpfändung von Wertpapieren über Nacht beim ESZB Liquidität erhalten. Ist der Zugang zu ihr unbegrenzt, dann kann der Marktzins den für sie geltenden Zinssatz nicht überschreiten. Zwischen den Zinssätzen der Einlage- und der Spitzenrefinanzierungsfazilität betreibt die EZB die Feinsteuerung des Marktzinses durch **Offenmarktgeschäfte.** Die wichtigsten sind das wöchentlich ausgeschriebene Hauptrefinanzierungsinstrument mit zweiwöchiger Laufzeit und das monatlich ausgeschriebene längerfristige Refinanzierungsgeschäft mit dreimonatiger Laufzeit.

Mindestreserve

Die EZB verpflichtet die Kreditinstitute, **Mindestreserven** auf Konten des ESZB zu unterhalten, die in einem festen Verhältnis zu bestimmten Verbindlichkeiten stehen müssen. Auf diese Weise kann sie die Liquiditätsnachfrage beeinflussen. Je höher die Mindestreservesätze, desto mehr liquide Mittel der Kreditinstitute werden gebunden. Im Unterschied zur früheren Regelung der Deutschen Bundesbank werden die Mindestreserven beim ESZB verzinst.

▸ 1 Die Ableitung des ersten Geldmengenziels

▸ Am 1. Dezember 1998 beschloss der EZB-Rat das erste Geldmengenziel, das bisher nicht geändert wurde. Danach soll die Geldmenge in der Definition M3 um jährlich 4,5 % wachsen. Den Spielraum für das Geldmengenwachstum hat der EZB-Rat folgendermaßen berechnet:

	Inflationsrate der Eurozone: (Gemessen anhand des harmonisierten Verbraucherpreis-Index)	0–2 %
+	Trendmäßiges Wachstum des Bruttoinlandprodukts in der Eurozone	2–2,5 %
+	Abnahme der Umlaufgeschwindigkeit der Eurogeldmenge	0,5–1 %
=	Spielraum für Euro-Geldmengenwachstum	2,5–5,5 %

▸ 2 Geldpolitische Operationen des Europäischen Systems der Zentralbanken

Geldpolitische Geschäfte	Transaktionsart		Laufzeit	Rhythmus
	Liquiditäts-bereitstellung	Liquiditäts-abschöpfung		
Offenmarktgeschäfte				
Hauptrefinanzierungs-instrument	• befristete Transaktionen	–	• eine Woche	• wöchentlich
längerfristige Refinan-zierungsgeschäfte	• befristete Transaktionen		• drei Monate	• monatlich
Feinsteuerungs-operationen	• befristete Transaktionen • Devisenswaps • definitive Käufe	• befristete Transaktionen • Devisenswaps • Hereinnahme von Termineinlagen • definitive Verkäufe	• nicht standar-disiert	• unregelmäßig • unregelmäßig
Strukturelle Operationen	• befristete Transaktionen • definitive Käufe	• Emission von Schuld-verschreibungen • definitive Verkäufe	• standardisiert / nicht standar-disiert	• regelmäßig und unregelmäßig • unregelmäßig
Ständige Fazilitäten				
Spitzenrefinan-zierungsfazilität	• befristete Transaktionen	–	• über Nacht	• Inanspruchnahme auf Initiative der Geschäftspartner
Einlagefazilität	–	• Einlagenannahme	• über Nacht	• Inanspruchnahme auf Initiative der Geschäftspartner

Wachstumspolitik

Das Ziel eines angemessenen und stetigen Wirtschaftswachstums ist für Deutschland im Stabilitäts- und Wachstumsgesetz fixiert. Im EG-Vertrag ist als Aufgabe der Europäischen Union festgeschrieben, ein beständiges und inflationsfreies Wachstum zu fördern.

Effizienter Einsatz der Produktionsfaktoren

Ziel der modernen Wachstumspolitik ist jedoch nicht die Maximierung der Wachstumsraten um jeden Preis. Stattdessen soll das Wachstum nachhaltig sein. Das heißt, es soll nicht durch Raubbau an den begrenzten Ressourcen der Erde und somit auf Kosten nachfolgender Generationen erzielt werden.

Die Wachstumsmöglichkeiten einer Volkswirtschaft werden durch die Verfügbarkeit der **Produktionsfaktoren** Arbeit, Kapital, technisches Wissen, Umwelt und Boden beschränkt. Die Existenz dieser Produktionsfaktoren allein reicht jedoch als Grundlage für Wachstum nicht aus, wie die Erfahrungen in den Planwirtschaften zeigen. Zwar war dort ein hoher Bestand an Produktionsfaktoren gegeben, diese wurden jedoch nicht effizient eingesetzt. Daher gilt als vorrangiger Ansatzpunkt der Wachstumspolitik zunächst die Schaffung einer marktwirtschaftlichen Wettbewerbsordnung. Nur wenn es über die marktwirtschaftliche Steuerung zu einem zweckmäßigen Einsatz der Produktionsfaktoren kommt, kann eine Wirtschaft dauerhaft wachsen. Damit zählen auch die **Wettbewerbspolitik**, die zur Verhinderung monopolistischer Strukturen dient, und die Deregulierungspolitik, mit deren Hilfe unnötige staatliche Behinderungen des Wettbewerbs beseitigt werden, im weitesten Sinne zur Wachstumspolitik. Auch die Geldpolitik kann einen wachstumspolitischen Beitrag leisten, indem sie für Preisstabilität und damit für Planungssicherheit in der Wirtschaft sorgt.

Faktorakkumulation

Ist der effiziente Faktoreinsatz gesichert, dann bieten Strategien zur Vermehrung der Produktionsfaktoren (**Faktorakkumulation**) einen weiteren wachstumspolitischen Ansatzpunkt (Abb. 1). Unter den Produktionsfaktoren ist die Verfügbarkeit von Umwelt und Boden kaum steigerbar. Auch die Verfügbarkeit von Arbeitsleistungen ist in den Industrieländern mit stagnierenden Bevölkerungszahlen begrenzt. Spielraum bieten hier der Abbau der Arbeitslosigkeit, eine höhere Erwerbsquote, eine Erhöhung der Arbeitszeit oder die vorübergehende oder dauerhafte Beschäftigung von Ausländern (Abb. 2).

In erster Linie setzt die Wachstumspolitik heute aber auf eine Vermehrung der Faktoren technisches Wissen und Kapital. Es ist Aufgabe der Forschungs- und Technologiepolitik, das technische Wissen durch Neuerungen zu mehren und für dessen Verbreitung in der Volkswirtschaft zu sorgen. Auch die Bildungspolitik ist gefordert, weil ausreichende Qualifikationen der Arbeitnehmer (Humankapital) notwendig für die Erarbeitung und Anwendung von Innovationen sind. Zur Beschleunigung der Kapitalakkumulation ist das Investitionsverhalten zu beeinflussen. Im Rahmen der Haushaltspolitik treffen die Parlamente direkt die Entscheidungen über den öffentlichen Teil der Investitionen. Öffentlich finanzierte **Infrastrukturinvestitionen** (z. B. Straßen, Deiche) vergrößern den gesamtwirtschaftlichen Kapitalstock erheblich. Weniger direkt verläuft in einer Marktwirtschaft die politische Beeinflussung der unternehmerischen Investitionsentscheidung. Gerade hier besteht das vordringlichste Problem. Die zu geringe Investitionsdynamik der Unternehmen ist in Deutschland maßgeblich für die Wachstumsschwäche verantwortlich (Abb. 2).

Unternehmerische Investitionsentscheidung

Der wichtigste Faktor der unternehmerischen Investitionstätigkeit ist die erwartete **Rentabilität** der **Investition** – die Ertragserwartungen im Verhältnis zu den Kosten des eingesetzten Kapitals. Sie werden bestimmt durch den Wertverlust eines Kapitalguts (die Abschreibung) und den Zins, zu dem das für die Investition notwendige Kapital beschafft werden kann.

Um die Unternehmen indirekt zu mehr Investitionen zu bewegen, bieten sich für die Wirtschaftspolitik Maßnahmen zur Verbesserung der Rentabilitätserwartungen an. Ein wichtiges Instrument ist dazu die Gestaltung von Steuern und Abgaben (Steuerpolitik). Werden diese für Unternehmen gesenkt, dann erhöht dies die (Netto-)Ertragserwartungen für neue Investitionen und regt somit Investitionen an. Vor dem Hintergrund des internationalen **Standortwettbewerbs** gilt der Einfluss der Besteuerung als besonders groß. In diesem Wettbewerb suchen sich Unternehmen zur Produktion den Standort mit den höchsten Ertragserwartungen. Weitere Möglichkeiten, das Investitionsverhalten der Unternehmen positiv zu beeinflussen, sind der Abbau von bürokratischen Hürden und eine Verbesserung des Kapitalangebots für innovative Unternehmen und Existenzgründer.

▸ 1 Ansatzpunkte der Wachstumspolitik

Ansatzpunkt: Effizienzverbesserung im Einsatz der Faktoren durch:

- marktwirtschaftliche Wettbewerbsordnung
- Wettbewerbspolitik
- Deregulierungspolitik
- Preisstabilität

Boden	Arbeit	Kapital	technisches Wissen	Umwelt
kaum möglich	Abbau Arbeitslosigkeit Erhöhung Erwerbsquote Steigerung der Ausländerbeschäftigung Verlängerung Arbeitszeit Bevölkerungswachstum	Staatliche Investitionen in Infrastruktur Verbesserung der Investitionsbedingungen, z. B. durch Steuerpolitik	Förderung von Innovationen und deren Anwendung durch Forschungs- und Entwicklungspolitik, Bildungspolitik	kaum möglich

Ansatzpunkt: Beschleunigung der Faktorakkumulation

▸ 2 Entwicklung der Bruttoanlageinvestitionen (in Mrd. Euro) und der Investitionsquote (in %) in Deutschland

▸ Die Bruttoanlageinvestitionen in Deutschland sind nach einem absoluten Hoch 2000 zurückgegangen und markieren deutlich den Konjunktureinbruch; seit 2005 haben sich die Investitionen wieder deutlich erhöht. Die Entwicklung der Investitionsquote, d. h. des Verhältnisses zwischen Bruttoanlageinvestitionen und gesamtwirtschaftlichem Einkommen, macht ersichtlich, dass das schwache Wirtschaftswachstum seit Beginn der 1990er-Jahre durch die gesunkene Investitionsneigung bedingt ist.

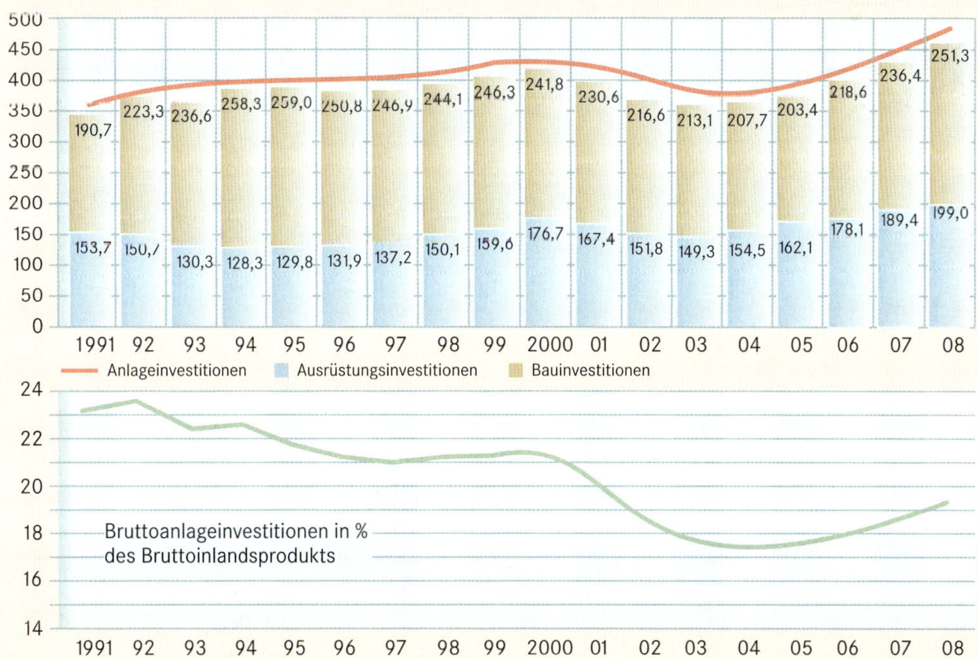

Quelle: Statistisches Bundesamt.

Wettbewerbspolitik

Die Wettbewerbspolitik ist ein wesentlicher Teil der staatlichen Angebotspolitik. Ihre Aufgabe ist es, einen freien Leistungswettbewerb zu ermöglichen, also die Märkte für Konkurrenz offen zu halten und bestehende Zutrittsschranken zu beseitigen.

Grundsätze

Dies geschieht einerseits durch aktive Gestaltung der Wettbewerbsvoraussetzungen, andererseits durch die Bekämpfung von Strategien, die den Wettbewerb beeinträchtigen. Die Idee ist, dass nur ein freier Wettbewerb die Produktionsfaktoren einer Gesellschaft in ihre optimale Verwendung führt. Der Staat soll daher möglichst wenig in das Marktgeschehen eingreifen, es sei denn, die Märkte können dies – z. B. aufgrund von externen Effekten – nicht von alleine erreichen (Marktversagen). Wo **Monopole** nicht beseitigt werden können, sind sie einer Missbrauchsaufsicht zu unterwerfen, die sie dazu anhält, sich wie im Wettbewerb zu verhalten.

Wettbewerbsbeschränkungen sind 1. horizontale und vertikale Absprachen (z. B. Kartelle), 2. die Behinderung anderer Unternehmen durch diskriminierendes Verhalten (z. B. Boykott), 3. Ausbeutungsverhalten durch marktbeherrschende Unternehmen, 4. Unternehmenskonzentrationen, sofern diese zu marktbeherrschenden Stellungen führen.

Wettbewerbspolitik gestern und heute

Bis zum In-Kraft-Treten des **Gesetzes gegen Wettbewerbsbeschränkungen** (GWB) 1958 existierte in Deutschland keine wirkliche Wettbewerbspolitik. Kartellbildung war, begründet durch die Vertragsfreiheit, allgemein zulässig. 1973 wurde das GWB mit der Einführung der Fusionskontrolle novelliert. Im selben Jahr wurde die **Monopolkommission** gebildet. Sie legt alle zwei Jahre ein Gutachten über die Unternehmenskonzentration in Deutschland vor. Mit der **EG-Fusionskontrollverordnung**, die 1990 in Kraft trat, wird der Internationalisierung der Wirtschaft Rechnung getragen. Die Europäische Wettbewerbspolitik gewinnt an Gewicht.

Träger der Wettbewerbspolitik

Träger der Wettbewerbspolitik ist auf nationaler Ebene der Staat, auf europäischer Ebene die Europäische Kommission. Für nationale Wettbewerbsbeschränkungen ist das **Bundeskartellamt** zuständig, für regionale die Landeskartellämter oder die Wirtschaftsministerien der Länder. Das GWB findet keine Anwendung, soweit nach der EG-Fusionskontrollverordnung ausschließlich die Europäische Kommission zuständig ist. Vor dem Hintergrund der wachsenden Bedeutung des europäischen Wettbewerbsrechts in vielen Bereichen wendet das Bundeskartellamt verstärkt EG-Verordnungen an.

Wettbewerbspolitische Instrumente

Das GWB soll den Wettbewerb vor Beschränkungen schützen. Die Wettbewerbsbehörden sind unter anderem befugt, Kartelle, abgestimmte Verhaltensweisen, Behinderungs- und Verdrängungspraktiken und marktbeherrschende **Unternehmenszusammenschlüsse** (Fusionen, Beteiligungen) zu verbieten (Abb. 1), **marktbeherrschenden Unternehmen** missbräuchliches Verhalten zu untersagen sowie Bußgelder zu verhängen. Das heißt jedoch nicht, dass das GWB auch Möglichkeiten böte, bislang monopolistische Bereiche dem Wettbewerb zu öffnen und damit überhaupt erst die Voraussetzungen für Wettbewerbsprozesse zu schaffen. Das Missbrauchsverbot zielt heute vor allem auf den Erhalt offener Märkte, denn bestehende marktbeherrschende Positionen werden meist schneller und effektiver durch neue Wettbewerber als durch langwierige Verfahren vor den Kartellbehörden und Gerichten abgebaut.

Praktische Probleme der **Fusionskontrolle** (Abb. 2) sowie der **Missbrauchsaufsicht** über marktbeherrschende Unternehmen, aber auch über genehmigte Kartelle und vertikale Wettbewerbsbeschränkungen (z. B. Ausschließlichkeitsbindungen) treten vor allem bei der Feststellung einer marktbeherrschenden Stellung und beim Nachweis missbräuchlichen Verhaltens auf. Um entscheiden zu können, ob ein Unternehmen eine marktbeherrschende Stellung innehat, hat der Gesetzgeber eine Reihe von Vermutungen formuliert. Die Marktmacht eines Unternehmens auf dem betreffenden Markt wird dabei insbesondere am Marktanteil und am Marktverhalten gemessen.

Nicht in jedem Fall lässt sich eindeutig sagen, ob die Wettbewerbsbeschränkung nur negative Folgen für den Wettbewerb mit sich bringt. Positive Wirkungen der Unternehmenskonzentration können sich ergeben, wenn Größenvorteile und Lernkurveneffekte dann zum Tragen kommen. Ebenso kann es sein, dass kleinere Unternehmen erst durch Zusammenschlüsse konkurrenzfähig werden oder aufwendige Forschungs- und Entwicklungsprojekte realisieren können.

▸ 1 Beim Bundeskartellamt angemeldete Unternehmenszusammenschlüsse 1990–2008

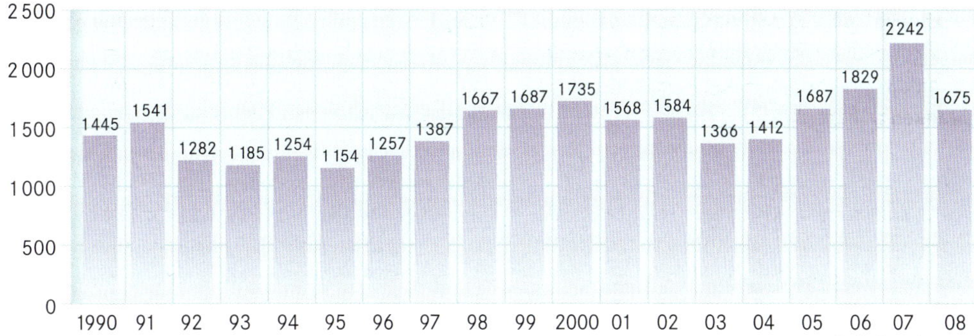

Quelle: Bundeskartellamt.

▸ 2 Verfahren der Zusammenschlusskontrolle (Fusionskontrolle) nach §§ 35 – 43 GWB

▸ Seit Einführung der Fusionskontrolle bis Ende 2006 sind insgesamt 164 Zusammenschlüsse bzw. Zusammenschlussvorhaben untersagt worden. 109 dieser Untersagungen sind rechtskräftig. In 47 Fällen ist die Untersagung endgültig aufgehoben oder für erledigt erklärt worden. In sieben Fällen wurde ein untersagter Zusammenschluss vom Bundesminister für Wirtschaft vollständig oder mit Auflagen genehmigt. Gegen 8 Untersagungen läuft das Beschwerdeverfahren beim Kammergericht oder das Rechtsbeschwerdeverfahren vor dem Bundesgerichtshof.

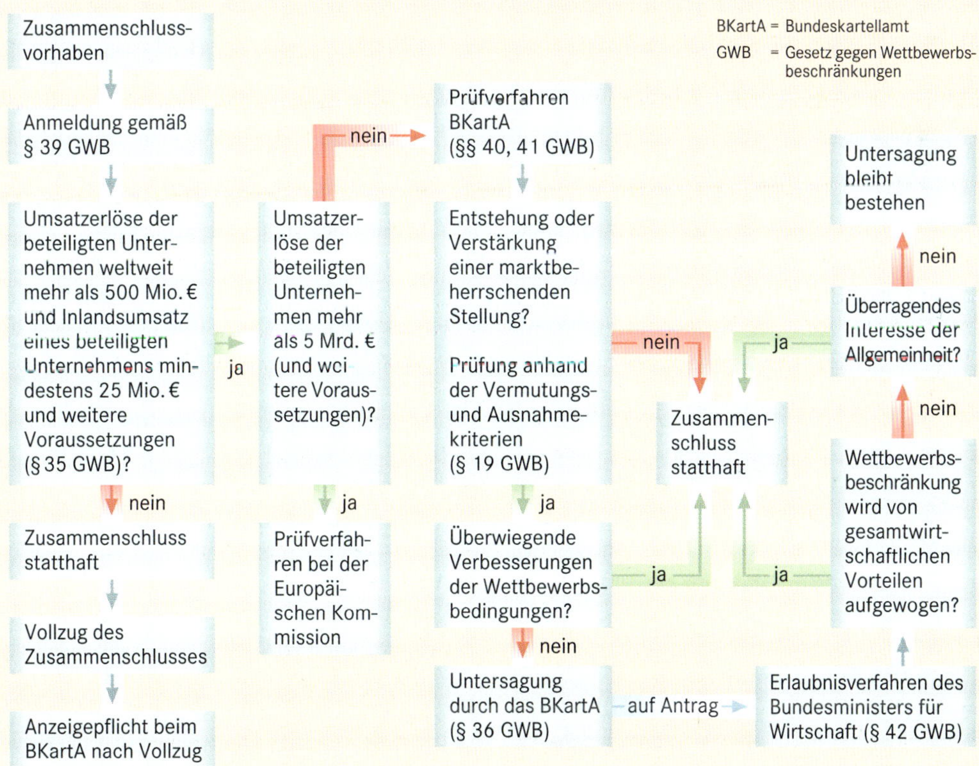

Regulierung und Deregulierung

Regulierung ist die Bestimmung oder Beeinflussung des unternehmerischen Verhaltens durch staatliche Vorschriften, um politisch gewollte Marktergebnisse zu erzielen. In Deutschland ist Regulierung verglichen mit anderen Ländern weit verbreitet.

Deregulierung: die Grundidee

Beispiele für **Regulierung** sind eingeschränkte Ladenöffnungszeiten oder Vorschriften für die Geschäftstätigkeit von Kreditinstituten. Deregulierung bedeutet demgegenüber den Rückzug des Staates aus der Wirtschaft. Der Staat soll nicht als Unternehmer auftreten und nicht in das Marktgeschehen eingreifen. Vor allem die Vertreter der **Angebotspolitik** fordern vom Staat, sich auf die Schaffung eines ordnungspolitischen Rahmens für die marktwirtschaftliche Selbststeuerung zu beschränken.

Motive für Regulierung

Regulierung wird von Ökonomen vor allem mit **Marktversagen** begründet. Dann nämlich werden die Produktionsfaktoren nicht so eingesetzt, dass sie in allen ihren Verwendungen den höchsten Ertrag erwirtschaften. Dies gilt vor allem bei **natürlichen Monopolen**, externen Effekten und öffentlichen Gütern.

So war der Verkehrssektor bis 1994 stark reguliert, weil die Deutsche Bundesbahn als natürlicher Monopolist galt. Das Schienennetz sollte allein von ihr unterhalten und betrieben werden; ein zweites, konkurrierendes Netz ist ineffizient, solange das erste Netz nicht völlig ausgelastet ist. Auch hat man lange Zeit das Monopol der staatlichen Bundespost mit dem Argument verteidigt, ihre Dienste würden unter den Bedingungen eines natürlichen Monopols erbracht, und ein staatlicher Monopolist sei einem privaten vorzuziehen.

Marktversagen vermuten Ökonomen auch, wenn aufgrund ungleich verteilter Information die Preise alleine nicht ausreichen, um den Verbraucher über die Qualität der Güter zu informieren. Deshalb sind z. B. Banken und Kapitalanlagegesellschaften verpflichtet, im Rahmen ihrer Anlageberatung ihre Kunden über die Risiken des Kaufs von Wertpapieren aufzuklären.

Regulierung ist politisch motiviert und soll gesellschaftlich unerwünschte Effekte eigennützigen Handelns vermeiden. Beispielsweise darf ein Kfz-Haftpflichtversicherer darf Anträge auf Versicherungsschutz nicht grundlos ablehnen. Die privaten Krankenversicherungen müssen einen einheitlichen Grundtarif anbieten und dürfen eine Versicherung zu diesen Tarif nicht aufgrund einer Prüfung der gesundheitlichen Risiken des Antragstellers verweigern (**Kontrahierungszwang**).

Effekte und praktische Erfahrungen

Wenn kein Marktversagen vorliegt, erhöht Deregulierung den Wohlstand einer Gesellschaft. Durch die Öffnung des Marktes für neue Anbieter entsteht Wettbewerb, der wiederum Druck auf die Preise ausübt. Langfristig werden durch mehr Nachfrage mehr Anbieter auf den Markt gelockt, sodass Beschäftigung und die Angebotsvielfalt zunehmen.

Eine allgemeine Deregulierung wurde Ende der 1970er-Jahre in den USA eingeleitet. Sie betraf unter anderem die Bereiche Telekommunikation, Luftfahrt und Energie und führte zu Kosten- und Preissenkungen und erweiterten Beschäftigungsmöglichkeiten. Im Zuge der Schaffung des Europäischen Binnenmarkts verfolgte die Europäische Kommission eine Politik der **Privatisierung**, d. h. des Verkaufs staatlicher Unternehmen oder staatlicher Beteiligungen, und der **Liberalisierung**, d. h. des Abbaus von dem Wettbewerb abträglichen Gesetzen. So wurden im Straßengüterverkehr die Transportkontingente erhöht und ausländische Konkurrenz in Deutschland zugelassen. Infolgedessen fielen die Preise um etwa 25 % und näherten sich dem internationalen Niveau an. Im Öffentlichen Personennahverkehr (ÖPNV) wurde die Ausschreibung von zu bedienenden Strecken zur Pflicht, um den kostengünstigsten Anbieter zu ermitteln, was zu Kostensenkungen und Qualitätsverbesserungen (zum Beispiel Taktfahrpläne) führte. Empirische Erfahrungen deuten allerdings darauf hin, dass gerade der ÖPNV hoher Zuschüsse bedarf, um ein befriedigendes Angebot bereitzustellen.

Die bedeutendsten Deregulierungsmaßnahmen in Deutschland waren die Bahnreform sowie die Postreform und Ende der 1990er-Jahre die Öffnung der Märkte für Telekommunikation und Energie. Die Telekommunikation ist ein Paradebeispiel für gelungene Deregulierung: Hier ist eine dynamische Wachstumsbranche mit stark sinkenden Preisen für die Verbraucher entstanden.

Wie schwer es allerdings ist, ein optimales Maß an Regulierung zu finden, zeigt die Finanzmarktkrise seit 2007. Eine zu weitgehende Deregulierung des Geschäfts der US-Hypothekenbanken gilt als wesentliche Ursache für den Boom und den anschließenden Absturz des Immobilienmarkts in den USA.

Deregulierung und Privatisierung der Telekommunikation

Der Telekommunikationsmarkt ist international heute einer der größten Wachstumsmärkte. Die Deutsche Telekom AG – damals noch Teil der regulierten Deutschen Bundespost (DBP) – war bis 1989 jedoch in einen so engen Rahmen eingebunden, dass sie nicht angemessen darauf reagieren konnte. Ökonomisch wird die Telekom nicht mehr als natürlicher Monopolist gesehen. Weil aber kein Marktversagen mehr angenommen wird, besteht auch kein weiterer Grund für eine Regulierung. Das feste Telefonnetz bietet – zumindest bei den Fernverbindungen – keine Größenvorteile mehr: Kapazitätsgrenzen werden durch das Marktwachstum rasch überschritten, sodass Parallelverbindungen notwendig werden. Damit ist aber Wettbewerb möglich. Konkurrenz wurde auch durch neue Techniken erleichtert.
Mit der Postreform I (1989) wurde die DBP in die drei öffentlichen Unternehmen Postdienst, Postbank und Telekom aufgegliedert; hoheitliche Aufgaben verblieben beim Bundesministerium für Post und Telekommunikation. Für die Telekommunikation bedeutet dies Öffnung des Marktes durch Aufhebung des Fernmeldemonopols bis auf ein eingeschränktes Netzmonopol und das Monopol bei der Sprachtelefonie.

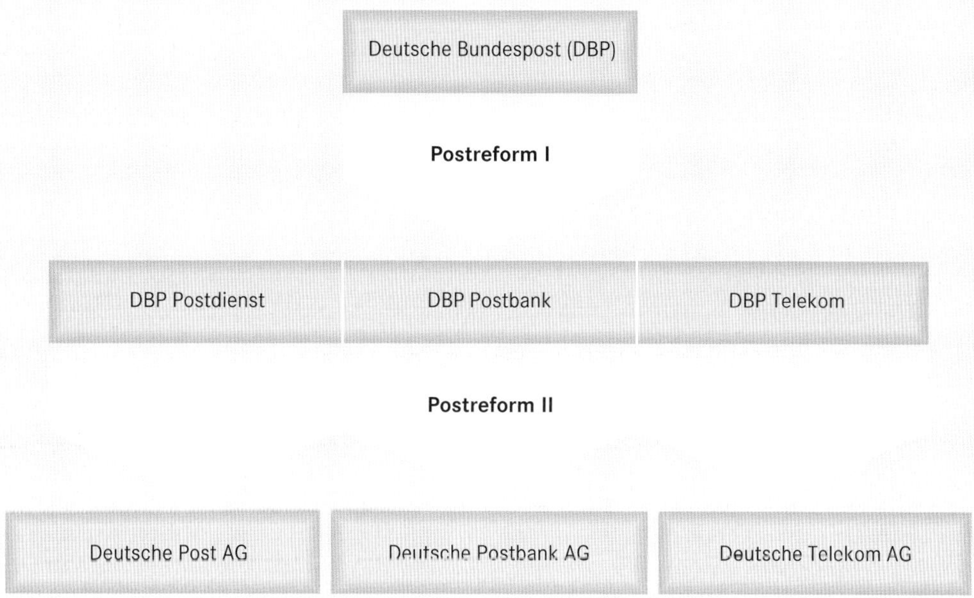

- Mit der Postreform II (1995) wurden die drei Postunternehmen in Aktiengesellschaften umgewandelt und formal privatisiert. Dadurch erhielten sie die Möglichkeit, sich über Aktienverkäufe an der Börse zusätzliches Eigenkapital zu verschaffen. Durch eine Grundgesetzänderung wurde das Angebot von Dienstleistungen von Post- und Telekommunikation zur privatwirtschaftlichen und nicht mehr zur öffentlichen Aufgabe. Die staatliche Regulierung übernahm 1998 die Regulierungsbehörde für Telekommunikation und Post (seit 2005 aufgegangen in der Bundesnetzagentur). Seit 1996 ist die Telekomaktie an der Börse notiert. Anteile wurden an private Anleger verkauft. Ein Drittel der Aktien befindet sich jedoch auch nach zwei weiteren Anteilsverkäufen noch in der Hand der staatlichen KfW Bankengruppe. Anfang 1998 ist mit dem Telekommunikationsgesetz das Monopol der nationalen Telefongesellschaften auf den Sprachdienst weggefallen. Gleichzeitig verlor die Telekom auch ihr Netzmonopol, also das Recht auf alleinigen Bau und Betrieb des Netzes. Seitdem dürfen Konkurrenten Parallelnetze bauen und betreiben. Der Telekommunikationsmarkt wurde – wie auch von der EU gefordert – zum Wettbewerbsmarkt. Heute ist die Deutsche Telekom AG ein international operierender Telekommunikationskonzern.

Forschungs- und Technologiepolitik

Forschungs- und Technologiepolitik umfasst alle staatlichen Maßnahmen zur Förderung von Erfindungen und deren kommerzieller Verwertung (Innovationen). Träger sind der Bund und die Länder. Dazu ist die nationale Politik in internationale Projekte eingebunden, wie etwa in die European Research Coordination Agency (EUREKA, Brüssel), die der Zusammenarbeit auf technologischem, industriellem und wissenschaftlichem Gebiet dient.

Öffentliche oder private Forschung?

Ein öffentliches Engagement in der **Forschung und Entwicklung (FuE)** ist sinnvoll, wenn mit einem **Marktversagen** bei rein privatwirtschaftlichen Aktivitäten zu rechnen ist. Für die Forschung ist das zumindest teilweise zu erwarten. **Grundlagenforschung** mündet zwar nicht unmittelbar in die Entwicklung marktfähiger Produkte, erhöht aber den Wissensstand eines Landes. Dies ist ein öffentliches Gut: Es liegt Nichtrivalität in der Nutzung vor, d. h.t, die Wissensnutzung durch ein Unternehmen verringert nicht die Nutzungsmöglichkeiten anderer Unternehmen. Ein Unternehmen, das FuE betreibt, bezieht aber nur seinen eigenen Nutzen in sein Kalkül ein. Daher käme es bei einer ausschließlich privat organisierten Grundlagenforschung zu weniger neuen Erkenntnissen.

Auch in der **angewandten Forschung**, die unmittelbar auf neue Produkte und Produktionsverfahren abzielt, kann es zu Marktversagen kommen. Ein Grund liegt hier in der Unsicherheit, mit der aus der Perspektive des einzelnen Forschers der Wissensfortschritt verbunden ist. Es lässt sich nicht sicher vorhersagen, ob eine bestimmte Forschungsaktivität auch zu der gewünschten Innovation führt. Ist der Unternehmer risikoscheu, dann kann dies den Forschungsdrang dämpfen. Ebenso negativ kann sich ein unvollkommener Kapitalmarkt auswirken, auf dem Unternehmen nicht den für die FuE-Aktivitäten notwendigen Kapitalbedarf decken können. Allerdings kann es gerade im Bereich der angewandten Forschung auch zum umgekehrten Phänomen gesamtwirtschaftlich übermäßiger Ausgaben für FuE kommen, wenn nämlich verschiedene Unternehmen in einem Wettrennen um Innovationen auf demselben Gebiet forschen.

Öffentliche Finanzierung

Gerade in der Grundlagenforschung spricht aufgrund der Problematik öffentlicher Güter einiges für die Finanzierung dieser Aktivitäten aus öffentlichen Mitteln. Öffentlich finanzierte Universitäten und Forschungseinrichtungen tragen daher auch in den Industrieländern wesentlich zur Grundlagenforschung bei.

Allerdings folgt aus der öffentlichen Finanzierung der Grundlagenforschung, dass Bürokraten und Politiker darüber entscheiden müssen, welchen Forschungsprojekten die größten Erfolgsaussichten zuzumessen sind. Der Wettbewerb zwischen privaten Akteuren im Entdeckungsmechanismus wird bei der Verstaatlichung der Forschung ausgeschaltet. Wegen der Marktferne der staatlichen Entscheidungsträger kann es durchaus zu erheblichen Fehlentscheidungen kommen. Es besteht die Gefahr des Staatsversagens.

Patentpolitik

Durch die Vergabe von **Patenten,** die dem Erfinder für eine bestimmte Zeit das alleinige Recht zubilligen, eine Innovation zu vermarkten, können Anreize für Forschungsaktivitäten gesetzt werden. Ohne Patentschutz müsste der Forscher befürchten, dass er auch bei erfolgreicher Entwicklung kaum einen finanziellen Ertrag erzielen kann, weil seine Erfindung bald von vielen Konkurrenten kopiert würde (Abb. 1).

Allerdings hat der Patentschutz auch Nachteile, weil er die Nutzung des vorhandenen Wissens in der gesamten Volkswirtschaft behindert. Außerdem wird sich der Patentinhaber durch seinen Wissensvorsprung auf den Absatzmärkten möglicherweise als Monopolist verhalten, was mit Wohlfahrtseinbußen verbunden wäre. Der Kompromiss in der Patentpolitik besteht meist in einer zeitlichen Begrenzung der Rechte des Patentinhabers.

FuE in Deutschland und der EU

2005 waren in Deutschland rund 481 000 Menschen im Bereich FuE beschäftigt; gut 63 % davon arbeiteten in der Wirtschaft, der Rest an Hochschulen und außeruniversitären Forschungseinrichtungen. Auf die Wirtschaft entfielen 70 % der gesamten FuE-Aufwendungen. Die FuE-Ausgaben von Staat und Privatwirtschaft beliefen sich 2005 auf rd. 56,5 Mrd. €, d. h. auf 2,5 % des Bruttoinlandsprodukts – Deutschland liegt in der OECD im Mittelfeld.

Zunehmend engagiert sich neben Bund und Ländern (FuE-Aufwand 2005: 16,0 Mrd. €) auch die EU, die ihr 7. Rahmenprogramm Forschung von 2007 bis 2013 mit einem gegenüber dem 6. Rahmenprogramm gesteigerten Budget von 53,3 Mrd. € ausgestattet hat (Abb. 2).

▸ 1 Patentanmeldungen in Deutschland nach Bundesländern

▸ Baden-Württemberg, Bayern und Nordrhein-Westfalen sind die patentstärksten Bundesländer. Die dort ansässigen Erfinder bestritten im Jahr 2007 drei Viertel aller Patentanmeldungen in Deutschland. Während Baden-Württemberg und Bayern ihren Vorsprung zwischen 1995 und 2007 ausbauten, fiel Nordrhein-Westfalens Anteil zurück. Die rückläufige Tendenz gilt bis auf wenige Ausnahmen auch für alle übrigen Bundesländer.

Land	1995		2000		2005		2007	
	Anzahl	in %	Anzahl	in %	Anzahl	in %	Anzahl	in %
Baden-Württemberg	8411	21,9	12486	23,3	12828	26,5	13638	28,5
Bayern	8375	21,8	13301	24,9	13688	28,3	13616	28,5
Berlin	1345	3,5	1265	2,4	866	1,8	992	2,1
Brandenburg	239	0,6	396	0,7	311	0,6	389	0,8
Bremen	155	0,4	166	0,3	173	0,4	178	0,4
Hamburg	712	1,9	1222	2,3	919	1,9	973	2,0
Hessen	3860	10,1	4818	9,0	3402	7,0	2963	6,2
Mecklenburg-Vorpommern	153	0,4	212	0,4	197	0,4	170	0,4
Niedersachsen	2272	5,9	3529	6,6	2738	5,7	2715	5,7
Nordrhein-Westfalen	8532	22,2	10330	19,3	8151	16,9	8190	17,1
Rheinland-Pfalz	1795	4,7	2504	4,7	2218	4,6	1235	2,6
Saarland	241	0,6	363	0,7	360	0,7	331	0,7
Sachsen	882	2,3	1021	1,9	847	1,8	923	1,9
Sachsen-Anhalt	354	0,9	466	0,9	366	0,8	327	0,7
Schleswig-Holstein	563	1,5	680	1,3	600	1,2	615	1,3
Thüringen	488	1,3	762	1,4	703	1,5	598	1,2
insgesamt	**38377**	**100,0**	**53521**	**100,0**	**48367**	**100,0**	**47853**	**100,0**

▸ 2 Staatlich finanzierte Ausgaben für FuE in den 27 Staaten der EU 2005

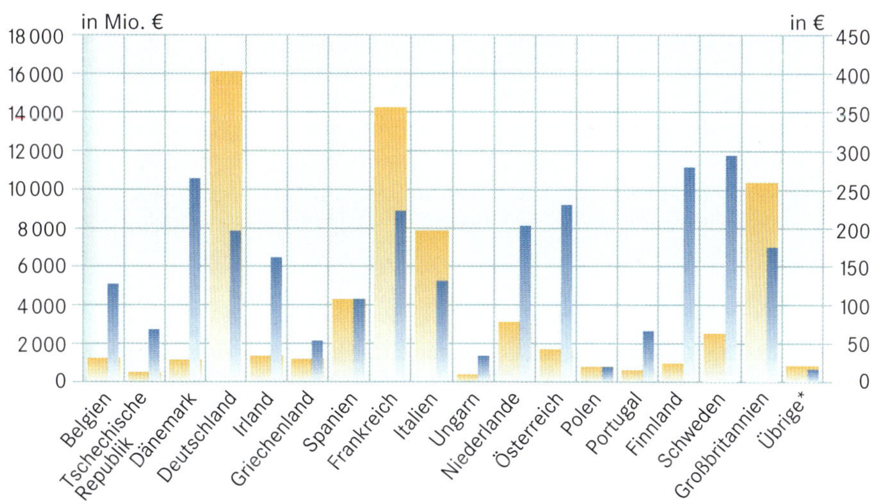

* Bulgarien, Estland, Zypern, Lettland, Litauen, Luxemburg, Malta, Rumänien, Slowenien, Slowakei

Ausgaben in Mio. €
Staaten der EU-27 zusammen: 69 164 Mio. €

Ausgaben je Einwohner in €
zusammen durchschnittlich: 141 €

Quelle: Eurostat.

Bildungspolitik

Die auf den Ausbau und die Umgestaltung des Bildungswesens gerichtete Politik ist gemessen an den Ausgaben eine der wichtigsten Aufgaben des Staates.

Ziele und Begründung

Im Jahr 2006 betrugen die öffentlichen Ausgaben für Bildung in Deutschland rund 102 Mrd. €; das sind 4,4 % des Bruttoinlandsprodukts. Hinzuzurechnen sind die Ausgaben privater Haushalte und Unternehmen, die vor allem in die betriebliche Aus- und Weiterbildung flossen, daneben aber z. B. auch für die Anschaffung von Lernmitteln aufgebracht wurden (2006 rund 27,6 Mrd. €).

Die Ziele staatlicher Bildungspolitik haben sich im Lauf der Zeit verändert: Der preußische Staat wollte für seine Beamten und Soldaten ein Mindestmaß an Bildung im Schreiben, Lesen und Rechnen sicherstellen. Heute soll Bildung die wirtschaftliche Entwicklung fördern und den Einzelnen wirkungsvoll in die Gesellschaft integrieren. Die herausragende bildungspolitische Rolle des Staates wird ökonomisch mit Marktversagen begründet: Bildung sei ein **öffentliches Gut**, weil ihre Kosten und Erträge nicht individuell zuzurechnen seien. Daher soll jeder zur Finanzierung beitragen. Zudem zieht Bildung **externe Effekte** nach sich. Die privaten Erträge etwa einer Hochschulausbildung fallen folglich niedriger aus als die privat dafür aufzuwendenden Kosten. Wenn das erworbene Wissen auch anderen nützt, von diesen aber nicht entsprechend entlohnt wird (z. B. durch das Gehalt), spricht dies für eine in Teilen öffentliche Finanzierung.

Das Bildungssystem in Deutschland

In Deutschland greift der Staat auf vier Ebenen ins Bildungsgeschehen ein: 1. Bildung ist mittels Schulpflicht für alle verbindlich. 2. Die Kosten des Bildungsangebots trägt weitgehend der Steuerzahler. 3. Das Angebot wird zum großen Teil von staatlichen Bediensteten erstellt. 4. Die Inhalte des Angebots sind staatlich fixiert. Zusammengenommen ist dies die weitestgehende Möglichkeit staatlicher Einflussnahme auf Bildung.

Für Deutschland ergibt sich ein besonderes Problem aus dem Kulturföderalismus der Länder. Verfassungsrechtlich ist Bildungspolitik prinzipiell Ländersache. Da dadurch jedoch die Zersplitterung des Bildungswesens droht, die z. B. die Flexibilität bei beruflicher Ausbildung und Studium beeinträchtigen kann, setzten schon früh Bemühungen zur Koordinierung der Bildungspolitik ein. So unterstützt der Bund seit 1969 die Länder beim Hochschul- und Wohnheimbau sowie bei der Ausbildungs- und Graduiertenförderung. Die Länder beteiligen umgekehrt den Bund an der Bildungsplanung und Forschungsförderung (organisiert in der 1970 geschaffenen Bund-Länder-Kommission für Bildungsplanung und Forschungsförderung). Institutionell stellt die Ständige Konferenz der Kultusminister der Länder (seit 1949) das wichtigste Gremium zur Koordinierung der Bildungspolitik der Länder dar.

Mehr Markt im Bildungswesen?

Der Bildungssektor in Deutschland ist weit von einer marktwirtschaftlichen Organisation entfernt. Der große staatliche Einfluss ist nur historisch erklärbar. Aus ökonomischer Sicht ist der Bildungsbereich nur in Teilen nicht marktfähig. Der Charakter des öffentlichen Gutes, welcher der Bildung zugeschrieben wird, gilt nur bedingt. Im Schulbereich fordert der Staat für den Einzelnen einen gewissen Mindestkonsum an Bildung. Das bedeutet aber, dass er den Bürgern nicht zutraut, die für sie selbst besten Bildungsentscheidungen zu treffen. Bildung wird offenbar als so genanntes **meritorisches Gut** angesehen; der Staat setzt sich über die Präferenzen der Bürger hinweg. Begründen lässt sich dies etwa durch die Integrationswirkungen, die eine gemeinsame Schulerziehung auf die Gesellschaft haben kann. Unklar bleibt jedoch, warum der Staat selbst die Bildung übernimmt – könnte er sie doch auch durch Bildungsunternehmen erbringen lassen, denen er Rahmenbedingungen setzt.

Noch weniger einleuchtend ist die starke Regulierung im Hochschulbereich. Zu unterscheiden ist hier zwischen Lehre und Forschung. Während Forschung zum Teil noch als öffentliches Gut gelten kann, ist dies für die Lehre zu bezweifeln. Prinzipiell kann jeder von Lehrveranstaltungen ausgeschlossen werden. Auch die Existenz positiver externer Effekte ist umstritten, denn allgemein beziehen Akademiker wesentlich höhere Gehälter als Facharbeiter. Aus ordnungspolitischer Sicht sollten daher die Studenten zumindest teilweise mittels **Studiengebühren** die Kosten des Bildungsangebots tragen. Mit der Gebührenpflicht gekoppelt wäre das Recht auf freie Wahl des Ausbildungsplatzes. Wettbewerb unter den Hochschulen sollte dafür sorgen, dass schlechte Qualität der Lehre „bestraft", gute dagegen „belohnt" wird. Grundsatz einer umfassenden Bildungsreform muss jedoch sein, dass ein Studienwunsch nicht an einem zu geringen elterlichen Einkommen scheitern darf.

Bildungsorte und Lernwelten in Deutschland

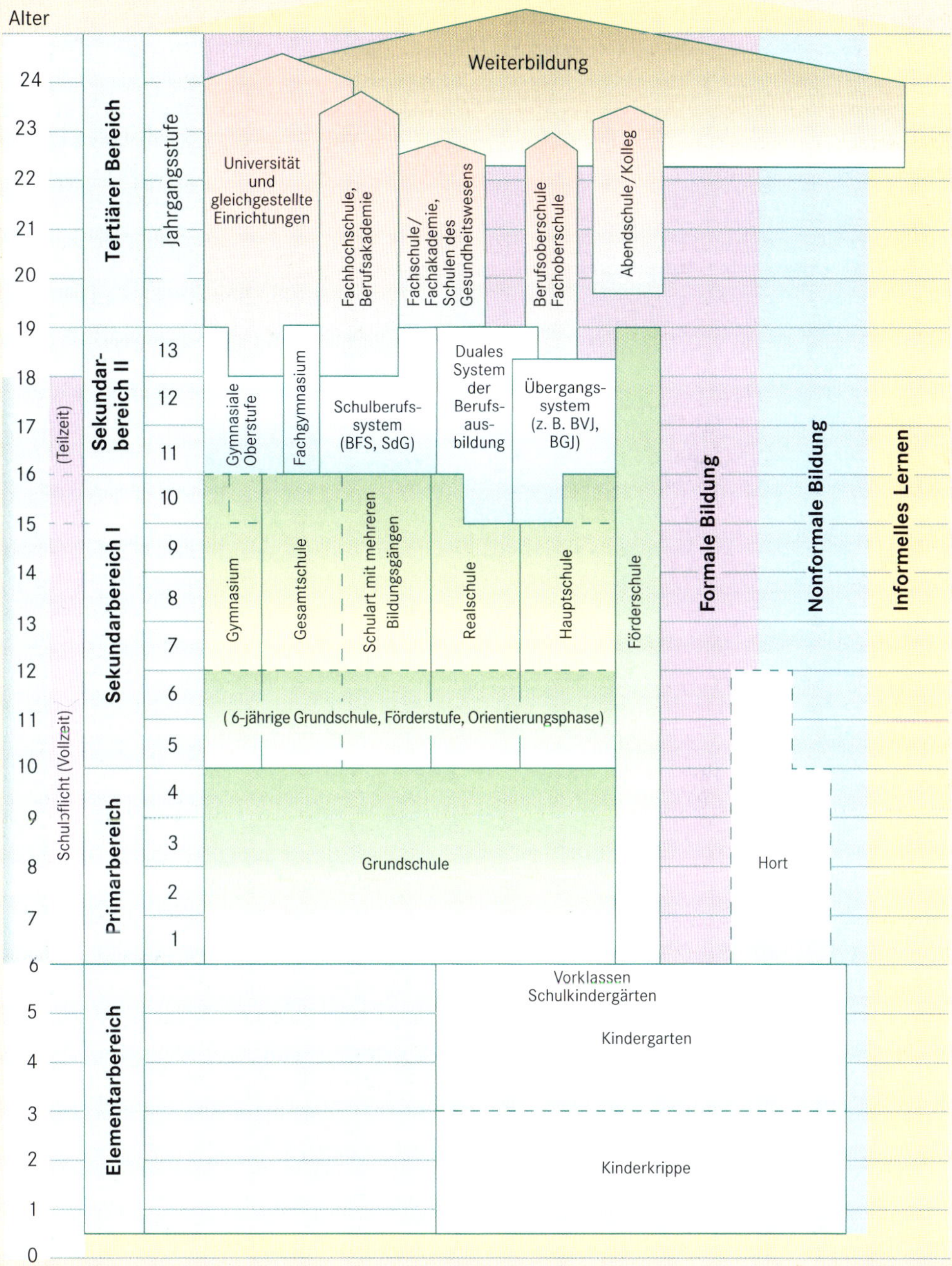

Quelle: Kultusministerkonferenz, Bildungsbericht 2008.

Struktur- und Regionalpolitik

Strukturpolitik umfasst alle Aktivitäten des Staates mit dem Ziel, die sektorale oder regionale Struktur einer Volkswirtschaft zu verändern. Zu ihr zählen die Verkehrs- und die Industriepolitik. In einem weiteren Sinne sind auch die Wettbewerbs-, die Handels-, die Energie-, die Bildungs- und die Umweltpolitik dazuzurechnen.

Nationale Autarkie und soziale Abfederung

Strukturen einer Volkswirtschaft haben sich im Allgemeinen historisch entwickelt: Rohstoffvorkommen wie Kohle oder natürliche Verkehrswege wie Flüsse haben die Entstehung bestimmter Industrien und Handelswege geprägt. Zu denken ist etwa an das Ruhrgebiet oder die oberschlesischen Kohlenreviere.

Traditionell haben bei der Begründung von Strukturpolitik sicherheitspolitische Überlegungen eine wichtige Rolle gespielt. Die Bereiche Landwirtschaft sowie Kohle und Stahl wurden vom Staat geschützt, weil sie wichtig für die nationale Unabhängigkeit waren. Heute wird der Staatseingriff eher damit begründet, dass die Einkommensunterschiede verringert oder neu entstehende Diskrepanzen vermieden werden sollen. Dahinter stehen Gerechtigkeitsüberlegungen, aber auch die Hoffnung, die Bevölkerung gesellschaftlich besser zu integrieren. So soll z. B. der Verarmung von Regionen vorgebeugt werden, die stark vom niedergehenden Schiffbau abhängen. Ein Blick auf die Landkarte zeigt jedoch, dass die Einkommen pro Kopf noch nicht angeglichen sind (Abb. 1).

Elemente der Strukturpolitik

Ein Ziel des Raumordnungsgesetzes des Bundes ist die Herstellung gleichwertiger Lebensverhältnisse in allen Teilen Deutschlands; entsprechende Maßnahmen dienen damit der Verwirklichung der in der Verfassung verankerten Grundwerte. Strukturschwache Regionen werden in der Regel zu regionalen **Fördergebieten** erklärt. Die Verbesserung der regionalen Wirtschaftsstruktur ist eine der Gemeinschaftsaufgaben von Bund und Ländern, doch kommt der Strukturpolitik im Rahmen der Europäischen Union (EU) zunehmende Bedeutung zu.

Investitionen werden direkt und indirekt angeregt: Indirekt soll eine höhere Qualität der örtlichen **Infrastruktur** (Kommunikation, Energie, Verkehrsanbindung) die staatlichen Vorleistungen verbessern. Direkt erhalten Unternehmen, die in diesen Regionen tätig werden, gezielte Unterstützung, sei es in Form von **Investitionszuschüssen** oder von Krediten aus dem **ERP-Sondervermögen** für kleine und mittlere Unternehmen. Daneben fördert die EU mittels der **Strukturfonds**, zu denen der Agrarfonds, der Regionalfonds und der Sozialfonds zählen. Zudem werden die Unternehmen bei Kooperationsvorhaben beraten und unterstützt.

Anders als die regionale genießt die **sektorale Strukturpolitik** keinen Verfassungsrang. Man unterscheidet Maßnahmen, die Unternehmen an neue Gegebenheiten anpassen, solche, die eine bestimmte Branchenstruktur erhalten, und solche, mit denen künftige Strukturen gestaltet werden sollen. Den Hintergrund für strukturpolitische Maßnahmen bildet der mit der marktwirtschaftlichen Dynamik verbundene **Strukturwandel**. Als ordnungspolitisches Instrument dient dem Staat die Wettbewerbsordnung: Unternehmen werden durch Zölle vor ausländischer Konkurrenz geschützt oder durch Regulierung des Marktgeschehens in ihrem Handlungsspielraum eingeschränkt. Prozesspolitisch kontrolliert der Staat die Preise, beschränkt Kapazitäten oder legt Produktionsmengen fest. Durch eigene Auftragsvergabe kann er die Nachfrage erhöhen, durch Zuschüsse die Produktionskosten senken.

Grenzen der Strukturpolitik

Der Staat entzieht manche Branchen (Schiffbau, Landwirtschaft) dem freien Wettbewerb. Das ist ordnungspolitisch problematisch: Gelder, die in die Erhaltung dieser Branchen fließen – der Steinkohlenbergbau etwa erhielt 2008 rund 2,0 Mrd. € an **Subventionen** (Abb. 2) –, stehen für die Förderung anderer, zukunftsträchtiger Branchen nicht zur Verfügung. De facto führen Maßnahmen, die soziale Härten abfedern sollen, zu Strukturverzerrungen. Es gibt Ansätze zur Abschwächung der verzerrenden Wirkung von Subventionen. Dazu zählt die zeitlich befristete Gewährung oder der Ersatz direkter Zuschüsse durch Steuererleichterungen.

Die Probleme der regionalen Strukturpolitik zeigen sich besonders in den ostdeutschen Bundesländern: Ein Ausgleich der räumlichen und strukturellen Ungleichgewichte der ehemals getrennten Teile Deutschlands benötigt Zeit. Doch bleibt die Frage, wann ein solcher Ausgleich als erreicht gelten kann. In Ballungsräumen sind die nominalen Pro-Kopf-Einkommen in der Regel höher als in ländlichen Gebieten. Doch daraus zu folgern, dass die Sektorstruktur in den ländlichen an diejenigen in den städtischen Gebieten angeglichen werden sollte, wäre sicherlich verfehlt.

▸ 1 Einkommensunterschiede innerhalb Deutschlands

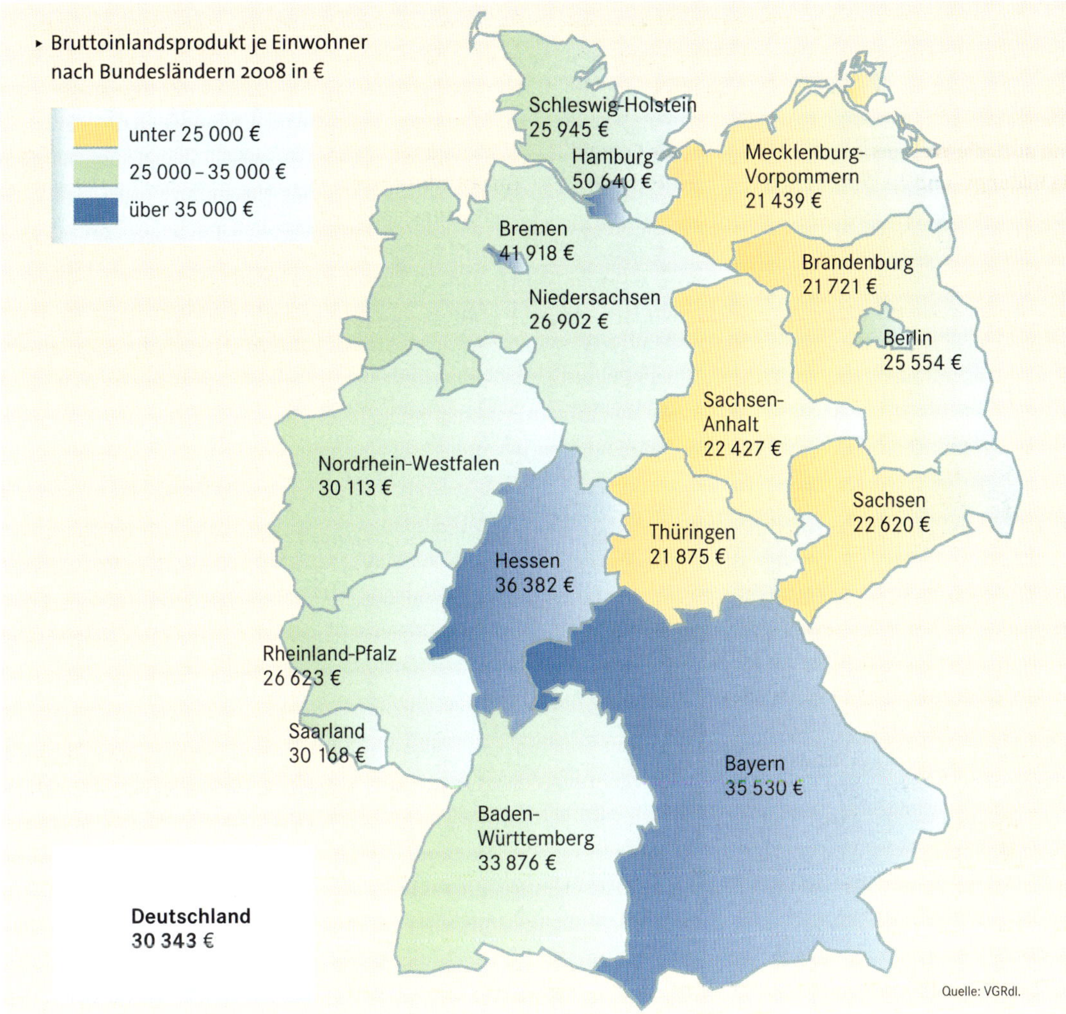

▸ 2 Die zehn größten Finanzhilfen des Bundes 2009

Rang	Art	Mio. €
1.	Verstromungshilfen Kohle	1 465
2.	Gemeinschaftsaufgabe Agrarstruktur	501
3.	Förderung der Nutzung erneuerbarer Energien	466
4.	Prämien nach Wohnungsbauprämiengesetz	446
5.	Zuweisungen an die Länder für betriebliche Investitionen (Gemeinschaftsaufgabe „Verbesserung der regionalen Wirtschaftsstruktur")	437
6.	Zinszuschüsse zur CO_2-mindernden Gebäudesanierung	410
7.	Förderung der Forschungszusammenarbeit und Unternehmensgründung	240
8.	Abwicklung von Altprogrammen	210
9.	Förderung des Städtebaus	196
10.	Maßnahmen zur Förderung von kleinen und mittleren Unternehmen und freien Berufen	149

Industriepolitik

Industriepolitik wurde früher als jener Teilbereich der Gewerbepolitik neben der Agrar- und der Handwerkspolitik definiert, der auf die Gestaltung des Industriesektors ausgerichtet ist. Heute ist Industriepolitik gleichbedeutend mit sektoraler Strukturpolitik.

Marktunvollkommenheiten

Staatlichen Eingriffen in die sektorale Produktionsstruktur einer Volkswirtschaft (Abb. 1) liegen verschiedene Motive zugrunde. Zum einen kann es darum gehen, z. B. die rückläufige Kohlen- und Stahlindustrie finanziell zu unterstützen, um auf diese Weise bestimmte, zur Sicherung der nationalen Autarkie notwendige Förder- und Verarbeitungskapazitäten zu erhalten **(erhaltende Industriepolitik)**. Zum andern ist Industriepolitik auch Forschungs- und Technologiepolitik: Der Staat unterstützt bestimmte Industriezweige durch finanzielle Förderung oder eigene Auftragsvergabe **(gestaltende Industriepolitik)**.

Ökonomisch wird Industriepolitik mit **Marktversagen** begründet: Wenn z. B. Unternehmen Grundlagenforschung betreiben, schaffen sie ein öffentliches Gut. Die Forschungsergebnisse werden im Gegensatz zu privaten Gütern nicht abgenutzt, wenn andere Firmen sie ebenfalls verwerten. Es wäre ineffizient, die neuen Informationen nicht allen zugänglich zu machen. Sie sollten vielmehr frei verfügbar sein. Private Forschung hat zudem oft externe Effekte, d. h., sie nützt auch anderen Unternehmen, obwohl diese zu ihrer Finanzierung nichts betragen. Damit Unternehmen dennoch in ausreichendem Umfang forschen, unterstützt der Staat ihre Grundlagenforschung.

Anders verhält es sich mit angewandter Forschung: Sie schafft die Basis für marktfähige Produkte, und mithilfe von Patenten können Unternehmen andere für gewisse Zeit von der Nutzung der Erfindung ausschließen.

Marktversagen liegt auch vor, wenn die Kapitalmärkte unvollkommen sind. So kann es für kleine Unternehmen schwierig sein, genügend Startkapital zu erhalten; in solchen Fällen kann der Staat mit Gründungshilfen und günstigen Kreditbedingungen Starthilfe gewähren.

Industriepolitische Instrumente

Zunächst sind **Binnenprotektion** und **Außenprotektion** voneinander zu unterscheiden. Im Rahmen der Binnenprotektion stützt der Staat in erster Linie die Produktionsbedingungen bestimmter Branchen im Inland. Das bedeutendste Instrument hierzu sind direkte **Finanzhilfen**, deren wichtigster Empfänger in Deutschland die Montanindustrie ist (Abb. 2). Es folgen **Steuervergünstigungen** (z. B. Sonderabschreibungen) und Ausfallbürgschaften oder zinsgünstige Kredite.

Das Spektrum der Außenprotektion ist breit; generell gehören dazu Zölle auf ausländische Produkte, Einfuhrkontingente und freiwillige Exportbeschränkungen. Diese Instrumente dienen allgemein dazu, die inländischen Produzenten vor der ausländischen Konkurrenz zu schützen. Ausländische Hersteller könnten, wenn sie etwa aufgrund von niedrigeren Löhnen günstiger anbieten, die inländische Produktion zum Teil verdrängen.

Die Außen- ist weniger bedeutend als die Binnenprotektion. Mehrere internationale Zollsenkungsrunden im Rahmen des GATT und der Welthandelsorganisation (WTO) haben erhebliche Zollsenkungen erbracht. Zudem gilt innerhalb der Europäischen Union grundsätzlich der freie Verkehr von Waren, Personen, Kapital und Dienstleistungen.

Grundsätzliche ordnungspolitische Bedenken

Ein Problem jeder Industriepolitik besteht darin, dass bei Förderung einer Branche automatisch alle übrigen benachteiligt werden. Wird durch **Subventionen** etwa die Stahlproduktion angeheizt, wandern volkswirtschaftlich gesehen mehr Ressourcen in diesen Sektor. Aus ordnungspolitischer Sicht sollten Ressourcen aber dort eingesetzt werden, wo sie den höchsten Ertrag abwerfen. Dies geschieht nur, wenn der Markt ungestört funktioniert. Er funktioniert nicht, wenn die Kapitalmärkte unvollkommen sind oder wenn Forschung (insbesondere Grundlagenforschung) externe Effekte erzeugt.

Grundsätzlich lassen sich Staatseingriffe mit Marktversagen begründen. Zu fragen ist aber, ob der Staat über die erforderlichen Informationen verfügt, die eine effizientere Lösung ermöglichen als der Marktprozess. Ist dies nicht der Fall, so spricht man von **Staatsversagen**. Konkret bedeutet dies, dass der Staat etwa für die Förderung der Biotechnologie wissen müsste, dass dieser Industriezweig in Zukunft ein wichtiger Pfeiler der Wirtschaft sein wird. Zugleich dürfte der Markt es nicht schaffen, diese Industrie zu entwickeln. Es fragt sich also, ob und inwieweit der Staat in den Strukturwandel einer Volkswirtschaft eingreifen darf. Das Beispiel der Kerntechnik zeigt, dass bei der Förderungsentscheidung politische Kriterien eine wichtige Rolle spielen.

▸ 1 Die Bruttowertschöpfung der Unternehmen in Deutschland nach Sektoren[1)]

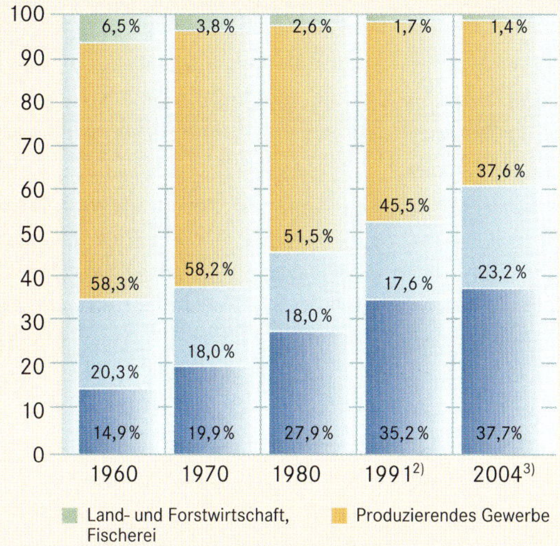

Daten für 2008	in %	in Mrd. €
Land- und Forstwirtschaft, Fischerei	1,1	19,57
Produzierendes Gewerbe davon	38,5	673,78
Energie-, Wasserversorgung, Bergbau	3,2	55,18
verarbeitendes Gewerbe	30,0	524,78
Baugewerbe	5,4	93,82
Handel und Verkehr	22,9	399,83
Dienstleistungsunternehmen	37,5	655,04
	100,0	**1 748,22**

1) in % der Bruttowertschöpfung der Unternehmen, ohne Staat, private Haushalte und Organisationen ohne Erwerbszweck 2) Werte für Gesamtdeutschland 3) vorläufige Ergebnisse

Quelle: Statistisches Bundesamt.

▸ 2 Entwicklung der Finanzhilfen und Steuervergünstigungen des Bundes für die gewerbliche Wirtschaft

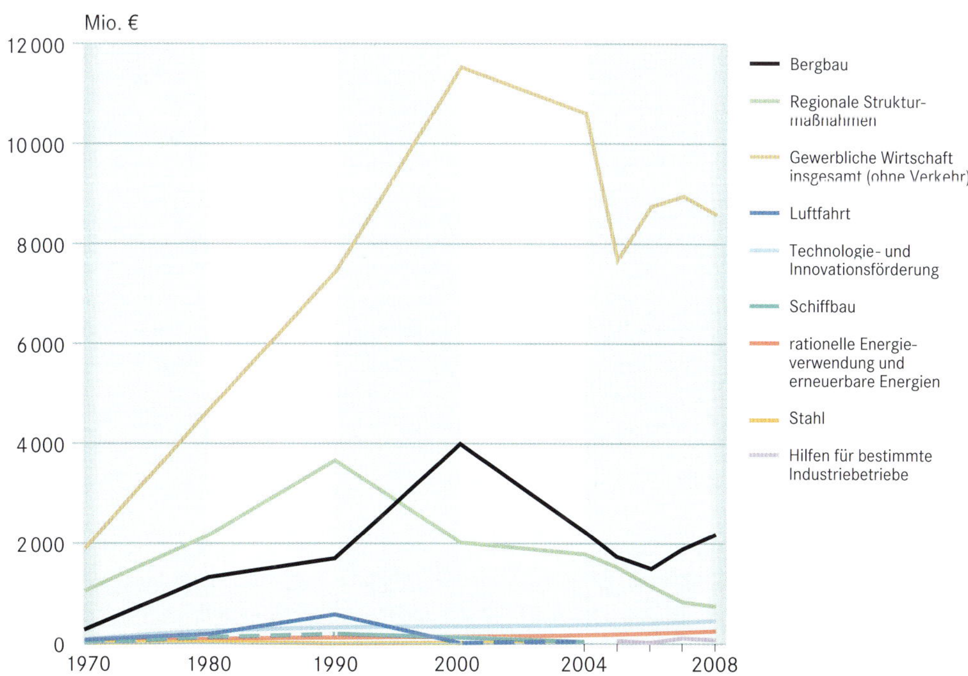

Quelle: Subventionsbericht der Bundesregierung.

Agrarpolitik

Die Bedeutung der Landwirtschaft als Wirtschaftszweig ist in den reifen Volkswirtschaften nur noch gering. Im Jahr 2008 arbeiteten in Deutschland lediglich noch 2,1 % der Erwerbstätigen in diesem Sektor. Sein Anteil an der Bruttowertschöpfung beträgt sogar nur noch 0,6 %.

Massive Regulierung

Dennoch erfährt der primäre Wirtschaftssektor in Deutschland und der Europäischen Union (EU), aber auch in vielen anderen Industrieländern, eine intensive Unterstützung durch Subventionen und wird von der Konkurrenz der Weltmärkte abgeschottet. Die deutsche Agrarpolitik wird wesentlich durch die **Gemeinsame Agrarpolitik (GAP)** der EU bestimmt. Diese greift massiv in Marktprozesse ein und ist mit einem extrem hohen Verwaltungsaufwand verbunden.

Die GAP beruht auf zwei Grundelementen. Im Rahmen von **Marktordnungen** werden für die Erzeuger Abnahmepreise garantiert, die ihnen im Verein mit Direktzahlungen ein angemessenes Einkommen sichern sollen. Im Zuge dessen werden die Landwirte durch **Abschöpfungen** zulasten der Importeure, die die Differenz zwischen Inlands- und Weltmarktpreisen neutralisieren, vor der Weltmarktkonkurrenz geschützt. Die so verursachte Überproduktion wird teils auf EU-Kosten eingelagert und mittels Subventionen exportiert, teils durch Produktionsquoten begrenzt. Das zweite Element ist die **Entwicklung des ländlichen Raumes,** die angesichts der in den 1980er-Jahren erreichten Selbstversorgung der EU-Länder und der zunehmenden Sorge um eine ökologisch nachhaltige Landwirtschaft an Bedeutung gewonnen hat.

Die Kosten der Gemeinsamen Agrarpolitik

Die GAP ist der zweitgrößte Ausgabenblock im EU-Budget; auf sie entfielen 2008 mit 55,6 Mrd. € knapp 43 % des Gemeinschaftshaushalts. Die im Rahmen der **Agenda 2000** und der GAP-Reform von 2003 für die Jahre 2007 bis 2013 vereinbarten Agrarausgaben von knapp 415 Mrd. € entsprechen in etwa einem Fünftel des jährlichen Bruttoinlandsprodukts Deutschlands. Die volkswirtschaftlichen Kosten sind noch höher zu veranschlagen. Zum einen subventionieren die EU-Staaten die Landwirtschaft zusätzlich aus den nationalen Budgets. Zum anderen tragen die Konsumenten weitere erhebliche Lasten in Form von künstlich überhöhten Lebensmittelpreisen.

Abgesehen davon sind mit der GAP außenwirtschaftliche Probleme verbunden. Die Abschottung des europäischen Agrarmarkts und die subventionierten Exporte stehen im Widerspruch zu dem von der Welthandelsorganisation (WTO) aufgestellten Grundsatz des **Freihandels.** In den Entwicklungsländern schädigen die subventionierten EU-Exporte die heimische Landwirtschaft.

Argumente zugunsten der GAP

Eine Reihe von Argumenten wird immer wieder genannt, um die GAP zu legitimieren. Diese Argumente halten jedoch einer ökonomischen Analyse jedoch nur bedingt stand. So wird etwa das Ziel der Selbstversorgung mit Lebensmitteln genannt. Aber es fragt sich, wie sinnvoll der Autarkiegedanke in einer Zeit noch ist, in der die europäischen Volkswirtschaften in hohem Maße vom globalen Warenaustausch abhängig sind.

Ein weiteres Argument lautet, dass die Landwirte ein Anrecht auf ein angemessenes und sicheres Einkommen hätten. Doch nicht für jeden ist es nachvollziehbar, warum einer bestimmten Berufsgruppe eine solche Privilegierung zuteil wird, während in anderen Branchen ein Strukturwandel beträchtliche Einkommens- und Beschäftigungsverschiebungen nach sich zieht.

Ein offizielles Ziel der GAP ist schließlich die Begrenzung der Schwankungen von Lebensmittelpreisen. Dies mag von sozialpolitischer Relevanz gewesen sein, als der Großteil der privaten Konsumausgaben noch auf Lebensmittel entfiel; diese Zeiten aber sind vorbei. Sozialpolitisch fragwürdig ist demgegenüber das durch die GAP künstlich überhöhte Preisniveau für Lebensmittel. Am ehesten noch überzeugt das Argument, dass die Landwirtschaft von großer regionalpolitischer Bedeutung ist und zudem eine ökologische Funktion im Rahmen der Landschaftspflege ausübt. Hier fragt sich jedoch aus ordnungspolitischer Sicht, ob sich regional- und umweltpolitische Ziele nicht mit weniger gravierenden Eingriffen in das marktwirtschaftliche System erreichen lassen.

Reformen

Angesichts ihrer systemimmanenten Probleme unterliegt die GAP einem ständigen Reformdruck, der zuletzt in der Agenda 2000 und der Reform von 2003 seinen Niederschlag fand. Die Reformen zielen auf eine weitere Umschichtung der Subventionierung von der **Preisstützung** hin zu direkten **Einkommensbeihilfen** sowie auf eine Vereinfachung der GAP.

▸ 1 Ausgaben für die GAP nach Maßgabe der mehrjährigen Budgetplanung

Amtliche Bezeichnung des Politikbereichs: Bewahrung und Bewirtschaftung der natürlichen Ressourcen; in Mrd. € zu jeweiligen Preisen; die Teilbeträge entfallen auf marktbezogene Ausgaben und Direktzahlungen.

Quelle: EU-Kommission.

▸ Beurteilung:
Die Reformen der GAP im Rahmen der Agenda 2000 stellen Minimalreformen dar, die angesichts des handelspolitischen Drucks seitens der WTO und aufgrund der anstehenden Ost-Erweiterung unabweisbar waren. Ein „Einstieg in den Ausstieg" aus der in hohem Maße ökonomisch fragwürdigen Grundausrichtung der GAP ist nicht gelungen. Die Idee, einen Teil der Subventionen in Zukunft nicht mehr aus dem EU-Haushalt, sondern national zu finanzieren („Kofinanzierung") ist am Widerstand Frankreichs gescheitert.

▸ 2 Der GAP-Gesundheitscheck

▸ Die Reform der GAP ist eine Daueraufgabe. Am 20. November 2008 beschlossen die Landwirtschaftsminister der EU weitere Maßnahmen zur Verringerung der Dichte der staatlichen Eingriffen in die EU-Agrarmärkte und zur Vereinfachung der GAP. Dazu zählen u. a.:

eine schrittweise Anhebung der Milchquoten bis zu ihrem endgültigen Wegfall im Jahr 2015,

eine weitere Entkoppelung der direkten Einkommensbeihilfen von der Produktion bestimmter Erzeugnisse,

eine beschleunigte Verringerung der Mittel für Direktzahlungen an die Landwirte zugunsten des Haushalts für die Entwicklung des ländlichen Raums (z. B. durch Programme in den Bereichen Klimawandel, erneuerbare Energien, Wassermanagement und Erhaltung der biologischen Vielfalt),

die Überarbeitung der sogenannten Cross-Compliance-Regeln, mittels deren die Zahlungen an die Landwirte an die Einhaltung von Qualitätsstandards in den Bereichen Umweltschutz, Tierschutz und Lebensmittelqualität gebunden werden,

die Abschaffung der Marktintervention für Schweinefleisch, ihre Abschwächung für Getreide, Butter und Magermilchpulver.

Verbraucherpolitik

Das wichtigste Ziel der Wirtschaftspolitik ist es, einen möglichst freien Leistungswettbewerb zu schaffen und den Verbraucher dadurch vor den negativen Einflüssen übermäßiger Marktmacht zu schützen. Damit ist vor allem die Wettbewerbspolitik angesprochen, daneben aber auch die Verbraucherpolitik.

Grundlegende Modelle

Unter Verbraucherpolitik fallen staatliche Maßnahmen, die darauf gerichtet sind, die Verbraucherinteressen gegenüber den Anbietern angemessen durchzusetzen. Gelegentlich werden auch verbraucherorientierte Maßnahmen von Unternehmen und Wirtschaftsverbänden zur Verbraucherpolitik gerechnet (z. B. Schieds- und Schlichtungsstellen, Beratungsdienste).

In der Theorie der Verbraucherpolitik gibt es im Wesentlichen drei Konzeptionen. Im Wettbewerbsmodell wird davon ausgegangen, dass prinzipiell **Konsumentensouveränität** herrscht. Die Verbraucher steuern über rationales Kaufverhalten entsprechend ihren Vorlieben die Produktion: Produkte, die nicht gefragt sind, werden auch nicht angeboten. Damit die Verbraucher rational und ihren Bedürfnissen entsprechend entscheiden können, müssen sie allerdings ausreichend über die Produkte und deren Eigenschaften informiert sein. Es muss also Markttransparenz herrschen. Durch eine aktive staatliche **Wettbewerbspolitik**, zu der auch eine gezielte, verbrauchergerechte Informationspolitik gehört, müssen mögliche Informationslücken geschlossen werden. Ebenso müssen Wettbewerbsbeschränkungen durch die Anbieter verhindert bzw. beseitigt werden.

Das Schutz- und Gegenmachtmodell unterstellt demgegenüber, dass die Anbieterinteressen aufgrund von ungleicher Machtverteilung dominieren und dass die Wettbewerbspolitik allein den Anbietern kein ausreichendes Gewicht entgegensetzen kann. Die Verbraucherpolitik tritt hinzu und fungiert als Vermittler zwischen Verbraucher- und Anbieterinteressen. Über Verbrauchererziehung wird den Verbrauchern ihre Rolle im Markt bewusst gemacht. Gleichzeitig werden sie angehalten, diese Rolle aktiv wahrzunehmen und eine kritische Haltung gegenüber der Werbung zu entwickeln. Andererseits werden wegen der prinzipiellen Machtvorteile der Anbieter Rechtsnormen aufgestellt, die die Verbraucher beispielsweise vor irreführender Werbung oder gefährlichen Produkten schützen. Um die Übermacht der Anbieter zu neutralisieren, werden die Verbraucherinteressen kollektiv über Verbände und Behörden vertreten.

Das Partizipationsmodell geht noch einen Schritt weiter. Es berücksichtigt die Entstehung und den Wandel von Verbraucherbedürfnissen. Dabei sollen beispielsweise die Belastungen für die Umwelt aus der Produktion der vom Verbraucher gewünschten Güter vorausgeschätzt werden. Die traditionelle Verbraucherpolitik, die erst nach erfolgter Produktion der Güter einsetzt, wird durch eine vorausschauende Verbraucherpolitik abgelöst, die eine frühzeitige, direkte Einflussnahme der Verbraucher oder ihrer Vertreter auf das Güterangebot ermöglicht.

Träger und Handlungsbereiche in Deutschland

In Deutschland werden Verbraucherinteressen nicht nur von staatlichen Einrichtungen, sondern auch und vor allem durch Organisationen repräsentativ wahrgenommen. Man spricht auch von Fremdorganisation der Verbraucher durch **Verbraucherverbände** (Abb. 1). Eine direkte Einflussmöglichkeit durch den einzelnen Verbraucher besteht nur ansatzweise; Zusammenschlüsse von Verbrauchern (Selbstorganisation der Verbraucher) sind im Unterschied zu den USA selten.

Im Vordergrund der deutschen Verbraucherpolitik stehen Maßnahmen der **Verbraucherinformation**, des **Verbraucherschutzes** und der **Verbrauchererziehung.** Durch aktuelle Informationen über das Angebot an Waren und Dienstleistungen sollen einseitige, womöglich verzerrte Informationen der Anbieter ergänzt und wenn nötig richtig gestellt werden. Ziel ist, die Markttransparenz zu erhöhen. Wichtige Informationskanäle sind produktbegleitende Informationen, Warentests, Verbraucherberatung besonders durch Verbraucherzentralen und der Einsatz von Massenmedien wie beispielsweise Verbraucherzeitschriften. Die staatliche Verbraucherpolitik unterstützt vor allem die Verbraucherzentralen (Abb. 2) und die Stiftung Warentest (Abb. 3) finanziell.

Durch Verbrauchererziehung soll jeder frühzeitig auf seine Rolle als Konsument vorbereitet werden. Zur schulischen Verbrauchererziehung zählen die Vermittlung grundlegender Kenntnisse über die Marktwirtschaft, die Reflexion der eigenen Bedürfnisse und die Entwicklung eines verantwortlichen Verbraucherverhaltens auch mit Blick auf die Wirkungen des Konsums auf Mitmenschen und Umwelt.

Der Verbraucherschutz stärkt durch eine Vielzahl von Ge- und Verboten die Stellung des Konsumenten gegenüber den Marketingpraktiken der Anbieter.

1 Verbraucherverbände

primäre, auf Verbraucherpolitik konzentrierte Verbraucherverbände

Fremdorganisation der Verbraucher
- Verbraucherzentrale Bundesverband e. V.
  - Verbraucherzentralen
  - Stiftung Warentest
  - Stiftung Verbraucherinstitut
  - Verbraucherschutzverein e.V.
  - Deutsche Gesellschaft für Ernährung
  - Arbeitsgemeinschaft Wohnberatung e.V.

Selbstorganisation der Verbraucher
- Verbraucher Initiative e.V.

sekundäre Verbraucherorganisationen

z. B.
- Deutscher Mieterbund
- Hausfrauenvereine
- Familienverbände
- Automobilclubs Verkehrsclubs

- Der Verbraucherzentrale Bundesverband e. V. ist die Dachorganisation von 41 Verbraucher- und sozial orientierten Organisationen in Deutschland. Dazu zählen neben verschiedenen Hausfrauen-, Frauen- und Familienverbänden u. a. auch die 16 Verbraucherzentralen in den Bundesländern, der Deutsche Mieterbund, die Arbeiterwohlfahrt, das Diakonische Werk und der Deutsche Caritasverband.

2 Verbraucherzentralen

- Die 16 Verbraucherzentralen unterhalten bundesweit etwa 200 Beratungsstellen. Sie bieten neben persönlicher und telefonischer Beratung auch Ausstellungen und Vorträge zu verbraucherpolitischen Themen an.

3 Stiftung Warentest

- Die Stiftung Warentest wurde 1964 von der Bundesregierung als Institut zur Durchführung vergleichender Warentests und Dienstleistungsuntersuchungen in Berlin gegründet. Sie ist – als Stiftung bürgerlichen Rechts – eine unabhängige Einrichtung, also weder staatlichen noch sonstigen Weisungen unterworfen. Der in der Satzung festgelegte Zweck der Stiftung ist es, „die Öffentlichkeit über objektivierbare Merkmale des Nutz- und Gebrauchswertes sowie der Umweltverträglichkeit“ von Waren und Dienstleistungen zu unterrichten. Außerdem gehört es zu ihren Aufgaben, die Verbraucher über Möglichkeiten und Techniken einer optimalen Haushaltsführung und über gesundheits- und umweltbewusstes Verhalten aufzuklären.
Zur Erfüllung dieser Aufgabe führt die Stiftung Warentest nach wissenschaftlichen Methoden Untersuchungen an Waren und Dienstleistungen durch. Über die Ergebnisse der Untersuchungen informiert die Stiftung die Öffentlichkeit durch ihre Publikationen, insbesondere durch die Zeitschriften „test“ (seit 1966) und „FINANZtest“ (seit 1990).

Verbraucherschutz

Der Verbraucherschutz ist oberstes Ziel der Verbraucherpolitik. Durch ihn soll die Stellung des Verbrauchers gegenüber dem Anbieter gestärkt und somit die asymmetrische Machtverteilung zwischen Verbraucher und Anbieter ausgeglichen werden.

Reglementierungen

Der Verbraucher soll vor einer Gefährdung seiner Sicherheit und Gesundheit sowie vor Täuschung und Übervorteilung durch die Anbieter von Waren und Dienstleistungen geschützt werden. Dazu ist in zivil- und öffentlich-rechtlichen Regelwerken eine Fülle von Ge- und Verboten fixiert. Diese dienen der Reglementierung der Anbieter auf Konsumgütermärkten, der Reglementierung öffentlicher (staatlicher) Anbieter sowie dem Schutz individueller Rechtsgüter (Eigentum).

Der gesetzliche Verbraucherschutz regelt über eine Vielzahl von Verordnungen und Gesetzen die Informationspflichten des Anbieters gegenüber dem Verbraucher (z. B. Kennzeichnungsvorschriften, Preisauszeichnungspflicht), den Wettbewerb zwischen den Anbietern (z. B. Gesetz gegen unlauteren Wettbewerb, Gesetz gegen Wettbewerbsbeschränkungen) sowie die allgemeine Vertragsgestaltung (z. B. Verbraucherkreditgesetz, Mieterschutz). Durch vorbeugende Kontrollen wie die Zulassungspflicht von Arzneimitteln im Arzneimittelrecht, von Insekten- und Unkrautvernichtungsmitteln im Chemikaliengesetz sowie durch die Nahrungsmittelüberwachung im Lebensmittelrecht soll die Gesundheit des Konsumenten geschützt werden. Dessen Sicherheit dienen das Produktsicherheits-, Gerätesicherheits- und Produkthaftungsgesetz.

Ausgewählte Gesetze und Verordnungen

Kennzeichnungsvorschriften gibt es etwa für Textilien (Textilkennzeichnungsgesetz), große Elektrogeräte (Energieverbrauchskennzeichnungs-Verordnung) und für Lebensmittel. So schreibt die Lebensmittelkennzeichnungs-Verordnung unter anderem bei Fertigverpackungen die Angabe der Zutaten und Zusatzstoffe sowie das Mindesthaltbarkeitsdatum vor, für Obst und Gemüse verschiedene Güteklassen.

Durch das **Verbraucherkreditgesetz** (VerbrKrG) sollen Verbraucher vor missbräuchlichen Kreditbedingungen geschützt werden. Es gilt sowohl für Kreditverträge als auch für Kreditvermittlungsverträge, wie sie z. B. oft bei einem Autokauf abgeschlossen werden. Zusätzlich sollen eine Harmonisierung der allgemeinen Bedingungen erreicht und dadurch Wettbewerbsverzerrungen zwischen den Kreditgebern auf dem gemeinsamen europäischen Markt beseitigt werden.

Die Generalklausel des **Gesetzes gegen unlauteren Wettbewerb (UWG)** verbietet unlautere Wettbewerbshandlungen, die geeignet sind, den Wettbewerb zum Nachteil der Mitbewerber, der Verbraucher oder der sonstigen Marktteilnehmer zu beeinträchtigen. Vorrang vor dem UWG hat allerdings das Gemeinschaftsrecht der Europäischen Union, vor allem die Vorschriften über den freien Waren- und Dienstleistungsverkehr und das Diskriminierungsverbot.

Um einen klaren Standard für einfache Vertragsgeschäfte zu haben, werden meist vorformulierte Vertragsbedingungen als **Allgemeine Geschäftsbedingungen (AGB)** zugrunde gelegt. Typische Bestandteile der AGB sind Abreden über Sachmängelhaftung, Eigentumsvorbehalt, Erfüllungsort sowie Gerichtsstand. AGB sind nichtig, wenn sie die wirtschaftliche Bewegungsfreiheit des Vertragspartners unangemessen beschränken (Knebelungsvertrag) oder wenn sie dem Käufer ungünstige Bedingungen aufzwingen. Diese und andere Vorschriften sind im Bürgerlichen Gesetzbuch **(BGB)** und im Unterlassungsklagengesetz geregelt.

Der **Mieterschutz** ist ebenfalls im BGB geregelt. Die Schutzwirkung dieser Vorschriften besteht darin, dass der Vermieter ein Mietverhältnis durch ordentliche oder außerordentliche befristete Kündigung nur auflösen kann, wenn er ein berechtigtes Interesse an der Beendigung hat. Neben dem Mieterschutz regelt das BGB beispielsweise Gewährleistungsansprüche des Käufers (Garantierechte). Spezielle Vorschriften gibt es für Haustürgeschäfte durch das Haustür-Widerrufsgesetz (HWiG), für den Versandhandel (Fernabsatzgesetz) und für Pauschalreisen (Reisevertragsgesetz).

Das **Produkthaftungsgesetz** (ProdHaftG) verpflichtet den Hersteller eines fehlerhaften Produkts zur Haftung für daraus entstehende Personen- und Sachschäden. Auf ein Verschulden des Herstellers kommt es dabei nicht an. Die Beweislast für den Kausalzusammenhang zwischen Fehler und Schaden trägt der Geschädigte. Durch das **Verbraucherinformationsgesetz** soll durch erweiterte Informationspflichten der Behörden etwa bei Lebensmitteln und Kinderspielzeug die Markttransparenz erhöht und sollen gewissenhafte Anbieter vor „schwarzen Schafen" geschützt werden.

▸ 1 Kennzeichnungspflicht

▸ Gesetzliche Verpflichtung für Hersteller, ihre Erzeugnisse mit bestimmten Angaben zu versehen, damit der Verbraucher über das Produkt hinreichend informiert wird.
Nach der Verordnung über die Lebensmittelkennzeichnung muss bei Lebensmitteln in Fertigpackungen angegeben werden, wie das Produkt heißt (Verkehrsbezeichnung), wer es hergestellt oder verpackt hat (z. B. Anschrift des Herstellers), die Menge und das Verzeichnis der Zutaten in absteigender Reihenfolge ihrer Gewichtsanteile, das Mindesthaltbarkeitsdatum und die Nährwertkennzeichnung (z. B. Angabe der Kalorien bzw. Joule), bei Fertigpackungen z. B. auch die Mengenangabe.
Weitere Produktkennzeichnungen sind Gütezeichen, Güteklassen und Handelsklassen, Sicherheitskennzeichen wie das GS-Zeichen oder das VDE-Zeichen sowie freiwillige Produktinformationen.

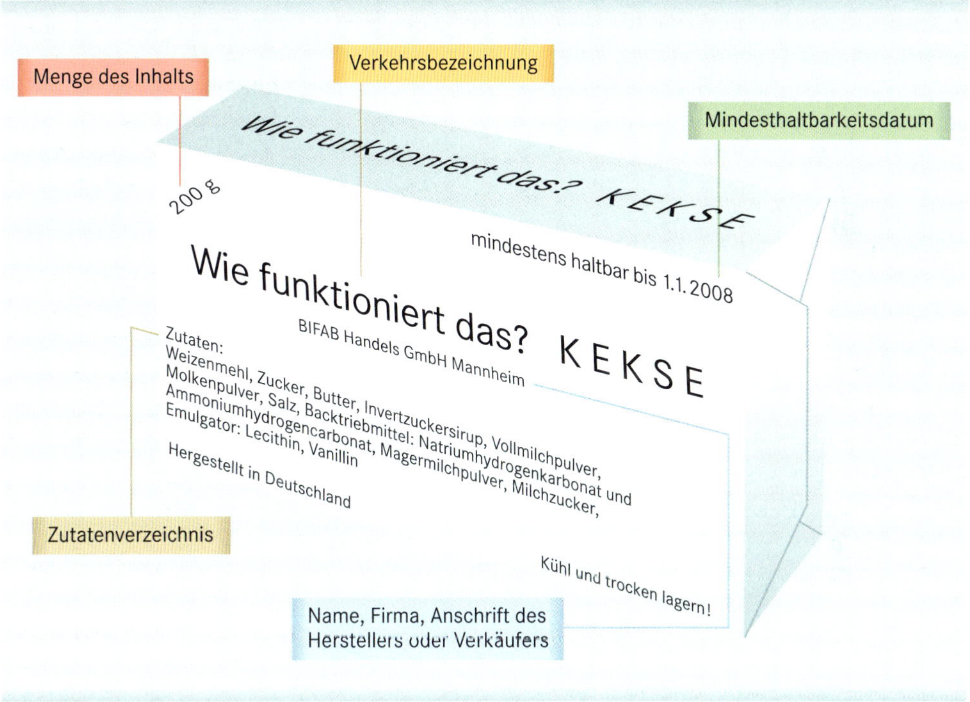

▸ 2 Biosiegel

▸ Seit Ende 2001 regelt ein Gesetz die Einführung eines eigenen Ökokennzeichens, das auf freiwilliger Basis für ökologische Lebensmittel verwendet werden kann. Dieses Biosiegel wird gemäß den Vorgaben der EG-Öko-Verordnung überwacht, um Missbrauch auszuschließen.
Eigene Siegel haben die unterschiedlichen ökologischen Anbauverbände wie z. B. Bioland und Demeter.

Energiepolitik

Energiepolitik ist Teil der sektoralen Wirtschafts-, Struktur- und Umweltpolitik. Sie umfasst alle staatlichen Maßnahmen zur Regulierung der Erzeugung und Umwandlung von Energie, des Energieverbrauchs und des Außenhandels mit Energie.

Ziele und Motive

Ziel der Energiepolitik ist es, eine langfristig sichere, preisgünstige, umweltschonende und klimagerechte **Energieversorgung** zu gewährleisten. Zudem soll die deutsche Industrie international nicht benachteiligt werden.

Traditionell verfolgt der Staat im Energiesektor eine klare strategische Linie: Unabhängigkeit in der Energieversorgung als Sicherheit gegen mögliche militärische Konflikte oder ökonomische Krisen, wie etwa die Erdölpreiskrisen von 1973/74 und 1979/80. Daneben wird staatliche Intervention ökonomisch mit der Annahme begründet, dass es **Marktversagen** im Energiesektor gibt. Zum einen ist in der **Energiewirtschaft** das Verteilungsnetz wichtig; Erdöl, Erdgas und Strom werden mittels eines ausgedehnten Leitungsnetzes zum Kunden gebracht. Aufgrund dieses Netzes vermutete man früher – ähnlich wie bei der Bahn oder der Telekommunikation – ein natürliches Monopol bei den Netzeigentümern. Heute gilt diese These als überholt und durch den Abbau von Zutrittsschranken werden die Märkte für den Wettbewerb geöffnet. Zum andern bestehen externe Effekte im Energieverbrauch und in der Forschung und Entwicklung. Es gibt positive externe Effekte, wenn ein Unternehmen neue Technologien erfindet und Konkurrenten diese übernehmen. Hier ist staatliche Unterstützung geeignet, z. B. in Form finanzieller Hilfen zur Erforschung regenerativer Energien. Starke negative externe Effekte bestehen beim Energieverbrauch, da die Käufer nur für ihren Nutzen bezahlen, die bei der Produktion von Kraft, Licht oder Wärme entstehenden Umweltkosten jedoch auf die Allgemeinheit abgewälzt werden. Ökonomisch sinnvoll ist es daher, Energie zu verteuern, d. h. die negativen externen Effekte zu internalisieren.

Der Energiemarkt in Deutschland

Mineralöl ist heute die wichtigste Quelle für **Primärenergie** in Deutschland. Im Jahr 2008 lag sein Anteil bei 34,8 %. Die **Energieträger** Erdgas und Kohle stehen auf den nächsten Plätzen (Abb. 1). Während der industriellen Revolution löste die Kohle das Brennholz ab. In der Nachkriegszeit wurde das Mineralöl zur wichtigsten **Energiequelle**. Wesentliche Triebkraft war hierbei der Verkehrssektor, der zum größten Teil auf Mineralöl angewiesen ist. Gleichwohl wird heute ein immer größerer Teil der Primärenergie aus Erdgas gewonnen. Auch der Kernenergie kommt große Bedeutung für die Energieversorgung zu.

Aus ökologischer und strukturpolitischer Sicht eher unverständlich ist der in Deutschland weiterhin starke Einsatz der Kohle. Deutsche Steinkohle ist nur aufgrund von Subventionen auf dem Weltmarkt konkurrenzfähig. Während der Weltmarktpreis im Jahr 2002 bei 45,5 €/t lag, wurde der Absatz deutscher Steinkohle mit 104 €/t gefördert. Für Ostdeutschland ist hingegen vor allem die Braunkohle weiterhin ein wichtiger Standortfaktor, wenngleich ihre Bedeutung seit der politischen Wende zurückgegangen ist.

Reformen auf dem Energiemarkt

Zwei Ideen beschleunigen die Reformen auf dem Energiemarkt: die Liberalisierung innerhalb der Europäischen Union (EU) und die Versuche einer Internalisierung der negativen externen Effekte, z. B. durch die ökologische Steuerreform.

Die EU fordert von ihren Mitgliedstaaten, den Europäischen Binnenmarkt auch im Energiesektor zu verwirklichen. Dazu gehört, Zölle und Abgaben abzuschaffen und zugleich nationale Subventionen zurückzunehmen. Dies hat insbesondere zu einem Rückgang der Subventionen der deutschen Steinkohle (die bis 2008 auf 2,0 Mrd. € gesunken sind) beigetragen. Unter Druck geraten ist auch die starke Stellung deutscher Energieversorger. Während sie zuvor regionale Monopole besaßen, wurden seit Ende der 1990er-Jahre die Netze gegen Gebühren für die Konkurrenz geöffnet. Dadurch sollen die im europäischen Vergleich hohen Energiepreise sinken (Abb. 2).

Die Energiepolitik steht weltweit und auch in Deutschland vor besonderen Herausforderungen: Der globale **Treibhauseffekt** – verursacht durch Emissionen von Treibhausgasen (vor allem Kohlendioxid) – ist zu einer bedrohlichen Gefahr geworden. Die Energiepolitik muss daher einen Schwerpunkt auf die rationellere Energieumwandlung und die Nutzung **erneuerbarer Energien** legen – nicht zuletzt auch wegen der Knappheit vor allem fossiler Energieträger und der Gefahren, die von der Nutzung der Kernenergie ausgehen.

▸ 1 Primarenergieverbrauch nach Energieträgern in Deutschland 1990 und 2008

▸ Gesamtverbrauch 1990: 14 905 Petajoule (508,7 Mio. t SKE)

▸ Gesamtverbrauch 2004: 14 003 Petajoule (477,9 Mio. t SKE)

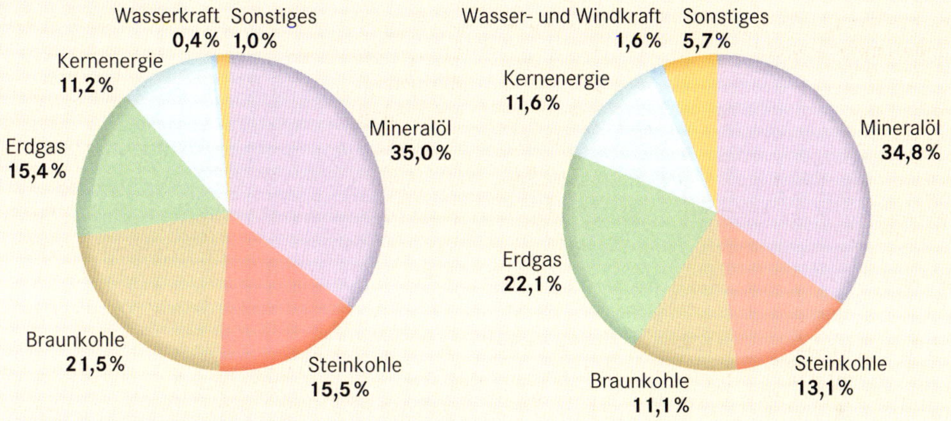

SKE = Steinkohleeinheit; 1t SKE = 29,3 · 10^9 Joule

Quellen: Arbeitsgemeinschaft Energiebilanzen.

▸ 2 Strompreisvergleich in der Europäischen Union

▸ Preis für 1 Kilowattstunde in Euro (2007)

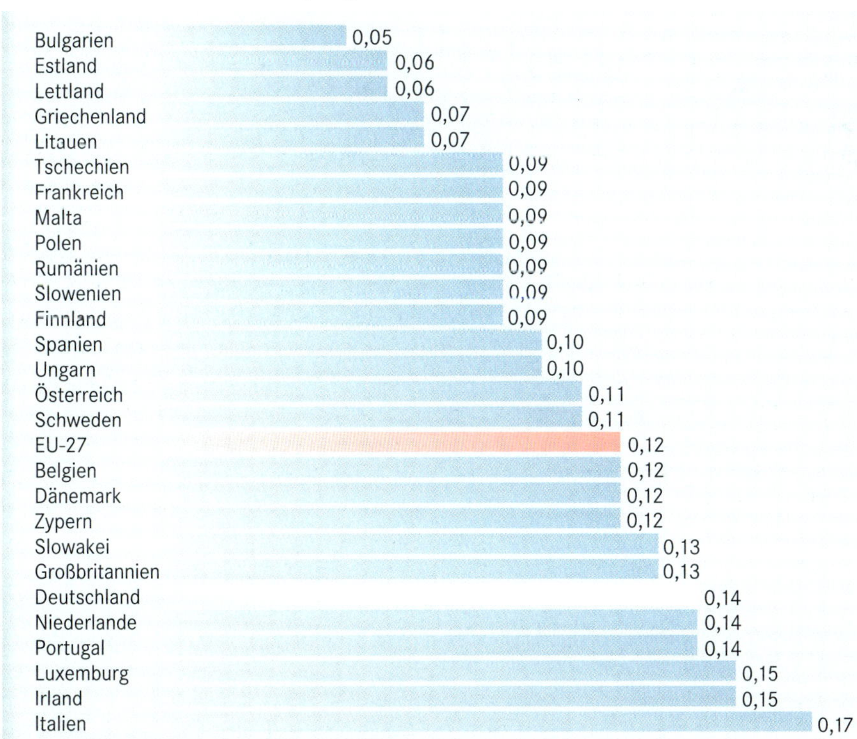

Quelle: Eurostat.

Verkehrspolitik

Verkehrspolitik ist eine spezielle Wirtschaftspolitik, die in Deutschland von den Kommunen, den Ländern, dem Bund und zunehmend auch von der Europäischen Union getragen wird. Sie befasst sich mit dem Transport von Personen, Gütern, Nachrichten und den damit verbundenen Dienstleistungen.

Begründungen

Verkehrspolitik wird generell darin begründet, dass gut ausgebaute Verkehrswege die wirtschaftliche Entwicklung von Regionen und den kulturellen Austausch fördern; auch militärische Macht benötigt eine gute **Verkehrsinfrastruktur**. Ökonomisch werden staatliche Eingriffe in den Verkehrssektor damit erklärt, dass freier Wettbewerb zu ineffizienten Ergebnissen führen würde: Aus strukturpolitischer Sicht würden beispielsweise bestimmte Regionen unterversorgt, weil traditionell der Nahverkehr in ländlichen Gebieten defizitär ist. Aus wettbewerbspolitischer Sicht sei Konkurrenz z. B. auf der Schiene ineffizient, da die Bahn ein **natürliches Monopol** besitze. Aus sozialpolitischer Sicht müsse man die Transportpreise niedrig halten, die bei einem natürlichen Monopol generell zu hoch liegen. Die entsprechende Forderung, den Verkehr von der Marktkoordination auszunehmen, hält allerdings den Erkenntnissen der modernen Markttheorie nicht stand.

Verkehrsentwicklung in Deutschland

Grundsätzlich lassen sich zwei Formen staatlicher Einflussnahme unterscheiden: direkte Eingriffe durch die Bereitstellung einer materiellen Verkehrsinfrastruktur (Straßen, Schienen, Wasserstraßen, Flughäfen) und indirekte Eingriffe in Form der Regulierung des Marktein- und -austritts sowie der Preise.

Allgemein gilt für die Verkehrsinfrastruktur das föderative Prinzip: Der Bund ist für die interregionalen und nationalen Verkehrswege zuständig, Länder und Kommunen für die regionalen. So ist der Bund Eigentümer der Bundesautobahnen und Bundesstraßen, die Länder und Kommunen sind Eigentümer von Landes- und Kreisstraßen. Bau, Erhalt und Regelung der Nutzung von Wasserstraßen obliegen dem Bund; doch beteiligen sich die Länder meist an deren Finanzierung, weil sie sich von den Wasserstraßen und Häfen Impulse für die regionale Wirtschaftsentwicklung erhoffen. Gleiches gilt für den Straßenbau. Die Zuständigkeit für die Schieneninfrastruktur der Deutschen Bahn AG liegt generell beim Bund, doch können Länder und Kommunen im Rahmen der Regionalisierung des Schienenpersonennahverkehrs Strecken eigenverantwortlich bedienen.

Mit der 1994 in Kraft getretenen **Bahnreform** wurde das Schienennetz für Wettbewerber geöffnet (Abb. 1). Zuvor war ausländischen Bahnen der Marktzutritt untersagt, inländische Anbieter durften die Strecken ohne Genehmigung der Deutschen Bundesbahn nicht mitbenutzen. Der Güterkraftverkehr hatte sich seit 1945 zum stärksten Konkurrenten der Bahn entwickelt. Vor allem im **Güterverkehr**, weniger im **Personenverkehr** verlor der Verkehrsträger Eisenbahn stetig Marktanteile (Abb. 2). Zum Schutz der Bahn begrenzte der Gesetzgeber den Marktzutritt und regulierte die Preise im Straßenverkehr. Im Fernverkehr etwa vergab er zeitlich befristete Konzessionen, die den Transport mittels Lkw erlaubten. Da die Nachfrage immer das Angebot überstieg, entwickelte sich ein reger Handel mit diesen Genehmigungen. Zudem drängten die Spediteure wegen der dortigen Nachfragedichte in die Ballungsgebiete. Der Bahn blieben so die weniger rentablen ländlichen Räume. Die Preise im Güterfernverkehr wurden an die Tarife der Bahn gebunden.

Mehr Wettbewerb durch Deregulierung

In den 1990er-Jahren wurde der deutsche Verkehrssektor weitgehend dereguliert. Für den Güterfernverkehr gilt seit 1994 die freie Preisbildung ohne jede Tarifüberwachung. Seit 1998 existieren innerhalb Deutschlands keine Kontingentierungen mehr, welche jährliche Höchstmengen des Lkw-Transports festlegen. Im Güterfern- und im Schiffsverkehr wurde der Kabotagevorbehalt (Ausschluss ausländischer Anbieter bei reinen Binnenverkehren) abgeschafft. Die Bahnreform sieht zudem einen diskriminierungsfreien Zugang aller Eisenbahnunternehmen der EU zu allen Netzen vor **(intramodaler Wettbewerb)**. Ökonomischer Hintergrund der **Deregulierung** ist, dass die Eigenschaft des natürlichen Monopols für die Bahn aus wettbewerbspolitischer Sicht nicht mehr akzeptiert wird. Natürliche Monopole entstehen dann, wenn z. B. der Aufbau eines Schienennetzes hohe Fixkosten verursacht. Wenn das Netz schließlich existiert, kann allerdings seine Nutzung sehr wohl durch den Wettbewerb geregelt werden. Zwar führt Deregulierung zu mehr Effizienz im Verkehrssektor, jedoch beeinträchtigt das stetige Wachstum des Verkehrs langfristig die Umwelt- und die Lebensqualität.

▸ 1 Fallstudie: Von der Deutschen Bundesbahn zur Deutschen Bahn AG

▸ Steigende Defizite und ein Verlust von Marktanteilen prägten das Bild der Deutschen Bundesbahn seit den 1960er-Jahren. Dies war das Resultat starker Regulierung der Bahn, die gesetzlich gezwungen war, den Verkehr in den ländlichen Gebieten auch bei hohen Defiziten aufrechtzuerhalten (Gemeinwohlverpflichtung). Gleichzeitig war gesetzlich geregelt, dass der Güterverkehr auf der Straße seine Preise denen der Bahn anpassen musste.
Damit sollte die Bahn vor Wettbewerb geschützt werden. Das Ziel wurde verfehlt, primär weil die Stärken der Bahn erst im Transport von Massengütern zum Tragen kommen.
Die EG-Richtlinie 91/440/EWG von 1991 forderte die unternehmerische Unabhängigkeit der Eisenbahnen, ihre finanzielle Sanierung, eine Trennung von Infrastruktur und Transport sowie die Öffnung des Schienenverkehrs für Wettbewerber. In Deutschland wurde die Richtlinie durch die Bahnreform umgesetzt. Der unternehmerische Bereich der Deutschen Bundesbahn und der Deutschen Reichsbahn wurden ausgegliedert und zum 1. 1. 1994 das private Eisenbahnunternehmen Deutsche Bahn AG (DB AG) gegründet. Dieses wurde wiederum in drei Unternehmensbereiche aufgeteilt. Alleiniger Aktionär ist der Bund.
Anfang 1997 nahm die DB Cargo AG im Güterverkehr den Betrieb auf. Investitionen in das Schienennetz sind nach wie vor Aufgabe des Bundes, jedoch muss die Sparte Netzverkehr Entgelte für die Nutzung der Schienenwege zahlen. Mit Gründung der DB AG wurde das Schienennetz für andere Anbieter von Transportleistungen geöffnet. Wettbewerb findet bisher v. a. auf der regionalen Ebene statt.
Die Bahnreform befreite die Bahn auch von der Gemeinwohlverpflichtung. Heute sind die Länder für den Nahverkehr auf der Schiene verantwortlich. Um den Verkehr in dünn besiedelten Gebieten aufrechtzuerhalten, erhalten sie vom Bund Regionalisierungsmittel.
Mit einer erneuten Strukturänderung 2003 wurden die Geschäftsfelder drei Vorstandsbereichen zugeordnet: Personenverkehr, Transport und Logistik sowie Infrastruktur und Dienstleistungen. Die Zusammenarbeit der Bereiche wird vom Systemverbund Bahn gesteuert.
Der im Rahmen der Bahnreform geplante und in Teilen für Oktober 2008 beschlossene Börsengang des Konzerns wurde aufgrund der weltweit ungünstigen Lage an den Finanzmärkten kurzfristig abgesagt.

▸ 2 Kennzahlen nach Verkehrsträgern

▸ Beförderungsleistung im Personenverkehr im Inland (in Mrd. Pkm = Personenkilometer) ohne motorisierten Individualverkehr

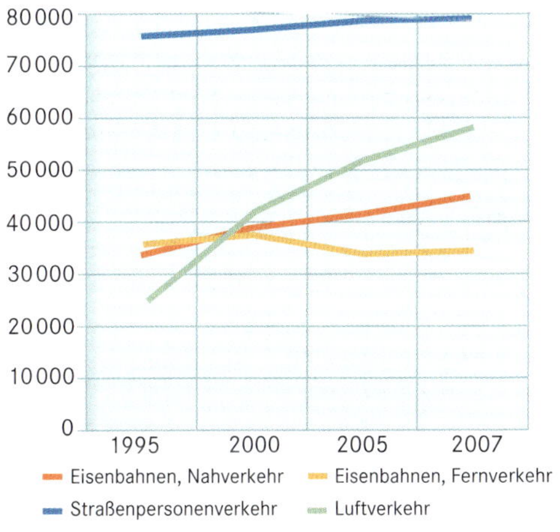

▸ Beförderungsleistung im Güterverkehr im Inland (in Mrd. tkm = Tonnenkilometer)

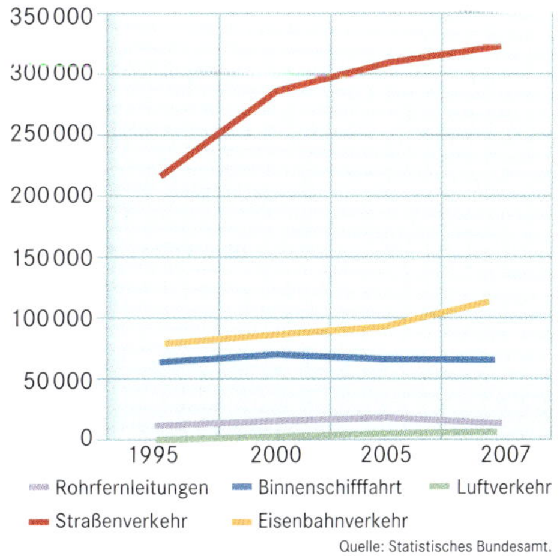

Quelle: Statistisches Bundesamt.

Umweltpolitik

Spätestens seit den 1970er-Jahren besitzt Umweltpolitik als Gesamtheit der staatlichen Maßnahmen zur Vermeidung von Umweltschäden und zur Verbesserung der Umweltqualität weltweit ein zunehmendes Gewicht in der nationalen und internationalen Wirtschaftspolitik.

Die Theorie der externen Effekte

Umweltschäden sind die Folge negativer externer Effekte: Die Produktion oder der Konsum eines Gutes bringen Belastungen für die natürliche Umwelt mit sich. Diese sind dadurch bedingt, dass die Luft, die Wasservorkommen und zum Teil auch der Boden öffentliche Güter sind, über die alle gemeinsam verfügen können; diejenigen jedoch, die die Umwelt belasten, müssen für die damit verbundenen Schäden nicht einstehen. Deshalb besteht kein ökonomischer Anreiz zum Umweltschutz. Es kommt zu einer Übernutzung mit gesamtwirtschaftlich negativen Folgen. Umweltbelastungen lassen sich somit theoretisch dadurch einschränken, dass ein Preis für die Umweltnutzung erhoben wird und so der externe Effekt internalisiert wird: Der Verursacher der Umweltbelastung wird veranlasst, die volkswirtschaftlichen Zusatzkosten seiner Tätigkeit in sein Kalkül einzubeziehen.

Verursacher- versus Gemeinlastprinzip

In der Umweltpolitik gibt es zwei Ansätze: Entweder muss der Umweltverschmutzer für die Schäden aufkommen (Verursacherprinzip) oder aber die Allgemeinheit (Gemeinlastprinzip). Das Verursacherprinzip entspricht einer weit verbreiteten Gerechtigkeitsvorstellung. Es ist heute als **umweltpolitische Leitidee** allgemein anerkannt. Das Gemeinlastprinzip kommt vor allem dann zum Tragen, wenn der Verursacher nicht mehr greifbar oder nicht zahlungsfähig ist, etwa bei kontaminierten Produktionsflächen eines in Konkurs gegangenen Unternehmens. Es gilt aber auch im Fall von öffentlichen Investitionen z. B. beim Bau von Lärmschutzwänden.

Eigentumsrechte an Umweltgütern

Eine Möglichkeit zur Internalisierung externer Effekte besteht darin, Eigentumsrechte an Umweltgütern zuzuweisen. Das so genannte **Coase-Theorem** (benannt nach Ronald Coase, * 1910) besagt, dass es für die ökonomisch optimale Eindämmung von **Umweltschäden** gleichgültig ist, ob der Verschmutzer oder der Geschädigte die Eigentumsrechte erhält. Werden sie dem Geschädigten zugesprochen, dann muss der Verschmutzer mit ihm darüber verhandeln, ob und zu welchem Preis er z. B. eine bestimmte Menge an Schadstoffen in die Umwelt ableiten darf. Erhält hingegen der Schädiger die Rechte, wird der Geschädigte diesem einen Preis für die gewünschte Minderung der Schadstoffbelastung zahlen.

Steuern, Ge- und Verbote, Emissionszertifikate

Ein weiteres Instrument auf der Basis des Verursacherprinzips ist die **Pigou-Steuer**, benannt nach Arthur Cecil Pigou (1877–1959). Sie ist eine **Emissionssteuer.** Der Steuersatz wird so festgelegt, dass **Grenznutzen** und **Grenzkosten** der Emissionsvermeidung identisch sind. Die schädlichen externen Effekte werden so vollständig internalisiert (Abb. 1). Der Verursacher reduziert seine Emissionen auf das volkswirtschaftlich optimale Maß, indem er seine Produktion senkt und/oder neue, ökologisch vorteilhaftere Produktionsverfahren einsetzt. Die höheren Kosten gibt er über den Preis an die Verbraucher weiter. Diese schränken folglich ihre Nachfrage nach den umweltbelastenden Gütern ein (Abb. 2).

Das größte praktische Problem der Pigou-Steuer ist, dass sich ein Umweltschaden kaum je in Geldeinheiten ausdrücken lässt. Deshalb haben sich in der Praxis diverse Ersatzlösungen durchgesetzt. Meist werden die Emissionen durch die Vorgabe von **Grenzwerten** beschränkt. Ein Kraftwerk darf danach beispielsweise nur eine bestimmte Menge an Schwefeldioxid, Stickstoffoxid und Kohlenmonoxid an die Außenluft abgeben. Gelegentlich werden auch Gebote zur Verwendung bestimmter Güter, wie schwefelarmen Heizöls, ausgesprochen. Bei extrem schädlichen Stoffen – etwa dem Insektizid DDT – wird die Emission häufig vollständig verboten.

Ein neuer Ansatz besteht in der Vergabe handelbarer **Emissionsrechte.** Für eine Region wird ein Grenzwert für den Schadstoffausstoß festgelegt. Demgemäß werden Zertifikate ausgestellt, die jeweils das Recht zur Emission einer bestimmten Schadstoffteilmenge verbriefen. Die Emittenten erhalten eine Anfangsausstattung oder müssen die benötigten Zertifikate vom Staat erwerben. Anschließend können sie sie untereinander handeln. Dadurch stellt sich ein Ausgleich der umweltbezogenen Grenzkosten zwischen den Verursachern und somit eine ökonomisch optimale Lösung ein. Seit 2005 besteht in Rahmen der Europäischen Union ein grenzüberschreitendes **Emissionshandelssystem**, das bislang etwa 50 % der europäischen und rd. 8 % der weltweiten Kohlendioxid-Emissionen umfasst.

▸ 1 Beispiel für externe Effekte und ihre Beseitigung: Steuer auf Schwefeldioxid (SO_2)

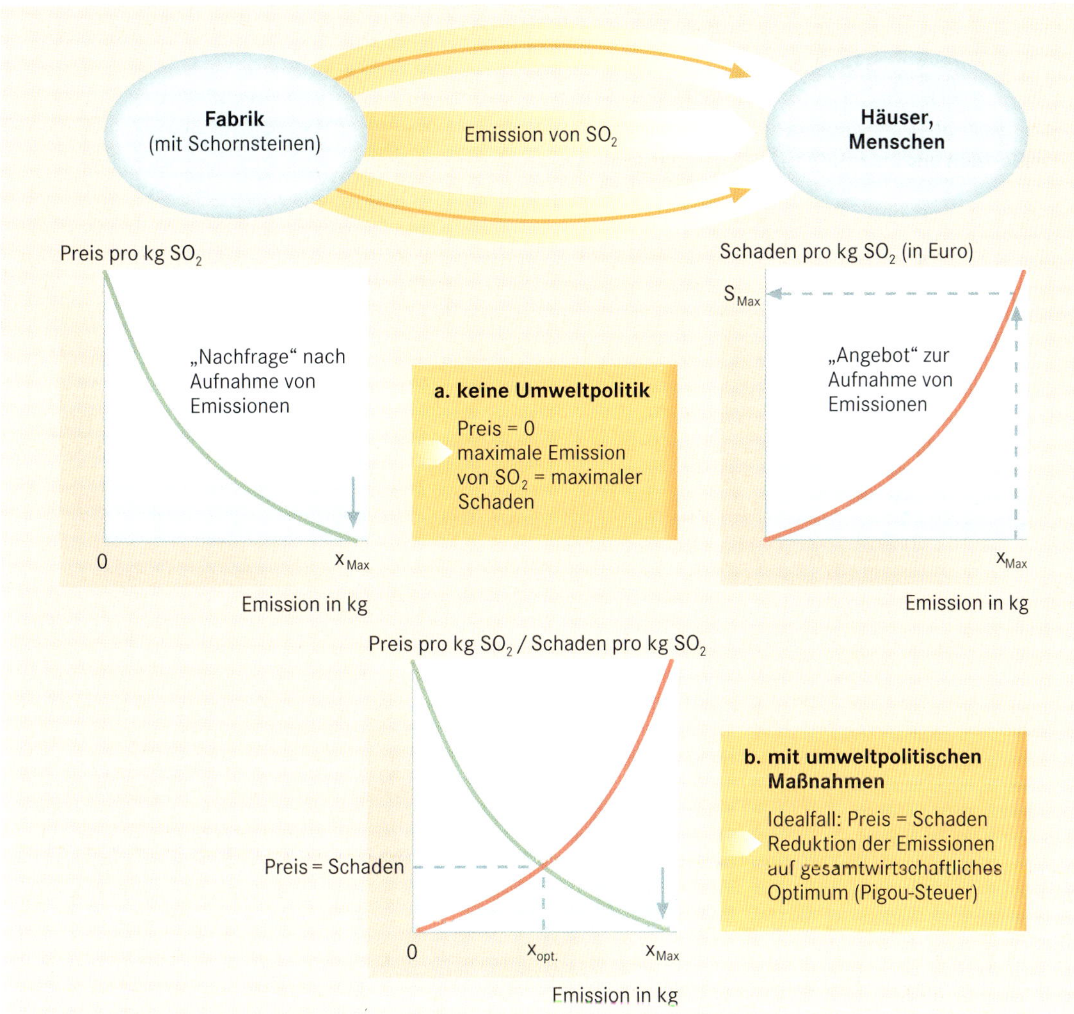

▸ 2 Stilisierte Wirkungskette umweltpolitischer Maßnahmen

1. Einsatz des umweltpolitischen Instruments
2. Preis für Umweltverschmutzung (z. B. für die Emission von Schwefeldioxid) steigt an
3. Produktion schadstoffintensiv produzierter Güter wird teurer
4. Einsatz neuer schadstoffärmerer Produktionsprozesse (= Verminderung des Preisanstiegs von 3.)
5. Endverbraucher reduzieren den Konsum des umweltschädlich hergestellten Gutes
6. **Folgen von 4. und 5.: Reduktion der Schadstoffemissionen**

Arbeitsmarktpolitik

Die hohe Arbeitslosigkeit in Deutschland ist eine zentrale Herausforderung für die Wirtschaftspolitik und speziell für die Arbeitsmarktpolitik. Allgemein gesehen bezeichnet Arbeitsmarktpolitik alle Ansätze zur Beseitigung der Ursachen von Arbeitslosigkeit. Im engeren Sinne umfasst sie die Programme der Bundesagentur für Arbeit (BA) zur Wiedereingliederung von Arbeitslosen in das Berufsleben, z. B. Umschulungen und Fortbildungen.

Träger und Therapie

Träger der Arbeitsmarktpolitik sind neben der BA der Bund, die Länder und in zunehmendem Maß die Europäische Union (EU). Die Gebietskörperschaften haben mit ihrer Gesetzgebungskompetenz eine hohe Verantwortung für die Ausgestaltung der Arbeitsmärkte. Die Europäische Zentralbank (EZB) hingegen kommt aufgrund ihrer vorrangigen Verpflichtung auf das Ziel der Preisniveaustabilität nur sehr eingeschränkt als beschäftigungspolitischer Akteur infrage. Demgegenüber spielen die Tarifparteien mit ihrer Verantwortung für die Lohnpolitik eine bedeutsame Rolle.

Bei der Festlegung einer arbeitsmarktpolitischen Therapie kommt es zunächst auf die Diagnose an. Ist die **Unterbeschäftigung** vor allem konjunkturell bedingt, dann könnten nachfrageorientierte Maßnahmen der Geld- und Fiskalpolitik empfehlenswert sein. Heute herrscht allerdings die Meinung vor, dass die Arbeitslosigkeit in Deutschland vor allem durch strukturelle Faktoren bedingt ist, sodass nachfrageorientierte Maßnahmen nur geringe Erfolgsaussichten haben. Zur Überwindung der **strukturellen Arbeitslosigkeit** bieten sich die nachfolgend skizzierten Ansatzpunkte.

Arbeitsmarktinstitutionen

Im Hinblick auf den deutschen Arbeitsmarkt kann nur bedingt von einem Markt die Rede sein, auf dem vollständige Konkurrenz herrscht. Arbeitgeberverbände und Gewerkschaften handeln Flächentarifverträge aus, die für die Mitglieder in den jeweiligen Regionen verbindlich sind. Hier wird die Abkehr von **Flächentarifverträgen** zugunsten betriebsindividueller Vereinbarungen empfohlen, die die spezifische Situation einzelner Unternehmen bei der Lohnfestsetzung stärker berücksichtigen. Zu den umstrittenen Arbeitsmarktinstitutionen zählen auch die gesetzlichen Regelungen zum **Kündigungsschutz.** Sie können Arbeitslosigkeit verursachen, weil sie den Arbeitgeber eventuell davon abhalten, bei einer nur zeitweiligen Verbesserung der Lage des Unternehmens neue Mitarbeiter einzustellen.

Lohnpolitik und Lohnnebenkosten

Ein Wachstum der **Arbeitskosten**, das über den Anstieg der Arbeitsproduktivität hinausgeht, führt dazu, dass Arbeit durch Kapital ersetzt (substituiert) wird (**Rationalisierung**). Vor diesem Hintergrund mahnt etwa der Sachverständigenrat zur Begutachtung der gesamtwirtschaftlichen Entwicklung immer wieder eine **produktivitätsorientierte Lohnpolitik** an. Um in Zeiten hoher Arbeitslosigkeit einen Beitrag zur Erhöhung der Beschäftigung zu leisten, muss der Anstieg der Löhne sogar unterhalb der Zunahme der Arbeitsproduktivität liegen. Neben der allgemeinen Lohnhöhe kommt es auch auf eine ausreichende Differenzierung an, um etwa die Chancen von gering qualifizierten Arbeitnehmern auf eine Anstellung zu verbessern. Der Gesetzgeber, der auf dem Gebiet der Sozialversicherungen die Höhe der Lohnnebenkosten maßgeblich mitbestimmt, ist bemüht, durch Reformen der Sozialversicherungen das Gewicht dieser Kostenkomponenten zu reduzieren.

Arbeitszeitverkürzung

Die Verkürzung der Wochen- oder Lebensarbeitszeit als Mittel der Arbeitsmarktpolitik wird eher skeptisch beurteilt. Zum einen bedeutet eine Arbeitszeitverkürzung mit einem auch nur teilweisen Lohnausgleich eine Abkehr vom Konzept der produktivitätsorientierten Lohnpolitik, was das Ausgangsproblem weiter verschärft. Zum andern ist eine zwangsweise Verkürzung der Arbeitszeit als reine Mangelverwaltung kritisch zu beurteilen. Positiv beurteilen Arbeitsmarktökonomen hingegen den Übergang zu einer Differenzierung der Arbeitszeit gemäß den Präferenzen der Arbeitnehmer.

Qualifikation

In Hochlohnländern spielt die Qualifikation der Arbeitnehmer eine große Rolle. Empirisch zeigt sich zudem, dass gering Qualifizierte von Arbeitslosigkeit besonders betroffen sind. Hierin liegt eine Aufgabe der Bildungspolitik, aber auch der Arbeitsmarktpolitik. Besondere Programme etwa zur Förderung von **Langzeitarbeitslosen** oder Arbeitsuchenden ohne Ausbildung können den so genannten **Mismatch** – die Kluft zwischen den Qualifikationen der Arbeit Suchenden und den von den Arbeitgebern nachgefragten Kenntnissen – verringern.

▸1 Registrierte und verdeckte Arbeitslosigkeit in Deutschland, 1992–2004

▸ Arbeitsmarktpolitische Maßnahmen im engeren Sinne können einen sinnvollen Beitrag zur Bekämpfung der Arbeitslosigkeit leisten. Sie bewirken aber auch, dass die tatsächliche Arbeitslosigkeit verschleiert wird, und können in dieser Hinsicht politisch missbraucht werden – etwa zur optischen Aufbesserung der beschäftigungspolitischen Regierung. Die Abbildung zeigt die registrierte und verdeckte Arbeitslosigkeit in Deutschland von 1992 bis 2007. Nach Schätzungen des Instituts für Arbeitsmarkt- und Berufsforschung waren hier im Durchschnitt nur rund 69 % der Arbeitslosen als solche registriert. Im Jahr 2007 beispielsweise waren tatsächlich rund 5,16 Millionen Menschen ohne regulär bezahlte Beschäftigung, während 3,78 Millionen bei den Arbeitsagenturen als Arbeitslose registriert waren. Mehr als 40% der restlichen 1,3 Millionen fiel in die Kategorie der stillen Reserve – Menschen, die sich wegen der schlechten Aussichten gar nicht erst als Arbeitssuchende melden.

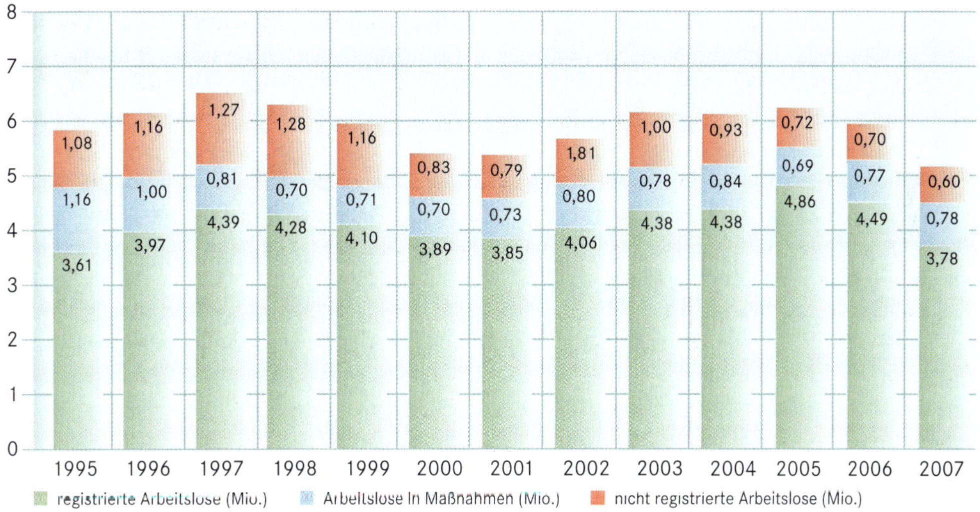

Datenquelle: Institut für Arbeitsmarkt- und Berufsforschung.

▸2 Arbeitslosenquoten im internationalen Vergleich

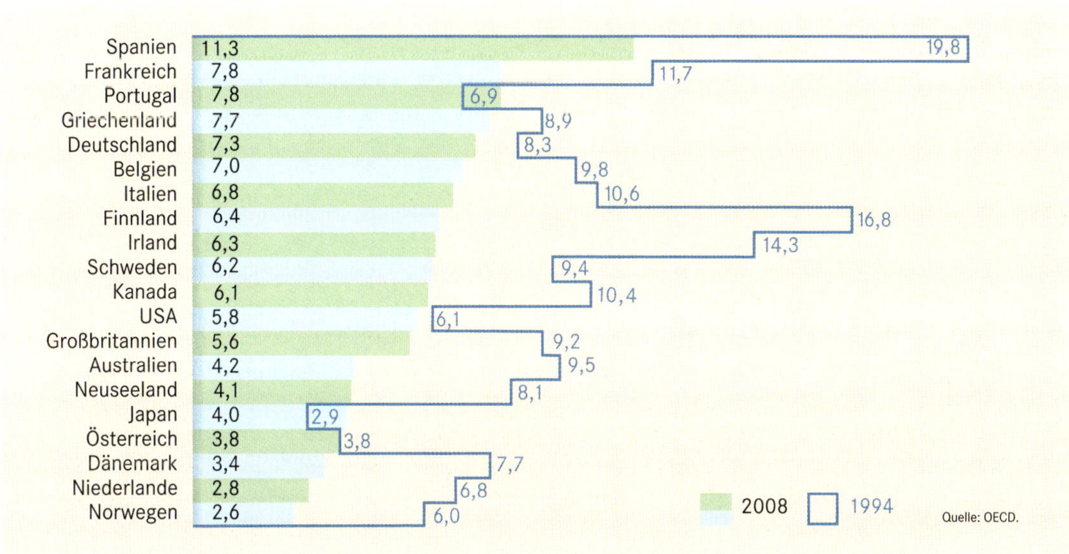

Quelle: OECD.

Lohn- und Tarifpolitik

Der Lohn ist im Rahmen der ökonomischen Analyse zunächst einmal ein Preis wie jeder andere auch. Eine flexible Lohnbildung auf dem Arbeitsmarkt ist damit eine der Voraussetzungen dafür, dass das Arbeitsangebot der Haushalte und die Arbeitsnachfrage der Unternehmen zum Ausgleich gebracht werden können.

Der Arbeitsmarkt – kein Markt wie jeder andere

Allerdings würde kaum jemand dafür eintreten, den Arbeitsmarkt dem freien Spiel der Marktkräfte zu überlassen, denn die Höhe des Lohns ist sozialpolitisch bedeutsam. Außerdem herrscht vielfach die Sorge vor, dass ein unregulierter Arbeitsmarkt zu einer Ausbeutung der Arbeitnehmer führen könne. Daher hat sich im Lauf der Industrialisierung in vielen Industrieländern ein Lohnfindungsprozess herausgebildet, der nicht durch die einzelnen Unternehmen und Arbeitnehmer, sondern durch **Tarifvertragsparteien, Arbeitgeberverbände** und **Gewerkschaften** (Abb. 1) dominiert wird.

Tarifautonomie

Dies ist auch in Deutschland der Fall. Das Grundgesetz garantiert in Art. 9, Abs. 3 die Tarifautonomie. Danach sind nicht der Staat, sondern die Tarifpartner für die Vereinbarung von Löhnen, Gehältern und sonstigen Arbeitsbedingungen verantwortlich. Allerdings nimmt der Staat im Rahmen gesetzlicher Regelungen im Bereich des Arbeitsrechts, des Arbeitsschutzes und der Sozialgesetzgebung sehr wohl erheblichen Einfluss auf die Bedingungen in der Arbeitswelt. Zudem bestimmen staatliche Entscheidungen in Gestalt der gesetzlich vorgeschriebenen Abgaben an die Sozialversicherungen neben den tariflich vereinbarten Löhnen die **Arbeitskosten** in hohem Maß mit (**Direktentgelte** und **Personalzusatzkosten**, Abb. 2). Ebenfalls grundgesetzlich abgesichert ist die **Koalitionsfreiheit**, wonach es Arbeitnehmern und Arbeitgebern freisteht, sich in Gewerkschaften und Verbänden zusammenzuschließen.

Tarifverträge

In den **Lohn- und Gehaltstarifverträgen (Entgelttarifverträgen)** wird die Vergütung der Arbeitsleistung geregelt. In **Rahmentarifverträgen** hingegen werden Vereinbarungen über Lohn- und Gehaltsgruppen und die Einordnung von Arbeitnehmern in diese Gruppen getroffen. Die **Manteltarifverträge** regeln allgemeine Arbeitsbedingungen wie Urlaub und Arbeitszeit. Tarifverträge sind in Unternehmen verbindlich, wenn Arbeitnehmer und Arbeitgeber den vertragschließenden Tarifparteien angehören.

Das deutsche System der Tarifverhandlungen ist durch ein mehrstufiges Verfahren gekennzeichnet. Läuft ein **Tarifvertrag** ab oder wird er gekündigt, beginnen die Verhandlungen zwischen den **Sozialpartnern**. Kommt es zu keiner Einigung, kann jede der Seiten das Scheitern erklären. Anschließend kann durch die Einschaltung eines neutralen Vermittlers versucht werden, einen Kompromiss zu finden **(Schlichtung).** Erst nachdem die Schlichtung gescheitert ist, sind **Arbeitskampfmaßnahmen – Streik** und **Aussperrung** – möglich. Vor Ausrufung eines Streiks müssen sich allerdings mindestens 75 % der Gewerkschaftsmitglieder in einer Urabstimmung für diese Maßnahme ausgesprochen haben.

Beurteilung des deutschen Tarifsystems

Das deutsche Tarifsystem hat im internationalen Vergleich ein hohes Maß an Arbeitsfrieden ermöglicht. Andererseits hat es den starken Anstieg der Arbeitslosigkeit seit den 1970er-Jahren nicht verhindern können. Unangemessene Tarifabschlüsse werden von Arbeitsmarktexperten zusammen mit anderen Faktoren mitverantwortlich für den Anstieg der Arbeitslosigkeit gemacht. Insbesondere die mangelnde Differenzierung der **Flächentarifverträge**, die für eine gesamte Branche ohne Rücksicht auf die wirtschaftliche Situation der einzelnen Unternehmen gelten, unterliegt ständiger Kritik. Viele Unternehmen haben sich durch Austritt aus den Arbeitgeberverbänden der Verbindlichkeit der Tarifverträge entzogen.

Insider-Outsider-Theorie

Auf der theoretischen Ebene wird das Versagen der Tarifvertragsparteien, durch moderate Lohnabschlüsse zu einer Begrenzung der **Arbeitslosigkeit** beizutragen, im Rahmen der Insider-Outsider-Theorie erklärt. Danach haben die Tarifpartner vor allem die Interessen der Insider – also der Inhaber von Arbeitsplätzen – vor Augen. Die Interessen der Outsider – also der Arbeitslosen – finden demgegenüber kaum Gehör. Einige Beobachtungen bestätigen die Relevanz dieser Überlegungen: So sind etwa Abkommen zur Beschäftigungssicherung, die zum Schutz der vorhandenen Belegschaft abgeschlossen werden, weit verbreitet. Abkommen zur Schaffung neuer Arbeitsplätze existieren dagegen kaum.

▸ 1 Mitglieder in den Gewerkschaften Deutschlands (Stand 2008)

▸ Die Zusammenstellung umfasst nicht sämtliche vorhandenen Arbeitnehmerorganisationen.

DGB Deutscher Gewerkschaftsbund 6 371 475 Mitglieder

CGB Christlicher Gewerkschaftsbund Deutschlands 274 719 Mitglieder

Deutscher Beamtenbund 1 280 802 Mitglieder

Anteile der DGB-Gewerkschaften

- Vereinte Dienstleistungsgewerkschaft **34,2%**
- IG Metall **36,1%**
- IG Bergbau, Chemie, Energie **11,0%**
- IG Bauen-Agrar-Umwelt **5,3%**
- Gewerkschaft der Eisenbahner Deutschlands **3,6%**
- Gewerkschaft Erziehung und Wissenschaft **4,0%**
- Gewerkschaft Nahrung-Genuss-Gaststätten **3,2%**
- Gewerkschaft der Polizei **2,6%**

▸ 2 Personalzusatzkosten 2000 und 2007 (in Euro)

▸ im produzierenden Gewerbe in Deutschland, je 100 € Direktentgelt*

	Westdeutschland		Ostdeutschland	
	2004	**2007**	**2004**	**2007**
Entgelt für geleistete Arbeitszeit	75,5	75,9	79,1	79,2
Vergütung arbeitsfreier Tage	16,6	16,6	16,3	16,3
• Urlaub	9,9	9,8	9,8	9,8
• Entgeltfortzahlung im Krankheitsfall	2,8	2,8	2,8	2,9
• Bezahlte Feiertage	3,9	3,9	3,7	3,6
Sonderzahlungen	7,9	7,5	4,6	4,6
• Vermögensbildung	0,6	0,6	0,3	0,4
• Fest vereinbarte Sonderzahlungen	7,2	6,9	4,2	4,2
Sozialversicherungsbeiträge der Arbeitgeber	19,7	18,8	21,3	20,2
Betriebliche Altersversorgung	6,6	7,2	2,1	2,6
Sonstige Personalzusatzkosten	4,5	4,3	4,6	4,3
Arbeitskosten insgesamt	130,9	130,3	128,0	127,1
Nachrichtlich: Personalzusatzkosten in % des Entgelts für geleistete Arbeit	73,1	71,7	61,8	60,6

Quelle: Institut der deutschen Wirtschaft.

* In Unternehmen mit zehn und mehr Beschäftigten.

Vermögenspolitik

Vermögenspolitik dient im allgemeinen Verständnis der Herstellung einer gerechteren Vermögensverteilung. Ob und wann eine Verteilung gerecht ist, bemisst sich nicht nach wissenschaftlichen Kriterien. Das Maß der Gerechtigkeit der Verteilung folgt aus einem Werturteil, das jede Gesellschaft für sich zu treffen hat.

Begründungen

Die ökonomische Aufgabe besteht darin, Instrumente der Vermögenspolitik zu finden, mit deren Hilfe sich eine gerechtere Verteilung möglichst kostengünstig erreichen lässt. Theoretisch lässt sich Vermögen als Ausdruck der individuellen Lebenschancen begreifen. Eine gerechtere **Vermögensverteilung** dient in diesem Sinne einer Angleichung der Startchancen im Wettbewerb. Dem gegenüber steht die reale Vermögenspolitik in Marktwirtschaften. In Deutschland orientiert sich Vermögenspolitik mehr an der Bedarfsgerechtigkeit. **Vermögen** soll dort aufgebaut werden, wo niedrige Einkommen einen nachhaltigen Vermögensaufbau nicht zulassen. Die damit einhergehende Umverteilung wird durch die Fiskalpolitik unterstützt: Der progressive Steuertarif belastet höhere Einkommen stärker als niedrige. Gleichzeitig fördert der Staat bestimmte Vermögensformen stärker als andere. Das gilt für das Wohneigentum oder für das Produktivkapital.

Vermögen in Deutschland

Vermögen ist die Summe der Aktiva abzüglich der Summe der Passiva einer Person. Zum Vermögen privater Haushalte zählen **Geldvermögen** einschließlich Beteiligungen am Produktivkapital, **Immobilien** sowie **Gebrauchsvermögen** (Abb. 1). Prinzipiell gehören auch Ansprüche gegen die staatliche Sozialversicherung dazu, die allerdings schwer zu beziffern sind. Wohnungen machen etwa die Hälfte des Vermögens der privaten Haushalte aus. Der Rest verteilt sich zu etwa einem Viertel auf Gebrauchs- und zu drei Vierteln auf Geldvermögen. Seit 1949 hat sich die Struktur des Geldvermögens privater Haushalte stark verändert (Abb. 2).
Immer weniger Geld wird in traditionellen Sparformen wie dem Sparbuch gehalten. Dagegen wächst die Anlage in Wertpapieren, die höhere Zinsen einbringen. Auch eine stärkere Vorsorge für das Alter in Form von Lebensversicherungen ist zu beobachten. Aktien erlebten im Jahr 2000 einen Boom.

Instrumente

Instrumente der **Vermögensumverteilung** sind die **Erbschaftsteuer** und die (seit 1996 ausgesetzte) **Vermögensteuer**. Die Erbschaftsteuer belastet zwar wie die Vermögensteuer die Vermögenssubstanz, doch dürfte die durch sie bewirkte Umverteilung eher innerhalb der mittleren bis höheren Einkommensklassen stattfinden. Auch der nach 1945 aufgrund der ungleichen Verteilung der Kriegsschäden initiierte **Lastenausgleich** verteilte das Vermögen nicht neu. Vielmehr war der Großteil der Leistungen als Einkommensbeihilfe konzipiert. Vermögensumverteilung findet daher vor allem durch die staatliche Förderung der Neubildung von Vermögen statt.

Hauptinstrument der **Vermögensbildung** ist die **Sparförderung** durch Steuer- bzw. Prämienbegünstigung. Im Rahmen des § 10 Einkommensteuergesetz (EStG) können Versicherungsprämien als Sonderausgaben vom steuerpflichtigen Einkommen abgesetzt werden. Auf der Basis des Wohnungsbauprämiengesetzes von 1952 werden direkte staatliche Zuzahlungen zu Bausparverträgen gewährt (**Wohnungsbauprämie,** 8,8 % auf bis zu 512 € jährlich, sofern das Jahreseinkommen 25 600 €, bei Verheirateten 51 200 € nicht übersteigt). Aufgrund des Fünften Vermögensbildungsgesetzes haben Arbeitnehmer mit einem Einkommen von bis zu 20 000 € bzw. 40 000 € Anspruch auf eine staatliche **Arbeitnehmersparzulage** von 9 % der **vermögenswirksamen Leistungen** (maximal 470 € jährlich). Bei Anlage in Produktivkapital (Aktien, Aktienfonds, Mitarbeiterbeteiligungen) schießt der Staat zusätzlich 20 % auf bis zu 400 € vermögenswirksame Leistungen zu.

Wie effektiv ist Vermögenspolitik?

Mit diesen Maßnahmen soll die individuelle Sparneigung erhöht werden, um den Haushalten z. B. eine bessere private Absicherung im Alter zu ermöglichen. Ihre Effektivität ist schwer zu beurteilen, da sich nicht feststellen lässt, inwieweit die Förderung eine zusätzliche Ersparnis bewirkt. Zudem ist bei der steuerlichen Förderung eine echte Umverteilung zu bezweifeln, da die Sparfähigkeit bei niedrigeren Einkommen oft gering ist.

Prinzipiell ist daher die Prämienförderung das bessere Instrument. Um die Effizienz der staatlichen Vermögenspolitik zu bewerten, sind schließlich die dafür aufgewendeten Kosten zu berücksichtigen. Sie bestehen aus direkten Zuschüssen sowie aus indirekten Kosten in Form von Einnahmeausfällen durch Steuererleichterungen.

▸ 1 Bruttovermögen der privaten Haushalte in Deutschland (in Mrd. Euro)

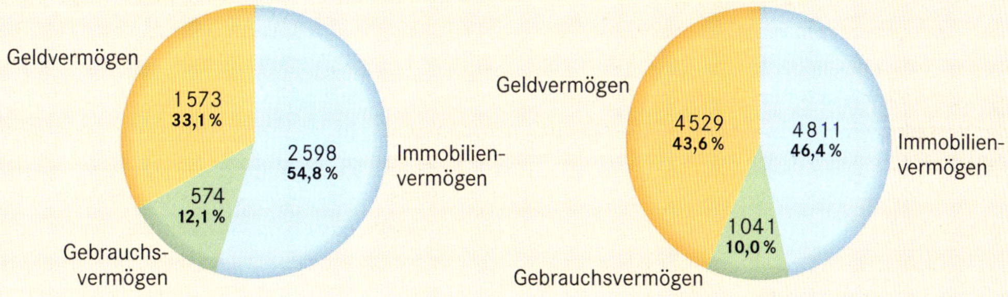

1990 **gesamt: 4 745 Mrd. €** 2006 **gesamt: 10 381 Mrd. €**

Quelle: Deutsche Bundesbank.

Anmerkung:
Das Immobilienvermögen enthält Gebäude- und Grundstückswerte, das Geldvermögen die Anlage bei Banken, Versicherungen, Bausparkassen, in Wertpapieren und sonstigen Anlagen.

▸ 2 Struktur des Bruttogeldvermögens der privaten Haushalte in Deutschland

Geldvermögen	1991		1995		2000		2005		2006		2007		2008	
	Mrd. €	%	Mrd. €	%	Mrd. €	%	Mrd. €	%	Mrd. €	%	Mrd. €	%	Mrd. €	%
bei Banken	926	48,1	1128	44,0	1235	35,2	1499	35,6	1541	35,0	1627	35,7	1737	39,4
bei Investmentfonds	84	4,4	190	7,4	409	11,6	513	12,2	514	11,7	545	11,9	497	11,3
bei Versicherungen	401	20,8	573	22,3	866	24,7	1099	26,1	1148	26,0	1199	26,3	1229	27,8
aus Pensionsrückstellungen	132	6,9	161	6,3	193	5,5	241	5,7	251	5,7	262	5,7	261	5,9
in festverzinslichen Wertpapieren	178	9,2	219	8,5	228	6,5	322	7,7	363	8,2	333	7,3	303	6,8
in Aktien	126	6,5	191	7,5	447	12,7	320	7,6	368	8,3	393	8,6	166	3,8
sonstige Beteiligungen	79	4,1	102	4,0	133	3,8	216	5,1	226	5,1	205	4,5	220	5,0
Insgesamt	**1926**	**100,0**	**2564**	**100,0**	**3510**	**100,0**	**4209**	**100,0**	**4411**	**100,0**	**4564**	**100,0**	**4413**	**100,0**

Anmerkung: Angegeben ist der jeweilige Anlageort des Geldvermögens.

Quelle: Deutsche Bundesbank.

Familienpolitik

Familienpolitik umfasst alle Maßnahmen, mit denen der Staat, aber auch Unternehmen und Sozialorganisationen, Familien fördern und schützen. Zwar existieren unterschiedliche Formen der Familie, doch unbestritten ist ihre herausragende Bedeutung für die Gesellschaft.

Familien im Wandel

Es lassen sich drei gesellschaftliche Funktionen der Familie unterscheiden: In Familien wird der Nachwuchs für die Gesellschaft geboren **(Reproduktion)**, der durch die Eltern eine grundlegende Erziehung und Ausbildung erhält **(Sozialisation)**. Zudem wird in Familien die Solidarität zwischen den Generationen in der Praxis geübt.

Früher wurden Kinder als Arbeitskräfte in den Familien benötigt und sicherten damit die Existenz der Eltern im Alter. Heute sind Kinder eher ein „Kostenfaktor". Wer Kinder hat, der büßt an finanzieller Bewegungsfreiheit ein: Im Vergleich zu allein stehenden Erwerbstätigen und kinderlosen Ehepaaren ist in Familien bei gleichem Haushaltseinkommen das Pro-Kopf-Einkommen umso geringer, je größer die Kinderzahl ausfällt. Dies gilt auch dann, wenn man alle staatlichen Leistungen an Familien berücksichtigt. Es wird geschätzt, dass in den 1990er-Jahren das Pro-Kopf-Einkommen eines Ehepaares mit zwei Kindern lediglich 60 – 65 % des Pro-Kopf-Einkommens von kinderlosen Ehepaaren ausmachte.

Seit Mitte der 1960er-Jahre sind in Deutschland die **Geburtenrate** und die Zahl der Familien, die überhaupt Kinder haben, stark rückläufig (Abb. 1). Aber auch die Rolle der Frau hat sich verändert. War sie früher primär im Haushalt und in der Erziehung tätig, ist sie heute verstärkt erwerbstätig (Abb. 2). Zentrale Aufgabe der Familienpolitik ist es daher, für die Vereinbarkeit von Familie mit einer Erwerbstätigkeit beider Elternteile zu sorgen.

Instrumente der Familienpolitik

Ökonomisch wird der staatliche Eingriff in die private Sphäre der Familie mit positiven **externen Effekten** begründet. Wer Kinder gebärt, versorgt und erzieht, der wird im Allgemeinen für seine materiellen Aufwendungen nur unzureichend entlohnt. Zwar ist dieses Investitionskalkül anfechtbar, unumstritten ist aber, dass die Entscheidung für eine Familie massive Einkommenseinbußen nach sich zieht. Zudem sind Kinder ein stabilisierender Faktor einer auf dem Umlageverfahren basierenden Rentenversicherung.

Wichtiges Element der **Familienförderung** ist der **Familienleistungsausgleich (Kinderlastenausgleich):** Seit 1955 gewährt der Staat **Kindergeld**, das Kinder mindestens bis zum 18. Lebensjahr erhalten; wenn sie in der Ausbildung stehen, endet die Förderung mit dem 25. Lebensjahr. Seit 2009 beträgt das Kindergeld monatlich für das erste und zweite Kind jeweils 164 €, für das dritte 170 €, für das vierte und jedes weitere 190 €. Eltern können, anstatt sich Kindergeld auszahlen zu lassen, ihr zu versteuerndes Einkommen durch Kinderfreibeträge mindern.

Ergänzend tritt seit 1986 das **Elterngeld** (bis 2006: **Erziehungsgeld**) hinzu, das allen Müttern oder Vätern zusteht, die in Rahmen der **Elternzeit** ihre Kinder nach der Geburt selbst betreuen und erziehen, nicht mehr als 30 Stunden in der Woche erwerbstätig sind und mit ihren Kindern in einem Haushalt leben. Das Elterngeld ersetzt 67 % des nach der Geburt des Kindes wegfallenden monatlichen Erwerbseinkommens bis maximal 1 800 €. Nicht erwerbstätige Elternteile erhalten mindestens 300 €. Elterngeld wird zwölf Monate lang gezahlt, zwei weitere Monate dann, wenn die Elternteile sich die Elternzeit teilen. Im Übrigen genießen Arbeitnehmer, die wegen der Erziehung ihres Kindes ihre Erwerbstätigkeit unterbrechen oder reduzieren, einen dreijährigen Kündigungsschutz. Auch kann ein Erziehender für nach 1991 geborene Kinder drei Erziehungsjahre pro Kind als Rentenbeitragsjahre geltend machen **(Kindererziehungszeiten)**. Weiterhin können **Kinderbetreuungskosten** (zwei Drittel der Kosten, maximal 4 000 € jährlich) steuerlich geltend gemacht werden. Ein weiterer Schwerpunkt ist der Ausbau der Betreuungsinfrastruktur (z.B. Ganztagsschulen).

Auch andere Bereiche der sozialen Sicherung enthalten Komponenten zur Familienförderung. Dazu zählen z. B. die entgeltlose Mitversicherung der Familienangehörigen in der Krankenversicherung, Mutterschaftshilfen und Haushaltshilfen. Schließlich tragen auch die Wohnungspolitik, die Bildungspolitik sowie Normen des Ehe-, Familien-, Jugend- und Mutterschutzrechts dazu bei, den grundgesetzlichen Auftrag zum Schutz von Ehe und Familie (Art. 6 Abs. 1 GG) zu erfüllen.

Kosten und Herausforderungen

Die Vielfalt der Instrumente spiegelt sich im Sozialbudget wider. Die gesamten Leistungen beliefen sich 2007 auf rd. 183 Mrd. € (Abb. 3). Dass hierbei das Ehegattensplitting rund 40 % ausmacht, wird immer wieder kritisiert, wird doch durch diese Besonderheit der Steuerbemessung die Ehe, aber nicht primär die Familie gefördert.

▸ 1 Geburtenrate und die Zusammensetzung der Familien in Deutschland

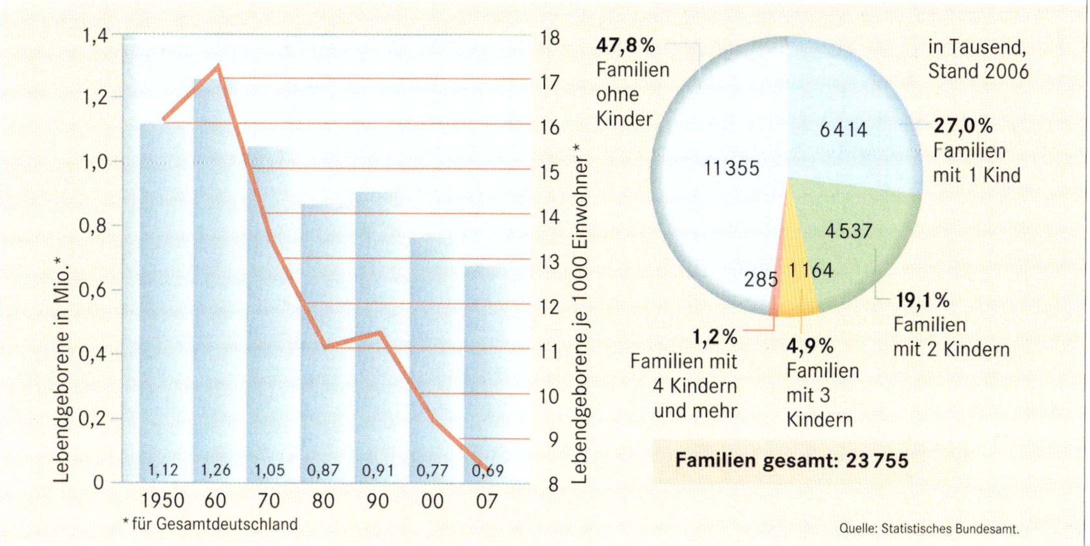

▸ 2 Frauenerwerbsquote in Deutschland

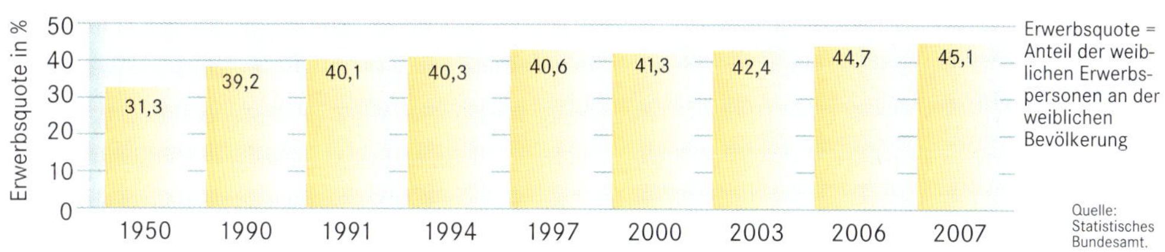

▸ 3 Ehe- und familienbezogene Leistungen 2007

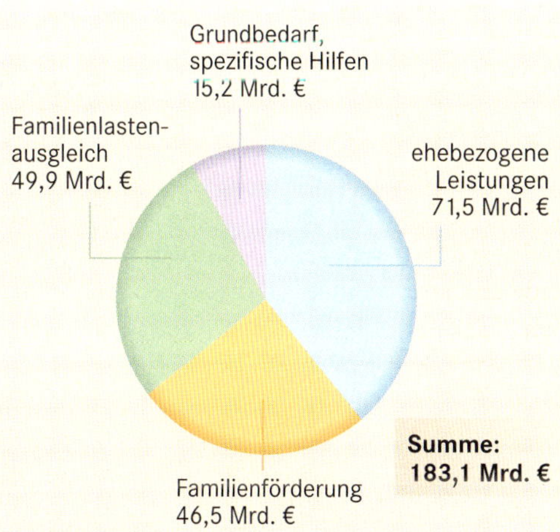

▸ Nach Angaben des Bundesministeriums für Familie, Senioren, Frauen und Jugend gewährte der Staat im Jahr 2007 148 familienbezogene und acht ehebezogene Leistungen im Wert von rund 183 Mrd. €. Die wichtigsten Einzelmaßnahmen sind nach Angaben des Bundesfinanzministeriums das Kindergeld (34,2 Mrd. €), der Kinderfreibetrag (2,2 Mrd €), die Kinderkomponente bei der Eigenheimförderung (2,5 Mrd. €), die Freistellung des Existenzminimums (20,8 Mrd. €), die Beitragszahlung in die Rentenversicherung für Kindererziehungszeiten (11,5 Mrd. €), die Ausbildungsförderung (BAföG, 2,2 Mrd. €), Erziehungs- und Elterngeld (3,7 Mrd. €).

Sozialpolitik

Sozialpolitik widmet sich der Schaffung bzw. Fortentwicklung eines sozialen Netzwerks. Während traditionell die Familie und private Zusammenschlüsse dem Einzelnen soziale Sicherheit bieten, reicht dies in Gesellschaften, die einem starken Strukturwandel unterworfen sind, nicht mehr aus.

Aufgaben

Aufgabe der Sozialpolitik ist im Allgemeinen die Sicherung eines adäquaten Einkommens während der gesamten Lebenszeit. Temporäre oder permanente Situationen der Erwerbsunfähigkeit (z. B. Krankheit oder hohes Alter) reduzieren das laufende Einkommen stark. Ausreichende Vorsorge kann jedoch Notsituationen verhindern. In Deutschland übernimmt das staatliche System der **sozialen Sicherung** einen großen Teil dieser Vorsorgeaktivität (z. B. durch die gesetzliche Rentenversicherung). Aber auch **private Vorsorge** (z. B. mittels privater Vermögensbildung) tritt mehr und mehr hinzu.

Neben diesem ökonomischen Ziel will Sozialpolitik auch den sozialen Frieden einer Gesellschaft sichern. Wirtschaftlicher **Strukturwandel** bringt Kosten mit sich. Beispielsweise müssen Arbeitskräfte entlassen oder Betriebszweige geschlossen werden. Sozialpolitik versucht, dem notwendigen Strukturwandel einer Volkswirtschaft die individuell spürbaren Härten zu nehmen (etwa durch Arbeitslosengeld oder Umschulung) und somit dessen gesellschaftliche Akzeptanz zu erhöhen. Sie trägt damit zur Stabilisierung einer Gesellschaft bei.

Versicherung versus Umverteilung

Sozialpolitik in Deutschland ist quasi allgegenwärtig. Ein wichtiger Teil sozialstaatlicher Aktivität ist die klassische soziale Sicherung. Allein Kranken- und Rentenversicherung machten 2007 gut 53 % des **Sozialbudgets** aus und bildeten somit die wichtigsten Ausgabenblöcke (Abb. 1). Der Staat greift aber auch in die Bildung von privatem Vermögen ein, sei es durch die Vermögensbildungspolitik oder durch die Wohnungspolitik. Auch die Bildungspolitik wird der Sozialpolitik zugerechnet.

Ökonomisch gesehen muss sozialpolitische Staatsaktivität in zwei Kategorien unterteilt werden: das Bereitstellen einer Versicherung oder reine **Umverteilung**. Bei außergewöhnlichen Belastungen (z. B. Armut oder Behinderung) verteilt der Staat Einkommen um. Generell kehren derartige Fälle weder periodisch wieder noch sind sie prognostizierbar. In welchem Umfang umverteilt wird, hängt vor allem von moralischen Werten ab.

Im Fall von Risiken im normalen Lebenszyklus (etwa Einkommensausfall im Alter) bietet der Staat den Bürgern eine Versicherung an. Die Mitgliedschaft in der **Sozialversicherung** ist allgemein sogar Pflicht. Dieser Eingriff in den Versicherungsbereich wird damit begründet, dass private Unternehmen nicht ohne weiteres adäquate Versicherungsverträge anbieten werden. Dieses **Marktversagen** korrigiert der Staat durch das eigene Versicherungsangebot. Allerdings weckt die wachsende Leistungsfähigkeit der Kapitalmärkte Zweifel an der These, dass z. B. privat keine ausreichende Vorsorge für das Alter getroffen werden kann. Während staatliche Versicherungen zum Teil „privatisierbar" sind, gilt dies unter anderem nicht für die Sozialhilfe. Sie ist ein reines Instrument zur Umverteilung, die nur der Staat organisieren kann.

Grenzen der Sozialpolitik

Die Größe des Sozialbudgets ist nicht nur absolut, sondern auch im Verhältnis zum Bruttosozialprodukt stetig gewachsen (**Sozialquote**, Abb. 2). Dies wirft dann kein Problem auf, wenn mit steigendem Einkommen die Nachfrage nach sozialer Sicherheit überproportional zunimmt. Aus der Sicht der Haushalte stellt die hohe Belastung mit Sozialabgaben allerdings einen Anreiz dar, aus dem System auszuscheren. Eine legale Möglichkeit dazu bietet die Selbstständigkeit, illegal ist die Schwarzarbeit. Während der Staat von Selbstständigen keine Sozialbeiträge erheben kann, reduziert sich bei Schwarzarbeit zusätzlich die Steuergrundlage.

Aus der Sicht der Unternehmen ist eine hohe Belastung mit Sozialabgaben gleichfalls eine Bürde, da sie direkt die **Arbeitskosten** erhöht. Zwar kann ein hoher Lohn inklusive der Lohnnebenkosten auch eine hohe Produktivität der Arbeit widerspiegeln, doch zeigen internationale Vergleiche, dass in Deutschland der Anteil der Lohnnebenkosten am Gesamtlohn relativ hoch ist.

Falls die Sozialversicherung schlecht wirtschaftet, gilt auch das Argument nicht, dass Arbeitnehmer bei privater Vorsorge ebenso viel verdienen müssten, um nicht schlechter gestellt zu sein. Die Grenzen der Sozialpolitik scheinen dort erreicht, wo die Solidarität zwischen den Generationen gefährdet ist. Dies gilt für die Rentenversicherung. Wenn die Lohnnebenkosten zu einem wichtigen Standortfaktor werden und die Investitionstätigkeit bremsen, gerät der Strukturwandel in Gefahr, dessen individuelle Härten die Sozialpolitik ausgleichen will.

▸ 1 Struktur des Sozialbudgets in Deutschland im Jahr 2003

Rentenversicherung	32,6 %
Krankenversicherung	20,6 %
Pflegeversicherung	2,5 %
Unfallversicherung	1,5 %
Arbeitslosenversicherung	4,2 %
Sondersysteme (z. B. Alterssicherung der Landwirte)	0,9 %
Leistungssysteme des öffentlichen Dienstes	6,9 %
Leistungssysteme der Arbeitgeber (z. B. Entgeltfortzahlung, betriebliche Altersversorgung)	7,7 %
Entschädigungssysteme (z. B. soziale Entschädigung, Lastenausgleich)	0,5 %
Förder- und Fürsorgesysteme (z. B. Kindergeld, Elterngeld, Grundsicherung, Wohngeld)	17,6 %
Steuerliche Leistungen	4,9 %
Sozialbudget insgesamt	**706,87 Mrd. € = 100,0 %**

Quelle: Bundesministerium für Arbeit und Soziales.

▸ 2 Entwicklung der deutschen Sozialquote

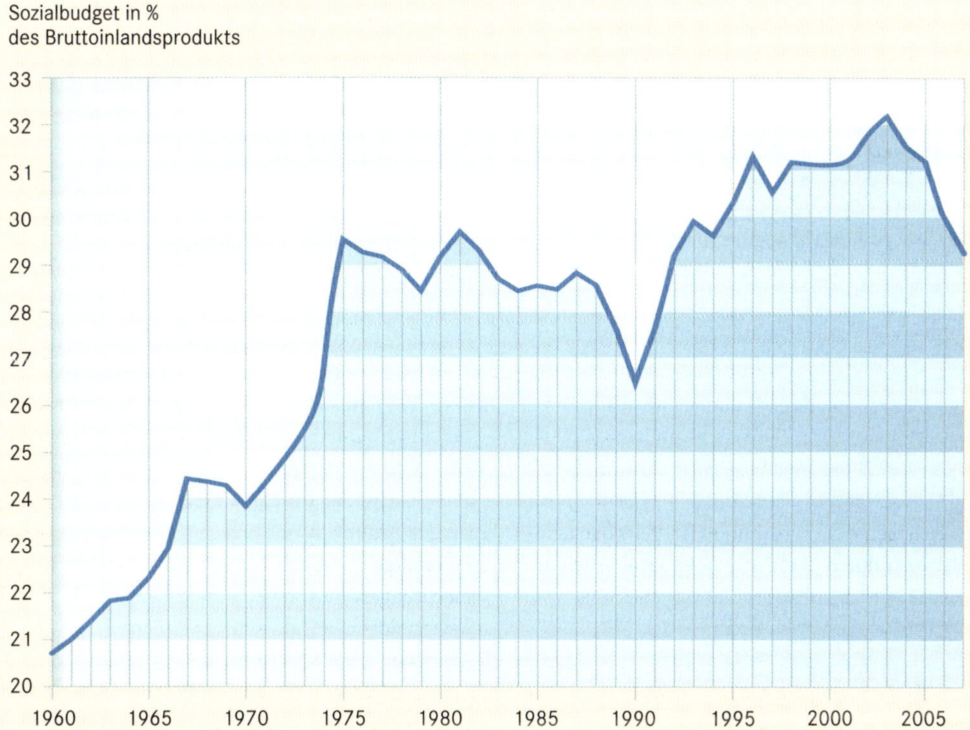

Quelle: Bundesministerium für Arbeit und Soziales.

Soziale Sicherung

Soziale Sicherung ist Teil der staatlichen Sozialpolitik. Gegenüber der privaten Risikoabsicherung stützt sich die gesetzliche Sozialversicherung auf eine große Solidargemeinschaft. Ihre Aufgabe ist es, alle Versicherten gegen Risiken zu schützen, die ein regelmäßiges Einkommen über den Lebenszyklus ausgesetzt ist.

Aufbau in Deutschland

Man unterscheidet zwischen systematischen und unsystematischen Risiken. Erstere sind leichte Krankheiten (wie etwa die „jährliche Erkältung") oder Ruhestand. Sie sind regelmäßig oder prognostizierbar. Ein geringeres Erwerbseinkommen im Alter kann jeder in seine finanzielle Planung einbeziehen. Zu den unsystematischen Risiken zählen Arbeitslosigkeit, Armut oder schwere Erkrankungen, deren Eintritt nicht absehbar ist.

Die deutsche Sozialgesetzgebung geht auf das Reformwerk Otto von Bismarcks (1815–1998) zurück und besitzt somit eine lange Tradition. Am Anfang standen die gesetzliche **Krankenversicherung** (1883), die gesetzliche **Unfallversicherung** (1884) und die gesetzliche Invaliden- und Altersversicherung (1889). Heute ruht die Sozialversicherung auf fünf Säulen (Abb. 1). Grundsatz ist der gesetzliche Zwang zur Versicherung. Nur bestimmte Gruppen, etwa Selbstständige, sind davon ausgenommen. Arbeitnehmer und Arbeitgeber teilen sich grundsätzlich die Beiträge, nur die Unfallversicherung wird im Umlageverfahren durch Arbeitgeberbeiträge finanziert. Mit Ausnahme der Krankenversicherung gilt für alle Versicherten derselbe Beitragssatz (Abb. 2).

Moralisches Risiko

Die staatliche Zwangsversicherung wird mit der Möglichkeit begründet, dass auf dem freien Markt keine Versicherung zustande kommt. Grund für ein derartiges **Marktversagen** im Versicherungsbereich ist, dass allgemein der Versicherungsnehmer besser als die Versicherung, z. B. über seinen Gesundheitszustand, informiert ist. Dies wiederum birgt ein moralisches Risiko. So reduziert etwa der Abschluss einer Krankenversicherung beim Versicherten den Anreiz zur Sorgfalt. Wie der Versicherte darauf reagiert, kann die Versicherung schlecht einschätzen, da sie ihren Kunden nicht genau kennt. Wenn sie dessen moralisches Risiko vor Vertragsabschluss berücksichtigt, wird sie höhere Versicherungsprämien verlangen, um sich finanziell abzusichern. Im Extremfall sind die Prämienforderungen so hoch, dass sich niemand versichern wird. Dieser Gefahr begegnet der Staat mit einem allgemeinen **Kontrahierungszwang**: Jeder muss sich versichern, die Versicherung darf niemanden ausschließen. Moralisches Risiko besteht allerdings weiterhin. Der gesetzlich Krankenversicherte hat einen Anreiz, die besten Gesundheitsleistungen in hoher Menge nachzufragen. Der gesetzlich versicherte Arbeitslose hat einen verminderten Anreiz, zu arbeiten. Diese Probleme werden gemildert, wenn man die Interessen beider Vertragspartner angleicht. Dazu dienen die Patientenselbstbeteiligung oder eine lediglich befristete Unterstützung der Arbeitslosen.

Adverse Selektion

Der zweite wichtige **Anreizeffekt**, der zu Marktversagen führen kann, ist die adverse Selektion. Wie das moralische Risiko beruht auch sie auf asymmetrischer Information. Während bei moralischem Risiko die Verteilung der Information nach Vertragsabschluss das Verhalten beeinflusst, ist bei adverser Selektion die Verteilung vor Vertragsabschluss relevant. Klassisches Beispiel ist der Markt für Gebrauchtwagen: Die Anbieter kennen die Qualität ihrer Wagen besser als potenzielle Kunden. Für gute Autos sollte ein höherer Preis verlangt werden als für schlechte. Da jedoch die Nachfrager die Qualität der Autos vor einem Kauf nur unvollständig bewerten können, haben die Verkäufer schlechter Ware keinen Anlass, zu niedrigeren Preisen anzubieten. Sie verlangen den Preis der guten Gebrauchtwagen. Will aber der Kunde nur für die von ihm erwartete Durchschnittsqualität bezahlen, sind ihm alle Fahrzeuge zu teuer – ein Geschäft kommt nicht zustande.

Dieses Marktversagen vermutet der Gesetzgeber z. B. auch bei der **Pflegeversicherung**. Wer das Risiko, selbst Pflegefall zu werden, gering einschätzt, ist nicht bereit, den für den Durchschnitt aller Versicherten berechneten Beitragssatz zu zahlen. Da aber alle Versicherungen danach ihre Prämienforderungen berechnen, findet er im Extremfall keine Versicherung. Eine Möglichkeit, dieses Problem auszuräumen, bietet eine staatliche Zwangsversicherung. Dass dennoch private Kranken- oder **Rentenversicherungen** bestehen, zeigt, dass die genannten Anreizprobleme nicht immer gelten. Vielmehr verpflichtet der Staat manche zur Versicherung, weil er bei ihnen eine zu geringe Nachfrage nach solchen Versicherungsleistungen vermutet. Dieses Verhalten steht im Widerspruch zum Ideal der **Konsumentensouveränität**.

▸ 1 Fünf Säulen der sozialen Sicherung in Deutschland

Sozialversicherung (gesetzliche Pflichtversicherung für breite Bevölkerungsschichten)				
Krankenversicherung (seit 1883)	**Unfallversicherung** (seit 1884)	**Rentenversicherung** (seit 1889)	**Pflegeversicherung** (seit 1995)	**Arbeitslosenversicherung** (seit 1927)
Rechtliche Grundlage: SGB V sowie die mehrfach geänderte RVO von 1911; Finanzierung: Beiträge von Arbeitnehmern und Arbeitgebern zu gleichen Teilen, Zusatzbeitrag der Arbeitnehmer, sonstige Einnahmen	Rechtliche Grundlage: SGB VII vom 7.8.1996; Finanzierung: im Umlageverfahren durch Arbeitgeber	Rechtliche Grundlage: SGB VI vom 1.1.1992; Finanzierung: im Umlageverfahren durch Beiträge von Arbeitnehmern und Arbeitgebern zu gleichen Teilen, Bundeszuschuss	Rechtliche Grundlage: SGB XI; Finanzierung: Beiträge von Arbeitnehmern und Arbeitgebern zu gleichen Teilen, Zusatzbeitrag Kinderloser	Rechtliche Grundlage: Arbeitsförderungs-Reformgesetz vom 1.1.1998, das das bisherige Arbeitsförderungs-Gesetz durch die Einführung eines SGB III ersetzt; Finanzierung: Beiträge von Arbeitnehmern und Arbeitgebern zu gleichen Teilen, Zuschüsse

SGB: Sozialgesetzbuch
RVO: Reichsversicherungsordnung

▸ 2 Entwicklung der Beiträge zur Sozialversicherung

▸ Steigende Sozialabgaben als Belastung
Soziale Sicherung in Deutschland wird teurer. Aus der Sicht eines Arbeitnehmers sinkt durch die kontinuierlich steigende Abgabenbelastung sein Nettoarbeitsentgelt. Spürbar wird die zunehmende Belastung besonders, wenn das reale Bruttoeinkommen nicht mehr oder nur schwach wächst wie seit Mitte der 1990er-Jahre. Abb. 2 zeigt die Entwicklung der Beiträge seit 1970.

Für den Arbeitgeber erhöhen steigende Sozialabgaben direkt die Personalkosten. Der Produktionsfaktor Arbeit wird teurer gegenüber dem Produktionsfaktor Kapital. Ersetzen die Unternehmer daraufhin Arbeit durch Kapital, kann die Arbeitslosigkeit steigen.

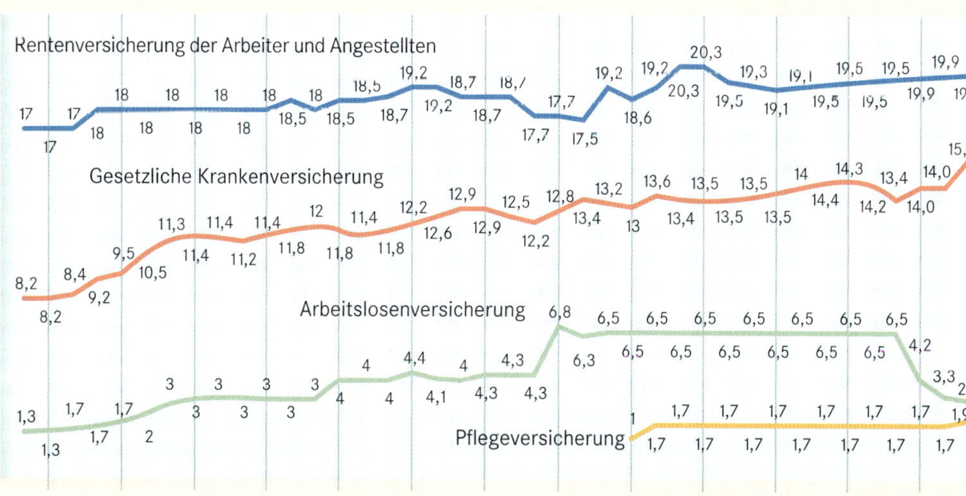

* Ab 1.7.2009: 14,9 %

Quelle: Presse- und Informationsamt der Bundesregierung.

Arbeitslosenversicherung

Arbeitslosigkeit ist ein bedeutendes Risiko. Wen sie trifft, dessen Einkommen fällt aus mit der Folge, dass er seinen gewohnten Lebensstandard einschränken muss. Gleichzeitig aber ist Arbeitslosigkeit im Lauf der Wirtschaftsentwicklung kaum zu vermeiden.

Veränderte Aufgabenstellung

Gibt es beispielsweise Fortschritte in der Produktionstechnik oder Änderungen in der Verbrauchernachfrage, so sind betriebliche Anpassungen und Produktionsumstellungen unausweichlich. Dies kann manche Firmen zu Entlassungen zwingen, während andere expandieren. Ursprünglich sollte die Arbeitslosenversicherung die individuell harten Wirkungen der dadurch entstehenden **friktionellen Arbeitslosigkeit** und damit zugleich die sozialen Probleme einer Ökonomie im Strukturwandel abmildern. Heute ist es freilich in Deutschland eher die hohe **strukturelle Arbeitslosigkeit,** welche die Arbeitslosenversicherung belastet.

Träger und Leistungen der Versicherung

Die staatliche **Pflichtversicherung** gegen Arbeitslosigkeit wurde 1927 eingeführt. Träger der Versicherung sind in Deutschland die **Bundesagentur für Arbeit** in Nürnberg sowie alle regionalen Arbeitsagenturen. Beitragspflichtig sind alle Arbeitnehmer, soweit sie nicht geringfügig beschäftigt sind. Beitragsfrei sind alle Beamten, Richter, Berufssoldaten sowie Schüler und Studenten. Wie prinzipiell in den anderen Zweigen der sozialen Sicherung (Ausnahme: Unfallversicherung), wird der Beitrag von Arbeitnehmern und Arbeitgebern je zu 50 % getragen. Er betrug im Jahr 2009 2,8 % des Arbeitslohns.

Die Leistungen der Arbeitslosenversicherung bestehen vor allem in **Arbeitslosengeld I** (ALG I) und **Arbeitslosengeld II** (ALG II). Das Arbeitslosengeld I ist eine Versicherungsleistung. Die Beschäftigten zahlen bis zur Höhe der **Beitragsbemessungsgrenze** einen für alle gleichen Prozentsatz ihres Arbeitsentgelts in die Versicherung ein, wofür sie Anspruch auf Unterstützung im Fall der Arbeitslosigkeit erhalten. Seit dem 1. 1. 1994 liegt die Höhe der Versicherungsleistungen bei 67 % des letzten Nettoeinkommens (für Arbeitslose ohne Kinder 60 %). Die Bezugsdauer reicht von sechs bis zu 24 Monaten, je nach Alter und Dauer des Beschäftigungsverhältnisses. Einen Anspruch auf Arbeitslosengeld I hat, wer arbeitslos ist und außerdem ständig der Arbeitsvermittlung zur Verfügung steht. Demgegenüber ist das Arbeitslosengeld II keine Versicherungsleistung, sondern wird nach dem Prinzip der Fürsorge gewährt. Generell wird es im Anschluss an das Arbeitslosengeld I gezahlt, sobald der Anspruch auf jenes ausgelaufen ist. Es wird aber auch an Arbeitslose entrichtet, die gewisse Anwartschaftszeiten nicht erfüllen. Zudem wird, anders als beim Arbeitslosengeld I, die Bedürftigkeit geprüft: Nur wenn die Einkommen der nächsten Angehörigen nicht ausreichen, wird die Leistung gewährt. Das Arbeitslosengeld II entspricht in der Regel dem Niveau der **Sozialhilfe.** Es wird aus Steuermitteln finanziert.

Konjunktur und Anreizeffekte

Gesamtwirtschaftlich gesehen kann die Arbeitslosenversicherung die Konjunktur stabilisieren. Die von den Arbeitnehmern zu zahlenden Versicherungsbeiträge reduzieren deren Einkommen und damit die volkswirtschaftliche Gesamtnachfrage. Dies kann dazu beitragen, in Zeiten des Aufschwungs eine konjunkturelle Überhitzung zu vermeiden. In Zeiten der Rezession steigen die Transferleistungen an die Arbeitslosen, sodass deren Einkommen erhöht und damit die Nachfrage belebt wird. Allerdings wird generell die zusätzliche Kaufkraft der Arbeitslosen den Beitragszahlern entzogen. Dies kann in der Rezession die Investitionen reduzieren, falls die Arbeitslosen einen geringeren Anteil ihrer Bezüge sparen als die Beitragszahler und zudem die Investitionen sehr zinsempfindlich sind.

Bei den Erwerbspersonen reduziert eine Arbeitslosenversicherung tendenziell den Anreiz zu arbeiten. Der mikroökonomischen Theorie zufolge erhöht die finanzielle Unterstützung von Arbeitslosen die Dauer der Arbeitslosigkeit sowie die Fluktuation auf dem **Arbeitsmarkt.** Erhält ein Arbeitsloser z. B. Mittel vom Staat, ist er zunächst abgesichert und muss sich nicht schnellstmöglich um eine neue Stelle bemühen. Je länger die Zahlungen laufen, desto länger sollte theoretisch auch die Arbeitslosigkeit andauern. Empirische Studien für die USA zeigen, dass sich gegen Ende der Anspruchsdauer die Wiederaufnahme einer Arbeit häuft. Ein gleichermaßen enger Zusammenhang ist in Deutschland nicht eindeutig nachweisbar. Grund dafür dürfte sein, dass die staatliche Unterstützung in Deutschland nach Ende der Anspruchsdauer bisher nicht auf das in den USA sehr niedrige Sozialhilfeniveau fiel. Zentral für den Anreiz zur Arbeitsaufnahme ist also der Abstand zwischen Nettoeinkommen und staatlicher Fürsorgeleistung.

▸ 1 Ausgabenentwicklung der Lohnersatzleistungen der Bundesagentur für Arbeit

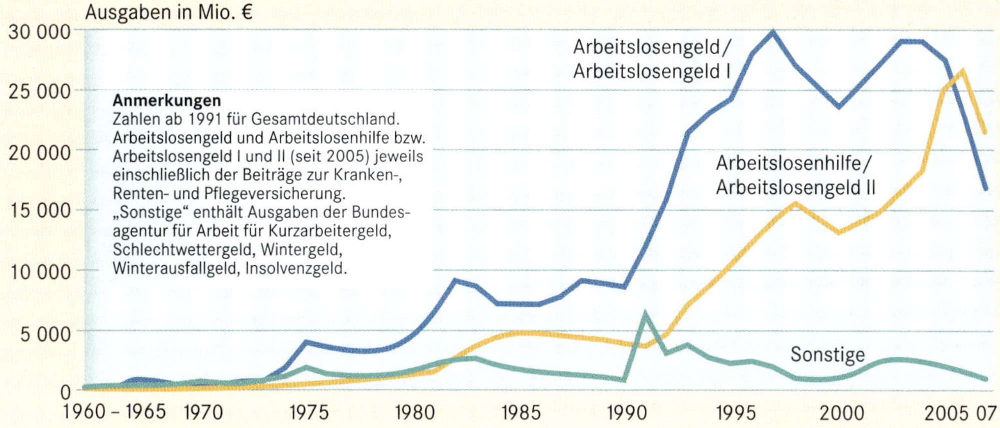

Quelle: Bundesministerium für Arbeit und Soziales.

▸ **Fallstudie: Langzeitarbeitslosigkeit und Arbeitslosenunterstützung**

Der Einfluss der Arbeitslosenunterstützung auf die Arbeitslosigkeit lässt sich mittels statistischer Methoden häufig nicht eindeutig bestimmen. Die Lohnersatzquote, also das Verhältnis von Arbeitslosenunterstützung zum letzten Nettolohneinkommen, ist in Deutschland für alle annähernd gleich und schwankt zudem zeitlich nur schwach. Es fehlt daher eine Vergleichsgruppe. Nur wenn z. B. ein Bevölkerungsteil eine niedrige Lohnersatzquote hat und ein anderer eine höhere, wobei alle anderen Merkmale der Beobachteten wie Zahl der Kinder, Alter etc. gleich sein müssen, kann man die Wirkungen auf die Arbeitslosigkeit der jeweiligen Gruppe untersuchen. Solch eine ungleiche Behandlung ist in Deutschland durch das Grundgesetz verboten. Eine Möglichkeit, dieses Problem zu umgehen, liegt in internationalen Vergleichen.

▸ 2 Lohnersatzquoten bei Arbeitslosigkeit in den OECD-Ländern

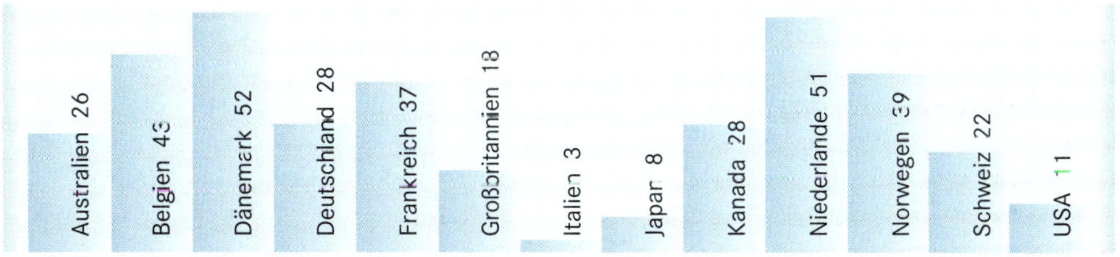

Anmerkung
Arbeitslosenunterstützung vor Steuern als Anteil des letzten Einkommens. Durchschnitt über drei Familienkategorien, zwei Einkommenskategorien und die gesamte Dauer der staatlichen Gewährleistung.

Quelle: OECD.

▸ Eine Studie der Organisation für wirtschaftliche Zusammenarbeit und Entwicklung (OECD) aus dem Jahr 1991 zeigt eine gewisse Gleichläufigkeit der Dauer der Arbeitslosenunterstützung und der Dauer der Arbeitslosigkeit. Gewährt ein Land relativ lange Unterstützung, so verharren die Empfänger durchschnittlich relativ lang in der Arbeitslosigkeit. Vorsicht ist allerdings bei der Interpretation dieses Resultats geboten. Man kann nicht ohne Weiteres auf einen einfachen kausalen Zusammenhang schließen und demgemäß erwarten, dass die Dauer der Arbeitslosigkeit sinkt, wenn die Unterstützungsleistung gekürzt wird. Denn durchschnittlich lange Arbeitslosigkeit kann prinzipiell auch die nationalen Gesetzgeber dazu bewegen, die Unterstützungen an die Arbeitslosen zeitlich länger zu gewähren.

Krankenversicherung

Die gesetzliche Krankenversicherung (GKV) ist nach der Rentenversicherung die zweite wichtige Säule im System der sozialen Sicherung. Seit 1994 wird sie ergänzt durch die gesetzliche Pflegeversicherung. Im Jahr 2009 lag der Beitragssatz zur GKV bei 14,9 %, der zur Pflegeversicherung bei 1,95 % (Stand 1. 7. 2009).

Gesetzliche und private Krankenversicherung

In Deutschland wurden bereits 1883 die ersten Netze der Krankenversicherung geknüpft. Grundlage für die GKV ist das **Solidarprinzip:** Die Versicherten unterstützen sich im Fall eines krankheitsbedingten Einkommensausfalls gegenseitig. Die Versicherung ist solidarisch, weil für alle Versicherten einer Krankenkasse derselbe prozentuale Beitragssatz gilt; einkommensabhängige Beiträge bei gleicher Leistung führen zu Umverteilung. In einer privaten Krankenversicherung dagegen regiert das **Äquivalenzprinzip:** Die Beiträge werden nach der Wahrscheinlichkeit des Versicherungsfalls bemessen. Je mehr Leistungen die Versicherung tragen soll, desto höher sind die Beiträge. Die deutsche GKV ist eine **Pflichtversicherung** für alle Arbeitnehmer und Angestellten, Rentner und Arbeitslosen sowie Auszubildenden und Studenten, soweit das regelmäßige Arbeitsentgelt eine bestimmte Obergrenze nicht überschreitet.

Das Problem der Kostenexplosion

Die Ausgaben für Gesundheit sind in den letzten Jahrzehnten kontinuierlich gestiegen. Abb. 1 verdeutlicht, dass die **Gesundheitsausgaben** im Vergleich mit dem Bruttoinlandsprodukt überproportional wachsen; dies bedeutete in der Vergangenheit eine ständige Anpassung der Beitragssätze zur GKV nach oben (Abb. 2).

Der Gesundheitssektor gewinnt in allen Industrieländern an Bedeutung. Diese Entwicklung beruht auf mehreren Ursachen. Hierzu gehören die steigende Zahl älterer Menschen, steigende Reallöhne und steigende Preise im Gesundheitswesen sowie die abnehmende Bedeutung häuslicher Pflegetätigkeit. Hauptsächlich jedoch verschärfen ökonomische Fehlanreize die Situation. Das System der GKV gewährt z. B. den Patienten eine scheinbar kostenlose medizinische Versorgung. Im Fall einer Krankheit stehen dem Patienten alle Leistungen ohne weiteres Entgelt zu. Daraus ergibt sich das Problem des **moralischen Risikos.** Der Patient ist besser als die Krankenkasse darüber informiert, was er zur Genesung benötigt. Die **Krankenkasse** delegiert daher die Entscheidung über die medizinische Versorgung an den Patienten, verliert aber so die Ausgabenkontrolle. Analog dazu können Patienten generell nicht die Notwendigkeit einer Behandlung einschätzen und delegieren deshalb die Entscheidung über das medizinische Leistungsvolumen an den Arzt bzw. das Krankenhaus. So können sie ihrerseits den zur Genesung erforderlichen Aufwand nicht mehr kontrollieren. Erst mit den **Gesundheitsreformen** seit 2004 zeichnet sich eine gewisse Trendwende ab.

Selbstbeteiligung und Kassenwettbewerb

Eine Möglichkeit zur Verbesserung der Ausgabenkontrolle bietet die Selbstbeteiligung. Dadurch sollte der Patient generell kostenbewusster handeln, erhoffte man sich durch die Gesundheitsreform von 2004, der gemäß die Patienten in der ambulanten und stationären Versorgung bestimmte **Zuzahlungen** leisten müssen.

Ein grundsätzliches Problem für jedes System von Krankenversicherungen (Abb. 3) ist, wie der Fall der **adversen Selektion** behandelt werden soll. In Deutschland garantiert der Zwang zur Versicherung, dass alle einen Versicherungsvertrag erhalten. Hierbei stellen sich diejenigen schlechter, die eher geringe Gesundheitsausgaben für sich selbst erwarten. Sie würden lieber eine weniger umfangreiche und somit billigere Versicherung abschließen. Für Bezieher hoher Einkommen besteht diese Möglichkeit im Rahmen einer privaten Versicherung. Für die Pflichtversicherten gilt, dass diejenigen mit geringem Behandlungsbedarf andere Kassenmitglieder subventionieren. Gleichzeitig bewirkt die kostenlose Mitversicherung von Familienangehörigen in der GKV eine Lastenumverteilung von Familien zu Alleinstehenden. Hat eine Versicherung somit einen höheren Anteil „teurer" Risiken, so hat sie es mit einer schlechteren Risikostruktur zu tun.

Seit 1996 ist Wettbewerb zwischen den Krankenkassen möglich. Er soll den Anreiz zu effizienter Mittelverwendung stärken. Im Jahr 2009 wurde der zentrale **Gesundheitsfonds** eingeführt. Er verwaltet die Beitragseinnahmen der Kassen, die nunmehr gemäß einem einheitlich für das gesamte Bundesgebiet geltenden Beitragssatz erhoben werden, und weist den Kassen aus den Einnahmen Mittel zu, deren Umfang sich an der Zahl und den Krankheitsrisiken der Mitglieder orientiert. Kommt eine Kasse mit den Mitteln nicht aus, so kann sie einen Zusatzbeitrag von bis zu 1 % direkt von ihren Mitgliedern erheben. Erwirtschaftet sie umgekehrt Überschüsse, so kann sie diese an die Versicherten ausschütten.

▸ 1 Anteil der gesetzlichen Gesundheitsausgaben am Bruttosozialprodukt

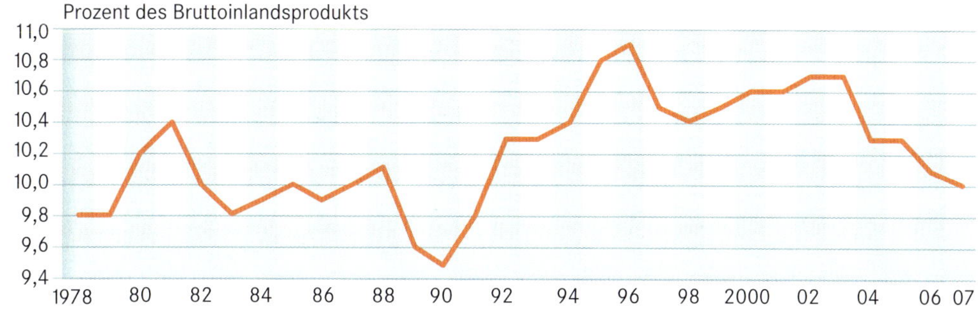

Quelle: Bundesministerium für Arbeit und Soziales.

▸ 2 Beiträge zur gesetzlichen Krankenversicherung

▸ Durchschnittlicher Beitragssatz aller Kassen in Westdeutschland

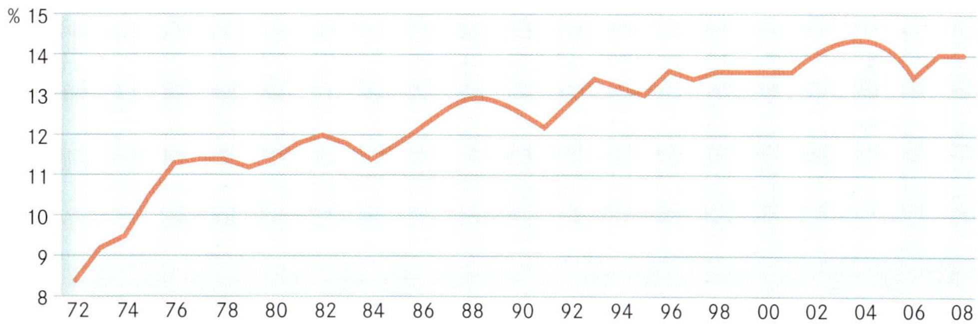

Quelle: Bundesministerium für Gesundheit.

▸ 3 Das Krankenversicherungssystem in Deutschland

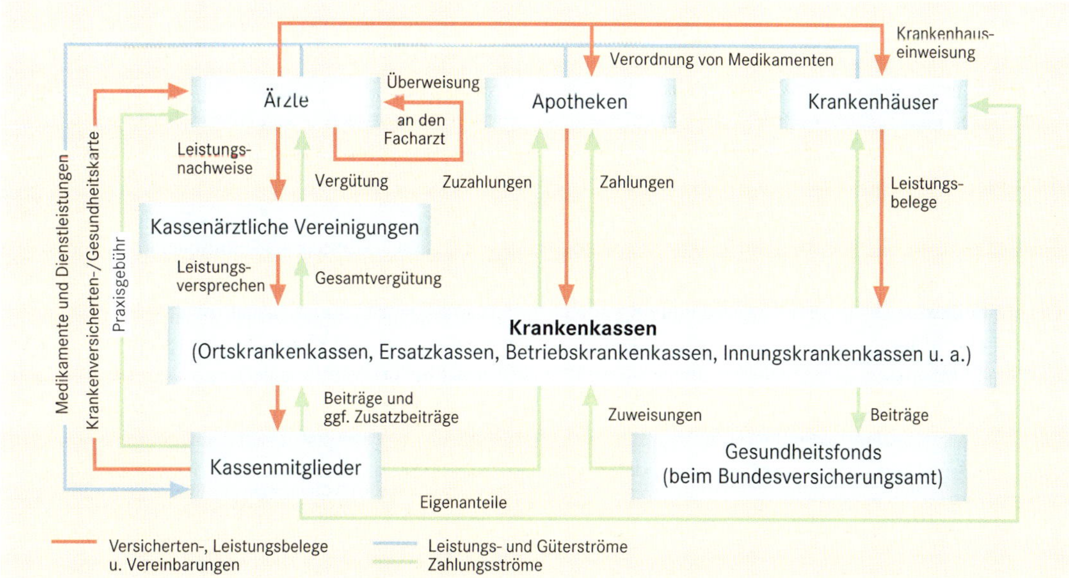

Rentenversicherung

Die gesetzliche Rentenversicherung (GRV) ist ein wichtiger Teil der sozialen Sicherung in Deutschland. Im Jahr 2007 bestritt die GRV mit einem Anteil von einem Drittel den größten Posten im Sozialbudget.

Drei Säulen der Alterssicherung

Aufgabe der GRV ist zum einen die Wiederherstellung der Erwerbsfähigkeit der Versicherten, z. B. durch Rehabilitationsleistungen; weitere Leistungen erfolgen an Hinterbliebene (verwitwete Ehepartner und Waisen) sowie an Alleinerziehende. Der weitaus größte, die Renten- und **Altersruhegelder** umfassende Teil der Leistungen jedoch dient dem Ersatz ausgefallenen Arbeitseinkommens. Zwar tragen auch die betriebliche und die private **Altersvorsorge** zur **Alterssicherung** bei, doch die GRV ist die bei weitem wichtigste Säule (Abb. 1). Mit rund 80 % trägt sie den Löwenanteil am Einkommen von Haushalten, deren Haushaltsvorstand über 65 Jahre alt ist.

Kennzeichen der GRV ist eine **Zwangsmitgliedschaft** für alle Arbeitnehmer; ausgenommen sind Selbstständige, die allerdings eine Aufnahme beantragen können. Für Beamte existiert eine separate, aus öffentlichen Kassen finanzierte **Altersversorgung**. Die Finanzierung der GRV erfolgt im **Umlageverfahren** („**Generationenvertrag**"); die erwerbstätige Generation trägt zur Finanzierung der Älteren bei. Prinzipiell werden alle laufenden Ausgaben, also die Versicherungsleistungen, durch die laufenden Einnahmen, also die Beiträge, gedeckt. Ein regelmäßiger Bundeszuschuss ergänzt die Beitragseinnahmen. Der Beitragssatz für 2009 betrug 19,9 % des Bruttoarbeitsentgelts, den Arbeitnehmer und Arbeitgeber zu gleichen Teilen tragen (Abb. 2).

Berechnung der gesetzlichen Altersrenten

Die Berechnung der Rentenzahlungen im Alter richtet sich nach zwei Faktoren: den persönlichen **Entgeltpunkten** unter Berücksichtigung eines Zugangsfaktors sowie dem aktuellen **Rentenwert.** Der aktuelle Rentenwert koppelt die Rentenzahlungen an die Entwicklung des durchschnittlichen Bruttoarbeitseinkommens. Die Zahl der Entgeltpunkte orientiert sich an der Höhe der geleisteten Beiträge und der Zahl der Beitragsmonate. Damit wird ein Bezug der Rente zur Leistung hergestellt. Der **Zugangsfaktor** reduziert die Rentenhöhe bei Renteneintritt vor dem gesetzlichen Regelrentenalter und erhöht ihn entsprechend bei späterem Eintritt (Abb. 3).

Entlastung der GRV

Die deutsche **Bevölkerungsstruktur** wandelt sich gewaltig. Während Anfang des neuen Jahrtausends noch vier Arbeitnehmer einen Rentner „finanzieren", werden es im Jahr 2040 nur noch zwei Arbeitnehmer sein. Dies ist das Resultat einer seit dem Ende des „Babybooms" und dem darauf folgenden „Pillenknick" Ende der 1960er-Jahre rückläufigen Geburtenrate bei gleichzeitig immer höherer Lebenserwartung. Die hiermit verbundenen finanziellen Probleme der GRV sind heute ohne grundlegende Reformen nicht mehr lösbar. Die Alterssicherung muss neue Wege gehen.

Um dem zunehmend ungünstigen zahlenmäßigen Verhältnis zwischen Rentnern und Arbeitnehmern Rechnung zu tragen, wurde die GRV 2001 neu justiert. Bis 2030 soll das Rentenniveau schrittweise abgesenkt werden. So sollen andernfalls untragbare, aber unausweichliche Beitragserhöhungen vermieden werden. Die damit entstehende Versorgungslücke sollen die Versicherten über eine eigene freiwillige, vom Staat geförderte private Altersvorsorge (die sogenannte **Riester-Rente**) schließen. Die Idee dabei ist, dass individuell für das Alter angespart wird. Das bis zum Renteneintritt gebildete Kapital kann dann zur teilweisen Deckung der Ausgaben im Alter verwendet, die GRV entlastet werden.

Der Vorteil dieses so genannten **Kapitaldeckungsverfahrens** gegenüber dem **Umlageverfahren** besteht darin, dass die Ersparnisse produktiv angelegt werden. Über eine dadurch verstärkte Investitionstätigkeit erhöht sich das Wachstum, sodass ein größeres Bruttoinlandsprodukt zur Verteilung verwendet werden kann. Im Umlageverfahren dagegen dienen die Ersparnisse vor allem dem Konsum: Von jedem über Beiträge eingenommenen Betrag geht ein mehr oder weniger großer Anteil in den Konsum; demgegenüber regen Ersparnisse die Bildung von Produktivkapital an.

Ein vollständiger Umstieg vom Umlage- auf das Kapitaldeckungsverfahren ist allerdings nicht möglich, da die Generation, die zum Zeitpunkt der Umstellung in Rente ginge, im Vertrauen auf die Fortsetzung des Umlageverfahrens noch zu wenig individuell für das Alter angespart hätte. Die Konsequenz daraus wäre, dass die jetzt arbeitende Generation doppelt belastet würde: Zum einen müsste sie privat ihre eigene Altersvorsorge betreiben, und zum andern müsste sie – beispielsweise über erhöhte Steuern statt wie zuvor über Sozialversicherungsbeiträge – die Lebenshaltung der Generation der Rentner mitfinanzieren.

▸ 1 Arten von Alterseinkünften in Deutschland 2003

Art	Anteil der Bezieher ab 65 Jahren an der Gesamtbevölkerung ab 65 Jahren	Bruttobetrag je Bezieher und Monat
Gesetzliche Rente	99 %	860 €
Andere private/öffentliche Zusatzversorgung	27 %	383 €
Andere eigene Renten	6 %	381 €
Abgeleitete Renten/Pensionen	28 %	759 €
Einkünfte aus Kapitalvermögen	38 %	166 €
Mit Zusatzeinkünften insgesamt	71 %	561 €

▸ 2 Entwicklung der Beitragssätze in der Rentenversicherung

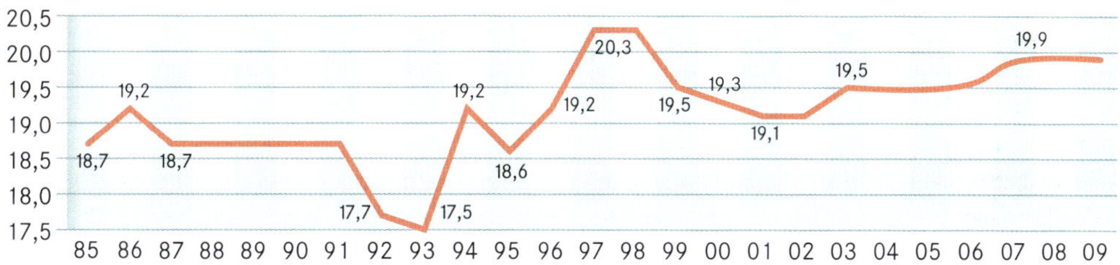

▸ 3 Flexibles Alter für den Renteneintritt

- Bis zum Jahr 1972 konnten Männer wie Frauen, von Gründen der Berufsunfähigkeit abgesehen, erst mit 65 Jahren in den Ruhestand gehen. Die Rentenreform 1972 erlaubte Frauen den Beginn des „ruhigen Lebensabends" mit 60, Männern mit 63 Jahren. Wer früher in Rente gehen wollte, musste gewisse Abschläge auf seine Rente hinnehmen. Die folgende Abbildung zeigt, welche Wirkung dies hatte.
- Das durchschnittliche Renteneintrittsalter ist nach der Reform bis zu Anfang der 1980er-Jahre kontinuierlich gesunken und lag 1980 bei 62,2 Jahren. Ökonomisch ist die Entscheidung für einen früheren Renteneintritt insbesondere durch starke Anreize zu erklären. Finanziell lohnte sich ein früherer Ruhestandseintritt, weil die gesetzlich vorgesehenen Abschläge auf die Rente weit unter denen lagen, die eine versicherungsmathematisch faire Versicherung vorgenommen hätte. Sie hätte nach 40 Arbeitsjahren bei einem um ein Jahr vorgezogenen Rentenbeginn statt des gesetzlich vorgesehenen Abschlags von 2,5 % etwa den doppelten Satz verlangen müssen. Damit war der Nettoertrag aus der gesetzlichen Rentenversicherung nicht unabhängig vom individuellen Rentenalter, wie es bei einer fairen Versicherung der Fall wäre. Als Resultat ergibt sich, dass diejenigen, die später in Rente gehen, durch nicht faire Abschläge diejenigen subventionieren, die früh in Rente gehen. Allerdings kann das geänderte Renteneintrittsverhalten auch durch ein reduziertes Angebot von Arbeitsplätzen erklärt werden. In der Rentenreform von 1992 wurden die Abschläge erhöht, und durch die jüngste Reform von 2007 wird die Regelaltersgrenze vom Jahr 2012 an schrittweise auf 67 Jahre heraufgesetzt.

Durchschnittliches Renteneintrittsalter in Deutschland*

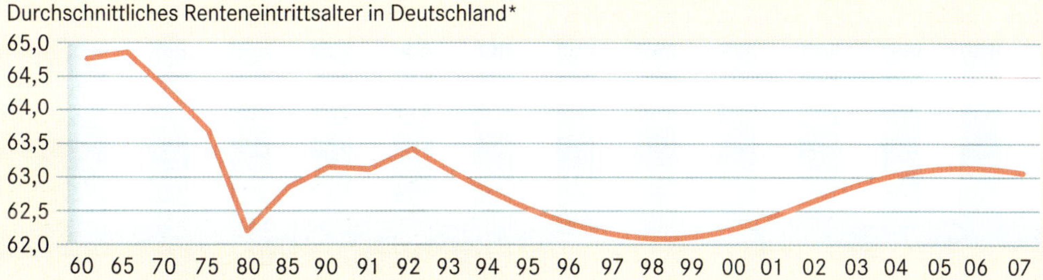

* Altersrenten; vor 1993: nur Westdeutschland.

Quelle: Deutsche Rentenversicherung.

Reform der Sozialsysteme

Die Sozialversicherungen in Deutschland stehen am Rand der Finanzierbarkeit. Ursachen für die wachsende Mittelknappheit sind die langfristig rückläufige Geburtenrate, die gestiegene Lebenserwartung, Fehlanreize in der gesetzlichen Kranken- und in der Arbeitslosenversicherung und die lang anhaltende hohe Arbeitslosigkeit.

Die Agenda 2010

Je mehr Arbeitslose und je mehr alte Menschen es in einer Gesellschaft gibt, desto größer ist der Teil derer, die Sozialleistungen beziehen, andererseits aber keine Beiträge zur Finanzierung der sozialen Sicherung leisten können. Die fehlenden Einnahmen müssen durch höhere Beiträge oder Steuern aufgebracht werden.

Die Kosten der **sozialen Sicherungssysteme** belasten aber nicht nur die Erwerbstätigen und die öffentlichen Haushalte. Darüber hinaus sind sie mitverantwortlich für das relativ hohe Arbeitskostenniveau in Deutschland. Dieses wiederum wirkt sich nachteilig auf die Investitionen und damit auf Beschäftigung und Wachstum aus. Um die komplexen Probleme zu lösen, schuf die bis 2005 amtierende Bundesregierung unter Gerhard Schröder (SPD) unter dem Namen **Agenda 2010** ein umfassendes Reformprogramm. Auch bei der Regierung unter Angela Merkel (CDU) ist die weitere Reformierung der Sozialsysteme ein Schwerpunkt.

Gesetzliche Rentenversicherung

Die Reformierung der gesetzlichen Rentenversicherung (GRV) soll die Leistungsausgaben begrenzen, um den Beitragssatz zur GRV zu stabilisieren. Zudem soll sie das Gewicht der privaten Altersvorsorge erhöhen. Nach den Reformgesetzen von 2001 und 2004 werden die Leistungen der GRV eingeschränkt: Das Rentenniveau wird bis 2030 schrittweise sinken – von heute 53 % des Einkommens eines Durchschnittsverdieners vor Steuern abzüglich Sozialabgaben auf nicht weniger als 43 %. Bei der jährlichen Rentenanpassung wird seit 2005 ein Nachhaltigkeitsfaktor zum Ansatz gebracht, der die Rentensteigerung bremst, wenn sich das Verhältnis zwischen Beitragszahlern und Rentnern verschlechtert. Seit 2004 gilt eine neue, höhere Mindestaltersgrenze von 63 Jahren für den Eintritt in den vorzeitigen Ruhestand. 2006 schließlich wurde die schrittweise Anhebung des Renteneintrittsalters im Zeitraum 2012 bis 2029 von 65 auf 67 Jahre beschlossen.

Da die Renten sinken, droht eine Versorgungslücke. Daher fördert der Staat Maßnahmen der betrieblichen und **privaten Altersvorsorge.** Seit 2002 werden Eigenleistungen oder Einzahlungen, die dem Aufbau von Ansprüchen auf eine **Riester-Rente** dienen, steuerlich oder durch Zulagen begünstigt (Abb. 1). Die Förderung privater Sparpläne setzt voraus, dass diese von der Bundesanstalt für Finanzdienstleistungsaufsicht als risikoarm zertifiziert sind.

Gesetzliche Krankenversicherung

Die **Gesundheitsreform** von 2004 soll die Ausgabenkontrolle verbessern, indem sie die Patienten stärker in die Pflicht nimmt. Neu eingeführt wurde unter anderem eine Praxisgebühr von 10 € pro Quartal. Dies sowie Zuzahlungen in der ambulanten und stationären Versorgung sollen die Krankenkassen entlasten und die Patienten dazu veranlassen, bei der Abwägung der Notwendigkeit von Gesundheitsleistungen auch deren Kosten zu berücksichtigen. Um die Lohnnebenkosten zu senken, wurde Mitte 2005 der allgemeine Beitragssatz von 14,5 % auf 13,9 % gesenkt und zugleich ein zusätzlicher, allein vom Versicherten zu tragender Beitragssatz von 0,9 % eingeführt.

Zum 1. 1. 2009 wurde der **Gesundheitsfonds** eingeführt. Nunmehr gilt für die Versicherten bundesweit ein einheitlicher Beitragssatz. Die Beiträge fließen an den vom Bundesversicherungsamt verwalteten Fonds und werden unter Einbezug eines verfeinerten, morbiditätsbezogenen **Risikostrukturausgleichs** auf die Kassen umgelegt. Für jeden Versicherten erhalten die Kassen pauschal 170 € pro Jahr. Die Zuteilungen werden gemäß den Krankheitsrisiken der Versicherten aufgestockt. Die Kassen können einen Zusatzbeitrag von maximal 1 % direkt von ihren Mitgliedern erheben, wenn ihre Ausgaben ihre Einnahmen übersteigen, und umgekehrt Überschüsse an ihre Mitglieder auszahlen.

Arbeitslosenversicherung und Sozialhilfe

Aufgrund der Hartz-Gesetze (nach dem Regierungsberater Peter Hartz) wurden ab dem 1. 1. 2005 die Arbeitslosen- und die Sozialhilfe zusammengefasst. Erwerbsfähige Hilfsbedürftige werden seitdem in von den örtlichen Arbeitsagenturen und Sozialämtern gemeinsam betriebenen Jobcentern betreut. Es gelten weit strengere Kriterien der Zumutbarkeit eines Stellenangebots für Arbeitsuchende als bisher. Zudem wurde die Arbeitslosenhilfe durch das **Arbeitslosengeld II** ersetzt und auf das Niveau der Sozialhilfe abgesenkt (Abb. 2).

▸ 1 Staatlich geförderte Formen der Altersvorsorge

Betriebliche Altersvorsorge	
Direktzusage	Verpflichtung des Arbeitgebers zu Versorgungsleistungen nach Beendigung des Arbeitsverhältnisses
Unterstützungskasse	Leistungszusage einer selbstständigen Versorgungseinrichtung, für die der Arbeitgeber einsteht
Direktversicherung	Vom Arbeitgeber für seine Angestellten abgeschlossene Lebensversicherung
Pensionskasse	Von mehreren Unternehmen getragene Versorgungseinrichtung; der versorgungsberechtigte Arbeitnehmer wird selbst Mitglied
Pensionsfonds	Rechtlich selbstständige Einrichtung, die gegen Zahlung von Beiträgen betriebliche Altersvorsorge für den Arbeitgeber durchführt; die Mittelanlage ist weniger reglementiert als bei Pensionskassen; der Arbeitgeber garantiert den Ausschluss des Kapitalverlusts.

Private Altersvorsorge	
Banksparplan	Ansparung eines Guthabens mit festgelegter Verzinsung und sehr geringem Risiko
private Rentenversicherung	Verbund von Kapitalanlage mit garantierter Mindestverzinsung und Versicherung; Überschussbeteiligungen sind möglich
Fondsparplan	Kapitalanlage in Aktien-, Renten- oder gemischten Fonds; Kapitalerhalt muss zugesagt werden.

▸ 2 Arbeitslosenhilfe und Arbeitslosengeld II – ein Vergleich

	Arbeitslosenhilfe (bis 31.12.2004)	**Grundsicherung für Arbeitsuchende bzw. Arbeitslosengeld II** (seit 1.1.2005)
Anspruchsvoraussetzungen	Arbeitslosmeldung, Anspruch auf Arbeitslosengeld besteht nicht oder nicht mehr	Arbeitslosmeldung, Anspruch auf Arbeitslosengeld besteht nicht oder nicht mehr
Anspruchshöhe	53 % des letzten Nettoarbeitsentgelts (mit Kind: 57 %)	pauschalierte Regelleistung: Arbeitslosengeld II: 359 € Hat der Anspruchsberechtigte einen arbeitsuchenden Partner über 18 Jahre, so erhalten beide 90 % der Regelleistung (323 €). Für Kinder bis zum 14. Geburtstag beträgt die Regelleistung 70 % (251 €). Für Jugendliche vom 14. bis zum 18. Geburtstag 80 % (287 €). Hinzu kommen Leistungen der Grundsicherung wie Miete, Heizung und Wasser/Abwasser sowie Beiträge zur gesetzlichen Kranken- und Pflegeversicherung und zur Rentenversicherung (Mindestbeitrag). Zuschüsse außerhalb der Regelleistung sind möglich. Einkommen bzw. Vermögen werden jenseits bestimmter Freibeträge angerechnet.
Anspruchsdauer	ein Jahr (mit Verlängerungsmöglichkeit)	gekoppelt an die Bedürftigkeit
Leistungskürzung/ -streichung bei …	Verweigerung der Aufnahme einer zumutbaren Arbeit. Nicht zumutbar ist z. B. eine Arbeit, deren Entlohnung deutlich unter dem ortsüblichen Niveau liegt.	Verweigerung der Aufnahme einer zumutbaren Arbeit. Prinzipiell ist jede Arbeit zumutbar, auch z. B. ein Minijob (Monatsverdienst weniger als 400 €) oder ein Ein-Euro-Job (gemeinnütziger Zusatzjob).

Öffentliche Güter

Die modernen Industrieländer gelten grundsätzlich als Marktwirtschaften. Dennoch spielt überall der Staat, gemessen am Verhältnis von Staatsausgaben und Bruttoinlandsprodukt, eine bedeutende Rolle: Die so definierte Staatsquote reicht von rund 30 % für die USA bis zu rund 60 % für Schweden.

Weshalb der Staat in die Wirtschaft eingreift

Für staatliche Aktivitäten in marktwirtschaftlichen Systemen werden traditionell drei Begründungen angeführt (Abb. 1). Erstens: Selbst wenn der Markt perfekt funktioniert, entspricht die von ihm bestimmte Einkommensverteilung nicht unbedingt den vorherrschenden Gerechtigkeitsvorstellungen. Der Staat soll umverteilen (Redistribution). Zweitens: Die Erfahrung etwa der Weltwirtschaftskrise der 1930er-Jahre lehrt, dass Marktwirtschaften für teils gravierende gesamtwirtschaftliche Störungen anfällig sind. Der Staat muss daher die wirtschaftliche Entwicklung durch Instrumente der Geld- und Fiskalpolitik verstetigen (Stabilisierung). Schließlich sind in der Realität oft die Annahmen des Lehrbuchmodells der vollständigen Konkurrenz, in dem effiziente Marktergebnisse zu erwarten sind, nicht erfüllt. Der Staat muss dann eingreifen, um Marktversagen zu korrigieren (Allokation).

Merkmale eines reinen öffentlichen Gutes

Im Hinblick auf die gesellschaftlich gewünschte Struktur der Produktion und die Rolle des Staates bei ihrer Realisierung steht der Begriff des öffentlichen Gutes im Mittelpunkt (Abb. 2). Ein öffentliches ist im Gegensatz zu einem privaten Gut durch zwei Merkmale gekennzeichnet. Zum einen besteht beim Konsum keine **Rivalität**, d. h., der Nutzen des Gutes für ein Individuum schmälert in keiner Weise den Nutzen desselben Gutes für andere. Dies gilt etwa für einen Damm zum Hochwasserschutz: All diejenigen, die in einem hochwassergefährdeten Gebiet wohnen, profitieren von einem Damm. Das zweite Merkmal ist die **Nichtausschließbarkeit**: Niemandem kann der Konsum eines öffentlichen Gutes verwehrt werden (Hochwasserdamm).

Mischformen

Zwischen reinen privaten und reinen öffentlichen Gütern gibt es Mischformen. So gibt es Güter, bei denen zwar Rivalität im Konsum besteht, von deren Konsum aber niemand ausgeschlossen werden kann. Ein Beispiel für diese so genannten **Allmendegüter** sind die keinem Staat gehörenden Hochseefischgründe. Umgekehrt gibt es auch Güter, bei deren Konsum zwar keine Rivalität besteht, von deren Konsum aber der Einzelne ausgeschlossen werden kann (Mautgüter). Beispiel Kabelfernsehen: Der Anschluss eines neuen Haushalts an das Kabelnetz reduziert nicht den Nutzen des Kabelfernsehens für die anderen Haushalte. Die Kabelgesellschaft kontrolliert den Netzzugang und vergibt ihn gegen Entgelt.

Finanzierung und Bereitstellung

Nur in der Theorie lässt sich die Frage, wie reine öffentliche Güter finanziert werden sollen, sauber beantworten: Jeder Haushalt müsste Steuern gemäß seinem individuellen Nutzen aus dem Konsum des öffentlichen Gutes zahlen **(Äquivalenzprinzip).** Das Aufkommen dieser Steuern würde zur Finanzierung des öffentlichen Gutes verwandt und eine optimale Versorgung gewährleisten. Diese Lösung scheitert in der Praxis an der Nichtausschließbarkeit. Weil jeder Bürger unabhängig vom eigenen Finanzierungsbeitrag das Gut uneingeschränkt nutzen kann, besteht kein Anreiz, den Nutzen ehrlich zu offenbaren. Die Folgen dieses so genannten Trittbrettfahrer-Verhaltens sind ein unzureichendes Finanzmittelaufkommen und dementsprechend eine Unterversorgung mit öffentlichen Gütern. Deshalb werden öffentliche Güter aus dem allgemeinen Steueraufkommen finanziert; ein klarer Zusammenhang zwischen dem individuellen Nutzen aus der Bereitstellung und dem Finanzierungsbeitrag lässt sich nicht herstellen.

Staatliches Handeln wird oft mit dem Verweis darauf legitimiert, dass ein öffentliches Gut vorliegt. Doch bei vielen öffentlich finanzierten Einrichtungen (z. B. Universitäten, Autobahnen) ist es sehr fraglich, ob es sich hier um öffentliche Güter handelt. Eine Universitätsausbildung erfüllt weder die Bedingungen der Nichtrivalität noch der Nichtausschließbarkeit. Das Gleiche gilt auch für Autobahnen – angesichts der technischen Möglichkeiten zur Registrierung der Straßennutzung.

Des Weiteren ist zwischen Finanzierung und Bereitstellung zu unterscheiden. Ein öffentliches Gut erfordert eine öffentliche Finanzierung, nicht aber eine öffentliche Produktion. So ist die Straßenreinigung ein öffentliches Gut. Deshalb ist es aber nicht notwendig, diese Dienstleistung an kommunale Betriebe zu übertragen. Die Vergabe an ein privates Dienstleistungsunternehmen ist die ordnungspolitisch angemessene Alternative.

▸ 1 Rechtfertigung für staatliche Aktivität in marktwirtschaftlichen Systemen (nach Richard A. Musgrave)

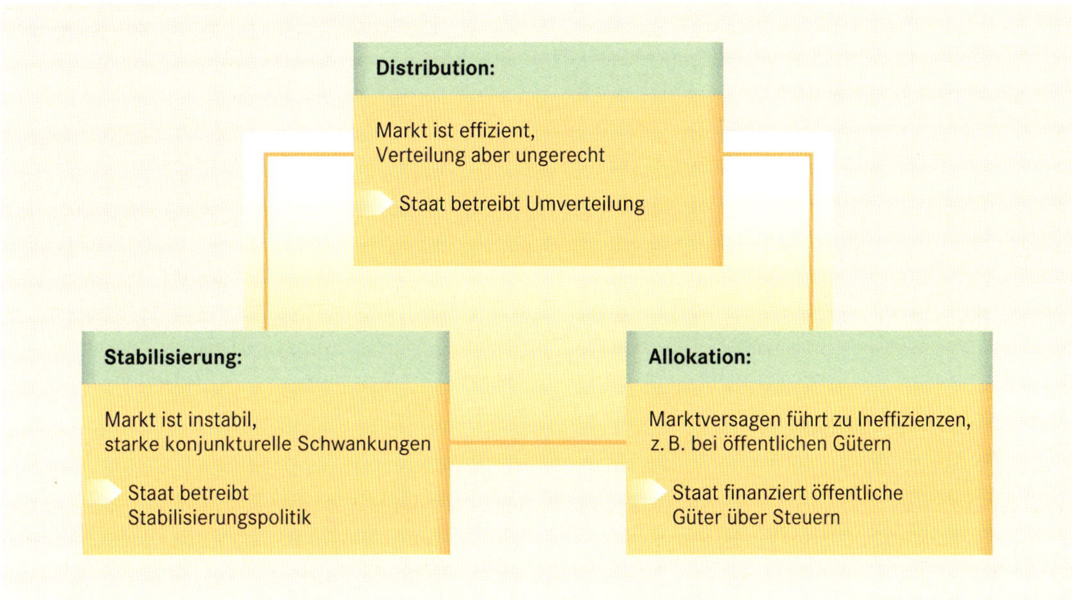

▸ 2 Klassifikation wirtschaftlicher Güter

Merkmal		Rivalität im Konsum: ja	Rivalität im Konsum: nein
Ausschließbarkeit	nein	**Private Güter** Brot Wohnen Kleidung Autobahnen (ausgelastet und mit Benutzerentgelt)	**Mautgüter** Kabelfernsehen Autobahnen (nicht ausgelastet und mit Benutzerentgelt)
Ausschließbarkeit	ja	**Allmendegüter** Hochseefischgründe Autobahnen (ausgelastet, ohne Benutzerentgelt)	**Öffentliche Güter** Hochwasserschutz Rechtsordnung Autobahnen (nicht ausgelastet, ohne Benutzerentgelt)

▸ Einen Sonderfall der privaten Güter stellen die so genannten **meritorischen Güter** dar. Dabei handelt es sich um Güter, deren Nutzen von den Konsumenten verkannt wird und die deshalb nicht oder in nicht ausreichendem Maß konsumiert werden. Der Staat muss daher diese Güter z. B. durch Subventionen fördern. Als meritorische Güter werden oft kulturelle Dienstleistungen wie Theater und Opernaufführungen genannt. Ob das Konzept der meritorischen Güter mit der Konsumentensouveränität vereinbart werden kann, ist strittig.

Sektor Staat

Um den Umfang der staatlichen Aktivität im Rahmen der Gesamtwirtschaft zu messen, sind einige methodische Probleme zu lösen. Öffentliche Leistungen werden meist unentgeltlich abgegeben. Damit fehlen Marktpreise, die als Bewertungsmaßstäbe dienen könnten.

Bewertung öffentlicher Leistungen

In der volkswirtschaftlichen Gesamtrechnung behilft man sich damit, dass die staatliche Aktivität mit den Kosten bewertet wird, die bei der Bereitstellung der korrespondierenden Leistungen in Form von Personalausgaben und Güterkäufen anfallen. Dies wirft Probleme auf. So werden z. B. identische öffentliche Leistungen umso höher bewertet, je höher das Gehalt der Beamten ist. Ein weiteres methodisches Problem betrifft öffentliche Leistungen, die von Unternehmen genutzt werden. Dieser Teil der öffentlichen Produktion stellt eine Vorleistung für weitere Produktionsstufen in der Wirtschaft dar. Die vollständige Berücksichtigung der mit ihren Kosten bewerteten öffentlichen Güter (in der Statistik als **Staatsverbrauch** bezeichnet) führt also insofern zu Doppelzählungen, als die Wertschöpfung der Unternehmen nicht um die staatlichen Vorleistungen gekürzt wird.

Die Staatsquote

Die Staatsquote wird als Verhältnis zwischen den gesamten öffentlichen Ausgaben (Gebietskörperschaften und Sozialversicherungen) und dem Bruttoinlandsprodukt (BIP) berechnet (Abb. 1). Dabei zählen zu den staatlichen Ausgaben neben dem Staatsverbrauch auch die öffentlichen Investitionen und Transfers (Sozialleistungen, Subventionen). Mit der Berücksichtigung der Transfers wird der Tatsache entsprochen, dass sich der moderne Wohlfahrtsstaat nicht auf die Produktion von öffentlichen Gütern beschränkt, sondern auch Einkommen umverteilt. Während die Staatsquote auf die Ausgabenseite abstellt, beziehen sich die **Abgabenquote** und die **Steuerquote** auf die Einnahmenseite. Letztere errechnet sich aus dem Verhältnis zwischen Steuereinnahmen (Steueraufkommen) und BIP; bei der Abgabenquote werden auch die Sozialabgaben berücksichtigt (Abb. 2).

Die langfristige Entwicklung der Staatsquote

Der deutsche Finanzwissenschaftler Adolph Wagner (1835–1917) stellte 1876 die These auf, dass die Staatstätigkeit in Relation zur gesamten wirtschaftlichen Aktivität überproportional zunimmt **(wagnersches Gesetz).** Die Betrachtung der Staatsquoten im Zeitverlauf bestätigt diese These: Um 1900 betrug die Staatsquote in Deutschland etwa 15 %, heute rund 44 %. Insbesondere nach dem Zweiten Weltkrieg kam es in vielen Industrieländern zu einem starken Anstieg der Staatsquoten.

Für das Wachstum des **Staatssektors** gibt es verschiedene Erklärungen. So wird argumentiert, dass die Produktion staatlicher Leistungen besonders personalintensiv und daher Rationalisierung in geringerem Umfang möglich ist als in der Privatwirtschaft. Ein weiteres Argument besagt, dass viele öffentliche Güter wie etwa Kultur und Bildung **superiore Güter** sind. Die Nachfrage nach einem superioren Gut nimmt bei steigendem Einkommen überproportional zu. Politökonomische Überlegungen liefern weitere mögliche Ursachen für einen steigenden Staatsanteil. So wird das Wachstum der staatlichen Aktivitäten durch das Eigeninteresse der Bürokratie gefördert. Bürokraten haben vielfältige Möglichkeiten, auf eine Ausweitung staatlicher Aufgaben hinzuwirken. Im Haushaltsprozess hat die Verwaltung einen erheblichen Informationsvorsprung vor dem Parlament, der sich zur Verteidigung und zum Ausbau der jeweiligen Budgets nutzen lässt. Auch die Theorie der Interessengruppen liefert Erklärungsbeiträge: Schlagkräftigen Lobbys gelingt es, von der Ausweitung der staatlichen Aktivität etwa in Form von **Subventionen** besonders zu profitieren. Diese Lobbys werden mithin die staatliche Aktivität unterstützen. Des Weiteren versucht die Politik, den Wähler über das wahre Ausmaß der staatlichen Aktivität zu täuschen, etwa durch die Errichtung eines komplizierten Steuersystems oder die Finanzierung öffentlicher Ausgaben durch versteckte Staatsschulden **(Schattenhaushalte).**

Die Größe des Staatssektors – ein Politikum

Eine Ausweitung der Staatsaktivität stößt bereits heute auf spürbare Grenzen. Die zur Finanzierung der Staatsausgaben notwendigen Steuereinnahmen sind nicht ohne negative Folgen für Arbeitsmarkt und Wirtschaftswachstum einzutreiben. So gilt etwa die hohe Abgabenbelastung des Faktors Arbeit als eine zentrale Ursache für die hohe Arbeitslosigkeit. Eine Kreditfinanzierung der Ausgaben ist angesichts der aktuellen öffentlichen Schuldenstände schwierig. Zudem gerät der staatliche Einfluss auf die Verwendung knapper Ressourcen zunehmend in Widerspruch zum marktwirtschaftlichen System.

▸ 1 Staatsquoten im internationalen Vergleich

▸ 1972 erreichte die Staatsquote in Deutschland erstmals einen Wert von über 40 %. Seit 1982 ist sie im Zuge einer Politik des Abbaus des Staatsanteils (z. B. Deregulierung, Privatisierung, Steuersenkung) bis auf 44,8 % (1989) zurückgegangen. Die mit der deutschen Vereinigung verbundenen zusätzlichen staatlichen Aufgaben haben dann wieder zu einem Anstieg geführt (Höchstwert 1995: 49,5 %).

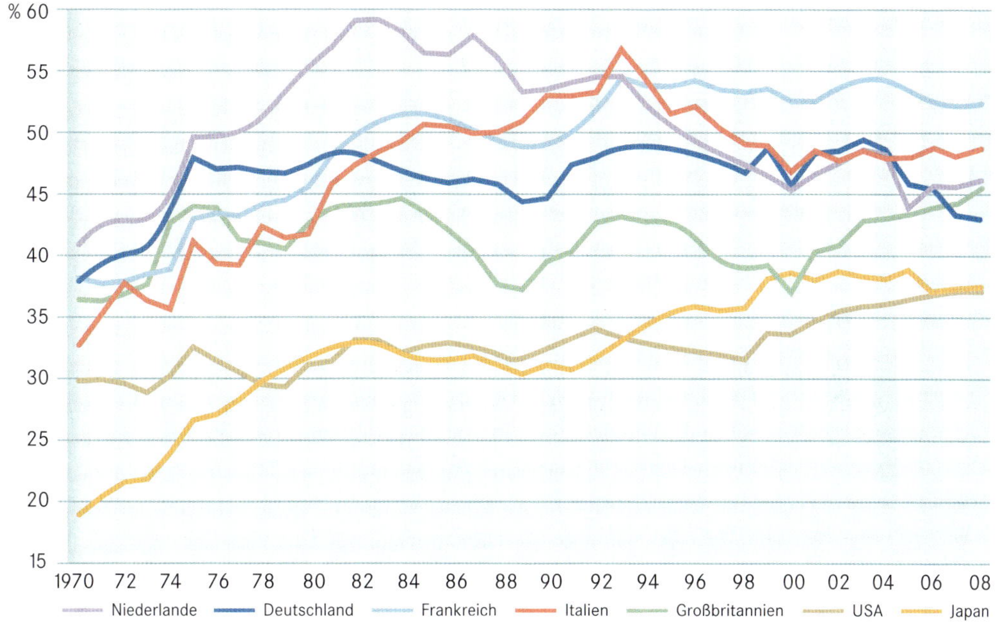

▸ 2 Steuer- und Abgabenquoten im internationalen Vergleich

Steuern und Sozialabgaben in % des BIP [1]

Land	1980	1990	2000	2007
Deutschland [2]	36,4	34,8	37,2	36,2
Belgien	41,3	42,0	44,9	44,4
Dänemark	43,0	46,5	49,4	48,9
Finnland	35,7	43,5	47,2	43,0
Frankreich	40,1	42,0	44,4	43,6
Griechenland [3]	21,6	26,2	34,1	31,3
Großbritannien	35,1	36,1	37,1	36,6
Irland	31,0	33,1	31,7	32,2
Italien	29,7	37,8	42,3	43,3
Japan [3]	25,4	29,1	27,0	27,9
Luxemburg	35,7	35,7	39,1	36,9
Niederlande	42,9	42,9	39,7	38,0
Österreich	39,0	39,6	42,6	41,9
Portugal	22,9	27,7	34,1	36,6
Schweden	46,4	52,2	51,8	48,2
Schweiz	24,7	25,8	30,0	29,7
Spanien	22,6	32,5	34,2	37,2
USA	26,4	27,3	29,9	28,3

Steuern in % des BIP [1]

Land	1980	1990	2000	2007
Deutschland [2]	23,9	21,8	22,7	23,0
Belgien	29,4	38,1	31,0	30,7
Dänemark	42,5	45,6	47,6	47,9
Finnland	27,4	32,4	35,3	31,1
Frankreich	23,0	23,5	28,4	27,4
Griechenland [3]	14,5	18,3	23,6	20,2
Großbritannien	29,3	30,0	30,8	29,8
Irland	26,6	28,2	27,5	27,3
Italien	18,4	25,4	30,2	30,2
Japan [3]	18,0	21,4	17,5	17,7
Luxemburg	25,4	26,0	29,1	26,7
Niederlande	26,6	26,9	24,2	24,2
Österreich	26,9	26,6	28,1	27,8
Portugal	16,1	20,2	23,8	24,9
Schweden	33,0	38,0	38,1	35,6
Schweiz	18,9	19,7	22,7	22,8
Spanien	11,6	21,0	22,0	25,0
USA	20,6	20,5	23,0	21,6

1) nach denAbgrenzungsmerkmalen der OECD 2) nicht vergleichbar mit Quoten in der Abgrenzung der Volkswirtschaftlichen Gesamtrechnung oder der deutschen Finanzstatistik 3) 2006

Quelle: OECD.

Öffentlicher Haushalt

Im Haushaltsplan (Budget, Etat) werden alle für eine Finanzperiode (Haushaltsjahr) vorgesehenen öffentlichen Einnahmen und Ausgaben zusammengestellt. Erst durch einen parlamentarisch verabschiedeten Haushaltsplan wird die Verwaltung ermächtigt, Geld auszugeben.

Haushaltszyklus und Haushaltsgrundsätze

Im Haushaltplan **(Soll-Etat)** werden die geplanten finanzwirtschaftlichen Aktivitäten der Regierung zusammengestellt (Abb. 1). Die nachträgliche Haushaltsrechnung **(Ist-Etat)** enthält die im abgelaufenen Haushaltsjahr realisierten Ausgaben und Einnahmen (Abb. 2). Der **Haushaltszyklus** oder **Budgetzyklus** umfasst mehrere Phasen. Diese reichen von den ersten Entwürfen des Haushaltsplans über die parlamentarische Verabschiedung des Haushaltsgesetzes bis hin zur abschließenden Kontrolle des abgelaufenen Haushalts.

Die am Budgetkreislauf beteiligten Akteure müssen eine Reihe von **Haushaltsgrundsätzen** beachten. Im Haushaltsrecht Deutschlands sind folgende Prinzipien vorgeschrieben: Alle Einnahmen und Ausgaben einer öffentlichen Körperschaft sind in den Haushaltsplan einzustellen, eine Ausgabe ohne Haushaltsermächtigung ist untersagt (Grundsatz der Einheit und Vollständigkeit). Die Ausgaben müssen vollständig durch Einnahmen gedeckt sein (Grundsatz des Haushaltsausgleichs). Dieses Gebot verbietet nicht die Finanzierung öffentlicher Ausgaben mithilfe von Krediten. Allerdings ist eine Neuverschuldung nur zulässig, solange sie die Höhe der öffentlichen Investitionen nicht überschreitet. Der Grundsatz der **Jährlichkeit** schreibt eine jährliche Rechnungslegung vor. Nach dem Grundsatz der **Spezialität** dürfen die im Haushaltsplan bewilligten Ausgaben grundsätzlich nur zum vorgesehenen Zweck, nur in der geplanten Höhe und nur innerhalb des vorgesehenen Zeitraums vorgenommen werden. Schließlich bestimmt der Grundsatz der **Vorherigkeit**, dass der Haushaltsplan bereits vor Beginn eines Haushaltsjahres vorzuliegen hat. Allerdings besteht im Rahmen des Notetatrechts die Möglichkeit, unabweisbar nötige Ausgaben ausnahmsweise auch ohne einen gültigen Haushaltsplan zu tätigen.

Probleme der sparsamen Mittelverwaltung

Durch die gesetzlichen Rahmenbedingungen und die Überprüfung der Haushaltsführung durch die Parlamente und Rechnungshöfe ist in Deutschland weitgehend gewährleistet, dass die öffentlichen Ausgaben im rechtlichen Sinne ordnungsgemäß sind. Keineswegs garantiert ist hingegen ein effizienter Einsatz der Mittel. Während die Kostenstruktur eines privaten Unternehmens sowohl durch die Eigentümer als auch durch den Markt (bei zu hohen Kosten gehen Marktanteile verloren) kontrolliert wird, funktionieren diese Kontrollmechanismen beim Staat kaum. Ein Staat ist im Hinblick auf seine Leistungen meist ein monopolistischer Anbieter, der keine Konkurrenz zu befürchten hat. Man kann zwar die Bürger und Steuerzahler in Analogie zum Aktionär einer Aktiengesellschaft durchaus als Eigentümer des Staates verstehen. Deren Kontrollrecht beschränkt sich aber weitgehend auf das Wahlrecht, und dies allein reicht kaum aus, um Regierung und Verwaltung stets zu einer effizienten Mittelverwendung zu bewegen. Probleme ergeben sich insbesondere aus der Konzentration des Haushaltsplans auf die in der Regel nur ein Jahr umfassende Haushaltsperiode. Die Kosten vieler öffentlicher Projekte sind nur in längerfristiger Betrachtung abschätzbar und zuweilen können sich aus Ausgabeentscheidungen in einem Jahr hohe Folgekosten in künftigen Jahren ergeben. Ein häufiges Phänomen ist auch das so genannte **Dezemberfieber:** Nicht ausgeschöpfte Ausgabeermächtigungen werden gegen Jahresende ohne echten Bedarf ausgeschöpft, weil eine Mittelübertragung in das neue Haushaltsjahr meist nicht vorgesehen ist.

Anreize für einen effizienteren Mitteleinsatz

Eine höhere Effizienz beim Einsatz öffentlicher Haushaltsmittel soll in Deutschland durch die **mittelfristige Finanzplanung** erreicht werden, welche den jährlichen Haushaltsplan ergänzt. Dabei werden öffentliche Ausgaben und Einnahmen für einen Fünfjahreszeitraum quantifiziert. Die Bundesregierung ist verpflichtet, bei Gesetzgebungsvorhaben die finanziellen Konsequenzen im Rahmen dieses Finanzplans zu beziffern. Die mittelfristige Finanzplanung soll der Kurzfristorientierung der Finanzpolitik entgegenwirken.

Eine effiziente Mittelverwendung kann allerdings durch Ausgabenkontrolle alleine nicht gewährleistet werden. Den öffentlichen Ausgaben ist der gesamtwirtschaftliche Nutzen der jeweiligen Maßnahmen gegenüberzustellen. Diese umfassende Sichtweise liegt der **Kosten-Nutzen-Analyse** zugrunde. Diese stößt allerdings auf methodische Schwierigkeiten, da sich der Nutzen öffentlicher Aktivitäten nicht ohne Weiteres messen lässt.

▸ 1 Die Ausgaben nach Ressorts im Haushaltsplan des Bundes 2009

Ressort	Mio. €
01 Bundespräsident und Bundespräsidialamt	27,63
02 Deutscher Bundestag	677,09
03 Bundesrat	21,28
04 Bundeskanzlerin und Bundeskanzleramt	1 805,63
05 Auswärtiges Amt	3 028,00
06 Inneres	5 620,45
07 Justiz	500,50
08 Finanzen	4 868,30
09 Wirtschaft und Technologie	6 133,35
10 Ernährung, Landwirtschaft und Verbraucherschutz	5 290,89
11 Arbeit und Soziales	123 599,56
12 Verkehr, Bau- und Stadtentwicklung	26 690,24
14 Verteidigung	31 179,48
15 Gesundheit	4 426,36
16 Umwelt, Naturschutz und Reaktorsicherheit	1 418,45
17 Familie, Senioren, Frauen und Jugend	6 383,23
19 Bundesverfassungsgericht	22,93
20 Bundesrechnungshof	116,64
23 Wirtschaftliche Zusammenarbeit und Entwicklung	5 813,78
30 Bildung und Forschung	10 204,21
32 Bundesschuld	42 402,50
60 Allgemeine Finanzverwaltung	9 769,50
Insgesamt	**290 000,00**

Quelle: Bundesministerium der Finanzen.

▸ Der Haushaltsplan des Bundes umfasst **Einzelpläne** und den **Gesamtplan**. Die Einzelpläne enthalten Angaben, Einnahmen und **Verpflichtungsermächtigungen** (dadurch ermächtigt der Gesetzgeber die Verwaltung, Verpflichtungen zur Leistung von Ausgaben über das Haushaltsjahr hinaus einzugehen) der einzelnen Ministerien (Gliederung nach dem Ressort- oder Ministerialprinzip) und sind unterteilt in Kapitel und Titel. Der Gesamtplan besteht aus der Zusammenfassung der Einzelpläne (Haushaltsübersicht), der Berechnung des Finanzierungssaldos (Finanzierungsübersicht) sowie einer Darstellung der Krediteinnahmen und Tilgungsausgaben (Kreditfinanzierungsplan).

▸ 2 Einnahmen und Ausgaben im Bundeshaushalt 2009 (Sollwerte)

▸ Weitere diskutierte Verfahren zur Effizienzverbesserung staatlicher Haushaltspolitik sind das **Zero-Base-Budgeting** und die **Sunset-Legislation**. Bei Ersterem werden die Ausgaben einer Behörde in regelmäßigen Abständen vollständig infrage gestellt. Ähnlich wirkt die Sunset-Legislation: Öffentliche Programme werden nur zeitlich begrenzt bewilligt. Danach verfallen die gesetzlichen Grundlagen automatisch. Ziel dieser Verfahren ist die Umkehr der Beweislast. Die Politik muss nicht eine Ausgabenkürzung begründen, sondern umgekehrt überzeugend darlegen, warum bestimmte Ausgaben weiterhin nötig sind.

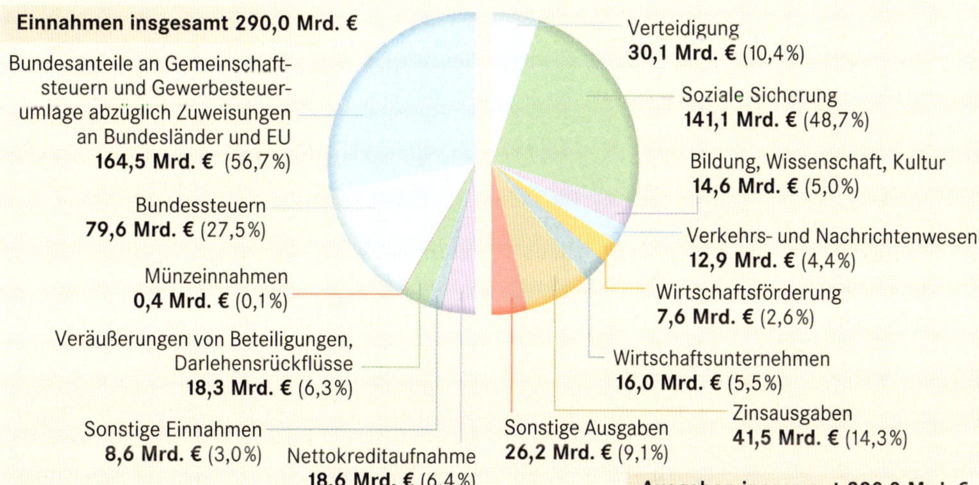

Quelle: Bundesministerium der Finanzen.

Finanzkontrolle

In einer Demokratie wird das Ausgabeverhalten öffentlicher Körperschaften von den Parlamenten kontrolliert. Dies allein bietet jedoch keine hinreichende Gewähr für einen wirtschaftlichen Einsatz der Steuergelder.

Die Rechnungshöfe

Die Regierung kann sich mit ihren Ministern in der Regel auf eine Mehrheit im Parlament stützen. Die Parlamentarier der Regierungsparteien werden aber kaum eine Mittelvergeudung der eigenen Regierung im Parlament anklagen. Doch selbst wenn das Parlament zur schonungslosen Kontrolle bereit wäre, stünde es dabei vor großen Informationsproblemen. Die Beamten der Verwaltung werden im eigenen Interesse versuchen, das Ausgabeverhalten in den Behörden dem Parlament gegenüber stets in einem guten Licht darzustellen.

Aufgrund dieser Schwierigkeiten wurden zur Kontrolle der öffentlichen Verwaltung unabhängige Institutionen, die Rechnungshöfe, eingerichtet. Diese gibt es nicht nur auf Bundes- und Landesebene (**Bundesrechnungshof, Landesrechnungshöfe**), sondern auch auf europäischer Ebene (**Europäischer Rechnungshof**). Sie besitzen eine lange Tradition. So rief schon der preußische König Friedrich Wilhelm I. 1714 ein von der Verwaltung unabhängiges Prüfungsorgan ins Leben.

Unabhängigkeit

Wären die Prüfer der Rechnungshöfe auf die Gunst der Politiker und der in der Verwaltung Beschäftigten angewiesen, so könnten sie kaum eine effektive Kontrolle ausüben. Im Grundgesetz wird daher die richterliche **Unabhängigkeit** der Mitglieder des Bundesrechnungshofs vorgeschrieben. Die persönliche Unabhängigkeit des Präsidenten und Vizepräsidenten wird außerdem dadurch sichergestellt, dass eine Berufung auf zwölf Jahre erfolgt und eine Wiederberufung unzulässig ist. Somit kann man annehmen, dass diese Amtsinhaber nicht auf die Sympathien der amtierenden Regierung angewiesen sind.

Aufgaben und Befugnisse

Die Aufgabenverteilung zwischen Regierung und Parlament auf der einen und Rechnungshof auf der anderen Seite ist eindeutig. Während Erstere die politischen Entscheidungen zu treffen haben, haben Letztere die Aufgabe, bei der Umsetzung der Politik in ausgabenwirksame Programme die **Wirtschaftlichkeit** und Sparsamkeit sowie die Ordnungsmäßigkeit der Haushalts- und Wirtschaftsführung zu überprüfen. So hat der Bundesrechnungshof z. B. nicht zu kommentieren, ob er die Ausstattung der Bundeswehr mit neuen Kampfflugzeugen für richtig hält. Er muss aber kontrollieren, ob die Beschaffung, Finanzierung und Wartung der Flugzeuge tatsächlich so kostengünstig wie möglich durchgeführt und ob dabei das Haushaltsrecht eingehalten wird.

Der Bundesrechnungshof ist am gesamten **Budgetkreislauf** beteiligt (Abb. 1). So wird er bereits bei der Haushaltsaufstellung beratend tätig. Die parlamentarische Debatte vor der Entlastung der Regierung für einen abgelaufenen Haushalt basiert auf dem Prüfungsbericht des Rechnungshofs. Dieser prüft aber nicht nur die Ausgaben der Vergangenheit. Gerade auch bei neuen haushaltswirksamen Entscheidungen ist der Rechnungshof stets zu informieren und wird unter Umständen aktiv, um frühzeitige Korrekturen anzustoßen.

Wirksamkeit und Grenzen

Der Bundesrechnungshof hat keinerlei Weisungsbefugnis. Die Verantwortung für die Umsetzung von angemahnten Korrekturen obliegt nicht ihm, sondern dem Parlament, der Regierung und der Verwaltung. Allerdings werden die Ergebnisse seiner Prüfung kaum ohne Folgen bleiben. Zum einen hat eine Regierung ein Eigeninteresse an einer wirtschaftlichen Haushaltsführung. Zum andern übt die Öffentlichkeit einen heilsamen Druck aus. Der Jahresbericht des Bundesrechnungshofs mit der Auflistung von teilweise skandalösen Beispielen der **Verschwendung** von Steuergeldern ruft regelmäßig ein großes Medienecho hervor (Abb. 2). Auch die Opposition nutzt diese Berichte für ihre Regierungskritik. Nicht zu unterschätzen ist die vorbeugende Wirkung: Die Verwaltung strebt schon deshalb nach einer besseren Haushaltsführung, weil jeder Behördenchef kritische Anmerkungen im Prüfbericht zu seiner Dienststelle so weit wie möglich vermeiden will.

Trotz dieser positiven Beurteilung sollte man sich der Grenzen bewusst sein, die im Hinblick auf den sparsamen Umgang mit Steuergeldern in der Verwaltung auch mit unabhängigen Rechnungshöfen bestehen. Viele Ineffizienzen folgen bereits aus den politischen Entscheidungen als solchen. Beschließt eine Regierung z. B. die Vergabe von volkswirtschaftlich unsinnigen, aber politisch populären Subventionen an eine Problembranche, so hat ein Rechnungshof keinerlei Einflussmöglichkeit.

▸ 1 Der Budgetkreislauf des Bundeshaushalts

▸ Der Budgetzyklus beginnt etwa ein Jahr vor Beginn der Haushaltsperiode mit der Aufforderung des Finanzministeriums an alle Behörden zur Bedarfsmeldung (Voranschläge). Er endet mit der Entlastung der Regierung lang nach Ende der Haushaltsperiode. Daher laufen stets verschiedene Phasen der Budgetzyklen für verschiedene Haushaltsjahre parallel: Während der Haushalt 2009 vollzogen wird, laufen die Kontrolle des Haushalts von 2008 und die Vorbereitung des Haushaltsplans für das Jahr 2010.

Budgetinitiative

- Haushaltsrundschreiben des Bundesfinanzministers
- Berücksichtigung der Ergebnisse des Arbeitskreises Steuerschätzung
- Bundesfinanzministerium erstellt Haushaltsplanentwurf
- Der Haushaltsplan wird als Regierungsentwurf i. d. R. im Juli vor Beginn des Haushaltsjahres an Bundesrat und Bundestag weitergeleitet

Parlamentarische Beratung und Verabschiedung

- 3 Lesungen im Bundestag, 2 im Bundesrat
- 1. Lesung i. d. R. im September vor Beginn des Haushaltsjahrs
- Detailberatung im Haushaltsausschuss des Bundestags
- In-Kraft-Treten des im Haushaltsgesetz verabschiedeten Haushaltsplans im Dezember vor Beginn des Haushaltsjahres

Vollzug des Haushaltsplans

- Dienststellen tätigen Ausgaben im Rahmen des Haushaltsplans
- Bundesfinanzministerium überwacht Haushaltsvollzug
- Bei großen Abweichungen vom Haushaltsplan: Nachtragshaushalt

Kontrolle der Haushaltsführung

- Rechnungslegung durch den Bundesfinanzminister
- Prüfung durch den Bundesrechnungshof
- Politische Kontrolle durch den Rechnungsprüfungsausschuss des Bundestags
- Entlastung der Bundesregierung in Bundestag und Bundesrat

▸ 2 Der Bundesrechnungshof

▸ Der Bundesrechnungshof prüft mit rund 650 Mitarbeitern jährlich Einnahmen und Ausgaben des Bundes in Höhe von etwa 540 Mrd. €. Jährlich werden ca. 600 Prüfungsmitteilungen erstellt. In seinen »Bemerkungen« (Jahresbericht) werden Hunderte Beispiele von Verschwendung angeprangert. Neben dem Bundesrechnungshof veröffentlichen auch private Einrichtungen Berichte über öffentliche Verschwendung. Eine solche überparteiliche und gemeinnützige Organisation ist der **Bund der Steuerzahler e.V.**, der die Interessen der Steuerzahler gegenüber dem Staat vertritt.

Im Jahre 1995 schlossen das Bundesministerium für Verkehr, Bau und Stadtentwicklung und die Deutsche Bahn AG (DB AG)eine Finanzierungsvereinbarung über den Neubau der Bahnstrecke zwischen Köln und dem Rhein-Main-Gebiet. Das Bundesministeruim hatte keine Schlussabnahme durchgeführt. Erst nach Hinweisen durch den Bundesrechnungshof ermittelte es, dass das beauftragte Unternehmen bauliche Anlagen für 44 Mio. Euro nicht erstellt hatte.

Die Deutsche Rentenversicherung Bund (DRV Bund) hat jahrelang zu viel Bürofläche in Anspruch genommen. So entstanden vermeidbare Kosten von über 18 Mio. Euro im Jahr.

Die Bundeswehr hat zwei mobile Radarrundsuchgeräte für rund 25 Mio. gekauft, bevor sie eindeutige Nachweise über deren Leistungsfähigkeit bei der Erfassung von Flugzielen hatte. Zudem kaufte sie gleichzeitig Transportfahrzeuge für diese Geräte, obwohl kaum genutzte eigene Fahrzeuge zur Verfügung standen.

Öffentliche Ausgaben

Im Jahr 2008 gab der öffentliche Sektor in Deutschland insgesamt rund 1 094 Mrd. € aus. Das entspricht einem Anteil am Bruttoinlandsprodukt (BIP) von knapp 44 %.

Gliederung der öffentlichen Ausgaben

Diese Ausgaben spiegeln wichtige Aufgaben wider: Der öffentliche Sektor stellt **öffentliche Güter** bereit, die von privaten Unternehmen am Markt nicht angeboten werden können. Er korrigiert durch Transfers die Verteilungsergebnisse des Marktprozesses, um die politischen Vorstellungen von einer gerechten Verteilung umzusetzen. Letztlich werden mit der Gestaltung der Staatsausgaben auch stabilisierungspolitische Ziele verfolgt.

Die öffentlichen Ausgaben lassen sich nach verschiedenen Kriterien aufgliedern. In der volkswirtschaftlichen Gesamtrechnung wird zwischen Staatsverbrauch, Investitionen, Übertragungen und Zinsen unterschieden. Der **Staatsverbrauch** umfasst Ausgaben für Personal und Sachaufwand zur Erstellung von Verwaltungsleistungen. Als **öffentliche Investitionen** werden vor allem öffentliche Baumaßnahmen (Schulen, Straßen, Brücken) verbucht. Zu den **Übertragungen** zählen Einkommensübertragungen (Subventionen an Unternehmen und Transfers an private Haushalte, z. B. Rentenzahlungen oder Sozialhilfe) und Vermögensübertragungen.

Wichtig ist auch die Gliederung der öffentlichen Ausgaben nach Körperschaftsgruppen (Abb. 1). Hier sind vor allem die **Gebietskörperschaften** (Bund, Länder und Gemeinden) von den Trägern der **Sozialversicherung** (u. a. Rentenversicherung, Bundesagentur für Arbeit, gesetzliche Kranken- und Unfallversicherung) zu unterscheiden. Während die Ausgaben der Gebietskörperschaften in erster Linie der Finanzierung öffentlicher Güter dienen, wickeln die Sozialversicherungen überwiegend individuell zurechenbare Leistungen im Rahmen von Versicherungsverhältnissen ab. Schließlich lassen sich die Ausgaben der öffentlichen Haushalte auch nach Verwaltungsressorts **(Ministerialprinzip)** und nach Aufgabenbereichen aufspalten **(Funktionalprinzip)**. Auffallend ist insgesamt das rasante Wachstum der Staatsausgaben (Abb. 2).

Der Staat als Auftraggeber

Der Staat ist aufgrund seines Ausgabevolumens ein wichtiger Nachfrager am Markt. Für die Eurozone schätzt die Europäische Kommission den Anteil der vom öffentlichen Sektor nachgefragten Güter und Dienstleistungen (inklusive Bruttoinvestitionen) am BIP auf etwa 14 % (2003). Angesichts dessen kommt der Ausgestaltung der öffentlichen Auftragsvergabe große Bedeutung zu. Deren Ziel muss es sein, die für die Produktion der öffentlichen Güter notwendigen Vorprodukte zu minimalen Kosten zu beschaffen.

Verfahren der Auftragsvergabe

Man unterscheidet drei Arten der Auftragsvergabe **(Verdingung, Submission)**: Bei der **öffentlichen Ausschreibung** wird ein Beschaffungsvorhaben öffentlich bekannt gemacht und jedes Unternehmen kann ein Angebot vorlegen. Bei der **beschränkten Ausschreibung** wird nur ein begrenzter Kreis von potenziellen Anbietern zur Abgabe eines Gebots aufgefordert. Bei der **freihändigen Vergabe** entscheidet der Auftraggeber ohne formelles Verfahren nach behördlichem Ermessen über die Auftragsvergabe. Die öffentliche Ausschreibung bietet am ehesten eine Gewähr dafür, dass der Wettbewerb der Bieter den Angebotspreis drückt. Allerdings kann hier das Problem auftreten, dass stets dasjenige Unternehmen den Zuschlag erhält, welches die Kosten eines Vorhabens unterschätzt und das Projekt daher nur mit Verlust realisieren kann („Fluch des Gewinners"). Sehr häufig greift die öffentliche Verwaltung zur beschränkten Ausschreibung oder zur freihändigen Vergabe. Dies ist dann angeraten, wenn der Lieferant außerordentlich zuverlässig sein muss oder wenn ein besonderer Zeitdruck besteht. Allerdings wächst bei diesen weniger transparenten Verfahren die Gefahr von überhöhten Preisen durch Absprachen oder Kartellbildung und Korruption (z. B. Bestechung von Beamten).

Unter Anreizaspekten ist bei der Auftragsvergabe die Vertragsgestaltung wichtig. Die Vereinbarung eines **Festpreises** ist bei längerfristigen Projekten (z. B. Rüstungsvorhaben) kaum zu realisieren, weil die Risiken des Anbieters jenseits gewisser Fristen nicht kalkulierbar sind. Deshalb werden oft **Selbstkostenpreise** vereinbart, d. h., der Preis wird an den tatsächlichen Kosten des Lieferanten ausgerichtet. Bei dieser Konstruktion gehen allerdings Anreize zur Kostensenkung verloren.

Die **öffentliche Auftragsvergabe** in Deutschland unterliegt europarechtlichen Vorgaben. Im Binnenmarkt sollen Anbieter aus dem EU-Ausland bei der Vergabe öffentlicher Aufträge nicht benachteiligt werden. Deshalb ist ab bestimmten Schwellenwerten eine europaweite Ausschreibung vorgeschrieben.

▸ 1 Struktur und Entwicklung der Staatsquote 1960–2008

▸ Staatsausgaben in Prozent des Bruttoinlandsprodukts

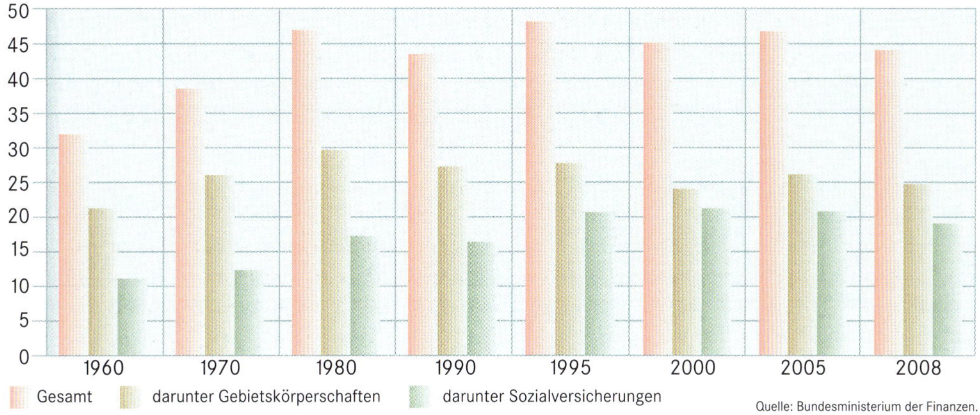

Quelle: Bundesministerium der Finanzen.

▸ 2 Ausgaben der öffentlichen Haushalte 1950–2007

▸ Die längerfristige Perspektive zeigt nicht nur das rasante Wachstum der Staatsausgaben, sondern auch, welche Ausgabearten besonders dynamisch wachsen: Es sind die Renten und Unterstützungen sowie die Zinsabgaben. Demgegenüber entwickeln sich die Ausgaben für Baumaßnahmen nur mäßig. Insgesamt ist also eine Umschichtung von den investiven zu den konsumtiven Staatsausgaben festzustellen.

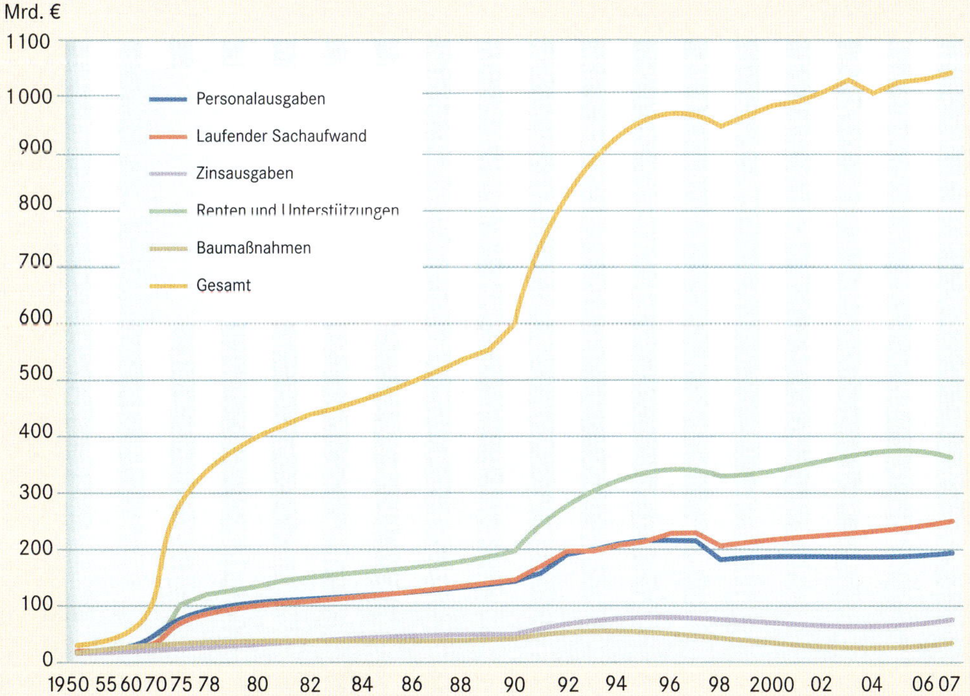

Quelle: Statistisches Bundesamt.

Subventionen

Subventionen sind Leistungen, die der Staat ohne direkte marktwirtschaftliche Gegenleistung vergibt. 2005 gewährten EU, Bund, Länder und Gemeinden der Wirtschaft in Deutschland 20,3 Mrd. € an Beihilfen.

Arten und Begründung

In der volkswirtschaftlichen Gesamtrechnung wird der Subventionsbegriff auf Leistungen an Unternehmen eingegrenzt, während die staatlichen **Transfers** an private Haushalte als **Sozialleistungen** (Sozialtransfers) bezeichnet werden. Demgegenüber bezieht der alle zwei Jahre von der Bundesregierung zu erstellende **Subventionsbericht** (Abb. 1) auch solche Leistungen an private Haushalte mit ein, durch die bestimmte Güter verbilligt werden (z. B. Wohnungsbauförderung). Subventionen können Geldtransfers sein und werden dann als **Finanzhilfen** bezeichnet (direkte Subventionen). Sie können aber auch als **Steuervergünstigungen (Steuersubventionen)**, d. h. aufgrund bestimmter Ausnahmen von der Steuerpflicht gewährt werden (indirekte Subventionen).

Subventionen müssen als Eingriffe in die marktwirtschaftliche Ordnung besonders begründet werden. Oft dienen sie struktur- und sozialpolitischen Zielen. So soll durch zeitlich begrenzte Hilfen für Problembranchen das Tempo des **Strukturwandels** gebremst werden **(Anpassungssubventionen).** Andererseits sollen durch Förderungen neue technische Entwicklungen erleichtert werden. Subventionen, die den privaten Haushalten zugute kommen, sollen vor allem zur Bildung von Wohneigentum und sonstigem privatem Vermögen beitragen. Hinzu kommt auch eine Legitimation unter dem Aspekt der bestmöglichen Nutzung der Produktionsfaktoren: Der Staat vergibt Subventionen für Forschung und Entwicklung, weil man sich von diesen Aktivitäten positive externe Effekte für die Volkswirtschaft verspricht (Produktivitäts- und Wachstumshilfen).

Anspruch und Wirklichkeit

Anspruch und Wirklichkeit der Subventionspraxis klaffen oft weit auseinander. Es fällt auf, dass alte Problembranchen wie der Steinkohlenbergbau und die Landwirtschaft mit Abstand die größten Subventionsempfänger sind; interessant sind auch die Subventionszahlungen je Erwerbstätigen (Abb. 2). Solche Subventionen leisten kaum einen Beitrag zum Strukturwandel, sondern konservieren alte Strukturen **(Erhaltungssubventionen).** Im Vergleich damit haben Subventionen für neue Branchen – z. B. im Rahmen der Förderung von Existenzgründungen (ein Beispiel für **Gestaltungssubventionen**) ein sehr geringes Gewicht. Manche Subventionen sind bereits auf den ersten Blick fragwürdig: So unterstützte der Bund die Herstellung von Branntwein in Deutschland im Jahr 2007 durch Zuschüsse in Höhe von rund 80 Mio. €.

Warum sind die Subventionen so hoch?

De facto erhalten kleine Gruppen (wie etwa die Steinkohlenkumpel) hohe Leistungen, für die die Gesamtheit der Steuerzahler aufkommen muss. Der amerikanische Ökonom Mancur Olson (1932–1998) lieferte mit seiner Theorie der Interessengruppen eine Erklärung für hohe Subventionen. Ein wesentlicher Grund liegt in der besseren Organisationsfähigkeit kleiner Gruppen. Will eine Gruppe in der Demokratie ihre Interessen vertreten, muss sie in den Aufbau einer Lobby investieren. Das einzelne Gruppenmitglied hat allerdings einen Anreiz, sich als **Trittbrettfahrer** zu verhalten: Die Interessenvertretung ist ein öffentliches Gut für die Gruppenmitglieder, denn auch ohne einen Beitrag zur Finanzierung profitiert der Einzelne von den Gruppenprivilegien. Aufgrund dieses **Schwarzfahrerproblems** ist es für große Gruppen wie etwa die Steuerzahler kaum möglich, ihre Interessen effektiv zu vertreten. Demgegenüber kann eine kleine Berufsgruppe z. B. durch sozialen Druck auf die Mitglieder dieses Organisationsproblem überwinden.

Hinzu kommt, dass angesichts der Kosten für eine einzelne Subventionsart aus der Sicht des Steuerzahlers Widerstand kaum lohnend erscheint. Für die Subventionsempfänger hingegen sind die Zahlungen von existenzieller Bedeutung. Diese sind deshalb auch zu jeder medienwirksamen Aktion bereit – von der Autobahnblockade bis zur Demonstration in Brüssel.

Der ungleiche Druck von Lobbys und Steuerzahlern kann auch erklären, weshalb Subventionen bestenfalls schleppend abgebaut werden. Allerdings ist in den vergangenen Jahren der Druck gewachsen. Die Fiskalpolitik kann nur durch **Subventionsabbau** Spielraum für Steuersenkungen gewinnen. Hinzu kommen internationale Restriktionen. In der EU ist die Subventionierung der Wirtschaft als Verstoß gegen das Wettbewerbsprinzip des Binnenmarktes nur ausnahmsweise zulässig (Abb. 3). Weltweit haben sich zudem die Mitglieder der Welthandelsorganisation (WTO) zu einer zurückhaltenden Subventionspolitik verpflichtet.

▸ 1 Gesamtvolumen der Subventionen in Deutschland

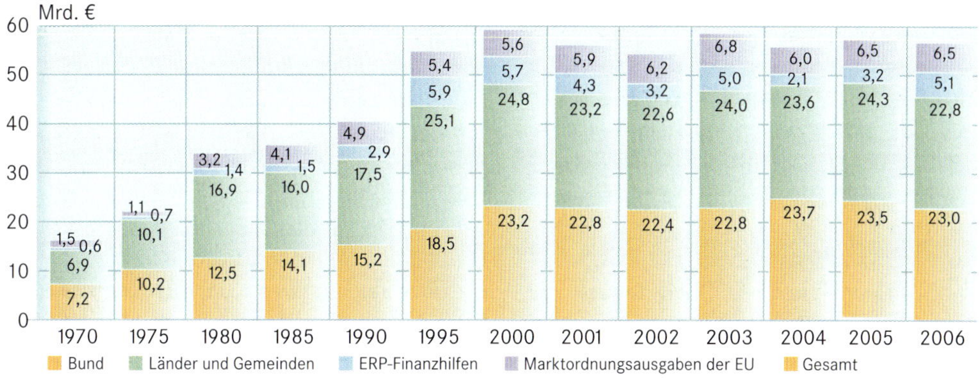

Quelle: Subventionsbericht der Bundesregierung.

▸ 2 Subventionsquoten auf der Ebene des Bundes

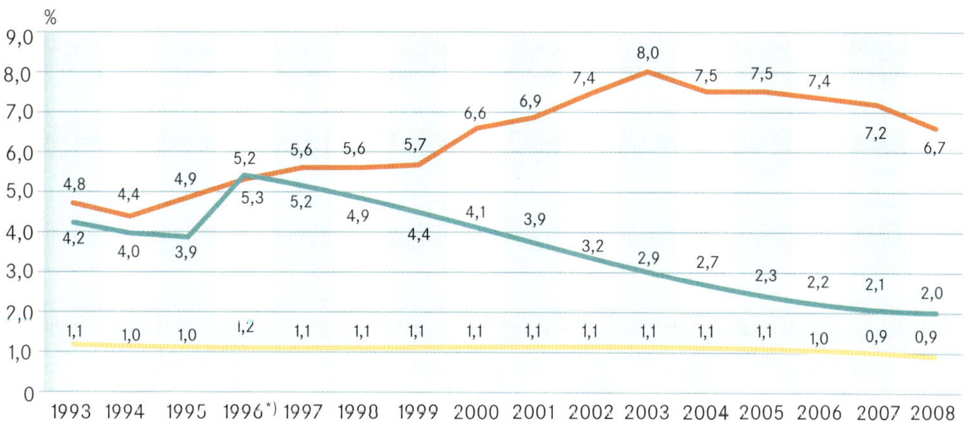

▸ 3 Staatliche Beihilfen in den Mitgliedstaaten der Europäischen Union im Jahr 2005

▸ Struktur der Beihilfen nach Wirtschaftszweigen in Prozent der Gesamtbeihilfen von 63,8 Mrd. €, EU-25

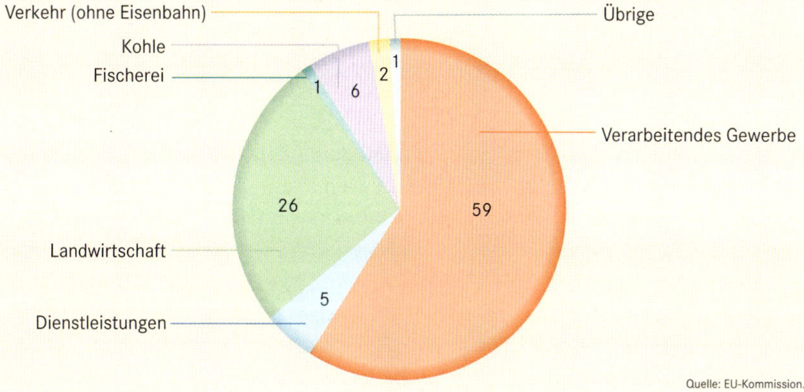

Quelle: EU-Kommission.

Öffentliche Einnahmen

Der Staat unterliegt wie jeder private Haushalt und jedes Unternehmen einer Budgetrestriktion. Das bedeutet, dass die Ausgaben der öffentlichen Haushalte entweder durch ordentliche Einnahmen oder aber außerordentlich, d. h. durch eine Ausweitung der öffentlichen Schulden (Nettokreditaufnahme), zu finanzieren sind.

Erwerbseinkünfte und Bundesbankgewinn

Zu den ordentlichen Einnahmen zählen **Erwerbseinkünfte** aus staatlichen Beteiligungen, z. B. die Dividendenzahlungen der Deutschen Telekom AG für den Aktienbesitz des Bundes. Daneben spielen auch einmalige Einnahmen aus **Privatisierung** (z. B. Verkauf von öffentlichen Grundstücken) bei der Deckung des deutschen Staatshaushalts eine wichtige Rolle. Eine regelmäßige Einnahmequelle, die auch nach der Eingliederung der Bundesbank in das **Europäische System der Zentralbanken (ESZB)** weiter besteht, ist der **Bundesbankgewinn**. Dessen Verwendung steht allerdings aufgrund der Unabhängigkeit des ESZB nicht unter der Kontrolle der Fiskalpolitiker. Damit ist gewährleistet, dass die Staatsausgaben nicht durch eine übermäßige Ausweitung der Geldmenge „über die Notenpresse" finanziert werden, woraus ein Anstieg der Inflationsrate folgen würde. Eine weitere Einnahmequelle ergibt sich aus der staatlichen Münzhoheit bzw. aus dem **Münzgewinn**, der bei der Ausprägung der Scheidemünzen entsteht.

Öffentliche Abgaben

Im Zentrum der öffentlichen Einnahmen stehen die öffentlichen Abgaben, d. h. Gebühren, Beiträge und als Haupteinnahmequelle Steuern (Abb. 1). **Gebühren** sind Zwangszahlungen für individuell zurechenbare öffentliche Leistungen, z. B. für die Ausstellung eines Passes (Verwaltungsgebühren) oder für Wasserversorgung und Müllabfuhr (Benutzungsgebühren). Öffentliche Leistungen, die einer bestimmten Gruppe von Personen zugute kommen, wie etwa Erschließungsarbeiten im Straßenbau, werden hingegen durch **Beiträge** finanziert.

Anders als bei Gebühren und Beiträgen ist die Zahlung von **Steuern** nicht an eine direkte Gegenleistung geknüpft. Steuern sind durch die Abgabenordnung als Geldleistungen definiert, die ohne Anspruch auf eine direkte Gegenleistung durch öffentlich-rechtliche Gemeinwesen auf der Basis einer gesetzlich bestimmten Steuerpflicht erhoben werden. Obwohl also kein individueller Anspruch auf Gegenleistung besteht, dienen die Steuereinnahmen der Finanzierung **öffentlicher Güter**, die die Gesellschaft als notwendig erachtet. In diesem Sinne können die Steuerzahler insgesamt von der Politik sehr wohl eine Gegenleistung für ihre Belastung erwarten – z. B. in Form von öffentlicher Infrastruktur, eines funktionierenden Rechtsstaates oder eines leistungsfähigen Sozialsystems. Die Besteuerung dient jedoch nicht nur der Finanzierung öffentlicher Güter; andere Ziele können die Lenkung der Ressourcennutzung – wie etwa bei der Ökosteuer – oder die Umverteilung – wie etwa im Rahmen der progressiven Einkommensteuer – sein. Gemäß der deutschen Abgabenordnung genügt es daher, wenn bei der Besteuerung die Erzielung von Einnahmen lediglich Nebenzweck ist. Auch **Zölle**, die auf Einfuhren bestimmter Waren aus Ländern außerhalb der EU erhoben werden, fallen unter den Steuerbegriff.

Steuersystematik

Es gibt eine Vielzahl von Kriterien, anhand deren sich Steuerarten unterscheiden lassen. Werden individuelle Merkmale des Steuerpflichtigen berücksichtigt, so handelt es sich um **direkte Steuern** (Beispiel: Einkommensteuer), andernfalls um **indirekte Steuern** (Beispiel: Mehrwertsteuer). Der Begriff der **Bagatellsteuer** bezieht sich auf Steuerarten, die nur wenig zum **Steueraufkommen** beitragen und bei denen der Verwaltungsaufwand oft in keiner vernünftigen Relation zum Aufkommen steht (wie etwa bei der Vergnügungsteuer). Schließlich lassen sich die Steuerarten auch danach klassifizieren, welcher Gebietskörperschaft das Recht auf die Erträge zusteht. Danach ergibt sich eine Aufteilung in Gemeinschaft-, Bundes-, Länder- und Gemeindesteuern.

Bedeutung wichtiger Steuerarten

Die beiden ergiebigsten Steuerquellen sind die **Einkommensteuer** inklusive ihrer besonderen Erhebungsform als Lohnsteuer sowie die **Mehrwertsteuer** (Abb. 2). Daneben gewinnt die **Energiesteuer (Mineralölsteuer)** an Bedeutung. Für die Gemeinden ist die **Gewerbesteuer** die wichtigste Steuer. Das Steueraufkommen wird auch von der Konjunktur und dem internationalen Standortwettbewerb beeinflusst. Die vom Unternehmensgewinn abhängigen Steuerarten reagieren besonders empfindlich auf konjunkturell bedingte Ertragsschwankungen. In der Rezession mit sinkenden Gewinnen kommt es zu erheblichen Steuerausfällen. Steigende Arbeitslosigkeit verringert vor allem das Lohnsteueraufkommen.

▸ 1 Entwicklung aller Einnahmen und der Steuereinnahmen des öffentlichen Gesamthaushalts von 1980–2007

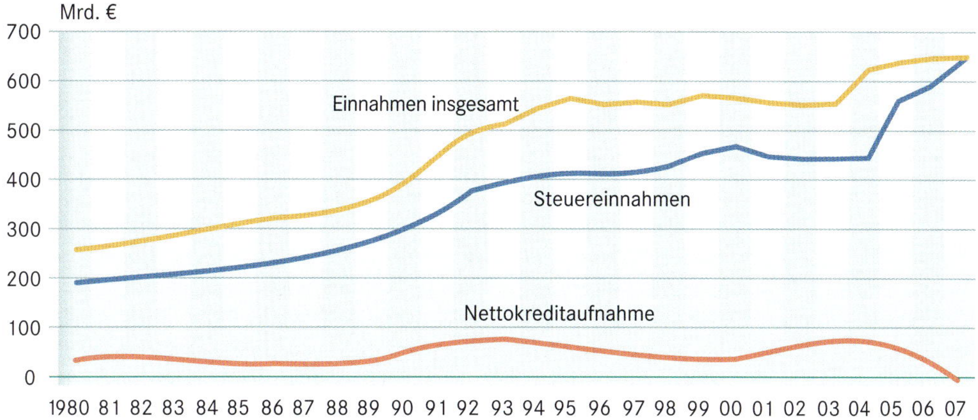

Quelle: Bundesfinanzministerium

▸ 2 Struktur des Steueraufkommens 2007

Steuerart	Mio. €	Anteil in %
Gemeinschaftsteuern	**381 254**	**71,4**
1. Einkommen- und Körperschaftsteuer	193 520	36,2
2. Umsatz- und Einfuhrumsatzsteuer	169 936	31,8
3. Zinsabschlag	11 178	2,1
4. Gewerbesteueranteil Bund und Länder	6 920	1,3
Bundessteuern	**85 690**	**16,0**
5. Energiesteuer (Mineralölsteuer)	38 955	7,3
6. Tabaksteuer	14 254	2,7
7. Solidaritätszuschlag	12 349	2,3
8. Versicherungsteuer	10 331	1,9
9. Stromsteuer	6 355	1,2
10. Branntweinsteuer	1 959	0,4
11. Kaffeesteuer	1 086	0,2
12. Sonstige Bundessteuern	401	0,1
Ländersteuern	**22 836**	**4,3**
13. Kraftfahrzeugsteuer	8 898	1,7
14. Grunderwerbsteuer	6 952	1,3
15. Erbschaftsteuer	4 203	0,8
16. Rennwett- und Lotteriesteuer	1 702	0,3
17. Biersteuer	757	0,1
18. Feuerschutzsteuer	319	0,1
19. Vermögensteuer	5	...
Gemeindesteuern	**44 481**	**8,3**
20. Gewerbesteuer	33 196	6,2
21. Grundsteuer	10 713	2,0
22. Sonstige Gemeindesteuern	572	0,1
Steuereinnahmen insgesamt	**534 261**	**100,00**

Quelle: Statistisches Bundesamt.

▸ Nach dem **Äquivalenzprinzip** soll eine vom Bürger verlangte Abgabe der öffentlichen Leistung entsprechen, die er empfangen hat. Die Abgabe ist der Preis für die öffentliche Leistung, der sich am Nutzen für den Bürger oder an den Kosten für deren Erstellung orientiert. Demgegenüber verlangt das **Leistungsfähigkeitsprinzip,** dass sich die Höhe einer öffentlichen Abgabe nach der individuellen wirtschaftlichen Leistungsfähigkeit des Bürgers richtet. Das Äquivalenzprinzip spielt vor allem bei der Bemessung von Gebühren und Beiträgen eine Rolle, das Leistungsfähigkeitsprinzip bei der Besteuerung. **Gemeinschaftsteuern** sind Steuern, deren Ertrag mehreren Gebietskörperschaften gemeinsam zusteht. So teilen sich Bund, Länder und Gemeinden das Aufkommen der Lohn- und veranlagten Einkommensteuer (Bund 42,5 %, Länder 42,5 %, Gemeinden 15 %) und der Mehrwertsteuer – inkl. Einfuhrumsatzsteuer – nach einem komplizierten Rechenverfahren: Bund 54,5 %, Länder 43,5 %, Gemeinden 2,0 %. Die Einnahmen aus den nicht veranlagten Steuern vom Ertrag und der Körperschaftsteuer werden je zur Hälfte zwischen Bund und Ländern aufgeteilt. Außerdem führen die Gemeinden 20 % ihres Gewerbesteueraufkommens an den Bund, der 25 % erhält, und die Länder, die 75 % erhalten, ab.

Öffentliche Schulden

Kredite zur Finanzierung öffentlicher Ausgaben können ökonomisch sinnvoll sein. In einer Rezession kann das durch Steuerausfälle bedingte Defizit zur Stützung der schwachen Konjunktur beitragen. Im Rahmen der antizyklischen Fiskalpolitik wird vorgeschlagen, durch kreditfinanzierte Ausgabenprogramme die gesamtwirtschaftliche Nachfrage zu stärken (Deficit-Spending).

Anstieg der Staatsverschuldung

In vielen Industrieländern sind seit Beginn der 1970er-Jahre die öffentlichen Schulden stark angestiegen. In Deutschland hat sich die **Schuldenquote**, das Verhältnis zwischen staatlichem Schuldenstand und Bruttoinlandsprodukt, mehr als verdreifacht, und zwar von 18 % (1970) auf 65 % (2007). Diese Entwicklung (Abb. 1) ist mit den eingangs genannten Argumenten kaum zu erklären. Diese können vorübergehende, nicht aber dauerhafte Defizite legitimieren, die zu einem ständigen Anstieg der Schuldenquote führen. Hinzu kommt, dass inzwischen in manchen Ländern die Verschuldung so hoch ist, dass die zukünftige Zahlungsfähigkeit dieser Staaten infrage steht.

Negative Folgen hoher Schuldenstände

Eine hohe **Staatsverschuldung** hat vielfältige Folgen. Die massive Inanspruchnahme der Ersparnis durch die Kreditnachfrage des Staates kann zu einem Anstieg der Zinsen führen. Der Zinsanstieg wiederum verringert die private Investitionstätigkeit. Dieser als **Crowding-out** bezeichnete Vorgang der Verdrängung privater Nachfrage verschlechtert die längerfristigen Wachstumsaussichten. Hohe Schuldenstände können außerdem die Preisstabilität gefährden, wenn sie eine stabilitätsorientierte Geldpolitik der Zentralbank erschweren.

Vor allem aber führt eine hohe Staatsverschuldung dazu, dass finanzielle Lasten in die Zukunft verschoben werden. Es sind zukünftige Generationen, die durch heutige Defizite belastet werden. Steigende Staatsschulden bedeuten, dass ein wachsender Anteil der öffentlichen Haushalte durch Zinsverpflichtungen gebunden wird. Die zu deren Deckung benötigten Steuereinnahmen stehen nicht mehr zur Finanzierung von öffentlichen Gütern oder sozialen Leistungen zur Verfügung (Abb. 2). Die **Zinsausgabenquote,** der Anteil der Zinsausgaben an den öffentlichen Ausgaben, erhöhte sich beim Bund von (1970) 2,8 % auf (2008) 14,8 %.

Politökonomische Erklärungen

Wie kann man den Schuldenanstieg erklären angesichts der Tatsache, dass die überwiegend negativen Folgen nahezu unbestritten sind? Nach Erklärungsansätzen der **Public-Choice-Theorie** erlauben Defizite dem Politiker, die für ihn wichtigen Interessengruppen durch Ausgabenprogramme zufrieden zu stellen, ohne gleichzeitig andere Wähler durch höhere Steuern zu verprellen. Die Finanzierungslast wird in die Zukunft verschoben. Vor diesem Hintergrund sind Defizite dann politisch populär, wenn Politiker und Wähler nur die nahe Zukunft im Blick haben. Die Perspektive eines Politikers reicht gewöhnlich nur bis zur nächsten Wahl. Von der Wiederwahl sind sein persönliches Wohlergehen und sein politischer Einfluss abhängig. Warum sollte aber ein Wähler einen so kurzfristig denkenden Politiker wählen? Auch ein Wähler kann zur Kurzsichtigkeit neigen, wenn er z. B. kurz vor dem Ruhestand steht.

Verfassungsrechtliche Schuldengrenzen

Das Grundgesetz beschränkt in Art. 115 die jährliche **Neuverschuldung** auf die Höhe der öffentlichen Investitionen. Dies konnte jedoch stark steigende Schulden nicht verhindern, besonders wegen des Ausnahmetatbestands eines gesamtwirtschaftlichen Ungleichgewichts (z. B. bei hoher Arbeitslosigkeit), der eine höhere Neuverschuldung erlaubt. Insbesondere mit der Rezession seit 2008 hat sich die Neuverschuldung dramatisch erhöht (2009: 47,6 Mrd. €, 2010: 86,1 Mrd. €).

Im Vorfeld der Euro-Einführung haben die Staaten der Eurozone einen **Stabilitätspakt** geschlossen. Nur wer die darin formulierten **Konvergenzkriterien** erfüllte, qualifizierte sich zum Eintritt in die Europäische Wirtschafts- und Währungsunion. Die beiden Fiskalkriterien unter den Konvergenzkriterien, die Defizit- und die **Schuldenstandsgrenze**, haben die EU-Staaten dazu veranlasst, ihre Neuverschuldung zu senken. Allerdings konnte Deutschland die **Defizitgrenze** wiederholt, zuletzt in den Jahren 2002 bis 2005, nicht einhalten.

Ab 2020 soll eine weitere grundgesetzliche **Schuldenbremse** gelten: Die Bundesländer sollen keinerlei neue Schulden mehr eingehen dürfen, die jährliche Neuverschuldung des Bundes soll 0,35 % des Bruttoinlandsprodukts nicht überschreiten. Bislang stand eine wirkungsvolle Schuldenbegrenzung vor dem Dilemma, dass die Kreditfinanzierung von Staatsausgaben für Politiker attraktiv ist. Mit der Neuregelung wird dieses Dilemma entschärft.

▸ 1 Öffentliche Schulden in Deutschland

▸ Der Staat hat verschiedene Möglichkeiten, Kredite aufzunehmen. Er kann sich bei Kreditinstituten direkt verschulden oder sich durch die Emission von festverzinslichen Wertpapieren Kapital beschaffen. Eine Kreditaufnahme beim Europäischen System der Zentralbanken ist untersagt.

	1993	2007
Öffentliche Schulden insgesamt (Mio. €)	765510	1502196
nach Kreditnehmern		
Bund	350379	922045
Extrahaushalte des Bundes	110978	15600
Bundesländer	219135	481628
Extrahaushalte der Länder	–	1124
Gemeinden/Gemeindeverbände	77003	79239
Extrahaushalte der Gemeinden/Gemeindeverbände	8015	2560

Quelle: Statistisches Bundesamt.

	1998	2007
nach Schuldarten		
unverzinsliche Schatzanweisungen	25431	30176
Obligationen/Schatzanweisungen	221724	325979
Bundesobligationen	199774	170468
Bundesschatzbriefe	92698	10255
Anleihen	729416	567945
Direktausleihungen der Kreditinstitute	894456	353528
Ausgleichsforderungen	88582	4443
Sonstiges	28073	79917
nach Gläubigern		
Bundesbank	8684	4400
Kreditinstitute	1179900	457000
inländische Nichtbanken	315570	313541
Ausland	776000	765400

Quelle: Deutsche Bundesbank.

▸ 2 Entwicklung von Zinsausgaben und Nettokreditaufnahmen der Gebietskörperschaften (in Mio. Euro)

▸ Ein durch Kreditaufnahmen zu finanzierendes Defizit liegt vor, wenn im Haushaltsplan die geplanten Ausgaben die öffentlichen Einnahmen aus Abgaben und Erwerbseinkünften übersteigen (negativer **Finanzierungssaldo**). Während ein konjunkturelles Defizit als Folge von konjunkturbedingten Mehrausgaben bzw. Mindereinnahmen entsteht und sich im Zuge einer konjunkturellen Erholung quasi automatisch wieder zurückbildet, macht der dauerhaft bestehend bleibende Teil des öffentlichen Defizits (strukturelles Defizit) eine dauerhafte Nettokreditaufnahme (Nettoneuverschuldung als Differenz zwischen Bruttokreditaufnahme und Schuldentilgungen einer Periode) erforderlich, vergrößert so den Schuldenstand und erzwingt mittelfristig finanzpolitische Maßnahmen zur **Haushaltskonsolidierung**.

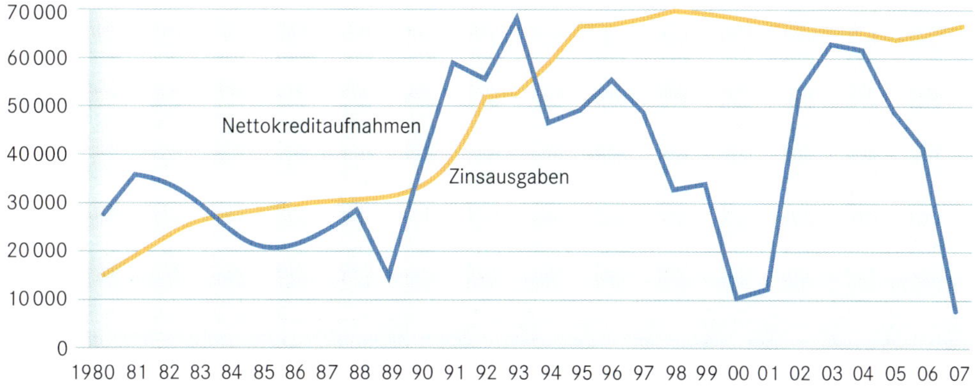

Quelle: Statistisches Bundesamt.

Föderalismus und Finanzausgleich

In Deutschland existieren mit Bund, Ländern und Gemeinden drei staatliche Ebenen. Dieser föderalistische Staatsaufbau lässt sich ökonomisch mithilfe der Theorie der öffentlichen Güter begründen.

Argumente für und gegen Zentralisierung

Grundlegend für die Unterscheidung zwischen verschiedenen staatlichen Ebenen ist, dass es öffentliche Güter gibt, die als solche nur für einen Teil der Bevölkerung relevant sind. Für die Finanzierung und Bereitstellung derartiger lokaler öffentlicher Güter sollten in einem föderalen System die untergeordneten Körperschaften sorgen. So können unterschiedliche regionale Präferenzen besser berücksichtigt werden. Ein Politikfeld sollte zentralisiert werden, wenn Nutzen und auch Kosten der betreffenden öffentlichen Aktivität nicht weitgehend innerhalb des Gebiets der untergeordneten Körperschaft anfallen. Auch eine **Verteilungspolitik**, die in Deutschland zur Einheitlichkeit der Lebensverhältnisse beitragen soll, erfordert zentrale Festlegungen (soziale Sicherungssysteme, Steuersystem). Schließlich wären auch die Erfolgsaussichten einer dezentralen Konjunkturpolitik gering: Ein Großteil der Impulse würde in anderen Teilstaaten wirksam (Abb. 1).

Andererseits erlauben dezentrale Zuständigkeiten Wettbewerb zwischen den Gebietskörperschaften. Dieser hält die Politik dazu an, mit den Steuereinnahmen sparsam umzugehen und die Relation zwischen Leistung (Bereitstellung von öffentlichen Gütern) und Gegenleistung (Besteuerung) ständig zu verbessern. Würden doch andernfalls unzufriedene Haushalte und Unternehmen in einen anderen Teilstaat abwandern.

Steuer- und Aufgabenverteilung

Wesentlich für eine funktionierende Teilung der fiskalischen Verantwortung sind eine klare Aufgabenverteilung zwischen den staatlichen Ebenen sowie ein Mindestmaß an finanzieller Unabhängigkeit der einzelnen Körperschaften durch eigene Einnahmequellen.

Das Grundgesetz bestimmt die Steuer- und Aufgabenverteilung zwischen Bund, Ländern und Gemeinden (Abb. 2). Ursprünglich sah es vor, dass das Aufkommen der verschiedenen Steuern exklusiv dem Bund oder den Ländern zufließt. Heute gilt diese Trennung nur noch für die weniger ergiebigen Steuern. Die ertragsstärksten Steuern (Einkommensteuer, Mehrwertsteuer) hingegen sind **Gemeinschaftsteuern**, deren Aufkommen Bund und Ländern (und teilweise Gemeinden) gemeinsam zusteht. Daraus folgt auch ein gemeinsames Gesetzgebungsverfahren von Bundestag und Bundesrat.

Finanzausgleich

Bereits die vertikale Einnahmenverteilung zwischen Bund und Ländern beeinflusst die relative Finanzkraft der Länder. Finanzschwache Länder erhalten einen in Relation zu ihrer Bevölkerung überproportionalen Anteil des Umsatzsteueraufkommens. Die verbleibenden Unterschiede in der Finanzkraft der Länder werden durch Ausgleichszahlungen verringert.

Das eigentliche Instrument zur Angleichung der Länderfinanzkraft ist der **horizontale Finanzausgleich** zwischen den Ländern (Volumen 2008: 8,3 Mrd. €). Dabei zahlen die reichen an die armen Länder **Transfers**, deren Verwendung freigestellt ist. Die Höhe der Transfers wird vor allem durch die Finanzkraft des betreffenden Landes, abgeleitet aus dem Steueraufkommen pro Kopf, bestimmt (Abb. 3). Der **Länderfinanzausgleich** wird durch Zuweisungen des Bundes an die Bundesländer ergänzt. Diese **Bundesergänzungszuweisungen** (2008: 3,1 Mrd. €) sorgen dafür, dass die Finanzkraft der ärmeren Länder auf mindestens 99,5 % des Durchschnitts aller Länder angehoben wird.

Die Gemeinden erhalten im Rahmen des **kommunalen Finanzausgleichs** vor allem von den Ländern Zuweisungen (2007: 49,1 Mrd. €). Neben den Zweckzuweisungen zur Finanzierung bestimmter Ausgaben wie kommunaler Investitionen (16,4 Mrd. €) gibt es allgemeine Zuweisungen, darunter vor allem die Schlüsselzuweisungen zum Ausgleich von Steuerkraftunterschieden zwischen den Gemeinden (24,3 Mrd. €).

2006 wurde die bundesstaatliche Ordnung reformiert, um dem Problem der Überschneidung und mangelnden Transparenz von Kompetenzen des Bundes und der Länder zu begegnen. Unter anderem wurde die Anzahl der Bundesgesetze, denen die Länder im Bundesrat zustimmen müssen, verringert, hingegen die Mitwirkung der Länder bei der bundesgesetzlichen Regelung sie betreffender finanzieller Verpflichtungen gestärkt. Das Ladenschlussrecht wurde auf die Länder verlagert. Einige Mischfinanzierungen (Gemeinschaftsaufgaben) wurden abgeschafft, die Bedingungen der Gewährung von **Finanzhilfen** des Bundes an die Länder verschärft. Zudem wurden die Länder in die Haushaltsdisziplin des europäischen Stabilitätspakts eingebunden.

▸ 1 Das optimale Föderalsystem

Das optimale Föderalsystem	
Zentralstaat:	Bereitstellung öffentlicher Güter • mit landesweitem Nutzen • mit erheblichen Skalenerträgen bei der Produktion Umverteilungspolitik Stabilisierungspolitik
Teilstaaten:	Bereitstellung lokaler öffentlicher Güter, differenziert nach regionalen Präferenzen

▸ 2 Steuer- und Aufgabenverteilung zwischen Bund, Ländern und Gemeinden

Gemeinschaftsteuern

	Gemeinden	Länder	Bund	EU
Gemeinschaftsteuern	Lohn- und Einkommensteuer	Lohn- und Einkommensteuer, Körperschaftsteuer, Umsatzsteuer	Lohn- und Einkommensteuer, Körperschaftsteuer, Umsatzsteuer	
Einnahmen	Gewerbesteuer[1)] Grundsteuer kleinere eigene Steuern (u. a. Hundesteuer, Getränkesteuer, Vergnügungsteuer, Jagd- und Fischereisteuer)	Erbschaftsteuer Kraftfahrzeugsteuer Grunderwerbsteuer sonstige Verkehrsteuern (soweit nicht an den Bund) Biersteuer Spielbankabgabe	Energiesteuer (Mineralölsteuer) Tabaksteuer Branntweinsteuer sonstige Verbrauchsteuer (soweit nicht an die Länder) Versicherungsteuer	Aufkommen aus Agrarabschöpfungen und Zöllen der Mitgliedstaaten Mehrwertsteuereigenmittel Eigenmittel nach Bruttonationaleinkommen (BNE)
Aufgaben	Schul- und Kulturwesen Verkehrsaufgaben Sozialhilfe Gesundheitswesen öffentliche Einrichtungen Energieversorgung u. a.	Kulturaufgaben (Schulwesen) Rechtspflege Sozialhilfe Polizeiwesen Steuerverwaltung u. a.	Soziale Sicherung Verteidigung Forschung und Bildung Verkehrswesen Wirtschaftsförderung u. a.	Forschung Energie gewerbliche Wirtschaft Agrarmarktordnung Regionalentwicklung u. a.

1) Abzüglich der an Bund und Länder zu zahlenden Gewerbesteuerumlage.

Quelle: Bundesfinanzministerium.

▸ 3 Gewinner und Verlierer: Ausgleichszuweisungen und -beiträge im Länderfinanzausgleich 2008 (in Mio. Euro)

Betrag	Ausgleichsberechtigte Länder
3 154,5	Berlin
1 169,8	Sachsen
643,3	Thüringen
632,5	Sachsen-Anhalt
626,6	Brandenburg
544,8	Mecklenburg-Vorpommern
506,6	Bremen
376,5	Rheinland-Pfalz
322,8	Niedersachsen
178,4	Schleswig-Holstein
116,7	Saarland
49,9	Nordrhein-Westfalen
8 322,4	**Summe**

Ausgleichspflichtige Länder	Betrag
Bayern	2 938,0
Baden-Württemberg	2 520,5
Hessen	2 488,6
Hamburg	375,3
Summe	**8 322,4**

Einkommensteuer

Die Einkommensteuer ist in Deutschland die bedeutendste Einnahmequelle der öffentlichen Haushalte. 2007 betrug ihr Aufkommen rund 182 Mrd. €, einschließlich ihrer besonderen Erhebungsarten Lohnsteuer und Zinsabschlag. Dies entspricht einem Drittel der gesamten Steuereinnahmen.

Grundsätzliche Ausgestaltung

Die Einkommensteuer ist eine **Gemeinschaftsteuer**, deren Aufkommen sich Bund, Länder und Gemeinden teilen. Wegen ihrer besonderen Bedeutung steht sie immer wieder im Mittelpunkt von **Steuerreformen**.

Gegenstand der Einkommensteuer ist das Einkommen der natürlichen Personen. Steuerlich umfasst dieses sieben **Einkunftsarten** (Abb. 1), die das Einkommen des Steuerpflichtigen umfassend abbilden sollen. Die Einkünfte stellen Nettogrößen dar, die jeweils durch Abzug der Aufwendungen für die Einkunftserzielung (**Werbungskosten, Betriebsausgaben**) errechnet werden. Die Summe aller positiven und negativen Einkünfte (Gesamtbetrag der Einkünfte) ist die Ausgangsbasis zur Berechnung der Steuerschuld. Um die individuelle Leistungsfähigkeit zu berücksichtigen, werden persönliche Merkmale des Steuerpflichtigen in die Berechnung einbezogen. So wird unter anderem eine Reihe von **Sonderausgaben** und **außergewöhnlichen Belastungen** abgezogen, um das zu versteuernde Einkommen zu ermitteln. Zu ersteren zählen Steuerberatungskosten, gezahlte Kirchensteuer, Vorsorgeaufwendungen und Spenden. Außergewöhnliche Belastungen sind Ausgaben der privaten Lebensführung, die ausnahmsweise abzugsfähig sind, sofern sie die zumutbare Belastung übersteigen.

Der Steuertarif

Das zu versteuernde Einkommen bildet die **Bemessungsgrundlage** für die tarifliche Einkommensteuer. Die Steuerschuld wird durch den **Einkommensteuertarif** festgelegt. Anhand dieses Tarifs wird jeder Höhe des zu versteuernden Einkommens ein Steuerbetrag zugeordnet. Der Steuertarif ist damit das Kernstück des Einkommensteuergesetzes. Folgende Merkmale kennzeichnen 2009 den deutschen Steuertarif: Zunächst bleibt ein **Grundfreibetrag** steuerfrei (steuerliches **Existenzminimum**). Diese Nullzone reicht bis 7 834 € für Ledige bzw. 15 668 € für Verheiratete. Über dem Grundfreibetrag wird das Einkommen zunächst progressiv besteuert, d. h., das zu versteuernde Einkommen wird mit steigenden **Grenzsteuersätzen** belastet (Progressionszone). Im Tarif 2009 liegt der **Eingangssteuersatz** bei 14 %. Von diesem Niveau ausgehend steigt der Steuersatz zunächst bis auf 42 % bei einem zu versteuernden Einkommen von 52 552 € für Ledige (105 104 € für Verheiratete). Dieser Satz gilt für Einkommensteile bis zu 250 400 € (500 800 €); jenseits dieser Marken steigt der **Spitzensteuersatz** schließlich auf 45 % (zwei obere Linearzonen).

Zur tariflichen Einkommensteuer treten die Belastungen durch **Solidaritätszuschlag** und ggf. **Kirchensteuer**. Beide Steuern werden in einem festen Verhältnis zur Einkommensteuer berechnet (Solidaritätszuschlag 5,5 % und Kirchensteuer je nach Bundesland zwischen 8 % und 9 % der festgesetzten Einkommensteuer).

Ökonomische Beurteilung und Probleme

Einerseits ist die Erhebung der Einkommensteuer unabdingbar, um die öffentlichen Aufgaben zu finanzieren und um Einkommen umzuverteilen. Andererseits führt aber die Höhe der heutigen Steuerbelastung zu massiven Verzerrungen ökonomischer Entscheidungen mit hohen volkswirtschaftlichen Kosten. Die Entscheidung der Haushalte, Freizeit zu opfern, um durch Arbeit zusätzliches Einkommen zu erzielen, wird durch hohe Grenzsteuersätze negativ beeinflusst. Diese Belastung ist eine Ursache für die **Schattenwirtschaft**.

Ein Motor der steigenden Steuerlast ist das Phänomen der **kalten Progression:** Die reale Steuerlast steigt durch Inflation automatisch an. Dies ist dadurch bedingt, dass die Grundfreibeträge und der Verlauf der Steuerprogression nicht ständig gemäß der Preisentwicklung angepasst werden. Bei steigenden Preisen rutschen daher Steuerpflichtige in höhere Progressionsstufen, auch wenn ihr um die Inflation bereinigtes Einkommen unverändert geblieben ist. Die von Fall zu Fall durchgeführten Korrekturen, wie etwa Erhöhungen des Grundfreibetrags, bedeuten daher keine echten Entlastungen, sondern gleichen lediglich (oft nur teilweise) den Belastungseffekt der kalten Progression aus.

Das deutsche Steuerrecht ist durch eine hohe Komplexität gekennzeichnet. Neben der unübersichtlichen Berechnung des zu versteuernden Einkommens gibt es eine Vielzahl von Freibeträgen und Freistellungen. Diese Sonderregelungen wurden meist eingeführt, ohne die Folgen für das Steuersystem als Ganzes zu berücksichtigen. Dadurch ist es zur Erosion der Steuerbasis gekommen, was den Spielraum für Reformen einengt.

▸ 1 Einkunftsarten und Ermittlung des zu versteuernden Einkommens

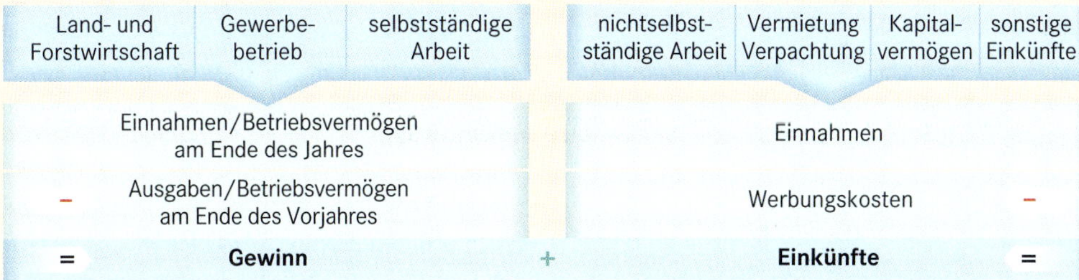

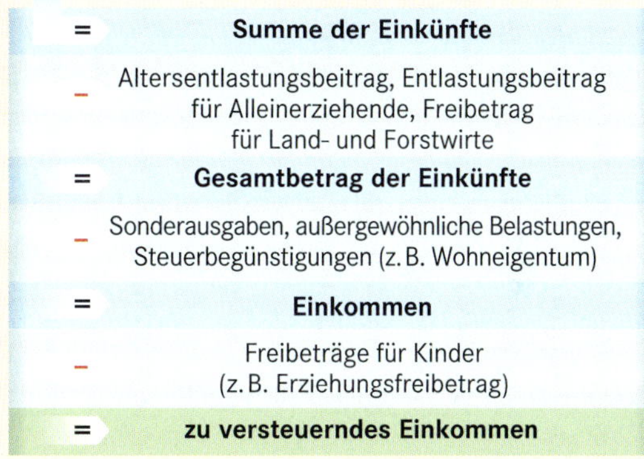

▸ **Veranlagung, Quellenabzug, Splitting**
Bei der Einkommensteuer muss der Steuerpflichtige nach Ablauf des Kalenderjahres eine Steuererklärung abgeben (Veranlagung), die vom Finanzamt geprüft wird. Es setzt die Steuerschuld fest (Steuerbescheid). Ehepaare können zwischen getrennter Veranlagung und Zusammenveranlagung (Splitting) wählen.
Bei der Lohn- und Abgeltungsteuer führen Arbeitgeber bzw. Banken die Steuer direkt an das Finanzamt ab (Quellenabzugsverfahren).

▸ 2 Einkommensteuertarife 1998, 2005 und 2007

▸ Der **Grenzsteuersatz** gibt die zusätzliche Steuerbelastung bei einer Zunahme der Bemessungsgrundlage (z. B. Erhöhung des zu versteuernden Einkommens) an. Der **Durchschnittssteuersatz** beschreibt das Verhältnis der jeweiligen gesamten Einkommensteuerschuld zum zu versteuernden Einkommen. Die Einkommensteuerreform 1999/2005 ist durch eine stufenweise, moderate Absenkung der tariflichen Steuersätze gekennzeichnet. Im Jahr 2007 wurde der Höchststeuersatz für Einkommen von mehr als 250 000 H von 42 % auf 45 % angehoben (sogenannte **Reichensteuer**), sodass seitdem die Grenz- und die Durchschnittsbelastung für die Bezieher sehr hoher Einkommen entsprechend größer sind (45 % und rd. 37,5 % bei einem zu versteuernden Einkommen von 250 000 €)

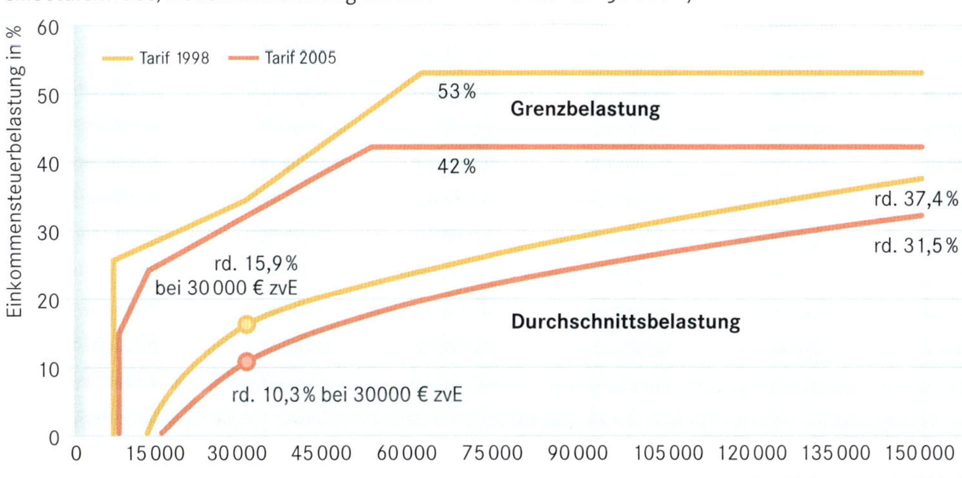

Quelle: Bundesfinanzministerium.

Mehrwertsteuer

Neben der Einkommensteuer ist die Mehrwertsteuer in Deutschland die bedeutsamste Steuerquelle. 2007 betrug ihr Anteil am Steueraufkommen 32 % – mit steigender Tendenz. Als Gemeinschaftsteuer kommt ihr Aufkommen Bund, Ländern und Gemeinden zugute.

Einordnung und Ausgestaltung

Die Mehrwertsteuer zählt – wie alle Steuern, die unabhängig von den individuellen Merkmalen der Steuerpflichtigen erhoben werden – zu den **indirekten Steuern.** Da sie grundsätzlich alle Gegenstände des Verbrauchs erfasst, zählt sie zu den allgemeinen **Verbrauchsteuern,** im Unterschied zu speziellen Verbrauchsteuern wie Mineralöl-, Tabak-, Kaffee-, Bier- und Schaumweinsteuer, mit denen ausgewählte Arten des Konsums steuerlich besonders belastet werden.

Die in Deutschland und in allen EU-Staaten – mit unterschiedlichen Sätzen (Abb. 1) – erhobene Mehrwertsteuer ist eine spezielle Form der **Umsatzsteuer.** Sie ist eine Allphasensteuer, weil sie auf allen Stufen der Produktion auf die Umsätze der Unternehmen erhoben wird – von den Zulieferern bis zur Fertigstellung eines Endprodukts und dessen Verkauf an den Endverbraucher. Sie ist eine Nettoumsatzsteuer, weil jedes Unternehmen nur die Steuern auf die individuelle Wertschöpfung abzuführen hat. Dies wird erreicht, indem bei der Errechnung der Steuerschuld die gezahlte von der vereinnahmten Umsatzsteuer abgezogen wird (Abb. 2).

Der Steuersatz ist gespalten in einen Normalsatz von 19 % und einen ermäßigten Satz von 7 % für bestimmte Güter wie Lebensmittel, Bücher, Zeitungen und Leistungen des Personennahverkehrs (Stand 2009). Manche Güter und Dienstleistungen (wie etwa die Bereitstellung von Wohnraum) sind beim Verkauf an den Endverbraucher von der Steuerpflicht gänzlich ausgenommen.

Mehrwertsteuer und Ressourcenverwendung

Ein traditionelles Argument zur Rechtfertigung der Mehrwertsteuer etwa im Vergleich zur Einkommensteuer ist, dass hier der Konsum und nicht die Entstehung des Sozialprodukts belastet werde und die Mehrwertsteuer deshalb vorzuziehen sei. Diese Sichtweise ist allerdings nur eingeschränkt richtig. Konsum und Einkommen sind aus der Sicht des Haushalts zwei Seiten ein und derselben Medaille. Ein arbeitender Mensch opfert Freizeit, um Einkommen zu erzielen. Dieses Ziel ist aber nicht Selbstzweck. Vielmehr dient das Arbeitseinkommen der Finanzierung des Lebensunterhalts. Eine Steuer führt aber immer dann zu Wohlfahrtsverlusten, wenn sie die Entscheidung über die Kombination zwischen Arbeit und Freizeit verzerrt. Dieser Effekt tritt sowohl bei der Einkommen- als auch bei der Mehrwertsteuer auf. Beide Steuern verringern die Konsummöglichkeiten, mit denen jede Arbeitsstunde belohnt wird.

Betrachten wir dazu ein Beispiel: Ein Arbeitnehmer wird in den folgenden beiden Fällen gleich hoch belastet. Im Fall A wird sein Einkommen in Höhe von 1 250 € bei einem Steuersatz von 20 % um 250 € geschmälert. Eine Mehrwertsteuer existiert nicht. Im Fall B gibt es umgekehrt keine Einkommensteuer, dafür ist aber eine Mehrwertsteuer in Höhe von 25 % zu zahlen. Im Fall A kann der Arbeitnehmer aufgrund der Einkommensteuerbelastung nur Güter im Gegenwert von 1 000 € kaufen. Im Fall B steht ihm zwar sein gesamtes Bruttogehalt für Einkäufe zur Verfügung, er kann aufgrund der Mehrwertsteuer aber nur Güter im Nettowert von 1 000 € kaufen, die ihn brutto 1 250 € kosten.

Gemessen an der Neutralität einer Steuer bezüglich der Entscheidung zwischen Arbeit und Freizeit schneidet die Mehrwertsteuer also nicht besser ab. Sie hat allerdings gegenüber der Einkommensteuer einen anderen Vorteil: Sie verzerrt nicht die Entscheidung der Haushalte über die Höhe der Ersparnis. Im Gegensatz zur Einkommensteuer belastet die Mehrwertsteuer nicht die Zinserträge, die sich durch Sparen, d. h. durch zeitweiligen Konsumverzicht, ergeben.

Verteilungswirkungen

Die Mehrwertsteuer wird oft verteilungspolitisch kritisiert, weil sie als indirekte Steuer keine Rücksicht darauf nimmt, ob es sich bei den Konsumenten um Sozialhilfeempfänger oder Multimillionäre handelt, die wirtschaftliche **Leistungsfähigkeit** also außer Acht lässt. Außerdem wird argumentiert, dass in der Regel ein reicher Haushalt mehr sparen kann als ein armer und deshalb der Multimillionär weniger stark belastet wird als der Sozialhilfeempfänger. Daneben werden beim Übergang von der Einkommens- zur Mehrwertbesteuerung die aktiven Arbeitnehmer auf Kosten der Haushalte ohne steuerpflichtiges Einkommen besser gestellt: Rentner beziehen meist ein geringeres zu versteuerndes Einkommen. Sie werden deshalb durch die Einkommensteuer weniger stark belastet, sehr wohl aber auf der Konsumseite durch die Mehrwertsteuer.

▸ 1 Mehrwertsteuersätze (in %) in den EU-Staaten (Stand Januar 2009)

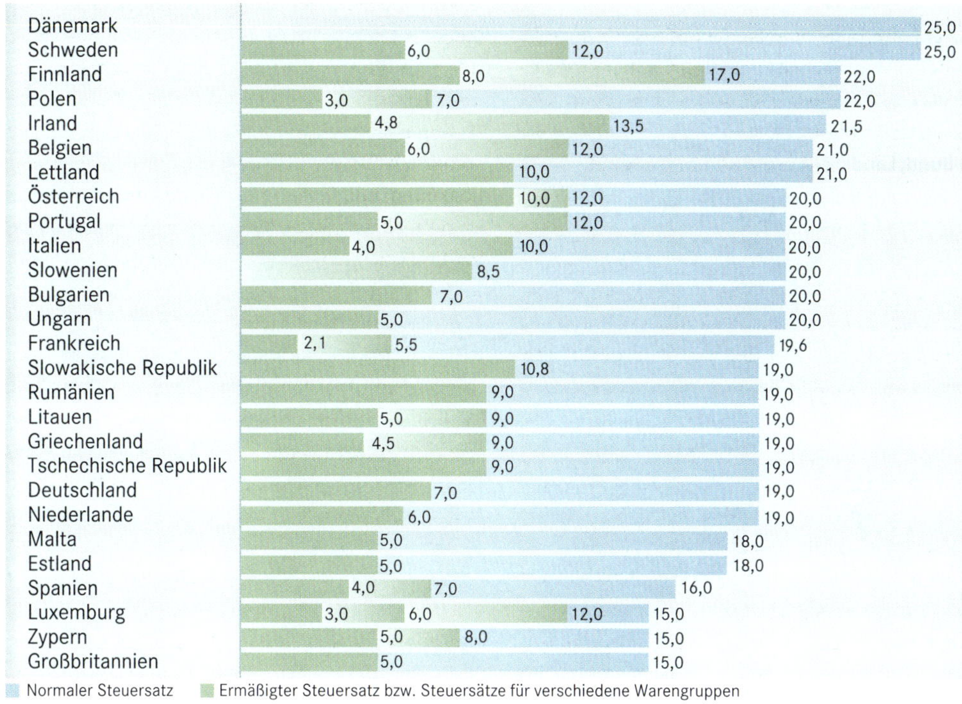

▸ 2 Rechenbeispiel zum Vorsteuerabzug

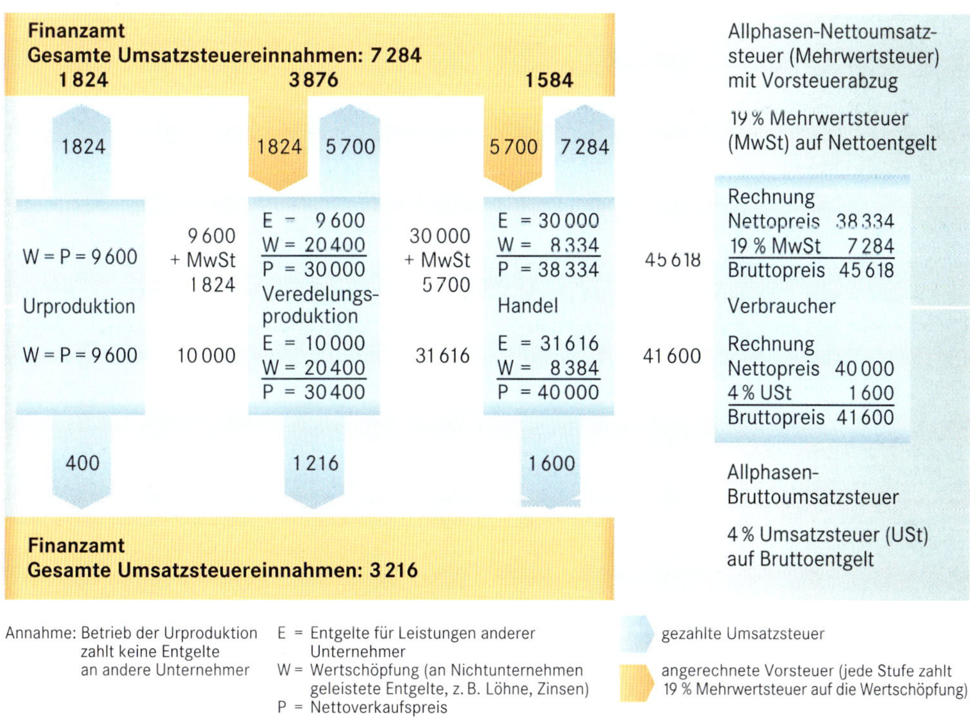

Ökosteuer

Durch Ökosteuern sollen umweltschädliche Aktivitäten finanziell belastet und so Anreize zum schonenden Umgang mit den natürlichen Ressourcen gesetzt werden. In der ökonomischen Terminologie heißt dies: Negative externe Effekte sollen durch die Erhebung von Umweltabgaben internalisiert werden.

Theoretische Begründung

Dieser Ansatz ist nicht neu. Er wurde vielmehr bereits 1920 von dem britischen Ökonomen Arthur Cecil Pigou (1877–1959) vorgeschlagen. Eine Steuer, die an **externen Effekten** wirtschaftlichen Handelns ansetzt, wird daher auch als **Pigou-Steuer** bezeichnet.

Im Kreis der umweltpolitischen Instrumente unterscheidet man zwischen regulativen und marktwirtschaftlichen Instrumenten (Abb. 1). Zu Ersteren gehören Gebote und Verbote, wie etwa die Vorschrift zur Einhaltung bestimmter Grenzwerte des Schadstoffausstoßes. Solche dirigistischen Lösungen haben einen prinzipiellen Nachteil. Sobald ein Unternehmen die Vorschrift erfüllt, hat es keinen Anreiz mehr, weitere Maßnahmen zum **Umweltschutz** zu treffen. Die marktwirtschaftlichen Instrumente werden dagegen eingesetzt, um das Verhalten der Unternehmen über Preise zu beeinflussen. Wird nämlich die Verschmutzung der Luft mit einer Steuer (z. B. pro Tonne Kohlendioxid) belastet, dann wird jedes emittierende Unternehmen, das seine Steuerlast senken will, ständig nach Möglichkeiten zur Verringerung der Emission suchen.

Die praktische Ausgestaltung der Pigou-Steuer

Eine Pigou-Steuer wird in der Theorie so bemessen, dass sie die Kosten des externen Effekts widerspiegelt. Beim Autofahren wäre also für jeden Kilometer Fahrleistung eine Steuer zu entrichten, die dem Gegenwert der Lärmbelästigung und Luftverschmutzung entspricht. Dies würde zu einer vollständigen Internalisierung der externen Effekte führen. De facto ist dieser Gegenwert aber kaum zuverlässig zu ermitteln. So ist z. B. das Ausmaß des **Treibhauseffekts** (der Erwärmung der Erdatmosphäre infolge der Anreicherung mit Kohlendioxid) unsicher, und seine wirtschaftlichen Folgen sind völlig unüberschaubar.

In der Praxis ist eine Ökosteuer daher so hoch anzusetzen, dass die umweltschädliche Aktivität so weit wie politisch gewünscht verringert wird. Auch in diesem Rahmen ist es allerdings notwendig, die Belastung durch die Ökosteuer so genau wie möglich nach den externen Effekten zu bemessen. Besteht beispielsweise das Ziel der Umweltpolitik darin, den Kohlendioxidausstoß zu verringern, dann ist eine pauschale **Energiesteuer** mit fixen Sätzen pro Kilowattstunde Strom falsch konstruiert. Eine derartige Steuer berücksichtigt nämlich nicht, dass verschiedene Energieträger wie Erdgas, Steinkohle und Windenergie mit ganz unterschiedlichen Kohlendioxidemissionen pro Kilowattstunde verbunden sind.

Die doppelte Dividende

Für die Einführung von Ökosteuern war und ist in der politischen Realität vor allem auch der fiskalische Aspekt der Einnahmeerzielung ausschlaggebend. Die Erzielung von Einnahmen und die Vermittlung von Anreizen zum Umweltschutz stehen jedoch nicht unbedingt im Gegensatz zueinander. Dazu ein Beispiel: Kommt es nach einer Anhebung der Mineralölsteuer um 10 % zu einem Rückgang des Benzinabsatzes um 5 %, dann nimmt das Steueraufkommen noch immer zu.

Umstritten ist allerdings, ob sich mit Ökosteuern eine **doppelte Dividende** erzielen lässt, d. h., ob zugleich mit dem positiven ökologischen Effekt auch ein positiver Beschäftigungseffekt erreicht werden kann. Bei der ökologischen Steuerreform in Deutschland (Abb. 2) spielt diese Idee eine große Rolle. So werden die Einnahmen aus den neuen Ökosteuern benutzt, um den Beitragssatz zur gesetzlichen Rentenversicherung zu senken. Die entsprechende Verringerung der Lohnnebenkosten soll Impulse für mehr Beschäftigung geben. Die Existenz einer doppelten Dividende wird mit verschiedenen Argumenten in Zweifel gezogen. So dämpft die Verteuerung der Energie die Investitionstätigkeit der Unternehmen. Dies wiederum hemmt die Schaffung von Arbeitsplätzen. Das gilt insbesondere für einen nationalen Alleingang, wenn also die Energiekosten nur im Inland steigen, mit der Folge, dass die internationale Wettbewerbsfähigkeit der deutschen Unternehmen beeinträchtigt wird. Denkbar ist daneben, dass die Gewerkschaften für die Verteuerung der Energie in den Tarifverhandlungen einen Ausgleich durchsetzen und so die einmal erreichte Senkung der Arbeitskosten konterkarieren. Ein unerwünschter Nebeneffekt kann sich auch daraus ergeben, dass die nötigen Reformen der Sozialsysteme aufgeschoben werden: Wenn mit Ökosteuern neue Quellen zur Finanzierung der Defizite erschlossen werden, sinkt der wirtschaftliche und politische Reformdruck.

▸ 1 Umweltpolitisches Instrumentarium

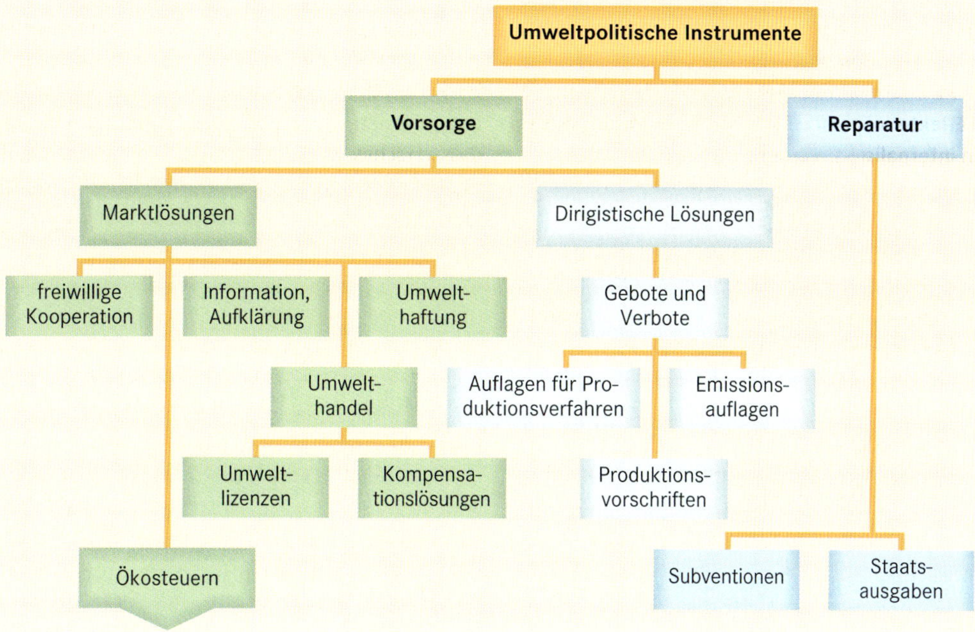

Produktsteuern
z. B.: Mineralölsteuer, Steuern auf tropische Edelhölzer, allg. Klimaschutzsteuer (Besteuerung des Energie-Inputs zur Reduktion des CO_2-Ausstoßes), Batteriesteuer, Chlorsteuer, Steuer auf phosphathaltige Waschmittel und auf Pflanzenschutzmittel

Emissionsteuern
z. B.: Tabaksteuer, Hundesteuer, Spreizung bei der Mineralölsteuer mit der Zusatzbelastung für bleihaltiges Benzin, Luftschadstoffabgabe, Abfallvermeidungsabgabe, Deponieabgabe, Abgassteuer anstelle der Kraftfahrzeugsteuer

Verfahrensteuer
z. B. für bestimmte Prozesse der Gütererzeugung oder Güterverarbeitung, bei zu hohem Verbrauch an wertvollen Rohstoffen oder bei Überschreitung erwünschter Emissionsstandards in bestimmten Produktionsverfahren

Quelle: Henning Becker, Fiskalstaat Deutschland, München 1995.

▸ 2 Übersicht über die Stufen der ökologischen Steuerreform

Steuererhöhung ab … um …							
Energieträger	1.4.1999	1.1.2000	1.1.2001	1.11.2001	1.1.2002	1.1.2003	**Summe**
Benzin/Diesel (Cent/Liter)	3,07	3,07	3,07	–	3,07	3,07	**15,35**
Schwefelhaltige Kraftstoffe (Cent/Liter)	–	–	–	1,53	–	–	**1,53**
Strom (Cent/KWh)	1,02*	0,26	0,26	–	0,26	0,26	**2,06**
Heizöl (Cent/Liter)	2,05	–	–	–	–	–	**2,05**
Erdgas (Cent/KWh)	0,16	–	–	–	–	0,20	**0,36**

*Neueinführung

Quelle: Bundesfinanzministerium.

Besteuerung von Kapitalerträgen

Einkünfte aus Kapitalvermögen unterliegen in Deutschland der Einkommensteuerpflicht. Die Kapitalertragsteuer ist mithin lediglich eine besondere Erhebungsform der Einkommensteuer.

Steuersatz, Sparerfreibetrag und Freistellungserklärung

Die **Kapitalertragsteuer** ist eine **Quellensteuer,** d. h., sie wird erhoben, sobald die Kapitalerträge zufließen, und von der auszahlenden Bank ans Finanzamt abgeführt. Der Steuersatz beträgt seit 2009 für alle Kapitalerträge (z. B. Dividenden, Zinserträge aus festverzinslichen Wertpapieren, Termin- und Spareinlagen sowie im Rahmen der Veräußerung von Kapitalanlagen realisierte Wertzuwächse) einheitlich 25 %.

Kapitaleinkünfte sind bis zu einem **Sparerfreibetrag** von 750 € (bei Verheirateten: 1 500 €) zuzüglich Werbungskostenpauschbetrag (51 € bzw. 102 €) steuerfrei. Durch eine **Freistellungserklärung** gegenüber seiner Bank kann der Anleger Kapitaleinkünfte bis zur Höhe des Sparerfreibetrags von der Quellenbesteuerung befreien lassen.

Seit 2009 wird die Kapitalertragsteuer gegenüber Privatpersonen als **Abgeltungsteuer** erhoben. Der Gesetzgeber hat sich damit der grundsätzlichen Praxis in der Mehrzahl der europäischen Staaten angeschlossen. Die Abgeltungsteuer wird unabhängig vom persönlichen Steuersatz des Steuerpflichtigen erhoben. Mit ihrer Zahlung ist die Steuerschuld also abgegolten, d. h., der Steuerpflichtige muss seine Kapitaleinkünfte nicht mehr wie zuvor in seiner Steuererklärung angeben. Er wird jedoch, wenn sein persönlicher Steuersatz unter 25 % liegt, von seinem Wahlrecht Gebrauch machen und zu viel gezahlte Steuer im Rahmen der Einkommensteuererklärung geltend machen (Abb. 1).

Ökonomische Wirkung

Die Besteuerung von Kapitaleinkünften verzerrt die Entscheidungen über Ersparnis und Investitionen. Der Anleger, der auf Konsum in der Gegenwart verzichtet, erhält nur den um Steuern bereinigten Teil des Kapitalertrags. Damit wird ein Keil zwischen die Rendite von Investitionen und den Ertrag des Anlegers getrieben.

Demgegenüber wird die Steuerpflicht vor allem mit dem **Leistungsfähigkeitsprinzip** begründet: Ein Haushalt mit hohen Kapitaleinkünften sei finanziell leistungsfähiger und daher zur Finanzierung der staatlichen Aktivitäten stärker heranzuziehen. Es ist jedoch fraglich, ob etwa die Besteuerung von Zinseinkünften die Leistungsfähigkeit angemessen widerspiegelt. Im Fall von festverzinslichen Wertpapieren etwa wird der nominale Zins ohne Rücksicht auf die Entwicklung des Geldwerts besteuert **(Scheinzinsbesteuerung).** In inflationären Zeiten kann also der reale Zinsertrag durch die Besteuerung völlig aufgezehrt werden (Abb. 2).

Steuerhinterziehung und Reform der Besteuerung

Die Freiheit des Kapitalverkehrs führt, wenn die Höhe der Besteuerung als ungerecht empfunden wird, zur Hinterziehung von Steuern auf Kapitaleinkünfte. Rechtlich gilt in Deutschland wie in vielen anderen Ländern das Wohnsitzlandprinzip. Danach versteuert der Anleger seine Kapitaleinkünfte in seinem Wohnsitzland – egal, wo in der Welt sie angefallen sind. In der Praxis ist dieses Prinzip aber kaum durchsetzbar. Deklariert der Steuerpflichtige seine ausländischen Zinseinkünfte nicht, dann zahlt er dafür in seinem Heimatland auch keine Steuer. Mangels Kontrollen wird es für den unehrlichen Anleger attraktiv, sein Kapital in Länder zu verlagern, in denen Kapitalerträge geringer oder gar nicht besteuert werden. Tatsächlich ist es zu erheblichen Verlagerungen von Kapital in **Steueroasen** gekommen.

Da die Besteuerung dem rechtsstaatlichen Prinzip der Gleichmäßigkeit genügen muss, muss der Gesetzgeber Steuerhinterziehung unterbinden. Vor diesem Hintergrund wurde in der EU zum 1. Juli 2005 eine **Zinssteuerrichtlinie** in Kraft gesetzt. Sie lässt zwar die nationale Besteuerungskompetenz der Mitgliedstaaten unberührt, führt aber eine wirksamere Besteuerung grenzüberschreitender Zinszahlungen innerhalb der EU herbei.

Aufgrund der Richtlinie werden in Deutschland erzielte Zinserträge durchgängig (d. h. unabhängig vom Wohnsitz des Anlegers) an der Quelle besteuert. Vor der Einführung der Abgeltungsteuer im Jahr 2009 betrug der Steuersatz 30 % **(Zinsabschlag),** seitdem beträgt er für Zinsen ebenso wie für alle übrigen Arten von Kapitalerträgen 25 %. Darüber hinaus haben fast alle EU-Staaten **Kontrollmitteilungen** eingeführt. Diese dienen zur gegenseitigen Information über die Zinseinkünfte der Bürger mit Wohnsitz außerhalb der eigenen Grenzen. Um zu verhindern, dass Kapital verstärkt in Steueroasen außerhalb der EU abfließt, wurde mit der Schweiz ein bilaterales Abkommen über die Zinsbesteuerung geschlossen. Weitere Abkommen mit Drittstaaten sind geplant.

▸ 1 Zinsabschlag und Abgeltungsteuer im Vergleich

▸ Während beim Zinsabschlag stets der individuelle Steuersatz maßgeblich für die endgültige Steuerlast war, herrscht bei der Abgeltungsteuer eine Asymmetrie. Hier kann zwar der Steuerpflichtige, dessen Steuersatz unter 25 % liegt, im Rahmen der Einkommensteuerveranlagung zu viel gezahlte Steuer geltend machen. Andererseits ist die Steuerpflicht einer Person, deren Steuersatz über 25 % liegt, unabhängig von dessen tatsächlicher Höhe auf 25 % beschränkt.

	Zinsabschlag (30 %)		**Abgeltungssteuer (25 %)**	
	Individueller Steuersatz 20 %	Individueller Steuersatz 45 %	Individueller Steuersatz 20 %	Individueller Steuersatz 45 %
Steuerpflichtig	100 €	100 €	100 €	100 €
Endgültige Steuerfestsetzung	20 €	45 €	20 €	25 €
Anrechnung Zinsabschlag	30 €	30 €	25 €	25 €
Erstattung an/Nachzahlung vom Steuerzahler	Erstattung: 10 €	Nachzahlung: 15 €	Erstattung: 5 €	–

▸ 2 Die Folgen der Scheinzinsbesteuerung

▸ Annahme: Der relevante Einkommengrenzsteuersatz inkl. Solidaritätszuschlag und Kirchensteuer liegt bei 50 %.

	Fall: Inflation		**Fall:** Preisstabilität
Nominalzins	10 %	1	4 %
Inflationsrate	6 %	2	0 %
Realzins (Zeile 1 minus Zeile 2)	4 %	3	4 %
Steuer (50 % von Zeile 1)	5 %	4	2 %
Nettorealzins (Zeile 3 minus Zeile 4)	-1 %	5	2 %

▸ Zwei gemessen an der Realverzinsung gleiche Zinssituationen (Realzins in beiden Fällen 4 %) führen aufgrund der Besteuerung nach dem Nominalprinzip zu völlig unterschiedlichen Ergebnissen. Im Fall der Preisstabilität erzielt der Sparer einen positiven Nettorealzins. Im Inflationsfall kann er hingegen nach Inflationsbereinigung und Steuerzahlung nicht einmal die Substanz des Kapitals bewahren.

Unternehmensbesteuerung

Die Besteuerung von Unternehmensgewinnen in Deutschland ist nicht einheitlich. Personengesellschaften sind nicht selbstständig steuerpflichtig. Ihre Gewinne werden bei den Gesellschaftern als Bestandteil des persönlichen Einkommens erfasst. Hingegen unterliegen Kapitalgesellschaften einer eigenständigen Steuerpflicht im Rahmen der Körperschaftsteuer.

Integration von Körperschaft- und Einkommensteuer

Die steuerliche Erfassung der Kapitalgesellschaften reicht zurück in die 1870er-Jahre. Die Körperschaftsteuer in ihrer heutigen Form ist eine besondere Art der Einkommensteuer für juristische Personen. Das Bund und Ländern je zur Hälfte zustehende Aufkommen beträgt (2007) 22,9 Mrd. €.

Die eigenständige Besteuerung der Kapitalgesellschaften wirft das Problem der **Doppelbesteuerung** von ausgeschütteten Gewinnen auf (Abb. 1). Der Gewinn wird zunächst auf der Ebene des Unternehmens durch die Körperschaftsteuer belastet. Wird der verbleibende Nettogewinn etwa in Form von Dividenden ausgeschüttet, so wird dieser bei den Aktionären ein zweites Mal, und zwar mit der persönlichen Einkommensteuer, belastet. Besteht auf beiden Ebenen eine uneingeschränkte Steuerpflicht, dann spricht man vom **klassischen System,** das in Deutschland bis 1976 praktiziert wurde und heute noch in den USA und in der Schweiz gilt. Dieses System setzt Anreize gegen eine Ausschüttung und zugunsten der **Thesaurierung** (Einbehaltung) von Gewinnen. Aufgrund dessen ging man in Deutschland zur **Vollanrechnung** über. Hierbei konnte der Aktionär die von der AG auf die Dividendenausschüttung bereits gezahlte Körperschaftsteuer in voller Höhe auf seine persönliche Einkommensteuer anrechnen. 2001 wurde dieses System durch das **Halbeinkünfteverfahren** ersetzt: Zwar konnte der Anteilseigner gezahlte Körperschaftsteuer nicht mehr anrechnen, doch dafür wurde nur noch die Hälfte der ausgeschütteten Gewinne besteuert. Der zuvor gespaltene Steuersatz (45 % auf einbehaltene, 30 % auf ausgeschüttete Gewinne) wurde zudem auf einheitlich 25 % gesenkt.

Mit der Einführung der **Abgeltungsteuer** im Jahr 2009 ging der Fiskus bezüglich der Gewinnbesteuerung von Kapitalgesellschaften auf das **Teileinkünfteverfahren** über. Demnach müssen Kapitalgesellschaften, die Ausschüttungen oder Veräußerungsgewinne aus Beteiligungen erzielen, 60 % der entsprechenden Beträge in den steuerpflichtigen Gewinn einbeziehen. Im gleichen Zug wurde der Körperschaftsteuersatz auf 15 % gesenkt. Bemessungsgrundlage der Körperschaftsteuer ist das nach den Vorschriften des Einkommsteuergesetzes und des Körperschaftsteuergesetzes zu ermittelnde Kalenderjahreseinkommen der Körperschaft.

Gewerbesteuer

Weitere für Unternehmen geltende Steuern sind die Grundsteuer sowie vor allem die **Gewerbesteuer.** Das Aufkommen Letzterer betrug im Jahr 2007 40,1 Mrd. €. Steuerpflichtig sind Unternehmen, die ein Gewerbe betreiben. Damit sind etwa die freien Berufe von der Steuerpflicht ausgenommen.

1998 wurde die viel kritisierte ertragsunabhängige Besteuerung des Gewerbekapitals abgeschafft. Seitdem existiert nur noch die Gewerbeertragsteuer, die nach dem Gewinn bemessen wird (Abb. 2). In der deutschen Finanzverfassung kommt der Gewerbesteuer eine herausragende Position für die Gemeinden zu. Diesen steht das Aufkommen zu – abzüglich der **Gewerbesteuerumlage** an Bund und Länder –, und sie verfügen über Spielraum bei der Festlegung des Steuersatzes **(Hebesatz).**

Unternehmensbesteuerung und Standortwettbewerb

Die Höhe der steuerlichen Belastung der Unternehmen in Deutschland wird seit Jahrzehnten kritisiert, da sie die Investitionstätigkeit beeinträchtigt. Hinzu kommt, dass Unternehmen ihren Standort international auch nach steuerlichen Gesichtspunkten wählen.

Die Steuerpolitik hat der Kritik Rechnung getragen, indem sie das System der Einkommensbesteuerung weitreichend reformiert hat. Neben dem Körperschaftsteuersatz und der Besteuerung von Kapitalerträgen wurde auch das Niveau des Einkommensteuertarifs abgesenkt. 1998 betrug der **Eingangssteuersatz** noch 25,9 %, der **Spitzensteuersatz** noch 53 %. Seit 2009 liegen diese Sätze bei 14 % und 42 % (45 % für sehr hohe Einkommen). Infolge der Reformen ist nach Angaben des Bundesfinanzministeriums die tarifliche Durchschnittssteuerbelastung der Kapitalgesellschaften in Deutschland bis 2008 auf knapp 30 % gesunken. Damit liegt Deutschland in der Europäischen Union hinter Italien (gut 37 %), Frankreich, Belgien, Spanien und Großbritannien (30 %) an sechster Stelle.

▸ 1 Einkommensbesteuerung: klassisches System und Vollanrechnung

	Annahmen		Vollanrechnungssystem (z. B. in Deutschland bis 2001)	klassisches System (z. B. in den USA)
Unternehmensebene	Körperschaftsteuersatz für ausgeschüttete Gewinne 30 %		Gewinn: Körperschaftsteuer: Ausschüttung:	100 € 30 € 70 €
Aktionärsebene	individueller Grenzsteuersatz des Aktionärs bei der Einkommensteuer 40 %	einkommensteuerpflichtige Einkünfte aus Kapitalvermögen	100 €	70 €
		Einkommensteuerschuld	40 €	28 €
		Anrechnung der Körperschaftsteuer (Steuergutschrift)	30 €	
		zusätzlich zu zahlende Einkommensteuer	10 €	28 €
Ergebnis		Der Unternehmensgewinn von 100 € wird insgesamt mit Steuern belastet von	40 €	58 €

▸ 2 Berechnung der Gewerbesteuer

- Ausgangspunkt der Berechnung ist der sog. Steuermessbetrag, der sich durch Anwendung der Steuermesszahl von 3,5 % auf den Gewerbeertrag ergibt. Wurden im Erhebungszeitraum Betriebsstätten in mehreren Gemeinden unterhalten, so ist der Steuermessbetrag zu zerlegen, wobei als Zerlegungsmaßstab grundsätzlich die Arbeitslöhne herangezogen werden. Sodann wird die Gewerbesteuer von der Gemeinde aufgrund des Steuermessbetrags mit einem Hundertsatz (Hebesatz) festgesetzt und erhoben. Im Fall von natürlichen Personen und Personengesellschaften wird der Steuermessbetrag zuvor um einen Freibetrag von 24 500 € vermindert. Der Hebesatz wird von der Gemeinde bestimmt und beträgt mindestens 200 %.

Zu versteuernder Gewinn aus Gewerbebetrieb	**950 000 €**			
– Kürzungen	50 000 €		– Freibetrag	24 500 €
+ Hinzurechnungen	100 000 €		= Steuermessbetrag (bereinigt)	10 500 €
= Gewerbeertrag	1 000 000 €		x Hebesatz	350 %
x Steuermesszahl	3,5%		= Gewerbesteuerschuld	36 750 €
= Steuermessbetrag	35 000 €			

Steuerreform

Das deutsche Steuersystem wird von Experten, Politikern und Bürgern gleichermaßen als unüberschaubar, wachstumsschädlich, ungerecht und daher grundlegend reformbedürftig angesehen.

Kopfsteuer

Steuern sind auf der einen Seite zwar unabdingbar, um öffentliche Güter zu finanzieren. Mit der Erhebung von Steuern sind auf der anderen Seite aber Wohlfahrtseinbußen verbunden, weil die Entscheidungen von Haushalten und Unternehmen verzerrt werden.

Vor diesem Hintergrund sollte eine grundlegende Reform des Steuersystems in Deutschland zu einer Verringerung von **Wohlfahrtseinbußen** beitragen. Die optimale Steuer gibt es allerdings nur in der Theorie. Bei einer pauschalen Kopfsteuer hat jeder Bürger unabhängig von seinem Einkommen und seinem Familienstand einen festen Betrag zur Finanzierung des Staatsbudgets zu zahlen. Diese Steuer wäre zwar optimal im Sinne einer Minimierung der volkswirtschaftlichen Kosten der Besteuerung, da sie eine Überschussbelastung (**Excess Burden**) vermeidet. Das volkswirtschaftliche Preisgefüge würde durch die Steuer nicht verändert und es gäbe daher keine unnötigen Wohlfahrtseinbußen. Auf der anderen Seite würde eine Kopfsteuer ohne Rücksicht auf die individuelle wirtschaftliche **Leistungsfähigkeit** des Steuerpflichtigen als ungerecht abgelehnt.

Breitere Steuerbasis und geringere Steuersätze

Ein Ansatz der Steuerreformbemühungen der vergangenen Jahre besteht darin, durch Abbau von Ausnahmetatbeständen die **Bemessungsgrundlage** der Einkommensteuer zu verbreitern und dadurch Spielraum für Senkungen der Steuersätze zu schaffen (Abb. 1). Niedrigere Steuersätze sind ein geeignetes Mittel zur Senkung der Kosten der Besteuerung, weil der **Steuerkeil,** die Differenz zwischen den Preisen vor und nach Steuern, verringert wird.

Konsumsteuer

In der Finanzwissenschaft wird darüber hinaus im Rahmen der Diskussion über Wohlfahrtswirkungen von Steuern (Abb. 2) vorgeschlagen, anstelle von Verbesserungen am bestehenden System das System zu ersetzen, indem eine Konsumsteuer (**Ausgabensteuer**) eingeführt wird. Bei der Konsumsteuer treten die Konsumausgaben eines Steuerpflichtigen an die Stelle des Einkommens. Zunächst ergibt sich der Vorteil, dass die Entscheidung zwischen gegenwärtigem und zukünftigem Konsum nicht verzerrt wird, weil – anders als bei der Einkommensteuer – die Zinserträge nicht besteuert werden. Da auf diese Weise das Sparen nicht mehr diskriminiert wird, ist zu erwarten, dass eine Konsumsteuer die gesamtwirtschaftliche Ersparnis und Investitionstätigkeit fördert und dadurch das Wachstum erhöht.

Des Weiteren führt die Konsumsteuer zu einer gleichmäßigeren und gerechteren Belastung über die gesamte Lebenszeit eines Steuerpflichtigen. Besonders deutlich wird dies am Beispiel eines Spitzensportlers, der nur wenige Jahre Einkommen erzielt. Dessen Einkommen wird in der kurzen aktiven Zeit durch maximale Grenzsteuersätze belastet, obwohl aus ihm der lebenslange Konsum zu bestreiten ist. Bei der Konsumbesteuerung wird hingegen die übermäßige Besteuerung in wenigen Lebensjahren durch eine moderatere Besteuerung über die gesamte Lebenszeit ersetzt.

Die Konsumsteuer ist von ihren Verfechtern als direkte Steuer konzipiert. Darin besteht der grundlegende Unterschied zur **Mehrwertsteuer,** die ja ebenfalls den Konsum belastet. Bei der Konsumsteuer wird der individuelle Konsum eines Haushalts erfasst und der Besteuerung unterworfen. Damit werden wie heute auch bei der Einkommensteuer individuelle Merkmale des Steuerpflichtigen bei der Festlegung der Steuerschuld berücksichtigt. Eine progressive Ausgestaltung der Konsumsteuer ist ohne Weiteres möglich. Damit kann der Vorwurf der mangelnden Verteilungsgerechtigkeit, der oft gegen die Mehrwertsteuer erhoben wird, gegen die Konsumsteuer nicht geltend gemacht werden.

Ursachen des Reformdrucks

Trotz des Konsenses über die Notwendigkeit einer Reform des Steuersystems, die über punktuelle Einzelmaßnahmen hinausgeht, gab es bisher kaum Fortschritte. Der Reformdruck hält aber aus zwei Richtungen an: In Deutschland zwingt das Bundesverfassungsgericht den Gesetzgeber immer wieder zu Reformen, wenn durch die Entwicklung des Steuerrechts Verfassungsgebote verletzt werden. Ein spektakuläres Beispiel ist das Urteil des Bundesverfassungsgerichts zur Verbesserung des **Familienlastenausgleichs** aus dem Jahr 1999. Weiterer Druck resultiert aus dem internationalen Standortwettbewerb, der durch Unterschiede in der Steuerbelastung beeinflusst wird.

1 Ein alternatives Modell zur Einkommensbesteuerung

- Das deutsche Einkommensteuerrecht wird immer wieder als zu kompliziert und intransparent kritisiert. Vorschläge zur Einkommensteuerreform orientieren sich deshalb vor allem an dem Ziel, die Besteuerung zu vereinfachen. Dies gilt etwa auch für das von der CDU/CSU-Bundestagsfraktion im Jahr 2004 in den Bundestag eingebrachte Reformmodell, das vor allem auf den Ideen des damaligen stellvertretenden Fraktionsvorsitzenden Friedrich Merz beruht. Die Eckpunkte:

I. Einkunftsarten	Zusammenfassung in den vier folgenden, anstelle wie bislang in sieben, d.h.
	– Einkünfte aus unternehmerischer Tätigkeit
	– Einkünfte aus nichtselbstständiger Arbeit
	– Einkünfte aus Kapitalvermögen
	– Alters- und sonstige Einkünfte
II. Besteuerungsgrundlage	– Weitgehende Abschaffung der bestehenden Steuerbefreiungen, Freibeträge, Abzugsbeträge und Ermäßigungen
	– Einführung eines Arbeitnehmerfreibetrags von 840 €
	– Zusammenfassung von Sonderausgaben und außergewöhnlichen Belastungen in Form persönlicher Abzüge
	– Erhalt der Steuerbegünstigungen für mildtätige, kirchliche und besonders förderungswürdige gemeinnützige Zwecke
III. Steuertarif	– Einheitlicher persönlicher Grundfreibetrag von 8 000 €
	– Stufentarif mit einem Eingangssteuersatz von 12 %
	– Spitzensteuersatz von 36 % (ab einem zu versteuernden Einkommen von 45 000 €)
	– Anpassung an die Preisniveauentwicklung im Zweijahresrhythmus

- Die Besteuerung von Körperschaften soll weiterhin im Gegensatz zur Einkommensbesteuerung proportional zur Bemessungsgrundlage erfolgen. Die steuerliche Belastung von Unternehmen soll unabhängig von ihrer Rechtsform gleich hoch sein.

2 Wohlfahrtswirkung von Steuern

	Verzerrungen		
	zwischen Konsumgütern heute	zwischen gegenwärtigem und künftigem Konsum	zwischen Arbeit (Einkommen) und Freizeit
Konsumsteuer	**nein**	**nein**	**ja**
Einkommensteuer	**nein**	**ja**	**ja**
Kopfsteuer	**nein**	**nein**	**nein**

Steuerwirkungen und Inzidenz

Der Florentiner Kaufmann Giovanni di Pagolo Morelli warnte bereits im 14. Jahrhundert vor überflüssigen moralischen Bedenken: „Vermeidet Falschheit wie die Pest – außer in Steuerdingen, wo sie nicht zählt, weil ihr hier nicht lügt, um fremde Güter zu erlangen, sondern um die eigenen vor ungerechter Einziehung zu schützen."

Legale und illegale Ausweichreaktionen

Das Zitat zeigt, dass das Streben, der Belastung durch Steuern zu entkommen, so alt ist wie die Besteuerung selbst. Und es verdeutlicht den Zusammenhang zwischen **Steuermoral**, der subjektiven Einstellung zur Erfüllung der Steuerpflicht, und **Steuergerechtigkeit**, der als gerecht empfundenen Verteilung der Steuerlast.

Bei den Ausweichbemühungen sind drei Arten zu unterscheiden: **Steuervermeidung, Steuerumgehung** und **Steuerhinterziehung.** Rechtlich nicht zu beanstanden ist die Steuervermeidung (etwa durch den Kauf von steuerlich begünstigten Immobilien). Legale Ausweichmanöver können politisch sogar gewollt sein (z. B. spezielle Besteuerung schädlicher Produkte wie Tabak oder Alkohol, um deren Konsum einzuschränken). Auch die steuerlich bedingte Entscheidung eines Unternehmens, seinen Standort ins Ausland zu verlagern, ist rechtmäßig.

Illegal hingegen ist die Steuerhinterziehung, bei der eine gesetzlich festgelegte Steuerpflicht missachtet wird. Gerade bei Kapitalanlegern ist die illegale Steuerflucht weit verbreitet. Dabei ist die Verlagerung von Kapital in Länder ohne Zinsbesteuerung (Steueroasen) keineswegs als solche illegal. Das Gesetz wird aber dann gebrochen, wenn der in Deutschland ansässige Steuerpflichtige in seiner Einkommensteuererklärung Zinsen unterschlägt, die ihm etwa in Luxemburg zugeflossenen sind.

In einer rechtlichen Grauzone sind rein steuerlich motivierte Dispositionen angesiedelt, bei denen Unklarheiten der Gesetzeslage zur Minderung der Steuerbelastung genutzt werden. Hierbei spricht man auch von **Steuerschlupflöchern**, bei einer missbräuchlichen Nutzung steuerlicher Gestaltungsmöglichkeiten von **Steuerumgehung**. Beispiele sind die allein steuerlich motivierten Konstruktionen von neuen Finanzprodukten.

Formale und materielle Inzidenz

Auch wenn es zu keinen Ausweichmanövern kommt, beeinflusst eine Steuer das wirtschaftliche Verhalten. Eine Erhöhung der **Mehrwertsteuer** etwa kann dazu führen, dass die privaten Haushalte ihren Konsum einschränken. Möglich ist aber auch, dass die Unternehmen auf eine Mehrwertsteuererhöhung reagieren, indem sie die Nettopreise senken. Aufgrund dieser Reaktionen lässt sich nicht ohne Weiteres bestimmen, wer am Ende die Last einer Steuer in Form eines höheren Preises zu tragen hat (Abb. 1).

Die Belastung durch eine Steuer wird auch als **Steuerinzidenz** bezeichnet. Dabei wird zwischen der juristischen und der finanzwissenschaftlichen Analyse unterschieden. Rechtlich wird darauf abgestellt, wer die Steuer an das Finanzamt abzuführen hat (formale Inzidenz). Das entscheidende finanzwissenschaftliche Kriterium ist dagegen, wer steuerbedingt mit Wohlfahrtseinbußen konfrontiert ist (effektive Inzidenz). Die formale entspricht keinesfalls immer der effektiven Inzidenz, weil es zur Überwälzung von Steuern kommen kann.

Die **Steuerüberwälzung** lässt sich am Beispiel der Kaffeesteuer verdeutlichen. Die formale Inzidenz trifft den Kaffeeimporteur, der gegenwärtig aus seinen Umsatzerlösen 2,19 € pro kg Röstkaffee (Stand 2009) an den deutschen Fiskus abzuführen hat. Die effektive Steuerlast trägt aber vor allem der Kaffeekonsument, der einen höheren Bruttopreis zahlen muss und dieser Belastung nur ausweichen kann, wenn er weniger Kaffee trinkt.

Determinanten der effektiven Steuerinzidenz

Maßgeblich sind die relative Marktmacht von Angebot und Nachfrage sowie das Angebots- und Nachfrageverhalten. Nehmen wir z. B. an, die Mineralölsteuer werde erhöht. Ist die Nachfrage völlig unelastisch (die Konsumenten fragen zu jedem Preis eine feste Menge Benzin nach), tragen die Autofahrer die volle Last der Steuererhöhung. Das Gleiche gilt für ein völlig elastisches Angebot, bei dem die Tankstellen die Steuererhöhung in vollem Umfang an die Autofahrer weitergeben (Abb. 2). Umgekehrt trifft die Tankstellenbetreiber bzw. die Mineralölgesellschaften die volle effektive Inzidenz, wenn das Angebot völlig unelastisch ist und nicht auf Preisänderungen reagiert. Das Gleiche gilt für eine völlig elastische Nachfrage: Der Benzinpreis kann nicht erhöht werden, der erzielte Nettopreis mindert sich im vollen Umfang der Steuererhöhung.

In der Realität wird die Steuerinzidenz zwischen diesen beiden Extremen liegen: Der Autofahrer ist mit einem höheren Bruttopreis konfrontiert und die Mineralölgesellschaften erzielen netto einen geringeren Preis als dies ohne Steuer möglich wäre.

1 Wer zahlt, wer trägt die Steuerlast? – Einige steuerrechtliche Begriffe

- **Steuerpflichtiger** ist derjenige, der eine Steuerzahlung schuldet (Steuersubjekt, **Steuerschuldner)** oder dafür haftet, z. B. eine Steuer für Rechnung eines Dritten einzubehalten und abzuführen. Steuerobjekt (Steuergegenstand) ist der Tatbestand, an den das Gesetz die Steuerpflicht knüpft (z. B. das Halten eines Kraftfahrzeugs bei der Kraftfahrzeugsteuer). **Steuerbemessungsgrundlage** ist die technisch-physische Größe (Mengensteuer) oder Geldgröße (Wertsteuer), die der Berechnung der Steuerschuld zugrunde gelegt wird. Steuerzahler ist derjenige, der die Steuer an das Finanzamt abführt. Steuerschuldner und **Steuerzahler** fallen nur bei den im Quellenabzugsverfahren erhobenen Steuern auseinander (bei der Lohnsteuer ist der Arbeitnehmer der Steuerschuldner, der Arbeitgeber der Steuerzahler, da er die Lohnsteuer einbehält und an das Finanzamt abführt). **Steuerträger** ist diejenige natürliche Person, die durch die Steuer letztlich belastet wird. Von den Steuerwirkungen (vor allem von der Steuerüberwälzung) hängt es ab, ob der Steuerträger mit dem Steuerdestinatar (demjenigen, der nach Ansicht des Gesetzgebers die Steuerlast tragen soll) identisch ist.

2 Steuerinzidenz bei einer Erhöhung der Mineralölsteuer

- Alleinige Belastung der Autofahrer bei völlig unelastischer Nachfrage (links) und völlig elastischem Angebot (rechts).

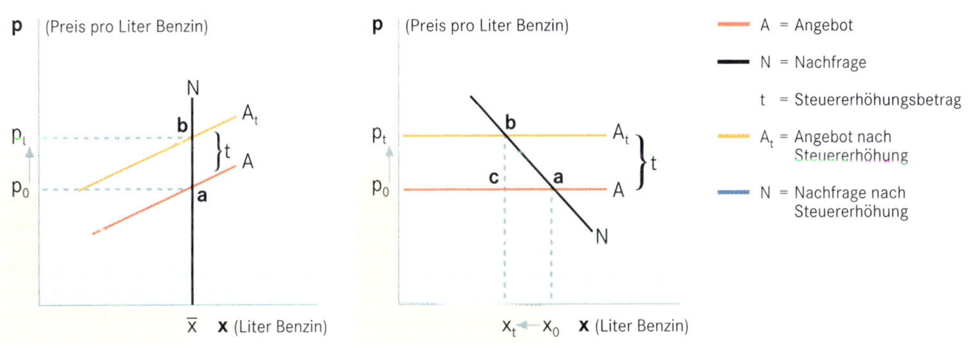

- Alleinige Belastung der Tankstellen und Mineralölgesellschaften bei völlig unelastischem Angebot (links) und völlig elastischer Nachfrage (rechts).

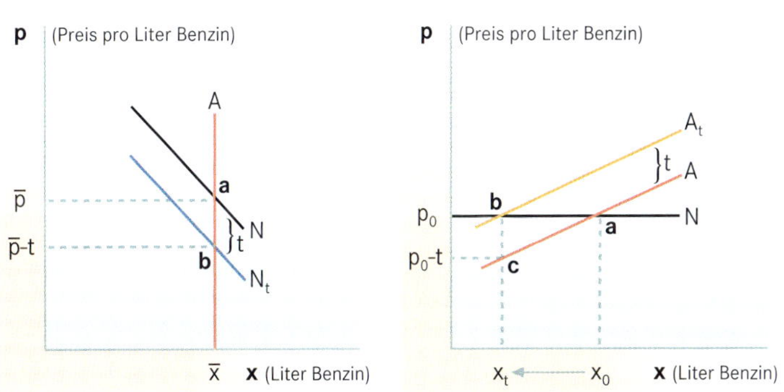

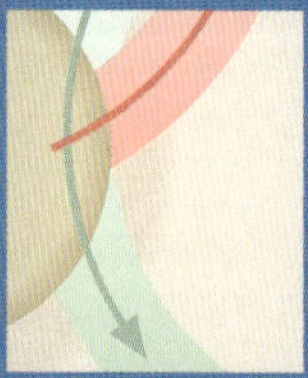

Weltwirtschaft

Im Idealfall ist Außenhandel für alle beteiligten Länder wirtschaftlich vorteilhaft. Seit dem Ende des Zweiten Weltkriegs wurden, ausgehend von dieser Überzeugung, zahlreiche Institutionen gegründet. Doch der wechselseitige Abbau von Handelsschranken ist ein mühsames Unterfangen, denn er erfordert von jedem einzelnen Land die Bereitschaft zur oft unbequemen Anpassung an veränderte Marktbedingungen. Zudem herrscht oft keine Einigkeit über die Verteilung der Außenhandelsgewinne.

Inhalt

Globalisierung

Globalisierung ist die fortschreitende Internationalisierung der Wirtschaft, die einen weltweiten Abbau der Grenzen zwischen den nationalen und regionalen Märkten für Güter und Dienstleistungen, Kapitel und technisches Know-how voraussetzt und vorantreibt.

Treibende Kräfte

Globalisierung betrifft zwar nicht nur ökonomische, sondern auch kulturelle, ethische, ökologische und soziale Aspekte (Abb. 1). Allerdings ist insbesondere die Praxis der Unternehmen, Teile ihrer Produktion in Niedriglohnländer zu verlagern, in der politischen Diskussion umstritten, da sie als wichtige Ursache für Arbeitslosigkeit in den Industrieländern angesehen wird.

Die wichtigste ökonomische Triebkraft der Globalisierung ist das Bestreben von Unternehmen, ihren Gewinn durch international ausgerichtete Aktivitäten zu steigern. Mittel dazu sind sowohl die Ausdehnung der Absatzmärkte als auch die Beschaffung möglichst kostengünstiger Vorleistungen und Arbeitskräfte im Ausland. Da die Konjunkturentwicklungen in den unterschiedlichen Absatzländern nur teilweise miteinander verbunden sind, kann dadurch der Gewinn nicht nur erhöht, sondern auch verstetigt werden.

Die Tendenz zur **Internationalisierung** der Wirtschaft zeigt sich sehr deutlich, wenn man die Entwicklung des Weltbruttosozialprodukts einerseits und des **Welthandels** andererseits betrachtet (Abb. 2). Der Vergleich offenbart, dass der Handel in den letzten 30 Jahren weltweit viel schneller gewachsen ist als die Produktion. Wesentliche Ursache dafür ist der weltweite Abbau von Zöllen und anderen Handelshemmnissen im Rahmen des **Allgemeinen Zoll- und Handelsabkommens (GATT)** und der **Welthandelsorganisation (WTO)**. Hinzu kommen Verbesserungen in der Informations- und Kommunikationstechnik sowie sinkende Transportkosten. Als Folge nimmt die Integration sowohl von Güter- als auch von Faktormärkten weltweit zu.

Wirtschaftliche Dimensionen

Am weitesten fortgeschritten ist die Globalisierung der **Finanzmärkte**. So ist der Preis eines Wertpapiers an allen Börsen, an denen es gehandelt wird, nahezu identisch. Anbieter und Nachfrager haben weltweit ähnliche Informationen und können aufgrund niedriger Transaktionskosten Preisunterschiede schnell ausnutzen.

Einen solchen Grad an **Marktintegration** werden Güter- und Arbeitsmärkte wahrscheinlich nie erreichen, da die Transaktionskosten vergleichsweise hoch und die gehandelten Güter wesentlich weniger standardisiert sind als Wertpapiere. Trotzdem verstärkt sich sogar auf den Arbeitsmärkten die Tendenz zur internationalen Integration. Beispielsweise kann ein in den USA ausgebildeter indischer Informatiker seine Dienste als Softwarehersteller von seiner Heimatstadt Mumbai aus via Internet anbieten und für europäische und amerikanische Unternehmen als „virtueller" Mitarbeiter tätig sein. Da die Lebenshaltungskosten in Indien relativ gering sind, könnte er selbst zu einem Bruchteil des Lohns beispielsweise eines deutschen Informatikers in Indien einen vergleichsweise hohen Lebensstandard aufrechterhalten.

Dieses Beispiel verdeutlicht die weitreichenden Auswirkungen der Globalisierung auf die **internationalen Arbeitsmärkte**: Auf der einen Seite nimmt in den westlichen Industrieländern der Druck auf die Löhne zu, auf der anderen Seite profitieren die Arbeitnehmer in Ländern mit niedrigerem Lohnniveau und geringerem industriellem Entwicklungsstand von einem Anstieg der Beschäftigung und des Einkommensniveaus.

Wirtschaftspolitischer Handlungsbedarf?

Solche Szenarien lassen insbesondere in Europa schnell den Ruf nach protektionistischen Maßnahmen laut werden. Dabei wird jedoch übersehen, dass eine Stärkung der internationalen Arbeitsteilung auch große Vorteile mit sich bringt, wie z. B. niedrigere Preise, besseren Service und ein größeres Produktangebot.

Abgesehen davon spielen im internationalen **Standortwettbewerb** um Unternehmensinvestitionen nicht nur Lohnkosten und Steuern eine große Rolle, sondern auch die Stabilität des politischen und sozialen Umfelds, die Ausstattung mit öffentlicher Infrastruktur, die Leistungsfähigkeit der Verwaltung, die Qualität von Schulen und Universitäten und nicht zuletzt die Produktivität und Leistungsbereitschaft der Arbeitnehmer.

Die Ausgangslage von Ländern und Regionen im Standortwettbewerb ist also sehr komplex. Insofern ist auch eine Vereinheitlichung von Steuer- und Sozialsystemen als internationale wirtschaftspolitische Maßnahme weder sinnvoll noch notwendig. Allerdings sollten die Institutionen und wirtschaftspolitischen Regelungen in den westlichen Industrieländern flexibel genug sein, um Spannungen auf ihren Arbeitsmärkten schnell beseitigen zu können.

▸ 1 Tendenzen ökonomischer Globalisierung

▸ 2 Wachstumsraten des Weltbruttoinlandsprodukts und des Welthandels

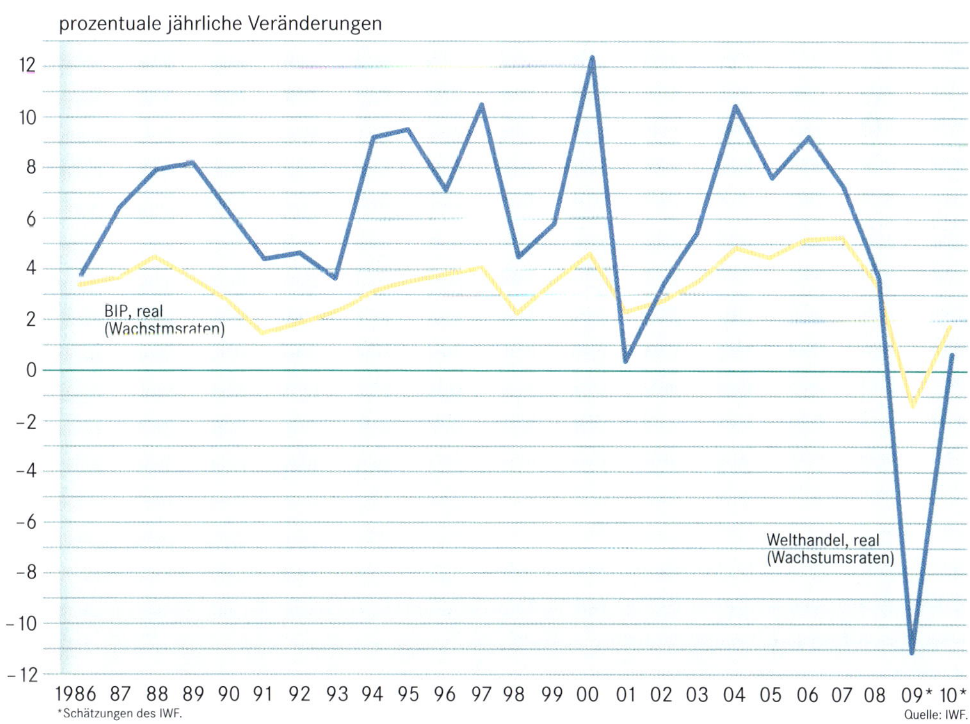

Reale Außenwirtschaftstheorie

Traditionell führt die reale Außenwirtschaftstheorie das Aufkommen von Außenhandel auf internationale Spezialisierungseffekte, d. h. auf Unterschiede in der Produktivität oder in der Ausstattung von Ländern mit Kapital und Arbeitskräften zurück. Empirische Analysen zeigen allerdings, dass Spezialisierungsgewinne nicht alle Facetten des internationalen Handels erklären.

Traditionelle Erklärungen des Außenhandels

Noch in der Zeit des Merkantilismus wurde der Außenhandel als ein Nullsummenspiel betrachtet. Man ging davon aus, dass Handel mit anderen Ländern nur für dasjenige Land gewinnbringend ist, das mehr exportiert als importiert. Erst in der klassischen Nationalökonomie erkannte man, dass Wohlfahrtsgewinne auch dann erzielt werden können, wenn kein Ausfuhrüberschuss realisiert wird, da durch die internationale Arbeitsteilung auch die internationale Produktivität steigt.

Nach Adam Smith (1723–1790) ist der Außenhandelsgewinn für die Welt am höchsten, wenn sich jedes Land auf die Produktion derjenigen Güter spezialisiert, die es am preiswertesten herstellen kann. Der englische Ökonom David Ricardo (1772–1823) verallgemeinerte dieses Theorem der absoluten Kostenvorteile. Sein Theorem der **komparativen Kosten** besagt, dass jedes Land sich auf die Produktion und den Export derjenigen Güter spezialisieren sollte, die es mit dem kleinsten absoluten Nachteil (relativer komparativer Kostenvorteil) herstellen kann (Abb. 1). Ricardo zufolge lohnt sich Außenhandel nicht nur, wenn zwischen zwei Ländern bei der Produktion desselben Gutes absolute Kostenunterschiede bestehen, sondern auch, wenn ein Land einem anderen bei der Produktion aller Güter unterlegen ist.

In den 1950er-Jahren versuchte der amerikanische Wirtschaftswissenschaftler Wassily Leontief (1906 bis 1999), den Zusammenhang zwischen der **Faktorausstattung** der USA und deren Handel mit 200 anderen Ländern zu erklären. Obwohl die USA im internationalen Vergleich gut mit Kapital ausgestattet waren, fand Leontief jedoch Importe, die unter relativ hohem Kapitaleinsatz produziert wurden, und Exporte, die relativ arbeitsintensiv waren. Dieses Resultat, das **Leontief-Paradoxon**, widersprach neben den Ergebnissen anderer Studien auch den traditionellen Erklärungsansätzen, wonach die USA kapitalintensiv erzeugte Güter exportieren und arbeitsintensiv erzeugte Güter importieren sollten.

Differenzierung der Erklärungsansätze

Weitere Erklärungsansätze für den internationalen Handel folgten. So wurden neben Kapital und (ungelernter) Arbeit auch qualifizierte (gelernte) Arbeitskräfte als dritter Produktionsfaktor betrachtet. Dabei zeigte sich, dass der Bildungsgrad der Arbeitskräfte eines Landes dessen Faktorausstattung und komparativen Vorteil im internationalen Handel beeinflusst. Außerdem wurde erkannt, dass nicht alle Länder über dieselbe Technologie verfügen und damit identische Produkte erstellen können, sondern dass technologische Monopole existieren. Länder mit technologischem Vorsprung stellen industrielle Güter mit neuer Technologie her und besitzen daher zunächst einmal einen komparativen Vorteil in Form eines Exportmonopols. Die anderen Länder produzieren und exportieren technologisch vereinfachte, nachgeahmte Produkte erst nach einer gewissen Zeit.

Der amerikanische Ökonom Raymond Vernon (1913 bis 1999) verband 1966 die Existenz des technologischen Monopols von Ländern oder Unternehmen mit dem Lebenszyklus von Produkten. Jede der vier Phasen des **Produktlebenszyklus** ist dabei mit einem typischen Muster des internationalen Handels verbunden (Abb. 2).

Intraindustrieller Handel

Außenhandel wird aber nicht nur zwischen verschiedenen Sektoren betrieben. Vielmehr werden parallel dazu auch sehr ähnliche Güter derselben Branche gehandelt. Die Existenz dieses intensiven intraindustriellen Handels zwischen industrialisierten Ländern wird vor allem durch das Auftreten von oligopolistischer oder monopolistischer Konkurrenz erklärt. Da die Konsumenten eine „Liebe zur Vielfalt" haben, steigt ihr Nutzen mit der Anzahl differenzierter Produkte. Intraindustrieller Handel ist daher lohnend, weil die **Produktvielfalt** durch mehr Anbieter steigt. Aufgrund hoher Fixkosten und der gewünschten kleinen Produktionsmengen besteht ein permanenter Anreiz zur Produktionsausdehnung. Dies verschärft die Konkurrenzsituation, denn eine Industrie kann nur eine bestimmte Anzahl einzelner Monopolisten aufnehmen, die jeweils ein differenziertes Produkt herstellen. Der Export ermöglicht daher die Ausnutzung steigender Skalenerträge (Größenvorteile). Die Koexistenz von intra- und interindustriellem Handel kann also durch monopolistische Konkurrenz und technologischen Vorsprung erklärt werden. Je ähnlicher die Faktorausstattung zweier Länder hierbei ist, desto mehr Intrabranchenhandel findet zwischen ihnen statt.

‣ 1 Absolute und komparative Kostenvorteile im internationalen Handel

‣ **Opportunitätskosten:**
Die für die Herstellung eines Gutes (Autos) aufgewendeten knappen Mittel gehen für die Herstellung eines anderen Gutes (Textilien) verloren. Mit dem Konzept der Opportunitätskosten wird damit die Frage beantwortet, auf wie viele Einheiten eines Gutes bei gegebener Faktorausstattung und Produktivität verzichtet werden muss, um eine Einheit des anderen Gutes herzustellen.

	Fall 1: Absolute Kostenvorteile		**Fall 2:** Komparative Kostenvorteile	
	Land 1	Land 2	Land 1	Land 2
Autoproduktion (Output pro Arbeitsstunde)	3	12	3	12
Textilproduktion (Output pro Arbeitsstunde)	6	4	6	8
Opportunitätskosten Autoproduktion/Textilproduktion	**0,5**	3	**0,5**	1,5
Opportunitätskosten Textilproduktion/Autoproduktion	2	**0,33**	2	**0,66**

‣ Im Fall 1 hat jedes Land einen absoluten Kostenvorteil in der Produktion eines Gutes: Land 1 hat einen Vorteil bei der Textilproduktion, Land 2 bei der Autoproduktion. Im Fall 2 hat Land 2 absolute Kostenvorteile in der Produktion beider Güter, kann also von beiden Gütern mehr produzieren als Land 1. Die Opportunitätskosten bei der Textilproduktion sind für Land 2 jedoch geringer als für Land 1, d. h., der Textiloutput ausgedrückt in Autooutputeinheiten ist größer als der Autooutputeinheiten umgerechnet in Textiloutput. In beiden Fällen können beide Länder deshalb einen Wohlfahrtsgewinn erreichen, wenn sich Land 1 auf die Produktion von Autos und Land 2 auf die Textilproduktion spezialisiert.

‣ 2 Produktlebenszyklus und internationaler Handel in verschiedenen Ländern

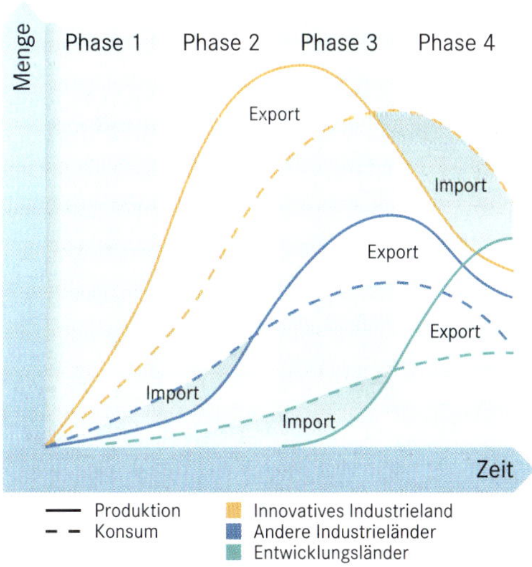

‣ Während das Produkt in seiner Einführungsphase (Phase 1) vor allem auf dem nationalen Markt des innovativen Landes präsent ist, wird es in der Wachstumsphase (Phase 2) verstärkt exportiert. Da in dieser Phase die Technologie sich langsam standardisiert, sinkt auch der Preis des Produkts, und die Produzenten können es erfolgreich weltweit vermarkten. Dies geschieht zunächst in den anderen industrialisierten Ländern, die in der Wachstumsphase langsam beginnen, die Produktion zu imitieren, und in der Reifephase (Phase 3) ihrerseits ein ähnliches Produkt exportieren. In der Sättigungsphase (Phase 4) wird das inzwischen arbeitsintensiv hergestellte Produkt zunehmend auch von Entwicklungsländern hergestellt. Diese exportieren es in die Ursprungsländer, wo der Gesamtkonsum bereits abnimmt, da vor allem neuere und technologisch höherwertige Podukte nachgefragt werden.

Multinationale Unternehmen

Unternehmen sind multinational, wenn sie ihre Produkte in verschiedenen Ländern herstellen. Dazu gründen die „Multis" entweder eine Zweigniederlassung oder beteiligen sich an einem ausländischen Unternehmen im Rahmen von Direktinvestitionen.

Theorie multinationaler Unternehmen

Eine flexible, den Bedingungen der Globalisierung angepasste Form des multinationalen Unternehmens ist das **transnationale Unternehmen**. Weltweit präsente multinationale Unternehmen sind mit lokalen Bedürfnissen konfrontiert, während sie gleichzeitig zentral organisiert sind. In der internationalen Managementtheorie ist das transnationale Unternehmen daher ein global ausgerichtetes Unternehmen mit differenzierter internationaler Strategie, das flexibel auf lokale Erfordernisse an Produktion und Produktgestaltung eingeht.

Die Theorie multinationaler Unternehmen basiert auf den Erkenntnissen und Annahmen der neuen realen Außenwirtschaftstheorie. Sie verbindet Elemente der Außenhandelstheorie und der Industrieökonomik. Zum Beispiel lässt sich im Rahmen der in beiden Bereichen verwurzelten Produktlebenszyklustheorie die Existenz multinationaler Unternehmen gut erklären: Sobald das Produkt in die Reifephase eintritt, versucht die innovative Firma, ihre Marktanteile gegenüber den aufholenden Konkurrenten zu sichern, und verlegt ihre inzwischen technologisch vereinfachte Produktion in die ausländischen Absatzmärkte.

Damit Firmen trotz der Errichtungskosten für Produktionsanlagen im Ausland im Kampf um Marktanteile erfolgreich sind, müssen sie international übertragbare spezifische Vorteile besitzen. Die Existenz solcher spezifischen Vorteile wird im Wesentlichen durch unvollkommene Konkurrenz auf den Märkten erklärt (Abb. 1).

Internalisierungstheorie

Die Multinationalisierung kann im Grunde auch als ein Prozess der Integration verschiedener Phasen der Produktion, die in unterschiedlichen Ländern angesiedelt sind, betrachtet werden. Das multinationale Unternehmen ist die einzige Organisationsform, die diese Produktionsphasen zusammenfügen und somit internalisieren, d. h. vollständig unter seine Kontrolle stellen kann.

Die **Internalisierung** beruht auf der Abwägung des Unternehmens zwischen den Transaktionskosten auf dem Markt (Was kostet das Ergebnis der Produktionsphase, wenn diese von Dritten durchgeführt wird?) und den Kosten der Internalisierung. Hierauf baut die Theorie multinationaler Firmen auf. Solange die Internalisierungskosten kleiner sind als die Transaktionskosten, die beispielsweise durch die Organisation des Absatzes oder den Import von Vor- und Zwischenprodukten entstehen, kommt es zu einer internationalen Ausdehnung des Unternehmens bis hin zur optimalen Unternehmensgröße. Bei zunehmender Produktqualität und höherwertiger Produktionstechnologie steigen die Transaktionskosten und damit der Anreiz zur Internalisierung.

Strategische internationale Beteiligungen

Die Internalisierungstheorie kann zwar Beteiligungen zu 100 %, nicht jedoch internationale Unternehmenskooperationen erklären. Je nach den Produkten, Ländern und Partnern wird ein Unternehmen jedoch auch Mischungen aus Internalisierung und Externalisierung eingehen, um seine Wettbewerbsposition zu verbessern. Hierbei wird zwischen Beteiligungen mit unterschiedlichem Internalisierungsgrad unterschieden.

Strategische Allianzen sind im Interesse beider Kooperationspartner, richten sich aber gegen einen dritten Konkurrenten. Solche Allianzen werden insbesondere von Firmen eingegangen, die einen Vorteil in Forschung und Entwicklung erlangen wollen. Zugang zum Wissen des anderen, positive Skalenerträge für beide sowie eine Verminderung des Risikos oder eine Änderung der allgemeinen Konkurrenzsituation sind die wesentlichen Gründe für ein gemeinsames strategisches Vorgehen.

Volkswirtschaftliche und politische Wirkungen

Die Diskussion um multinationale Unternehmen wird kontrovers geführt. Am wenigsten umstritten ist deren Beitrag zur internationalen Arbeitsteilung, zur Ausweitung des Welthandels und zum wirtschaftlichen Wachstum. Direktinvestitionen bedeuten in der Regel auch einen Transfer moderner Technologien (Abb. 2).

Stark umstritten sind hingegen die Wirkungen auf die Beschäftigung: So gehen oft im Stammland Arbeitsplätze verloren, wenn Teile der Produktion in **Niedriglohnländer** verlagert werden. Dem steht die Sicherung von Arbeitsplätzen gegenüber, wenn durch eine verbesserte Kostenstruktur die internationale Wettbewerbsfähigkeit gestärkt und damit Märkte im In- und Ausland gesichert werden können und wenn mit den verdienten Devisen inländische Erzeugnisse angekauft werden.

▸1 Spezifische Vorteile und Motive multinationaler Unternehmen

1. Bessere Angebotssituation	
Kosten	geringere Produktionsfaktorkosten, z. B. durch billigere Arbeitskräfte
Rohstoffzugang	verbessert, z. B. durch direkten Zugang an der Quelle und geringeres Risiko
Technologie	durch Zugang, Assimilierung, Kopie und Aufholen des Rückstands (Spill-over-Effekte)
2. Bessere Nachfragesituation	
Marktzugang	Umgehen von protektionistischen Maßnahmen (Tariff-Jumping)
Nähe zum lokalen Markt	Konsumentennähe
Substitution	von Produktimmobilität durch Unternehmensmobilität
internationale Diversifikation	a) des Risikos und b) als Weiterführung des inländischen Wachstums (Sättigung des eigenen Marktes)
3. Bessere Konkurrenzsituation	
Oligopolistic Reaction	Implantation multinationaler Firmen in einem Sektor findet häufig fast zum gleichen Zeitpunkt statt und unterliegt dabei reziproken Repressalien; die erste auf dem neuen Markt auftretende Firma ist „Leader" und destabilisiert das Oligopol, dann erfolgt die Implantation der anderen; „Leader" hat temporäre Marktausbeutungsmöglichkeit aufgrund eines technologischen Vorteils.
internationale strategische Allianzen	Kooperation unter Konkurrenten, notwendig, um als Erster am Ziel anzukommen (traditioneller Kampf um Marktanteile ist abgelöst durch einen Vorsprungskampf, verursacht durch die gegenwärtige monopolistische Industriestruktur); Kampf um internationale Allianzen und gegenseitige Kontrolle der „Leader".
Agglomerationseffekte	positive externe Effekte können eine Implantation profitabel machen; Firma wird Agglomerationseffekte für „Followers" schaffen, hat jedoch einen Vorsprung bezüglich der Marktanteile.

▸2 Jährliche Direktinvestitionen in Entwicklungs- und Schwellenländern

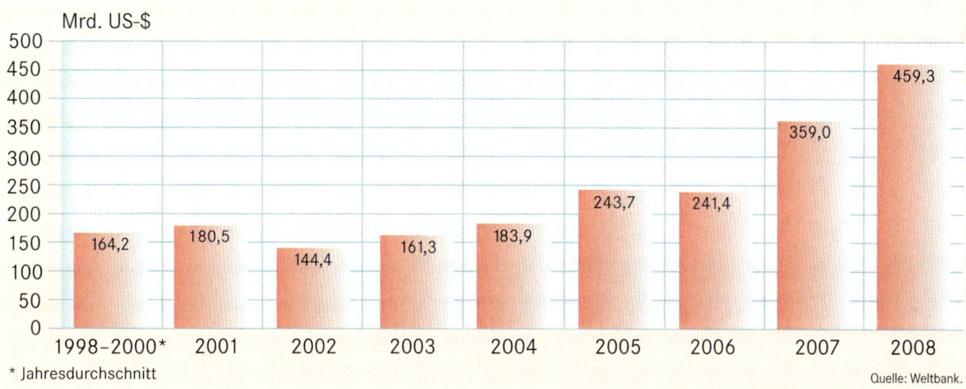

Internationaler Kapitalverkehr

Internationale Faktorwanderungen, d. h. internationale Bewegungen von Kapital und Arbeitskräften, sind neben dem internationalen Handel eine weitere Form der weltwirtschaftlichen Verflechtung.

Autonome und induzierte Kapitalbewegungen

Die induzierten Kapitalbewegungen sind die Gegenbuchungen der in den anderen Teilbilanzen erfassten Handelstätigkeiten sowie der Transaktionen, die in der Übertragungsbilanz erfasst sind; diese Kapitalbewegungen entsprechen immer einem Nettokapitalexport oder -import, also einer Veränderung der Auslandsposition einer Volkswirtschaft. Beispielsweise spiegelt sich ein Außenhandelsüberschuss in einem gleich großen Defizit der Kapitalverkehrsbilanz (Nettokapitalexport) wider.

Autonome Kapitalbewegungen hingegen werden ihrer selbst wegen durchgeführt; sie bilden Veränderungen der Zusammensetzung von Forderungen und Verbindlichkeiten gegenüber dem Ausland ab. Hierbei handelt es sich um internationale **Kreditgeschäfte**, Direktinvestitionen und Portfolioinvestitionen. Kreditgeschäfte sind hauptsächlich Handelskredite der Unternehmen und Finanzkredite der Banken. Nach dem Grad der Beteiligung an einem Unternehmen wird in den Statistiken zwischen Portfolio- und Direktinvestitionen differenziert. Beide werden ausschließlich von Privaten (Kreditinstituten, Unternehmen und Privatpersonen) vorgenommen. Der öffentliche internationale Kapitalverkehr durch die Regierung oder Zentralbank resultiert dagegen im Wesentlichen aus Marktinterventionen, Beteiligungen an internationalen Organisationen, Entwicklungshilfe und -krediten.

Kapitalbewegungen mit einer Laufzeit von unter einem Jahr zählen als kurzfristiger, solche mit längerer Laufzeit als langfristiger Kapitalverkehr. In der Kapitalbilanz findet seit 1995 diese Trennung nicht mehr statt.

Direkt- und Portfolioinvestitionen

Direktinvestitionen im Ausland bzw. ausländische Direktinvestitionen im Inland sind Kapitalanlagen zur Gründung oder zur Beteiligung mit unternehmerischer Verantwortung an Unternehmen, Produktionsstätten oder Niederlassungen. Die zahlreichen Motive für internationale Direktinvestitionen sowie der Prozess der Multinationalisierung werden in der Theorie **multinationaler Unternehmen** analysiert. Mit Produktionsverlagerungen ins Ausland wollen Unternehmen unter anderem Handelshemmnisse umgehen, von geringeren Lohnkosten im Ausland profitieren sowie Absatz- und Bezugsmärkte sichern (Abb. 1).

In Kapital exportierenden Ländern bestehen häufig Ängste vor dem Verlust von inländischen Arbeitsplätzen, während ausländische Direktinvestitionen meist begrüßt werden, da sie als ein Maß für die Attraktivität einer Volkswirtschaft als Unternehmensstandort gelten. Tatsächlich werden aber viele Investitionen in Ländern durchgeführt, zu denen enge Handelsbeziehungen bestehen. Nicht jede Investition zieht daher einen Verlust von Arbeitsplätzen im Inland nach sich. Neuere Studien ergeben, dass Direktinvestitionen eher komplementär zu Exporten wirken, sie also verstärken. Damit wirken sie positiv auf die inländische Wirtschaft. Insbesondere bei den technisch anspruchsvollen Gütern ist eine zunehmende Internationalisierung des Produktionsprozesses zu beobachten, was mit einem weltweit steigenden Intrafirmenhandel verbunden ist.

Portfolioinvestitionen sind Investitionen in eine Reihe verschiedener internationaler Finanzmarktpapiere, die aufgrund von Risiko- und Renditevergleichen zusammengestellt werden. Sie unterscheiden sich von Direktinvestitionen vor allem dadurch, dass sie allein zur Gewinnerzielung durchgeführt werden (Abb. 2).

Kapitalverkehrsbeschränkungen

Aus wirtschaftspolitischer Sicht ist internationale Kapitalmobilität insoweit positiv zu beurteilen, als sie einen weltweit effizienten Einsatz des Kapitals erlaubt. Dies wiederum fördert die internationale Arbeitsteilung und die Dynamik der weltwirtschaftlichen Entwicklung.

Aufgrund dieser Überlegung wurden bis heute in nahezu allen Industrieländern Kapitalverkehrsbeschränkungen oder **Kapitalverkehrskontrollen** weitgehend abgebaut. Der Versuch insbesondere von Entwicklungsländern, Kapitalbewegungen dennoch zu beschränken, zielt darauf ab, die heimische Wirtschaft vor den schädlichen Wirkungen spekulativer Kapitalbewegungen oder dem Abfluss von Kapital zu schützen, das für Investitionen benötigt wird. Zu solchen Maßnahmen gehören unter anderem die Beschränkung von Kapitalabflüssen, die finanzielle Belastung von Kapitalbewegungen durch steuerliche Eingriffe, die protektionistische Genehmigungspflicht oder die Begrenzung von Direktinvestitionen und insbesondere die Einschränkung der freien Austauschbarkeit (Konvertibilität) einer Währung.

▸1 Das OLI-Paradigma zur Erklärung von ausländischen Direktinvestitionen

Strukturvariablen OLI	Land	Industrie	Firma
O = Ownership (Eigentümervorteil)	Faktorausstattung, Marktgröße, F&E und Innovationspolitik	Grad an F&E, Innovation, Produktdifferenzierung	Know-how durch firmeneigene F&E, Patente
L = Location (Standortvorteil)	Distanz zwischen Ländern, Handelspolitik (Zölle, Quoten; Integrationsgrad)	Ressourcen (Rohstoffe), Steuern, Energie- und Lohnkosten	Managementstrategie gegenüber DI, Sprachbarrieren
I = Internalisierung (Vorteil der firmeninternen Vermarktung)	Transaktionskosten (z. B. durch inadäquate staatliche und private Angebote, Bildung)	Vertikale/horizontale Integration, Ausnutzung von O-Vorteilen	Organisations- und Kontrollvorteile innerhalb einer Firma, Lizenzen

F&E = Forschung & Entwicklung DI = ausländische Direktinvestitionen

Quelle: Dunning.

▸2 Langfristige Kapitalbewegungen Vergleich der Entwicklung in ausgewählten Ländern 2007 (in Mrd. US-$)

▸ Ein Vergleich der langfristigen internationalen Kapitalflüsse in einigen wichtigen Ländern zeigt, dass Kapitalbewegungen seit 1980 stark angestiegen sind. Die großen Industrieländer tätigen meist mehr Direktinvestitionen im Ausland als Kapitalzuflüsse stattfinden. Im Vergleich fallen dabei Deutschland und Japan auf. Die geringen Direktinvestitionen in Deutschland sind ein Indiz dafür, dass der Standort Deutschland zumindest für ausländische Unternehmensniederlassungen nur eine geringe Attraktivität besitzt. Die Daten für Japan zeigen ebenfalls nur 2007 geringe Direktinvestitionszuflüsse in diesem Land. Dabei ist Japan aber weniger von hohen Produktionskosten als vielmehr von protektionistischen Maßnahmen geprägt.

Die USA sind von nahezu viermal höheren Portfoliokapitalzu- als -abflüssen geprägt, was u. a. durch die hohe Attraktivität des US-$ verursacht wird.

China als Transformationsland hat höhere Kapitalzu- als -abflüsse zu verbuchen. Die Wirtschaft ist in einer Aufbauphase, in der ausländisches Kapital den Entwicklungsprozess beschleunigen kann.

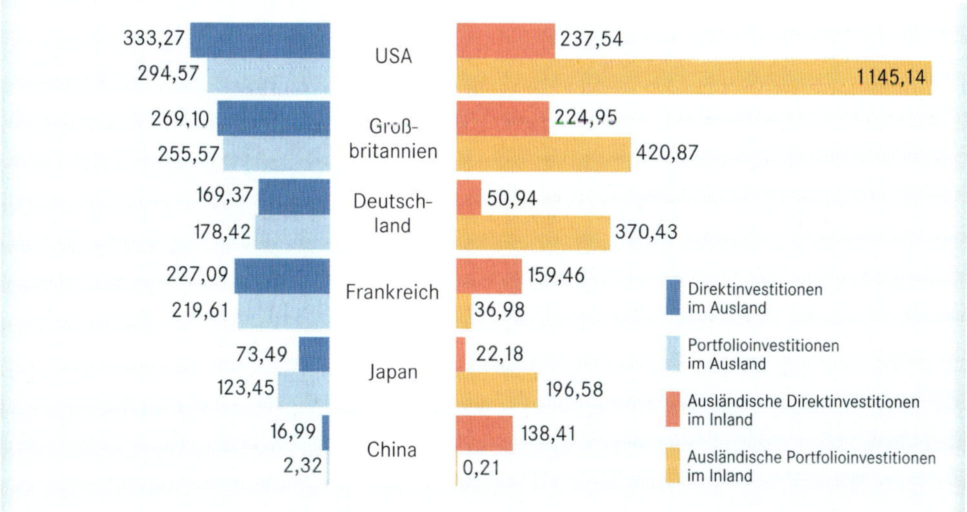

Quelle: Internationaler Währungsfonds.

Protektionismus

Protektionismus ist ein sehr altes Phänomen. Im Merkantilismus herrschte der Glaube vor, internationaler Handel sei nur dann von Nutzen, wenn ein Land mehr Güter aus- als einführen und somit im Außenhandel einen Einnahmenüberschuss realisieren könne.

Tarifäre Handelshemmnisse

Allmählich gelangte man zu der Erkenntnis, dass der Freihandel die Wohlfahrt aller beteiligten Länder steigert. Im Rahmen des **GATT** werden seit den 1960er-Jahren weltweit tarifäre Handelshemmnisse abgebaut; und protektionistische Maßnahmen werden nur noch ausnahmsweise geduldet.

Tarifäre Handelshemmnisse entstehen durch die Auferlegung von **Zöllen**. Durch die damit bewirkte Verteuerung der Importgüterpreise werden die inländischen Produzenten geschützt. Der Zoll ist eine indirekte Steuer wie die Mehrwertsteuer, die entweder pro Stück **(Mengenzoll)** oder auf den Wert **(Wertzoll)** geleistet werden muss. Ein Zoll hat mehrere Effekte: Der Import der durch ihn verteuerten Güter sinkt, die inländische Produktion identischer oder ähnlicher Güter steigt. Die inländische Produktion wird jedoch meist zu Preisen abgesetzt, die höher sind als die Preise der Importgüter vor der Zollerhebung. Deshalb sinkt der Gesamtkonsum der entsprechenden Güter. Zwar erzielt der Staat Zolleinnahmen, und die inländischen Produzenten verkaufen mehr inländische Güter; beides wird jedoch von den inländischen Konsumenten finanziert. Hinzu kommt ein Wohlfahrtsverlust durch die ineffiziente Produktion.

Nichttarifäre Handelshemmnisse

Seit den 1970er-Jahren wurde eine neue Form des Protektionismus, der **neue Protektionismus**, verstärkt praktiziert: Nichttarifäre Handelshemmnisse (Abb. 1 und 2) sind sowohl formale (preisbezogene und mengenbeschränkende) Maßnahmen als auch administrative Handelsbeschränkungen.

Eine häufige Variante formaler Handelsbeschränkungen sind **Mengenbeschränkungen (Kontingente)**, die entweder auf das Volumen oder den Wert bezogen sind. Die so genannte freiwillige Exportbeschränkung geht vom exportierenden Land aus. Sie ist jedoch in Grunde eine Variante der Mengenbeschränkung mit dem Unterschied, dass sie nicht vom Importland vorgegeben wird. Dennoch kann sie entweder vom importierenden Land auferlegt oder durch Übereinkunft beschlossen worden sein **(Selbstbeschränkungsabkommen)**. Direkte Handelshemmnisse sind im GATT untersagt.

In Form von **Subventionen** werden die Kosten der inländischen Produzenten verändert, nicht jedoch der Preis für die Konsumenten. Diese Art der Protektion ist daher effizienter als Zölle. Nur auf der Produktionsseite entsteht eine Verzerrung der Produktionskosten.

Beim **Dumping** wird ein Produkt im Ausland zu einem Preis angeboten, der unter den Produktionskosten im Inland liegt. Um die Differenz zu finanzieren, können Firmen im Inland einen höheren Verkaufspreis festsetzen; aber auch Subventionen könnten dazu dienen, den Exportpreis abzusenken. Eine Exportsubvention ist allerdings im Rahmen des GATT verboten.

Eine öffentliche Auftragsvergabe zugunsten inländischer Produzenten, eine Einfuhrüberwachung und Ursprungskontrollen, Verbraucherschutzbestimmungen, technische Normen und Standards sowie Menschenrechts- und Sozialklauseln können zu administrativen Handelsbeschränkungen führen.

Argumente für den Protektionismus

Trotz der allgemein akzeptierten Erkenntnis, dass Freihandel Wohlfahrtsgewinne für alle Beteiligten bringt, gibt es immer noch Länder, die zu protektionistischen Maßnahmen greifen. Zu deren Rechtfertigung gibt es eine Reihe von Argumenten. Zum einen kann die vorübergehende Protektion einer jungen, neu entstehenden Branche mit noch kleinen, international noch nicht wettbewerbsfähigen Unternehmen **(Infant Industry)** angebracht sein. Ebenso kann es theoretisch sinnvoll sein, alte Industrien, die sich nicht mehr gegen ausländische Konkurrenz behaupten können, noch für begrenzte Zeit zu schützen, um eine abrupte und damit sozial nicht erwünschte Form des Umbaus zu vermeiden.

Vielfach werden protektionistische Maßnahmen jedoch permanent eingesetzt, um heimische Arbeitsplätze gegenüber der ausländischen, billigeren Lohnkonkurrenz zu verteidigen. Handelsbarrieren können die Arbeitslosigkeit im Inland verringern, wenn sich die Nachfrage von den verteuerten Importen hin zu den inländischen Produkten verschiebt. Ein weiterer positiver Effekt ist, dass die Zölle eine Einnahmequelle für den Staat darstellen. Da Staaten ihre komparativen Vorteile im internationalen Handel beeinflussen wollen, versuchen sie, im Rahmen des internationalen Rechts eine aktive Handelspolitik zu betreiben.

▸1 Auflistung nichttarifärer Handelshemmnisse

Gruppe 1

- Subventionen
- Staatshandel
- Regierungskäufe
- Wettbewerbsbeschränkungen

Gruppe 2

- Konsularformalitäten
- Zollwertbestimmungen
- Antidumpingzölle
- Zolltarifierung

Gruppe 3

- Industrie-, Gesundheits-, Sicherheits- und andere Normen
- Verpackung, Etikettierung und Ursprungsangaben

Gruppe 4

- Mengenmäßige Beschränkungen und Importlizenzen
- Embargos und andere Beschränkungen
- Filmkontingente
- Diskriminierung aufgrund bilateraler Verträge
- Devisenkontrollen
- Maßnahmen zur Regulierung inländischer Preise
- Exporteinschränkungen
- Diskriminierung bezüglich Lieferanten
- Zollkontingente
- Andere Beschränkungen

Gruppe 5

- Zusatzabgaben, Hafen- und statistische Gebühren
- Grenzausgleichsteuer
- Diskriminierende Filmsteuer
- Vorherige Einfuhrdepots
- Veränderliche Abschöpfungen
- Diskriminierende Kreditbeschränkungen
- Notstandsmaßnahmen

Quelle: Senti.

▸2 Institutionen zur Handelsliberalisierung – vom GATT zur WTO

1947 Abschluss des GATT (**G**eneral **A**greement on **T**ariffs and **T**rade) zwischen 23 Staaten. Kernelemente sind:

- Zollabbau
- Verbot von Mengenbeschränkungen
- Verbot der Diskriminierung ausländischer Waren
- Ausnahmeregelungen bei der Bildung von Zollunionen und Freihandelszonen

1965 Ergänzung des GATT durch Sonderregelungen für Entwicklungsländer (z. B. Erleichterungen des Zugangs zu Auslandsmärkten für Entwicklungsländer ohne Gegenleistungen). In den Folgejahren in der Politik zur Liberalisierung des Welthandels zunehmende Konzentration auf die Beseitigung nichttarifärer Handelshemmnisse.

1994 Überführung des GATT in die von den Vereinten Nationen neu errichtete WTO (**W**orld **T**rade **O**rganisation) mit heute 147 Mitgliedstaaten. Im Zuge damit

- Integration der Bereiche Agrar- und Textilwirtschaft in das GATT
- Abschluss des Dienstleistungshandelsabkommens GATS (**G**eneral **A**greement on **T**rades in **S**ervices)
- Abschluss des Abkommens zum Handel mit geistigen Eigentumsrechten TRIPS (Agreement on **T**rade-**R**elated **A**spects of **I**ntellectual **P**roperty **R**ights)

seit 2001 Neunte Welthandelsrunde, die sog. Doha-Entwicklungsrunde (Doha Development Agenda). Kernthemen sind u. a.:

- Abbau von Agrarsubventionen
- Erleichterung des Marktzugangs für Textilien aus den am wenigsten entwickelten Ländern
- Technologietransfer

Dumping

Nach den Regelungen des Allgemeinen Zoll- und Handelsabkommens (GATT) liegt Dumping vor, wenn die Ware eines Landes unter ihrem „normalen Wert" auf dem Markt eines anderen Landes angeboten wird.

Motive und Formen

Der „normale Wert" einer Ware wird in der Regel durch ihren um die Transportkosten korrigierten Inlandspreis bestimmt. Beim Dumping liegt also eine **räumliche Preisdifferenzierung** vor. Wird die Ware im Inland nicht vertrieben, so können zur Bestimmung des „normalen Werts" die Preise vergleichbarer Waren auf dem Inlandsmarkt oder die Grenz- bzw. Durchschnittskosten bei der Produktion herangezogen werden.

Das Ziel von Dumping ist häufig die Eroberung eines ausländischen Marktes; die Industrie im Exportland soll verdrängt werden. Ist die angestrebte Marktposition erreicht, werden die Preise wieder erhöht. Privatwirtschaftliches Dumping ist langfristig nicht durchzuhalten, wenn ein Rückimport der Waren möglich ist. Staatliche Maßnahmen zur Verhinderung eines Rückimports sind Zölle oder Einfuhrkontingente. Bei wirtschaftspolitischem Dumping wird der Exportpreis durch staatliche Maßnahmen wie z. B. Exportsubventionen gesenkt.

Valutadumping bedeutet das Erlangen von Absatzvorteilen auf Exportmärkten durch eine gezielte und fortlaufende Abwertung der eigenen Währung **(Beggar-my-Neighbour-Policy)**. Sozial- oder Umweltdumping liegt vor, wenn niedrige Exportpreise durch geringe Sozialleistungen oder Umweltauflagen in den Exportländern ermöglicht werden.

GATT und Antidumping

Bereits in der „Kennedy-Runde" des GATT (1964–1967) wurden Regelungen zum **Antidumping** festgelegt. Zur Abwehr ausländischen Dumpings dürfen Antidumpingzölle eingeführt werden. Um deren missbräuchlichen Einsatz zu verhindern, wurden im GATT die Bedingungen zur Einführung eines solchen Zolls sehr streng definiert. So ist es erforderlich, eine erhebliche Schädigung der inländischen Produktion nachzuweisen. In der „Uruguay-Runde" (1986–1993) wurden diese Regelungen genauer gefasst. Danach sind z. B. bei nur geringer Preisdifferenzierung (Ermäßigungen der Exportpreise um bis zu 2 %) oder unbedeutenden Importmengen (Marktanteile von unter 3 %) die Untersuchungen einzustellen. Außerdem dürfen bestimmte Subventionen nicht mit Ausgleichszöllen belegt werden. Überdies wurde die Laufzeit von Strafzöllen auf fünf Jahre begrenzt. Valuta-, Sozial- und Umweltdumping entsprechen nicht der im GATT festgelegten Definition für Dumping und können deshalb hier nicht verhindert werden.

Sozialdumping, Umweltdumping

Im Fall des **Sozialdumpings** beruht der Preisvorteil auf niedrigen Lohn- und Lohnnebenkosten sowie geringen Sozialleistungen in den Exportländern. In der „Uruguay-Runde" des GATT forderten vor allem die USA und Frankreich die Einbeziehung einer Sozialklausel in das Welthandelssystem. Dadurch soll ein Mindestmaß an Sozialstandards gesichert sowie Kinderarbeit verhindert werden (Abb. 1). Demnach könnten handelspolitische Sanktionen gegen solche Länder verhängt werden, die gewisse Mindeststandards im Hinblick auf Arbeitsbedingungen und Arbeitnehmerrechte verletzen **(Lohndumping)**. Die Befürworter von Mindeststandards befürchten zunehmenden Druck auf das Lohnniveau der Industrieländer (Abb. 2). Wenn dieses nicht abgesenkt werden könne, würden Produktionsstätten in die Niedriglohnländer verlagert und z. B. in Deutschland Arbeitsplätze abgebaut werden.

Die Entwicklungs- und Schwellenländer lehnen eine Sozialklausel im Welthandelssystem ab. Aus ihrer Sicht versteckt sich dahinter ein protektionistisches Instrument der Industrieländer zur Abschottung ihrer Märkte. Sie befürchten, durch Einführung „grüner" Handelshürden in ihrem Fortschritt gebremst zu werden. Als Argument gegen die Sozialklausel führen sie an, dass die Wohlstandsgewinne aus dem Freihandel das Lebens- und Umweltschutzniveau in Entwicklungsländern und Reformstaaten von selbst heben würden. Nach Ansicht der Welthandelsorganisation (WTO) sollte der wirtschaftlichen Herausforderung mit ausländischen Investitionen in diesen Ländern, nicht aber mit Handelsbeschränkungen begegnet werden.

Forderungen nach Sanktionen bestehen auch gegen Länder, deren Produkte aufgrund niedriger Umweltschutzstandards billig angeboten werden. Den Entwicklungsländern werden also Versäumnisse im Umweltschutz nicht zugestanden (Abb. 3). Unter Umwelt- oder Ökodumping versteht man allerdings auch, dass strenge Umweltschutzvorschriften in den Industrieländern durch die Produktion im Ausland umgangen werden.

▸ 1 Kinderarbeit weltweit

Erwerbstätige Kinder in Mio. 2000	Erwerbstätige Kinder in Mio. 2004	Region	Erwerbsquote in % 2004	Erwerbsquote in % 2000
127,3	122,3	Asien und der Pazifik	18,8	19,4
17,4	5,7	Lateinamerika und Karibik	5,1	16,1
48,0	49,3	Afrika südlich der Sahara	26,4	28,8
18,3	13,4	sonstige Regionen	5,2	6,8
211,0	190,7	Welt	15,8	17,6

2000 2004

Quelle: Internationale Arbeitsorganisation.

▸ 2 Arbeitskosten je Stunde in der Europäischen Union

▸ Durch die Osterweiterung der Europäischen Union hat das Gefälle der Arbeitskosten stark zugenommen. In Dänemark, dem Land mit den höchsten Arbeitskosten je Stunde, kostete im Jahr 2005 eine Arbeitsstunde rund 20-mal so viel wie in Bulgarien, das am unteren Ende der Skala rangiert.

Durchschnitt der EU-27 (2005): 20,53 €
Durchschnitt der EU-15 (2003): 24,32 €

Rang		€	€		Rang
1	Dänemark	31,98	4,00	Slowakische Republik	**22**
2	Schweden	31,55	4,67	Estland	**23**
3	Luxemburg	31,10	3,56	Litauen	**24**
4	Belgien	30,73	2,52	Lettland	**25**
5	Frankreich	29,29	2,33	Rumänien	**26**
6	Niederlande	27,41	1,55	Bulgarien	**27**

Quelle: Eurostat.

▸ 3 Steigende Bedeutung der Umweltaspekte im internationalen Agrarhandel

▸ Unter den Schlagwörtern Deregulierung und Globalisierung hat die Europäische Union (EU) auf zahlreichen Agrarmärkten faktisch Weltmarktbedingungen eingeführt. Auf die Herstellung gleicher ökonomischer Bedingungen sind jedoch keine Umweltstandards gefolgt, die die Anforderungen an eine umweltgerechte Landbewirtschaftung festlegen. Nachhaltige Wirtschaftsweisen, flächendeckende Landbewirtschaftung und die Einhaltung detaillierter Umweltvorschriften, wie in der EU praktiziert, haben aber ihren Preis. Dieser Preis droht über Umweltbeeinträchtigungen durch die landwirtschaftliche Produktion im Exportland unterlaufen zu werden (Umweltdumping). Deshalb wird in der öffentlichen Diskussion zunehmend die Forderung gestellt, beim internationalen Handel auch Umweltaspekte zu berücksichtigen. Ähnlich wie beim weltweit anerkannten „Codex Alimentarius“ mit seinen Leitlinien für die Definition und Begutachtung von Lebensmitteln im internationalen Handel wird von berufsständischer Seite gefordert, einen „Codex Agrarius“ mit Leitlinien für eine Landbewirtschaftung vorzugeben, in dem wichtige Eckdaten einer nachhaltigen Landbewirtschaftung festgelegt sind.

Internationale Wettbewerbsfähigkeit

Internationale Wettbewerbsfähigkeit wird in erster Linie durch vergleichsweise niedrige Ausfuhrpreise erreicht. Das Niveau der Ausfuhrpreise spiegelt sich in den Terms of Trade oder dem realen Außenwert der heimischen Währung wider.

Indikatoren

Die Wettbewerbsfähigkeit einer Volkswirtschaft im internationalen Handel wird nicht nur von den Terms of Trade, sondern auch von **Standortfaktoren** wie der Höhe der Lohnstückkosten, der Verfügbarkeit und Qualität von Produktionsfaktoren, den Forschungsaktivitäten sowie von Maßnahmen des öffentlichen Sektors (z. B. Steuerpolitik) beeinflusst.

Die **Terms of Trade**, das reale Austauschverhältnis einer Währung, sind ein gebräuchlicher Indikator der internationalen Wettbewerbsfähigkeit. Sie geben das in einer bestimmten Währung, z. B. in Euro, ausgedrückte Verhältnis der durchschnittlichen Preise von Exportgütern zu Importgütern an, zeigen also, wie viel ein Land exportieren muss, um Güter im Wert von beispielsweise einem Euro importieren zu können. Steigen die Exportpreise stärker als die Importpreise oder gehen sie weniger stark zurück, so erhöhen sich die Terms of Trade. Dies bedeutet, dass für eine gegebene Exportmenge mehr Güter importiert werden können. Daher gibt die Entwicklung der Terms of Trade Aufschluss über die Wohlfahrtsentwicklung eines Landes. Dies gilt allerdings nur dann uneingeschränkt, wenn man unterstellt, dass das Exportgütervolumen von einer Preisänderung unbeeinflusst bleibt. Tatsächlich jedoch führt eine Preisänderung zu Absatzeinbußen, sodass im ungünstigsten Fall sogar nur weniger Güter importiert werden können.

Der reale **Außenwert** einer Währung ist ebenfalls ein wichtiger Indikator. Er steigt beispielsweise dann, wenn der Wechselkurs steigt, während das Verhältnis zwischen dem in- und dem ausländischen Preisniveau gleich bleibt. In diesem Fall steigt die Kaufkraft der Währung im Ausland, d. h., der Einkauf von Importgütern wird billiger. Gleichzeitig werden jedoch die inländischen Exportgüter im Ausland teurer.

Da die D-Mark seit den 1970er-Jahren beständig nominal aufgewertet wurde, klagte insbesondere die deutsche Exportbranche über den damit angeblich einhergehenden Rückgang ihrer Konkurrenzfähigkeit. Ob diese Klage berechtigt war, ist umstritten. Dies hängt davon ab, ob die Entwicklung der D-Mark nicht nur Unterschiede zwischen den Preissteigerungsraten kompensierte, sondern auch eine reale Aufwertung mit sich brachte. Hier ergibt sich jedoch je nach Art des verwendeten Deflators ein unterschiedliches Bild (Abb. 1).

Ein weiterer Maßstab für die internationale Wettbewerbsfähigkeit ist der Saldo der **Handelsbilanz.** Ein Handelsbilanzüberschuss zeigt an, dass eine Volkswirtschaft mehr exportiert als importiert hat und daher von Kapitalzuflüssen profitieren kann. Auch die Höhe der ausländischen **Direktinvestitionen** ist ein Zeichen für die Wettbewerbsfähigkeit des nationalen Investitionsstandorts, der geprägt ist durch die Qualität der Standortfaktoren. Während Deutschland traditionell ein Land mit Handelsbilanzüberschüssen ist, ist die Lage bei den Direktinvestitionen nicht so eindeutig positiv (Abb. 2).

Das Instrument der Abwertung

Traditionell gilt die nominale Abwertung der eigenen Währung als wirtschaftspolitische Maßnahme, die bei starren Produktionskosten, insbesondere bei fixen Lohnkosten, zur Exportpreissenkung beitragen kann (Abb. 3). Gelegentlich greifen Länder darauf zurück, um die Wettbewerbsfähigkeit der eigenen Wirtschaft zu steigern. Damit können sie im Extremfall einen Abwertungswettlauf **(Beggar-my-Neighbour-Policy)** in Gang setzen. Der Internationalen Währungsfonds (IWF) versucht derartige Aktionen durch eine internationale Kontrolle der Wechselkurspolitik zu verhindern.

Eine Abwertung kann aber auch eine Reaktion darauf sein, dass in einem Land ein wesentlicher Unterschied zwischen dem Devisenkurs und der tatsächlichen Kaufkraft der inländischen gegenüber der ausländischen Währung entsteht. Dieser Zusammenhang gilt beispielsweise dann, wenn das Preisniveau im Inland stärker steigt als im Ausland. In einem solchen Fall werden die heimischen Exporte erschwert und die Importe aus den Partnerländern erleichtert, die Nachfrage nach der heimischen Währung sinkt und diese wertet ab. Schließlich werden infolge der Abwertung die Exportchancen wieder verbessert.

Innerhalb der Europäischen Währungsunion sind wechselkursbedingte Verbesserungen oder Verschlechterungen des realen Außenwertes der Einheitswährung **Euro** systembedingt nicht mehr möglich. Die Mitgliedsländer müssen also, wollen sie ihre Wettbewerbsfähigkeit gegenüber den Unionspartnern steigern, ihre Produktionskosten senken oder die Produktqualität verbessern.

▸ 1 Realer Außenwert der D-Mark

▸ Auf der Basis der Preisindizes für die Lebenshaltung und der Deflatoren des Gesamtabsatzes zwischen 1975 und 1998 verlor die D-Mark an Wert (oben). Auf Basis der Lohnstückkosten ergibt sich teilweise eine reale D-Mark-Aufwertung (unten).

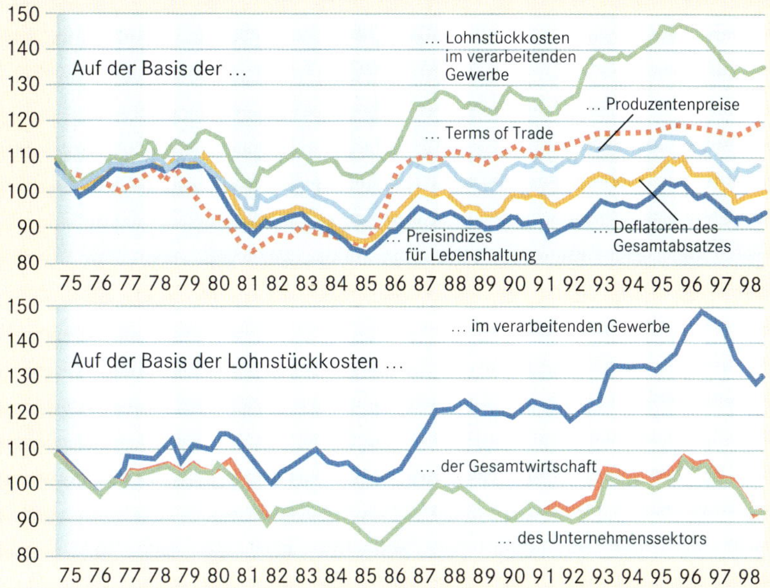

1975 = 100
Vierteljahresdurchschnitt

Gewogener Außenwert der D-Mark gegenüber 18 Industrieländern (Außenwert auf der Basis der Lohnstückkosten des verarbeitenden Gewerbes ohne Einbeziehung Griechenlands und Irlands). Gewichtung gemäß Außenwertberechnungen der Bundesbank. Quelle der Angaben zu Lohnstückkosten: OECD.

▸ 2 Direktinvestitionen Deutschlands (in Mrd. Euro)

▸ Neuanlagen (Beteiligungs- und Fremdkapital) abzüglich Liquidationen

▸ 3 Die Wirkungen einer Währungsaufwertung und -abwertung

0,83 €/US-$ (Preisnotierung[1])		1,20 US-$/€ (Mengennotierung[2])	
Fall 1: Der US-Dollar wird billiger		**Fall 2:** Der US-Dollar wird teurer	
0,80 €/US-$ entsprechen 1,25 US-$		0,86 €/US-$ entsprechen 1,16 US-$	
Abwertung des US-Dollar US-amerikanische Waren in Deutschland billiger	Aufwertung des Euro deutsche Waren in den USA teurer	Aufwertung des US-Dollar US-amerikanische Waren in Deutschland teurer	Abwertung des Euro deutsche Waren in den USA billiger

1) Der Preis für eine ausländische Währungseinheit, ausgedrückt in inländischer Währung.
2) Die Menge an ausländischen Währungseinheiten, die für eine inländische Währungseinheit erhältlich ist.

Devisenhandel und Wechselkurse

Devisen sind ausländische Zahlungsmittel im Besitz von Inländern. Der Preis oder Wechselkurs für eine Währung, z. B. für den US-Dollar, wird auf dem Devisenmarkt durch Angebot und Nachfrage bestimmt.

Wechselkurs und Außenwert einer Währung

Der Wechselkurs einer Währung kann in **Preisnotierung** (z. B. 0,80 €/1 US-$) oder in **Mengennotierung** dargestellt werden. Der Wechselkurs des **Euro** wird üblicherweise in der Mengennotierung (1,35 US-$/1 €) ausgedrückt. Der Außenwert des Euro gegenüber dem US-Dollar ist die Menge an US-Dollar, die man für einen Euro erhält, entspricht also der Mengennotierung.

Die **Abwertung** ist die Verminderung des Außenwerts einer Währung. Der Wechselkurs in Preisnotierung steigt, da sich der Preis für die ausländische Währung erhöht. Umgekehrt ist die Aufwertung die Erhöhung des Außenwertes einer Währung. Bereinigt man den nominalen Wechselkurs um internationale Preisunterschiede, so erhält man den realen Wechselkurs. Dieser ist ein wichtiger Indikator der internationalen Wettbewerbsfähigkeit eines Landes, da sein Verlauf die Entwicklung der Kaufkraft der inländischen Währung im Ausland widerspiegelt.

Langfristige Faktoren der Wechselkursbildung

Generell gilt, dass in einem System **flexibler Wechselkurse** der Wechselkurs durch Angebot und Nachfrage auf dem **Devisenmarkt** bestimmt wird. Ist das Angebot an inländischer Währung größer (kleiner) als die Nachfrage, so wertet die inländische Währung ab (auf). Devisennachfrage und -angebot werden ihrerseits durch die Geschäfte zwischen In- und Ausländern – beispielsweise durch Importe und Exporte von Waren – bestimmt (Abb. 1). Lebt ein Land längerfristig über seine Verhältnisse, d. h., übersteigen seine Ausgaben für Importe oder Kapitalabflüsse die Exporteinnahmen und Kapitalzuflüsse, steigt das Angebot seiner Währung an den Devisenmärkten. Ursächlich für die Entwicklung des Wechselkurses sind daher zunächst die Motive für solche Handelsaktivitäten. Güterströme werden im Allgemeinen durch Unterschiede zwischen in- und ausländischen Preisen und Inflationsraten sowie durch unterschiedliche Volkseinkommen verursacht, also letztlich durch die unterschiedliche Kaufkraft einer Währung im In- und Ausland.

Eine der wichtigsten Theorien zur Erklärung von Wechselkursbewegungen ist die **Kaufkraftparitätentheorie**, die auf den Schweden Gustav Cassel (1866–1945) zurückgeht. Diese Theorie besagt, dass der Wechselkurs einer Währung deren Kaufkraft im Ausland im Vergleich zu ihrer Kaufkraft im Inland widerspiegelt. Folglich hängen Wechselkursänderungen von der Preisentwicklung in beiden Ländern ab. Steigt beispielsweise das Preisniveau im Inland stärker als im Ausland, so wird es günstiger, Güter im Ausland zu kaufen. Da in der Folge die Nachfrage nach ausländischer Währung steigt, wertet die inländische Währung ab, und der reale Wechselkurs passt sich dem Kaufkraftunterschied an.

Die Kaufkraftparitätentheorie gilt nur bei völliger Kapitalverkehrsfreiheit, vollkommenen und offenen Märkten, gleichem Nachfrageverhalten der in- und ausländischen Konsumenten und dem Einbezug aller Konsumgüter in den Außenhandel. Trotz dieser starken Einschränkungen kann sie zumindest teilweise die langfristige Entwicklung des Wechselkurses erklären.

Neben der Preisentwicklung üben auch Unterschiede im in- und ausländischen Einkommensniveau Druck auf die Wechselkurse aus. Wächst beispielsweise das Einkommen in den USA schneller als in der Eurozone, so steigen auch die Importe der USA stärker als deren Exporte, d. h. das Handelsbilanzdefizit der USA wächst. Damit steigt die Nachfrage nach Euro. Erst mit einer Aufwertung des Euro, d. h. mit einem Anstieg des Euro-Wechselkurses, wird das Gleichgewicht auf dem Devisenmarkt wieder hergestellt.

Kurzfristige Faktoren der Wechselkursbildung

Die täglichen Schwankungen des Wechselkurses jedoch werden vor allem durch **Kapitalbewegungen** bestimmt, denen Anlageentscheidungen vorausgehen (Abb. 2). Wenn inländische Investoren ihr Risiko breiter streuen wollen, teilen sie ihr Vermögen auf Geld, inländische Wertpapieranlagen und ausländische Anlagen auf. Die Struktur des so gebildeten Portfolios wird von der Rentabilität der Anlagen im In- und Ausland bestimmt, also beispielsweise von den Zinsen im In- und Ausland und von den Kosten des Kapitaltransfers. Erwarten die Investoren etwa, dass der Abstand zwischen den Realzinsen in den USA und in der Eurozone wächst, so kommt es zu Kapitalabflüssen in die USA. Damit einher geht ein Anstieg der Nachfrage nach US-Dollar. Der entsprechende Angebotsüberschuss beim Euro wird durch dessen Abwertung ausgeglichen.

▸ 1 Faktoren der Wechselkursbildung (Zwei Länder: Euroland und USA)

▸ Private Haushalte und Unternehmen in den USA und in Euroland benötigen für Zahlungen im Außenwirtschaftsverkehr jeweils die Währung des anderen. Sie fragen die fremde Währung nach, indem sie die eigene anbieten. Solange sich Angebot und Nachfrage der beiden Währungen die Waage halten, bleibt der Wechselkurs unverändert. Werden aber von Euroland mehr US-Dollar nachgefragt als zum gegenwärtigen Kurs angeboten werden (die Dollarnachfrage übersteigt das Dollarangebot), führt dies zu einer Erhöhung des Dollarkurses und zu einer Abwertung des Euro. Der Dollar wird für Euroland teurer.

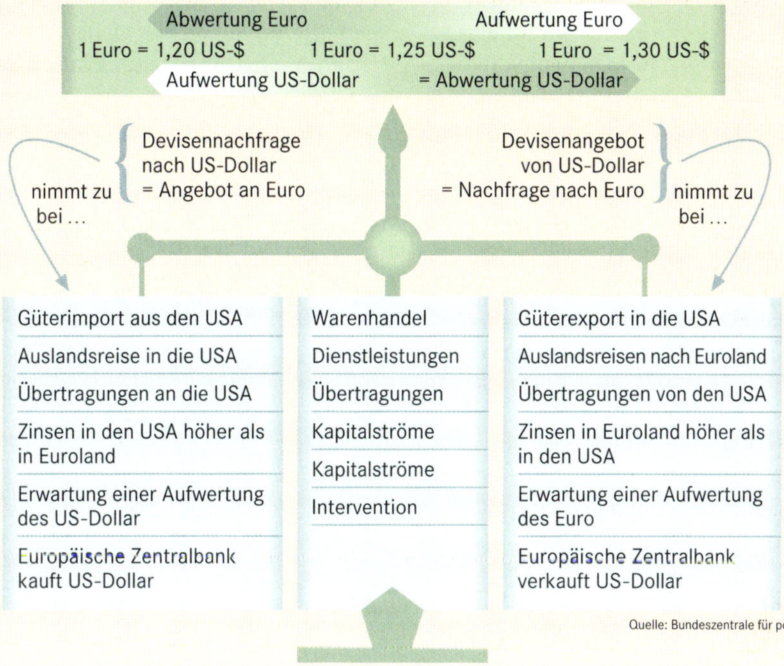

Quelle: Bundeszentrale für politische Bildung.

▸ 2 Mögliche Ursachen von Wechselkursänderungen

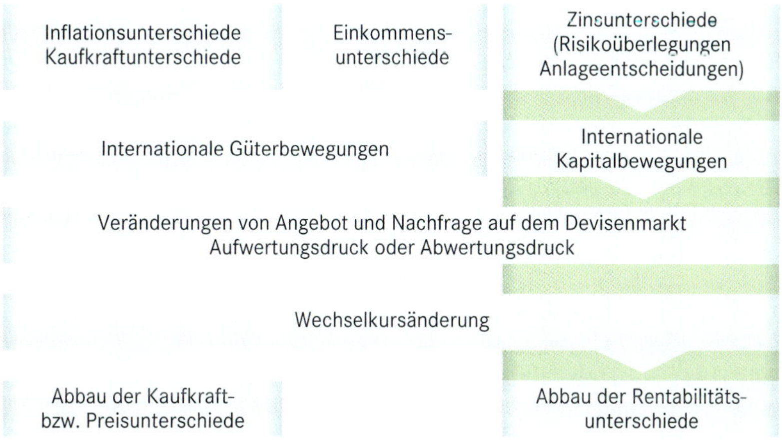

Quelle: Bundeszentrale für politische Bildung.

Wechselkurssysteme

Das im Rahmen der Währungspolitik festgelegte Wechselkurssystem ist eines der Merkmale der internationalen Währungsordnung. Grundlegend unterschieden wird zwischen einem System flexibler (freier) Wechselkurse und einem System fixer (fester) Wechselkurse.

System flexibler Wechselkurse

Flexible Wechselkurse sind frei schwankend und bilden sich auf dem **Devisenmarkt** durch Angebot und Nachfrage **(Floating).** Eine Änderung der Devisennachfrage oder des Devisenangebots wirkt sich also auf den Preis für die ausländische Währung, d. h. auf die Höhe des Kurses aus (Abb. 1). Durch Kursanpassungen in einem System flexibler Wechselkurse werden Angebot und Nachfrage auch bei Ex- und Importgütern ausgeglichen, und es besteht ein außenwirtschaftliches Gleichgewicht. Länder importieren dabei nur so viel, wie sie durch eigene Exporte finanzieren können. Der Wechselkurs stellt damit im System flexibler Wechselkurse einen Mechanismus zum Ausgleich der Leistungsbilanz dar **(Wechselkursmechanismus).**

Ein solches System wird etwa von den USA seit dem Zusammenbruch des Systems von Bretton Woods Anfang der 1970er-Jahre sowie von den Ländern der Eurozone praktiziert. Seine Nachteile sind die Unsicherheit über die Entwicklung des Wechselkurses - der internationale Handel kann dadurch beeinträchtigt werden - und die Gefahr des ruinösen Einsatzes des Wechselkursinstruments zur Verbesserung der eigenen Wettbewerbsfähigkeit.

System fixer Wechselkurse

Fixe Wechselkurse sind administrativ festgelegt. Sie sind keine Marktpreise, sondern politisch fixierte oder nur innerhalb enger Bandbreiten schwankende Preise für die Währungen der ausländischen Volkswirtschaften. Um einen festgelegten Wechselkurs zu stabilisieren, muss die **Zentralbank** auf dem Devisenmarkt intervenieren: Sie muss die Devisenkurse durch Kauf und Verkauf der eigenen Währung stützen.

Neben dem **Goldstandard,** in dem die beteiligten Länder ihre Währungen in fixen Goldeinheiten ausdrückten und Wechselkursabweichungen durch den freien Goldhandel ausgeglichen wurden, war auch das nach dem Zweiten Weltkrieg errichtete System von **Bretton Woods** ein Festkurssystem. Durch administrativ bestimmte Wechselkurse wollte man negative Effekte von starken Wechselkursschwankungen unterbinden und eine bessere internationale wirtschaftspolitische Koordination erreichen. Die Wechselkurse waren in einer festen Relation an den Dollar gebunden, der als Leitwährung fungierte. Da die anderen Zentralbanken zu Interventionen verpflichtet waren, mussten sie beispielsweise bei einer Überschussnachfrage nach ausländischer Währung Devisen verkaufen, um den festgesetzten Kurs innerhalb der festgelegten engen **Bandbreiten** von +/– 1 % um den US-Dollar zu halten (Abb. 2).

Eine neuere Form des Fixkurssystems ist der **Currency Board.** Hierbei bindet ein Land den Wechselkurs seiner Währung einseitig an eine ausländische Ankerwährung (z. B. Bulgarien und Lettland an den Euro). Die Geldmenge der inländischen muss zur Gänze durch Einheiten der ausländischen Währung gedeckt, ein Umtausch zum Fixkurs jederzeit gewährleistet sein.

Da in einem Fixkurssystem Änderungen der Geldmenge durch Änderungen von Devisenangebot und -nachfrage bestimmt werden, haben die einzelnen Länder keine Möglichkeit zu einer selbst bestimmten (autonomen) Geldpolitik. Außerdem kann das außenwirtschaftliche Gleichgewicht nicht mehr durch den Wechselkursmechanismus erreicht werden. Neufestsetzungen der Leitkurse waren im System von Bretton Woods nur in Ausnahmefällen vorgesehen (Stufenflexibilität der Wechselkurse).

Mischformen

Da beide Systeme mit Vor- und Nachteilen verbunden sind, wird gelegentlich versucht, Mischformen zu bilden (Abb. 3). Das bis Ende 1998 gültige **Europäische Währungssystem** (EWS I) war ein System fester, aber anpassungsfähiger Leitkurse, die fallweise und im wechselseitigen Einverständnis geändert werden konnten. Die Besonderheit war, dass die Leitkurse gegenüber einem Währungskorb ermittelt wurden, der aus Währungen der Teilnehmerstaaten bestand. Damit sollte verhindert werden, dass eine Währung zur Leitwährung wurde. Da Schwankungen in größeren Bandbreiten als in einem reinen Festkurssystem erlaubt waren, wird das EWS auch als Zielzonensystem bezeichnet.

Eine andere Mischform ist das kontrollierte oder „schmutzige“ Floating **(Managed Floating).** Ohne feste Interventionsregeln werden die grundsätzlich flexiblen Wechselkurse durch Interventionen fallweise geglättet oder zum eigenen Vorteil beeinflusst.

▸ 1 Wechselkursbildung bei flexiblen Wechselkursen

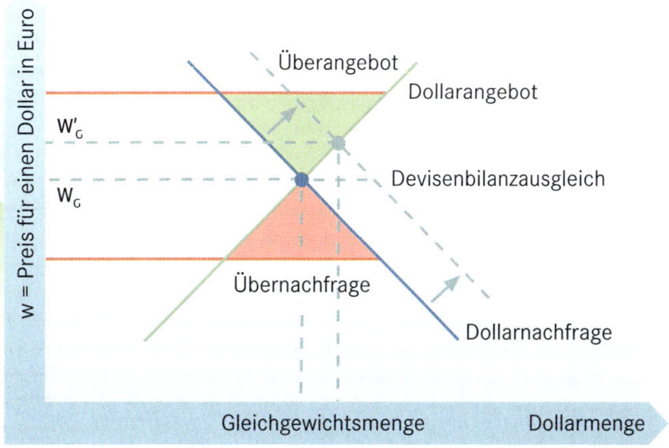

▸ 2 Funktionsweise des Systems fixer Wechselkurse

▸ **Fall A:** Bandbreite mit Wirkung als Höchstpreis

▸ **Fall B:** Bandbreite mit Wirkung als Mindestpreis

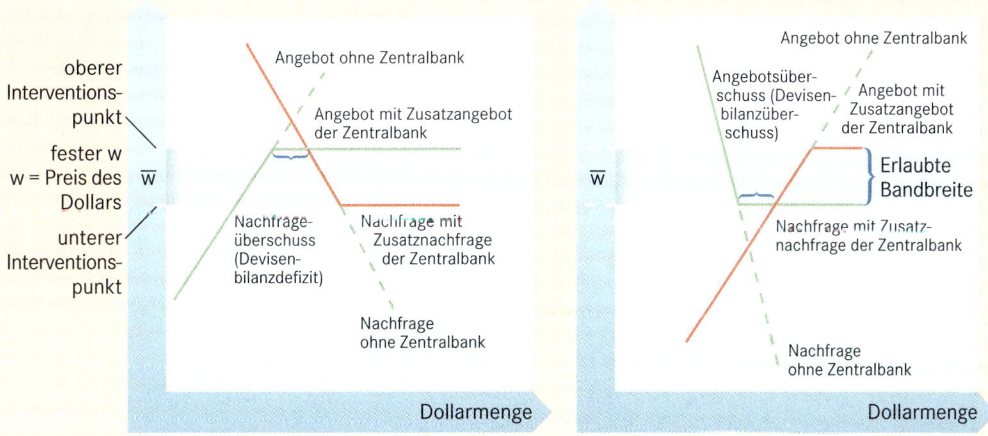

▸ 3 Wechselkurssysteme in der Weltwirtschaft

Wechselkurssysteme

- fixe Wechselkurse
  - Bindung an Einzelwährung (z. B. US-$)
  - Bindung an Währungskorb (z.B. SZR, ECU)
- fixe, aber anpassungsfähige Wechselkurse
  - Bindung an Einzelwährung (z. B. € beim EWS II)
  - Bindung durch gegenseitige Vereinbarung (z. B. EWS I)
- weitgehend flexible Wechselkurse
  - unabhängiges Floating
  - kontrolliertes Floating, Managed Floating

Zahlungsbilanz

Die Zahlungsbilanz erfasst alle Transaktionen zwischen Inländern und Ausländern, die in einem festen Zeitraum stattgefunden haben. Im Gegensatz zur Bilanz eines Unternehmens setzt sich die Zahlungsbilanz aus Stromgrößen und nicht aus Bestandsgrößen zu einem festgelegten Stichtag zusammen.

Funktion und Gliederung

Ökonomische Transaktionen sind im Wesentlichen der Handel mit Gütern und Dienstleistungen, die Übertragungen von Vermögen und die Kreditvergabe. Die Zahlungsbilanz gibt Auskunft über die ökonomischen Verflechtungen mit dem Ausland und zeigt, ob z. B. im Außenhandel ein wertmäßiges Gleichgewicht besteht oder ob das Inland mehr oder weniger exportiert, als es aus dem Ausland bezieht. Deshalb ist sie auch ein Indikator der Zahlungsfähigkeit gegenüber dem Ausland.

Bei der Verbuchung der Transaktionen werden die Zahlungseingänge (Einnahmen) des Inlandes auf der Aktivseite (Habenseite, Kreditseite) und die Zahlungsausgänge (Ausgaben) auf der Passivseite (Sollseite, Debitseite) eingetragen.

Die Zahlungsbilanz besteht aus mehreren Unterbilanzen; die wichtigsten sind die Leistungs-, die Kapital- und die Devisenbilanz. Da alle Transaktionen doppelt gebucht werden, ist die Summe der Salden aller Teilbilanzen gleich null. Nur die Unterbilanzen selbst können von null abweichende Salden aufweisen (Abb. 1). Der unscharfe Begriff des Ungleichgewichts der Zahlungsbilanz bezieht sich daher immer nur auf eine Teilbilanz, meistens die Leistungs- oder die Devisenbilanz.

Leistungsbilanz

Die Leistungsbilanz erfasst alle Ströme von Waren (**Handelsbilanz**) und Dienstleistungen (**Dienstleistungsbilanz**), die in das Ausland geliefert und vom Ausland bezogen werden. Dazu kommen die Erwerbs- und Vermögenseinkommen und die laufenden Übertragungen. In der Dienstleistungsbilanz werden z. B. Transportleistungen, Patent- und Lizenzgebühren sowie Ausgaben und Einnahmen aus dem Tourismus ausgewiesen, in der **Übertragungsbilanz** alle unentgeltlichen Leistungen (z. B. Zahlungen an die EU, Entwicklungshilfe).

Ein Überschuss in der Leistungsbilanz zeigt an, dass das Inland mehr Leistungen an das Ausland erbringt, als es von dort bezieht. Dies bedeutet eine Zunahme der gesamtwirtschaftlichen Ersparnis des Inlands. Bei einem Defizit nimmt die Verschuldung gegenüber dem Ausland zu. Die Handelsbilanz Deutschlands ist traditionell positiv, während die Leistungsbilanz nach der deutschen Wiedervereinigung zeitweilig ein Defizit aufwies (Abb. 2). Es gibt Länder, die (fast) immer einen Überschuss erwirtschaften (z. B. Japan), während die Leistungsbilanz der USA meistens hoch defizitär ist (Abb. 3).

Kapitalbilanz

Die Kapitalbilanz erfasst alle Kapitalbewegungen mit dem Ausland. Differenziert wird insbesondere nach Direktinvestitionen, Wertpapieranlagen (Portfolioinvestitionen) und Kreditverkehr. Letzterer wird nochmals unterteilt nach Kreditinstituten, Unternehmen und Privatpersonen sowie öffentlichen Stellen.

Während bei der Leistungsbilanz und allen ihren Unterbilanzen die Exporte auf der Aktivseite verbucht werden, stehen die Kapitalexporte auf der Passivseite, da sie Zahlungsausgänge darstellen. Ein negativer Saldo der Kapitalbilanz ist demnach ein Überschuss der Kapitalexporte über die Kapitalimporte.

Die Kapitalbilanz ist zusammen mit der Devisenbilanz das ökonomische Gegenstück zur Leistungsbilanz und bildet die mit den Transaktionen verbundenen **Finanzströme** ab. Ein Überschuss der Leistungsbilanz ist daher meistens mit einem Defizit der Kapitalbilanz verbunden. Dementsprechend weist die Kapitalbilanz der USA generell einen großen Überschuss aus, die USA müssen also ständig für Nettokapitalzuflüsse sorgen, um das Defizit in der Leistungsbilanz zu finanzieren. Umgekehrt ist Japan ein wichtiges internationales Gläubigerland.

Devisenbilanz

Die Devisenbilanz beschreibt die mengen- und wertmäßigen Veränderungen der Nettovermögensansprüche der Währungsbehörde (z. B. Deutsche Bundesbank, Europäische Zentralbank) gegen das Ausland. Erfasst werden alle Bewegungen der **Währungsreserven**, die vor allem aus Devisen und Gold bestehen. Kapital- und Devisenbilanz bilden die erweiterte Kapitalbilanz.

Noch zwei andere Teilbilanzen sind zu erwähnen: Die Bilanz der Vermögensübertragungen erfasst diejenigen unentgeltlichen Übertragungen, die nicht direkt zu Einkommensänderungen führen (z. B. ein Schuldenerlass). Im Saldo der statistisch nicht aufgliederbaren Transaktionen (Restposten) schlagen sich alle Ermittlungsfehler bei der Erstellung der anderen Teilbilanzen nieder.

▸ 1 Zahlungsbilanz Deutschlands, Salden der Teilbilanzen (in Mrd. Euro)

Position	2005	2006	2007	2008
I. Leistungsbilanz	114,65	150,91	191,27	164,87
1. Warenhandel	158,18	159,05	195,35	178,51
2. Ergänzungen zum Warenverkehr	-14,04	-13,11	-9,28	-12,48
3. Dienstleistungsverkehr	-25,68	-13,99	-13,31	-12,82
4. Erwerbs- und Vermögenseinkommen	24,90	46,11	50,64	44,75
5. Laufende Übertragungen	-28,71	-27,15	-31,59	-33,09
II. Vermögensübertragungen	-1,37	-0,25	0,13	-0,09
III. Kapitalbilanz*	-129,64	-174,98	-237,28	-203,36
1. Direktinvestitionen	-22,88	-55,86	-89,97	-89,79
2. Wertpapiere	-39,17	-18,46	66,44	18,31
3. Kreditverkehr	-69,76	-103,60	-212,80	-129,88
4. Veränderung der Währungsreserven der Deutschen Bundesbank**	2,18	2,93	-0,95	-2,01
IV. Saldo der statistisch nicht aufgliederbaren Transaktionen**	16,35	24,32	45,88	38,59

* Positives Vorzeichen: Nettokapitalexport ** Negatives Vorzeichen: Zunahme

Quelle: Statistisches Bundesamt.

▸ 2 Salden der Leistungs- und Handelsbilanz Deutschlands von 1990 – 2008 (in Mrd. Euro)

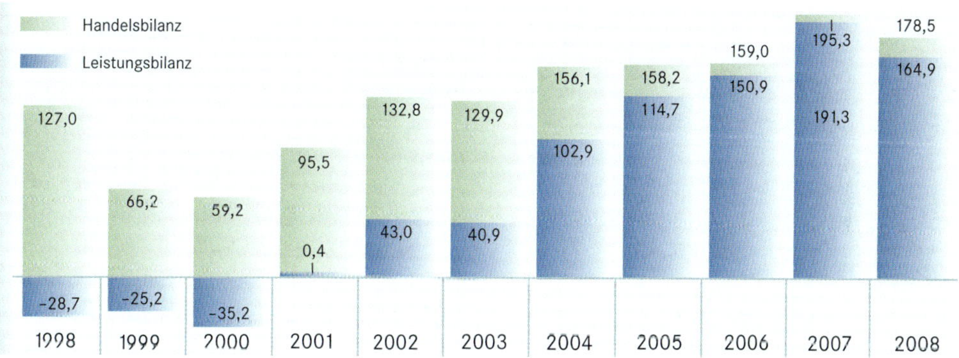

▸ 3 Leistungsbilanzsalden für Deutschland, die USA und Japan von 1998 – 2008 (in Mrd. US-$)

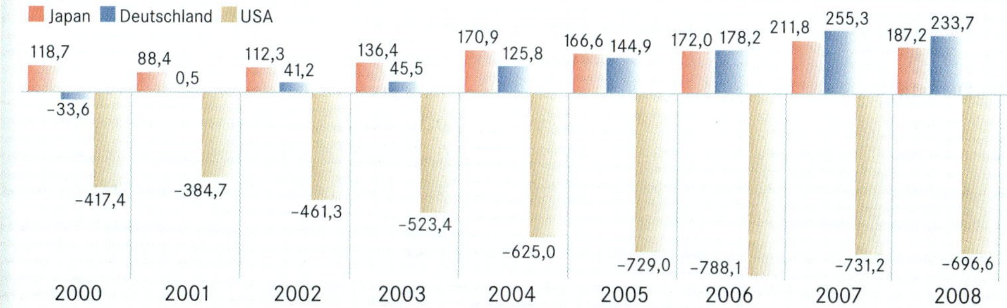

Quelle: OECD.

Außenwirtschaftliches Gleichgewicht

Das außenwirtschaftliche Gleichgewicht ist neben der Geldwertstabilität, der Vollbeschäftigung sowie einem angemessenen und stetigen Wirtschaftswachstum eines der Ziele des Magischen Vierecks.

Verschiedene Definitionen

Außenwirtschaftliches Gleichgewicht ist dann gegeben, wenn sich die **Zahlungsbilanz** bei konstanten Wechselkursen im Gleichgewicht befindet. Allerdings ist die Zahlungsbilanz eine statistische Übersicht und als solche immer ausgeglichen. Deshalb bezieht man sich, wenn man von außenwirtschaftlichem Gleichgewicht spricht, immer nur auf einzelne Teilbilanzen der Zahlungsbilanz, beispielsweise auf die Devisen- oder die Leistungsbilanz. Die **Devisenbilanz** ist ausgeglichen, wenn die Höhe der Währungsreserven am Ende des Betrachtungszeitraums unverändert ist. Die **Leistungsbilanz** hingegen ist ausgeglichen, wenn das Vermögen des betrachteten Landes gleich geblieben ist. Ist die jeweils betrachtete Teilbilanz im Gleichgewicht, liegt ein außenwirtschaftliches Gleichgewicht vor. Eine ausgeglichene Leistungsbilanz kann allerdings ihrerseits mit Überschüssen oder Defiziten in der Handels-, Dienstleistungs- und Devisenbilanz verbunden sein (Abb. 1).

Der Sinn des Gleichgewichtsziels

Ein anhaltendes außenwirtschaftliches **Defizit** bedeutet, dass das betreffende Land gegenüber dem Ausland auf Dauer verschuldet ist. Bei einem dauerhaften Leistungsbilanzdefizit kann ein Finanzierungsproblem entstehen. Zwar können vorerst Devisenreserven abgebaut werden, langfristig muss jedoch ein realwirtschaftlicher Ausgleich über gesteigerte Exporte oder geringere Importe geschaffen werden. Ein weiteres Problem besteht darin, dass die binnenwirtschaftliche Entwicklung und die nationale Wirtschaftspolitik unter Umständen unerwünschten Auslandseinflüssen ausgesetzt werden. Länder tendieren deshalb häufig dazu, sich außenwirtschaftlich zu einem gewissen Grad abzusichern.

Deutschland hat traditionell hohe Defizite in der **Dienstleistungs-** und in der **Übertragungsbilanz.** Diese stammen einerseits aus dem Reiseverkehr und andererseits aus Zahlungen an die EU, Entwicklungshilfezahlungen sowie Überweisungen ausländischer Arbeitnehmer in ihr Heimatland. Um diese Defizite auszugleichen, müssen die deutschen Leistungen an das Ausland die Leistungen vom Ausland an das Inland übersteigen, d. h., es muss vor allem ein Überschuss in der **Handelsbilanz** erreicht werden (Abb. 2). Zu hohe Exportüberschüsse sind jedoch ebenfalls unerwünscht, da sie bei hohen Devisenzuflüssen die Gefahr der Aufwertung der heimischen Währung mit negativen Konsequenzen für Wettbewerbsfähigkeit und Beschäftigung bergen.

Ausgleich der Zahlungsbilanz

Bei freier Preisbildung auf den Devisenmärkten, in einem System **flexibler Wechselkurse,** wird die **Devisenbilanz** durch die von Angebot und Nachfrage bestimmten Wechselkurse ausgeglichen. Anpassungen werden über die Marktreaktionen vermittelt: Übersteigt die Nachfrage nach Devisen das Angebot, so kommt es zu einer Aufwertung der betreffenden ausländischen Währung. So führt der Marktmechanismus über Auf- und Abwertungen zu einem Ausgleich von Angebot und Nachfrage auf dem **Devisenmarkt.**

Dieser Automatismus gilt nicht in Ländern mit **fixen Wechselkursen.** Hier muss der Ausgleich der Zahlungsbilanz z. B. durch staatliche Eingriffe oder Kapitalverkehrskontrollen, also z. B. mithilfe einer Devisenbewirtschaftung, künstlich hergestellt werden. Grundlegende Ungleichgewichte erfordern in einem System fixer Wechselkurse als letzte Maßnahme die Neufestsetzung des Wechselkurses durch die Währungsbehörde.

Wirkungen von Wechselkursänderungen

Im Normalfall verbessert sich mit einer **Abwertung** die **Handelsbilanz:** Während die Exportgüter durch ihre Verbilligung im Ausland stärker nachgefragt werden, wird die Importnachfrage durch die gestiegenen Importpreise gedämpft. Eine Abwertung wirkt jedoch auch auf die Mengen. Daher kann der Fall eintreten, dass durch die Mengenänderung der Gesamtwert der Exporte nur mäßig zu oder sogar abnimmt; nimmt zugleich der Gesamtwert der Importe zu und fällt die Zunahme des Importwerts stärker aus als die Zunahme des Exportwertes, so kommt es zu einer Verschlechterung der Handelsbilanz. Diese Abweichung vom Normalfall tritt ein, wenn die Nachfrage nach den teurer gewordenen Importgütern zunächst hoch bleibt. Werden hingegen die Importgüter mittelfristig durch inländische Güter ersetzt, verbessert sich die Handelsbilanz letztlich dennoch wie erwartet. Der Anpassungspfad der Handelsbilanz verläuft ähnlich einer J-Kurve und wird deshalb als **J-Kurven-Effekt** bezeichnet.

▸ 1 Wichtige Posten der deutschen Zahlungsbilanz (Salden)

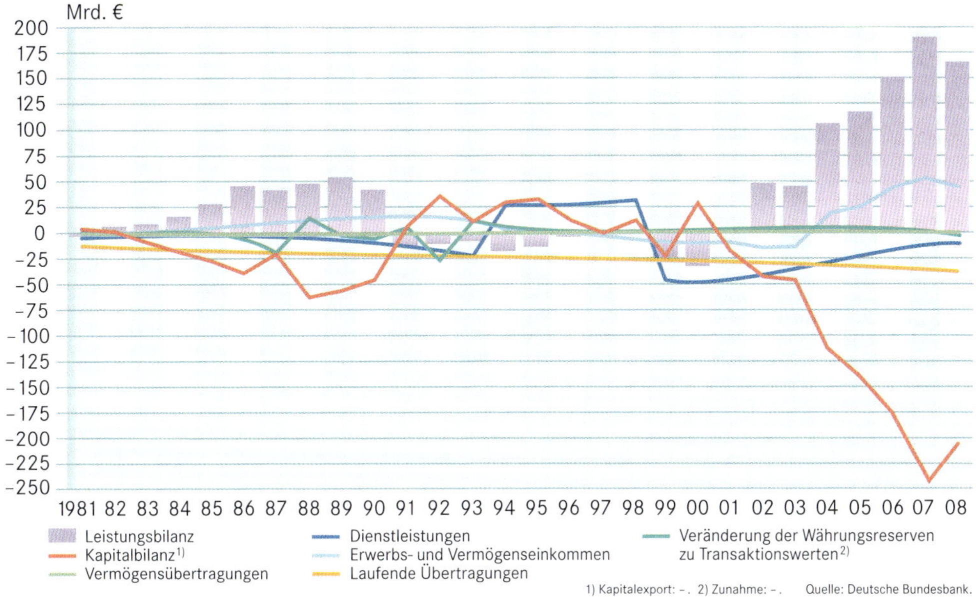

▸ 2 Entwicklung der deutschen Handelsbilanz von 1988–2008

▸ Das hohe Niveau der deutschen Warenexporte brachte Deutschland den Titel „Exportweltmeister“ ein. Schließt man in die Betrachtung den Handel mit Dienstleistungen ein, liegen momentan die USA an der Spitze der Exportnationen.

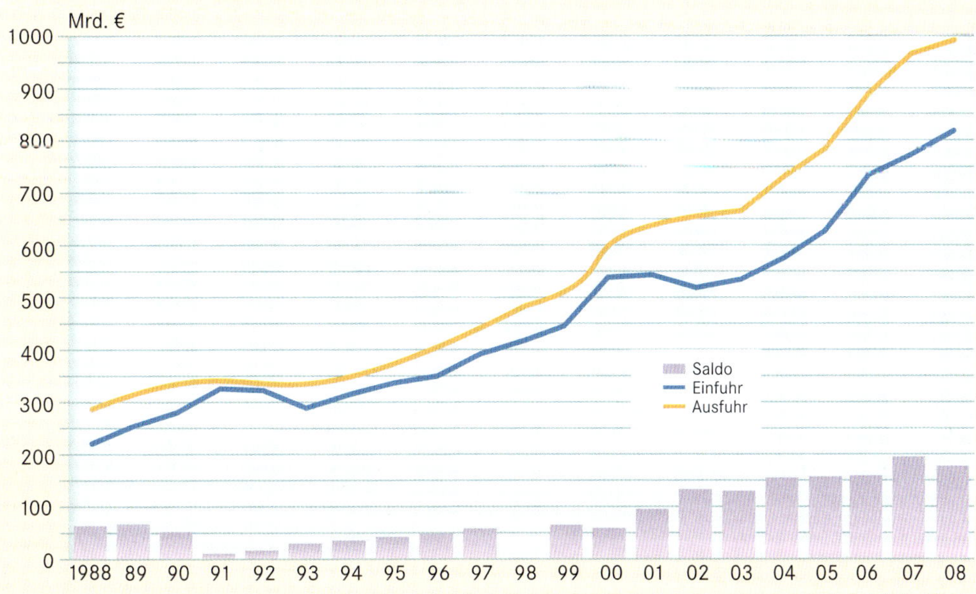

Neue Weltwirtschaftskrise

Die im Spätsommer 2007 ausgebrochene Krise an den Weltfinanzmärkten hat mit einiger Verzögerung auch die Realwirtschaft erfasst. Die Schwere des Konjunktureinbruchs weckt Erinnerungen an die weltweite Depression der 1930er-Jahre.

Die Schwere der Krise

Die seit 2008 herrschende Wirtschaftskrise ist die schwerste, die Deutschland seit den 1970er-Jahren erlebt. Aufgrund der großen Bedeutung seiner Exporte ist Deutschland überdurchschnittlich stark betroffen. Im ersten Quartal 2009 ging das BIP zum vierten Mal in Folge gegenüber dem Vorquartal zurück (–3,8 %). Für das Gesamtjahr erwartet der **Internationale Währungsfonds** (Stand: Mai 2009) einen Rückgang der Wirtschaftsleistung in Deutschland um 5,6 %. Mit einer Erholung wird erst für 2010 gerechnet, und die Zahl der Erwerbstätigen dürfte auch 2013 noch unter ihrem Niveau von 2008 liegen. Durch Steuerausfälle und infolge der staatlichen Programme zur Stützung der Konjunktur steigen die **Staatsschulden** überall in der EU sprunghaft an.

Krisenherd Finanzmarkt

In den USA wirkte sich die **Finanzmarktkrise** direkt auf den Immobilienmarkt aus und pflanzte sich von dort aus auf die Gütermärkte fort. Steigende Zinsen und die nach dem Platzen der Spekulationsblase abstürzenden Hauspreise trieben einkommensschwache private Hypothekenschuldner in die Zahlungsunfähigkeit, mit entsprechenden Verlusten der Hypothekenbanken und der Investoren. Als am 15. September 2008 die Insolvenz der Investmentbank Lehman Brothers bekannt wurde, kamen die Kreditbeziehungen zwischen den Banken weltweit zum Erliegen. Zugleich wurde auch die Kreditversorgung der Realwirtschaft beeinträchtigt.

In Deutschland zog die Bankenkrise die Realwirtschaft weniger direkt durch eine Einschränkung der Kreditvergabe an die Nichtbanken in Mitleidenschaft als vielmehr indirekt durch den weltweiten Rückgang der Nachfrage. Dieser drückte die deutschen Exporte im ersten Quartal 2009 gegenüber dem Vorjahresquartal um 21 %. Auch länderübergreifende Konzernbeziehungen bedrohen die Beschäftigung. So geriet etwa durch die Liquiditätsprobleme des US-amerikanischen Automobilkonzerns General Motors auch das deutsche Tochterunternehmen Opel in Gefahr.

Neue Krise oder neue Depression?

Trotz ihrer Schwere gehen Experten nicht davon aus, dass sich die Krise zu einer **Depression** auswachsen könnte, vergleichbar etwa jener in den 1930er-Jahren. Zwar begann auch damals der Wirtschaftsabschwung mit einem plötzlichen und heftigen Kurssturz an den Börsen. Er brachte einen Verfall des **Preisniveaus** und eine jahrelang anhaltende, extrem hohe **Arbeitslosigkeit** mit sich. In den USA konnte die Depression erst durch den New Deal – eine Reihe staatlicher Investitionsprogramme zugunsten beendet werden.

Doch Wirtschaftstheorie und Wirtschaftspolitik haben Lehren aus dieser Zeit gezogen. Damals vertraute man auf die Selbstheilungskräfte der Märkte: Sinkende Preise und Löhne würden schon bald für die Wiederherstellung des Gleichgewichts auf den Märkten sorgen. Dieses Vertrauen ist infolge der Revolutionierung der Wirtschaftstheorie durch John Maynard Keynes der prinzipiellen Einsicht in die Notwendigkeit staatlicher **Konjunkturpolitik** gewichen. Damals wurde der durch die Massenarbeitslosigkeit bedingte Nachfrageausfall durch eine Welle von protektionistischen Maßnahmen mit ihren den Welthandel dämpfenden Effekten verschärft. In Deutschland behinderten zusätzlich die Sparpolitik der Regierung Brüning, durch die der defizitäre Haushalt ausgeglichen werden sollte, und die Hochzinspolitik der Reichsbank eine Belebung der Wirtschaft.

Heute herrschen günstigere Bedingungen. Die Zentralbanken haben die **Leitzinsen** in kurzer Zeit drastisch gesenkt und die Banken mit Liquidität „überflutet". Die Regierungen haben Programme zur Bankenrettung und zur Stabilisierung der Geld- und Kreditströme (z. B. Schaffung des **Sonderfonds zur Stabilisierung des Finanzmarkts,** Soffin) sowie zur Stärkung der gesamtwirtschaftlichen Nachfrage (z. B. Subventionierung privater Neuwagenkäufe mittels **„Abwrackprämie"** bzw. **Umweltprämie**) aufgelegt. Zur Bekämpfung von Störungen auf den Kreditmärkten sind heute auch auf der internationalen Ebene Instrumente und Institutionen, so in Gestalt des IWF, verfügbar.

Wirtschaftspolitische Herausforderungen für die Zeit nach der Krise werden sein, die Geldversorgung der Wirtschaft wieder dem **Produktionspotenzial** anzupassen – das Wachstum der Geldmenge in der Eurozone schoss 2007 und 2008 um bis zu 8 Prozentpunkte über das **Geldmengenziel** der Europäischen Zentralbank von 4,5 % hinaus – und die Staatsschulden auf ein für künftige Generationen erträgliches Maß zurückzuführen.

▸ 1 Entwicklung des Leitzinses in den USA und der Eurozone

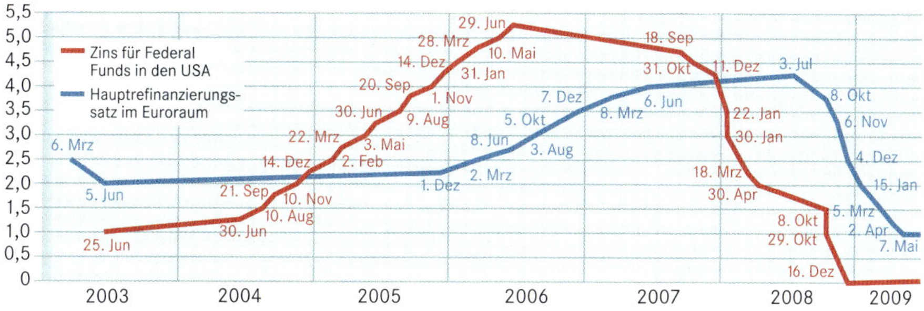

Quelle: Bank für Internationalen Zahlungsausgleich.

▸ 2 Weltwirtschaft auf Talfahrt

▸ a) Aktienkurse an den Weltbörsen von 1999 bis 2008

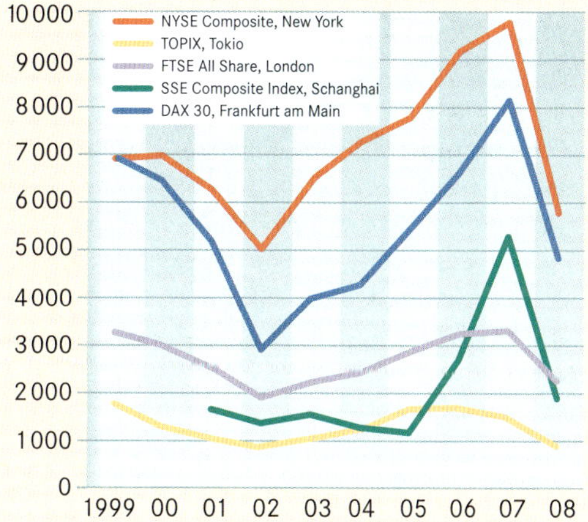

Quelle: World Federation of Exchanges.

▸ b) Index des Auftragseingangs im verarbeitenden Gewerbe von 2000 bis 2009 (2005 = 100)

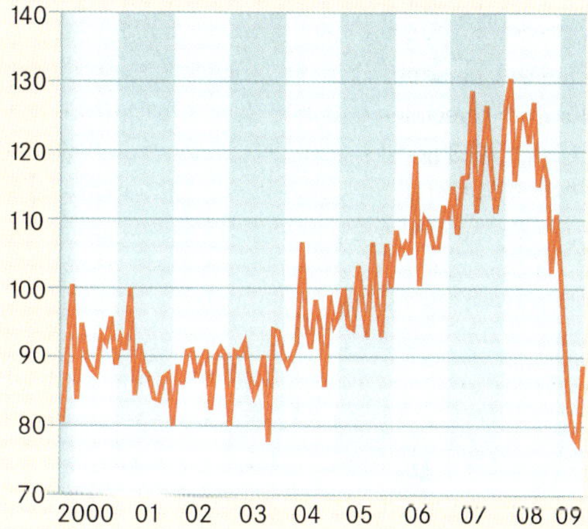

Quelle: Statistisches Bundesamt.

▸ c) Bruttoinlandsprodukt von 2000 bis 2009 (preisbereinigt, Veränderungsraten zum Vorquartal in %)

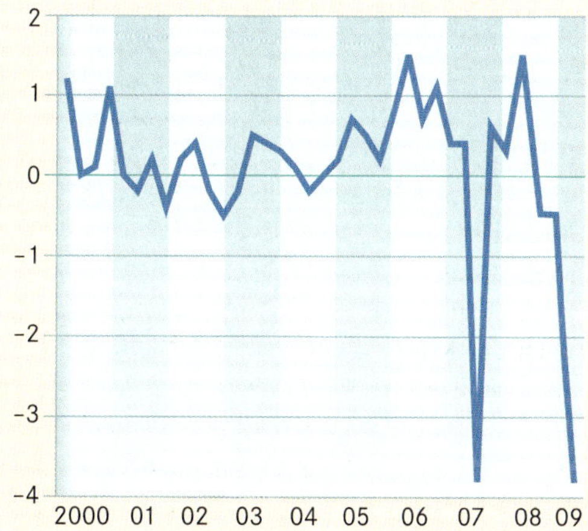

Quelle: Statistisches Bundesamt.

▸ d) Arbeitslosenquote von 2000 bis 2009 (Veränderungsraten zum Vorjahresmonat in %)

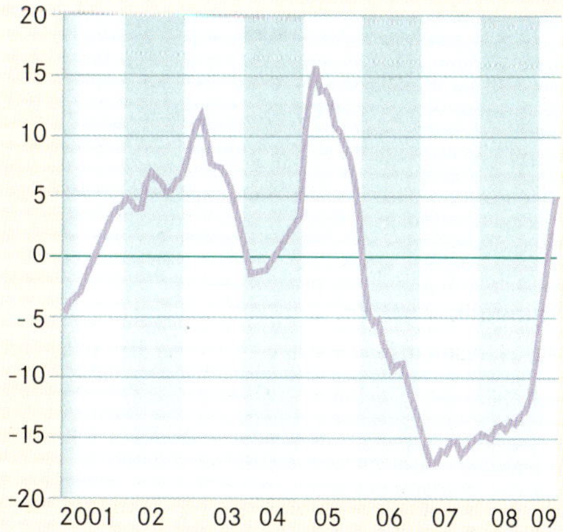

Quelle: Bundesagentur für Arbeit.

Internationale Handelsverträge

Nach dem Zweiten Weltkrieg übernahmen der Internationale Währungsfonds (IWF) und die Weltbank als Sonderorganisationen der Vereinten Nationen (UN) währungs- und entwicklungspolitische Aufgaben. Zur weltweiten Integration des Warenhandels schlossen 23 Staaten das Allgemeine Zoll- und Handelsabkommen (GATT).

GATT

Das seit 1947 bestehende GATT ist der Vorläufer der Welthandelsorganisation (WTO). Es zielt darauf, durch Zollsenkungen und den Abbau sonstiger Außenhandelsbeschränkungen den Welthandel zu fördern (Abb. 1). Zollvergünstigungen müssen allen Handelspartnern eines Landes in gleichem Maß gewährt werden (**Meistbegünstigung**), Ausnahmen vom Verbot mengenmäßiger Beschränkungen müssen auf alle Teilnehmer angewendet werden (**Nichtdiskriminierung**).

Die Vereinbarungen des GATT sind in der Regel multilateral und beruhen auf dem Grundsatz der Gegenseitigkeit. Da die Meistbegünstigungspflicht für Entwicklungsländer zu unangemessenen Belastungen führen kann, sind in diesem Fall – ebenso wie im Fall einer Freihandelszone oder Zollunion (z. B. EU) – Abweichungen von der Meistbegünstigungsklausel zulässig.

Die Welthandelsorganisation (WTO)

Die 153 (2009) Mitglieder umfassende WTO regelt als einzige legitimierte UN-Sonderorganisation den internationalen Handel. Ihre Ziele sind die Ausweitung des Welthandels und die Bekämpfung des Protektionismus. Dadurch sollen der Lebensstandard und die Beschäftigung in den Mitgliedstaaten erhöht werden. Die Bedürfnisse der weniger entwickelten Länder werden besonders berücksichtigt. Streitigkeiten werden durch unparteiische Regeln und Verfahren beigelegt (Abb. 2). Durch die ständige Überprüfung der nationalen Handelspolitik werden Konflikte mit den bestehenden multilateralen Verpflichtungen ausgeräumt.

Den materiellen Kern der WTO bilden die Regelungen des GATT. Darüber hinaus hat die WTO aber wesentliche zusätzliche Liberalisierungsaufgaben. Während sich das GATT nur auf den Handel von Gütern bezieht, umfasst der Regelungsbereich der WTO auch den Handel mit Dienstleistungen (**GATS**) und die handelsbezogenen Aspekte der Rechte am geistigen Eigentum (**TRIPS**). Das GATS soll über freien Marktzugang einen gleichberechtigten Austausch von Dienstleistungen ermöglichen. Das TRIPS enthält Durchsetzungsregeln auf der Basis bisheriger Konventionen u. a. für die Bereiche Patente, Copyright und Handelsmarken.

Entwicklungsländer und Weltmarkt

In den 1960er-Jahren wurde die Einkommensschere zwischen Industrie- und Entwicklungsländern ständig größer. Die in der **Gruppe der 77** zusammengeschlossenen (mittlerweile 131) Entwicklungsländer forderten eine stärkere Vertretung ihrer Interessen in der Weltgemeinschaft. Deshalb beschlossen die UN 1964 die Errichtung der Konferenz der Vereinten Nationen für Handel und Entwicklung (**UNCTAD**). Diese ist ein ständiges Organ der UN-Generalversammlung zur Förderung der wirtschaftlichen Entwicklung in Entwicklungsländern. Sie formuliert politische Leitlinien, die jedoch im Gegensatz zu denen der WTO nur moralisch bindend sind.

Da die meisten Entwicklungsländer stark vom Rohstoffexport abhängen, führen Preisrückgänge für Rohstoffe häufig zu hohen Einbußen bei den Ausfuhrerlösen. Zur Lösung dieses Problems wurde 1989 ein **integriertes Rohstoffprogramm** in Kraft gesetzt, das die Basis für ein System von Preisstützungen mit Ausgleichslagern (Bufferstocks) bilden sollte. Die Umsetzung dieses Programms scheiterte, da die ihm gewidmeten Finanzmittel nicht ausreichten und da die Entwicklungsländer sich zum Teil nicht an die vereinbarten Exportquoten hielten. Heute besteht die Aufgabe des für das Programm geschaffenen Gemeinsamen Fonds darin, einzelne Rohstoffsektoren vornehmlich in den am wenigsten entwickelten Ländern durch Kredite oder Zuschüsse zu fördern.

Das integrierte Rohstoffprogramm war Teil einer von der Gruppe der 77 erdachten **neuen Weltwirtschaftsordnung**, die auf der UN-Generalversammlung von 1974 vorgestellt wurde. In dieser neuen Ordnung sollten die Entwicklungsländer vor allem einen größeren Anteil an der Weltindustrieproduktion und am Welthandel haben und sich selbst mit Nahrungsmitteln versorgen können. Die Ergebnisse der Neuordnung der Weltwirtschaft sind eher bescheiden geblieben. Gewisse Fortschritte wurden vor allem im Außenhandel erzielt (Abkommen von Cotonou zwischen der EU und den **AKP-Staaten**). Mit der WTO wurde ein transparenteres, verlässlicheres Welthandelssystem geschaffen, das den Entwicklungsländern einen besseren Marktzugang ermöglichen soll.

▸ 1 GATT: Welthandelsrunden

Jahr	Ort/Name	Behandelte Gebiete	Ergebnisse	Teilnehmende Länder
1947	Genf	Zölle	Zollsenkungen von insgesamt 23,8 %	23
1949	Annecy	Zölle		13
1951	Torquay	Zölle		38
1956	Genera	Zölle	Probleme schwächerer Staaten besser berücksichtigt	26
1960 - 1961	Genf („Dillon-Runde“)	Zölle	Zollsenkungen von insgesamt 42 %	26
1964 - 1967	Genf („Kennedy-Runde“)	Zölle und Antidumping-Maßnahmen		62
1973 - 1979	Genf („Tokio-Runde“)	Zölle, nichttarifäre Maßnahmen, Handelsabkommen	Abkommen für Getreide, Milchprodukte und Rindfleisch, plurilaterale Abkommen zur zivilen Luftfahrt und zum öffentlichen Beschaffungswesen	102
1986 - 1993	Genf („Uruguay-Runde“)	Zölle, nichttarifäre Maßnahmen, Regelungen, Streitschlichtung, Textilien, Landwirtschaft etc.	Gründung der WTO, Abkommen über Handel mit Dienstleistungen (GATS) und zum Schutz geistigen Eigentums (TRIPS), Welttextilabkommen (ATC), Zölle im Durchschnitt bereits auf 4,6 % des Einfuhrzollwerts gesenkt, Plan zur weiteren Reduktion auf 2,3 %	123
seit 2001	Doha („Doha-Entwicklungsrunde“)	Industriezölle, nichttarifäre Maßnahmen, Sonderbehandlung von Entwicklungsländern, technische Hilfen für Entwicklungsländer, Landwirtschaft (interne Stützungen und Exportsubventionen), Dienstleitungen, Sozialstandards, multilaterale Umweltabkommen, Investitionen und Wettbewerb	Nach einer Unterbrechung im Jahr 2003, einer Wiederaufnahme im Jahr 2004, einer Aussetzung auf unbestimmte Zeit im Jahr 2006 und zwei neuen Anläufen in den Jahren 2007 und 2008 ergebnisloser Abbruch der Gespräche Ende Juli 2008	147

▸ 2 Schema des Streitschlichtungsverfahrens

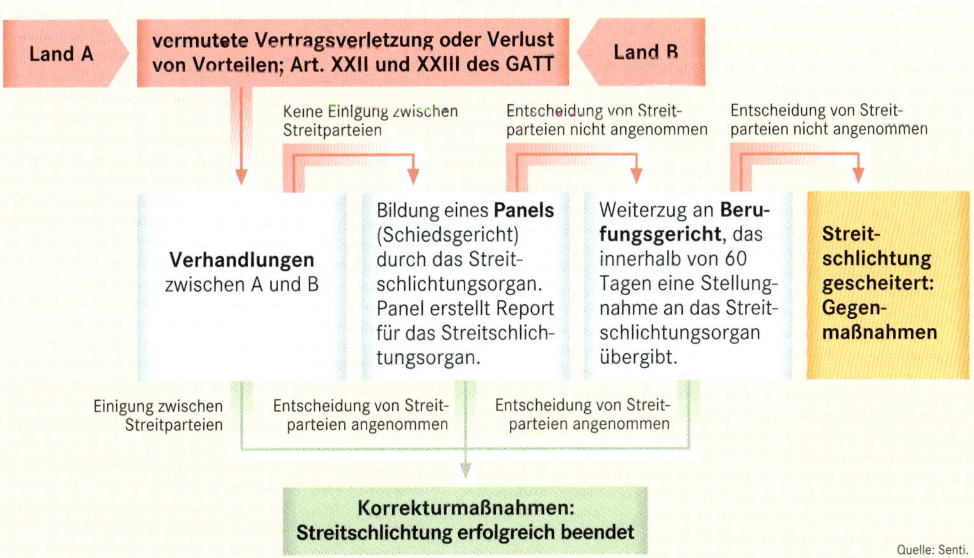

Quelle: Senti.

OECD

Der OECD (Organization for Economic Cooperation and Development, Organisation für wirtschaftliche Zusammenarbeit und Entwicklung) gehören 30 Industrieländer an, die die Prinzipien der Marktwirtschaft und der pluralistischen Demokratie und die Beachtung der Menschenrechte teilen.

Zwischenstaatlicher Austausch

Die OECD bringt Regierungsvertreter der Mitgliedsländer zusammen und bildet so eine Plattform zur Diskussion über Möglichkeiten zur Verbesserung der jeweiligen nationalen Wirtschafts- und Sozialpolitik sowie zur Koordinierung nationaler und internationaler Politik. Über Dialoge und Kooperationen werden auch Kontakte zu Nichtmitgliedstaaten, besonders zu Entwicklungsländern, aufgebaut und gefestigt.

Über den zwischenstaatlichen Austausch sollen Vereinbarungen getroffen werden, die es ermöglichen, für alle Seiten bindende Regelungen aufzustellen, etwa zum internationalen elektronischen Handel oder zur Bekämpfung von Bestechung und Korruption. Vor allem aber soll die Diskussion zwischen politisch und wirtschaftlich ähnlich ausgerichteten Ländern dazu beitragen, die nationalen Regierungen besser über politische Möglichkeiten zu informieren. Das Internationale Sekretariat der OECD hat seinen Sitz in Paris.

Entstehung, Ziele und Aufgaben

Vorläuferin der OECD war die 1948 in Paris zur Durchführung des Marshallplans gegründete **OEEC** (Organization for European Economic Cooperation, Organisation für europäische wirtschaftliche Zusammenarbeit). Als die OECD 1961 die Nachfolge der OEEC antrat, war ihr Ziel, in ihren Mitgliedstaaten (Abb. 1) zu optimaler Wirtschaftsentwicklung und Beschäftigung beizutragen, den Dienstleistungs- und Kapitalverkehr der Mitgliedsländer weitgehend von Beschränkungen zu befreien, die Ausweitung des Welthandels zu unterstützen und das Wirtschaftswachstum der Entwicklungsländer zu fördern. Das **DAC** (Development Assistance Committee) ist der Entwicklungshilfeausschuss der OECD. Ihm gehören die OECD-Mitgliedsländer an, die nennenswerte Entwicklungshilfe leisten. Daneben tritt heute als weiteres Schwerpunktziel der OECD die Unterstützung der so genannten **Transformationsländer,** also derjenigen Staaten, die die zentrale Verwaltung ihrer Volkswirtschaft durch marktwirtschaftliche Steuerung ersetzen. Ein zunehmender politischer Dialog besteht auch mit den schnell wachsenden Wirtschaften Asiens und Lateinamerikas.

Koordiniert wird der Austausch über das Sekretariat der OECD. Dort werden u. a. auf der Basis fundierter Analysen Prognosen über die wirtschaftliche Entwicklung erarbeitet (Abb. 2). Untersucht werden ebenso der soziale Wandel, Arbeitsmarktprobleme und die Herausbildung neuer Strukturen beispielsweise in Landwirtschaft, Handel, Technologie und Steuerwesen. Diese Studien werden in enger Zusammenarbeit mit den jeweiligen Ministerien der Mitgliedstaaten erstellt und dienen als Diskussionsgrundlage für die Ausschüsse der OECD. Der Großteil der Forschungsergebnisse (jährlich rund 12 000 Studien) wird veröffentlicht.

Struktur

Den überwiegenden Teil der praktischen Arbeit leisten über 200 Ausschüsse und Arbeitsgruppen. Besonders wichtig sind der wirtschaftspolitische Ausschuss, der Prüfungsausschuss für Wirtschafts- und Entwicklungsfragen, der Handelsausschuss und der Ausschuss für Entwicklungshilfe.

Den Ausschüssen übergeordnet ist der Rat als Entscheidungsorgan. Er setzt sich aus je einem Repräsentanten jedes Mitgliedstaates sowie einem EU-Vertreter zusammen. Das OECD-Sekretariat wird über Jahresbeiträge der Mitgliedstaaten finanziert; größte Geldgeber sind die USA und Japan.

Der Weltwirtschaftsgipfel

Eine wichtige informelle Institution der sieben führenden westlichen Industrieländer Deutschland, Frankreich, Großbritannien, Japan, USA (Fünfergruppe, G 5), Italien, Kanada (Siebenergruppe, **G 7**) sowie des Präsidenten der Europäischen Kommission (seit 1977) ist der **Weltwirtschaftsgipfel.** Seit 1975 beraten hier die Staats- und Regierungschefs Probleme der Weltwirtschaft. Neben globalen Wirtschafts-, Entwicklungs- und Währungsfragen (wie etwa die internationale Finanzmarkt- und Wirtschaftskrise seit 2007) werden auch wirtschaftlich relevante Sonderprobleme der Weltpolitik erörtert (z. B. Terrorismus, Drogen- und Waffenhandel, bewaffnete Konflikte, Umweltschutz, Schuldenkrise). Seit 1994 nimmt auch der Präsident Russlands an den Beratungen teil, seit 1997 ist Russland Mitglied der Gruppe **(G 8).**

▸1 Mitgliedstaaten der OECD mit Beitrittsjahr

Australien 1971

Belgien* 1961

Dänemark* 1961

Deutschland* 1961

Finnland 1969

Frankreich* 1961

Griechenland* 1961

Groß-britannien* 1961

Irland* 1961

Island* 1961

Italien* 1961

Japan* 1961

Kanada* 1961

Luxemburg* 1961

Mexiko 1994

Neuseeland 1973

Niederlande* 1961

Norwegen* 1961

Österreich* 1961

Polen 1996

Portugal* 1961

Schweden* 1961

Schweiz* 1961

Spanien* 1961

Slowakische Republik 2000

Süd-Korea 1996

Tschechische Republik 1995

Türkei* 1961

Ungarn 1996

USA 1961*

*Gründungsstaaten

▸2 Beurteilung der Wirtschaftslage

Stand Juni 2008	Projektionen des Wirtschaftswachstums 1)			Projektionen der Inflationsrate 2)		
	2008	2009	2010	2008	2009	2010
USA	1,4	-0,9	1,6	4,3	1,6	1,5
Japan	0,5	-0,1	0,6	1,4	0,3	-0,1
Deutschland	1,4	-0,8	1,2	2,9	1,1	1,3
OECD	1,4	-0,4	1,5	3,4	1,4	1,3

1) realer Zuwachs des Bruttoinlandsprodukts in % 2) Veränderungen der Verbraucherpreise in %. Quelle: OECD.

Internationale Entwicklungsbanken

1945 wurde mit der Weltbank die erste öffentliche internationale Bank geschaffen, die sich gezielt Entwicklungsaufgaben widmet. In den 1950er- und -60er-Jahren wurden weitere internationale Entwicklungsbanken sowie die Europäische Investitionsbank gegründet. Nach dem Zusammenbruch des Kommunismus in Osteuropa entstand 1991 die Europäische Bank für Wiederaufbau und Entwicklung.

Die Weltbankgruppe

Die Weltbankgruppe umfasst fünf in Washington ansässige Institutionen. Die **Internationale Bank für Wiederaufbau und Entwicklung** (International Bank for Reconstruction and Development), meist Weltbank genannt, wurde wie der Internationale Währungsfonds im Abkommen von Bretton Woods konstituiert. Ihre Arbeit nahm die Weltbank 1946 mit dem Ziel auf, den Aufbau Europas nach dem Zweiten Weltkrieg zu fördern. Doch schon seit Anfang der 1950er-Jahre ist die Unterstützung von Entwicklungsländern zu ihrer eigentlichen zentralen Aufgabe geworden. Derzeit sind 184 Länder Mitglied bei der Weltbank. Die Weltbank vergibt vor allem langfristige Darlehen mit einer Laufzeit von 15 bis 20 Jahren an Regierungen (Abb. 1). Die Gelder müssen für Projekte verwendet werden, die die wirtschaftliche Entwicklung des Empfängerlandes verbessern. Der Kreditzins richtet sich nach dem jeweiligen aktuellen Kapitalmarktzins. Der Vorteil für die Empfängerländer besteht darin, dass die Weltbank das benötigte Geld auf den Kapitalmärkten aufnimmt und hier die höchste Kreditwürdigkeit (Bonität) besitzt. So sind die Kredite in Höhe des sonst üblichen Risikozuschlags für die geringere Bonität des Empfängerlandes subventioniert (Abb. 2). Die Weltbank berät Entwicklungsländer auch in wirtschaftlichen, technischen und organisatorischen Fragen.

Die 1956 gegründete **Internationale Finanz-Corporation** (IFC) unterstützt zusammen mit privaten Kapitalgebern die Finanzierung, die technische Seite und das Management von Entwicklungsinvestitionen. Kredite werden nur an private Unternehmen vergeben.

Die dritte Institution hingegen, die 1960 gegründete **Internationale Entwicklungsorganisation** (IDA), unterstützt besonders arme Entwicklungsländer. Die Laufzeit der zinslosen Kredite beträgt 35 – 50 Jahre.

Die vierte Institution der Weltbankgruppe ist die **Multilaterale Investitions-Garantie-Agentur** (MIGA). Sie wurde 1988 gegründet, um die ausländischen Direktinvestitionen in Entwicklungsländern zu erhöhen. Sie übernimmt Garantien gegen nichtkommerzielle Risiken wie beispielsweise Transferbeschränkungen und Enteignungen und vermindert damit das politische Ausfallrisiko der privaten Direktinvestitionen. Das **International Centre for Settlement of Investment Disputes** (ICSID) schließlich wurde 1966 gegründet und ist für die Schlichtung von internationalen Streitfällen zwischen Regierungen und ausländischen Investoren zuständig.

Regionale Entwicklungsbanken

Neben der Weltbankgruppe gibt es regional tätige Entwicklungsbanken mit verwandter Aufgabenstellung: die Afrikanische Entwicklungsbank, die Asiatische Entwicklungsbank, die Interamerikanische Entwicklungsbank und die Karibische Entwicklungsbank. Zusätzlich existiert die Interamerikanische Investitionsgesellschaft mit ähnlichen Aufgaben wie die IFC.

Europäische Finanzinstitute mit Entwicklungsaufgaben

Die **Europäische Investitionsbank** (EIB), Luxemburg, 1958 gegründet, ist ein öffentlich-rechtliches Kreditinstitut der EG. Ihre Aufgaben sind vor allem die Vergabe von Krediten und Bürgschaften an weniger entwickelte Gebiete in Europa zur Schaffung von Arbeitsplätzen und für Projekte, die im gemeinsamen Interesse mehrerer Mitgliedstaaten sind. Die Darlehenszinsen entsprechen grundsätzlich den jeweiligen Kapitalmarktzinsen. Neuere Aufgaben sind die Finanzierung von Infrastrukturmaßnahmen sowie die Beteiligung am Europäischen Strukturfonds und am Kohäsionsfonds, dem EU-Fonds zur Verringerung wirtschaftlicher und sozialer Disparitäten zwischen den EU-Mitgliedsländern.

Die **Europäische Bank für Wiederaufbau und Entwicklung** (EBRD), London, auch **Osteuropabank** genannt, widmet sich der Unterstützung osteuropäischer Staaten sowie der Nachfolgestaaten der Sowjetunion beim Umbau ihres Wirtschaftssystems in eine Marktwirtschaft (Transformation). Förderschwerpunkt ist der private Sektor, in den laut Satzung mindestens 60 % der Kredite fließen müssen. Die Kredite werden zu marktüblichen Konditionen gewährt. Darüber hinaus vergibt die EBRD auch Beteiligungskapital, übernimmt Garantien und wird beratend tätig. Die Empfängerländer müssen sich zu Mehrparteiendemokratie, Pluralismus und Marktwirtschaft bekennen.

▸ 1 Struktur der Kredite der Weltbank nach Regionen

▸ Gesamtsumme 2008: 24,7 Mrd. US-$

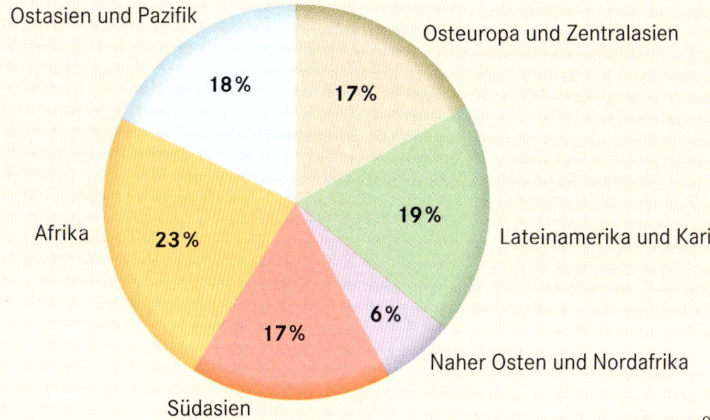

Quelle: Weltbank.

▸ 2 Öffentliche Entwicklungshilfe der Geberländer 2007 im Vergleich

▸ Nur wenige Staaten erfüllen das von den Vereinten Nationen vorgegebene Ziel: 0,7 % des Bruttosozialprodukts sollen an Entwicklungshilfe geleistet werden.

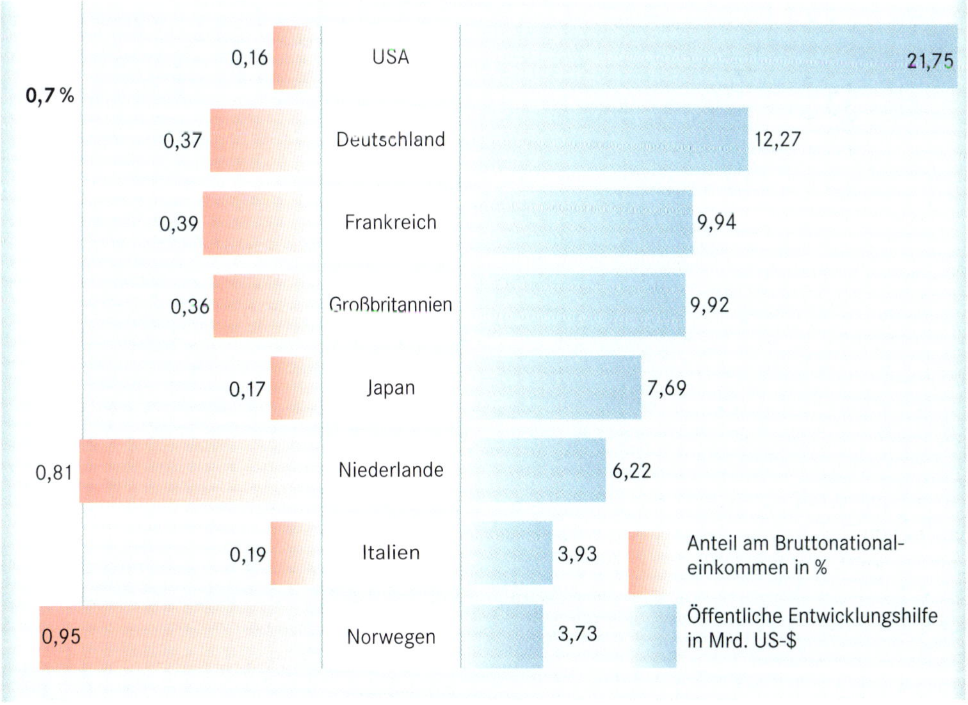

Quelle: OECD/DAC.

Internationaler Währungsfonds

Die wichtigsten Ziele des IWF (International Monetary Fund, IMF) sind die Förderung der internationalen Zusammenarbeit auf dem Gebiet der Währungspolitik, die Förderung des Welthandels und die Vergabe von Mitteln an Mitgliedsländer bei Zahlungsbilanzproblemen.

Die Kreditfazilitäten

Der IWF wurde auf der Basis des Abkommens von **Bretton Woods** am 27. 12. 1945 mit Sitz in Washington gegründet. Er wird von 185 Mitgliedsländern getragen, die je einen Vertreter im obersten Gremium, dem Gouverneursrat (Board of Governors), haben. Jedes Mitgliedsland muss Zahlungen an den Fonds gemäß seiner festgesetzten Quote leisten (Abb. 1). In deren Berechnung fließen vor allem das Bruttoinlandsprodukt, die Leistungsbilanz und die Währungsreserven eines Landes ein. Nach der Höhe der Quote richten sich die Stimmrechte sowie die Kreditfazilitäten, d. h. die Höhe der möglichen Inanspruchnahme der finanziellen Mittel.

Jedes Mitgliedsland kann bei **Zahlungsbilanzproblemen**, also zur Erhöhung seiner Devisenreserven in Krisensituationen, unterschiedliche Kreditfazilitäten in Anspruch nehmen. Die Mittel des Allgemeinen Kontos dienen allen Mitgliedern zur Aufnahme von Devisenkrediten. Die Kredite sind insgesamt auf die Höhe der Quote beschränkt und spätestens nach drei bis fünf Jahren zurückzuzahlen. Bei längerfristigen tief greifenden außen- und binnenwirtschaftlichen Strukturproblemen kann auch auf die Mittel des Kontos für Sonderverwendungen sowie der Erweiterten Strukturanpassungsfazilität zurückgegriffen werden. Diese Kredite sind stark subventioniert und müssen erst nach spätestens sieben bis zehn Jahren getilgt werden. In jüngerer Zeit tritt angesichts der weltweiten Finanzkrisen von 1997/98 sowie seit 2007 zunehmend die vorbeugende Krisenbekämpfung als Aufgabe des IWF in den Vordergrund. Dies bedeutet zugleich eine stärkere Einbeziehung des IWF in eine weltweite Finanzmarktüberwachung.

In der Vergangenheit wurde die Kreditvergabe an Länder, die sich in Finanzkrisen befanden, zunehmend kritisiert. Während die eine Seite meinte, dass die Kredite zu gering seien und zu spät gewährt würden, wollte die andere Seite die Kreditvergabe deutlich einschränken. Ein wichtiges Argument ist und bleibt, dass die IWF-Kredite eine Art kostenloser Versicherung für Banken und andere Investoren darstellen, die diese erst zu riskanten Anlageentscheidungen veranlassen. Die Kredite führen zuweilen dazu, dass die Gewinne den Investoren zufließen, während die Steuerzahler die Verluste tragen.

Die Sonderziehungsrechte

Seit 1969 sind die Sonderziehungsrechte **(SZR)** die offizielle Rechnungseinheit des IWF, in der die Quoten der Mitglieder berechnet und als Währungsreserven gehalten werden. Die SZR sind ein Währungskorb, der sich aus US-Dollar, japanischem Yen, britischem Pfund und Euro zusammensetzt (Abb. 3). Die Kredite des IWF werden in SZR ausgezahlt. Der SZR-Kreditzins berechnet sich als gewichteter Mittelwert der aktuellen kurzfristigen Zinsen der Korbwährungen. Die Korbzusammensetzung wird alle fünf Jahre angepasst.

Das Währungssystem von Bretton Woods

Der IWF wachte bis zu dessen Zusammenbruch über das Währungssystem von Bretton Woods. Auf der internationalen Währungs- und Finanzkonferenz der UNO, die 1944 in Bretton Woods (New Hampshire, USA) stattfand, wurden neben der Errichtung des IWF und der Weltbank auch feste Wechselkurse zwischen den Teilnehmerstaaten beschlossen. Das Wechselkursabkommen legte fest, dass jedes IWF-Mitglied seine Währung fest an Gold oder an den US-Dollar binden musste. Dieser war selbst mit einem Kurs von 35 US-Dollar pro Unze zum Gold fixiert, und es bestand prinzipielle Einlösepflicht des US-Dollar in Gold **(Golddevisenstandard)**.

Praktisch dominierte der US-Dollar als Leitwährung und die Goldbindung hatte nur formellen Charakter. Während die Notenbank der USA ihre Geldpolitik frei gestalten konnte, mussten sich alle übrigen Mitglieder an die Geldpolitik der USA ankoppeln, um ihre Währungskurse stabil zu halten. So wurde das weltweite Preisniveau für handelbare Güter vor allem durch die Geldpolitik der US-Notenbank bestimmt. Das System von Bretton Woods war erfolgreich, denn die Wechselkurse schwankten nur um +/−1 % ihrer Parität zum US-Dollar und die Paritäten selbst mussten nur selten angepasst werden. Der allmähliche weltweite Übergang zu voll konvertiblen Währungen erschwerte aber das Währungsmanagement. Das Ende des Wechselkurssystems begann 1971, als Präsident Nixon wegen steigender Leistungsbilanzdefizite der USA den US-Dollar gegenüber den wichtigsten Handelspartnern drastisch abwertete. Anfang 1973 brach das System auseinander und die Wechselkurse zum Dollar wurden freigegeben.

‣ 1 Länderquoten und Stimmrechte der größten Mitglieder des IWF

‣ (in % der jeweiligen Gesamtsumme), Stand März 2009

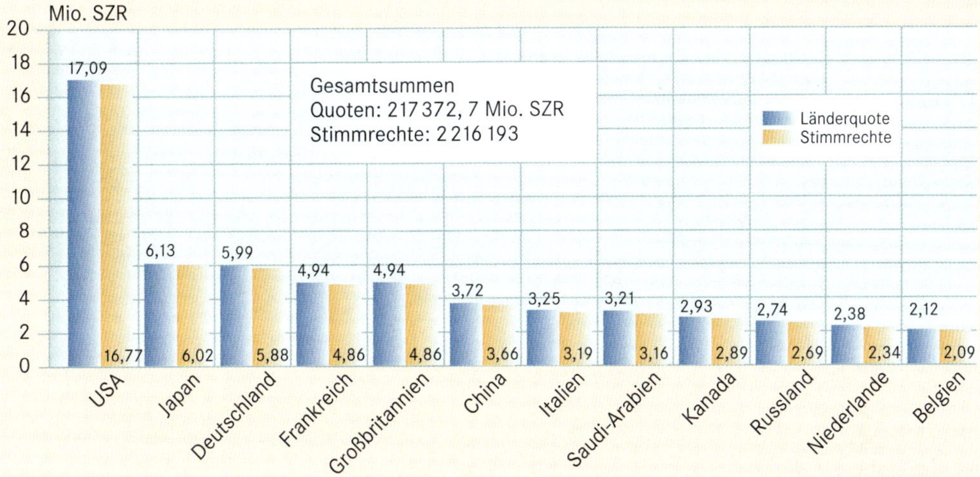

‣ 2 Auflistung der wichtigsten Kreditfazilitäten des IWF

Allgemeines Konto
(Kreditkosten richten sich nach Refinanzierungskosten des Fonds)

- Reservetranche (Inanspruchnahme der eigenen Einzahlungen, die die Quote übersteigen. Dies ist ohne Einschränkungen möglich)
- Kredittranchen (vier Stufen zu je 25 % der Quote, Laufzeit 3¼ 5 Jahre)
  Erweiterte Fondsfazilität (Behebung mittelfristiger Zahlungsbilanzprobleme, Laufzeit 4½ - 10 Jahre)
- Politik des Erweiterten Zugangs (erhebliche Zahlungsbilanzprobleme, die über die bisherigen Fazilitäten nicht gedeckt werden können, Laufzeit 3½ - 7 Jahre)
- Fazilität zur Kompensierung von Exporterlösausfällen und unerwarteten externen Störungen
- Fazilität zur Finanzierung von Rohstoff-Ausgleichslagern

Konto für Sonderverwendungen
(stark subventionierte Kredite)

- Strukturanpassungsfazilität (zur Unterstützung mittelfristiger Wirtschafts- und Strukturanpassungsprogramme, Laufzeit 5½ - 10 Jahre)
- Erweiterte Strukturanpassungsfazilität

‣ 3 Die Zusammensetzung der Sonderziehungsrechte, SZR

‣ In eine Einheit SZR gehen je Währung die genannten Mengen ein (seit dem 1.1.2006)

Währung	Symbol	Menge	Wert am 25.03.2009 in $
Euro	€	0,4100	0,553541
Japanischer Yen	¥	18,4000	0,188389
Pfund Sterling	£	0,0903	0,131558
US-Dollar	$	0,6320	0,632000
SZR	–	–	**1,50549**

Entwicklungsländer

Ob ein Land zum Kreis der Entwicklungsländer zählt, wird anhand von Entwicklungsindikatoren entschieden. Die wichtigsten sind das Einkommen je Einwohner, die Lebenserwartung, die Kindersterblichkeit, die Analphabetenquote und das Bildungsniveau. Ein neuerer Indikator ist der vom UN-Weltentwicklungsprogramm entwickelte Index der menschlichen Entwicklung (HDI, Human Development Index).

Einstufung von Entwicklungsländern

Das **Development Assistance Committee** (die entwicklungspolitische Dachorganisation der OECD, DAC) und die Weltbank erstellen Länderlisten nach jeweils unterschiedlich gewichteten Kriterien. Die Weltbank unterscheidet zwischen Entwicklungsländern mit niedrigem Einkommen (Bruttonationaleinkommen pro Kopf maximal 935 US-$ pro Jahr), mit mittlerem Einkommen und mit hohem Einkommen (über 11 456 US-$; Abb. 1). Daneben gibt es **Schwellenländer** (bereits fortgeschrittener Entwicklungsstand), am wenigsten entwickelte Länder (Pro-Kopf-Einkommen und Ausbildungsstand extrem gering) und am schwerwiegendsten betroffene Länder, die nach den Erdölpreiskrisen der 1970er-Jahre in große Probleme gerieten.

Entwicklungsstrategien

Entwicklungspolitik will das Wachstum in den Entwicklungsländern **(Dritte Welt)** beschleunigen und so deren Lebensstandard erhöhen. In vielen Entwicklungsländern hat sich hauptsächlich infolge des Kolonialismus eine dualistische Wirtschaftsstruktur herausgebildet: Neben einem großen traditionellen Wirtschaftssektor zur Selbstversorgung steht ein kleiner, moderner, auf die Nachfrage der Industrieländer ausgerichteter und von ihr abhängiger Exportsektor. Die vom Internationalen Arbeitsamt entwickelte **Grundbedürfnisstrategie** geht davon aus, dass eine Wirtschaft erst dann nachhaltig wachsen kann, wenn die Grundversorgung der Bevölkerung gesichert ist. Durch eine Förderung der Landwirtschaft, Infrastrukturmaßnahmen und Landreformen sollen zunächst die akuten Probleme wie die anhaltende Armut (Abb. 2) und wachsende Einkommensungleichgewichte gemindert werden. Dann gilt es, die Ausfuhr von traditionellen Exportgütern wie landwirtschaftliche oder mineralische Rohstoffe auszuweiten und zuletzt neue exportorientierte Wirtschaftszweige aufzubauen.

Entwicklungshilfe

Entwicklungshilfe (**Entwicklungszusammenarbeit**, wirtschaftliche Zusammenarbeit) ist allgemein die Übertragung von Kapital und Wissen in Entwicklungsländer, im engeren Sinn allerdings sind es nur solche Transfers, die ein Element der Vergünstigung enthalten. Entwicklungshilfe soll auch zu einer verbesserten internationalen Zusammenarbeit und zum Abbau von sozialen und politischen Spannungen beitragen. Die Entwicklungsländer benötigen vor allem Beratung, technische Hilfe, Handelshilfe (Beteiligung am internationalen Warenaustausch), **Kapitalhilfe** sowie Nahrungshilfe und humanitäre Hilfe in Notsituationen (z. B. Krieg).

Die Vereinten Nationen haben ein Ziel formuliert, wonach die Industrieländer 0,7 % ihres Bruttosozialprodukts an öffentlicher Entwicklungshilfe leisten sollen (Deutschland 2008: 9,6 Mrd. €; entspricht 0,38 %). Jedoch erfüllen erst wenige Länder diese Vorgabe (z. B. Schweden: 0,98 %).

Formen und Träger

Die bilaterale Entwicklungszusammenarbeit umfasst direkte Leistungen zwischen zwei Staaten wie beispielsweise staatliche Kredite oder humanitäre Hilfeleistungen. Die multilaterale Entwicklungszusammenarbeit vollzieht sich im Rahmen von Entwicklungsprojekten oder -programmen von internationalen Organisationen. Die finanzielle und technische Zusammenarbeit umfasst entweder Kapitalhilfe (Zuschüsse oder Kredite) und **technische Hilfe,** d. h. die Finanzierung von Fachkräften oder Ausrüstungen, oder die Aus- und Fortbildung von Einheimischen.

Im DAC sind 22 Industrieländer zusammengeschlossen. Daneben gibt es verschiedene Sonderorganisationen der UNO, die entwicklungspolitisch aktiv sind, wie etwa die 1964 eingerichtete **UNCTAD,** die ständige Konferenz für Handel und Entwicklung der UNO. Wichtige Darlehensgeber der Entwicklungsländer sind die internationalen Entwicklungsbanken, vor allem die Weltbankgruppe.

In Deutschland ist das Bundesministerium für wirtschaftliche Zusammenarbeit (BMZ) zuständig für die öffentliche Entwicklungshilfe. Getragen wird diese von einer Reihe staatlicher Institutionen wie beispielsweise der Deutschen Gesellschaft für Technische Zusammenarbeit (GTZ), dem Deutschen Entwicklungsdienst (DED) und der Kreditanstalt für Wiederaufbau (KfW). Daneben leisten die Kirchen, politische Stiftungen sowie private Organisationen entwicklungspolitische Arbeit.

▸1 Einteilung der Länder nach Einkommensniveau und Regionen (2006)

	Bevölkerung in Mio.	Bevölkerungsdichte (Personen pro km²)	Bruttoinlandsprodukt in Mrd. US-$	Bruttoinlandsprodukt jährliche Wachstumsrate in %	Bruttoinlandsprodukt Anteil der Landwirtschaft in %	Bruttonationaleinkommen pro Kopf in US-$
Niedriges Einkommen	2403	85	1612	6,5	20,0	650
Mittleres Einkommen	3086	45	10050	5,6	9,0	3051
untere Kategorie	2276	81	4734	7,6	12,0	2037
obere Kategorie	810	20	5316	3,9	6,0	5913
Niedriges und mittleres Einkommen	5489	57	11662	5,7	10,0	2000
Afrika südlich der Sahara	770	33	710	4,7	15,0	842
Europa und Zentralasien	460	20	2495	5,7	9,0	4796
Lateinamerika und Karibik	556	28	2946	3,1	6,0	4767
Naher Osten und Nordafrika	311	35	731	4,1	11,0	2481
Ostasien und Pazifik	1900	120	3637	8,6	12,0	1863
Südasien	1492	312	1143	6,9	18,0	766
Hohes Einkommen	1029	31	36583	2,3	2,0	36487
Welt gesamt	6518	50	48245	3,0	3,0	7439

Quelle: Weltbank.

▸2 Der Teufelskreis der Armut

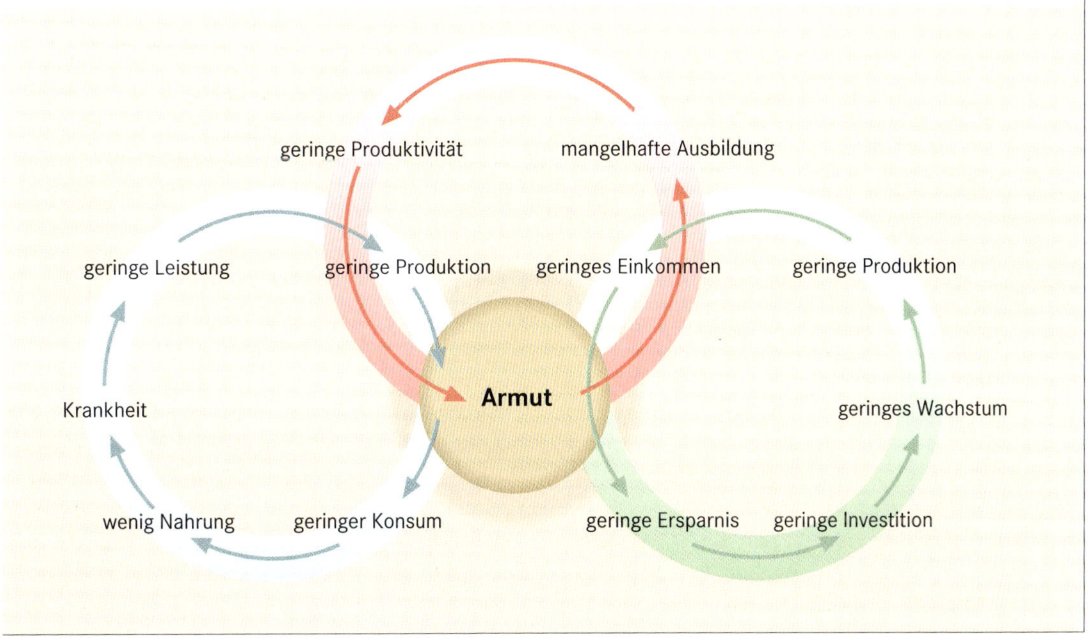

Wirtschaftsintegration

Das Ziel jeder Wirtschaftsintegration besteht darin, durch eine Weiterentwicklung der internationalen Arbeitsteilung oder durch eine größere Produktvielfalt den Wohlstand der beteiligten Länder zu erhöhen.

Die vier wichtigsten Formen

Mehrere Formen der wirtschaftlichen Zusammenarbeit können unterschieden werden: die ökonomische Zusammenarbeit, die Freihandelszone, die Zollunion, der gemeinsame Markt und letztlich, die höchste Stufe der wirtschaftlichen Integration, die Wirtschaftsunion.

In einer **Freihandelszone** schließen sich mehrere Staaten zusammen, die sowohl die Binnenzölle als auch andere Handelshemmnisse (beispielsweise Kontingente) im Innern abschaffen. Im Gegensatz zur Zollunion wird aber kein einheitlicher Außenzolltarif erhoben.

Eine **Zollunion** (Abb. 1) ist definiert als ein einheitliches Zollgebiet mehrerer Staaten. Die Mitglieder einer Zollunion erheben einerseits einheitliche Ein- und Ausfuhrzölle (gemeinsamer Zolltarif) gegenüber Drittländern und schaffen andererseits Binnenzölle im Wirtschaftsverkehr untereinander ab. Bei Einfuhren in eine Zollunion werden Drittlandprodukte nur einmal, und zwar beim Eintritt in das einheitliche Zollgebiet, verzollt. Durch eine Handelssteigerung soll die Wohlfahrt aller Mitgliedsländer in einer Zollunion erhöht werden (Handelsschaffung). Gleichzeitig kann sie aber auch wohlfahrtsmindernde Wirkungen haben, wenn sie zu einer Umlenkung des Handels von kostengünstiger produzierenden Drittländern auf Mitgliedsländer führt, die zwar zu höheren Kosten erzeugen, aber im Gegensatz zu den Drittländern nicht mehr mit Zöllen belastet sind (Handelsumlenkung). Die Bestimmungen des Allgemeinen Zoll- und Handelsabkommens (GATT) erlauben Freihandelszonen ebenso wie Zollunionen, obwohl damit nicht mehr allen Handelspartnern die gleichen Bedingungen eingeräumt werden.

Während in einer Zollunion der Handel mit Gütern und Dienstleistungen völlig liberalisiert ist, sind in einem **gemeinsamen Markt** auch die Produktionsfaktoren uneingeschränkt mobil; es herrscht also auch freier Kapital- und Personenverkehr. Voraussetzung für die Verschmelzung von Volkswirtschaften zu einem **Binnenmarkt** sind gemeinsame Wettbewerbsregeln sowie eine gewisse Harmonisierung der Rechts- und Verwaltungsvorschriften und der Steuer- und Ausgabenpolitik.

Die **Wirtschaftsunion** geht über den gemeinsamen Markt hinaus, da ihre Teilnehmerländer eine weitgehend oder zumindest teilweise harmonisierte Wirtschaftspolitik betreiben. Damit verbunden ist die Schaffung entsprechender supranationaler Institutionen mit eigenen Kompetenzen, sodass nationales Recht zunehmend durch supranationales Recht abgelöst wird. Wird eine Wirtschaftsunion mit einem einheitlichen Währungssystem verknüpft, so spricht man von einer **Wirtschafts- und Währungsunion** – z. B. die **Europäische Wirtschafts- und Währungsunion (EWWU).**

Wirtschaftsintegration in Europa

In Europa wurde durch Freihandelsabkommen 1972 und 1973 zwischen den damaligen EG- und EFTA-Staaten (EFTA = European Free Trade Association), und damit zwischen den meisten westeuropäischen Ländern, eine große Freihandelszone eingerichtet. Die EG war von Anfang an als eine über eine solche Freihandelszone hinausgehende Konzeption angelegt (Abb. 2).

Die **Europäische Wirtschaftsgemeinschaft (EWG)** auf der Grundlage der Römischen Verträge von 1957 war eine Zollunion. Sie hatte aber immer das Ziel eines gemeinsamen Marktes vor Augen. Die **Europäische Gemeinschaft (EG)** baute ihre Binnenzölle schrittweise bis Mitte 1968 für gewerbliche und bis Anfang 1970 für landwirtschaftliche Produkte ab und wendet seitdem einen gemeinsamen Zolltarif an. Damit ist der freie Güterverkehr im Innern der Gemeinschaft gewährleistet. Seit 1975 werden die gesamten Zolleinnahmen an den EG-Haushalt abgeführt.

Im Rahmen des EG-Binnenmarktes wurde schließlich der gemeinsame Markt verwirklicht. Um keine Grenzen zum EG-Binnenmarkt aufkommen zu lassen, wurde 1992 in Porto von den EG- und den EFTA-Staaten der Vertrag über den **Europäischen Wirtschaftsraum (EWR)** unterzeichnet. Die Schweiz trat als einziges EFTA-Land dem EWR nicht bei. Mit dem Inkrafttreten des EWR-Vertrages 1994 wurden die meisten der EG-Binnenmarkt-Vorschriften von den EFTA-Staaten übernommen, was den EU-Integrationsprozess erleichterte.

In der EWWU, deren dritte Stufe, die **Europäische Währungsunion (EWU),** mit der Einführung des Euro am 1. 1. 1999 startete, herrscht auf der Basis der gemeinsamen Währung eine gemeinsame Wechselkurs- und Zinspolitik. Darüber hinaus wurden bereits in den Jahren vor dem Start der EWU andere Bereiche zunehmend koordiniert.

▸1 Handelsschaffung und Handelsumlenkung in einer Zollunion

▸ In der geschlossenen Volkswirtschaft würde es zu einem Ausgleich von Angebot und Nachfrage im Schnittpunkt der heimischen Angebots- und Nachfragekurve zum Preis von p* kommen. Mit der Öffnung der Volkswirtschaft können die inländischen Nachfrager Produkte aus dem Ausland kaufen. Diese werden im Fall vom Nachbarland Z, mit dem eine Zollunion eingegangen wird, zum Preis P_Z angeboten, von den anderen Ländern der Welt W sogar zum günstigeren Preis P_W.

Vor der Gründung der Zollunion wurde vom Inland auf die Einfuhr von Produkten sowohl von Z als auch von W ein Zoll in Höhe von t erhoben. Dabei wurde zum Preis von $P_W + t$ die Menge OA nachgefragt. OB wurde im Inland produziert, BA aus W importiert. Mit der Zollunion wird auf die aus Z importierten Güter kein Zoll mehr erhoben. Die inländischen Konsumenten können daher die Produkte aus Z zum Preis von P_Z kaufen, die Produkte aus W jedoch nach wie vor zum Preis von $P_W + t$. Zum Preis P_Z wird damit die Menge OC nachgefragt. Hiervon wird OD im Inland produziert und DC importiert. Die Flächen a,

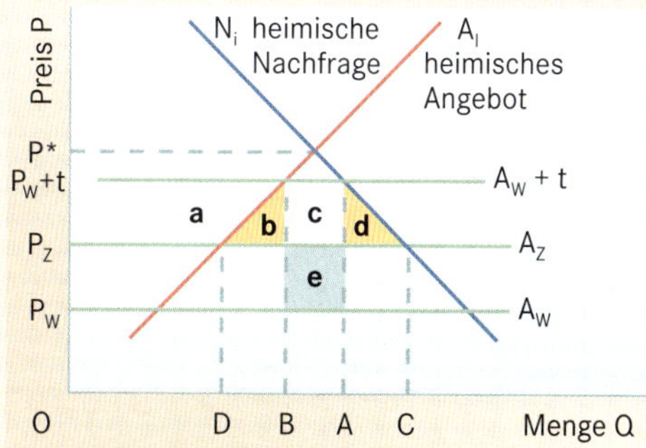

b, c und d zeigen den Wohlfahrtsgewinn für die Konsumenten. Gleichzeitig kommt es aber zu einem Verlust in Höhe der Fläche e, die ebenfalls als Zolleinnahmen bisher dem Inland zugute kamen, nun aber in Form von höheren Importpreisen an Z fließen. Der Gesamt- oder Nettoeffekt der Zollunion hängt ab von der Größe des volkswirtschaftlichen Gewinns bzw. des Verlusts (Nettoeffekt = b + d – e).

▸2 Europäische Integrationsräume im historischen Überblick

Integrationsraum	International gebräuchliche Abkürzung	In-Kraft-Treten	Ziel	Mitgliedstaaten (2009)
European Free Trade Association	EFTA	1960	Freihandelszone	Island, Liechtenstein, Norwegen, Schweiz
Europäische Wirtschaftsgemeinschaft	EWG (EEC)	1958	Zollunion, gemeinsamer Markt	Belgien, Frankreich, Deutschland, Italien, Luxemburg, Niederlande
Europäische Gemeinschaft (mit dem EU-Vertrag wurde die EWG in EG umbenannt und stellt nun eine der drei Säulen der EU dar)	EG (EC)		Wirtschafts- und Währungsunion	EWG und Dänemark, Griechenland, Irland, Portugal, Spanien, Großbritannien
Europäische Union	EU	1993		EG und seit 1995 Finnland, Österreich, Schweden, seit 2004 Estland, Lettland, Litauen, Malta, Polen, Slowakei, Slowenien, Tschechische Republik, Ungarn und Zypern, seit 2007 Rumänien und Bulgarien
Europäischer Wirtschaftsraum	EWR (EEA)	1994	gemeinsamer Markt	EU und Island, Liechtenstein, Norwegen

Wirtschaftsblöcke und Freihandelszonen

Die Weltwirtschaft wird nahezu vollständig durch drei große Wirtschaftsblöcke dominiert, in denen drei Viertel des weltweiten Austauschs von Gütern und Dienstleistungen stattfinden: Europa, Nord- und Südamerika sowie die asiatischen Staaten.

Wer kooperiert mit wem?

Innerhalb dieser regionalen Blöcke haben sich Staaten mit dem Ziel der Bildung von Freihandelszonen zusammengeschlossen. Für Nordamerika ist die Grundlage dafür die Nordamerikanische Freihandelszone **(NAFTA)**, für Südamerika der Gemeinsame Markt im südlichen Lateinamerika **(Mercosur)**. In Südostasien soll aus der **ASEAN**, der Vereinigung südostasiatischer Staaten, die Asiatische Freihandelszone **(AFTA)** hervorgehen, in Europa wird der Freihandel vor allem durch die Europäische Union (EU) und den Europäischen Wirtschaftsraum (EWR) gefördert.

Das wirtschaftliche Ziel einer Freihandelszone ist, Zölle und Mengenbeschränkungen im Handel zwischen den Partnerländern abzubauen. Im Unterschied zur Zollunion können Mitgliedstaaten ihre Handelspolitik gegenüber Drittländern weiterhin autonom regeln. Im Binnenhandel sollen Ursprungszeugnisse verhindern, dass Importe aus Drittländern über das Mitgliedsland mit den geringsten Zöllen eingeführt werden. Das Land, in dem ein Importprodukt endgültig auf den Markt kommt, kann einen kompensatorischen Binnenzoll erheben, wenn das Produkt nicht aus einem Mitgliedstaat stammt. Eine Freihandelszone verstößt zwar prinzipiell gegen das Meistbegünstigungsprinzip des Allgemeinen Zoll- und Handelsabkommens (GATT); hierzu sind im Abkommen jedoch Ausnahmeregelungen getroffen.

Entwicklungstendenzen seit den 1990er-Jahren

Seit den 1990er-Jahren findet eine fortschreitende Liberalisierung des Welthandels und eine zunehmende Globalisierung bei gleichzeitiger regionaler Blockbildung statt. In Europa wurde im Rahmen des wirtschaftlichen Integrationsprozesses 1993 der Europäische Binnenmarkt vollendet, 1994 trat das Abkommen über den Europäischen Wirtschaftsraum in Kraft, und Anfang 1999 startete die Europäische Währungsunion (EWU).

Auf der 5. ASEAN-Gipfelkonferenz 1992 wurde auf Vorschlag Thailands das Abkommen zur Errichtung der **AFTA** beschlossen, das 1994 in Kraft trat. Die AFTA soll ein Gegengewicht zu den regionalen Handelsblöcken in Europa und Nordamerika bilden. Ziel ist, durch Zollsenkungen Handel und Wirtschaft zu stärken und ausländische Investoren zu gewinnen. Ziel der 1967 gegründeten Staatengemeinschaft ASEAN ist die Förderung der wirtschaftlichen Entwicklung der Mitgliedstaaten und die Stärkung der politischen Stabilität in Südostasien. Dies soll erreicht werden über die Formulierung z. B. einer gemeinsamen Industrie-, Handels-, Agrar-, Energie-, Verkehrs-, Forschungs-, Sozial- und Kulturpolitik. Zusätzlich werden die Beziehungen zu Drittländern ausgebaut. In Lateinamerika formierten sich seit Anfang der 1990er-Jahre sechs Staaten zum Mercosur, der zu einer Zollunion entwickelt werden soll. Hauptprobleme der 1991 gegründeten regionalen Wirtschaftsgemeinschaft sind die unterschiedlichen Entwicklungsstufen der Volkswirtschaften sowie Rivalitäten zwischen Argentinien und Brasilien. Über eine Annäherung der Mitgliedstaaten des **Andenpakts** an **Mercosur** wird verhandelt.

Das Abkommen zur Errichtung der NAFTA zwischen Kanada, Mexiko und den USA wurde 1992 unterzeichnet und trat 1994 in Kraft. Man setzte sich zum Ziel, innerhalb von 15 Jahren die Handelsbarrieren und Zölle für Güter und Dienstleistungen abzubauen und die Investitionsbedingungen zu liberalisieren. Einbezogen sind der Schutz geistigen Eigentums und der Umwelt sowie arbeitsrechtliche Fragen. Die NAFTA ist potenziell die größte Freihandelszone. Doch schon 1994 beschlossen die Staats- und Regierungschefs aller amerikanischen Länder die Schaffung einer weit über die bisherige NAFTA hinausgehenden „Freihandelszone beider Amerikas" **(FTAA)**, deren Verwirklichungsfrist allerdings ungewiss ist. Ebenso beschlossen 1994 die Mitgliedstaaten der **APEC** (Asiatisch-Pazifische Wirtschaftliche Zusammenarbeit), langfristig eine Freihandelszone einzurichten.

Perspektiven

Für das 21. Jahrhundert wird eine weitere Verstärkung der regionalen Blockbildung erwartet. Kritiker regionaler Freihandelszonen befürchten, dass es durch eine Diskriminierung von Drittländern zu einer Konzentration der Welthandelsströme auf den Regionalhandel innerhalb der Blöcke und dazu zu einer Abkopplung einzelner Ländergruppen, beispielsweise der Staaten Schwarzafrikas, kommen kann. Schon jetzt dominiert der Außenhandel innerhalb der Wirtschaftsblöcke deutlich den Welthandel, wie am Beispiel der EU deutlich wird.

Wichtige Wirtschaftsgemeinschaften

Amerika

Gemeinschaft	Vertrag/Gründungsjahr	Mitglieder
Andengemeinschaft	Cartagena-Abkommen, 1969	Bolivien, Kolumbien, Ecuador, Peru
Karibische Gemeinschaft (CARICOM)	Vertrag von Chaguaramas, 1973	Antigua und Barbuda, Bahamas, Barbados, Belize, Dominica, Grenada, Guyana, Haiti, Jamaika, Montserrat, Saint Kitts und Nevis, Saint Lucia, Saint Vincent und die Grenadinen, Suriname, Trinidad und Tobago
Mercado Común del Cono Sur (Mercosur)	Asunción-Abkommen, 1991	Argentinien, Brasilien, Paraguay, Uruguay, Venezuela sowie die assoziierten Mitglieder Chile, Bolivien, Peru, Kolumbien und Ecuador
North American Free Trade Area (NAFTA)	North American Free Trade Agreement, 1992	Kanada, Mexiko, Vereinigte Staaten von Amerika
Free Trade Area of the Americas (FTAA)	Absichtserklärung der Gipfelkonferenz der 34 Staaten der Organisation Amerikanischer Staaten (OAS) in Miami, 1994	Alle 34 Staaten des Amerikanischen Kontinents und in der Karibik, ausgenommen Kuba

Europa

Gemeinschaft	Vertrag/Gründungsjahr	Mitglieder
Europäische Union (EU)	Römische Verträge, 1957	Belgien, Bulgarien, Dänemark, Deutschland, Estland, Finnland, Frankreich, Griechenland, Großbritannien, Irland, Italien, Lettland, Litauen, Luxemburg, Malta, Niederlande, Österreich, Polen, Portugal, Rumänien, Schweden, Slowakei, Slowenien, Spanien, Tschechische Republik, Ungarn, Zypern
European Free Trade Association (EFTA)	Konvention von Stockholm, 1960	Island, Liechtenstein, Norwegen, Schweiz
Europäische Währungsunion (EWU)	Maastricht-Vertrag, 1992	Belgien, Deutschland, Finnland, Frankreich, Griechenland, Irland, Italien, Luxemburg, Malta, Niederlande, Österreich, Portugal, Slowakei, Slowenien, Spanien, Zypern
Europäischer Wirtschaftsraum (EWR)	Vertrag von Porto, 1992	EU-Mitglieder, EFTA-Mitglieder, ausgenommen die Schweiz

Afrika

Gemeinschaft	Vertrag/Gründungsjahr	Mitglieder
Economic Community of West African States (ECOWAS)	Vertrag von Lagos, 1975	Benin, Burkina Faso, Côte d'Ivoire, Gambia, Ghana, Guinea, Guinea-Bissau, Kap Verde, Liberia, Mali, Niger, Nigeria, Senegal, Sierra Leone, Togo
South African Development Community (SADC)	Deklaration von Lusaka, 1980	Angola, Botswana, Demokratische Republik Kongo, Lesotho, Madagaskar, Malawi, Mauritius, Mosambik, Namibia, Sambia, Simbabwe, Republik Südafrika, Swaziland, Tansania
Communauté Économique des États de l'Afrique Centrale (CEEAC)	Vertrag von Libreville, 1983	Angola, Äquatorialguinea, Burundi, Demokratische Republik Kongo, Gabun, Kamerun, Republik Kongo, Ruanda, São Tomé und Príncipe, Tschad, Zentralafrikanische Republik

Asien – Pazifik

Gemeinschaft	Vertrag/Gründungsjahr	Mitglieder
Association of South-East Asian Nations (ASEAN)	Deklaration von Bangkok, 1967	Brunei, Indonesien, Malaysia, Philippinen, Singapur, Thailand, Vietnam, Laos, Myanmar, Kambodscha
Australisch-neuseeländische Wirtschaftszone (Closer Economic Relations – CER)	Australia-New Zealand Closer Economic Relations Trade Agreement (ANZCERTA), 1983	Australien, Neuseeland
ASEAN Free Trade Area (AFTA)	Agreement on the Common Effective Preferential Tariff (CEPT), Singapur, 1992	Brunei, Indonesien, Malaysia, Philippinen, Singapur, Thailand

Asien – Pazifik – Amerika

Gemeinschaft	Vertrag/Gründungsjahr	Mitglieder
Asia-Pacific Economic Cooperation (APEC)	Erstmaliger Staatendialog in Canberra, 1989	Australien, Brunei, Kanada, Chile, China, Hongkong, Indonesien, Japan, Südkorea, Malaysia, Mexiko, Neuseeland, Papua-Neuguinea, Peru, Philippinen, Russland, Singapur, Taiwan, Thailand, Vereinigte Staaten von Amerika, Vietnam

Europäischer Binnenmarkt

Am 1. 1. 1993 trat die Vereinbarung über den Europäischen Binnenmarkt in Kraft; seitdem ist die EG ein Raum ohne Binnengrenzen.

Geschichte

Art. 8 EWG-Vertrag sah bereits die Errichtung eines **gemeinsamen Marktes** bis zum 1. 1. 1970 vor. Neben der Einführung einheitlicher Außenzölle und dem Abbau der Zölle innerhalb der EG zur Verwirklichung der Mobilität von Gütern und Dienstleistungen war die Beseitigung von Hemmnissen vorgesehen, die die Mobilität der Produktionsfaktoren Arbeit und Kapital beeinträchtigen. Bei der Verwirklichung dieser Maßnahmen wurden zwar Fortschritte erzielt, dennoch blieb der gemeinsame Markt unvollkommen und uneinheitlich.

Die Beseitigung weiterer zwischenstaatlicher Beschränkungen und Handelshemmnisse bis 1992 war deshalb eine der Zielsetzungen der am 1. 7. 1987 in Kraft getretenen **Einheitlichen Europäischen Akte (EEA).** Ein Anstoß für diese erneute Integrationsmaßnahme ging vom Cecchini-Bericht (1988) aus, der erhebliche Wachstums- und Beschäftigungseffekte bei der Verwirklichung des Europäischen Binnenmarktes prognostizierte.

Infolge der Liberalisierungsmaßnahmen herrscht seit 1993 zwischen den Marktbürgern der EG rechtlich die Freiheit des Personen-, des Waren-, des Dienstleistungs- sowie des Kapitalverkehrs, die als die vier Freiheiten bezeichnet werden. Die stufenweise Einführung der gemeinsamen Währung **Euro** im Rahmen der Europäischen Währungsunion (EWU) zum 1. 1. 1999 trug zur Vollendung des Europäischen Binnenmarktes bei. Weiterhin existieren aber kulturelle und sprachliche Barrieren. Außerdem entstehen durch steuerliche Hindernisse Verzerrungen im Handel und im freien Kapitalverkehr. Mit der gemeinsamen Währung erfolgte aber ein wichtiger Schritt zur völligen wirtschaftlichen Integration der EU-Staaten, von der positive Impulse für das Wirtschaftswachstum erwartet werden.

Dienstleistungsfreiheit

Die Dienstleistungsfreiheit bedeutet die Liberalisierung der Erbringung von Dienstleistungen; dazu zählen beispielsweise Versicherungsabschlüsse sowie Beratungs- und andere Serviceleistungen im Europäischen Binnenmarkt. Selbstständige dürfen sich überall in der EU niederlassen, um ihre Dienstleistungen zu erbringen (Personenverkehrsfreiheit); weiterhin dürfen diese in der EU über die Grenzen hinweg angeboten werden.

Freiheit des Warenverkehrs

Der freie Warenaustausch innerhalb der Staaten der EU soll das Produktangebot auf allen Märkten erweitern sowie knappe Güter verbilligen. Sowohl Zölle als auch Mengenbeschränkungen wurden in der EG bis 1968 abgeschafft, tarifäre und teilweise auch nichttarifäre Handelshemmnisse also untersagt.

Mit der Einführung des Europäischen Binnenmarktes wurden viele rechtliche Hemmnisse abgebaut und unterschiedliche technische Normen harmonisiert. Die Rechtsangleichung bedeutet jedoch nicht immer eine völlige Harmonisierung. Vielmehr werden nationale Vorschriften oder Normen, die sich nicht auf wesentliche Gesundheits- oder Sicherheitserfordernisse beziehen, gegenseitig anerkannt. Die Kontrolle der Produkte findet im Herkunftsland statt, ansonsten dürfen sie in jedem EU-Land angeboten werden. Mit dem zunehmenden Wettbewerb wurden so bereits viele Standards angeglichen. Weiterhin gelten gleiche Mindestvorschriften, etwa zur Kennzeichnung von Produkten.

Freiheit des Kapitalverkehrs

Im Zuge der **Kapitalverkehrsfreiheit** unterliegen auch Kapitalflüsse zwischen den Mitgliedstaaten keinerlei Beschränkungen. Bereits in den 1960er-Jahren wurde der Devisenverkehr liberalisiert. Konvertibilität, die Umtauschbarkeit einer Währung in fremde Währungen zum jeweiligen Wechselkurs wurde hergestellt. In den Währungskrisen Anfang der 1970er-Jahre wurde die Verwirklichung der Kapitalverkehrsfreiheit erst einmal gebremst. Mit der ersten Stufe der **Europäischen Wirtschafts- und Währungsunion (EWWU)** wurde der Kapitalverkehr in der EU zum 1. 7. 1990 vollständig liberalisiert, die Fiskal- und Geldpolitik verstärkt koordiniert; für einige Länder gab es zunächst Ausnahmeregelungen.

Freiheit des Personenverkehrs

Im Rahmen der **Personenverkehrsfreiheit** genießen alle EU-Bürger das Recht, sich in jedem Land der EU aufzuhalten, einen Beruf auszuüben und dort zu leben. Arbeitnehmer haben seit 1957 das Recht, überall in der EU zu arbeiten (Freizügigkeit). Seit 1992 dürfen Selbstständige in jedem Land tätig werden (Niederlassungsfreiheit); kein Unionsbürger darf wegen seiner Nationalität benachteiligt werden (Diskriminierungsverbot).

▸1 Chronik der europäischen Integration

1952	Gründung der Europäischen Gemeinschaft für Kohle und Stahl (Montanunion) durch Belgien, Niederlande, Luxemburg, Frankreich, Italien und die Bundesrepublik Deutschland
1958	Gründung der Europäischen Wirtschaftsgemeinschaft (EWG) und der Europäischen Atomgemeinschaft (EURATOM) durch die gleichen sechs Länder
1967	Entstehung der Europäischen Gemeinschaft (EG) durch Zusammenfassung der Organe der Montanunion, EWG und EURATOM (gemeinsamer Ministerrat und gemeinsame Kommission)
1968	Vollendung der Zollunion durch Abbau der Zölle und Handelsbeschränkungen innerhalb der EG-Länder (und Einrichtung eines gemeinsamen Zolltarifs gegenüber Drittländern)
1973	Beitritt Großbritanniens, Irlands und Dänemarks zur EG, Freihandelsabkommen mit den restlichen EFTA-Ländern
1979	erstmalige Direktwahlen zum Europäischen Parlament (Neuwahlen alle fünf Jahre) und Beginn des Europäischen Währungssystems (EWS)
1981	Beitritt Griechenlands zur EG
1986	Beitritt Portugals und Spaniens zur EG
1987	In-Kraft-Treten der Einheitlichen Europäischen Akte (EEA) mit dem Hauptzweck der Schaffung eines einheitlichen Binnenmarkts bis Ende 1992
1990	Start der ersten Stufe der Europäischen Wirtschafts- und Währungsunion (EWWU): u. a. Liberalisierung des Geld- und Kapitalverkehrs zwischen den Mitgliedsländern
1992	Unterzeichnung des Vertrags über die Europäische Union (Maastricht-Vertrag)
1993	In-Kraft-Treten des Europäischen Binnenmarkts zum 1. 1. und des Maastricht-Vertrags zum 1. 11.
1994	Start der zweiten Stufe der EWWU: Errichtung des Europäischen Währungsinstituts (EWI)
1997	Unterzeichnung des Vertrags von Amsterdam
1998	die Europäische Zentralbank nimmt ihre Arbeit auf
1999	Start der dritten Stufe der EWWU: Einführung der gemeinsamen Währung Euro zum 1. 1.; In-Kraft-Treten des Amsterdamer Vertrags zum 1. 5.
2002	zum 1. 1. Abschaffung der nationalen Währungen der Teilnehmer an der Europäischen Währungsunion
2004	Beitritt Maltas und Zyperns sowie der osteuropäischen Länder Estland, Lettland, Litauen, Polen, Slowakei, Slowenien, Tschechische Republik und Ungarn zum 1. 5.; Unterzeichnung des Vertrags über eine Verfassung für Europa am 29. 10. und Beginn des Ratifikationsprozesses
2007	nach der Ablehnung der Verfassung durch Frankreich und die Niederlande im Jahr 2005 Erarbeitung des auf dem Verfassungsentwurf basierenden Vertrags von Lissabon, den Irland am 12. Juni 2008 ablehnt; am 1. 1. Beitritt Bulgariens und Rumäniens; am 1. 1. Sloweniens zur EWWU
2008	zum 1. 1. Beitritt Maltas und Zyperns zur EWWU
2009	zum 1. 1. Beitritt der Slowakei zur EWWU

▸2 Die vier Freiheiten im Europäischen Binnenmarkt

Freier Personenverkehr
- Wegfall von Grenzkontrollen
- Harmonisierung der Einreise-, Asyl-, Waffen-, Drogengesetze
- Niederlassungs- und Beschäftigungsfreiheit für EG-Bürger
- Verstärkte Außenkontrollen

Freier Dienstleistungsverkehr
- Liberalisierung der Finanzdienste
- Harmonisierung der Banken- und Versicherungsaufsicht Öffnung der
- Transport- und Telekommunikationsmärkte

Freier Warenverkehr
- Wegfall der Grenzkontrollen
- Harmonisierung oder gegenseitige Anerkennung von Normen und Vorschriften
- Steuerharmonisierung

Freier Kapitalverkehr
- Größere Freizügigkeit für Geld- und Kapitalbewegungen
- Schritte zu einem gemeinsamen Markt für Finanzleistungen
- Liberalisierung des Wertpapierverkehrs

Europäische Union

Die politische Integration Europas ist für die beteiligten Volkswirtschaften auch von großer ökonomischer Bedeutung. Neben politischen Motiven wie dem der Friedenssicherung sind es daher vor allem wirtschaftliche Beweggründe, die die Integration gegen alle Widerstände immer wieder vorangetrieben haben.

Von der Zollunion zur Währungsunion

Durch die Schaffung eines großen einheitlichen europäischen Marktes ohne Hindernisse für ökonomische Transaktionen sollen Wachstum und Wohlstand gesteigert werden. Insbesondere soll damit auch eine Basis für den erfolgreichen Wettbewerb Europas mit anderen Regionen der Weltwirtschaft geschaffen werden.

Nach dem Inkrafttreten der **Europäischen Wirtschaftsgemeinschaft** (EWG) am 1. 1. 1958 konnten bis 1968 in der Gemeinschaft bereits alle Binnenzölle beseitigt und somit eine Zollunion realisiert werden. Durch die Beseitigung von verbleibenden Hindernissen für die freie Mobilität von Waren, Personen, Dienstleistungen und Kapital konnte bis 1993 ein einheitlicher **Binnenmarkt** weitgehend verwirklicht werden. Das Datum 1. 1. 1999 markiert mit der Einführung der einheitlichen Währung **Euro** in zunächst elf Staaten der Gemeinschaft eine weitere Entwicklungsstufe der **EU** hin zu einer einheitlichen Volkswirtschaft. Eine weitere Veränderung mit großen ökonomischen Folgen war die Erweiterung der EU um zehn neue Mitglieder. Im Jahr 2004 traten die acht mittel- und osteuropäischen Reformstaaten Estland, Lettland, Litauen, Polen, Slowakei, Slowenien, Tschechische Republik und Ungarn sowie darüber hinaus Malta und Zypern der EU bei, 2007 zudem Bulgarien und Rumänien (Abb. 1).

Aufbau der EU

Die EU wurde durch den **Maastrichter Vertrag**, der am 1. 11. 1993 in Kraft trat, gegründet und durch den Amsterdamer Vertrag (in Kraft seit dem 1. 5. 1999) reformiert. Sie lässt sich bildlich als Tempel beschreiben, dessen Gebälk auf drei Säulen ruht. Die Verträge zur Gründung der **Europäischen Wirtschaftsgemeinschaft (EWG)**, der **Montanunion (Europäische Gemeinschaft für Kohle und Stahl**, Abk. **EGKS)** und der **Europäischen Atomgemeinschaft** (EAG) bilden die erste Säule. Die Gemeinsame Außen- und Sicherheitspolitik stellt die zweite Säule dar; polizeiliche und justizielle Zusammenarbeit in Strafsachen schließlich bilden die dritte Säule. In der ersten Säule kann tatsächlich insofern von einer Europäisierung der Politik gesprochen werden, als die legislativen Organe der EU (Rat, Kommission, Parlament) verbindliches Recht schaffen. Demgegenüber haben die zweite und die dritte Säule dieses Integrationsniveau noch nicht erreicht. Strukturen wurden geschaffen, die die Zusammenarbeit der EU-Mitgliedstaaten erleichtern sollen, ohne die betreffenden Politikbereiche den EU-Organen zu überantworten. Durch den Vertrag von Amsterdam wurden mit den Politikfeldern Asyl und Visa Inhalte der dritten Säule in die erste Säule überführt. Weitere Reformen sieht der Vertrag über eine europäische Verfassung von Lissabon vor, den bislang (Mai 2009) noch nicht alle EU-Staaten ratifiziert haben.

Wirtschaftspolitische Kompetenzen

Die erste Säule ist unter ökonomischen Gesichtspunkten der wichtigste Bestandteil der EU. Der EG-Vertrag enthält die zentralen Vorschriften über die Zollunion, den Binnenmarkt und die **Europäische Wirtschafts- und Währungsunion** (EWWU). Weitere wichtige wirtschaftspolitische Kompetenzen der europäischen Ebene sind die Beihilfe- und Wettbewerbskontrolle: Durch die Überwachung und Genehmigungspflicht von gewerblichen Subventionen und europäischen Unternehmenszusammenschlüssen soll fairer Wettbewerb gewährleistet werden. Auch wird im Rahmen der gemeinsamen Handelspolitik die europäische Politikebene zur Wahrnehmung der entsprechenden Aufgaben etwa auch im Rahmen der Welthandelsorganisation (WTO) ermächtigt. Durch den Amsterdamer Vertrag wurde das Kapitel „Beschäftigung" in den EG-Vertrag aufgenommen.

Wettbewerb der Systeme versus Zentralisierung

Mit Blick auf die beachtlichen wirtschaftspolitischen Zuständigkeiten der EU ist die Zweckmäßigkeit einer weiteren Aufgabenverlagerung nach Brüssel umstritten. Verfechter einer verstärkten Zentralisierung etwa auf dem Gebiet der Steuerpolitik verweisen auf die globale Dimension wirtschaftspolitischer Probleme, angesichts derer nationale Ansätze wenig erfolgversprechend seien. Demgegenüber unterstreichen die Anhänger stärkerer nationaler Zuständigkeiten die Chancen eines Wettbewerbs der Systeme: Durch fortdauernde wirtschaftspolitische Eigenständigkeit der EU-Mitgliedstaaten könne die Politik unter Wettbewerbsdruck gesetzt werden.

▸1 Mitgliedsländer der Europäischen Union

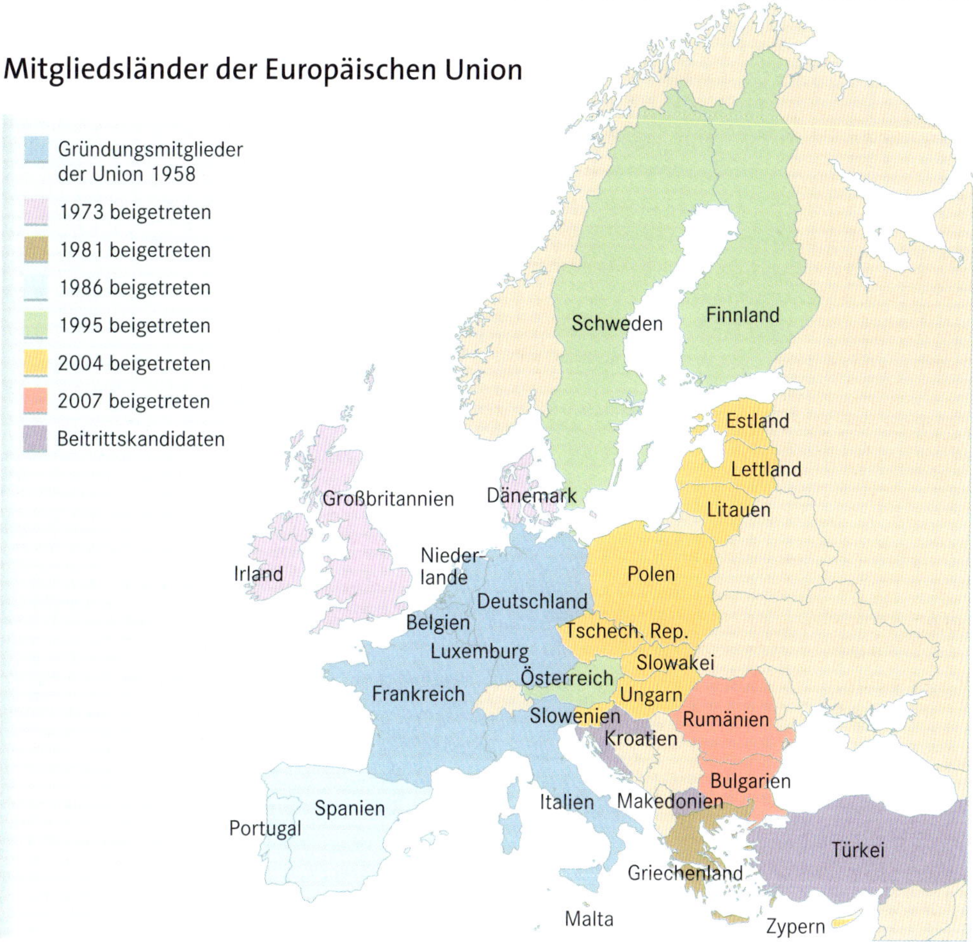

▸2 Die drei Säulen der Europäischen Union

Europäische Gemeinschaften

Zollunion und Binnenmarkt
Agrarpolitik
Strukturpolitik
Handelspolitik
Wirtschafts- und Währungsunion
Unionsbürgerschaft
Bildung und Kultur
Transeuropäische Netze
Verbraucherschutz
Gesundheitswesen
Forschung und Umwelt
Sozialpolitik
Beschäftigung
Visa, Asyl, Einwanderungen

Entscheidungsverfahren EG-Vertrag

Gemeinsame Außen- und Sicherheitspolitik

Außenpolitik
Kooperation, gemeinsame Standpunkte und Aktionen
Friedenserhaltung
Menschenrechte
Demokratie
Hilfe für Drittstaaten
Sicherheitspolitik
Gestützt auf die WEU: die Sicherheit der Union betreffende Fragen
Abrüstung
wirtschaftliche Aspekte der Rüstung
Langfristig: Europäische Sicherheitsordnung

Entscheidungsverfahren

Polizeiliche und justizielle Zusammenarbeit in Strafsachen

Kampf gegen Drogenabhängigkeit
Bekämpfung des organisierten Verbrechens
Bekämpfung des Terrorismus
Bekämpfung des Menschenhandels
Ausbau von Europol

Entscheidungsverfahren

Regierungszusammenarbeit

Europäische Währungsunion

Am 1. 1. 1999 schlossen sich elf der damals 15 Staaten der Europäischen Union (EU) zur Europäischen Währungsunion (EWU) zusammen. Sie gaben ihre nationalen Währungen zugunsten der neuen gemeinsamen Währung Euro auf. Griechenland trat ein Jahr später bei. Heute umfasst die EWU nach den Erweiterungen der EU 16 Länder. Dänemark, Großbritannien und Schweden aus dem Kreis der EU-15 behalten ihre nationalen Währungen noch bei.

Die Einführung des Euro

Am 31. 12. 1998 wurden die Umrechnungskurse der nationalen Währungen der ersten EWU-Teilnehmerstaaten gegenüber dem Euro unwiderruflich festgelegt (Abb. 1). In einer Übergangsperiode, die bis zum 31. 12. 2001 dauerte, war der Euro nur im bargeldlosen Zahlungsverkehr verfügbar (Buchgeld). Ab Januar 2002 wurde das nationale Geld der Teilnehmerländer durch Euro-Banknoten und -Münzen ersetzt.

Motive für die Währungsunion

Die EWU war mit der Unterzeichnung des Vertrags über die EU (Maastrichter Vertrag) am 7. 2. 1992 vereinbart worden. Sie ist Teil einer umfassenden wirtschaftlichen und politischen Integration der EU. Das wichtigste Motiv war die Ausschaltung von in der Vergangenheit häufigen Wechselkursschwankungen innerhalb des Europäischen Währungssystems (EWS), ein zweites Motiv die Vollendung des Europäischen Binnenmarktes.

Die EWU sorgt für intensiveren Wettbewerb, denn der Wegfall der Kosten zur Absicherung gegen Wechselkursschwankungen innerhalb des Gebiets der Währungsunion **(Eurozone)** fördert das Zusammenwachsen der nationalen Märkte. Beides zusammen führt langfristig zu einem stärkeren Wirtschaftswachstum in der Eurozone. Ein drittes wichtiges Motiv war die wirtschaftspolitische Stärkung Europas durch die Schaffung einer weltweit bedeutenden Währung. Der Euro ist tatsächlich mittlerweile neben dem US-Dollar und dem japanischen Yen zu einer Leitwährung aufgestiegen.

Bedingungen für die Teilnahme

Innerhalb der EWU bestimmt die **Europäische Zentralbank (EZB)** die Geldpolitik für alle Teilnehmerstaaten. Dies bedeutet, dass die EZB die Geldmarktzinsen für alle EWU-Länder einheitlich festlegt. Eine einheitliche EWU-Geldpolitik wiederum, verbunden mit einer einheitlichen Währung, bedeutet, dass in jedem Teilnehmerland Wechselkursanpassungen und autonome Geldpolitik als Instrumente zur Anpassung an konjunkturelle Veränderungen weggefallen sind. Dies ist ein Grund dafür, dass im **Maastrichter Vertrag** die Einhaltung von fünf zentralen Bedingungen für die Teilnahme an der Währungsunion gefordert wird (Abb. 2). Zwei dieser **Konvergenzkriterien** dienen dazu, eine antiinflationäre Wirtschaftspolitik zu belegen: die geforderte Konvergenz bei Inflation und langfristigen Zinsen. Die Entwicklung des Wechselkurses der Währung eines EWU-Kandidaten soll vor der Aufnahme in die EWU zwei Jahre lang spannungsfrei, also innerhalb der im **EWS** geltenden Bandbreiten, verlaufen. Nach dem Beginn der Währungsunion wurde dieses Wechselkurskriterium für die Teilnehmer am EWS II (z. B. Großbritannien) geltend gemacht. Zwei weitere Bedingungen betreffen die Begrenzung des staatlichen Schuldenstands **(Schuldenstandskriterium)** und der jährlichen Neuverschuldung **(Defizitkriterium).** Sie schaffen Obergrenzen für die inflationäre Wirkung staatlicher Defizite und fördern eine nachhaltige antiinflationäre Wirtschaftspolitik.

Stabilitäts- und Wachstumspakt

Die festgelegten Grenzen für Schuldenstand und Neuverschuldung gelten ausdrücklich auch nach Eintritt in die EWU. Eine dauerhafte staatliche Haushaltsdisziplin soll verhindern, dass die EZB von Ländern mit hoher Verschuldung in die Enge getrieben wird. Denn ein hoch verschuldetes Land wird durch eine Erhöhung der Geldmarktzinsen hart getroffen, da die höheren Zinsen die notwendigen Zinszahlungen und damit die Gesamtausgaben erhöhen. Dies kann das Land im Extremfall zahlungsunfähig machen. In Abschätzung derartiger Folgen könnte sich die EZB daran gehindert sehen, eine stabilitätsgerechte Geldpolitik durchzuführen.

Der Stabilitäts- und Wachstumspakt ist eine Ergänzung zum Maastrichter Vertrag, die eine nachhaltige fiskalische Disziplin sicherstellen soll. Die erste Verordnung betrifft den Aufbau eines Frühwarnsystems, welches übermäßige Defizite verhindern soll. Die zweite legt den Sanktionsmechanismus fest, der greift, wenn dennoch übermäßige Haushaltsdefizite eintreten. Im Extremfall sieht das Sanktionsverfahren auch Bußgelder vor.

Da das Verschuldungskriterium in den letzten Jahren von mehreren EWU-Ländern, unter ihnen Deutschland und Frankreich, verletzt wurde, herrscht mittlerweile Einigkeit über die Notwendigkeit einer Reform des Paktes.

▸ 1 Die Umrechnungskurse der nationalen Währungen in den Euro

Nationale Währung	Jahr des Eintritts in die EWU	Währungseinheiten für 1 Euro		Euro für 100 Währungseinheiten	
Belgischer Franc	1999	40,3399	BEF	2,47894	€
Deutsche Mark	1999	1,95583	DEM	51,1292	€
Finnmark	1999	5,94573	FIM	16,8188	€
Französischer Franc	1999	6,55957	FRF	15,2449	€
Irisches Pfund	1999	0,787564	IEP	126,974	€
Italienische Lira	1999	1 936,27	ITL	0,516457 [1]	€
Luxemburgischer Franc	1999	40,3399	LUF	2,47894	€
Niederländischer Gulden	1999	2,20371	NLG	45,3780	€
Österreichischer Schilling	1999	13,7603	ATS	7,26728	€
Portugiesischer Escudo	1999	200,482	PTE	0,498798	€
Spanische Peseta	1999	166,386	ESP	0,601012	€
Griechische Drachme	2001	340,750	GRD	0,29347	€
Slowenischer Tolar	2007	239,640	SIT	0,41729	€
Maltesische Lira	2008	0,429300	MTL	232,937	€
Zypern-Pfund	2008	0,585274	CYP	170,860	€
Slowakische Krone	2009	30,1260	SKK	3,31939	€

1) Für 1000 Italienische Lira

▸ 2 Vier Konvergenzkriterien und ihre Erfüllung vor Beginn der EWU *

Zinsniveau Febr. 1997 bis Jan. 1998 in % / **Staatsschulden 1997 in % des BIP**

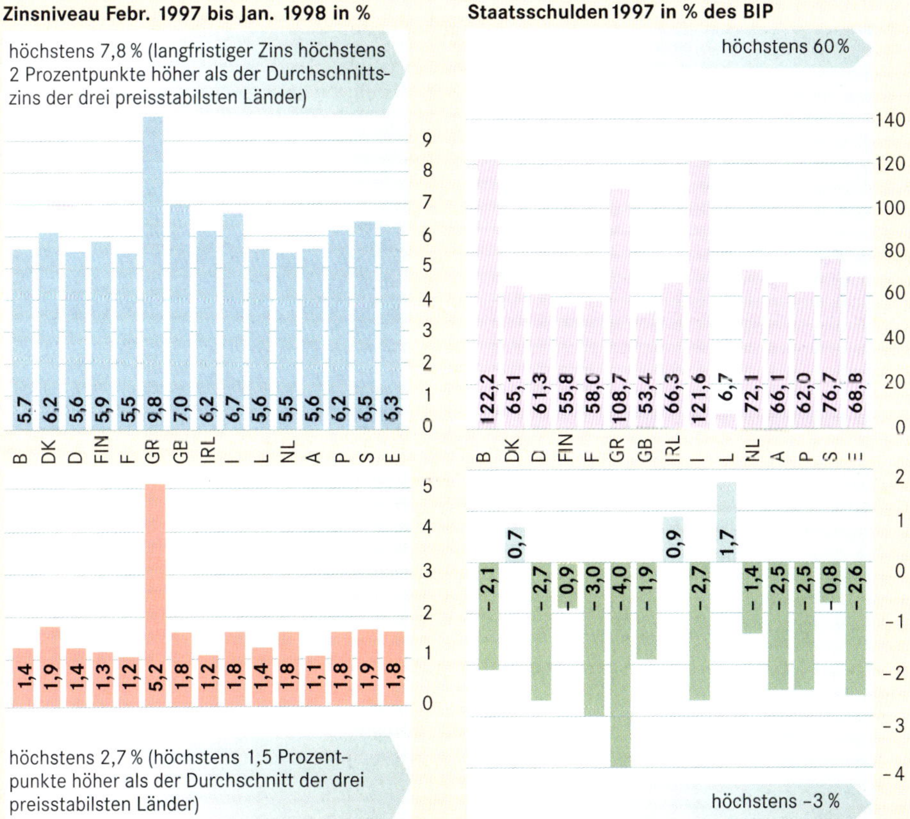

Inflationsrate Febr. 1997 bis Jan. 1998 in % / **Haushaltsüberschuss (+) bzw. -defizit (–) 1997 in % des BIP**

B = Belgien; DK = Dänemark; D = Deutschland; FIN = Finnland; F = Frankreich; GR = Griechenland; GB = Vereinigtes Königreich; IRL = Irland; I = Italien; L = Luxemburg; NL = Niederlande; A = Österreich; P = Portugal; S = Schweden; E = Spanien.

*ohne Wechselkurskriterium

Quelle: Konvergenzbericht EU-Kommission.

Europäische Zentralbank

Die 1998 gegründete Europäische Zentralbank (EZB) mit Sitz in Frankfurt am Main ist die Zentralbank der in der Europäischen Währungsunion (EWU) zusammengeschlossenen Länder der EU. Sie bildet zusammen mit den nationalen Zentralbanken der EU-Staaten (NZB) das Europäische System der Zentralbanken (ESZB) oder kurz: das Eurosystem.

Organe des ESZB

Die obersten Organe des ESZB sind der **EZB-Rat** und das Direktorium der EZB. Das **Direktorium** besteht aus dem Präsidenten und dem Vizepräsidenten der EZB sowie vier weiteren Direktoriumsmitgliedern. Der EZB-Rat setzt sich aus den sechs Direktoriumsmitgliedern und den zwölf Zentralbankpräsidenten der Länder des Euroraums zusammen. Der EZB-Rat ist das maßgebliche Organ für die Festlegung der **Geldpolitik** im Währungsgebiet des Euro. Zum Erweiterten Rat der EZB gehören auch die Zentralbankpräsidenten der zunächst nicht der EWU zugehörigen EU-Mitgliedstaaten. Der Erweiterte Rat dient vor allem der Abstimmung der Geld- und Währungspolitik zwischen Mitgliedern und Nichtmitgliedern der EWU.

Ziele und Aufgaben des ESZB

Im EG-Vertrag wird dem ESZB das vorrangige Ziel zugewiesen, für die Eurozone **Preisstabilität** zu gewährleisten. Allerdings soll das ESZB auch die allgemeine Wirtschaftspolitik der Gemeinschaft unterstützen, soweit dies ohne eine Beeinträchtigung der Preisstabilität möglich ist.

Im Rahmen dieser Zielsetzung legt das ESZB die Geldpolitik der Gemeinschaft fest und führt sie durch. Die EZB hat das ausschließliche Recht zur Genehmigung der Banknotenausgabe innerhalb des Euro-Währungsgebiets. Die Ausgabe von Münzen durch die Mitgliedstaaten steht unter ihrem Genehmigungsvorbehalt. Diese Regeln stellen sicher, dass die EZB tatsächlich die **Geldmenge** kontrollieren kann. EZB und nationale Zentralbanken sind neben der Geldpolitik auch für die Verwaltung der offiziellen Währungsreserven der EU-Staaten und für die Förderung eines reibungslosen Zahlungsverkehrs verantwortlich. Das ESZB unterstützt ferner die zuständigen Behörden bei der Aufsicht über die Kreditinstitute und bei der Sicherung der Stabilität der Finanzmärkte.

Unabhängigkeit des ESZB

Die Unabhängigkeit einer Zentralbank von politischer Einflussnahme ist eine wichtige Voraussetzung für die Vermeidung von Inflation. Kann eine von der Wiederwahl abhängige Regierung Einfluss auf die Geldpolitik nehmen, dann steht zu befürchten, dass kurz vor einer Neuwahl eine expansive Politik durch Zinssenkung und Geldmengenausweitung betrieben wird, um die Konjunktur kurzfristig zu stimulieren. Die längerfristigen schädlichen Folgen einer solchen Politik werden von Regierungen mit einem Zeithorizont, der oft nur bis zur nächsten Wahl reicht, kaum ausreichend berücksichtigt. Empirische Studien deuten darauf hin, dass unabhängige Zentralbanken bei der Sicherung der Geldwertstabilität tendenziell erfolgreicher sind.

Im EG-Vertrag wird dem ESZB und seinen Entscheidungsträgern Unabhängigkeit von Weisungen seitens der nationalen und europäischen Politik zugesichert. Die personelle Unabhängigkeit der EZB-Ratsmitglieder wird durch lange Amtszeiten gewährleistet: Die Berufung ins Direktorium erfolgt für acht Jahre, bei den nationalen Zentralbankpräsidenten für mindestens fünf Jahre. Allerdings gibt es auch mögliche Schwachstellen: So kann der Europäische Rat etwa mit qualifizierter Mehrheit Orientierungen für die Wechselkurspolitik gegenüber Drittwährungen verabschieden. Auch wenn diese Orientierungen gemäß EG-Vertrag das Preisstabilitätsziel der EZB nicht gefährden dürfen, kann es hier aufgrund des Interpretationsspielraums zu Konflikten zwischen Politik und EZB kommen. Hinzu kommt, dass Vertreter des Europäischen Parlaments immer wieder eine stärkere demokratische Kontrolle der EZB fordern. Dies kann als Versuch einer stärkeren politischen Einflussnahme auf die Geldpolitik gewertet werden. Allerdings würden sich verstärkte Kontrollrechte des Parlaments nur über eine Vertragsänderung durchsetzen lassen, die von allen EU-Staaten einstimmig verabschiedet werden müsste. Insgesamt gilt daher die Unabhängigkeit des ESZB als solide abgesichert.

Verbot von Zentralbankkrediten

Ursache einer hohen Inflationsrate war oftmals auch die Kreditgewährung der **Zentralbank** an die Regierung. Wird ein Haushaltsdefizit so „über die Notenpresse" finanziert, bläht dies die Geldmenge auf; im Extremfall kann eine Hyperinflation folgen. Jedoch ist gemäß EG-Vertrag jegliche Kreditvergabe des ESZB an öffentliche Haushalte untersagt.

Europäisches System der Zentralbanken

Europäische Zentralbank

EZB-Rat	Direktorium	Erweiterter Rat
Mitglieder des Direktoriums der EZB Präsidenten der Zentralbanken der dem Euro-Währungsgebiet angehörenden Mitgliedstaaten Der EZB-Rat entscheidet über alle Fragen der Geldpolitik im Euro-Währungsgebiet	Präsident und Vizepräsident sowie bis zu vier weitere Mitglieder Das Direktorium leitet die EZB, setzt Leitlinien und Entscheidungen des EZB-Rats um, erteilt den nationalen Zentralbanken entsprechende Weisungen	Präsident der EZB Vizepräsident der EZB Präsidenten der nationalen Zentralbanken aller EU-Mitgliedstaaten Der Erweiterte Rat koordiniert zwischen den Zentralbanken in und außerhalb der EWU

Nationale Zentralbanken

Zentralbanken, die dem Euro-Währungsgebiet angehören	Anteil am EZB-Kapital Januar 2009 in %
Banque Nationale de Belgique (Belgien)	2,4256
Deutsche Bundesbank (Deutschland)	18,9373
Banco de España (Spanien)	8,3040
Bank von Griechenland (Griechenland)	1,9649
Banque de France (Frankreich)	14,2212
Bank of Ireland (Irland)	1,1107
Banca d'Italia (Italien)	12,4966
Banque Centrale du Luxembourg (Luxemburg)	0,1747
Central Bank of Cyprus (Zypern)	0,1369
Central Bank of Malta (Malta)	0,0632
De Nederlandsche Bank (Niederlande)	3,9882
Oesterreichische Nationalbank (Österreich)	1,9417
Banco de Portugal (Portugal)	1,7504
Banka Slovenije (Slowenien)	0,3288
Národná banka Slovenska (Slowakei)	0,6934
Suomen Pankki – Finlands Bank (Finnland)	1,2539
NZBen des Euroraums zusammen	69,7915

Zentralbanken, die nicht dem Euro-Währungsgebiet angehören	Anteil am EZB-Kapital in %
Bulgarian National Bank (Bulgarien)	0,8686
Česká národní banca (Tschechien)	1,4472
Danmarks Nationalbank (Dänemark)	1,4835
Eesti Pank (Estland)	0,1790
Latvijas Banka (Lettland)	0,2837
Lietuvos bankas (Litauen)	0,4256
Magyar Nemzeti Bank (Ungarn)	1,3856
Narodowy Bank Polski (Polen)	4,8954
Banca Naţională a României (Rumänien)	2,4645
Sveriges Riksbank (Schweden)	2,2582
Bank of England (Großbritannien)	14,5172
NZBen in Ländern außerhalb des Euroraums zusammen	30,2085

Börsen, Banken und Versicherungen

Geldvermögen steht für Konsummöglichkeiten in der Zukunft. Die Ertrag bringende Anlage von Geldvermögen bei Banken oder in Form von Wertpapieren, die an Börsen gehandelt werden, vergrößert die künftigen Konsummöglichkeiten. Versicherungen dienen in erster Linie der finanziellen Risikovorsorge. Alle genannten Institutionen sind Vermittler zwischen denjenigen, die Kapital anbieten, und denjenigen, die Mittel zur Finanzierung ihrer Investitionen benötigen.

Inhalt

BÖRSENGESCHÄFTE

BANK- UND VERSICHERUNGSGESCHÄFTE

Internationale Finanzmärkte

Die internationalen Finanzmärkte bestehen aus einem komplizierten Netzwerk von Finanzinstrumenten, Institutionen und Akteuren. Die zentralen Finanzinstrumente sind Währungen, Aktien, Kredite und Anleihen sowie Finanzderivate wie Optionen, Futures und Swaps. Diese Instrumente werden über Börsen wie auch außerhalb von Börsen (Over The Counter, Abk. OTC) gehandelt.

Institutionen und Akteure

Neben den **Börsen** sind die wichtigsten Institutionen Clearingstellen (Abrechnungsstellen) sowie nationale und internationale Aufsichtsbehörden. Während die **Clearingstellen** für eine ordnungsgemäße Abwicklung des Handels sorgen, liegt die Aufgabe der Aufsichtsbehörden in der Erarbeitung und Überwachung von Handelsregeln sowie in der Zulassung zum Handel. Akteure auf den internationalen Finanzmärkten sind im Wesentlichen Banken, Versicherungen, Investmentfonds, Regierungen, Unternehmen und Privatpersonen (Abb. 1).

Handelsobjekte – Devisen, Kredite, Wertpapiere

Im Zentrum der internationalen Finanzmärkte stehen die **Devisenmärkte**. Devisenhandel wird außerbörslich rund um die Uhr in allen Erdteilen betrieben. Der Handel mit den Leitwährungen wie US-Dollar, Euro, Yen, Pfund Sterling zeichnet sich durch eine große Anzahl an weltweit agierenden Marktteilnehmern, niedrige Transaktions- und Informationskosten sowie hohe Liquidität aus. Diese Devisenmärkte kommen damit sehr nahe an das Ideal eines effizienten Marktes heran. Die weltweiten Handelsumsätze betrugen im Jahr 2007 im Tagesdurchschnitt etwa 3 210 Mrd. US-$, wenn man alle Währungen der Welt berücksichtigt (Abb. 2). Der jährliche Umsatz mit Devisen ist damit etwa 21-mal so groß wie das pro Jahr weltweit erwirtschaftete Bruttoinlandsprodukt.

Die internationalen Märkte für Kredite und Anleihen dienen Staaten und Unternehmen dazu, kurz- und langfristiges Fremdkapital aufzunehmen. Unternehmen können sich auf den internationalen **Aktienmärkten** mit Eigenkapital versorgen. Den Investoren wie Versicherungen, Investmentfonds und Privatpersonen bieten die Finanzmärkte die Möglichkeit, ihr Kapital entsprechend ihren Rendite-Risiko-Vorstellungen anzulegen. Finanzderivate, die sowohl zu Absicherungszwecken als auch zur Spekulation eingesetzt werden können, runden das Spektrum der Finanzinstrumente ab (Abb. 3). Sie sind für die Anleger ein Mittel zur individuellen Gestaltung des gewünschten Rendite-Risiko-Verhältnisses.

Entwicklungstendenzen

Die internationalen Finanzmärkte haben sich seit etwa Mitte der 1970er-Jahre stark verändert. Die weltweite Abschaffung von Kapitalverkehrskontrollen nach dem Ende des Währungssystems von **Bretton Woods** und der zunehmende Einsatz von miteinander vernetzten Computern mit der damit einhergehenden Senkung von Informations- und Transaktionskosten haben eine erhebliche Zunahme **internationaler Kapitalströme** bewirkt (Internationalisierung) und die Effizienz von Finanzierungsprozessen erhöht. Der Einsatz von Finanzderivaten hat stark zugenommen, ebenso die Bedeutung institutioneller Anleger (Institutionalisierung). Bei Banken, Investmentgesellschaften und Versicherungen hat die Öffnung der Märkte für ausländische Anbieter zu einer spürbaren Verstärkung des Wettbewerbs geführt. Die Deregulierung und Liberalisierung der Märkte für Finanzdienstleistungen in Europa hat vor allem durch den Europäischen Binnenmarkt einen kräftigen Schub erhalten. Eine weitere Konkurrenz erwächst den Banken durch die Tendenz von Großunternehmen, Bankdienstleistungen im eigenen Unternehmen zu erstellen sowie verstärkt die Anleihemärkte für die Aufnahme von Fremdkapital in Anspruch zu nehmen (Disintermediation). Als Folge nimmt die Nachfrage von Industrieunternehmen nach Großkrediten ab. Auf die sinkenden Gewinnmargen reagieren die europäischen Banken vor allem durch internationale Fusionen.

Die zunehmende Verbriefung von Zahlungsverpflichtungen (**Sekuritisierung**) führt zur Handelbarkeit vieler bislang unternehmenstypischer Risiken. Ihren Ausgang hat diese Entwicklung mit der Verbriefung von Hypothekenkrediten in den USA genommen. Das Instrument der **Mortgage Backed Securities (MBS)** beruht auf der Bündelung von Hypotheken verschiedener Risikoklassen. Die allgemeinere Klasse der Asset Backed Securities (ABS) umfasst aber auch verbriefte und somit handelbare Forderungen von Nichtbanken-Gläubigern wie z. B. Leasingunternehmen und Automobilfirmen.

Bei den internationalen Börsen vollzieht sich durch die Fusionen und Kooperationen sowie den weltweiten Einsatz von elektronischen Handelssystemen eine fundamentale Strukturänderung: die Verwandlung von zahlreichen realen Orten, an denen Wertpapiere gehandelt werden, in eine einzige virtuelle Börse im Internet.

‣ 1 Struktur internationaler Finanzmärkte

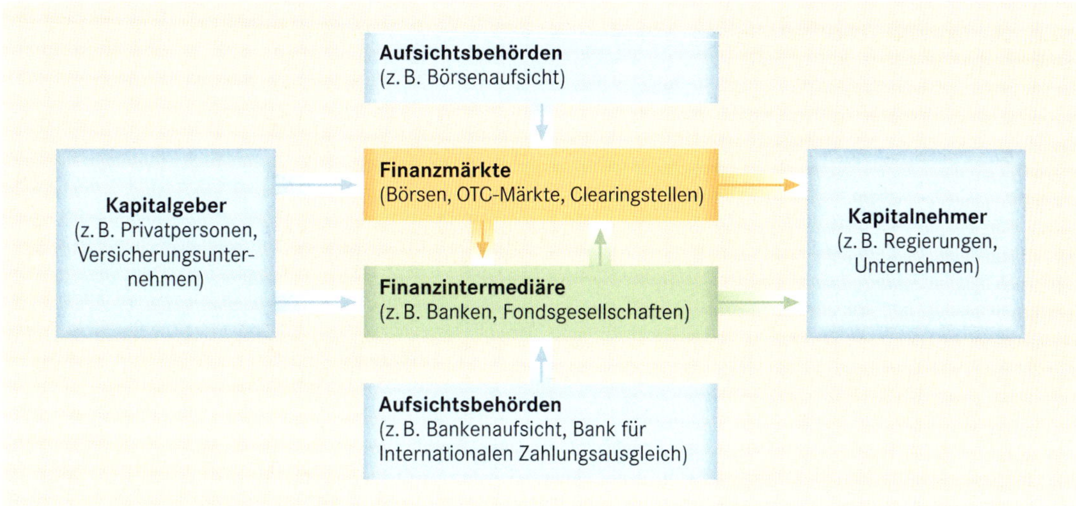

‣ 2 Geschätzte durchschnittliche Tagesumsätze an den internationalen Devisenmärkten (in Mrd. US-$)

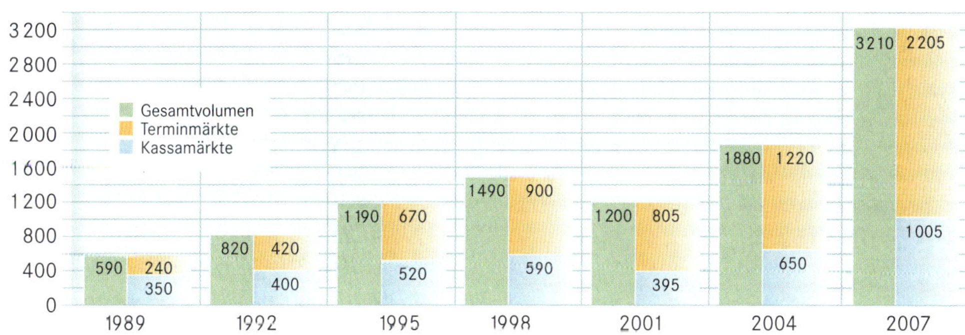

Quelle: Bank für Internationalen Zahlungsausgleich.

‣ 3 Bedeutung der Finanzderivate

	Ausstehender Nominalbetrag in Mrd. US-$, Jahresende			
	1990	**1997**	**2004**	**2007**
Börsengehandelte Instrumente	2287	14262	46592	94885
Zinsfutures	1455	7908	18165	27179
Zinsoptionen	595	4734	24604	56454
Währungsfutures	17	74	104	189
Währungsoptionen	57	21	61	121
Aktienindexfutures	69	377	634	1272
Aktienindexoptionen	94	1148	3024	9670

	1998	**2004**	**2007**
Außerbörsliche Instrumente	80309	248288	516407
Währungskontrakte	18011	29575	48620
Zinskontrakte	50015	187340	346937
Aktien-, warenbezogene und sonstige Kontrakte	12283	31373	120850

Quelle: Bank für Internationalen Zahlungsausgleich.

Finanzmarktkrise

Funktionsfähige Geld- und Kapitalmärkte sind für eine arbeitsteilige Wirtschaft unerlässlich. Kommt es zu Störungen der Geld- und Kreditversorgung, so werden früher oder später auch die Produktions- und Tauschvorgänge in der Realwirtschaft gefährdet.

Marktmechanismus und Krisenindikatoren

Auf den Finanzmärkten wird Liquidität gehandelt. Der Zins soll den Ausgleich von Liquiditätsangebot und -nachfrage bewirken. In der **Theorie effizienter Märkte** spiegelt er den Preis des vorläufigen Konsumverzichts und die Vergütung des Kapitalgebers für die Übernahme des Kapitalausfallrisikos wider.

Eine Krise tritt dann ein, wenn das Gleichgewicht auf den Finanzmärkten gestört wird und der Zinsmechanismus nicht in der Lage ist, die Störung auszugleichen. Hält etwa eine Bank eine Vermögensposition, deren Marktwert fällt, so muss sie in ihrer Bilanz **Wertberichtigungen** vornehmen, die ihr Eigenkapital schmälern. Ihre Kreditwürdigkeit leidet. Sind viele andere Banken in ähnlicher Weise von Verlusten betroffen, so sinkt die Bereitschaft im gesamten Finanzsektor, als Kreditgeber oder Käufer von Wertpapieren aufzutreten. Können auch höhere Zinsen keine Ausweitung des Liquiditätsangebots bewirken, spricht man von einer das gesamte System bedrohenden **Kreditrationierung.** Wird das Vertrauen in die Zahlungsfähigkeit des Bankensystems zerstört, so kommt es zu einem Ansturm der Sparer auf die Banken in dem Streben, ihre Einlagen gegen Bargeld zu tauschen, und zu einer Erschöpfung der Barreserven der Banken.

Die im Jahr 2007 ausgebrochene **Finanzkrise** zwingt nach Schätzungen des Internationalen Währungsfonds die Banken weltweit zu Abschreibungen von 4 Billionen US-$. Das entspricht 7,3 % des Welt-Bruttoinlandsprodukts von 2007. Die deutschen Kreditinstitute weisen für 2007 Abschreibungen von 30,4 Mrd. € aus, rund 48 % mehr als im Jahr zuvor. In den vergangenen 15 Jahren war nur 2002 infolge des Absturzes der Kurse an den Technologiebörsen der Wertberichtigungsbedarf höher. Ein weiterer Krisenindikator ist das Volumen der im Umlauf befindlichen Geldmarktpapiere, eines wichtigen Instruments der Banken zur Refinanzierung ihrer kurzfristigen Kredite. In den USA etwa sank es von 2007 bis 2008 um mehr als 25 %, obwohl das amerikanische Bruttoinlandsprodukt im selben Zeitraum noch um 3,4 % zunahm.

Auslöser und Ursachen

Eine Finanzmarktkrise wird allgemein durch eine nachhaltige und tief greifende Korrektur von Erwartungen von Marktteilnehmern ausgelöst. Man spricht vom Platzen einer **Spekulationsblase,** die sich nach Auffassung der Vertreter der **Behavioral Economics** aufgrund von unvollkommener Information und irrationalen individuellen Verhaltensmomenten gebildet hat. Vor der Krise von 2001 bis 2003 waren es die an den Technologiebörsen gehandelten Aktien, an die überzogene Wachstumserwartungen geknüpft wurden. Auslöser der im Herbst 2007 ausgebrochenen Krise ist die geplatzte Spekulation in den USA auf steigende Wohnimmobilienpreise. Infolgedessen verloren die zur Refinanzierung der privaten Hauskäufe eingesetzten **Mortgage-backed Securities (MBS)** dramatisch an Wert. MBS sind von Zweckgesellschaften ausgegebene, durch ein Portfolio von Hypotheken verschiedener Risikoklassen besicherte Anleihen, die weltweit Käufer fanden.

Dass die Fehlbewertung der Kreditausfallrisiken dieser **„Subprime"-Anleihen** nicht frühzeitig korrigiert und deshalb die Papiere in großem Umfang in Umlauf gebracht werden konnten, beruht letztlich auf einem naiven Glauben an die Selbstregulierungsfähigkeit des Marktes. Deshalb wurden weder die Darlehensgeber noch bestimmte Gruppen von Anleihekäufern wie Investmentbanken und Hedgefonds vom Staat hinsichtlich der Risiken ihrer Geschäftstätigkeit angemessen überwacht.

Finanzmarktineffizienzen erfordern Regulierung

Zur Stabilisierung der Finanzmärkte gibt es generell vier Möglichkeiten. Erstens kann die Notenbank den Banken den Zugang zu Liquidität erleichtern, indem sie die Leitzinsen senkt und ihre **Offenmarktgeschäfte** ausweitet. Zweitens kann sie durch Notfallkredite Institute vor der Insolvenz bewahren. Drittens wird der Staat, wenn die **Einlagensicherungsfonds** der Banken nicht ausreichen, eine staatliche Garantie der Spareinlagen aussprechen. Letztlich kommen auch befristete staatliche Beteiligungen an angeschlagenen Instituten infrage. Um jedoch gegen systemische Finanzmarktkrisen vorzubeugen, muss jenseits dieser Ad-hoc-Maßnahmen der rechtliche Rahmen der Geschäftstätigkeit der Finanzdienstleister überprüft und reformiert werden. Beispielsweise haben in den USA die Investmentbanken aufgrund der derzeitigen Krise ihre Sonderstellung eingebüßt, die sie bis dahin von der staatlichen **Bankenaufsicht** ausgenommen hatte, und die EU beschloss im Mai 2009 eine Verschärfung der **Eigenkapitalvorschriften** für Banken sowie neue Aufsichtsregeln.

Finanzmarktkrise seit 2007 – markante Ereignisse

30. Juli 2007	Die IKB Deutsche Industriebank AG, zu 38% im Besitz der staatseigenen KfW Bankengruppe, teilt der Öffentlichkeit mit, dass sie aufgrund von massiven Wertverlusten von forderungsbesicherten Wertpapieren vor der Insolvenz steht. Die Bank muss von der KfW und den Bankverbänden durch Kreditzusagen gestützt werden (später, im August 2008 wird sie fast vollständig von der KfW übernommen, die ihre Anteile im Oktober an die US-Investmentgesellschaft Lone Star abgibt).
18. September 2007	Die US-Notenbank senkt erstmals seit Juni 2006 den Leitzins, und zwar von 5,25% auf 4,75%. Die Europäische Zentralbank (EZB) zieht am 12. November nach (–0,5% auf 3,25%).
23. September 2007	In einem Interview greift der ehemalige US-Notenbankchef Alan Greenspan die Ratingagenturen an: „… die Leute glaubten, die Ratingagenturen verstünden etwas von ihrem Geschäft. Die wissen aber nicht, was sie tun."
14. März 2008	Bear Stearns, eine der führenden US-Investmentbanken, wird durch einen Eingriff der US-Zentralbank vor dem Zusammenbruch bewahrt. Sie fusioniert mit dem Konkurrenten JPMorgan Chase; die Notenbank unterstützt die Transaktion durch eine Kreditlinie an JPMorgan Chase von 30 Mrd. US-$.
15. September 2008	Die Investmentbank Lehman Brothers beantragt Insolvenzschutz. Wenige Stunden zuvor überweist die KfW Bankengruppe, noch in Unkenntnis des Antrags, aufgrund eines Termingeschäfts 300 Mio. € an Lehman Brothers.
17. September 2008	Die US-Versicherungsgesellschaft AIG wird durch einen Kredit der US-Notenbank von 85 Mrd. US-$ vor der Insolvenz bewahrt.
28. September 2008	Die Öffentlichkeit erfährt, dass der im gewerblichen Immobiliengeschäft tätigen Hypo Real Estate Holding die Insolvenz droht. Man befürchtet, dass ihr Zusammenbruch das gesamte Bankenwesen gefährden würde. Deshalb erhält sie als erste deutsche Bank staatliche Garantiezusagen.
3. Oktober 2008	In den USA beschließt der Kongress einen Rettungsplan für die Finanzbranche im Umfang von 700 Mrd. US-$.
5. Oktober 2008	Bundeskanzlerin Angela Merkel erklärt: „Wir sagen den Sparerinnen und Sparern, dass ihre Einlagen sicher sind."
9. Oktober 2008	Der Dow-Jones-Aktienindex an der New Yorker Börse fällt um rund 8% und damit erstmals seit 2003 wieder unter 9000 Punkte.
17. Oktober 2008	In Deutschland beschließen Bundestag und Bundesrat in einem Eilverfahren die Einrichtung eines Finanzmarktstabilisierungsfonds (Sonderfonds Finanzmarktstabilisierung, SoFFin) im Umfang von 480 Mrd. €.
16. Dezember 2008	Der US-Leitzins wird auf eine Spanne von 0% bis 0,25% herabgesetzt.
7. April 2009	In Deutschland erlangt das Rettungsübernahmegesetz Rechtskraft. Es gibt der Regierung die Möglichkeit, die Aktionäre privater Banken zu enteignen. Auf der Basis des neuen Gesetzes erwirbt die Regierung sukzessive Aktien der Hypo Real Estate Holding mit dem Ziel, das Institut voll zu verstaatlichen.
7. Mai 2009	Im Euroraum wird der Notenbankzins auf einen nie dagewesenen Tiefstand von 1,00% reduziert.
13. Mai 2009	Die deutsche Regierung legt einen Gesetzentwurf zur Bildung von „Bad Banks" vor. Banken sollen die Möglichkeit erhalten, minderwertige Anleihen („toxische Wertpapiere") auf eine Zweckgesellschaft zu übertragen und so ihre Bilanzen zu bereinigen. Im Austausch sollen sie gegen eine jährliche Gebühr (wahlweise gegen die Ausgabe von Aktien) staatlich garantierte Schuldtitel erhalten.

Börse

Die Börse ist als eine besondere Marktform der Treffpunkt, um bewegliche Objekte öffentlich zu standardisierten Vertragsbedingungen zu handeln.

Arten von Börsen

Man kann die Börse je nach Handelsobjekt einteilen in: Effekten- oder Wertpapierbörse (Börse im engeren Sinne), die dem Handel mit **Wertpapieren** (z. B. Aktien) dient; **Devisenbörse** als zentraler Handelsort für Devisen; **Warenbörse,** an der Waren (z. B. Rohstoffe) gehandelt werden.

Wenn der Zeitpunkt des Vertragsabschlusses und die vertragliche Leistung und Gegenleistung, d. h. Lieferung und Abnahme der Handelsobjekte sowie Zahlung und Zahlungsannahme, zeitlich zusammenfallen, spricht man von einer **Kassabörse (Kassamarkt).** Liegt der Erfüllungszeitpunkt in der Zukunft, wählt man die Bezeichnung **Terminbörse (Terminmarkt).** Je nach dem Grad der Automation des Handels wird zwischen der Präsenzbörse, bei der die am Handel beteiligten Vertragspartner persönlich im Börsengebäude anwesend sind, und der **Computerbörse** unterschieden. Im Rahmen der Computerbörse sind die Handelspartner dezentral über Telekommunikationsleitungen mit einem zentralen Börsencomputer verbunden. Die wichtigsten Börsen sind heute die Wertpapierbörsen.

Funktionen der Wertpapierbörsen

Vorrangige Aufgabe von organisierten Wertpapierbörsen ist es, das angebotene Kapital in diejenigen Investitionsvorhaben zu lenken, die die höchsten Renditen versprechen. In ihrer Hauptfunktion als **Emissionsmarkt** führt die Börse Kapitalgeber und Kapitalnehmer zusammen und ermöglicht die Finanzierung langfristiger Investitionsprojekte durch die Emission (Ausgabe) von Schuldverschreibungen (z. B. Anleihen) und Beteiligungspapieren (z. B. Aktien). Die Börse fungiert aber auch als Sekundärmarkt: Die bereits platzierten Effekten können zu den Börsenzeiten verkauft werden.

Als Plattform des Wertpapierhandels ermöglicht die Börse die Sammlung vieler kleinerer Ersparnisse und deren Einsatz zur Finanzierung großer Investitionsvorhaben von Unternehmen oder der öffentlichen Hand. Die so genannte Fristentransformation (Umformung unterschiedlich langer Zeithorizonte) erlaubt es den meist kurz- bis mittelfristig orientierten Kapitalanlegern, jederzeit an der Börse gehandelte Papiere zu erwerben oder zu veräußern, um sich flexibel an langfristigen Investitionen zu geringen Kosten zu beteiligen oder solche Engagements wieder zu lösen. Die Börse hilft dem Kapitalanleger, das Risiko einer zu geringen Verzinsung zu reduzieren, indem er sein Anlagekapital zum Erwerb verschiedener Wertpapiere einsetzt.

Die Konzentration von Angebot und Nachfrage an einem zentralen Treffpunkt führt zur **Kursbildung,** d. h. zur Preisfindung für die in Umlauf befindlichen Papiere. Die Kurse werden sowohl von der aktuellen als auch von der erwarteten wirtschaftlichen Entwicklung der Emittenten beeinflusst. Daneben fließen aber auch Informationen über allgemeine volkswirtschaftliche Vorgänge oder innen- und außenpolitische Maßnahmen in die Kursbildung ein.

Börsenplätze und Entwicklungstendenzen

In Deutschland gibt es acht **Präsenzbörsen:** Berlin, Bremen, Düsseldorf, Frankfurt am Main, Hamburg, Hannover, München und Stuttgart. Dazu wurde von der Frankfurter Wertpapierbörse Ende 1997 mit **Xetra®** (Exchange electronic trading) ein elektronisches Handelssystem eingeführt, das es den Börsenmitgliedern erlaubt, sich von jedem beliebigen Standort aus über miteinander vernetzte Computer am Handel zu beteiligen.

Sieht man von der Vierländerbörse **Euronext** ab, so ist Frankfurt am Main nach New York, Tokio, London und Osaka der weltweit siebtgrößte organisierte Umschlagplatz für Aktien (Abb. 1). Die fortschreitende Computerisierung des Börsenhandels führt zu zahlreichen Kooperationen und strategischen Allianzen zwischen internationalen Börsenplätzen. Auch die deutsche und die schweizerische Terminbörse schlossen sich zur **Eurex** (European Exchange) zusammen. Die Frankfurter Börse arbeitet seit 1999 mit der Londoner Börse zusammen, indem den Börsenteilnehmern beider Länder Zugang zu beiden Computerbörsen gewährt wird.

Um den Kapitalgebern Orientierung über die Tendenzen an den Wertpapierbörsen zu geben, werden Börsenindizes berechnet, die die Kursentwicklung an den Aktienmärkten widerspiegeln. Der Berechnung eines **Aktienindex** werden entweder alle an einem Börsenplatz notierten Aktien zugrunde gelegt oder eine Auswahl besonders wichtiger Werte. Der bekannteste internationale ist der **Dow-Jones-Index.** Der **deutsche Aktienindex DAX®** umfasst 30 deutsche Aktien und wird an der Frankfurter Wertpapierbörse berechnet (Abb. 2).

▸ 1 Die zwölf größten Börsenplätze weltweit (2008)

Land	Börse	Börsenort	Zahl der notierten Aktiengesellschaften	davon: ausländische	Marktkapitalisierung (Mrd. US-$) Umsatz	Aktien (Mrd. US-$)
USA	New York Stock Exchange Euronext (US)	New York	3011	415	9208,9	33638,9
Japan	Tokyo Stock Exchange Group	Tokio	2390	16	3115,8	5607,3
USA	Nasdaq OMX	New York	2952	336	2396,3	36446,6
Belgien, Frankreich, Niederlande, Portugal	Euronext („Vierländerbörse")	Brüssel, Paris, Amsterdam, Lissabon	1002	0	2101,8	4411,3
Großbritannien	London Stock Exchange	London	3096	681	1868,1	6271,5
China	Shanghai Stock Exchange	Schanghai	864	0	1425,4	2600,2
China	Hong Kong Exchanges	Hongkong	1261	0	1328,8	1629,8
Deutschland	Deutsche Börse AG	Frankfurt am Main	832	90	1110,6	4678,8
Kanada	TSX Group	Toronto	3841	86	1033,5	1716,2
Spanien	BME Spanish Exchanges	Barcelona, Bilbao, Madrid, Valencia	3576	40	948,4	2410,7
Schweiz	SWX Swiss Exchange	Zürich	323	70	857,3	1500,4
Indien	Bombay Stock Exchange		4921	0	647,2	301,7

Quelle: World Federation of Exchanges.

▸ 2 Kursentwicklung des Aktienindex DAX®

▸ Monatsschlussstände des DAX®-Performance-Index seit 1994

Quelle: Deutsche Börse AG.

Spekulation, Kurssicherung und Arbitrage

Finanzmärkte zeichnen sich durch eine große Vielfalt an Finanzinstrumenten wie Aktien, Anleihen und Finanzderivate sowie durch unterschiedliche Akteure mit verschiedenen Interessen und Motiven aus. Trotzdem lassen sich alle Wertpapiergeschäfte nach den drei Motiven Spekulation, Arbitrage und Kurssicherung einteilen.

Spekulation

Meist wird unter Spekulation das sehr kurzfristige Kaufen und Verkaufen von Finanzinstrumenten verstanden, wobei der Spekulant ein hohes **Risiko** eingeht, um einen möglichst großen Spekulationsgewinn zu erzielen. Im Prinzip liegt aber immer dann ein Spekulationsgeschäft vor, wenn bei der – auch langfristigen – Anlageentscheidung bewusst ein Risiko in Kauf genommen wird. Das Risiko kann dabei sowohl die Möglichkeit der Insolvenz des Vertragspartners als auch die Gefahr ungünstiger und damit verlustbringender Kursänderungen sein. Eine Kapitalanlage ohne ein spekulatives Element gibt es demnach nur in wenigen Fällen, wie etwa beim Kauf einer sehr kurzfristigen Anleihe eines Staates mit bester Bonität. Ein von dieser Anlage abweichendes, höheres Risiko wird ein rationaler Anleger nur dann eingehen, wenn er auch eine höhere Rendite erwartet.

Eine wichtige ökonomische Theorie, das **Capital Asset Pricing Model** (CAPM), behauptet genau dies: Im Durchschnitt wird ein höheres Risiko durch einen höheren Ertrag „belohnt". Und je höher das Risiko ist, desto größer sollte der zusätzliche Ertrag sein. Allerdings gilt diese Aussage näherungsweise nur im langfristigen Durchschnitt; überdies setzt sie voraus, dass das Anlageportfolio eine breite Palette möglichst unterschiedlicher Anlageobjekte enthält und somit gut diversifiziert ist.

Kurssicherung

Finanzmarktrisiken, die ein Marktteilnehmer nicht tragen möchte, kann er an andere Marktteilnehmer übertragen. Dies geschieht in der Regel durch den Einsatz von **Finanzderivaten** (Optionen, Futures, Swaps) und Termingeschäften (engl.: Forwards). Solche Kurssicherungsgeschäfte zum Ausgleich oder zur Begrenzung von Risiken werden auch als **Hedgegeschäfte** bezeichnet.

Ein Aktienportfolio kann beispielsweise mit **Optionen** gegen Kursverluste abgesichert werden (Abb. 1). Der Anleger kauft dabei zusätzlich zu seinen Aktien eine Verkaufsoption (engl.: Put-Option). Diese gibt ihm das Recht, zum Verfallszeitpunkt seine Aktien zum vereinbarten Ausübungskurs an den Verkäufer der Put-Option zu verkaufen. Die Put-Option wird für den Anleger umso wertvoller, je weiter der Kurs seiner Aktien unter den Ausübungskurs sinkt. Sie wirkt zudem wie eine Versicherung, die den Wertverlust des Gesamtportfolios nach unten begrenzt. Für diese Versicherungsleistung muss der Anleger einen Preis, die so genannte Optionsprämie, zahlen, welche wiederum seinen Gesamtertrag mindert. Die Put-Option schützt den Anleger vor großen Kursverlusten. Da er sie nicht ausüben muss, ermöglicht sie ihm gleichzeitig die Teilhabe an Kurssteigerungen.

Eine andere Form der Kurssicherung besteht im Abschluss eines **Termingeschäfts.** Der Anleger verkauft in diesem Fall sein Portfolio zu einem schon heute festgelegten Preis, wobei die eigentliche Abwicklung des Geschäfts erst später, beispielsweise in vier Monaten, stattfindet. **Futures** sind eine standardisierte Form eines solchen Termingeschäftes und werden an Terminbörsen gehandelt. Bei der Absicherung eines Aktienportfolios mittels eines Aktien-Futures (z. B. auf den Deutschen Aktienindex DAX®) verkauft der Anleger Future-Kontrakte, die zum Zeitpunkt des Verkaufs dem Wert seines Aktiendepots entsprechen (Abb. 2). Wenn sich seine Erwartungen erfüllen und der Aktienkurs unter den in den Future-Kontrakten festgelegten Verkaufskurs fällt, dann realisiert er bei Fälligkeit einen Gewinn in Höhe der Differenz zwischen dem Portfoliowert (mit Absicherung) und dem niedrigeren Kurswert der Aktien (Portfoliowert ohne Absicherung). Bei einem Anstieg der Aktienkurse erleidet der Anleger dagegen einen Verlust. Im Gegensatz zur Put-Option liegt der zukünftige Wert des Aktienportfolios beim Einsatz von Futures fest, d. h., der Anleger kann an Kurssteigerungen der Aktien nicht mehr partizipieren.

Arbitrage

Arbitrage bedeutet das risikolose Ausnutzen von Kursunterschieden. Dabei kann es sich um Differenzen zwischen theoretischen Werten und faktischen Börsenkursen von Finanzinstrumenten wie beispielsweise Devisenterminkontrakten handeln oder um unterschiedliche Kurse des gleichen Wertpapiers an verschiedenen Börsenplätzen. Im letzteren Fall besteht die Arbitrage darin, dass zur selben Zeit das Wertpapier an der Börse mit dem niedrigeren Kurs gekauft und an der anderen Börse mit dem höheren Kurs verkauft wird.

▸1 Absicherung eines Aktienportfolios mit einer Put-Option

- Der aktuelle Wert des Portfolios betrage 100 000 €. Der Vermögensbesitzer erwartet fallende Aktienkurse und erwirbt eine Put-Option für 1 000 €, die den Verkäufer zum Erwerb des Portfolios nach drei Monaten zum Ausübungspreis von 98 500 € verpflichtet, falls der Käufer die Option ausüben will.

Fall A:
Nach drei Monaten beträgt der Wert des Portfolios 110 000 €.

Der Vermögensbesitzer lässt die Put-Option verfallen und erzielt einen Gewinn von 9 000 € (Wertsteigerung des Portfolios abzüglich Optionsprämie).

Fall B:
Nach drei Monaten beträgt der Wert des Portfolios 95 000 €.

Der Vermögensbesitzer übt die Option aus und erleidet den höchstmöglichen Verlust von 2 500 € (Ausgangswert des Portfolios abzüglich Ausübungspreis zuzüglich Optionsprämie). Aufgrund der Absicherung hat er einen höheren Verlust (5 000 €) vermieden.

▸2 Absicherung eines Aktienportfolios mit Futures-Kontrakten

- Der aktuelle Wert des Portfolios betrage 100 000 €. Der Besitzer erwartet fallende Aktienkurse und erwirbt einen Futures-Kontrakt für 1 000 €, der ihn verpflichtet, das Portfolio in drei Monaten zum Preis von 100 000 € zu verkaufen. Der Verkäufer des Futures-Kontrakts muss das Portfolio übernehmen.

Fall A:
Nach drei Monaten beträgt der Wert des Portfolios 110 000 €.

Der Vermögensbesitzer realisiert einen Verlust in Höhe von 1 000 € (Preis des Futures-Kontrakts). Darüber hinaus entgeht ihm der Kursgewinn von 10 000 €. Von der Wertsteigerung des Portfolios profitiert also nicht er, sondern der Verkäufer des Futures-Kontrakts. Dieser erzielt einen Gewinn von 11 000 €.
(Preis des Futures-Kontrakts plus Wertsteigerung des Portfolios).

Fall B:
Nach drei Monaten beträgt der Wert des Portfolios 95 000 €.

Der Vermögensbesitzer realisiert den maximal möglichen Verlust von 1 000 € (Preis des Futures-Kontrakts).
Das Wertminderungsrisiko hat er auf den Verkäufer des Futures-Kontrakts übertragen. Dieser verliert 4 000 € (Wertverlust des Portfolios, gemindert um den Preis des Futures-Kontrakts).

Wertpapierbörsen in Deutschland

Der Handel mit Aktien (Aktienmarkt) und festverzinslichen Wertpapieren (Rentenmarkt) an den acht deutschen Präsenzbörsen vollzieht sich in unterschiedlichen Marktsegmenten.

Börsensegmente

Vor der Aufnahme des Handels müssen die Wertpapiere ein förmliches Zulassungsverfahren durchlaufen, das sicherstellen soll, dass den Anlegern die im Wesentlichen im Börsengesetz und in der Börsenzulassungs-Verordnung vorgeschriebenen Informationen mitgeteilt werden. Je nach Umfang und Strenge der Zulassungsbedingungen wird beim Wertpapierbörsenhandel zwischen dem **amtlichen Handel,** dem **geregelten Markt** und dem **Open Market** (Freiverkehr) unterschieden. Alle drei Marktsegmente sind gesetzlich geregelt, der Open Market ist jedoch kein amtliches, sondern ein privatrechtlich organisiertes Segment. Der Telefonhandel schließlich ist als außerbörslicher Handel keinen förmlichen Regeln unterworfen.

Gemessen am Umfang der **Publizitätspflichten,** d. h. der Anforderungen an die Transparenz bezüglich der Geschäftstätigkeit sowie der Finanz- und Ertragslage der gehandelten Unternehmen, werden drei Standards unterschieden: der Prime Standard, der General Standard und der Entry Standard (Abb. 1).

Wertpapierhandel

Im Parketthandel werden die Kundenaufträge zum Kauf und Verkauf von Wertpapieren über die Banken mithilfe eines elektronischen Auftragsübermittlungssystems direkt in die Orderbücher der amtlichen **Kursmakler** übermittelt, die die Aufträge sammeln. Der Kursmakler ermittelt den **Börsenpreis (Kurs)** zu einem bestimmten Zeitpunkt, indem er die ihm vorliegenden Kauf- und Verkaufsaufträge gegenüberstellt und daraus errechnet, zu welchem Preis die größtmögliche Zahl an Wertpapieren gehandelt werden kann (Meistausführungsprinzip). Für jedes an der Börse notierte Wertpapier wird einmal börsentäglich im Auktionsverfahren ein **Kassakurs** (Einheitskurs) festgestellt. Für umsatzstärkere Wertpapiere (vor allem Prime-Standard-Werte oder **Blue Chips** und einige Neben- oder Spezialwerte) werden zusätzlich im variablen Handel fortlaufend Kurse ermittelt, sobald sich zwei ausführbare Wertpapierorders gegenüberstehen **(fortlaufende Notierung).** Die Kurse werden im **Kurszettel** veröffentlicht und mit **Kurszusätzen** versehen, die die Marktverhältnisse widerspiegeln (Abb. 2).

Die Anleger können über Kreditinstitute, die Mitglieder der Börsen sind, ihre Wertpapieraufträge **(Börsenorders)** zum Kauf und Verkauf auf drei Arten aufgeben. Eine unlimitierte Order (bestens, billigst, bestmöglich) gewährt dem Börsenhändler des Kreditinstituts volle Freiheit über den Abschlusspreis, soll aber nicht gegen die Interessen des Auftraggebers verstoßen. Limitierte Orders (Limitorders) nennen die äußerste Preisgrenze, bis zu der ein Auftrag abgeschlossen werden soll. Eine Stop-Loss-Order ist ein Verkaufsauftrag, der ausgeführt wird, sobald der Preis ein vom Anleger vorgegebenes Limit erreicht oder unterschreitet. Ein preislich unlimitierter Auftrag ist am Börsentag gültig, ein limitierter Auftrag bis zum letzten Börsentag des jeweils laufenden Monats. Es wird nicht mehr zwischen Kleinaufträgen (Odd Lots) und Großaufträgen (Round Lots) unterschieden, sodass bereits ein Auftrag über den Kauf einer Aktie auch im variablen Handel durchgeführt werden kann.

Elektronisches Handelssystem

Der Parketthandel wird mehr und mehr vom vollelektronischen Wertpapierhandel verdrängt. Dieser wird ohne Zwischenschaltung von Kursmaklern auf der Basis des elektronischen Handelssystems **Xetra**® (Exchange Electronic Trading) der Deutschen Börse AG durchgeführt. Direkt an dieser Computerbörse dürfen nur die zum Xetra®-Handel zugelassenen Institute sowie deren Händler teilnehmen. Das System öffnet für sie das zentrale Orderbuch, in dem die Kauf- und Verkaufsaufträge mit Mengen- und Preisangaben ersichtlich sind. Grundsätzlich können sowohl unlimitierte als auch limitierte Orders eingegeben werden.

Im fortlaufenden Handel werden in Xetra® vor allem die Aktien des Prime-Standard-Segments und die wichtigsten ausländischen Werte aus den **Stoxx**®-Indizes – Aktienindizes für umsatzstarke Werte aus europäischen Ländern sowie aus Ländern der Europäischen Währungsunion – gehandelt. Für alle übrigen an der Frankfurter Wertpapierbörse gehandelten Aktien wird täglich um 13 Uhr per Auktion ein Einheitskurs ermittelt. Aus den Kursen der Aktien der 30 DAX®-Werte wird alle 15 Sekunden ein Xetra-DAX® errechnet. Auf Xetra® entfallen mittlerweile über 80 % der Börsenumsätze in deutschen Aktien. Auch über 900 Rentenpapiere, über 10 000 Aktienoptionsscheine sowie Fonds, Zertifikate und Bezugsrechte werden über Xetra® gehandelt.

▸ 1 Börsensegmente in Deutschland

Transparenzniveau	Prime Standard	General Standard		Entry Standard
	amtlicher Handel; verschärfte Zulassungsfolgepflichten gemäß internationaler Standards	amtlicher Handel	geregelter Markt	Open Market (Freiverkehr); zusätzliche Informationspflichten
Rechtsgrundlagen	§§ 30 ff. BörsG, BörsZulV		§§ 49 ff. BörsG, Börsenordnung für die FWB	§ 57 BörsG, Börsenordnung, Freiverkehrsrichtlinien der FWB
Zulassungsantrag	Emittent (bei bestimmter Mindestgröße) oder Kreditinstitut, Finanzdienstleistungsinstitut	Emittent (bei bestimmter Mindestgröße) Kreditinstitut, Finanzdienstleistungsinstitut	Emittent (bei bestimmter Mindestgröße) Kreditinstitute Finanzdienstleistungsinstitut	an der FWB registrierter Handelsteilnehmer
Emissionspublizität	Bilanzen, Gewinn- und Verlustrechnungen und Kapitalflussrechnungen der letzten drei Geschäftsjahre sowie Anhang und Lagebericht für das letzte Geschäftsjahr; in Deutsch, für ausländische Emittenten auch in Englisch	Bilanzen, Gewinn- und Verlustrechnungen und Kapitalflussrechnungen der letzten drei Geschäftsjahre sowie Anhang und Lagebericht für das letzte Geschäftsjahr; in Deutsch, für ausländische Emittenten auch in Englisch	Bilanzen, Gewinn- und Verlustrechnungen und Kapitalflussrechnungen der letzten drei Geschäftsjahre sowie Anhang und Lagebericht für das letzte Geschäftsjahr	
Unternehmenshistorie	mindestens 3 Jahre	mindestens 3 Jahre	mindestens 3 Jahre	nicht geregelt
Mindestkapitalisierung/ -emission	1,25 Mio. € (Kurswert)/ 10 000 Stückaktien	1,25 Mio. € (Kurswert)/10 000 Stückaktien	10 000 Stückaktien	nicht geregelt
Mindeststreubesitz	25 %	25 %	25 %	nicht geregelt
Aktienindizes	DAX®, MDAX®, SDAX®, TecDAX®, GEX®, DivDAX®			
	CDAX®, Prime All Share-Index, 18 Branchenindizes, weitere Indizes			Entry Standard Index

BörsG = Börsengesetz BörsZulV = Börsenzulassungs-Verordnung FWB = Frankfurter Wertpapierbörse

▸ 2 Die wichtigsten Kurszusätze und Kurzhinweise auf dem Kurszettel

bez., bz., b oder Kurs ohne Zusatz = bezahlt; zum angegebenen Kurs sind Abschlüsse erzielt worden, Angebot und Nachfrage haben sich ausgeglichen.

G, g = Geld; zum angegebenen Preis war Nachfrage vorhanden, doch stand kein Angebot gegenüber, sodass es nicht zu Abschlüssen kam.

B, Br = Brief; zum angegebenen Preis bestand Angebot, aber keine Nachfrage, daher auch keine Abschlüsse.

bez. G, bz. G, bG = bezahlt Geld; Abschlüsse erfolgten, doch konnte ein Teil der Nachfrage nicht befriedigt werden.

Bez. B, bz. B, bB = bezahlt Brief; Abschlüsse erfolgten, doch konnte nur ein Teil des Angebots untergebracht werden, sodass noch Aufträge verfügbar bleiben.

T = Taxkurs: geschätzter Kurs, keine Umsätze

R, rat., rep. = rationiert oder repartiert; das Angebot (ratB) oder die Nachfrage (ratG) konnte im Einzelnen nicht befriedigt werden, sondern nur in bestimmtem Verhältnis zum bekundeten Bedarf oder zum vorhandenen Material.

– = gestrichen; ein Kurs konnte nicht festgestellt werden.

ExDiv, exD = ex Dividende; im Kurs ist die Dividende für das abgelaufene Geschäftsjahr nicht mehr enthalten; analog exA nach Ausschüttung und exZS nach Zinsen.

ExB = Kursabschlag für ausgegebene Bezugsrechte (auch exBR, exBez) oder für Berichtigungsaktien (auch exBA).

Aktien

Eine Aktie ist ein Wertpapier, das seinem Inhaber einen Anteil am Grundkapital einer Aktiengesellschaft (AG) oder einer Kommanditgesellschaft auf Aktien (KGaA) verbrieft. Ein Aktionär ist im Umfang seines Aktienbesitzes Miteigentümer einer AG oder einer KGaA und hat als solcher bestimmte Rechte. Ist das Unternehmen an der Börse notiert, wird der Wert der Aktien täglich in Form des Börsenkurses ermittelt.

Rechte des Aktionärs

Ein Aktionär hat zahlreiche Vermögensrechte. Das **Gewinnanteilsrecht** drückt sich darin aus, dass er Anspruch auf Zahlung einer **Dividende** hat, deren Höhe sich in der Regel nach dem Bilanzgewinn richtet. Bei einer Kapitalerhöhung durch Ausgabe neuer Aktien erhält der Aktionär **Bezugsrechte** im Umfang seines bisherigen Anteils am **Grundkapital.** Durch das Recht der Alteigentümer zum Bezug neuer Aktien soll verhindert werden, dass die Ausgabe der neuen Aktien deren Vermögensposition beeinträchtigt. Ein weiteres Vermögensrecht ist der Anspruch auf Beteiligung am Liquidationserlös bei Auflösung der Gesellschaft.

Aus dem Miteigentum entstehen auch Mitbestimmungsrechte. Dazu zählen das Recht auf Teilnahme an der Hauptversammlung, Auskunftsrechte sowie das **Stimmrecht** bei der Hauptversammlung. Das Stimmrecht wird normalerweise nach der Regel „eine Aktie, eine Stimme" gewährt. Mit der Ausübung des Stimmrechts kann der Aktionär u. a. über die Besetzung des Aufsichtsrats, die Gewinnverwendung und die Höhe der Dividende, über die Entlastung von Vorstand und Aufsichtsrat sowie über Satzungsänderungen mitbestimmen. Alle wesentlichen Regelungen zur AG sind im Aktiengesetz (AktG) enthalten.

Aktienarten

Die **Inhaberaktie** ist die übliche Aktienform in Deutschland. Hierbei können alle Aktionärsrechte vom Inhaber einer Aktie geltend gemacht werden. Bei **Namensaktien** hingegen muss der Aktionär zur Legitimation mit Name und Beruf in das Aktienbuch der AG eingetragen werden. Eine seltene Sonderform ist die **vinkulierte Namensaktie,** bei der der Eigentumswechsel von der Gesellschaft genehmigt werden muss.

Stammaktien statten ihren Eigentümer mit allen Aktionärsrechten aus. Demgegenüber hat der Eigentümer von **Vorzugsaktien** nur ein eingeschränktes Stimmrecht. Zum Ausgleich können Vorzugsrechte (z. B. höhere Dividendenzahlungen) eingeräumt werden.

Die meisten Aktien in Deutschland verbriefen einen **Nennwert.** Dieser drückt einen bestimmten Anteil am Grundkapital aus. Seit dem 1. 4. 1998 sind in Deutschland auch **nennwertlose Aktien (Stückaktien)** zugelassen. Stückaktien verkörpern ebenfalls einen Anteil am Grundkapital, allerdings ist auf der Aktie kein Nennwert vermerkt. Der auf eine Stückaktie entfallende Anteil am Grundkapital ergibt sich deshalb erst, indem man das Grundkapital durch die Zahl der ausgegebenen Aktien dividiert. Dieser fiktive Nennwert darf allerdings den Mindestbetrag von einem Euro nicht unterschreiten. Stückaktien müssen bei Veränderungen des Grundkapitals nicht umgestempelt oder ersetzt werden.

Gratisaktien (Berichtigungsaktien) sind neu ausgegebene Aktien **(junge Aktien),** die den alten Aktionären aus den freien Rücklagen und dem Gewinn zur Verfügung gestellt werden. Sie sind eine Form der Selbstfinanzierung (Kapitalerhöhung), bei der Rücklagen und Gewinn in Grundkapital umgewandelt werden.

Im Gegensatz zur Aktie verbrieft ein **Genussschein** normalerweise nur Vermögensrechte (Genussrechte), aber kein Stimmrecht. Genussscheine können sehr unterschiedlich ausgestaltet sein und z. B. einen prozentualen Anteil am Gewinn und/oder Liquidationserlös garantieren oder ein Umwandlungsrecht in Aktien vorsehen.

Aktien und Börse

Die Begriffe Aktien und Börse werden oft in einem Atemzug genannt. Eine Aktie muss jedoch nicht zum Börsenhandel zugelassen sein. Dies kann etwa daran liegen, dass die AG die Börsenvorschriften nicht erfüllt oder dass die Mehrheitsverhältnisse in der AG gewahrt werden sollen. Soll eine Aktie an der Börse gehandelt werden, so muss die AG bestimmte Vorschriften erfüllen. Die Ausgabe von Aktien über die Börse wird **Emission** genannt (Abb. 1).

Nach der Emission wird der Kurs einer Aktie börsentäglich durch Angebot und Nachfrage an der Börse bestimmt. Der Kurs und damit der Wert der Gesellschaft können sich von Tag zu Tag ändern. Der rechnerische Ertrag eines Aktionärs besteht aus der Differenz zwischen Tageskurs und Kaufkurs zuzüglich der zwischenzeitlichen Dividendenzahlungen und abzüglich der Bankgebühren. Die Entwicklung am Aktienmarkt wird durch einen **Aktienindex,** z. B. den DAX® abgebildet (Abb. 2).

▸ 1 Aktienemission

▸ **Emission** ist die Ausgabe von Wertpapieren (z. B. Aktien, Anleihen) zur Aufnahme von Finanzierungsmitteln über den Finanzmarkt (Aktien-, Rentenmarkt). Eine Neuemission liegt vor, wenn z. B. Aktien zum ersten Mal an der Börse eingeführt werden. Üblicherweise erfolgt eine Emission durch die Vermittlung von Banken (meist über ein Bankenkonsortium), die die Aktien zu einem festgelegten Preis (Kurs) dem Publikum anbieten (bei den Anlegern platzieren). Seit 1995 gibt es daneben auch das Bookbuilding-Verfahren zur Festlegung des Emissionspreises. Dabei wird zunächst nur eine Preisspanne vorgegeben. Aus dem Durchschnitt der Gebote der Anleger wird dann ein Emissionskurs errechnet.

▸ 2 Zusammensetzung des wichtigsten deutschen Aktienindex DAX® (DAX® 30, Stand 11. 5. 2009)

Unternehmen	Marktkapitalisierung (Mio. €)	Gewicht im DAX® (%)
ADIDAS AG O.N.	4864,98	1,13
ALLIANZ SE VNA O.N.	34400,09	8,01
BASF SE O.N.	26819,58	6,24
BAY. MOTOREN WERKE AG ST	8194,15	1,91
BAYER AG O.N.	29197,96	6,80
BEIERSDORF AG O.N.	2731,40	0,64
COMMERZBANK AG O.N.	3882,21	0,90
DAIMLER AG NA O.N.	22888,61	5,33
DEUTSCHE BANK AG NA O.N.	23604,07	5,49
DEUTSCHE BOERSE NA O.N.	10830,30	2,52
DEUTSCHE POST AG NA O.N.	8562,31	1,99
DT. TELEKOM AG NA	24277,07	5,65
E.ON. AG NA	44442,99	10,35
FRESEN. MED. CARE KGAA ST	5408,01	1,26
FRESENIUS SE VZ O.ST O.N.	3296,20	0,77
HANN. RUECKVER. AG NA O.N.	1586,68	0,37
HENKEL AG+CO. KGAA VZO	3928,49	0,91
K+S AG O.N.	5940,32	1,38
LINDE AG O.N.	9821,25	2,29
LUFTHANSA AG VNA O.N.	4627,46	1,08
MAN AG ST O.N.	4529,06	1,05
MERCK KGAA O.N.	3984,54	0,93
METRO AG ST O.N.	3821,87	0,89
MUENCH. RUECKVERS. VNA. O.N.	19233,84	4,48
RWE AG ST O.N.	23955,21	5,58
SALZGITTER AG O.N.	2171,32	0,51
SAP AG O.N.	24696,78	5,75
SIEMENS AG NA	42220,27	9,83
THYSSENKRUPP AG O.N.	5820,18	1,35
VOLKSWAGEN AG ST O.N.	19831,83	4,62
	429569,02	**100,00**

O.N.: = ohne Nennwert, ST = Stammaktien, VZ = Vorzugsaktien, VNA = vinkulierte Namensaktien

▸ Ein Aktienindex ist eine Kennzahl, die die Kursentwicklung aller oder eines Teils der an der Börse gehandelten Aktien abbildet. Er dient dem Kapitalanleger als Orientierung über die Entwicklung an der Börse. Der wichtigste Index am deutschen Aktienmarkt ist der Aktienindex DAX®. Er umfasst die 30 nach Börsenwert und Aktienumsatz größten Unternehmen und repräsentiert rund die Hälfte des gesamten Börsenwerts aller inländischen börsennotierten Gesellschaften. Der Mid Cap Index MDAX® umfasst 50 Aktien, die gemessen an Börsenkapitalisierung und -umsatz den DAX®-Werten folgen. Der TecDAX® ist der Index der 30 größten im Prime-Standard-Segment gehandelten Technologiewerte. Die Werte des DAX®, des MDAX® und des TecDAX® werden auch zum HDAX® zusammengefasst. Die Kursentwicklung der 50 kleinen und mittleren Unternehmen unterhalb des MDAX® wird anhand des Small Cap Index SDAX® zusammenfassend dargestellt. Der Index aller Werte des Prime Standard ist der Prime All Share. Der CDAX® (Composite DAX®) enthält alle inländischen Unternehmen aus den Prime- und General-Standard-Segmenten. Er repräsentiert alle an der Frankfurter Börse notierten Aktien und damit die gesamte Breite des deutschen Aktienmarktes. Die Berechnung der Indizes beruht auf den Kursen des Handelssystems Xetra®.

Festverzinsliche Wertpapiere

Dem Inhaber eines festverzinslichen Wertpapiers wird in regelmäßigen Abständen ein meist fester Zins gezahlt. Ein festverzinsliches Wertpapier wird auch Anleihe, Schuldverschreibung, Obligation, Rentenwert, Rente oder Bond (engl.) genannt. Eine Anleihe ist ein Gläubigerpapier, denn sie verbrieft eine Forderung gegenüber dem Schuldner, der sie begeben hat. Eine Anleihe ist somit ein verbriefter Kredit.

Arten von Anleihen

Nach dem Schuldner werden **festverzinsliche Wertpapiere** unterteilt in öffentliche Anleihen wie Staatsanleihen, Länderanleihen (Bundesland), Kommunalobligationen (Gemeinde) und private Anleihen wie Bankschuldverschreibungen, Industrieobligationen (Unternehmen) oder Pfandbriefe (Hypothekenbank). Bekannt sind die verschiedenen **Bundeswertpapiere**, zu denen auch Bundesschatzbriefe zählen (Abb. 1).

Die häufigste Form der Anleihe hat die folgenden Eigenschaften: Der Inhaber der Anleihe erhält jährlich einen vereinbarten Zins ausgezahlt, der für die gesamte Laufzeit der Anleihe festliegt. Die Zinszahlungen beziehen sich auf den **Nennwert** (Nennbetrag), der vom täglich an der **Börse** (Anleihemarkt, Rentenmarkt) bestimmten Kurs zu unterscheiden ist. Am Ende der festgelegten Laufzeit wird der investierte Nennbetrag vollständig zurückgezahlt (Tilgungsanleihe, engl. Straight bond). Eine seltene Form ist die Rentenanleihe (engl. Console), die eine unbegrenzte Laufzeit hat mit der Folge, dass zwar jährlich Zinsen gezahlt werden, aber eine Tilgung niemals stattfindet. Bei einer Anleihe mit variabler Verzinsung (**Floater**, Floating rate note) wird der zu zahlende Zins meistens halbjährlich oder jährlich neu festgesetzt. Der Zins orientiert sich an einem vereinbarten kurzfristigen Zins, beispielsweise dem Geldmarktzins **EURIBOR**, zuzüglich eines Aufschlags je nach der Bonität des Schuldners (geldmarktnahe Anleihe). Eine **Nullkuponanleihe (Zerobond)** unterscheidet sich von der üblichen Anleiheform dadurch, dass die Zinsen zusammen mit der Tilgung erst am Ende der Laufzeit ausgezahlt werden. Vor Fälligkeit notieren Zerobonds unter ihrem Nennwert, und der Anleger profitiert davon, dass der Kurs nach dem Kauf auf den Nennwert ansteigt.

Der Zins einer Anleihe ist ein **Nominalzins.** Änderungen der Kaufkraft während der Laufzeit der Anleihe werden nicht berücksichtigt. Bei indexierten Anleihen setzt sich der Nominalzins aus dem vereinbarten Realzins und der Inflationsrate zusammen. Der Nominalzins wird regelmäßig an die Inflationsrate angepasst.

Wichtige Sonderformen von Industrieanleihen sind **Wandelschuldverschreibungen** und **Optionsanleihen.** Eine Wandelschuldverschreibung (Wandelobligation, Wandelanleihe, engl. Convertible bond) ist eine von einer Aktiengesellschaft (AG) ausgegebene Anleihe, die einen Anspruch auf (geringe) vereinbarte Zinsen und auf die Umwandlung in eine bestimmte Anzahl von Aktien der AG verbrieft. Der Kurs einer Wandelanleihe richtet sich daher auch nach dem Kurs der Aktien. Eine Optionsanleihe ist eine Anleihe, der ein Optionsschein (Warrant) beigelegt ist. Dieser berechtigt zum Bezug einer festgelegten Anzahl von Aktien innerhalb eines bestimmten Zeitraums zu einem vereinbarten Preis. Im Gegensatz zur Wandelschuldverschreibung führt die Ausübung des Optionsrechts nicht zur Einziehung der Anleihe. Der Optionsschein wird meist von der Anleihe getrennt an der Börse gehandelt.

Bewertung von Anleihen

Eine häufig gewählte Bewertungskennzahl für Anleihen ist die **Effektivverzinsung.** Sie gibt an, welche durchschnittliche jährliche Rendite der Investor erhält. Die **Rendite** ist der tatsächliche Ertrag, ausgedrückt als Prozentsatz der Kapitalanlage. Bei ihrer Errechnung werden neben dem Nominalzinssatz Komponenten wie Zeitpunkte der Zinszahlungen, Kauf- und Rückzahlungskurs, Laufzeit und Tilgungsmodus berücksichtigt. Die **Umlaufrendite** ist die Effektivverzinsung festverzinslicher Wertpapiere, die sich im Umlauf befinden, im Unterschied zur **Emissionsrendite,** der Rendite für neu ausgegebene Papiere.

Rating von Anleihen

Ein Rating ist die Beurteilung der Wahrscheinlichkeit des pünktlichen und vollständigen Schuldendienstes (Zinszahlung, Tilgung) einer Anleihe. Die bekanntesten internationalen Rating-Agenturen sind Standard & Poor's und Moody's. Das Rating hängt von der **Bonität** des Anleiheemittenten, d. h. von seiner Fähigkeit zum ordnungsgemäßen Schuldendienst ab (Abb. 2).

Ein schlechtes Rating bedeutet für den Emittenten, dass er im Vergleich mit einem Schuldner mit gutem Rating einen Renditeaufschlag zu zahlen hat. Im Zuge der Finanzmarktkrise 2008 sind auch die Rating-Agenturen in starke Kritik geraten.

▸ 1 Die wichtigsten festverzinslichen Wertpapiere des Bundes

	Bundesschatzbriefe	Finanzierungsschätze	Bundesobligationen
Laufzeit in Jahren	Typ A = 6 Typ B = 7	1 – 2	5
Zinsart	Staffelzins, jährlich steigend	Abschlag vom Nennwert	fest
Zinszahlung	Typ A = jährlich Typ B = Zinsansammlung	Abzinsung	jährlich
Rückzahlung	Typ A zum Nennwert Typ B zum Rückzahlungswert (Nennwert + Zinsen). Gutschrift durch die depotführende Stelle (Depotbank oder Bundesrepublik Deutschland Finanzagentur GmbH.	zum Nennwert. Gutschrift durch die depotführende Stelle (Depotbank oder Bundesrepublik Deutschland Finanzagentur GmbH.	zum Nennwert. Gutschrift durch die depotführende Stelle (Depotbank oder Bundesrepublik Deutschland Finanzagentur GmbH.
Verkauf/Rückgabe	nach einem Jahr bis zu 5 000 € monatlich	nicht möglich	Verkauf zum Börsenkurs
Mindestauftrag	52 €	500 €	110 €

Quelle: Bundesrepublik Deutschland Finanzagentur GmbH.

▸ 2 Notenskalen der Rating-Agenturen*

Standard & Poor's	Bonität	Moody's
AAA	exzellent, praktisch kein Ausfallrisiko	Aaa
AA+ AA AA–	sehr gut bis gut	Aa1 Aa2 Aa3
A+ A A–	gut bis befriedigend	A1 A2 A3
BBB+ BBB BBB–	befriedigend bis ausreichend	Baa1 Baa2 Baa3
BB+ BB BB–	mangelhaft anfällig für Zahlungsverzug	Ba1 Ba2 Ba3
B+ B B–	stark anfällig für Zahlungsverzug	B1 B1 B2
CCC+ CCC CCC– CC C	ungenügend Insolvenz absehbar	Caa1 Caa2 Caa3 Ca C
D	in Zahlungsverzug	

investive Anlage

spekulative Anlage

steigendes Ausfallrisiko

* Ratings für langfristige Emissionen mit einer Laufzeit von mehr als einem Jahr.

Diversifikation und Investmentfonds

„Lege nie alle Eier in einen Korb." Übertragen auf die Finanzmärkte, meint dieses Sprichwort, dass man zu große Risikoanhäufungen bei Kapitalanlagen vermeiden sollte, damit im Fall von Kursrückgängen nicht zu viel verloren ist. Im Prinzip bedeutet Diversifikation genau dies: die Aufteilung des Vermögens in mehrere möglichst unterschiedliche Anlageobjekte (Portfolio).

Die Grundidee der Diversifikation

Ein diversifiziertes **Anlageportfolio** enthält mehrere Anlageobjekte, deren Renditeverläufe eine möglichst geringe Ähnlichkeit zueinander aufweisen, die also möglichst wenig miteinander korreliert sind. Im Extremfall von zwei Aktien mit einer Korrelation von –1 gilt: Immer dann, wenn Aktie 1 steigt, fällt Aktie 2 um den gleichen Prozentbetrag. Die Folge ist, dass die Renditen des Portfolios keinerlei Schwankungen um den Durchschnitt mehr aufweisen. Der Wert des Portfolios verläuft stetig und gleichmäßig und unterliegt keinem Kursrisiko.

Im Normalfall sind die einzelnen Anlageobjekte wie Aktien und Anleihen positiv miteinander korreliert: Über einen längeren Zeitraum bewegen sich ihre Renditen in dieselbe Richtung, wenn auch nicht im gleichen Ausmaß. Mit nur einer Aktie ist das **Risiko** eines Aktienportfolios am größten und entspricht dem individuellen Risiko der Aktie. Nimmt man weitere Aktien hinzu, so nimmt das Risiko immer mehr ab. Allerdings wird der Rückgang des Risikos mit jeder hinzugenommenen Aktie schwächer. Wenn die Anzahl der Aktien sehr groß ist, entspricht das verbleibende Risiko ungefähr dem Risiko des gesamten Aktienmarktes. Dieses Risiko muss der Anleger in jedem Fall tragen. Ein schlecht diversifiziertes Portfolio bürdet ihm dagegen ein unnötiges Zusatzrisiko auf, für das er nicht durch höhere Erträge „belohnt" wird.

Arten von Investmentfonds

Investmentfonds werden von **Kapitalanlagegesellschaften** (KAG, **Investmentgesellschaften**) aufgelegt und verwaltet (Abb. 1). Die rechtlichen Grundlagen im Gesetz über Kapitalanlagegesellschaften dienen vor allem dem Anlegerschutz. So müssen Investmentfonds ausreichend diversifiziert sein und getrennt vom Vermögen der KAG als **Sondervermögen** gehalten werden. Dadurch ist das Vermögen der Anleger vor missbräuchlichem Zugriff durch die KAG geschützt und bleibt unabhängig vom wirtschaftlichen Schicksal der KAG erhalten. Der Wert eines Fondsanteils (**Anteilschein, Investmentzertifikat**) ergibt sich aus der Division des Fondsvermögens durch die Anzahl der ausgegebenen Anteile (Abb. 2).

Es gibt viele verschiedene Arten von Investmentfonds. Bei **Publikumsfonds** ist der Anlegerkreis nicht begrenzt. Sie sind offene Fonds, da jederzeit neue Anteile ausgegeben werden können. Bei einem **Spezialfonds** sind natürliche Personen als Investoren ausgeschlossen. Diese Fonds richten sich v. a. an Unternehmen und Stiftungen. Nach den Anlageobjekten werden die Fonds in Wertpapierfonds, Immobilienfonds und Altersvorsorge-Sondervermögen unterteilt. **Wertpapierfonds** können Aktien, Anleihen, Bankguthaben und Geldmarktpapiere sowie in begrenztem Umfang auch Optionen und Futures enthalten und werden manchmal weiter differenziert nach Ländern, Regionen und Branchen. **Aktienfonds** investieren in nationale und/ oder internationale Aktien, **Rentenfonds** in festverzinsliche Wertpapiere. **Gemischte Fonds** halten sowohl Aktien als auch festverzinsliche Wertpapiere. **Geldmarktfonds** legen etwa in Geldmarktpapieren mit einer (Rest-)Laufzeit von maximal zwölf Monaten an. **Dachfonds** legen ihrerseits ausschließlich in einzelnen Wertpapierfonds an. **Hedgefonds** betreiben eine hochspekulative Anlagepolitik. **Immobilienfonds** investieren in Immobilien und Grundstücke. Viele Immobilienfonds sind geschlossene Fonds, die nach einer Anfangsphase keine neuen Anleger mehr zulassen und als eigenständiges Unternehmen geführt werden. Die Altersvorsorge-Sondervermögen (AS-Fonds) dienen zur privaten Altersvorsorge.

Nutzen und Kosten von Investmentfonds

Investmentfonds bieten die Möglichkeit, schon mit relativ kleinen Anlagebeträgen, z. B. auch durch monatliche Anlage (**Investmentsparen**), ein gut diversifiziertes Portfolio je nach Risikoneigung und Renditeerwartung aufzubauen (Abb. 3). Weitere Vorteile sind die jederzeitige Veräußerbarkeit der Anteile sowie die fachmännische Verwaltung des Fonds. Dafür berechnen die KAG beim Kauf einen **Ausgabeaufschlag** auf den börsentäglich ermittelten Anteilswert und jährliche Managementgebühren. Die Erträge werden meist jährlich ausgeschüttet. Ein Nachteil von Fonds besteht darin, dass sie häufig eine schlechtere Wertentwicklung aufweisen als der Markt. Die **Indexfonds** sind eine Alternative: Sie bilden z. B. einen Aktienindex nach und ihr Kurs entwickelt sich damit parallel zu dem des Index.

‣ 1 Funktionsweise eines Investmentfonds

Anleger

Geld | Investmentanteile | Ausschüttung von Erträgen | Wiederanlage von Erträgen

Investmentfonds (Sondervermögen)

überwacht und wickelt ab	verwaltet das Vermögen
Depotbank	**Kapitalanlagegesellschaft**
Errechnung von Ausgabe- und Rücknahmepreis, Ausgabe und Rücknahme der Zertifikate	An- und Verkauf der Vermögensobjekte, wie Wertpapiere oder Immobilien, Verwaltung des Sondervermögens

Quelle: Stiftung Warentest.

‣ 2 Berechnung des Wertes eines Fondsanteils

	Tageswert sämtlicher Vermögenswerte des Fonds (Bewertung der Wertpapiere zum aktuellen Tageskurs, Immobilien zum Ertragswert)
+	Summe der liquiden Mittel
–	Verbindlichkeiten des Fonds, wie Managementkosten, Depotbankgebühr, An- und Verkaufsspesen
=	**Nettoinventarwert des Fonds**
÷	geteilt durch die Anzahl der ausgegebenen Anteilscheine
=	**Rücknahmepreis pro Fondsanteil**
+	Ausgabeaufschlag
=	**Ausgabepreis pro Fondsanteil**

Quelle: Stiftung Warentest.

‣ 3 Aktives und passives Fondsmanagement

‣ Das Management eines Investmentfonds kann prinzipiell zwei verschiedene Strategien verfolgen.

Entweder er betreibt eine sogenannte aktive Aktienauswahl mit dem Ziel, durch das so gebildete Portfolio ein überdurchschnittliches Ertrags-Risiko-Verhältnis zu erzielen, oder er wählt die einzelnen Aktien, die in dem Fonds vertreten sein sollen, nach Maßgabe eines Index wie etwa des DAX® aus, der ein bestimmtes Aktienmarktsegment repräsentiert.
Das aktive Fondsmanagement basiert auf der Überzeugung, dass es möglich ist, durch sorgfältige Analyse und geschickte Auswahl verschiedener Aktien systematisch „den Markt zu schlagen“, also besser zu sein als die Kursentwicklung, repräsentiert durch die Entwicklung eines Aktienindex.

Hingegen geht der passive Fondsmanager davon aus, dass jegliche überdurchschnittlichen Ergebnisse der Fondsanlage rein zufälliger Natur und somit prinzipiell auch nicht wiederholbar.

Versicherungen

Im Lauf eines Menschenlebens treten vielfältige Risiken auf: Krankheit, Verlust der Erwerbsfähigkeit, Unfall, Streitigkeiten oder das Risiko, anderen einen Schaden zuzufügen. Für einen Teil dieser Risiken besteht eine gesetzliche Versicherungspflicht, in anderen Bereichen bieten private Gesellschaften Versicherungsschutz an.

Grundgedanke

Zweck des **Versicherungsschutzes** ist es, gegen Risiken vorzusorgen und Nachteile auszugleichen, die aufgrund dieser Risiken eingetreten sind. Dies wird erreicht, indem sich die Schutz Suchenden zu einer Versicherungsgemeinschaft zusammenschließen und sich wechselseitig verpflichten, im Fall des Eintritts eines Schadens in ihrem Kreis den Betroffenen beizustehen. Die Versicherungsgemeinschaft gründet also auf dem Gedanken der **Solidarität**: Wer einen Schaden erleidet, der soll gegen die finanziellen Folgen abgesichert sein, indem diese zumindest teilweise durch Beiträge oder **Versicherungsprämien** ausgeglichen werden, die von der Gesamtheit der Versicherten geleistet wurden.

Gesetzliche und private Versicherungen

Die materielle Existenzsicherung im Alter und der finanzielle Ausgleich der Folgen von Krankheit, Arbeitsunfall, Pflegebedürftigkeit und Arbeitslosigkeit sind die elementaren Stränge des von den einzelnen Zweigen der **Sozialversicherung** getragenen sozialen Netzes. Personen, die nicht zum Kreis der Versicherungspflichtigen gehören, weil sie freiberuflich oder unternehmerisch tätig sind oder weil sie als Angestellte aufgrund der Höhe ihres Einkommens nicht unter die Krankenversicherungspflicht fallen, können sich in der gesetzlichen Renten-, Kranken- und Pflegeversicherung freiwillig versichern oder aber auf entsprechende Angebote privater Versicherungsunternehmen zurückgreifen. Auch wem die Absicherung in Form der staatlichen Sozialleistungen nicht ausreichend erscheint, der kann individuelle Zusatzversicherungen bei privaten Anbietern abschließen (Abb. 1).

In Deutschland werden zum Schutz der Verbraucher die angebotenen Versicherungsprodukte, die allgemeinen Versicherungsbedingungen und besonders auch die Geschäftstätigkeit der Versicherungsgesellschaften von der **Bundesanstalt für Finanzdienstleistungsaufsicht** kontrolliert.

Versicherungsgeschäfte

Je nach dem Gegenstand des Versicherungsvertrags, der auch **Police** genannt wird, unterscheidet man zwischen Personen- und Sach- oder Vermögensversicherung (Abb. 2). Eine weitere Unterteilung ergibt sich nach dem im Versicherungsfall an den Versicherten ausgezahlten Betrag. Bei der **Summenversicherung** wird eine bestimmte, vertraglich festgelegte Geldsumme fällig. Dies gilt beispielsweise für die Lebensversicherung. Anders bei der **Schadenversicherung:** Hier richtet sich die Entschädigungszahlung nach dem Ausmaß des Schadens, wie etwa bei der Kfz-Haftpflichtversicherung; auch hier werden Deckungshöchstgrenzen festgesetzt.

Bemessung der Versicherungsprämie

In der Sozialversicherung richtet sich die Höhe der Versicherungsbeiträge nach dem Einkommen des Versicherten. Demgegenüber wird die Prämie im privaten Versicherungsvertrag grundsätzlich nach der Höhe des von der Versicherungsgesellschaft übernommenen **Risikos** bemessen. Zum einen entspricht dies dem Prinzip von Leistung und Gegenleistung. Zum anderen wird dadurch verhindert, dass Versicherungsnehmer mit besonders hohem Risiko die Prämien für die Allgemeinheit der Versicherten in die Höhe treiben. Dadurch würde ein Prozess der so genannten adversen Selektion in Gang gesetzt, in dessen Verlauf sich der Kreis der Versicherten auf diejenigen mit weit überdurchschnittlichem Risiko reduziert und zugleich die Prämien fortwährend steigen; die Folge wäre, dass die Versicherung für Personen mit normalem Risiko immer weniger interessant wird.

Bei manchen Schadenversicherungen, wie etwa bei der Kfz-Kaskoversicherung, wird die Höhe der Prämie durch eine Selbstbeteiligung im Schadensfall begrenzt. Diese ist aus der Sicht der Versicherung auch eine Vorkehrung gegen das Problem des **Moral Hazard,** d. h. die Möglichkeit fahrlässigen Verhaltens des Versicherungsnehmers angesichts dessen, dass er das Schadensrisiko nicht selbst tragen muss.

Neben der Selbstbeteiligung schaffen in der Kfz-Versicherung auch Schadensfreiheitsrabatte einen finanziellen Anreiz zur Schadensvorbeugung. Wurde im gesamten Kalenderjahr kein Schaden gemeldet, wird der Versicherungsvertrag im Folgejahr in eine bessere Schadenfreiheitsklasse eingestuft. In der Eingangsklasse gilt ein Beitragssatz zur Kfz-Haftpflichtversicherung von 140 %, in der obersten Klasse werden nur noch 30 % der jährlichen Versicherungsprämie erhoben.

▸ 1 Funktionsweise der Individualversicherung

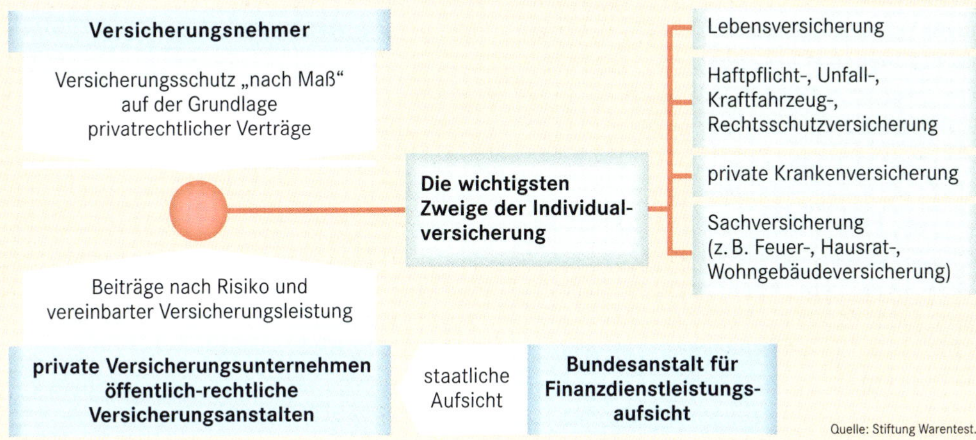

Quelle: Stiftung Warentest.

▸ 2 Wichtige Arten der Individualversicherung

Risiko	Versicherungsart	Priorität	Personenkreis
Haftpflicht	Private Haftpflicht-versicherung	sehr wichtig	die ganze Familie
	Autohaftpflichtversicherung	sehr wichtig	Pflicht für Autofahrer
Verlust der Arbeitskraft	Berufsunfähigkeits-versicherung	sehr wichtig	Berufstätige und auch Haus-frauen, Studenten und Kinder
	Pflegetagegeld	wichtig	zur finanziellen Entlastung bei einer aufwendigen Pflege
kurzes Leben	Risikolebensversicherung	sehr wichtig	junge Familien und Immobi-lienkäufer (Banken verlangen die Police als Sicherheit)
kurzes oder langes Leben	Kapitallebensversicherung	wichtig, wenn im Alter der gewohnte Lebensstandard gehalten werden soll	wer andere versorgen und gleichzeitig für sein Alter sparen will
	fondsgebundene Lebensversicherung	je nach persönlicher Anlagestrategie	
langes Leben	private Rentenversicherung	wichtig, wenn im Alter der gewohnte Lebensstandard gehalten werden soll	wer sparen und kein Todes-fallrisiko abdecken will
Invalidität und Tod durch Unfall	private Unfallversicherung	wichtig	Kinder, Hausfrauen
Diebstahl und Schäden am eigenen Auto	Teil- und Vollkasko	wichtig	Vollkasko vor allem für neuere Autos
Einkommens-verlust bei Krankheit	Krankentagegeld	wichtig	Selbstständige und Ange-stellte bei Verdienst über der Beitragsbemessungsgrenze

Quelle: Elke Dolle-Helms, Versicherungen.

Private Altersvorsorge

Private Altersvorsorge bedeutet, finanziell und materiell für seinen Lebensabend vorzusorgen. Denn Krankheit oder altersbedingt nachlassende Leistungsfähigkeit können dazu führen, dass Menschen im Alter kein regelmäßiges Arbeitseinkommen mehr beziehen.

Staatliche Leistung im Vordergrund

Bis zum sozialpolitischen Reformwerk von 1881 bis 1889 unter Otto von Bismarck lag die Vorsorge für das Alter in Deutschland weitgehend in privater Verantwortung. Menschen planten ein, dass sie im Alter nicht mehr arbeitsfähig sein würden. Sie sicherten sich vor allem gegen Armut ab, indem sie sich auf die Unterstützung durch ihre Kinder verließen. Daher war die Familie ein entscheidender Faktor in der **Alterssicherung**.

Mit der **Sozialgesetzgebung** bismarckscher Prägung wurden die Menschen unabhängiger von der Versorgung durch nahe Familienmitglieder. Heute garantiert der Staat seinen Bürgern im Rahmen der Sozialversicherung, dass sie ihren Lebensunterhalt auch im Alter noch finanzieren können. Die gesetzliche **Rentenversicherung** ist heute das wichtigste Instrument, mithilfe derer die Rentner ihren Lebensabend bestreiten. Etwa 80 % des Einkommens von Personen über 65 Jahren stammen derzeit aus der gesetzlichen Rentenversicherung. Die zweite Säule der Altersvorsorge sind betriebliche Pensions- und Rentenansprüche **(betriebliche Altersvorsorge)**. Obwohl gerade in großen Konzernen die Betriebsrente eine wichtige Sozialleistung darstellt, trägt sie insgesamt noch relativ wenig zum gesamten Renteneinkommen bei. Ebenso ist die dritte Säule der Altersvorsorge, die private Absicherung, in Deutschland z. B. gegenüber den Niederlanden noch unterentwickelt. Dort spielen Kapitaleinkommen und **Betriebsrenten** eine wesentlich größere Rolle.

Angesichts der zunehmenden Probleme der gesetzlichen Rentenversicherung kann insbesondere die jüngere Generation keine angemessene Rendite der Einzahlungen mehr erwarten. Um sich gegen das aus der ungewissen Dauer des eigenen Lebensabends resultierende Risiko abzusichern, wird daher eine zusätzliche private Altersvorsorge immer dringlicher.

Formen der privaten Altersvorsorge

Sieht man von der Versorgung durch Familienmitglieder ab, so bestehen grundsätzlich zwei Möglichkeiten zur privaten Altersvorsorge: Bildung von Sachkapital und von Finanzkapital. **Sachkapital** (Realkapital) kann in Form von Grund und Boden, Wohnungen oder Gebäuden bestehen, die entweder selbst genutzt oder vermietet/verpachtet werden. **Geldkapital** (Finanzkapital) umfasst u. a. Anlagen in Aktien, Anleihen, Investmentfonds, Lebensversicherungen oder Sparbriefen.

Für das Jahr 2008 weist die Bundesbank ein verfügbares Einkommen aller deutschen Haushalte von etwa 1,58 Billionen € aus. Hinzu kamen Kreditaufnahme und Vermögensübertragungen (–15,4 Mrd. € bzw. 7,4 Mrd. €). Von diesen Mitteln verwendeten die Bundesbürger etwa 52 Mrd. € für die Bildung von Sach- und rund 120 Mrd. € für die Bildung von Geldkapital. Letzteres wurde zu 38 % als Sichtguthaben gehalten.

Wie der Einzelne sein Geld anlegt, hängt in erster Linie davon ab, wie viel Risiko er tragen möchte. Als risikolos sind etwa Bundesschatzbriefe anzusehen, weil sie eine feste Rendite über eine bestimmte Laufzeit garantieren. Demgegenüber sind Aktienanlagen zwar mit einem deutlich höheren Risiko verbunden, werfen dafür aber auch eine im Durchschnitt höhere Rendite ab. Großer Beliebtheit erfreuen sich in Deutschland Lebensversicherungen und Termingelder. 2008 bestritten diese Anlageformen etwa 32 % (38,5 Mrd. €) und 64 % (77,3 Mrd. €) der Geldvermögensbildung.

Beispiel: Lebensversicherungen

Im Mittelpunkt einer Lebensversicherung steht das Versprechen des Versicherers, dass mit Eintritt des Versicherungsfalls (z. B. Tod des Versicherungsnehmers, Unfall, Berufsunfähigkeit, Eintritt in den Ruhestand) die Versicherungsleistung fällig wird. Letztere wird von den Versicherungsprämien der Versicherten finanziert.

Eine Lebensversicherung besteht generell aus einer Hauptversicherung, die auf den Todes- und/oder Erlebensfall abgeschlossen ist, und Zusatzversicherungen. Ein Teil der Prämie dient der Kapitalansammlung, der Rest deckt das gewählte Risiko ab. Zusätzlich zur Versicherungssumme erhält der Versicherte oft eine Überschussbeteiligung; d. h. eine Beteiligung an Gewinnen aus Anlagen der Kundengelder am Kapitalmarkt.

Lebensversicherungen werden gern als Kapitalanlage verwendet, doch werden Kapitallebensversicherungen heute steuerlich nicht mehr als Form der Altersvorsorge angesehen. Stattdessen wird die betriebliche Altersvorsorge (durch die Gehaltsumwandlung) gefördert und die Riester-Rente wurde eingeführt.

Schema der Typen einer Lebensversicherung

Kapitalversicherung

Todesfallversicherung
(auch: Risikolebensversicherung)

Versicherungsfall:
Tod der versicherten Person

Leistung:
Die Versicherungssumme wird nur fällig, wenn der Versicherte innerhalb des Versicherungszeitraums stirbt.

Verwendung:
vorrangig zur Absicherung der Hinterbliebenen bis zum Aufbau einer anderen Versorgung

Erlebensfallversicherung

Versicherungsfall:
Ablauf des Versicherungsvertrags

Leistung:
Die Versicherungssumme wird nur dann fällig, wenn der Versicherte den Ablauf des Vertrags erlebt. Bei vorzeitigem Tod fällt das angesammelte Kapital an das Versicherungskollektiv.

Verwendung:
dient primär der Kapitalbildung, kommt in dieser Reinform jedoch äußerst selten vor

Private Rentenversicherung

Unterschied zur Kapitalversicherung:
Die Versicherung leistet im Versicherungsfall periodisch wiederkehrende Zahlungen, die als eine Rente angesehen werden können.

Gestaltungsparameter:
- Die Beitragszahlung kann regelmäßig oder durch Einmalzahlung (z. B. Ablauf einer Kapitalversicherung) erfolgen.
- Generell erfolgt die Leistung der Rente bis ans Lebensende des Versicherten. Doch kann eine Garantieleistung vereinbart werden: Stirbt der Versicherte während der Garantiezeit, wird der Barwert der restlichen garantierten Rentenzahlungen vom Versicherer zurückvergütet.

Gemischte Todes- und Erlebensfallversicherung

Grundform der Kapitallebensversicherung (KLV)

Versicherungsfall:
Tod des Versicherten oder Ablauf des Vertrags

Verwendung:
bietet Hinterbliebenen einen Schutz und dient der eigenen Altersvorsorge. Häufigste Form in Deutschland

Varianten:
- Je nach relativer Höhe von Todes- und Ablaufleistung steht die Kapitalbildung oder die Hinterbliebenenvorsorge im Vordergrund.
- abschließbar auf verbundene Leben, z. B. für Ehepartner geeignet
- fondsgebundene Anlage der Mittel durch die Versicherung: Der Versicherte trägt zusätzlich das Anlagerisiko, kann sich aber den Investmentfonds zur Anlage selbst auswählen.

Zusatzversicherungen

Berufsunfähigkeitsversicherung

Versicherungsfall:
durch Krankheit, Körperverletzung oder Kräfteverfall verursachte Berufsunfähigkeit von mehr als 50 %

Leistung:
Im Fall einer Berufsunfähigkeit wird generell Beitragsfreistellung und die Zahlung einer Rente gewährt.

Verwendung:
meist als Zusatzversicherung zu einer KLV als Hauptversicherung angeboten

Unfallzusatzversicherung

Versicherungsfall:
Tod des Versicherten unmittelbar oder innerhalb eines Jahres nach einem Unfall

Leistung:
Zahlung der Versicherungssumme, z. B. in Höhe der Hauptversicherung

Dread-Disease-Versicherung

Versicherungsfall:
Diagnose einer schweren, lebensbedrohenden Krankheit

Leistung:
Kapitalzahlung im Fall der Diagnose (Summenversicherung)

Quelle: Zentrum für Europäische Wirtschaftsforschung.

Bankgeschäfte

Fast jeder nimmt heutzutage die Dienstleistungen von Banken in Anspruch. Banken führen für ihre Kunden Girokonten und Sparkonten, wickeln den bargeldlosen Zahlungsverkehr ab, vergeben Kredite und kaufen, verwahren und verkaufen für ihre Kunden Wertpapiere.

Der Bankensektor in Deutschland

Den grundlegenden rechtlichen Rahmen für die Geschäftstätigkeit der privaten Banken bildet das **Kreditwesengesetz**. Dieses unterscheidet acht Arten von Bankgeschäften: 1. Einlagengeschäft, z. B. Annahme von Spareinlagen, 2. Kreditgeschäft, 3. Diskontgeschäft (Ankauf von Wechseln vor Fälligkeit), 4. Effektengeschäft (An- und Verkauf von Wertpapieren im eigenen Namen für Rechnung des Kunden), 5. Depotgeschäft (Wertpapierverwahrung), 6. Investmentgeschäft, d. h. Beratung bei und Organisation von Wertpapieremissionen, Firmenfusionen oder -übernahmen, 7. Garantiegeschäft, z. B. Übernahme von Bürgschaften, und 8. Girogeschäft (bargeldloser Zahlungsverkehr).

Neben den Universalbanken, die die gesamte Palette der genannten Geschäfte betreiben, gibt es eine Reihe von Spezialbanken, deren Geschäftstätigkeit auf bestimmte Gebiete beschränkt ist, z. B. auf die Wertpapierverwahrung (Depotbanken) oder die Baufinanzierung.

Die **Bankenaufsicht** liegt in den Händen der Bundesanstalt für Finanzdienstleistungsaufsicht. Sie wacht darüber, dass die Banken die gesetzlichen Vorschriften zur Beschränkung der Risiken ihrer Geschäftstätigkeit einhalten. Hierzu zählen vor allem die Begrenzung der Kreditvergabe im Verhältnis zur Höhe des Eigenkapitals sowie Bilanzstrukturregeln, denen gemäß die gewährten Kredite nach Umfang und Fälligkeit den zu ihrer Finanzierung bereitgestellten Mitteln entsprechen müssen.

Kreditvergabe

Kreditgeschäfte sind der wichtigste Geschäftszweig der Banken. Im Durchschnitt des Bankgewerbes nehmen sie ein Drittel der Bilanzsumme ein. Ein Kredit ist die zeitweilige Übertragung von Kaufkraft durch den Kreditgeber an den Kreditnehmer gegen dessen Verpflichtung, den überlassenen Betrag – in der Regel zuzüglich Zinsen – später zurückzuerstatten. Vor Abschluss eines Kreditvertrags prüft die Bank die Kreditwürdigkeit des Kreditnehmers, um sicherzustellen, dass das **Kreditrisiko**, d. h. das Risiko, dass der Schuldner seine Pflichten zur Verzinsung und Rückzahlung des Kredits verletzt, vertretbar ist (Abb. 1). Je nachdem, welche Sicherheiten der Kreditnehmer der Bank zur Verfügung stellt, unterscheidet man zwischen **Personalkrediten** und **Realkrediten**. Während es beim Personalkredit allein auf die Vertrauenswürdigkeit des Kreditnehmers ankommt, dienen beim Realkredit Vermögenswerte wie z. B. Grundpfandrechte, bewegliche Objekte oder Forderungen des Kreditnehmers als Sicherheiten, die die Bank verwerten kann, falls der Schuldner zahlungsunfähig wird.

Geldanlage

2008 legten die Bundesbürger von ihrem verfügbaren Einkommen 10,9 % auf die hohe Kante. 67 % des privaten Geldvermögens von 4,4 Billionen € sind in Bargeld, Bankeinlagen und Versicherungen gebunden (Abb. 2).

Allerdings geht die langfristige Tendenz zu Anlagen, die riskanter sind, dafür aber eine höhere Rendite versprechen. So ist der Anteil der **Bankeinlagen** (besonders der klassischen Spareinlage) an der Geldvermögensbildung seit den 1980er-Jahren von rund 61 % auf rund 26 % gesunken. Diese Tendenz wird jedoch durch Wirtschaftskrisen gebrochen. Seit 2002 haben die Anleger Jahr für Jahr mehr Aktien verkauft als neu erworben, und 2007/08 wurden nicht nur Aktien, sondern auch Rentenpapiere massiv gegen Bankeinlagen ersetzt. Auch die Anlage in Versicherungen, die in den vergangenen Jahren generell in der Gunst der Anleger gestiegen sind, war 2008 rückläufig.

Durchführung von Bankgeschäften

Um Kosten zu sparen, haben die Kreditinstitute seit den 1990er-Jahren die Zahl ihrer Hauptstellen und Zweigniederlassungen drastisch verringert – von 71 716 (1995) auf 39 838 (2007). Zugleich ist die Konzentration im Bankensektor vorangeschritten: Die Zahl der Institute hat sich auf 2 300 mehr als halbiert. Die persönliche Kundenbetreuung im Massengeschäft wurde weitgehend z. B. durch Geldausgabegeräte und Selbstbedienungsterminals bzw. Onlinebanking ersetzt.

Darüber hinaus haben Barzahlungen zugunsten des bargeldlosen Zahlungsverkehrs an Bedeutung verloren. Ihr Anteil an den Zahlungen im deutschen Einzelhandel ist zwischen 1994 und 2002 von 79 % auf 67 % zurückgegangen. Zahlungsvorgänge werden zunehmend mittels Überweisungen, Lastschriften, Geldkarten, Maestro-Karten und Kreditkarten abgewickelt. Daneben setzen sich Onlinezahlverfahren mehr und mehr durch.

▸ 1 Die Abwicklung von Krediten

Kreditgesuch

Prüfung der materiellen und persönlichen Kreditwürdigkeit

hinreichende Bonität		nicht ausreichende Bonität
Auszahlung von Konsumentenkrediten	Sicherheitenprüfung	Kreditablehnung
	Sicherheitenstellung	Schutz der Kundeneinlagen und Schutz des Kreditantragstellers vor Überschuldung
	Auszahlung von Hypothekar- und sonstigen Investitionskrediten	
fortlaufende Verzinsung und Tilgung/Überwachung durch das Kreditinstitut		

Quelle: Bundesverband deutscher Banken.

▸ 2 Sparformen

Sparmotive und Anlageformen

• Rücklagen für Notfälle • Zwecksparen für Anschaffungen	• Vermögensanlage • Zukunftssicherung • Altersvorsorge	• Immobilienerwerb
zum Beispiel: • Sparbuch • Festzinssparen • Sparbriefe • Festgeld • Ratensparen	zum Beispiel: • Wertpapiersparen – Renten – Aktien – Investmentanteile • Lebensversicherungen	zum Beispiel: • Bausparen

beeinflussen

Anlagekriterien

Sicherheit	Rentabilität	Liquidität
• Kursrisiko • Ertragsrisiko • Zinsänderungsrisiko • Rückzahlungsrisiko • Geldwertrisiko	• Zinsen, Dividenden • Kursgewinne • Kosten • Staatliche Förderung (Steuergutschriften, Prämien)	• Möglichkeit der Umwandlung in Bargeld

Quelle: Bundesverband deutscher Banken.

Seitenzahlen in farbiger Schrift bedeuten, dass der betreffende Begriff ausführlich auf einer Doppelseite als Thema behandelt wird. Die Alphabetisierung ordnet Umlaute wie die einfachen Selbstlaute ein, also ä wie a usw. Komplexe Begriffe werden ohne Rücksicht auf die Wortgrenze durchalphabetisiert; so steht der Registerbegriff öffentliche Schulden zwischen öffentlicher Sektor und öffentliches Unternehmen.

A

B

F

L

M

Q

R

S